BFL 총서 11

개정판 자본시장법 기본 판례

BFL 총서 11

개정판 **자본시장법 기본 판례**

박 준 · 정순섭

小花

머리말

초판이 발간된 거의 5년 만에 개정판을 내게 되었다. 2021년 6월 30일까지 공간된 판례들 가운데 선별하여 기본판례 11개와 참고판례 31개를 추가하였다. 이와 더불어 초판의 기본판례 일부는 재배치하고 생각해 볼 사항도 보완하였다. 새로운 판례들은 금융투자업부터 집합투자에 이르기까지 다양한 분야에 걸쳐 추가되었다. 새로이 추가된 판례들의 특징을 요약하면 다음과 같다.

첫째, 내부자거래, 시세조종, 부정거래행위 등 불공정거래에 관한 새로운 판례들이 많이 증가하였다. 새로운 판례들은 새로운 유형의 불공정거래가 끊임없이 발생하고 있음과 아울러 그러한 새로운 유형의 불공정거래에 대해 자본시장법이 어떻게 해석 적용되는지를 잘 보여 주고 있다.

둘째, 새로운 유형의 자본시장 거래와 이에 관한 사법(私法) 또는 규제상 쟁점들을 파악할 수 있게 해주는 판례들이 상당수 있다. 착오취소, 집합투자, 무인가·무등록 금융투자업에 관한 판례들이 그것이다.

셋째, 감독기관의 행정처분에 대한 주목할 만한 판례(부실공시에 따른 과징금부과, 불공정거래 신고자에 대한 포상금지급거부, 사모투자전문회사의 이익보장에 관한 제재 관련 판례 등)가 증가하였다.

이 책에서 자본시장법에 관한 다양한 판례를 모두 다루고 있지는 않지만 이론적인 논의가 필요한 사례는 가급적 대상으로 포함하려고 노력하였다. 이 책의 성격상 간략한 쟁점 소개에 그친 경우가 대부분이지만 이를 계기로 학계와 실무계에서의 다양한 논의가 이루어지기를 기대한다. 이러한 관점에서 이 책이 자본시장법 판례의 동향을 파악하고 자본시장법을 실제 적용할 때 발생하는 여러 쟁점들을 더 깊이 있게 이해하는 데 도움을 줄 것으로 확신한다.

　어려운 출판 환경에서 이 책의 출간을 맡아 준 도서출판 소화에 깊이 감사드린다.

2021년 7월 20일
저자 박 준 / 정순섭

차례

제1장 금융투자상품과 금융투자업

제2장 발행시장의 규제

I. 공모

제4장 기업인수거래의 규제

I. 주식의 대량보유보고

제5장 내부자거래

I. 내부자, 준내부자 및 정보수령자

II. 미공개 중요정보

제6장 시세조종

I. 시세조종행위의 유형

1. 통정매매, 가장매매

2. 현실 거래에 의한 시세조종

제7장 부정거래행위 등

I. 부정거래행위의 유형

제8장 금융투자상품시장

제9장 금융투자업자의 영업행위규제 및 고객과의 법률관계

제10장 집합투자, 투자자문 및 투자일임

제11장 금융투자업자에 대한 제재

I. 행정제재

II. 형사처벌

제12장 국제적인 증권거래

01

금융투자상품과 금융투자업

〔판례 1-1〕 대법원 2015. 9. 10. 선고 2012도9660 판결〔자본시장법 위반〕—
FX마진거래

• 사실관계

1. 피고인은 2010. 12. 3.경 'FX○○'라는 사무실을 개설한 후, 불특정 다
수인을 상대로 1단위당 10만 원을 렌트비 명목으로 받고 피고인 명의로 개
설한 국내 선물사 계좌를 통해 FX마진거래를 하게 하여 환율 변동에 의해
일정 액수의 이익이 나면 자동적으로 손님과의 거래가 종료되고 그 손님에
게 이익금 중 10퍼센트의 수수료를 제외한 나머지 금액을 지급하고, 이익
금이 없으면 자동적으로 손님과의 거래가 종료되는 방법으로 운영하였다.

2. 피고인이 선물사 계좌를 통하여 행한 FX마진거래는 영국 파운드화
(Great British Pound, GBP)와 호주 달러(Australian Dollar, AUD)를 통화쌍으로
한 환율 변동을 대상으로 하고, 기본 계약단위가 미화 10만 달러로 이를

1랏이라고 하는데, 위 상품을 구입하기 위하여는 거래증거금으로 위 금원의 5퍼센트인 미화 5,000달러를 현금으로 납입하고 나머지 95퍼센트인 미화 9만 5,000달러는 국제선물회사로부터 이자 납부를 조건으로 차입하는 형태이다. 이와 같이 투자자들이 총투자금액에 비하여 낮은 비율의 거래증거금(5퍼센트)만을 납입하고 큰 규모의 금원을 투자함으로써 소폭의 환율 변동만으로도 실제로 납입한 거래증거금의 대부분을 잃게 되는 결과가 발생한다.

예를 들어 미화 5,000달러를 거래증거금으로 납입하고 미화 10만 달러 규모의 영국 파운드화를 매입하는 FX마진거래를 체결하는 경우, 매입하는 영국 파운드화의 상대가치가 1퍼센트 하락(호주 달러화 상승)하면 1퍼센트의 변동으로 투자자가 실제로 납입한 금원, 즉 거래증거금의 20퍼센트에 달하는 미화 1,000달러(=미화 10만 달러×0.01)를 잃게 된다.

3. 피고인은 위와 같이 FX마진거래를 할 경우 고액의 증거금과 차입한 미화 9만 5,000달러의 이자에 관한 비용 등 거래비용이 높아 소액투자자가 쉽게 접근할 수 없다는 점에 착안하였다. 피고인이 운영하는 FX○○ 사업은 1랏을 0.1랏·0.2랏 등 작은 단위로 쪼개어, 인터넷상으로 불특정 다수를 상대로 회원을 모집하여 회원으로부터 10만 원을 받고 피고인이 이미 확보한 FX마진거래 포지션('매수'는 영국 파운드화를 매수하고 호주 달러를 매도하는 것, '매도'는 영국 파운드화를 매도하고 호주 달러를 매수하는 것) 중 하나를 선택하게 한 후, 환율 변동으로 10만 원의 이익이 나거나 10만 원의 손실이 나는 것을 각 상한과 하한으로 설정하여 자동적으로 거래가 종료되도록 하였다. 즉 이익이 나는 경우 고객으로부터 받은 10만 원에 발생한 이익에서 그 10퍼센트를 공제한 나머지 9만 원을 더한 19만 원을 지급하고, 손실이 나는 경우 고객으로부터 받은 10만 원을 발생한 손실 10만 원에 충당하고 고객에게는 아무런 금원도 지급하지 않는다. 따라서 피고인이 확보한 FX마진거래 계좌에 환율 변동에 의하여 이익이 발생하면 피고인은 그 이익의 10퍼센트를 지급받고, 손실이 발생하면 고객이 납입한 돈으로 그 손

실이 충당되므로 어떤 경우에도 피고인은 손실을 부담하지 않는다.

4. 피고인은 위와 같은 방법으로 영업하여 매월 약 5,000만 원의 매출을 올렸고, 인가를 받지 않고 금융투자업을 영위한 것으로 기소되었다.

• 법원의 판단

▎원심 : 서울북부지방법원 2012. 7. 18. 선고 2012노68 판결

피고인이 고객과 한 거래는, 피고인과 고객과의 사전약정에 의하여, 고객이 피고인에게 10만 원을 지급하고 영국 파운드화와 호주 달러를 기초자산으로 하여 그 환율이 변동함으로써 이익이 발생하는 경우 그에 따른 이익금을 받을 수 있는 권리를 부여받되, 일정한 규모의 이익이 발생하는 경우 자동적으로 거래가 종료되고 그 이익금 중 피고인에게 그 이익의 10퍼센트를 지급한 후 나머지 이익을 지급받고, 손실이 발생하는 경우에는 위와 같은 권리를 포기하기로 약정한 것에 해당하므로, 이는 자본시장법 제5조 제1항 제1호에 규정된 파생상품에 해당한다. 그런데 피고인은 금융투자업 인가를 받지 아니하고 이익을 목적으로 자신의 계산으로 고객들을 상대로 위와 같은 파생상품의 매도를 영업으로 하였으므로 자본시장법 위반의 죄책을 진다.

▎대법원 : 파기환송

죄형법정주의 원칙상 형벌법규의 해석은 엄격하여야 하고, 명문의 형벌법규의 의미를 피고인에게 불리한 방향으로 지나치게 확장해석하거나 유추해석하는 것은 허용될 수 없으며, 한편 구 자본시장법이 위와 같이 인가를 받지 아니하고 금융투자업(투자자문업과 투자일임업은 제외, 이하 동일)을 영위한 자를 처벌하고 있는 것은 부적격 금융투자업자의 난립을 막아 그와 거래하는 일반투자자를 보호하고 금융투자업의 건전한 육성을 통해 국민경제의 발전에 기여할 수 있도록 하는 데 그 목적이 있는 것이므로, 어떤 거래가 구 자본시장법의 규율을 받는 금융투자상품의 거래에 해당하는지

여부는 그 거래구조가 기업에 자금을 조달하거나 경제활동에 수반하는 다양한 위험을 회피 또는 분산할 수 있는 순기능을 할 수 있는 것인지, 아니면 그러한 순기능을 전혀 할 수 없고 오로지 투기 목적으로만 사용될 수밖에 없는 것인지, 그리고 거래의 내용과 목적 등에 비추어 볼 때 그 거래를 새로운 금융투자상품으로 발전·육성시킬 필요가 있는 것인지, 그 거래 참여자들을 투자자로서 보호할 필요는 있는 것인지, 특히 투기성이 강한 거래라면 투자자의 이익을 제대로 보호하고 건전한 거래질서를 유지할 수 있는 적절한 규제방법이 마련되어 있는지 등을 종합적으로 고려하여 신중하게 판단하여야 한다.

…① 이 사건 거래는 고객이 1회에 지불하는 돈이 10만 원 이하의 소액일 뿐만 아니라 거래 시간도 길어야 몇 시간에 불과한 것이어서, 그 속성상 투기 목적으로만 이용될 수 있을 뿐이고 환율 변동의 위험을 회피하는 경제적 수단으로는 사용될 수 없는 구조인 점, ② 이러한 거래구조와 이 사건 참여자들의 의사 등에 비추어 볼 때 위 거래는 투자자보호라든지 금융투자업의 육성·발전과는 하등의 관계가 없어 보이는 점, ③ 위 거래에서 피고인이 고객에게 지급하기로 한 돈, 즉 렌트사용료에 다시 렌트사용료의 90퍼센트를 더한 돈은 '사전에 미리 약정한 돈'에 불과하지, 구 자본시장법 제5조 제1항 제1호나 제2호의 '기초자산의 가격이나 지수 등에 의하여 산출된 금전'이라고 할 수 없는 점, ④ 일반적으로 옵션매수인은 기초자산의 가격이 유리하게 움직이면 권리를 행사하여 가격 변동에 따른 이익을 실현하고, 반대로 기초자산의 가격이 불리하게 변동하면 권리행사를 포기하게 되므로, 구 자본시장법 제5조 제1항 제2호의 옵션거래에서 옵션매수인의 이익은 무제한인 반면, 손실은 프리미엄(옵션거래에서 옵션매수인이 사거나 팔 수 있는 권리를 취득하는 대가로 옵션매도인에게 지불하는 것)으로 한정되는 특징이 나타나는데, 이 사건 거래는 고객이 렌트사용료의 90퍼센트의 이익을 얻거나 아니면 렌트사용료 상당의 손실을 입는 구조로서, 앞에서 본 일반적인 옵션거래의 손익구조에 부합하지 않을 뿐만 아니라 위 거래에

서 고객이 입을 수 있는 손실은 고객이 얻을 수 있는 이익을 상회한다는 점에서 위 렌트사용료를 프리미엄이라고 볼 수 없는 점, ⑤ 또한 위 거래는 단시간 내에 종료되는 것으로 구 자본시장법 제5조 제1항 제1호에서 말하는 '장래'의 특정 시점에 인도할 것을 약정한 것이라고도 볼 수 없는 점 등을 종합하면, 이 사건 거래는 10만 원 이하의 소액을 걸고 단시간 내에 환율이 오를 것인지 아니면 내릴 것인지를 맞추는 일종의 게임 내지 도박에 불과할 뿐, 구 자본시장법 제5조 제1항 제1호나 제2호의 파생상품에 해당한다고는 볼 수 없다. 그리고 위 거래가 동법 제5조 제1항 제3호의 파생상품이나 제4조의 증권에 해당하지 않음은 그 문언상 분명하다.

| 생각해 볼 사항 |

1. 〔판례 1-1〕은 자신이 금융투자업자에게 개설한 계좌를 통하여 하는 FX마진거래를 일부 변형하여 개별 투자자에게 거래하게 한 피고인의 행위를 무인가 금융투자업으로 볼 수 있는지 여부가 문제 된 사안이다. 피고인의 행위가 무인가 금융투자업에 해당하는지를 판단하기 위해서는 먼저 피고인이 개별 투자자와 행한 변형 FX마진거래를 금융투자상품으로 볼 수 있는지가 확정되어야 한다. 〔판례 1-1〕은 피고인의 행위가 무인가 금융투자업 영위에 해당하는지가 쟁점이지만, 그 전제로서 본건 대상거래가 금융투자상품에 해당하는지 여부가 판단되어야 한다.

2. 이에 대하여 원심은 본건 대상거래가 파생상품으로서 금융투자상품에 해당한다고 판단하였지만, 대법원은 금융투자상품에 해당하는지 여부에 대하여 자본시장법의 규제 목적에 기초한 실질적 판단기준을 제시하면서 본건 대상거래는 금융투자상품에 해당하지 않는다고 판단하였다. 대법원은 금융투자상품의 기능, 새로운 금융투자상품으로의 육성·발전 필요성, 거래 참여자의 투자자보호 필요성 등을 종합적으로 고려하여 판단하여야 한다고 보았다.

3. 자본시장법상 금융투자상품에 대한 정의는 자본시장법의 적용범위를 정하고 금융투자업의 범위를 정하는 기준으로서 법적 확실성과 예측 가능성의 확보가 무엇보다 중요한 기본 개념이다. 자본시장법은 이러한 취지를 반영하여 금융투자상품에 관한 포괄주의를 구현하면서 금융투자상품에의 해당 여부에 대한 시장 참여자들의 법적 확실성과 예측 가능성을 확보하기 위하여 정치한 정의규정을 두고 있다. 그러한 관점에서 본건 판례가 제시하고 있는 금융투자상품의 실질적 판단기준이 자본시장법상 금융투자상품 정의구조가 수용할 수 있는 기준인지 신중한 판단이 필요하다.

| 참고 판례 |

■ 대법원 2015. 4. 23. 선고 2015도1233 판결
〈사실관계〉

1. 피고인 Y1과 A, B 등(이하 "Y1 등")은 Y투자선물에 C, D 명의 계좌를 개설하고 위탁증거금을 예치한 후 사설 사이트를 개설하고, 이를 이용하여 '코스피 200 선물' 등을 거래할 회원을 모집하였다. 회원들이 사설 사이트에 가입하여 거래하는 이유는, 증권회사에 선물거래 계좌를 개설하기 위해서는 위탁증거금 등 일정한 금액을 납부하여야 하지만, 사설 사이트에서는 고액의 위탁증거금 등을 납부하지 않더라도 선물거래를 할 수 있기 때문이었다.

2. Y1 등은 회원들이 사설 사이트 홈페이지 및 자체 개발한 이른바 홈트레이딩 시스템(Home Trading System)에 게시된 입금용 계좌에 현금을 입금하면 1:1 비율로 환산한 매매거래용 전자화폐를 적립시켜 주었다.

3. Y1 등은 회원들의 투자성향에 따라 일부는 위탁증거금이 예치된 위 증권계좌를 이용하여 한국거래소와 실제 선물거래 등을 하도록 중개하고, 나머지는 거래소의 코스피200 지수와 연계하여 가상선물거래를 하도록 하였다.

4. Y1 등은 1계약당 일정비율의 수수료를 공제한 다음 회원들이 선물거래를 종료하고 남은 전자화폐의 출금을 요청하면 현금으로 전환하여 회원계좌로 지급하는 방식으로 운영하면서, 가상선물투자의 경우에는 회원들의 선물거래 손실금은 Y1 등의 이익이 되도록 하고, 회원들의 이익금은 Y1 등의 손실이 되도록 하였다.

5. Y2, 3, 4, 5는 인터넷 증권선물 사이트, 네이버카페 등에서 전문가 방송, 채팅, 전화상담 등을 통하여 위 사설 사이트에서 선물거래를 하도록 추천하고 약 4억 2천만 원을 리베이트로 지급받았다.

6. Y1 등은 2012. 10.경부터 2014. 2. 24.경까지 선물거래 중개수수료 수익으로 약 60억 원, 가상선물투자 수익으로 약 136억 원의 재산상 이익을 취득하였다.

〈법원의 판시〉

Y1 등이 회원들에게 위탁증거금이 예치된 증권계좌를 이용하여 거래소와 코스피200 선물 등을 매도·매수하도록 중개한 후 일정비율의 수수료를 지급받고, 그 거래에 따른 최종적인 이익 및 손실이 회원에게 귀속하도록 한 행위는 금융투자업인가를 받지 아니하고 타인의 계산으로 금융투자상품의 매도·매수의 중개를 영업으로 하는 '투자중개업'을 영위한 것으로 보아야 하고, 회원들에게 이 사건 사설 사이트에서 장내파생상품인 코스피200 지수와 연계하여 가상선물거래를 하도록 하고 그 거래 결과에 따라 회원들과 손익을 청산한 행위는 거래소허가를 받지 아니하고 금융투자상품시장을 개설·운영한 것으로 보아야 한다.[1]

---

1) 대법원 2013. 11. 28. 선고 2012도4230 판결은 가상선물거래 유형의 영업형태에 대해 원심(서울북부지방법원 2012. 3. 27. 선고 2011노1558 판결)이 "'경제적 현상 등에 속하는 위험으로서 합리적이고 적정한 방법에 의하여 가격·이자율·지표·단위의 산출이나 평가가 가능한 것'인 '기초자산'과 연동된… 파생상품에 해당하고, 피고인은 자신의 계산으로 파생상품의 매매를 영업으로 함으로써 금융투자업을 영위한 것"으로 보아 무인가 금융투자업영위를 유죄로 판결한 부분을 파기하면서 "피고인은… 한국거래소가 개설한 실제 시장에서 이루어지는 선물거래를 할 수 있게

따라서 Y1이 이 사건 사설 사이트에서 실제 선물거래를 중개한 행위는 자본시장법 제444조 제1호, 제11조에서 정한 무인가 금융투자업 영위에 의한 자본시장법위반죄가, 가상선물거래를 한 행위는 자본시장법 제444조 제27호, 제373조에서 정한 무허가 금융투자상품시장 개설·운영에 의한 자본시장법위반죄가 각 성립하고, Y2, Y3, Y4, Y5가 회원들에게 이 사건 사설 사이트를 추천한 행위 등은 위 각 죄의 방조죄가 성립하며, 위 각 자본시장법위반죄는 그 행위의 태양이나 보호법익 등이 상이하여 실체적 경합범의 관계에 있다.

| 더 읽을거리 |

• 임재연 / 한지윤, "자본시장법상 무인가 금융투자업," 율촌판례연구, 2017, 364~389면.
• 황순현, "사설 선물거래 사이트를 개설한 후 회원들에게 선물계좌 대여 또는 가상선물거래를 병행하여 운영한 사안에서, 각 자본시장과 금융투자업에 관한 법률 위반죄의 성립과 그 죄수관계," 대법원판례해설 제104호, 2015, 498~510면.
• 고제성, "자본시장법의 규율을 받는 금융투자상품의 거래에 해당하는지에 대한 판단 기준 ─ 대상판결 : 대법원 2015. 9. 10. 선고 2012도9660 판결," BFL 제77호(2016. 5), 서울대학교 금융법센터.

한 것이 아니라 단지 회원들이 그 선물지수를 기준으로 모의 투자를 할 수 있는 서비스를 제공하고 그 거래 결과에 따라 환전을 해 준 것에 불과하므로, 회원들을 상대로 직접 매도·매수 등의 행위를 하였다고 볼 수는 없다."고 판시하였다.

〔**판례 1-2**〕 대법원 1997. 4. 22. 선고 96도3393 판결〔특정경제범죄 가중처벌 등에 관한 법률 위반(알선수재), 증권거래법 위반〕— M&A 중개업무와 투자자문업의 업무 관련성 유무

● **사실관계**

1. A투자자문의 대표이사인 피고인 Y1은 1994. 10.경 D그룹(덕산그룹) 회장인 B 등을 만나 상장회사인 C투자금융의 인수를 권유하여 B로부터 승낙을 받은 후, 만일 위 인수가 성사되면 수수료를 지급받기로 하고 C회사의 인수에 관한 중개행위에 착수하였다.

2. Y1은 1994. 10.경 A그룹(대신그룹)의 부회장인 피고인 Y2에게 이를 보고하고 그의 지시를 받아, 구 증권거래법 제51조의 규정에 따라 기업의 인수 · 합병(이하 'M&A')을 중개 · 주선 · 대리 또는 자문하고 수수료를 취득하는 업무를 처리하고 있는 A증권과 시장 및 기업 시장조사 연구업무를 담당하는 A경제연구소 등을 위 중개업무에 참여시켜 작업을 추진하도록 하였다.

3. 1994. 12. 7. C회사의 대주주 등과 D그룹 사이에 C회사 주식에 관한 매매계약이 체결되었다. Y1은 1995. 초순경 매도인 측으로부터는 매매대금의 3퍼센트, 매수인 측으로부터는 매매대금의 1퍼센트 도합 10억 원의 수수료를 받아 2억 4,000만 원은 A증권 · A경제연구소 및 A투자자문의 수입금으로, 1억 원은 소개인에게, 1,000만 원은 공인회계사에게 지급하고 6억 5,000만 원은 자신이 취득하였다.

4. 피고인들은 투자자문회사 또는 그 임직원이 업무와 관련하여 유가증권매매의 중개를 한 행위를 처벌하는 구 증권거래법 제210조 제5호 등을 위반한 혐의로 기소되었다.

• 법원의 판단

원심판결이유에 따르면, 원심은 구 증권거래법 제70조의6 제1호의 규정에 의하면 투자자문회사 또는 그 임직원은 업무와 관련하여 동법 제2조 제8항 각 호의 1에 해당하는 행위를 하여서는 아니 된다고 규정하고 있고, 동법 제2조 제8항 제3호는 그중 하나로서 유가증권매매의 중개 등을 규정하고 있으므로, 피고인들의 경우 투자자문회사인 A투자자문의 임원인 대표이사 또는 감사로 재직하면서 업무와 관련하여 유가증권매매의 중개행위를 하였다면 동법 제210조 제5호로 의율 처단된다 할 것인데, 여기에서 말하는 "그 업무와 관련하여"라 함은 투자자문회사의 임직원이 동법 제70조의2 제1항 및 제70조의3의 규정에 따라 투자자문회사만이 영위할 수 있는 투자자문업을 처리할 수 있는 지위에 수반하거나 그 지위를 이용하여 취급할 수 있는 일체의 업무로서 그 업무범위에 속하는 업무행위뿐 아니라 이와 밀접한 관계에 있는 경우와 그 업무와 관련하여 사실상 처리하고 있는 행위까지를 포함한다고 할 것이고, 따라서 투자자문회사의 임직원이 유가증권매매의 중개행위를 하였다고 하여 그 모든 경우가 동법 제210조 제5호 및 제70조의6 제1호의 위반죄에 해당하는 것은 아니라고 할 것인바, 이 사건에서 피고인들의 소위는 주식인수를 통한 C회사 인수의 중개행위에 해당하고 이러한 기업인수의 중개업무는 대신증권주식회사가 구 증권거래법 제51조의 규정에 따라 재무부장관의 인가를 받은 이른바 기업의 M&A의 업무범위에 속하는 것일 뿐 피고인들이 임원으로 재직 중인 위 A회사가 취급하는 구 증권거래법상의 투자자문업과는 구별되는 별개의 업무라고 할 것이고, 위와 같은 기업의 M&A에 주식매매의 중개가 포함되어 있다 하더라도 이는 어디까지나 기업의 M&A에 수반하여 이루어진 것에 불과하다고 할 것이므로 그 부분만을 따로 떼어 투자자문업과 관련하여 유가증권매매의 중개행위를 한 것이라고 할 수는 없다고 할 것이라고 하여 피고인들에 대해 무죄를 선고하고 있다.

기록에 의하여 살펴보면 피고인들의 이 사건 기업인수 중개행위는 기업 인수 주선업을 허가받은 위 대신증권주식회사의 팀과 공동으로 처리하였음을 알 수 있는바, 사정이 그러하다면 기업인수에 따른 주식매매 중개업무는 위 대신증권주식회사의 업무범위에 속한다고 할 것이지 피고인들이 취급하는 투자자문업과 관련하여 행하여진 것으로 볼 수는 없다고 할 것이다. 이러한 취지에 따른 원심의 조치는 정당하고 거기에 소론주장과 같은 이유모순, 법리오해, 채증법칙 위배 등의 위법도 있다고 할 수 없다.

| 생각해 볼 사항 |

1. 이 사건에서 투자자문회사와 그 임직원은 투자자문회사가 증권업에 해당하는 행위를 할 수 없도록 한 구 증권거래법 제70조의6 위반으로 기소되었고, 동법 제208조에 규정된 무인가 증권업 영위로 기소되지 않았다. 〔판례 1-2〕에서 법원은 동법 제70조의6의 해석상 M&A 중개가 투자자문업과는 구별되는 별개의 업무로 보았다. 피고인을 무인가 증권업 영위로 기소하였더라도 〔판례 1-2〕와 동일한 결론에 이르게 될 것인가? 이 문제는 다음과 같은 두 측면에서 검토할 필요가 있다.

첫째, M&A 중개에 수반되는 증권매매의 중개는 M&A 중개에 수반되는 것이므로 별도의 증권중개업(자본시장법상 투자중개업)에 해당하지 않는다고 볼 것인가? M&A는 주식매매의 형태를 취하는 경우에도 주식보다는 기업의 매매라고 보아 투자중개업으로 규제하지 않는 편이 바람직하다. 참고로 M&A의 중개·주선·대리는 은행의 겸영업무인데(은행법 시행령 제18조의2 제4항 제3호), 은행이 사회간접자본의 지분인수거래에 관하여 금융자문을 한 사안에서 대법원 2012. 10. 11. 선고 2010도2986 판결은 이러한 '금융자문의 실질은 새로운 투자사업의 발굴, 그 투자사업을 위한 거래 당사자 사이의 회의 주선, 거래 당사자가 제시하는 매매조건의 교섭, 간접투자형식에 관한 조언, 간접투자를 위한 자산운용사의 추천 및 조언 등을 포함하는 포괄적인 금융자문'이라고 보고 단순한 투자자문에 해당한 다고 보기 어렵다고 판시하였으며, 또한 단순한 주식매매의 중개라기보다 는 주식매매의 중개를 포함하는 포괄적인 금융자문의 성격을 가진다고 보 았다.

둘째, 증권매매의 협상 등은 증권업 허가를 받지 않은 사람이 한 후 증권 매매의 중개를 증권업 허가를 받은 증권회사를 통하여 행하는 경우 그 협 상 등을 주도한 사람이 증권업을 영위한 것으로 볼 수 있는가? 이 점에 대 하여는 증권회사와 종합금융회사가 증권 인수를 하도록 한 사안에서 증권 회사 등의 관여를 형식상 외형을 갖춘 것에 불과하여 사실상 그 업무를 행 한 사람이 증권업을 행한 것으로 본 〔판례 1-3〕 대법원 2002. 6. 11. 선고 2000도357 판결을 참고할 필요가 있다.

2. 피고인 Y1은 매도인과 매수인으로부터 받은 수수료 중 많은 부분을 자신이 취득하였다. Y1이 이 사건 M&A 중개를 투자자문회사의 대표이사 로서 행한 것인지 아니면 개인 자격으로 행한 것인지 불명확하다. 전자라 면 M&A 중개가 투자자문회사의 업무에 속하는지 여부와 더불어 회사에 귀속될 수수료를 대표이사가 횡령한 것인지 여부가 문제 될 것이다.

이와 관련하여 대법원 2013. 2. 14. 선고 2010도11507 판결은 금융감독 위원회에 투자자문업과 투자일임업을 등록하고 다른 업무에 대한 별도 의 승인을 얻지 않은 투자자문회사는 구 간접투자자산운용업법 제146조 제1항에 따라 "투자자문업과 투자일임업의 범위를 벗어난 M&A의 중개 업무를 할 수 없고, 그에 수반하여 이루어지는 주식매매의 중개업무 역시 할 수 없다"고 판시하였다.

Y1이 개인 자격으로 M&A 중개를 하고 그 대가로 수수료를 받아 자신 이 취득한 것이라면, 그의 M&A 중개는 그가 대표이사로 있던 A회사와의 관계에서 적법한가? 현행 상법상으로는 대표이사가 회사의 기회를 유용한 행위에 해당하는지 여부가 문제 될 수 있을 것이나, M&A 중개가 투자자 문회사의 업무범위를 벗어난다면 회사 기회를 유용한 것이라고 보기 어려

울 것이다.

〔판례 1-3〕 대법원 2002. 6. 11. 선고 2000도357 판결〔특정경제범죄 가중처
벌 등에 관한 법률 위반(증재 등), 특정경제범죄 가중처벌 등에 관한 법
률 위반(알선수재), 증권거래법 위반〕 ― 영업의 개념

• **사실관계**

1. 피고인 Y는 A회사(H캐피털)와 B회사(S기술투자)의 대표이사로서
1997. 11. 이후 IMF체제에 따른 국가신용 경색으로 말미암아 증권회사 등
이 회사채 인수를 꺼리는 상황이 되자, 당시 증권회사 등이 선뜻 나서지 않
는 회사채 인수 및 매매업무를 직접 영위하여 이에 따른 시세 차익을 얻기
로 마음먹고, 회사채를 발행하려는 기업들과 직접 접촉하여 장차 회사채를
발행하면 이를 인수하기로 약정하였다.

2. 그후 Y는 회사채를 매입해 줄 투자신탁회사 등을 미리 확보한 다음
형식상 증권회사나 종합금융회사가 위 회사채를 인수한 것처럼 외형을
갖추기 위해 19회에 걸쳐 회사채 인수업무를 영위할 수 있는 C종합금융
회사 등이 합계 5,460억 원 상당의 회사채를 인수하도록 한 뒤, A회사나 B회
사가 다시 매수하여 그 대부분을 형식상 증권회사를 통하여 투자신탁회사
들에게 매도하게 하였다.

3. 피고인 Y는 재정경제부장관의 허가를 받지 아니하고 증권업(회사채
인수 및 매매업)을 영위하는 행위를 금지하는 구 증권거래법 제208조 제1호
등을 위반한 혐의로 기소되었다.

• 법원의 판단

원심이, 구 증권거래법은 유가증권의 발행과 매매, 기타의 거래를 공정하게 하여 유가증권의 유통을 원활히 하고 투자자를 보호함으로써 국민경제의 발전에 기여함을 목적으로 하는 것으로서 동법 제2조 제8항 소정의 증권업은 유가증권의 매매, 위탁매매, 매매의 중개 또는 대리, 유가증권시장·협회중개시장 또는 이와 유사한 외국에 있는 시장에서의 매매거래에 관한 위탁의 중개·주선 또는 대리, 유가증권의 인수·매출·모집 또는 매출의 주선을 하는 영업을 말하고, 구 증권거래법에서 증권업을 허가제로 하고 있는 이유도 일반 투자자를 보호하고 국민경제의 발전에 기여하기 위하여 증권업자의 인적·물적·재산적 요건을 심사하고 재무건전성과 건전한 영업 질서의 준수 여부를 감독하기 위한 것인바, 증권업에 해당하는지 여부를 판단하기 위하여는 영리의 목적과 동종의 행위를 반복하는지 여부 외에 위 영업형태에 따라 증권 발행 여부, 판매단에 참가하거나 증권 인수 여부, 주문에 응하기 위하여 증권의 재고를 유지하는지 여부, 상대방의 청약을 유인하는지 여부, 스스로 매매업자나 시장조성자로 광고하는지 여부, 부수적으로 투자자문을 제공하는지 여부, 타인의 돈이나 증권을 취급하거나 타인을 위하여 증권거래를 수행하는지 여부, 지속적인 고객을 확보하는지 여부, 타인을 위하여 거래에 참가하는지 여부 등의 제반 사정을 종합적으로 고려하여 판단하여야 할 것이라고 전제한 다음, 유가증권의 매매영업에 있어서는 영리 목적으로 불특정 일반 고객을 상대로 하는 반복적인 영업행위가 그 요건이라 할 것이고 유가증권의 인수영업에 있어서는 유가증권의 발행회사와 인수회사의 관계상 일반 고객을 상대로 할 수 없어 영리 목적으로 인적·물적 시설을 갖추고 시장조성자로서 반복적인 인수행위가 있으면 '인수업'에 해당한다고 보아야 할 것인데, 기록에 의하면 피고인 Y는 실제 발행회사로부터 회사채를 직접 인수하였음에도 형식상 증권회사나 종합금융회사가 위 회사채를 인수한 것처럼 외형을 갖추고 영

리 목적으로 19회에 걸쳐 합계 금 5,460억 원 상당의 회사채를 인수하고
회사채를 최종적으로 매입하여 줄 일반 고객인 투자신탁회사들과 직접 접
촉하여 형식상 증권회사를 통하여 위 회사채를 다시 투자신탁회사에 매도
한 일련의 과정에 비추어 피고인 Y는 A회사나 B회사를 운영하면서 사실
상 회사채 인수업무 및 매매업무를 하였다고 판단하여 피고인 Y에 대한
이 사건 공소사실을 유죄로 인정한 것은 정당한 것으로 수긍이 가고, 거기
에 상고이유의 주장과 같은 채증법칙 위배로 인한 사실오인이나 법리오해
의 잘못이 있다고 할 수 없다.

| 생각해 볼 사항 |

1. 〔판례 1-3〕은 법률에 정해진 영업의 형태로 행하였는지 여부 외에도
영리 목적과 반복성을 영업 해당 여부의 판단기준으로 제시하였다. 현행
자본시장법 제6조 제1항도 "이익을 얻을 목적으로 계속적이거나 반복적
인 방법으로 행하는 행위"를 영업으로 보아 같은 원칙을 유지하였다.

2. 〔판례 1-3〕은 형식적으로는 증권업 허가를 받은 증권회사 등이 회사
채발행회사로부터 회사채를 인수하였으나 실질적으로 Y가 인수업을 행한
것으로 인정하였다. 판결문에 상세히 나타나 있지는 않으나 회사채 인수계
약상 인수인은 증권업 허가를 받은 C회사 등이었을 것이다. 인수계약상의
인수인이 C회사이었음에도 불구하고 Y 내지 그가 운영하는 A회사와 B회
사가 회사채 인수업을 행한 것으로 인정한 이유는 무엇일까? 유사한 문제
가 A회사나 B회사가 매수한 회사채를 투자신탁회사에게 매도하는 과정에
서도 제기된다. A회사나 B회사가 증권회사를 통하여 회사채를 투자신탁회
사에게 매도하였음에도 불구하고 증권회사의 관여는 형식에 불과하다고
본 이유는 무엇일까? Y가 발행회사와 회사채 발행에 대하여 미리 합의하
고 회사채에 투자한 투자신탁회사와도 미리 회사채매매에 대하여 합의하
는 등 회사채 발행 전체를 주도하였다는 점 때문에 문서로 작성된 계약서

에도 불구하고 Y 내지는 A회사나 B회사가 인수행위를 한 것으로 본 것인가? 만약 C회사가 정당한 인수수수료를 받고 인수한 후 그 회사채를 A회사나 B회사에게 매도하였고, A회사나 B회사가 그 회사채를 다시 투자신탁회사에게 매도할 때 관여하는 증권회사가 정당한 수수료를 받았다면 그때도 Y가 회사채 인수업을 행하였다고 보는 것이 합리적인가?

| 참고 판례 |

〔판례 1-4〕 대법원 2006. 4. 27. 선고 2003도135 판결에서는 회계법인이 해외 전환사채의 모집 주선을 행하면서 인수금액과 방법 및 조건에 관한 세부 내용을 결정하고 공시절차까지 완료한 후 증권회사를 발행 주간사로 선정한 사안에서 회계법인이 허가 없이 증권업을 영위하였음을 인정하였다.

〔**판례 1-4**〕 대법원 2006. 4. 27. 선고 2003도135 판결〔증권거래법 위반, 특정경제범죄 가중처벌 등에 관한 법률 위반(횡령)〕— 증권업의 의미, 해외 전환사채 공모 시 유가증권발행신고서 제출의무 인정 여부

• 사실관계

1. 피고인 Y2는 피고인 Y1회계법인의 상무이사로서, Y1회계법인은 2000. 8. 23.경 A회사에서 발행할 해외 전환사채 모집에 관한 제반 업무를 위임받는 용역계약을 체결하였다. Y1회계법인이 처리할 용역의 범위는 A회사에 투자하고자 하는 투자자 발굴 및 접촉 등으로 하고, Y1회계법인은 용역 착수일로부터 3주 이내에 기업소개서의 검토를 완료하고 투자자 유치에 착수하며, 용역의 대가는 성공보수 지급 시에 차감하는 진행수수료

1,000만 원 외에 성공보수로서 Y1회계법인의 노력으로 유치한 자본금액의 2.5퍼센트로 산정하고, 타 기관과의 공동작업에 의한 자금유치방식을 채택할 시에는 성공보수의 1퍼센트 이하의 금액을 선정기관에 지급하되 Y1회계법인에게 지급할 성공보수에서 차감하기로 약정하였다.

2. 그후 Y1회계법인은 A회사에 대한 기업분석·기업설명서 등을 작성하고 이를 기초로 2000. 9~10.경 사이에 B회사·C회사·D회사 등을 상대로 A회사의 해외 전환사채 인수를 권유하고 계약조건을 협상하였다.

3. Y1회계법인은 2000. 10. 4. 증권업 허가를 받은 E회사를 주간사로 선정하여 2000. 10. 25. A회사 발행 해외 전환사채 미화 700만 달러 상당 중에서 B회사에게는 아일랜드 소재 법인인 F 명의로 300만 달러분을, C회사에게는 말레이시아 소재 역외펀드인 G 명의로 300만 달러분을, D회사에게는 일본 소재 J 명의로 100만 달러분을 각 인수하도록 해 전환사채를 발행·모집하고 그 용역보수로 A회사로부터 수수료 1억 2,590만 3,675원을 지급받았다.

4. 피고인들은 증권업 허가 없이 유가증권 모집에 관한 증권업을 영위함과 동시에 유가증권신고서가 제출되지 않은 해외 전환사채의 모집을 주선하여 구 증권거래법 제208조 제1호 등을 위반한 혐의로 기소되었다.

• 법원의 판단

1. 무허가 증권업영업으로 인한 구 증권거래법 위반의 점

…증거들에 의하면, …피고인 Y1회계법인은 위 용역계약 체결 이후 2000. 9. 말경까지 A회사에 대한 기업분석·기업설명서 등의 작성과 이를 기초로 한 B·C·D회사 등 이 사건 해외 전환사채를 유관 해외 투자자들 명의로 실제 인수하기로 한 국내 투자자들과의 협상을 거쳐 대략적인 형태로나마 인수금액과 방법 및 조건에 관한 세부 내용 일부를 A회사의 승낙하에 결정한 다음, 위 해외 전환사채 발행에 필요한 A회사의 이사회 결

의 및 관련 공시절차에 이어 2000. 10. 4.경 비로소 구 증권거래법 소정의 허가 증권업체인 E회사를 위 해외 전환사채의 발행주간사로 선정하여 2000. 10. 25.자로 총 750만 달러 규모의 해외 전환사채의 인수를 위한 공식절차를 마친 사실, E회사의 선정 및 수수료 배분 논의는 A회사의 관여 없이 Y1회계법인에 의하여 이루어졌고, E회사는 위 국내 투자자들과 Y1회계법인 사이의 인수협상과정에 참여한 바가 없을 뿐만 아니라 별도로 이 사건 해외 전환사채를 인수할 국내외 투자자를 모집하지도 못한 사실, A회사는 Y1회계법인이 위 용역계약에 따라 회사 분석 자료 작성·투자자 물색 등 이 사건 해외 전환사채 발행에 관한 모든 업무를 주선하는 것으로 하여 그 대가로 Y1회계법인에게 지급할 해외 전환사채 인수액 2.5퍼센트 상당의 수수료에는 주간사에 지급할 수수료도 포함되어 있는 것으로 알고 있었던 사실 등이 인정된다. 이에 비추어 보면 Y1회계법인의 상무이사로서 Y1회계법인이 행한 위 해외 전환사채 발행 및 인수 관련 제반 업무를 실제로 담당한 피고인 Y2의 행위는 구 증권거래법 제2조 제8항 소정의 유가증권 모집의 주선으로서 증권업 영업에 해당한다고 볼 수 있고, 그 과정에서 Y1회계법인이 재무자문사의 명칭을 내세우고 그 업무도 동시에 수행하였다거나 위와 같은 투자자 모집에 관한 실질적 협상에 관여한 바 없는 허가 증권업체를 관계 법령상의 요건 구비의 의도로써 선정·참가시킨 일이 있다 하여 달리 볼 것은 아니다. 같은 취지에서 이 부분 구 증권거래법 위반의 점에 관하여 유죄를 선고한 제1심 판결을 그대로 유지한 원심의 조치는 정당하고, 거기에 상고이유에서 주장하는 바와 같은 위법이 없다.

2. 미신고 유가증권 모집 주선으로 인한 구 증권거래법 위반의 점

■ 원심 : 서울고등법원 2002. 12. 17. 선고 2002노1901 판결

이 사건 해외 전환사채는 형식적으로는 아일랜드 소재 법인인 F, 말레이시아 소재의 G, 일본 소재의 J가 각 그 판시금액 상당을 인수하는 해외 발행 전환사채로서의 형식을 취하였으나 실질에 있어서는 그 취득 권유나 취득 결정 등이 국내에서 이루어지는 등 국내 법인인 B회사·C회사·D회

사가 각 유관 외국 소재 법인의 명의를 빌려 인수한 것에 다름 아닌 이상 위 해외 전환사채의 모집은 국내에서 이루어진 것으로 보아야 하므로, 구 증권거래법 제8조 제1항 소정의 유가증권발행신고서 제출의무가 존재한 다 할 것임에도 이를 어긴 이상 위 피고인 Y1과 그 사용자인 피고인 Y2회 계법인은 위 구 증권거래법 위반의 죄책을 면할 수 없다.

■ 대법원 : 파기환송

상장회사가 해외에서 해외 투자자를 상대로 전환사채를 공모함에 있어 서 내국인이 최초 인수자인 해외 투자자로부터 재매수하기로 하는 이면 계약을 체결하였다 할지라도 해외 투자자와 발행회사 사이의 투자계약은 여전히 유효한 것이고, 또한 구 증권거래법 제8조 제1항에 의한 유가증권 발행신고서 제출의무는 국내 발행시장에서 모집에 응하는 투자자를 보호 하기 위한 것임에 비추어 볼 때, 국내 투자자가 유통시장에서 그 이면약정 에 따라 이를 다시 인수하였는지 여부를 불문하고 해외에서 발행된 전환 사채에 대하여는 구 증권거래법 제8조 제1항에 의한 유가증권발행신고서 제출의무가 인정되지 아니한다(대법원 2004. 6. 17. 선고 2003도7645 전원합의 체 판결 참조). … 앞에서 본 법리 및 관련 법령의 해석에 비추어 위와 같은 이면약정이 존재한다는 것만으로는 해외 투자자와 발행회사 사이의 법률 상 유효한 인수계약의 형식을 갖추어 해외에서 발행·인수된 전환사채에 대하여 위 구 증권거래법상의 유가증권발행신고서 제출의무가 인정되는 것은 아니라 할 것이다. 그럼에도 불구하고 원심은 유가증권발행신고서 제 출의무가 존재함을 전제로 이 부분 공소사실을 유죄로 인정하였는바, 이러 한 원심판결에는 구 증권거래법 제8조 제1항에 의한 유가증권발행신고서 제출의무에 관한 법리를 오해한 나머지 판결 결과에 영향을 미친 위법이 있다 할 것이고, 이 점을 지적하는 취지의 상고이유의 주장은 이유가 있다.

| 생각해 볼 사항 |

1. 구 증권거래법상 유가증권을 모집하는 경우에는 소액 공모 등의 예외에 해당하지 않는 한 유가증권신고서를 제출하여야 한다(제8조). 그런데 〔판례 1-4〕는 "유가증권발행신고서 제출의무는 국내 발행시장에서 모집에 응하는 투자자를 보호하기 위한 것임에 비추어 볼 때, 국내 투자자가 유통시장에서 그 이면약정에 따라 이를 다시 인수하였는지 여부를 불문하고 해외에서 발행된 전환사채에 대하여는 구 증권거래법 제8조 제1항에 의한 유가증권발행신고서 제출의무가 인정되지 아니한다"고 하여 A회사의 전환사채 발행이 국내 시장에서의 모집에는 해당하지 않는다고 보았다. 〔판례 1-4〕가 A회사의 전환사채 발행이 국내 시장에서의 모집에는 해당하지 않음에도 불구하고 Y2의 행위가 유가증권 모집의 주선에 해당한다는 결론에 이르게 된 논거를 명확하게 밝히고 있지는 않다. 그 논거를 추측해 보면 (i) 실제 모집행위가 없더라도 모집을 위한 준비작업도 주선에 포함되는 것으로 보았거나 아니면 (ii) 해외 시장에서의 모집도 인수업 해당 여부를 판단하기 위한 목적으로는 모집에 해당한다고 본 것일 것이다. 모집의 주선은 상법상의 주선(자기 명의로 타인의 계산으로 하는 법률행위)을 의미하는 것은 아니고 발행인을 위하여 매도청약 또는 매수청약의 권유를 하는 행위를 의미한다고 보아야 할 것인데, 모집 없이 모집의 주선이 행해질 수는 없을 것이므로 (i)의 타당성에 대하여 의문이 있다. 또한 모집은 법률에서 정의된 용어로서, 동일한 법률에서 모집이라는 용어를 다의적으로 해석할 수는 없다는 점에서 (ii)도 설득력이 없다. A회사의 전환사채 발행이 모집에 해당하는지 여부에 대한 논의는 〔판례 2-2〕 대법원 2004. 6. 17. 선고 2003도7645 전원합의체 판결에 대한 '생각해 볼 사항' 참조.

2. 현행 자본시장법상 '인수'란 제3자에게 증권을 취득시킬 목적으로 (i) 그 증권의 전부 또는 일부를 취득하거나 취득하는 것을 내용으로 하는 계약의 체결 또는 (ii) 그 증권의 전부 또는 일부에 대하여 이를 취득하는

자가 없는 때에 그 나머지를 취득하는 것을 내용으로 하는 계약을 체결하거나, 이를 전제로 발행인 또는 매출인을 위하여 증권의 모집·사모·매출을 하는 것이고(동법 제9조 제11항), 인수를 영업으로 하는 경우에는 투자매매업에 해당한다.

한편 자본시장법상 인수 외에 발행인 또는 매출인을 위하여 해당 증권의 모집·사모·매출을 하거나 그 밖에 직접 또는 간접으로 증권의 모집·사모·매출을 분담하는 자는 '주선인'이고(동법 제9조 제13항), 이러한 주선을 영업으로 하는 경우에는 '투자중개업'에 해당한다.

〔**판례 1-5**〕 대법원 2001. 2. 13. 선고 2000도3057 판결〔상습사기, 증권투자
　　　　　　신탁업법 위반〕 — 유사 투자신탁 해당요건

• **사실관계**

1. 피고인 Y는 1999. 5. 27.부터 같은 해 6. 14.까지 A회사가 판매하는 금융상품, 속칭 펀드 중 P상품 1구좌를 50만 원부터 500만 원까지 투자액을 정하여 구입하면 매월 15퍼센트의 배당금을 지급하고, Q상품 1구좌를 100만 원에서 3,000만 원까지 투자액을 정하여 구입하면 매월 17퍼센트의 배당금을 지급하고, R상품 1구좌를 150만 원에서 5,000만 원까지 투자액을 정하여 구입하면 매월 10퍼센트의 배당금을 지급하고, S상품을 투자액 제한 없이 구입하면 부동산 등 담보가 있는 상품에 재투자하여 담보확보이익과 매월 2~3퍼센트의 배당금을 지급하는 방법을 이용하여 도합 127인의 투자자로부터 합계 금 3억 7,450만 원을 투자금 명목으로 교부받고, 1999. 6. 8. 그중 일부 금원과 자신이 A회사에 투자한 금원 일부를 합쳐 금 1억 원을 B회사 수익증권금융상품에 투자·운영하여 3일 만에 1,900만 원의 수익을 올렸다.

2. 피고인 Y는 "그 법에 의하지 아니하고 현금 등의 재산을 납입 받아 유가증권에 투자·운용하고 그 수익권을 분할하여 불특정 다수인에게 취득시키는 업무를 행하는 것"을 처벌하는 구 증권투자신탁업법 제59조 제1호 및 제4조를 위반한 혐의로 기소되었다.

• 법원의 판단

제1심은 피고인에게 유죄를 선고하였으나 항소심에서는 무죄를 선고하였고 대법원은 원심판결을 유지하였다.

■ 원심 : 서울지방법원 2000. 6. 21. 선고 2000노3102 판결

구 증권투자신탁업법 제4조 소정의 유사 투자신탁이라 함은 현금 등의 재산을 납입 받아 유가증권에 투자·운용하고 그 수익권을 분할하여 불특정 다수인에게 취득시키는 업무를 행하는 경우를 말하므로, 피고인 Y의 위와 같은 행위가 동법 소정의 유사 투자신탁에 해당하기 위해서는 피고인 Y가 불특정 다수의 투자자들로부터 납입 받은 현금재산을 유가증권에 투자·운용함과 동시에 그 수익권을 분할하여 당해 투자자들에게 취득시켜야만 하는바, 여기에서 수익권을 분할하여 투자자들에게 취득시킨다 함은 수탁자가 투자자들로부터 납입 받은 재산을 수탁자의 고유재산과 분리된 일정한 기금으로 운용하면서 이로부터 발생하는 수익 또는 손실이 경제적으로 그 기금에 투자한 투자자들에게 그 기금의 조성액에 비례하여 귀속되도록 제반 장치를 마련함을 의미한다. 따라서 이러한 수익권의 분할을 위해서는 기금의 관리책임자가 유가증권에 투자할 자금을 모집하고 관리함에 있어 그의 다른 보유재산과 별도의 기금으로 관리하는 한편, 위 기금에 자금을 투자한 투자자에 대하여는 위 기금으로 유가증권투자가 이루어짐에 따라 그로 인한 수익이나 손실 등이 발생할 경우, 그 경제적 효과가 그대로 각 투자자가 위 기금의 조성에 기여한 비율에 따라 분배되도록 하

는 내용의 약정이 있어야만 할 것이다.

그런데 기록에 의하면, 피고인 Y는 투자자 127인으로부터 투자금 명목으로 교부받은 금원의 일부와 함께 자신의 투자금까지 합하여 1억 원을 기금으로 삼아 이를 유가증권에 투자·운용하였다는 사실만을 인정할 수 있을 뿐, 위 기금이 어떻게 관리되고 있고 유가증권의 투자로 인하여 발생한 수익금 1,900만 원이 어떤 방식으로 처리되는지, 즉 위 기금에 그대로 재투자되는지 아니면 위 기금에 투자한 투자자들에게 투자비율에 따라 분배되는지 등에 관하여 피고인 Y 측과 투자자들 사이에 구체적인 개별 약정이나 약관이 존재한다는 점에 대한 아무런 입증 자료가 없다.

■대법원

구 증권투자신탁업법 제59조 제1호 및 제4조는 "그 법에 의하지 아니하고 현금 등의 재산을 납입 받아 유가증권에 투자·운용하고 그 수익권을 분할하여 불특정 다수인에게 취득시키는 업무를 행하는 것"을 처벌하고 있는바, 이에 해당하기 위하여는 우선 투자자들로부터 납입 받은 재산을 유가증권에 투자하는 것이어야 하고, 또 투자자들로부터 납입 받은 재산으로 일정한 기금을 조성하고 그 기금에서 발생하는 수익 또는 손실이 투자금액에 비례하여 각 참여 투자자에게 귀속하는 방식으로 운용되는 것이어야 할 것이다.

원심은 위와 같은 법리를 전제로 하여, 피고인 Y에 대한 이 부분 공소사실 중 피고인 Y가 1999. 6. 8. 투자자들로부터 현금 등을 납입 받은 후 그중 금원 일부와 자신이 A회사에 투자한 금원 일부를 합쳐 금 1억 원을 증권에 투자하여 3일 만에 금 1,900만 원의 수익을 올린 사실만을 검토의 대상으로 삼고(기록에 의하면 피고인 Y는 일반 투자자들로부터 투자를 받을 때 투자대상을 유가증권에 한정하지 않았으며, 원심 인정의 위 사실 외에는 실제로 납입 받은 재산을 유가증권에 투자한 일이 없다), 피고인 Y가 납입 받아 증권에 투자한 위 재산이 기금의 형태로 관리되는 것인지, 그리고 그 수익금이 해당 기금에 참여한 투자자들에게 투자비율에 따라 분배되는 것인지를 알아볼 만한

아무런 입증 자료가 없다고 하여 이 부분 공소사실에 대하여 무죄를 선고
하였는바, 기록에 비추어 볼 때 이와 같은 원심의 인정과 판단은 정당한 것
으로 여겨지고, …사실오인이나 법리오해의 위법이 있다고 할 수 없다.

| 생각해 볼 사항 |

　피고인 Y가 매월 투자금의 15퍼센트가량을 배당금 명목으로 투자자들
에게 지급하는 조건으로 속칭 펀드를 판매하는 방법으로 투자자들을 기망
하였다는 점에 대하여는 사기죄가 인정되었다. 현행법하에서 이 사건과 같
은 행위가 발생하는 경우에는 A회사의 금융상품 속칭 펀드는 자본시장법
상 투자계약증권에 해당할 여지가 있는지 여부와 유사 수신행위의 규제에
관한 법률상의 유사 수신행위에 해당할 여지가 있는지 여부를 검토할 필
요가 있다.

〔판례 1-6〕 대법원 2019. 6. 13. 선고 2018다258562 판결〔약정금〕 무등록
　　　　　 투자일임업 금지 ― 단속규정

● 사실관계

　1. 2012. 2. 원고 X와 피고 Y는, X가 금융기관에 외환거래계좌를 개설하
여 금원을 입금하면 Y가 X로부터 투자를 일임받아 이를 운용하고 거기서
발생하는 수익 50%씩을 나누어 가지기로 하는 내용의 약정(이하 '이 사건
약정')을 체결하였다. X는 선물회사와 증권회사에 계좌를 개설하고 입금하
였고, Y는 그 자금을 외환거래에 투자하여 2013. 9.까지는 수익이 발생하
자 수익을 50%씩 나누었고, 2013. 9.말부터 손실이 발생하였다.
　2. X는 Y에게 주위적으로 강행규정위배로 인한 무효 등을 원인으로 한

부당이득 반환을 청구하고, 예비적으로 손실분담약정에 기한 약정금과 동업계약에 따른 정산금을 청구하였다.

• 법원의 판단

구 자본시장법(2013. 5. 28. 법률 제11828호로 개정되기 전의 것, 이하 '자본시장법'이라고 한다) 제17조가 금융투자업등록을 하지 않은 투자일임업을 금지하는 취지는 고객인 투자자를 보호하고 금융투자업을 건전하게 육성하고자 함에 있는바, 위 규정을 위반하여 체결한 투자일임계약 자체가 그 사법상의 효력까지도 부인하지 않으면 안 될 정도로 현저히 반사회성, 반도덕성을 지닌 것이라고 할 수 없을 뿐만 아니라 그 행위의 사법상의 효력을 부인하여야만 비로소 입법 목적을 달성할 수 있다고 볼 수 없고, 오히려 위 규정을 효력규정으로 보아 이를 위반한 행위를 일률적으로 무효라고 할 경우 거래 상대방과 사이에 법적 안정성을 심히 해하게 되는 부당한 결과가 초래되므로, 위 규정은 강행규정이 아니라 단속규정이라고 보아야 한다.

| 더 읽을거리 |

• 김유성, "자본시장과 금융투자업에 관한 법률 제17조를 위반하여 관계당국에 투자일임업을 등록하지 않은 자와 사이에 체결된 투자일임계약이 사법(私法)상 무효인지 여부," 대법원판례해설 제119호, 2019, 313~351면.

02

발행시장의 규제

I. 공모

〔**판례 2-1**〕 대법원 2004. 2. 13. 선고 2003도7554 판결〔사기, 증권거래법 위
반, 상법 위반〕— 공모의 요건 : 청약 권유의 방법

• 사실관계

　1. 피고인 Y는 A회사의 대표이사이다. A회사의 유상증자시 55인이 주금
을 납입하고 주식을 교부받았다.

　2. Y는 유가증권의 모집가액 또는 매출가액의 총액이 재정경제부령이
정하는 금액 이상인 경우 그 유가증권의 모집 또는 매출은 발행인이 당해
유가증권에 관하여 신고서를 금융감독위원회에 제출하여 수리되지 아니
하면 이를 할 수 없고, 이에 위반한 자를 처벌하는 구 증권거래법 제209조
제1호 및 제8조 제1항 등을 위반한 혐의로 기소되었다.

• 법원의 판단

제1심과 원심은 Y에게 유죄를 선고하였으나 대법원은 파기환송하였다.

▌원심 : 서울지방법원 2003. 11. 19. 선고 2003노6440 판결

구 증권거래법 제8조 제1항은, 불특정 다수인에 대하여 공개적으로 유가증권을 발행하는 공모의 경우에는 불특정 다수의 투자자들이 발행인에 관한 정보를 갖지 못한 상태에서 유가증권을 취득함으로써 예상하지 못한 피해를 입는 것을 방지하기 위하여 모집회사의 사업 내역에 대하여 금융감독위원회의 심사를 받도록 하여 투자자를 보호하고자 하는 데 그 입법 취지가 있다고 할 것이므로, 이 경우의 청약 권유는 발행인이 직접 유가증권 취득의 청약을 권유하는 경우뿐만 아니라 발행인을 통하여 순차적 또는 간접적으로 청약을 권유하여 투자자가 유가증권 모집에 응하는 경우도 유가증권의 모집의 대상자에 포함된다고 보는 것이 상당한바, 제1심이 적법하게 조사하여 채택한 증거들에 의하면, 피고인 Y가 직접 또는 순차로 이 사건 주식에 대한 청약을 권유하여 그에 응하여 주금을 납입하고 주식을 교부받은 자가 55인에 이르는 사실을 인정할 수 있다.

▌대법원 : 파기환송

구 증권거래법(2001. 3. 28. 법률 제6423호로 개정되기 전의 것) 제209조 제1호 및 제8조 제1항의 각 규정에 의하면, 유가증권의 모집가액 또는 매출가액의 총액이 재정경제부령이 정하는 금액 이상인 경우 그 유가증권의 모집 또는 매출은 발행인이 당해 유가증권에 관하여 신고서를 금융감독위원회에 제출하여 수리되지 아니하면 이를 할 수 없고, 이에 위반한 자는 2년 이하의 징역 또는 1,000만 원 이하의 벌금에 처하도록 하고 있으며, 구 증권거래법 제2조 제3항 및 구 증권거래법 시행령(2002. 2. 9. 대통령령 제17518호로 개정되기 전의 것) 제2조의4 제1항, 제3항, 제5항의 각 규정에서 '유가증권의 모집'이라 함은 대통령령이 정하는 바에 따라 신규로 발행되는 유가

증권 취득의 청약을 권유함을 말하는데 권유받는 자의 수가 50인 이상이어야 하고, 여기에서 말하는 '청약의 권유'의 의미에 관하여 동 시행령 제2조의4 제5항은 "권유받는 자에게 유가증권을 취득하도록 하기 위하여 신문·방송·잡지 등을 통한 광고, 안내문·홍보전단 등 인쇄물의 배포, 투자설명회의 개최, 전자통신 등의 방법으로 유가증권을 발행 또는 매도한다는 사실을 알리거나 취득의 절차를 안내하는 활동을 말한다"고 정의하고 있으며, 한편 그 50인의 수를 산정함에 있어서는 당해 취득청약의 권유 또는 매도청약이나 매수청약의 권유(앞의 '청약의 권유'는 이를 가리킨다)를 하는 날로부터 과거 6개월 이내에 당해 유가증권과 동일한 종류의 유가증권에 대하여 모집 또는 매출에 의하지 아니하고 청약의 권유를 받은 자를 합산하는 것을 원칙(다만 발행인의 주주, 임원 등은 일정한 경우 그 합산에서 제외된다)으로 한다고 되어 있다.

이 관계 법령의 규정과 구 증권거래법의 입법 취지를 종합해 보면, 발행인이 신규로 발행되는 유가증권의 취득의 청약을 권유하는 행위가 구 증권거래법상의 '모집'에 해당되어 발행인에게 당해 유가증권에 관하여 금융감독위원회에 신고서를 제출할 의무가 있다고 하기 위해서는, 우선 유가증권 발행인이 "신규로 발행되는 유가증권을 취득하도록 하기 위하여 신문·방송·잡지 등을 통한 광고, 안내문·홍보전단 등 인쇄물의 배포, 투자설명회의 개최, 전자통신 기타 이에 준하거나 이와 유사한 방법으로 유가증권을 발행 또는 매도한다는 사실을 알리거나 취득의 절차를 안내하는 활동"을 하는 경우라야 하고, 나아가 발행인으로부터 그와 같은 방법으로 권유받는 자의 수가 50인 이상이거나 적어도 그와 같은 방법으로 청약의 권유를 하는 날로부터 과거 6개월 이내에 당해 유가증권과 동일한 종류의 유가증권에 대하여 "모집 또는 매출에 의하지 아니하고"(즉 위에서 열거된 바와 같은 방법에 의하지 아니하고) 청약의 권유를 받은 자까지 합산(다만 발행인의 주주·임원 등은 일정한 경우 그 합산에서 제외된다)하여 그 수가 50인 이상인 때이어야 한다고 할 것이다.

그런데 이 사건에 관하여 보면, 우선 원심이 인정한 범죄사실은 물론 기록에 나온 증거에 비추어 보아도 피고인 Y가 A회사의 대표이사로서 B 등 55인이나 그 밖의 다른 사람 등을 상대로 하여 "신문·방송·잡지 등을 통한 광고, 안내문·홍보전단 등 인쇄물의 배포, 투자설명회의 개최, 전자통신 및 그 밖에 이에 준하거나 이와 유사한 방법"으로 청약의 권유를 하였다고 볼만한 자료가 없으므로, 원심이 인정한 바와 같이 피고인 Y가 직접 또는 순차로 이 사건 주식에 대한 청약을 권유하여 그에 응하여 주금을 납입하고 주권을 교부받은 자가 55인에 이르렀다는 사실만으로 이를 구 증권거래법상의 유가증권의 '모집'에 해당된다고 볼 수 없다고 할 것이다.

| 생각해 볼 사항 |

1. 자본시장법 시행령 제2조 제2호도 구 증권거래법 시행령 제2조의4 제5항과 유사한 조항을 두고 있다.

2. 이 사건의 환송 후 항소심판결(서울지방법원 2004. 8. 11. 선고 2004노1495 판결)은 "피고인이나 회사 간부들이 개인적으로 알고 있는 지인이나 친척들의 소개로 알게 된 사람들을 상대로 일대일로 만나 사업설명을 하면서 투자를 요구하거나 주식의 청약을 권유하는 사모형태로 주주를 모집한 사실을 인정할 수 있을 뿐… 55인이나 그 밖의 다른 사람 등을 상대로 하여 '신문·방송·잡지 등을 통한 광고, 안내문·홍보전단 등 인쇄물의 배포, 투자설명회의 개최, 전자통신 및 그 밖에 이에 준하거나 이와 유사한 방법'으로 청약의 권유를 하였다고 볼 자료가 없다"고 하여 무죄를 선고하였다. 피고인이 직접 1:1 면담의 방법으로 구두로 청약의 권유를 한 상대방의 숫자가 50명이 안되는 것인지 아니면 1:1 면담은 청약의 권유 방법에 포함되지 않는다는 것인지 명확하지 않다. 만약 후자의 취지라면, 50인 이상의 투자자와 각각 일대일 면담을 통하여 구두로 증권 취득 청약을 권유하되, 안내문 등의 문서를 사용하지 않는 경우에는 증권의 모집에 해당하

지 않게 될 것이다. 그러나 이러한 행위를 모집으로 규율할 필요는 안내문을 사용한 경우와 차이가 없을 것이다. 투자설명회라는 것이 반드시 다수가 참석하여야만 성립하는 것은 아니다. 예컨대 서로 다른 30인이 참석한 설명회를 2회 개최한 경우, 5인이 참석한 설명회를 12회 개최한 경우, 3인이 참석한 설명회를 20회 개최한 경우와 60인과 각각 일대일 면담을 한 경우를 달리 취급할 필요가 있는지 의문이다. 일대일 면담도 회의의 일종이므로 투자설명회의 범주에 들어간다고 보는 것이 합리적일 것이다.

| 참고 판례 |

■ 대법원 2005. 9. 30. 선고 2003두9053 판결〔과징금부과처분 취소〕─ 50인 산정기준

구 증권거래법(2001. 3. 28. 법률 제6423호로 개정되기 전의 것) 제2조, 동법 제8조 제1항 및 동법 시행령 제2조의4 제1항에서 50인 이상의 자를 상대로 유가증권을 모집하는 발행인으로 하여금 유가증권신고서를 제출하도록 한 취지는, 투자자인 청약 권유 대상자에게 발행인의 재무 상황이나 사업 내용 등에 관한 정보가 충분히 제공되도록 함으로써 투자자를 보호함과 아울러 유가증권시장의 건전한 발전을 도모하기 위한 것이므로, 유가증권신고서의 제출대상인 유가증권의 모집에 해당하는지 여부를 판단함에 있어서는 특별한 사정이 없는 한, 신규로 발행되는 유가증권의 취득의 청약을 권유받는 자를 모두 합산하여 동법 제2조 및 동법 시행령 제2조의4 제1항에 규정된 50인의 청약 권유대상자 수를 산정하여야 할 것이나, 다만 예외적으로 발행인으로부터 설명을 듣지 아니하고도 발행인의 재무 상황이나 사업 내용 등의 정보에 충분히 접근할 수 있는 위치에 있을 뿐만 아니라, 그것을 판단할 수 있는 능력을 갖추고 있어 스스로 자기이익을 방어할 수 있는 자는 50인의 청약 권유대상자 수에서 제외하여야 할 것이고, 따라서 50인의 청약 권유대상자 수를 산정함에 있어서 제외되는 자를 규정한 동

법 시행령 제2조의4 제3항 제7호 및 유가증권의 발행 및 공시 등에 관한 규정 제2조 각 호의 규정 역시 위와 같은 취지에 비추어 제한적으로 해석되어야 한다.

〔판례 2-2〕 대법원 2004. 6. 17. 선고 2003도7645 전원합의체 판결〔업무상 횡령 · 배임, 증권거래법 위반, 상법 위반, 공정증서원본 불실기재, 불실기재 공정증서원본행사 등〕— 전환사채 해외 발행 시 유가증권 발행신고서 제출의무 여부[2]

● 사실관계

1. 피고인 Y는 2000. 10. 24. A은행과, Y가 대표이사로 있는 B회사가 발행한 해외 전환사채 900만 달러를 A은행이 전량 매수하면 A은행으로부터 그중 500만 달러는 2000. 11. 10.까지 110퍼센트의 가격으로, 300만 달러는 2000. 12. 10.까지 115퍼센트의 가격으로 재매수하여 주기로 약정하였다.

2. B회사는 2000. 10. 25. 900만 달러의 전환사채를 발행하기로 결의하였고, 이후 C회사와 D회사는 A은행이 즉시 재매수하여 주겠다는 약속에 따라 2000. 10. 26. 각각 500만 달러와 400만 달러의 전환사채를 인수하고 대금을 주간사인 E증권에 입금하였다.

3. A은행은 약정에 따라 2001. 11. 2. C회사로부터, 2001. 11. 15. D회사로부터 각 전환사채를 매수하였고, Y는 2000. 11. 13~12. 18.에 F 등의 차명 계좌로 위 전환사채 300만 달러 상당을 매수하여 보유하였다.

4. Y는 유가증권의 모집가액 또는 매출가액의 총액이 재정경제부령이

---

2) 유사한 사안에 대한 증권신고서 제출의무와 증권업 영위 여부에 대한 판시로는 〔판례 1-4〕 대법원 2006. 4. 27. 선고 2003도135 판결.

정하는 금액 이상인 경우, 그 유가증권의 모집 또는 매출은 발행인이 해당
유가증권에 관하여 신고서를 금융감독위원회에 제출하여 수리되지 아니
하면 이를 할 수 없고, 이에 위반한 자를 처벌하는 구 증권거래법 제209조
제1호 및 동법 제8조 제1항 등을 위반한 혐의로 기소되었다.

• 법원의 판단

▌원심 : 서울고등법원 2003. 11. 14. 선고 2003노1683, 2042 판결

Y는 위 전환사채가 발행되어 C회사와 D회사에 인수되면 즉시 A은행이
재매수하기로 한 사정을 알고 있었다고 보아야 할 것이고, 따라서 위 전환
사채는 외견상으로는 C회사 명의로 500만 달러분을, D회사 명의로 400만
달러분을 각각 인수하는 형식을 취하면서 실제로는 위와 같이 A은행이 외
국 소재 법인의 이름을 빌려 인수한 것이라고 봄이 상당하고, 나아가 구 증
권거래법 제2조 제3항에 의하면 유가증권의 모집은 신규로 발행되는 유가
증권 취득의 청약을 권유하는 것으로서 앞에서 본 바와 같이 실질적인 유
가증권 인수자가 A은행이고 그 취득 권유나 취득 결정 등이 국내에서 이
루어진 점 등에 비추어 볼 때 위 전환사채의 모집은 국내 시장에서 이루어
진 것이라고 보아야 하므로, 위 전환사채와 관련하여 구 증권거래법에 정
한 절차에 따라 금융감독위원회에 신고서를 제출하여야 할 것이어서 피고
인 Y는 위 신고 불이행으로 인한 구 증권거래법 위반의 죄책을 져야 한다.

▌대법원 : 파기환송

상장회사가 해외에서 해외 투자자를 상대로 전환사채를 공모함에 있어
서 내국인이 최초 인수자인 해외 투자자로부터 재매수하기로 하는 이면계
약을 별도로 체결하였다 할지라도 해외 투자자와 발행회사 사이의 투자계
약은 여전히 유효한 것이고, 또한 구 증권거래법 제8조 제1항에 의한 유가
증권발행신고서 제출의무는 국내 발행시장에서 모집에 응하는 투자자를
보호하기 위한 것임에 비추어 볼 때, 국내 투자자가 유통시장에서 그 이면

약정에 따라 이를 다시 인수하였는지 여부를 불문하고 해외에서 발행된 전환사채에 대하여는 구 증권거래법 제8조 제1항에 의한 유가증권발행신고서 제출의무가 인정되지 아니한다고 할 것이다.

그럼에도 불구하고 해외 전환사채를 공모함에 있어서 내국인이 최초 인수자인 해외 투자자로부터 재매수하기로 하는 이면계약이 체결된 경우에 있어서 유가증권발행신고서 제출의무가 인정됨을 전제로 이 부분 범죄사실을 유죄로 인정한 원심판결에는, 구 증권거래법 제8조 제1항에 의한 유가증권발행신고서 제출의무에 관한 법리를 오해한 나머지 판결 결과에 영향을 미친 위법이 있다고 할 것이므로 이 점을 지적하는 상고이유의 주장 또한 이유 있다.

| 생각해 볼 사항 |

1. 대법원은 A은행의 전환사채매수를 유통시장에서의 거래로 인정하였으나, 증권발행 시 공시 등 규제를 필요로 하는 발행시장에서의 거래와 그 후의 유통시장에서의 거래를 어떠한 기준으로 구분할 것인지에 대하여는 언급하지 않았다. 이 사건에서는 전환사채 발행회사인 B회사의 대표이사가 전환사채 발행을 추진하는 과정에서 A은행과 합의하였고 인수인으로 관여한 C회사와 D회사도 A은행이 매수할 것을 조건으로 인수하였으므로, A은행이 C회사와 D회사로부터 전환사채를 매수하였더라도 이는 실질적으로 전환사채 발행회사인 B회사와의 합의를 이행하기 위한 매수라고 할 것이다. 발행회사와의 합의에 의한 매수를 유통시장에서의 매매거래라고 보는 것이 타당한지는 매우 의문스럽다. A은행이 전환사채 발행회사와의 사전 합의에 의하여 전환사채를 매수한 이상 전환사채가 국내 투자자를 대상으로 발행할 것을 예정하였고 실제로 국내 투자자를 대상으로 발행한 것이라고 보는 것이 더 합리적일 것이다.

2. 모집의 요건인 '청약의 권유를 받는 자의 수가 50인 이상'인지 여부를

판단할 때, 은행 등 일정한 전문투자자는 청약의 권유를 받은 자의 숫자에 산입하지 않는다(자본시장법 시행령 제11조 제1항). A은행에게만 청약의 권유를 하였다면 모집에 해당하지 않을 것이다. 그러나 청약의 권유를 받는 자의 수가 50인 미만이어서 모집에 해당되지 않는 경우에도 그 증권이 발행일로부터 1년 이내에 50인 이상의 자에게 양도될 수 있는 경우로서 일정한 전매기준에 해당하는 때에는 모집으로 본다(구 증권거래법 시행령 제2조 제4항 및 자본시장법 시행령 제11조 제3항). 즉 청약의 권유가 없더라도 전매 가능성이 있으면 간주모집에 해당된다(대법원 2014. 2. 27. 선고 2012두25712 판결).[3] 그렇다면 A은행에게만 청약의 권유를 하였더라도 전매기준에 해당하는지 여부를 살펴보아야 모집에 해당하는지 여부를 판단할 수 있을 것이다. 금융감독원은 증권의 해외 발행을 가장한 국내 모집임을 이유로 다수의 발행회사와 주간사회사에게 과징금을 부과하였다(금융감독원 2003. 12. 24. 정례브리핑자료, 해외 CB · BW 발행 관련 공시의무 위반에 대한 조치).

3. 〔판례 2-2〕는 모집규제의 맥락에서 증권의 해외 발행과 국내 발행을 구분하였으나 구분의 기준을 제시하지는 않았다. 그 기준을 정할 때 고려할 사항으로는 (i) 청약의 권유를 받는 투자자의 소재지, (ii) 청약의 권유행위가 이루어지는 장소, (iii) 투자자의 청약이 이루어지는 장소, (iv) 투자자의 청약대금이 지급되는 장소, (v) 증권이 증서로 발행되어 교부되는 장소 등을 생각하여 볼 수 있을 것이나, 모집규제가 국내 증권 발행시장의 투자

---

3) 대법원 2014. 2. 27. 선고 2012두25712 판결은 상장법인이 구 증권거래법이 규정한 유가증권의 모집방법에 따라 신주를 발행하면서 신주의 발행가액을 시가보다 낮게 결정함으로써 신주 인수인이 이익을 얻더라도 그에 대하여는 증여세를 과세하지 아니하도록 규정한 구 상속세 및 증여세법 제39조 제1항 제1호 가목의 괄호에서 정한 '유가증권의 모집방법'에 구 증권거래법 시행령 제2조의4 제4항이 정한 간주모집의 방법이 포함된다고 판시하면서, 간주모집에 해당하는지 여부는 '청약의 권유를 받은 자의 수'가 아니라 '전매 가능성의 유무'를 기준으로 판단하도록 정하고 있으므로 청약의 권유가 없었더라도 전매 가능성 기준을 충족하는 경우에는 간주 모집에 해당한다고 판시하였다.

자보호와 공정한 질서 유지라는 점을 고려할 때 (i)과 (ii)가 가장 중요한 고려요소가 되어야 할 것이다.

| 더 읽을거리 |

• 조민제 / 조남문 / 차경민, "해외증권 발행 공시규제에 대한 비판적 소고 : 유가증권의 발행 및 공시 등에 관한 규정 제12조 제1항 제6호 신설 규정을 중심으로," BFL 제28호(2008. 3), 서울대학교 금융법센터.

II. 공시의무 위반에 대한 민사책임

〔판례 2-3〕 서울지방법원 남부지원 1994. 5. 6. 선고 92가합11689 판결 ; 서울고등법원 1995. 6. 14. 선고 94나21162 판결(확정)〔손해배상(기)청구 사건〕― 분식결산한 회사의 기업공개 시 민사책임[4]

• 사실관계

1. 피고 Y1회사(신정제지)는 적자가 누적된 사실을 은폐하고 이익이 발생한 것으로 분식결산을 하여 1992. 1. 23. 주식을 증권거래소에 상장하였다. 공인회계사인 피고 Y2는 매월 보수를 받고 Y1회사의 분식결산을 지도하고 적정 의견으로 된 감사보고서를 작성하였으며, 피고 Y3증권회사는 Y1회사의 주간사회사로서 주식총액 인수 및 모집에 관한 계약을 체결하고

---

[4] 이 판결 중 미공개 중요정보 이용행위에 대한 부분은 뒤의 〔판례 5-10〕 서울지방법원 남부지원 1994. 5. 6. 선고 92가합11689 판결, 이 사건과 관련된 형사사건은 〔판례 6-3〕 대법원 1994. 10. 25. 선고 93도2516 판결 참조.

Y1회사의 기업공개를 추진하였다.

2. 전문 창업투자회사인 피고 Y4개발금융회사는 Y1회사의 상장 전 발행주식총수 128만 주 중 51만 주를 소유한 투자자로서, Y1회사와의 합작투자계약상 생산·판매·사업계획 진행 현황 등을 보고받을 수 있으며, 필요한 경우 Y1회사의 회계 및 업무 전반에 대하여 감사할 수 있는 권한이 있었다.

3. 원고는 1992. 4. 29. Y1회사 주식을 매수하였다가 그다음 날 Y1회사의 부도 사실이 공시되어 주가가 급락하여 540만 원가량의 손해를 보았다.

4. 원고는 피고들을 상대로 민법상 불법행위 등을 이유로 하여 손해배상을 청구하였다.

• 법원의 판단

제1심에서 원고가 일부 승소하고 피고들만 항소하였으며 항소심에서 창업투자회사인 Y4개발금융회사에 대한 원고청구가 기각되고 나머지 피고들의 항소는 모두 기각되었다.

▌제1심 : 서울지방법원 남부지원 1994. 5. 6. 선고 92가합11689 판결

1. 공인회계사의 책임

부실기업이 장기간의 분식결산 등을 통하여 기업공개의 요건을 갖춘 것처럼 가장하여 그 주식을 증권거래소에 상장한 후 부도를 내어 그 주식가격이 폭락함으로써 주식시장에서 해당 주식을 매수한 일반 투자자가 손해를 입은 경우, 위 부실기업의 분식결산을 지도하고 허위의 감사보고서를 작성하여 그 주식이 불법으로 상장되도록 한 공인회계사는 민법 제750조의 불법행위자로서 그 주식의 매수로 말미암아 일반 투자자가 입은 손해를 배상할 책임이 있다.

2. 창업투자회사의 책임

중소기업창업지원법을 준거법으로 설립되어 중소기업에 자본합작의 방

법으로 출자한 후 이를 장외등록 또는 상장시켜 그 출자지분을 처분함으로써 출자금을 회수하고 이익을 얻는 것을 영업 내용으로 하는 회사로서, 투자대상 기업과의 합작투자계약에 기하여 투자대상 기업이 기업공개의 요건을 갖춘 건실한 기업인지 여부를 실질적으로 감사하고 이러한 요건을 갖출 수 있도록 경영 지도를 할 수 있는 포괄적 권한을 갖고 있는 창업투자회사가 부실기업인 투자대상 기업이 이미 극심한 자금 압박을 받고 있어 특별한 사정이 없는 한 단기간 내에 기업의 정상적인 영업활동이 거의 불가능해지리라는 점을 잘 알면서도, 자신의 투하자본 회수에 급급한 나머지 투자대상 기업이 기업공개의 요건을 갖추었는지 여부를 실질적으로 감사하거나 그 기업에 대한 지원과 지도를 통하여 기업공개의 실질적 요건을 갖춘 건실한 기업으로 성장한 후 기업을 공개하도록 하는 등의 노력을 전혀 기울이지 아니한 채 위와 같은 기업을 공개하도록 하였다면, 이는 선의의 일반 투자자에 대한 관계에는 위법한 행위라 할 것이므로 위와 같은 창업투자회사로서는 투자대상 기업의 주식매수로 말미암아 일반 투자자가 입은 손해를 배상할 책임이 있다.

3. 기업공개 주간사회사의 책임

(1) 불법행위책임

기업공개 주간사회사인 증권회사에게 공개 예정 기업의 재무제표 및 그에 대한 감사보고서가 진실한 것인지 여부를 확인하여야 할 의무가 있다고 하려면, 적어도 주간사회사에게 공개 예정 기업에 대하여 그 회계장부와 관련 서류의 열람 또는 제출을 요구하고, 그 업무와 자산 상태를 조사할 수 있는 권한 또는 별도의 감사인을 선임하여 공개 예정 기업에 대하여 감사를 할 수 있는 권한이 있다고 볼 수 있어야 할 것인데, 주간사회사에게 위와 같은 권한이 있다고 인정할 아무런 근거규정이 없는 이상 기업공개 주간사회사로서는 공개 예정 기업이 기업공개의 요건을 갖추었는지 여부를 분석하는 데 필요한 재무 사항에 관하여는 주식회사의 외부감사에 관한 법률에 의하여 엄격한 자격기준 및 감사기준이 마련되고 허위감사에 대한 제재에 의하여 그 진실성이 담보되는 외부감사인의 감사보고서와 그 감사를 받은 재무제표를 진실한 것으로 믿고 이를 기준으로 분석을 하는 것으로 족하다 할 것이며, 더 나아가 위 재무제표 및 감사보고서가 진실한 것인지 여부를 다시 확인하여야 할 의무까지는 없다고 보아야 할 것이다.

(2) 인수계약을 체결한 자로서의 책임

증권거래법 제14조 제3호에 정해진 '당해 발행인과 당해 유가증권의 인수계약을 체결한 자'로서 손해배상책임이 있다는 주장에 대하여 보건대, 위 규정은 1991. 12. 31. 법률 제4469호로 개정된 증권거래법에 신설된 규정으로서 위와 같은 규정을 두고 있지 아니한 구 증권거래법 시행 당시인 1990. 11. 8. 피고 Y1회사와 인수계약을 체결한 피고 Y3증권에 대하여 그 후 신설된 위 규정을 근거로 손해배상책임을 물을 수는 없다.

(3) 사업설명서[5] 교부자로서의 책임

사업설명서의 작성책임은 유가증권의 발행인에게 있는 것으로 규정하고 있으므로 피고 Y1회사의 신주 모집을 위한 이 사건 사업설명서의 작성자는 그 발행인인 피고 Y1회사인 것으로 보아야 할 것이고, 피고 Y3증권이 위 사업설명서의 작성업무를 사실상 대행하였다 할지라도 피고 Y3증권을 그 작성자로 볼 수는 없다 할 것이다. 그러나 피고 Y3증권이 피고 Y1회사로부터 위 Y1회사가 기업공개에 따라 발행하는 신주의 총액 인수 및 모집을 위탁받은 주간사회사로서 피고 Y1회사 작성의 사업설명서를 증권거래소, 각 청약사무취급처 등에 교부한 사실은 앞에서 본 바와 같으므로, 특별한 사정이 없는 한 피고 Y3증권은 허위로 기재된 피고 Y1회사의 사업설명서를 교부한 자로서 구 증권거래법 제14조에 따라 원고가 피고 Y1회사의 주식을 취득함으로 말미암아 입은 손해를 배상할 책임이 있다 할 것이다.

이에 대하여 피고 Y3증권은 상당한 주의(due diligence)를 하였음에도 불

---

5) 구 증권거래법상 '사업설명서'는 자본시장법상 '투자설명서'로 용어가 변경되었다.

구하고 위 사업설명서가 허위인 사실을 알 수 없었다고 항변하므로 살펴
건대, 구 증권거래법 제14조가 사업설명서를 '교부한 자'로서의 책임을 묻
는 것이라 할지라도 기업공개의 최초 준비단계부터 그 절차가 마무리될 때
까지 공개과정에 관여한 주간사회사인 교부자에 대하여는 그 전 과정을 통
하여 상당한 주의를 다하였는지 여부를 판단하여야 할 것이고, 다른 한편
앞에서 본 바와 같이 발행인의 업무 또는 자산 상태를 조사하거나 별도로
이를 감사하는 등 발행인을 통제할 권한이 없는 주간사회사에 대하여는
손해배상책임의 면책사유로 규정되어 있는 '상당한 주의'의 정도를 감경하
여 인정하여야 할 것인데, 피고 Y3증권이 1990. 11.경 피고 Y1회사의 기
업공개업무를 맡기로 한 후, 1991. 4. 1~5. 기업공개에 따른 주간사계획
서 작성 및 유가증권분석에 필요한 자료를 얻기 위하여 담당직원인 소외
김○○, 김××를 피고 Y1회사의 정주시 본사로 현지출장을 보내 공장 가
동 현황을 둘러보게 하고 외부감사인이 작성한 감사보고서와 그 감사를
거친 재무제표에 따라 재무구조를 살펴보는 등 공개요건을 검토하였고, 같
은 해 8. 19~22. 피고 Y3증권 측에서 피고 Y1회사에 대한 2차 현지출장을
나가 1990. 사업연도 및 1991. 반기 사업연도에 대한 결산재무제표 및 그
에 대한 외부감사인의 감사보고서 등을 추가로 제출받은 후 위 각 재무제
표와 감사보고서를 토대로 공개요건 해당 여부 등을 검토한 사실은 앞에
서 인정한 바와 같은바, 위 인정사실에 의하면 피고 Y3증권으로서는 상당
한 주의를 다하여 피고 Y1회사가 기업공개의 요건을 갖추었는지를 분석
하였음에도 피고 유○○, 같은 윤○○ 등이 피고 Y1회사의 기업공개를 위
하여 공개요건에 맞도록 장기간에 걸쳐 교묘하게 재무제표를 분식회계 처
리하여 온 탓에 그 허위성을 밝혀내지 못하였다고 보아야 할 것이다(피고
Y1회사의 공개요건에 관하여 공인회계사 자격이 없는 직원들로 하여금 이를 검
토하게 한 피고 Y3증권과는 달리, 소외 증권감독원에서는 같은 해 7. 24~26. 3일
간 그 감리국 직원으로서 공인회계사 자격이 있는 소외 윤○○, 같은 조○○ 및
실무수습 공인회계사인 소외 이○○ 등 3인으로 하여금 피고 Y1회사에 대한 현

지 실지감리를 실시하도록 하였음에도 피고 Y1회사가 재무제표를 분식회계 처리한 사실을 밝혀내지 못하였다). 따라서 피고 Y3증권의 위 항변은 이유 있다.

4. 증권거래소에 상장될 수 없는 부실기업의 주식이 불법으로 상장되었음을 원인으로 하는 손해배상청구소송에 있어서는, 주식시장의 특성상 적자가 누적되고 재무구조가 취약하여 처음부터 기업공개의 요건을 갖추지 못한 부실기업이 기업공개의 요건을 갖춘 건전한 기업인 것처럼 분식하여 불법으로 기업을 공개한 후 부도를 내어 기업의 존속 자체가 어려워지는 경우에는 그 주식의 시장가격이 급락하여 위와 같은 사정을 알지 못하고 당해 주식을 매수하였던 투자자들은 필연적으로 손해를 입게 되는데, 주식시장에서는 불특정 다수인 사이에 비대면적·집단적으로 수시로 거래가 이루어지는 관계로 그 거래의 상대방이라는 개념이 존재할 여지가 없고, 주식시장에서의 가격결정구조의 특성상 상장된 기업의 주식가격은 그 주식이나 해당 기업 자체에 관한 사항 외 다른 요인들에 의하여 영향을 받는 경우가 많이 있을 뿐 아니라, 주식가격의 급락을 초래하는 기업의 부도도 여러 가지 복합적 요인에 의하여 발생하기 때문에 피해자가 가해행위와 손해 발생 간 인과관계의 모든 과정을 증명하는 것은 극히 어렵거나 사실상 불가능한 경우가 대부분이어서, 위와 같은 경우에까지 피해자에게 모든 입증책임을 부담시키면 사회 형평의 관념에 맞지 않으므로, 위와 같은 경우에는 청구자인 피해자는 피청구자의 행위와 부실기업의 불법 상장 사이에 상당인과관계가 있다는 점, 청구자가 선의로 해당 주식을 매수함으로 인하여 손해를 입었다는 점을 입증함으로써 족하고, 이에 대하여 가해자는 피해자의 손해가 예기치 못한 경제 사정의 급변 등 주식의 불법 상장 외 다른 원인에 의한 것임을 입증하지 못하는 한 책임을 면할 수 없다고 봄이 상당하다.

▌항소심 : 서울고등법원 1995. 6. 14. 선고 94나21162 판결

피고 Y4개발금융이 중소기업창업지원법에 근거하여 설립된 창업투자회사이기는 하나 원고의 위 주장과 같이 기업공개와 관련하여 부실공개를 막아야 할 의무를 지고 있다고 볼만한 규정은 중소기업창업지원법 기타

어느 법령에서도 찾아볼 수 없다. 또 피고 Y4개발금융이 Y1회사와의 사이에 체결한 합작투자계약상의 위와 같은 권한은 같은 피고가 Y1회사에 대하여 거액의 투자를 한 회사로서 그 이익을 보호하기 위하여 확보한 것이지 원고와 같은 제3자에 대한 의무로서 확보한 것은 아니므로 원고와 같은 제3자가 피고 Y4개발금융의 위와 같은 계약상 권한행사의 해태사실을 들어 피고 Y4개발금융에 손해배상을 구할 수는 없는 것이다. 그리고 피고 Y4개발금융이 Y1회사의 대주주라거나 그 계열사인 D증권 측에서 Y3증권에게 Y1회사의 주간사회사를 맡겼다는 사실만으로 피고 Y4개발금융에게 Y1회사의 부실공개를 저지해야 할 신의칙상 또는 조리상 의무가 있다고 보기도 어려우며 그 밖에 달리 이를 인정할 증거가 없다.

| 생각해 볼 사항 |

1. 〔판례 2-3〕은 증권신고서 및 투자설명서 부실기재에 따른 인수인의 책임을 추궁한 첫 사건이라고 할 수 있다. 이 판결은 주간사회사가 발행인의 업무 또는 자산 상태를 조사하거나 별도로 이를 감사하는 등 발행인을 통제할 권한이 없다고 하여 주간사회사에 요구되는 '상당한 주의'의 정도를 감경하여 인정하여야 한다고 판시하였다. 이 판시가 증권신고서의 공시를 통한 투자자보호를 근간으로 하는 증권규제의 기본 목적에 부합하는지는 의문스럽다. 인수인이 발행인의 업무 또는 재무 상황을 조사할 권한은 자본시장법상 인수인이 책임을 부담한다는 점에서 나오는 것이며, 그러한 조항이 없더라도 인수인은 발행인과의 계약상 그러한 권한을 갖도록 할 필요가 있다. 인수인은 그의 명성을 믿고 투자하는 투자자들에게 정확하고 충분한 정보를 제공하여 적정한 공모가를 형성하도록 하여야 하는 증권시장 문지기(gate keeper)의 지위에 있기 때문이다. 물론 정보의 종류에 따라 인수인이 기울일 주의의 정도를 달리하여야 하는지에 대하여는 신중하게 검토할 필요가 있다.

2. 발행시장에서의 공시(증권신고서·투자설명서)에 중요한 사항에 대한 거짓기재·기재 누락이 있는 경우, 자본시장법 제125조(또는 구 증권거래법 제14조)에 열거된 책임 주체가 손해배상책임을 면하기 위해서는 상당한 주의를 하였음에도 불구하고 이를 알 수 없었음을 증명하여야 한다. 대법원은 유통시장에서의 공시(사업보고서)와 관련하여 '상당한 주의를 하였음에도 불구하고 이를 알 수 없었음'을 증명한다는 것은, '자신의 지위에 따라 합리적으로 기대되는 조사를 한 후 그에 의하여 허위기재 등이 없다고 믿을 만한 합리적인 근거가 있었고 또한 실제로 그렇게 믿었음'을 입증하는 것을 의미한다고 판시하였다(〔판례 3-1〕 대법원 2007. 9. 21. 선고 2006다81981 판결).

3. 한편 건설회사가 사모로 전환사채를 발행한 후 6개월 만에 회생신청을 하자, 투자자가 전환사채 발행 시 모집주선업무를 행한 증권회사를 상대로 손해배상책임을 청구한 사건에서 제1심은 증권회사의 주의의무 위반에 따른 손해배상책임(손해부담비율 60퍼센트)을 인정하였으나, 항소심은 증권회사의 주의의무 위반을 인정하지 않고 원고청구를 기각하였고(서울고등법원 2012. 7. 26. 선고 2012나2165 판결), 대법원에서 심리불속행 기각으로 확정되었다. 제1심과 항소심 판결 모두 금융감독원이 제시한 상당한 주의의 기준을 그대로 받아들였다.

4. 2009. 2. 5. 개정된 금융감독원의 상당한 주의의 기준의 주요 내용은 다음과 같다("인수업무 등에 관한 '적절한 주의' 이행을 위한 유의사항").

- 조사는 '분별 있는 자가 자기 재산을 관리할 때 기대되는 정도의 주의'를 갖고 수행할 것
- 조사를 위하여 시중에 유통되는 일반 정보의 수집은 물론 발행회사와의 면담이나 질문을 통한 추가정보의 확인, 전문분야에 관한 전문가 의견의 확보, 해당 산업에 관한 객관적 정보를 제공하는 제3자(제품구입처·경쟁업체 등)로부터의 의견 청취 및 회사 제시 중요 자료에 대한 독립적 검증을 실시하는 등 정보의 특성에 따라 그에 맞는 합리적 노력을 기울일 것

- 발행회사의 사업과 그 운영 현황에 관하여 일반적 이해와 발행회사가 신고서에 기재하고자 하는 내용에 관한 의문점 해소 등을 위하여 최소 1회 이상 발행회사의 경영자를 상대로 대면면담을 할 것
- 발행회사가 신고서에 기재하고자 하는 내용이 진실한지를 확인하기 위하여 발행회사로부터 제공받은 정보에 대한 적정한 검증을 실시할 것
  — 다음과 같은 기준을 충족하는 경우에 적절한 검증이 이루어졌다고 봄
  (i) 전문가 의견이나 분석(적정감사 의견을 받은 재무제표, 전문 평가기관의 평가를 받은 광물매장량 등)이 반영된 정보에 대해서는 그 내용이 진실하지 않다고 의심할 만한 합리적 근거가 없을 것
  (ii) 비전문정보에 대해서는 그 내용이 진실하다고 믿을 만한 합리적 근거가 있을 것
  * 외부감사인의 감사나 검토를 받지 않은 재무제표(분기재무제표 등)는 비전문정보에 해당되므로 발행인의 외부감사인으로부터 당해 비감사 재무제표 및 최근 회사의 재무 상황에 대한 의견을 듣는 등의 방법으로 이에 대한 검증을 실시(필요시 컴포트 레터 확보)
- 발행회사가 자금 사정에 어려움을 겪고 있거나 경영이 불투명한 때에는 그렇지 않은 회사에 비하여 더욱 엄격한 조사와 검증을 실시할 것
- 주가에 중요한 영향을 미치는 발행회사에 관한 기존 정보(과거 수시공시나 언론보도 정보 등)가 시장에 오해를 유발케 하는 등 잘못 알려져 있거나 검증 시점에서 그 내용에 변동이 있는 경우에는 신고서 등에 당해 정보가 적절히 수정되어 기재되었는지를 조사할 것
- 신고서 등에 기재되는 내용이 진실하지 않거나 중요사항이 누락되었다는 조사 결과가 나오는 경우, 인수 금융투자회사 등은 발행회사에 신고서 기재 내용의 수정·추가·삭제 등 보완을 요구하여야 하며 발행회사가 이에 납득할 만한 추가 설명이나 자료 제출 없이 응하지 않을 경우 인수계약 등을 취소하거나 정지할 것

* 신고서 최종 기재 내용에 관하여 발행회사와 인수 금융투자회사 등 간의 합의가 이루어지지 않을 때에는 인수 금융투자회사 등이 당해 계약을 일방적으로 취소할 수 있는 권한을 부여하는 조항을 인수계약 내용에 포함시킬 필요

• 신고서 기재 내용의 조사 · 검증을 위하여 충분한 시간을 확보할 것

• 신고서의 조사 · 검증업무는 동 업무를 적절히 수행하는 데 필요한 경험과 지식을 갖춘 인력에 의해 수행될 것

5. 금융감독원의 기준 중 전문가 의견 · 분석에 기초한 정보에 대해서는 합리적 신뢰기준(그 내용이 진실하지 않다고 의심할 만한 합리적 근거가 없을 것)을, 그렇지 않은 부분에 대해서는 합리적 조사기준(그 내용이 진실하다고 믿을 만한 합리적 근거가 있을 것)을 적용하도록 구분한 것은 미국 증권법상의 기준을 참고한 것으로 보인다. 하급심 판결례에서도 인수인의 상당한 주의의 항변에 관하여 이와 같이 다른 기준을 적용한 예가 있고,[6] 사외이사에 대해서도 같은 기준을 적용할 필요가 있다는 견해도 제시되고 있다.[7] 미국 1933년 증권법 제11조 (b)항은 거짓기재 또는 기재 누락이 증권신고서 중 전문가 작성 부분(expertized portion)에 있는지 아니면 비전문가 작성 부분(non-expertized portion)에 있는지에 따라 협의의 상당한 주의 항변의 성립요건을 달리 정하고 있다.

(i) 비전문가 작성 부분과 관련하여 다른 비전문가가 면책되기 위해서는, 합리적인 조사(reasonable investigation)를 행한 후 증권신고서의 그 부분 기재가 진실되고 중요사항이 누락되지 않았다고 믿을 만한 합리적인 근거(reasonable ground to believe)가 있고 또 실제로 그렇게 믿었어야 한다.

---

6) 서울고등법원 2012. 7. 26. 선고 2012나2165 판결, 서울고등법원 2013. 10. 16. 선고 2012나80103 판결, 서울고등법원 2015. 2. 5. 선고 2014나2012933 판결 등.

7) 천경훈, "재무정보의 부실공시에 대한 상장회사 이사의 책임과 '상당한 주의' 하연", 증권법연구 제18권 제2호(2017. 8.), 119-155면.

(ii) 전문가 작성 부분(외부감사인의 감사를 받은 재무제표 등)에 대하여 그 전문가가 면책되기 위해서는 (i)과 동일한 수준의 요건이 적용된다.

(iii) 전문가 작성 부분에 대하여 비전문가에게는 완화된 요건이 적용된다. 즉 증권신고서의 그 부분에 거짓기재 또는 중요사항에 대한 기재 누락이 있다고 믿을 만한 합리적인 근거가 없어야 하고, 실제로 그와 같이 믿었어야 한다.

(iv) 공문서 또는 공무원의 진술에 기하여 작성한 부분에 대하여도 (iii)과 동일한 완화된 요건이 적용된다.[8]

이때 '합리적인 조사' 또는 '믿을 만한 합리적인 근거'에서 합리성의 기준은 '신중한 사람(prudent man)이 자기 재산을 관리할 때 요구되는 정도'이다(미국 1933년 증권법 제11조 (c)항). 미국 판례상 인수인의 '합리적인 조사'란 발행인이 제공한 정보에 대하여 발행인의 경영진의 확인을 신뢰하는 데 그치지 않고 자신에게 제공된 정보를 스스로 검증하기 위한 합리적인 노력, 즉 자기 재산을 관리하는 신중한 사람과 같은 주의의무를 다하여야 한다(Escott v. BarChris Construction Corp., 283 F. Supp. 643 (S.D.N.Y. 1968)).[9]

---

8) (i)과 (ii)의 경우가 '협의의 상당한 주의(due diligence) 항변'이라고 할 수 있고, (iii) 과 (iv)의 경우는 '신뢰(reliance)의 항변'이라고 할 수 있다.

9) 미국연방증권거래위원회(Securities and Exchange Commission, SEC)의 Rule 176에서 '합리적인 조사'를 하였는지 여부 또는 '믿을 만한 합리적인 근거'가 있었는지 여부를 판단함에 있어 고려할 요소로 (i) 발행회사의 유형, (ii) 증권의 종류, (iii) 당해 책임을 추궁당한 사람의 자격, (iv) 피고가 임원인 경우 그 직위, (v) 피고가 이사인 경우 발행회사와의 다른 관계가 있는지 여부, (vi) 임직원, 기타 직무상 특정한 사실을 알고 있었어야 하는 다른 사람에 대한 합리적인 신뢰, (vii) 인수인인 경우 인수계약의 내용, 해당 피고의 인수인으로서의 역할, 발행회사에 관한 정보에 대한 접근 가능성, (viii) 어떤 사실이나 서류상 참조방식으로 기재되어 있는 경우 증권신고서를 제출할 때 피고가 그 사실이나 서류에 관하여 책임을 지고 있었는지 여부를 들고 있다.

6. 〔판례 2-3〕및 금융감독원의 기준에 따를 경우 감사인의 감사 의견을 받은 재무제표는 전문가 의견이 반영된 정보로서 인수인의 주의의무를 경감시킨다. 이는 증권신고서에 첨부된 감사인의 감사 의견에 대하여는 감사인이 책임을 부담한다는 것을 전제로 한다고 할 수 있다. 그런데 분식된 재무제표에 대하여 적정 의견을 제시한 감사보고서가 증권신고서에 첨부된 사례에서 최근 하급심판결은 감사인이 자본시장법 제125조에 따른 책임을 지지 않는다고 판시하였다(서울고등법원 2016. 4. 15. 선고 2014나2000572 판결). 이 판결은 발행인(저축은행)이 분식회계한 재무제표를 증권신고서와 투자설명서에 첨부한 것은 중요사항에 관하여 거짓기재한 때에 해당하고 발행인이 자본시장법 제125조에 따른 손해배상책임을 진다고 보았다. 그러나 자본시장법 제125조에 따른 감사인(회계법인)의 책임에 대하여는 증권신고서의 첨부서류로 제출된 감사보고서·검토보고서에 회계법인이나 그 대표이사의 서명이 되어 있지 않다는 점, 회계법인이 증권신고서의 첨부서류에 감사보고서·검토보고서에 기재되어 있는 자기의 평가·분석·확인 의견이 기재되는 것에 동의하였다거나 그 기재 내용을 확인하였다는 취지의 기재를 찾아볼 수 없다는 점을 근거로 자본시장법 제125조 제1항 제3호 및 제4호[10]에서 규정하고 있는 손해배상책임을 부담하는 자에 해당된다고 볼 수 없다고 판시하였다〔한편 위 판결은 동일한 내용의 감사

---

10) 제125조(거짓의 기재 등으로 인한 배상책임) ① 증권신고서… 중 중요사항에 관하여 거짓의 기재 또는 표시가 있거나 중요사항이 기재 또는 표시되지 아니함으로써 증권의 취득자가 손해를 입은 경우에는 다음 각 호의 자는 그 손해에 관하여 배상의 책임을 진다. 다만, 배상의 책임을 질 자가 상당한 주의를 하였음에도 불구하고 이를 알 수 없었음을 증명하거나 그 증권의 취득자가 취득의 청약을 할 때에 그 사실을 안 경우에는 배상의 책임을 지지 아니한다.
3. 그 증권신고서의 기재사항 또는 그 첨부서류가 진실 또는 정확하다고 증명하여 서명한 공인회계사·감정인 또는 신용평가를 전문으로 하는 자 등(그 소속단체를 포함한다) 대통령령으로 정하는 자
4. 그 증권신고서의 기재사항 또는 그 첨부서류에 자기의 평가·분석·확인 의견이 기재되는 것에 대하여 동의하고 그 기재내용을 확인한 자

보고서 · 검토보고서에 관한 자본시장법 제170조 제1항,[11] 구 외부감사법 제17조 제2항[12]에 따른 감사인(회계법인)의 책임에 대하여는 분식회계된 발행회사의 재무제표에 대한 감사보고서에 적정의견을 기재한 것은 자본시장법 제170조와 외부감사법 제17조의 '중요한 사항에 관하여 감사보고서에 거짓으로 기재한 경우'에 해당한다고 판시하고, 다만 회계법인이 감사인으로서의 임무를 게을리하지 아니하였다고 하여 외부감사법 제17조 제5항에 따라 동조 제2항의 손해배상책임이 면제된다고 인정하였다].

우선 자본시장법 제125조 제1항 제3호의 적용에 대하여 살펴보자. 실제 감사보고서에는 감사인 또는 그 대표이사가 서명하였으나, 증권신고서에 첨부된 감사보고서에는 "○○회계법인 대표이사 ○○○"이라고 되어 있을 뿐 서명이 없는 경우, 자본시장법 제125조 제1항 제3호의 '증권신고서의 기재사항 또는 그 첨부서류가 진실 또는 정확하다고 증명하여 서명'하는 것을 (i) 반드시 증권신고서 또는 첨부서류에 하여야 하는 것인지 아니면 (ii) 증권신고서 또는 첨부서류에 서명하지는 않았으나 다른 서류로 '진실

---

11) 당시 제170조(회계감사인의 손해배상책임) ① 「주식회사의 외부감사에 관한 법률」 제17조 제2항부터 제9항까지의 규정은 선의의 투자자가 사업보고서 등에 첨부된 회계감사인(외국회계감사인을 포함한다. 이하 이 조에서 같다)의 감사보고서를 신뢰하여 손해를 입은 경우 그 회계감사인의 손해배상책임에 관하여 준용한다.
12) 당시 제17조(손해배상책임) ① 감사인이 그 임무를 게을리하여 회사에 손해를 발생하게 한 경우에는 그 감사인은 회사에 대하여 손해를 배상할 책임이 있다. 이 경우 감사반인 감사인의 경우에는 해당 회사에 대한 감사에 참여한 공인회계사가 연대하여 손해를 배상할 책임을 진다.
② 감사인이 중요한 사항에 관하여 감사보고서에 기재하지 아니하거나 거짓으로 기재를 함으로써 이를 믿고 이용한 제3자에게 손해를 발생하게 한 경우에는 그 감사인은 제3자에게 손해를 배상할 책임이 있다. 다만, 연결재무제표에 대한 감사보고서에 중요한 사항을 기재하지 아니하거나 거짓으로 기재를 한 책임이 종속회사 또는 관계회사의 감사인에게 있는 경우에는 해당 감사인은 이를 믿고 이용한 제3자에게 손해를 배상할 책임이 있다.
⑤ 감사인 또는 감사에 참여한 공인회계사가 제1항부터 제3항까지의 규정에 따른 손해배상책임을 면하기 위하여는 그 임무를 게을리하지 아니하였음을 증명하여야 한다(단서 생략)

또는 정확하다고 증명하여 서명'하였음을 입증할 수 있으면 충분한 것인지에 대하여 의문이 있을 수 있다. 위 판결은 (i)의 입장을 취한 것으로 보인다. 그러나 공인회계사가 감사보고서 원본에 서명한 이상 증권신고서에 첨부된 감사보고서가 서명이 없을 뿐 이미 서명된 감사보고서 원본과 동일한 내용의 서류라면, 증권신고서에 첨부된 감사보고서가 진실 또는 정확하다고 증명한 서명이 감사보고서 원본에 있었음을 근거로 자본시장법 제125조 제1항 제3호의 적용대상이 된다고 볼 수는 없는지 생각해 볼 필요가 있다. 특히 증권신고서에 감사의견을 기재하고(자본시장법 시행령 제125조 제1항 제3호 라목) 감사보고서를 증권신고서에 첨부서류로 제출하는 것(자본시장법 시행령 제125조 제2항 제10호, 증권의 발행 및 공시 등에 관한 규정 제2-6조 제8항 제1호 가~라목, 제4호 가목, 제5호 가목 및 제6호)은 법령상 요구되므로, 감사보고서를 작성하는 감사인은 피감사 법인이 증권을 공모발행하는 경우 증권신고서에 감사보고서가 첨부되고 감사의견이 증권신고서의 본문에 기재된다는 점을 모를 리 없다는 점도 고려하여야 할 것이다. 만약 (i)의 견해가 타당하다면 금융감독 당국은 증권신고서 제출 시 반드시 서명된 감사보고서 · 검토보고서가 첨부되지 않으면 정정신고서의 제출을 요구할 필요가 있다.

다음 자본시장법 제125조 제1항 제4호의 적용에 대하여 살펴보자. '증권신고서의 기재사항 또는 그 첨부서류에 자기의 평가 · 분석 · 확인 의견이 기재되는 것에 대하여 동의하고 그 기재내용을 확인'하는 것을 (i) 반드시 증권신고서 또는 첨부서류에 하여야 하는지 아니면 (ii) 증권신고서 또는 첨부서류가 아닌 다른 서류로 동의 및 확인을 입증할 수 있으면 충분한 것인지에 대하여 의문이 있을 수 있다. 위 판결은 명확하지는 않지만 (i)의 입장을 취한 것처럼 보인다. 동의 및 확인은 책임질 자가 책임의 근거가 되는 자신의 의견이 무엇인지와 그것이 증권신고서 또는 첨부서류에 기재된다는 점을 알 수 있도록 하고 부당하게 책임을 확대하지 않도록 하는 데 의미가 있을 것이다. 증권신고서에 감사의견을 기재하고 감사보고서를 증권신

고서에 첨부서류로 제출하는 것은 법령상 요구되므로, 피감사 법인이 증권
을 공모발행하는 경우 증권신고서에 감사보고서가 첨부되고 감사의견이
증권신고서의 본문에 기재된다는 점을 감사인이 모를 수 없다. 증권신고서
에 기재된 감사의견이 감사보고서상의 의견과 동일하고 증권신고서에 첨
부된 감사보고서가 감사보고서 원본과 동일하다면 감사인의 동의와 확인
은 여러 정황 증거에 의하여 보다 쉽게 인정될 수 있어야 하는 것 아닌가에
대하여 생각해 볼 필요가 있다. 만약 (i)의 견해가 타당하거나 (ii)의 견해를
취하더라도 명시적인 동의 및 확인이 필요하다면 금융감독 당국은 감사의
견이 기재되거나 감사보고서가 첨부된 증권신고서 제출 시 반드시 감사인
의 동의 및 확인서를 추가로 첨부하도록 요구할 필요가 있다.

| 참고 판례 |

■ 대법원 2015. 12. 23. 선고 2013다88447 판결〔손해배상(기)〕―대한해
운 유상증자

자본시장법 제125조의 중요사항이란 '투자자의 합리적인 투자판단 또는
해당 금융투자상품의 가치에 중대한 영향을 미칠 수 있는 사항'(자본시장법
제47조 제3항)을 말하는 것으로서, 이는 합리적인 투자자가 금융투자상품과
관련된 투자판단이나 의사결정을 할 때에 중요하게 고려할 상당한 개연성
이 있는 사항을 의미한다. 나아가 어떠한 사항이 합리적인 투자자가 중요
하게 고려할 상당한 개연성이 있는 사항에 해당하는지는 그 사항이 거짓
으로 기재·표시되거나 그 기재·표시가 누락됨으로써 합리적인 투자자
의 관점에서 이용할 수 있는 정보의 전체 맥락을 상당히 변경하는 것으로
볼 수 있는지에 따라 판단하여야 한다.

…용선·대선계약이 대한해운의 수익구조 및 재무 상황에 미치는 영향
에 대하여는 이 사건 증권신고서 등에 충분히 기재되어 있다고 할 것이고,
기록에 의하면 2010. 3분기 분기보고서 제출에 따른 기재 사항 정정을 원

인으로 하는 2010. 11. 16.자 2차 정정신고서의 첨부서류인 2010. 3분기 재무제표에 대한 검토보고서 별첨 분기재무제표에 대한 주석 사항에 벌크선 부문의 매출 · 매출원가 · 영업손실규모와 용선계약에서 지불하는 용선료(리스료) 규모와 대선계약에서 발생하는 대선수입(리스수익)규모가 기재되어 있음을 알 수 있는바, 합리적인 투자자로서는 이 사건 증권신고서 등의 공시 내용에 의하여 전체적인 용선료 · 대선료의 규모뿐만 아니라 그로부터 발생하는 손익규모에 대하여도 알 수 있다고 할 것이며, 그 구체적 수치가 이 사건 증권신고서 등의 본문에 직접 기재되지 않았다고 하여 정보의 전체 맥락에서 중요사항의 기재 누락이 있다고 보기 어렵다.[13]

■ 대법원 2020. 7. 9. 선고 2016다268848 판결〔손해배상(기)〕— 솔로몬저축은행 회계감사

감사인은 구 「주식회사의 외부감사에 관한 법률」(2013. 12. 30. 법률 제12148호로 개정되기 전의 것, 이하 '구 외부감사법'이라고 한다)에 따라 주식회사에 대한 감사업무를 수행할 때 일반적으로 공정 · 타당하다고 인정되는 회계감사기준에 따라 감사를 실시함으로써 피감사회사의 재무제표에 대한 적정한 의견을 표명하지 못함으로 인한 이해관계인의 손해를 방지하여야 할 주의의무가 있다(구 외부감사법 제1조, 제5조 제1항). 구 외부감사법 제5조 제2항에 의하면 회계감사기준은 한국공인회계사회가 정하며, 그에 따라 마련된 회계감사기준은 특별한 사정이 없는 한 일반적으로 공정 · 타당하다고 인정되는 것으로서 감사인의 위와 같은 주의의무 위반 여부에 대한 판단의 주요한 기준이 된다(대법원 2011. 1. 13. 선고 2008다36930 판결 참조).

---

13) 원심판결(서울고등법원 2013. 10. 16. 선고 2012나80103 판결)은 원고가 주장한 다양한 기재 누락과 거짓기재 중 일부를 인정하였으나, 대법원은 모두 인정하지 않고 원고패소의 취지로 파기환송하였다. 본문에서는 기재 누락 주장에 대한 대법원 판시 중 대표적인 부분만을 기재하였다.

　…피고 A회계법인이 솔로몬저축은행의 제38기 재무제표를 감사할 당시에 적용된 회계감사기준(2005. 3. 29. 제정되고 2007. 12. 21. 개정되어 2007. 12. 28.부터 시행된 것, 이하 '회계감사기준'이라고 한다)에 의하면, 재무제표를 감사하는 감사인이 부담하는 주의의무의 핵심은, 재무제표의 중요한 부분이 왜곡되어 있을 수 있다는 '전문가적인 의구심'을 가지고 감사업무를 계획·수행해야 한다는 점에 있다(회계감사기준 200의 2.3). …피감사회사 임직원 등 내부자에 의한 횡령 등 부정행위가 발생하지 아니하도록 내부통제제도를 설계하고 이를 지속적으로 운영·감시할 책임은 피감사회사의 이사 등 경영자 및 내부의 감사 등이 부담하는 점 등을 종합하여 보면, 사후적으로 재무제표에서 일부 부정과 오류가 밝혀졌다고 하더라도, 감사인이 감사업무를 수행하면서 전문가적 의구심을 가지고 충분하고 적합한 감사증거를 확보하여 경영자 진술의 정당성 여부를 판단하기 위한 확인절차를 거치는 등 회계감사기준 등에 따른 통상의 주의의무를 다하였다면, 그 임무를 게을리하지 아니하였음을 증명하였다고 봄이 타당하다.

▌대법원 2015. 12. 23. 선고 2015다210194 판결〔손해배상(기)〕— 부산2저축은행 후순위채

　사채(社債) 발행과 관련한 자본시장법 제125조 및 제126조에 의한 손해배상청구소송에서 사채 발행회사의 신용 위험이나 사채가격의 변동요인은 매우 다양하고 여러 요인이 동시에 복합적으로 영향을 미치는 것이어서 어느 특정 요인이 언제 어느 정도의 영향력을 발휘한 것인지를 가늠하는 것이 극히 어렵다는 점을 감안할 때, <u>증권신고서에 거짓의 기재를 하는 등의 위법행위 외에 사채의 취득 시점 이후 손실이 발생할 때까지의 기간 동안 발행회사나 채권시장의 전반적인 상황 변화·경기 변동 등도 손해 발생에 영향을 미친 것으로 인정되는 경우, 그러한 사정에 의하여 생긴 손해액을 일일이 증명하는 것이 성질상 곤란한 점에 비추어 그러한 사정을</u>

들어 손해배상액을 제한할 수 있다고 봄이 타당하다((판례 3-2) 대법원 2007. 10. 25. 선고 2006다16758, 16765 판결 등 참조). 과실상계 또는 책임제한 사유에 관한 사실인정이나 그 비율을 정하는 것은 원칙적으로 사실심의 전권 사항이지만, 그것이 형평의 원칙에 비추어 현저히 불합리하여서는 안된다(대법원 2010. 3. 11. 선고 2007다76733 판결 등 참조).

부산2저축은행이 후순위사채를 발행하면서 증권신고인으로서 증권신고서 중 중요사항에 관하여 거짓의 기재를 한 행위가 사기·횡령·배임 등 영득행위에 해당한다고 할 수 없을 뿐만 아니라 부산2저축은행이 원고들에게 후순위사채 원리금을 변제하지 못하게 된 데에는 분식회계로 인하여 드러나지 않았던 부산2저축은행의 재무 상태의 불건전성 외에도 경기침체나 부동산 경기 하강 등과 같은 외부적 요인들도 복합적으로 영향을 미친 것으로 보이고, 이러한 요인은 소액 신용대출과 부동산 프로젝트 파이낸스 대출에 대한 의존도가 높은 부산2저축은행이 발행하는 후순위사채의 특성상 그 취득 당시 이미 내재되어 있던 위험으로서 투기적 요소가 있는 'BB' 신용등급의 후순위사채에 투자하는 원고들 스스로가 감수한 위험이라고 할 수 있으므로, 부산2저축은행의 손해배상의 범위를 정함에 있어서도 손해 분담의 공평이라는 손해배상제도의 이념에 비추어 위와 같은 사정을 참작하여 그 책임을 제한함이 타당하다.

[판례 2-4] 대법원 2010. 1. 28. 선고 2007다16007 판결[손해배상(기)] ―
증권회사의 주식공모 시 부실공시 및 판매 권유에 따른 민사책임

• 사실관계

1. 피고 Y1회사는 1999. 11. 9. 실권주를 공모하면서 청약 안내문 등에 코스닥시장등록에 관한 사항과 코스닥등록 시 가격과 수익률을 확정적으

로 기재하고, 외자유치계획이 있을 뿐 아직 본격적으로 외자유치에 관한 협상이 이루어지지 아니하였음에도 외자유치협상이 완료되고 미발표일 뿐이라고 기재하였으며, Y1회사 직원들은 그러한 내용을 원고들에게 설명 하며 실권주 공모에 참여하도록 권유하였다.

2. 피고 Y2회계법인은 Y1회사의 1주당 본질가치가 −2,441원에 불과함 에도 이를 3,937원으로 높게 산정하였다. Y1회사는 Y2의 주식가치평가와 관계없이 공모가액을 6,000원으로 확정하였음에도 불구하고 1주당 본질 가치가 3,937원이나 향후의 성장성과 수익성을 감안하여 공모가액을 6,000원으로 결정하였다고 기재한 증권신고서를 금융감독위원회에 제출 하고 Y1회사의 각 지점 객장에 비치하여 투자자들이 수시로 열람하도록 하였고, Y1회사의 직원들은 이를 이용하여 투자자들에게 실권주의 공모를 권유하였다.

3. 원고들은 Y1회사의 위 실권주공모에 참여하여 주식을 취득하였는 데, Y1회사는 금융감독위원회로부터 부실금융기관 결정 및 자본금 감소 명령을 받아 2004. 2.경 발행주식총수에 대하여 전액 무상소각이 이루어 졌다.

4. 원고들은 피고들을 상대로 민법상 불법행위를 이유로 한 손해배상을 청구하였다.

• 법원의 판단

1. 피고 Y1회사에 대한 청구에 대하여

가. 증권회사의 임직원이 고객에게 유가증권에 대한 투자를 권유할 때 는 고객이 합리적인 투자판단과 의사결정을 할 수 있도록 유가증권 및 발 행회사의 중요 정보를 올바르게 제공하여야 하고, 특히 비상장회사인 증권 회사가 고객을 상대로 자신이 발행하는 유가증권을 공모하면서 그 유가증 권 및 증권회사에 대한 정보를 제공하는 경우에는 장래 유가증권가격의

상승 또는 하락에 대하여 단정적 판단을 제공하거나, 고객의 의사결정에 중대한 영향을 미칠 수 있는 사실을 합리적인 근거 없이 주장하거나 과장하여서는 아니 되며, 그렇게 함으로써 당해 유가증권매수의 청약을 권유하는 행위가 거래행위에 필연적으로 수반되는 위험성에 관한 고객의 올바른 인식 형성을 방해한 경우에는 불법행위책임이 성립한다고 할 것이다.

원심은, 피고 Y1회사가 이 사건 실권주공모를 위한 청약 안내문 등에 코스닥시장등록에 관한 사항과 코스닥등록 시 가격과 수익률을 확정적으로 기재하고, 외자유치계획이 있을 뿐 아직 본격적으로 외자유치에 관한 협상이 이루어지지 아니하였음에도 외자유치협상이 완료되고 미발표일 뿐이라고 기재하였으며, 피고 Y1회사의 직원들이 그러한 내용을 원고 X에게 설명하며 이 사건 실권주공모에 참여하도록 권유한 것은 원고 X를 포함한 고객의 의사결정에 중대한 영향을 미칠 수 있는 주식의 환금성 등에 관한 사실을 합리적 근거 없이 주장한 것으로서 불법행위에 해당한다고 판단하였는바, 이는 위와 같은 법리에 따른 것으로 거기에 상고이유에서 주장하는 부당한 투자권유행위, 인과관계에 대한 법리오해 등의 위법이 없다.

나. 비상장회사가 인수인을 통하지 않고 일반 공모를 하는 경우에 공모가액의 적정성에 대하여 유가증권분석 전문기관(이하 '분석기관')의 평가를 거칠 의무가 있다고 하더라도 나아가 공모에 참여하는 투자자들을 보호하기 위하여 그러한 평가를 거쳐 산정된 1주당 본질가치에 따라 공모가액을 결정하여야 할 주의의무까지 부여되어 있다고 할 수는 없는 것이나, 비상장회사가 실제 1주당 본질가치보다 공모가액을 높게 정한 것에 그치지 않고 회사의 1주당 본질가치가 부(-)의 가치임에도 공모가액을 이보다 현저히 높게 결정한 후에 분석기관이 회사의 1주당 본질가치를 부당하게 높게 평가한 사정을 알았거나 알 수 있었음에도 불구하고 유가증권신고서에 분석기관이 잘못 평가한 1주당 본질가치를 감안하여 1주당 공모가액을 정한 것처럼 기재하거나 그 밖에 1주당 공모가액이 적정하게 결정된 것으로 투자자들이 오인할 수 있는 기재를 하여 공모절차를 진행하였다면, 특별한

사정이 없는 한 이를 신뢰한 투자자들에 대하여 불법행위책임이 성립한다고 할 것이다.

원심판결이유와 원심이 적법하게 채택한 증거들에 의하면, 피고 Y2회계법인은 피고 Y1회사의 공모가액의 적정성을 평가하는 분석기관으로서 피고 Y1회사의 계속된 적자와 대우채 관련 손실 부담으로 인하여 이 사건 주식가치평가 당시 1주당 본질가치가 부(-)의 값이 될 수 있음을 인식하였거나 인식할 수 있었음에도 불구하고 피고 Y1회사의 1주당 본질가치를 3,937원으로 부당하게 높게 산정하였고, 피고 Y1회사는 당초부터 피고 Y2회계법인의 주식가치평가와 관계없이 이 사건 실권주 공모가액을 6,000원으로 확정하였음에도 불구하고 유가증권 정정신고서에는 1주당 본질가치가 3,937원이나 향후의 성장성과 수익성을 감안하여 1주당 공모가액을 6,000원으로 결정하였다고 기재하고, 마치 1주당 본질가치 산출과정에 대우채 관련 손실 부담 부분이 반영된 것처럼 투자자들을 오인하게 할 우려가 있는 표현을 사용하였으며, 위와 같이 피고 Y2회계법인의 부당한 평가의견과 1주당 공모가액의 결정 내역이 기재된 유가증권신고서를 금융감독위원회에 제출하고 피고 Y1회사의 각 지점 객장에 비치하여 투자자들이 수시로 열람하도록 하였으며 피고 Y1회사의 직원들이 이를 이용하여 투자자들에게 이 사건 실권주의 공모를 권유한 사실을 알 수 있다.

그러하다면 피고 Y1회사가 피고 Y2회계법인의 부당한 1주당 본질가치 평가를 인식하였거나 인식할 수 있었음에도 불구하고 유가증권신고서에 공모가액이 적정한 것으로 오인할 수 있는 기재를 하여 투자자들이 이를 기초로 투자판단을 하도록 하였다면, 잘못 산정된 이 사건 주식가치평가와 그에 기초한 공모가격을 적정한 것으로 믿고 이 사건 실권주공모를 통하여 피고 Y1회사의 주식을 취득한 원고들에 대하여 불법행위가 성립한다.

2. 피고 Y2회계법인에 대한 청구에 대하여

가. 분석기관이 비상장법인의 모집가액 또는 매출가액의 적정성을 평가할 경우 재무에 관한 사항은 원칙적으로 기업회계기준을 따라야 하고, 그

이외의 사항 또한 유가증권 분석전문가로서의 평균적 지식에 비추어 객관적이고 합리적이라고 볼 수 있는 방법에 따라 평가할 주의의무가 있다고 할 것이므로, 분석기관이 자신의 평가의견이 비상장법인의 주식공모에 참가하는 투자자들의 이용에 제공된다는 사정을 인식하면서도 기업회계기준에 반하여 불합리하게 유가증권을 평가하거나 지나치게 합리성이 결여되고 객관적 정당성을 상실한 방법에 따라 평가한 경우에는 위법하다고 보아야 할 것이다.

원심은, 기업회계기준에 따르면 이미 발생하였으나 금액이 확정되지 않아 회계적 추정을 필요로 하는 상황은 확정적 사건으로서 우발 상황에 포함되지 아니하고, 이 경우에는 이용 가능한 모든 증거자료에 기초하여 손실 또는 이득의 금액을 합리적으로 추정하여 재무제표에 반영하여야 하는 바, 대우채 관련 손실 부담은 피고 Y2회계법인이 이 사건 주식가치평가를 할 당시인 1999. 11.경에는 이미 발생하였으나 그 금액이 확정되지 않아 회계적 추정을 필요로 하는 확정적 사건이라 할 것이고, 1999. 11. 4. 정부에서 피고 Y1회사의 손실 부담을 3,643억 원으로 추정한 바 있으므로, 피고 Y2회계법인은 이용 가능한 모든 증거자료에 기초하여 대우채 관련 손실액을 합리적으로 추정하여 피고 Y1회사의 이 사건 주식가치평가에 반영하여야 함에도 평가일 현재 손실 부담액을 추정하기 위한 제반 변수의 불확실성을 들어 주식가치산정 시 이를 전혀 반영하지 않은 잘못이 있고…, 1주당 추정이익을 산정하면서 유상증자로 인하여 증가된 주식 수를 제외한 발행주식수를 이용하여 산정하는 등의 잘못을 범하였으며, 피고 Y2회계법인이 이와 같은 평가방법상의 잘못으로 부당한 평가를 하여 피고 Y1회사의 1주당 본질가치가 장래의 수탁고의 추정상의 잘못을 제외하더라도 -2,441원에 불과함에도 이를 3,937원으로 과다하게 산정한 것은 주식공모절차의 신뢰를 해하는 불법행위에 해당한다고 판단하였다.

기록에 비추어 살펴보면 원심의 판단은 위와 같은 법리에 따른 것으로 수긍할 수 있다.

나. 비상장법인이 인수인을 통하지 않고 주식을 직접 공모하는 경우에 분석기관으로부터 공모가격의 적정성에 대한 평가를 받도록 하는 것은 투자자들에게 발행인에 대한 정보가 충분히 공시되지 않아 유가증권의 취득에 따른 위험성이 크므로 당해 유가증권을 전문적 지식을 갖춘 분석기관으로 하여금 평가하도록 하고 공모가액의 적정성에 대한 의견을 제시하도록 함으로써 투자자에게 투자판단에 필요한 정보를 제공하고자 하는 것이고, 이에 따라 유가증권발행신고 등에 관한 규정은 비상장법인이 주식을 직접 공모하기 위하여 청약안내공고를 하는 때에는 분석기관의 평가의견을 명시하도록 하고 있으며(제7조 제4항), 이러한 분석기관의 평가의견은 발행인이 유가증권신고서의 '모집 또는 매출의 개요'에 추가하여 기재하여야 하고(제9조 제1항), 유가증권신고서는 구 증권거래법(2007. 8. 3. 자본시장과 금융투자업에 관한 법률 부칙 제2조 제1호로 폐지. 이하 '구 증권거래법') 제18조에 따라 금융감독위원회에 비치되어 일반 투자자에게 공람하도록 하여 투자자를 보호하고 있다.

따라서 분석기관이 유가증권 평가과정에서 주의의무를 위반하여 부당한 평가를 함으로써 위법한 행위를 한 경우에 그 부당한 평가의견이 유가증권신고서나 청약안내공고 등에 의하여 투자자들에게 일반적으로 제공되고 또한 유가증권 공모회사가 분석기관의 평가의견이 기재된 유가증권신고서 등을 이용하여 투자자들에게 개별적으로 투자 권유를 함에 따라 투자자들의 투자에 관한 의사결정에 영향을 미친다는 사정은 쉽게 예견할 수 있으므로, 실질적인 주식가치를 제대로 평가한 분석기관의 평가의견이 유가증권신고서나 청약안내공고 등에 기재되었더라면 투자자들이 그와 상당히 차이가 있는 공모가액으로는 공모에 응하지 않았을 것이라는 사정이 인정되는 경우에는 다른 특별한 사정이 없는 한 분석기관의 부당한 평가와 그 평가의견을 제공받은 투자자들이 공모에 응하여 입은 손해 사이에는 상당 인과관계가 인정된다고 할 것이다.

피고 Y2회계법인이 평가방법상의 잘못으로 부당한 평가를 하여 피고

Y1회사의 1주당 본질가치가 장래의 수탁고의 추정상의 잘못을 제외하더라도 -2,441원에 불과함에도 이를 3,937원으로 과다하게 산정한 반면, 이 사건 실권주는 발행가액 6,000원에 공모되었음은 앞에서 본 바와 같으므로 이와 같이 1주당 본질가치와 발행가액 사이에 현저한 차이가 있는 사실을 알았더라면 원고 X가 사건 공모에 응하지 않았을 것이라는 점은 쉽사리 추인할 수 있으며, 또한 원심판결이유와 원심이 적법하게 채택한 증거들에 의하면 피고 Y2회계법인의 위와 같은 부당한 평가의견이 기재된 유가증권신고서가 금융감독위원회에 제출되고 피고 Y1회사의 각 지점 객장에 비치되어 투자자들이 수시로 열람하였으며, 피고 Y1회사의 직원들이 이를 이용하여 투자자들에게 이 사건 실권주의 공모를 권유한 사실을 알 수 있다.

따라서 이러한 사정들을 위 법리에 비추어 살펴보면, 피고 Y2회계법인이 이 사건 주식가치를 합리적으로 평가하였다면 피고 Y1회사의 1주당 본질가치는 부(-)여서 원고들이 피고 Y1회사의 이 사건 실권주공모에 응하지 아니하였을 것이라고 봄이 상당하다고 인정하고 피고 Y2회사의 부당한 주식가치평가와 원고들의 이 사건 실권주 취득 사이에는 인과관계가 있다고 본 원심의 판단은 수긍할 수 있으며, 이를 다투는 상고이유의 주장은 받아들일 수 없다.

| 생각해 볼 사항 |

1. 증권회사가 자신의 증권을 공모하여 투자자인 고객들에게 청약의 권유를 하는 경우, 그 증권회사는 (i) 발행인으로서 증권신고서와 투자설명서에 정확하고 충분하게 정보를 공시할 의무와 (ii) 증권회사로서 고객들에게 부당한 투자 권유를 하지 않을 의무를 진다. 의무 (i)을 위반하여 중요사항에 관한 거짓기재와 기재 누락이 있는 경우 자본시장법 제125조에 따른 책임 또는 민법상 불법행위책임을 부담하게 되고, 의무 (ii)를 위반하면 민법

상 불법행위책임을 지거나 고객과의 계약상 의무 위반이 될 수 있다. 〔판례 2-4〕는 발행인이자 투자 권유인인 증권회사에 대하여 (ii)를 위반한 데 따른 책임을 인정한 것이다.

2. 증권신고서의 기재사항 또는 그 첨부서류에 자기의 평가 · 분석 · 확인 의견이 기재되는 것에 대하여 동의하고 그 기재 내용을 확인한 사람은 그 기재에 중요한 사항에 관한 허위기재가 있거나 기재 누락이 있으면 손해배상책임을 지게 되므로(자본시장법 제125조 제1항 제4호), 증권에 대한 분석 의견을 제시하고 그 분석 의견이 증권신고서에 기재되는 것에 동의한 회계법인은 이러한 책임을 부담하게 된다. 투자자가 제척기간의 도과 때문에 자본시장법에 따른 책임을 묻지 못하게 된 경우, 회계법인이 민법상의 불법행위책임을 지는지 여부가 문제 될 수 있다. 〔판례 2-5〕는 이 점에 대하여 회계법인이 증권 분석 전문가로서의 평균적 지식에 비추어 객관적이고 합리적이라고 볼 수 있는 방법에 따라 평가할 주의의무가 있음을 인정하고, 나아가 회계법인의 부당한 평가와 투자자들의 손해 사이의 상당 인과관계를 인정하였다. 대법원은 감사인의 감사보고서에 대하여도 보호범위(예견 가능한 이용자의 범위)와 인과관계를 넓게 인정하고자 하는 경향을 보이고 있다(대법원 2008. 7. 10. 선고 2006다79674 판결 ; 대법원 2008. 6. 26. 선고 2007다90647 판결 ; 대법원 2007. 1. 11. 선고 2005다28082 판결 등).

| 더 읽을거리 |

• 김용철, "증권회사가 유상증자하는 경우 투자자에 대한 보호의무 및 공모가액 결정에 관여한 유가증권 평가기관의 책임," BFL 제41호(2010. 5), 서울대학교 금융법센터.

〔판례 2-5〕 대법원 2002. 9. 24. 선고 2001다9311, 9328 판결〔손해배상
(기)〕 — 유가증권 취득자의 범위

• 사실관계

1. A회사는 1998. 3. 26. 피고 Y1증권과 "협회 등록 후 1개월간 인수가액
으로 시장조성을 수행한다"는 조항을 포함한 총액 인수 및 매출계약을 체
결하는 한편, 배정 후 잔여 주식의 인수와 시장조성을 A회사의 계산으로
수행하기로 하는 내용의 이면계약을 체결하였다. 유가증권신고서에는 시
장조성에 관하여 "시장조성이 행하여질 수 있음"이라고 기재하였다.

2. 피고 Y2회계법인은 1998. 2. 27. A회사에 대한 감사보고서를 작성 · 제
출함에 있어 사실은 A회사가 수년간 분식회계 처리를 해왔음에도 이를 간
과한 채 적정 의견을 기재하였다.

3. A회사는 1998. 5. 12. 주식 15만 주를 발행가액 2만 원으로 공모 발행
하고 1998. 5. 25. 협회중개시장(코스닥시장)에 등록하였다. 매매개시일인
1998. 5. 25.부터 기존 주주들의 매도주문에 따라 A회사의 주식이 하한가
인 1만 7,600원에 거래되었고, Y1증권은 같은 날 증권감독원에 시장조성
신고서를 제출하였다. 그러나 Y1증권은 공모청약자가 아닌 기존 주주들을
위하여 시장조성을 수행할 필요가 없다고 판단하고, 또한 A회사가 위 이면
계약의 내용과 달리 시장조성자금을 제공하지 않는다는 이유로 실제로 시
장조성에 나서지 않았다.

4. 원고들은 협회중개시장(코스닥시장)에서 A회사의 주식을 매수하였다.

5. A회사는 채산성 악화 등으로 인하여 1998. 9. 16. 최종적으로 부도 처
리되었다.

6. 원고들은 피고들을 상대로 구 증권거래법 제14조에 기하여 유가증권
발행신고서와 사업설명서 및 이에 첨부된 감사보고서의 허위기재를 원인
으로 한 손해배상청구와 피고 Y1증권에 대하여 Y1증권이 투자자들에게

공시하여 약속한 시장조성의무를 일방적으로 포기하였다는 이유로 불법
행위를 원인으로 손해배상청구를 하였다.

• 법원의 판단

1. 증권거래법 제14조의 손해배상청구권자

원심은… 원고들의 경우 모집 또는 매출의 절차에 따라 이 사건 주식을
취득한 자들이 아니라 일반적 유통시장인 협회중개시장에서 유가증권을
취득하는 자들로서, 그 손해배상청구권자인 유가증권의 취득자에 해당하
지 않는다는 이유로 원고들의 청구를 기각하였다.

… 증권거래법이 유가증권의 발행시장에서의 공시책임과 유통시장에서
의 공시책임을 엄격하게 구분하고 그 책임요건을 따로 정하고 있는 점, 증
권거래법 제14조의 손해배상책임규정은 법이 특별히 책임의 요건과 손해
의 범위를 정하고, 책임의 추궁을 위한 입증책임도 전환시켜 유가증권발
행시장에 참여하는 투자자를 보호하기 위하여 규정한 조항인 점에 비추
어, 유가증권의 유통시장에서 해당 유가증권을 인수한 자는 위와 같은 유
가증권발행신고서 등의 허위기재 시 해당 관여자에게 민법상 불법행위책
임을 물을 수 있는 경우가 있을 수 있음은 별론으로 하고, 구 증권거래법
제14조 소정의 손해배상청구권자인 유가증권 취득자의 범위에는 포함되
지 않는다고 봄이 타당하다(대법원 2002. 5. 14. 선고 99다48979 판결 참조).

2. 시장조성 포기를 원인으로 한 손해배상청구

원심은 원고들이 Y1증권에 대하여 Y1증권은 투자자들에게 공시하여 약
속한 A회사 주식의 시장조성의무를 일방적으로 포기하였다는 이유로 불
법행위를 원인으로 손해배상을 구한 것에 대하여, Y1증권이 시장조성의무
를 이행할 것을 공시하였는지에 대하여 이를 인정할 만한 증거가 없을 뿐
아니라 시장조성은 모집의 절차에 따라 공모에 응한 투자자에 대한 것인
데, 위 원고들은 공모에 응한 투자자가 아니고 협회중개시장에서 주식을

매수한 자들로서 그 보호의 대상이 되지 않고, 가사 Y1증권이 위 원고들이 주장하는 잘못을 저질렀다고 하더라도 A회사 주식의 1주당 주가의 변동과정, 원고들이 이 사건을 주식을 매수하게 된 경위 등에 비추어 위 원고들이 Y1증권의 잘못으로 인하여 A회사 주식을 매수하였다거나 A회사 주식을 적절한 시기에 매도하지 못함으로써 주가 하락으로 인한 손해를 입게 되었다고 보기 어렵다는 이유로 위 원고들의 청구를 기각하였다.

시장조성이라는 제도는 우리의 유가증권 발행과 유통시장이 매우 취약함을 전제로 유가증권의 모집 및 매출업무를 담당하는 주간증권사에 특별히 부과하는 의무로서 시장경제와 자유경제적 원칙에 비추어 예외적으로 인정되는 것이라는 점, 유가증권 발행을 주선한 주간증권사의 입장에서 시장조성에 의하여 보호하려는 대상은 유가증권의 모집과 매출 이전에 이미 발행된 주식을 보유하고 있는 주주가 아니라 자신이 발행을 주선한 유가증권을 보유한 투자자라고 보는 것이 원칙인 점, 유가증권의 유통시장에서 투자를 하려는 사람은 시장조성의 여부와 관계없이 기업의 본질가치를 정확하게 판단하고, 해당 기업의 상장 이후 형성된 주가를 보고 자기책임에 의한 투자를 하여야 하는 것이 유가증권 유통시장의 기본원리인 점 등에 비추어, 시장조성이 이루어지는 대상이 되는 유가증권은 증권거래소나 코스닥증권시장 등 유가증권 유통시장의 특성상 유통시장에서 거래되는 주식 전체가 된다고 하더라도, 그와 같은 시장조성의 보호대상이 되는 유가증권의 보유자로서 시장조성 포기로 인한 손해배상을 구할 수 있는 자는 해당 유가증권의 발행을 주간한 증권사가 모집 또는 매출한 유가증권의 발행에 참가하여 이를 인수한 투자자들과 그들로부터 해당 유가증권을 특정하여 직접 인수한 투자자(공개된 유통시장에서 불특정 주식을 매수한 자는 제외)라고 보는 것이 타당하다(대법원 2002. 5. 14. 선고 99다48979 판결 참조).

| 생각해 볼 사항 |

1. 판시사항 1 관련

최근 대법원 2015. 12. 23. 선고 2013다88447 판결에서도 판시사항 1의 입장을 다시 확인하였다. 그런데 증권신고서의 거짓기재 또는 기재 누락에 따른 책임을 〔판례 2-5〕와 같이 발행시장에서 취득한 투자자로 한정하는 경우에는 증권공모 후 정기공시(사업보고서, 반기 · 분기보고서)를 하기 이전의 기간 동안 유통시장에서 거래하는 투자자들의 보호에 공백이 발생한다. 이 기간 동안 발행회사에 대한 정보는 결국 증권신고서에 의존할 수밖에 없는데, 거짓기재 또는 기재 누락이 있는 증권신고서에 의존하여 유통시장에서 거래하더라도 자본시장법에 따른 책임을 물을 수 없게 되기 때문이다. 최소한 위 기간 동안의 투자자들은 자본시장법 제125조의 보호대상에 포함시키는 것이 합리적일 것이다.

대법원 2008. 11. 27. 선고 2008다31751 판결은 "구 증권거래법 제186조의5는 사업보고서의 허위기재 등 유통시장의 부실공시로 인한 손해배상책임에 관하여 유가증권신고서의 허위기재 등으로 인한 손해배상책임에 관한 동법 제14조 내지 제16조를 준용하고 있다. 따라서 동법 제14조에 따른 손해배상을 청구할 수 있는 사람은 모집 또는 매출에 의하여 '발행시장'에서 유가증권을 취득한 사람에 한정되는 것이 아니고, '유통시장'에서 유가증권을 취득한 사람도 포함된다"고 판시하였으나, 이는 사업보고서의 거짓기재 등에 관한 것으로 증권공모 시 증권신고서의 거짓기재 또는 기재 누락에 따른 손해배상책임을 추궁할 수 있는 사람의 범위에 대한 판결은 아니다.

2. 판시사항 2 관련

판시사항 2에 따르면 공모에 응하여 증권을 취득한 투자자라면 Y1증권에 대하여 시장조성의무 위반을 이유로 손해배상을 청구할 수 있다. 그런데 시장조성을 하기로 하는 계약은 Y1증권과 A회사가 체결한 것이고 양자

간의 이면계약상 A회사가 부담한 시장조성자금 제공의무를 이행하지 않아 Y1증권이 시장조성을 하지 않았다면, Y1증권이 A회사에 대하여 시장조성을 하기로 하는 계약을 위반한 것인지 의문이다. Y1증권이 발행인인 A회사와의 사이에서는 시장조성을 하기로 하는 계약을 위반하지 않았음에도 불구하고 (공모에 응한) 투자자들에게 시장조성의무 위반에 따른 손해배상책임을 부담하는 근거를 〔판례 2-5〕는 제시하지 않았다. 다음과 같은 두 가지 이론 구성을 생각해 볼 수 있을 것이다. 첫째, 시장조성을 하기로 하는 계약은 발행인인 A회사와 Y1증권 간에 체결되는 것이지만 시장조성으로 주식가격을 지탱함에 따른 이익은 투자자에게 돌아간다는 점, A회사가 증권신고서에 시장조성을 하기로 하는 계약 체결을 기재하면서 이면계약은 기재하지 않아 투자자들의 신뢰를 유도한 점 및 Y1증권은 이를 알면서도 묵인하였다는 점에 비추어 Y1증권이 공시된 계약 내용을 신뢰한 투자자들에게 대하여 공시된 대로 시장조성할 의무를 부담한다고 보는 이론이다. 둘째, 이면계약을 공시하지 않음으로써 중요한 사항에 관한 거짓기재 내지는 기재 누락이 있었음을 이유로 발행인인 A회사와 인수인인 Y1증권을 상대로 손해배상을 청구할 수 있다는 이론이다.

〔판례 2-6〕 대법원 2015. 11. 27. 선고 2013다211032 판결〔대여금〕─제일 저축은행 후순위채

• 사실관계

　주식회사 C저축은행(제일저축은행)은 청약기간을 2009. 10. 19～21.로 하여 연 8.5퍼센트의 이자를 2009. 11. 22.부터 매월 후지급하고, 2015. 2. 22.에 원금 100퍼센트를 일시 상환하는 조건으로 권면총액 300억 원의 제3회 무기명식 이권부 무보증 후순위사채를 모집공고하였다. 원고는 2009. 10.

19. C저축은행 여의도지점에서 위 후순위사채 4,000만 원의 매수를 청약하여, 2009. 10. 22. 2,410만 원 상당의 후순위사채를 배정받고 위 돈을 납입하였다.

이 사건 후순위사채에는 아래와 같은 내용의 후순위특약이 있다.

〈후순위특약〉

1. 본 사채에 관한 원리금지급청구권은 발행회사에 대하여 파산절차, 회생절차, 기업구조조정절차, 청산절차 및 외국에서 이와 유사한 도산절차가 개시되는 경우에는 (i) 발행회사에 대한 모든 무보증, 비후순위채권보다 후순위이고, (ii) 본 사채보다 열후한 후순위특약이 부가된 채권 및 주주의 권리(보통주 및 우선주 포함)보다는 선순위로 한다.

2. 발행회사에 대하여 파산절차, 회생절차, 기업구조조정절차, 청산절차 및 외국에서 이와 유사한 도산절차가 개시되는 경우, 본 사채와 동일하거나 열후한 후순위 특약이 부가된 채권 및 위 (i)·(ii) 주주의 권리를 제외한 다른 모든 채권이 그 전액에 대하여 변제가 완료되는 것을 정지조건으로 하여 본 사채를 상환한다.

3. 본 사채는 후순위사채의 본질을 해할 우려가 있는 담보의 제공, 만기 전 상환(금융감독원장의 사전승인에 의한 만기 전 상환 제외), 채무보증 등을 할 수 없다.

4. 본 사채 소지자는 위 2에 따라 상환받을 수 없음에도 불구하고 원리금의 전부 또는 일부를 상환받은 경우 그 수령한 금액을 즉시 발행회사에 반환하여야 하며, 위 2의 조건이 충족될 때까지 본 사채에 관한 권리를 자동채권으로 하여 발생회사에 대하여 상계할 수 없다.

원고는 이 사건 후순위사채의 이자로 2009. 11. 22.부터 2011. 8. 22.까지 22회에 걸쳐 매월 14만 4,438원씩 합계 317만 7,636원을 수령하였다.

C저축은행은 분식회계 사실 등이 밝혀져 2011. 9. 18. 금융위원회로부터 6개월간 영업정지처분을 받았고, 이 사건 후순위사채는 2011. 10. 6. 상장 폐

지되었다. 원고는 이 사건 후순위사채의 불완전판매와 관련하여 금융분쟁조정위원회에 조정을 신청하여 2012. 7. 10. 'C저축은행은 원고에게 449만 8,506원을 지급하고, 본건 조정 결정은 원고가 BIS비율 조작·허위공시 등 재무 관련 사항과 관련한 손해배상청구권을 행사하는 데 영향을 미치지 아니한다'는 내용의 조정이 성립하였다. 서울중앙지방법원은 2012. 9. 7. C저축은행에 대하여 파산을 선고하고, 같은 날 예금보험공사(이하 '피고')를 C저축은행의 파산관재인으로 선임하였다.

원고는 파산채권신고기간 내에 다음과 같이 파산채권을 신고하였는데, 피고는 그중 조정이 성립한 449만 8,506원만 시인하고 나머지에 대하여 이의하였다.

C저축은행은 2009. 10. 9. 이 사건 후순위사채 공모를 위한 증권신고서를 전자공시하면서 '2009. 6. 말 현재 BIS비율이 8.19퍼센트(2,617억 3,900만 원/3조 1,947억 1,500만 원×100)를 기록하고 있어 통상적인 건전성기준인 8.0퍼센트를 상회하고 있다'고 기재하였다. 그런데 C저축은행의 대주주 겸 회장인 A, 대표이사인 B는 2013. 5. 16. 주식회사의 외부감사에 관한 법률에 위반하여 허위의 재무제표를 작성·공시하고, 자본시장법에 위반하여 부정거래행위 등을 하였다는 범죄 사실로 각각 징역형을 선고받았다.

• 법원의 판단

▌원심 : 서울남부지방법원 2013. 8. 22. 선고 2013나50522 판결
1. 자본시장법 제125조 제1항에 의한 손해배상청구
가. 손해배상책임의 발생
C저축은행이 이 사건 후순위사채의 증권신고서에 고정 이하 부실대출채권을 정상 채권으로 가장하여 자산건전성을 허위로 분류하는 분식행위를 하여 작성한 재무제표를 기준으로 BIS비율과 자산건전성을 허위로 기재한 사실은 앞서 인정한 바와 같고, 이와 같은 재무제표와 BIS비율은 파

산절차 등이 개시될 경우 사실상 변제받기 어려운 상호저축은행의 후순위사채를 매입하려고 하는 투자자의 합리적인 투자판단에 중대한 영향을 미칠 중요한 사항에 해당한다고 할 것이므로, 특별한 사정이 없는 한 C저축은행은 자본시장법 제125조 제1항에 의하여 위 증권신고서의 기재를 믿고 이 사건 후순위사채를 취득한 원고가 입은 손해를 배상할 책임이 있다.

• 거래 인과관계

피고는, 원고가 이 사건 후순위사채를 취득할 당시 이미 상호저축은행의 BIS비율을 믿을 수 없다는 자료가 있음을 인식하고 C저축은행의 재정의 위험성을 충분히 예상한 상태에서, C저축은행의 재무제표에 관한 사항과 BIS비율에 근거하여 합리적인 판단을 통해 이 사건 후순위사채를 취득한 것이 아니라 후순위사채가 가지고 있는 위험성에도 불구하고 일반 예금채권보다 높은 수익을 얻을 수 있다는 점 때문에 투기 목적으로 이 사건 후순위사채를 취득한 것이므로, 증권신고서의 거짓기재와 원고의 후순위사채 취득 사이에는 인과관계가 없다고 주장한다.

자본시장법은 유가증권 등 금융투자상품의 매매 등에 있어서 증권신고서에 중요사항에 관한 기재가 누락되거나 허위사실을 기재하는 것을 금지하고 있고, 회사의 재무제표는 외부감사인의 회계감사를 거쳐 회사의 재무상태를 가장 객관적으로 드러내는 자료로 일반적으로 인식되고 있는 점 등에 비추어 보면, 신문기사가 게재된 사실이 있다거나 원고가 2회에 걸쳐 이 사건 후순위사채와 같은 종류의 후순위사채를 취득한 사실이 있다는 것만으로는 피고의 위 주장은 인정하기에 부족하고, 달리 이를 인정할 증거가 없다.

나. 손해배상책임의 범위

• 자본시장법상 손해배상추정규정

자본시장법 제126조 제1호에 의하면, C저축은행이 배상할 금액은 원고가 이 사건 후순위사채를 취득함에 있어 실제로 지급한 2,410만 원에서 이 사건 소송의 변론이 종결될 때의 후순위사채의 시장가격(시장가격이 없는 경우에는 추정처분가격을 말한다)을 뺀 금액으로 추정된다. 이 사건 후순위 사채가 2011. 10. 6. 상장 폐지된 사실을 앞에서 인정한 바와 같고, …2012. 12. 6. C저축은행에 대한 제1회 채권자집회에서 파산관재인이 '…후순위 채권자에 대하여는 배상할 수 없을 것으로 보인다'고 보고한 사실을 인정할 수 있으므로, 이 사건 후순위사채의 시장가격은 0원으로 봄이 상당하다. 따라서 위 자본시장법 위반으로 인한 원고의 손해액은 2,410만 원으로 추정되고, 원고가 스스로 공제하여 구하는 이 사건 후순위사채의 이자수령액 317만 7,636원을 공제하면 그 손해액은 2,092만 2,364원이다.

• 손해 인과관계

피고는, C저축은행이 파산에 이르게 된 것은 상호저축은행법을 위반한 불법 대출, 적정한 담보 없이 이루어진 부실대출로 인한 대출채권의 부실화 때문이고, 원고가 이 사건 후순위사채의 가격 하락으로 경제적 손실을 입은 것은 C저축은행이 위와 같은 경영상 부실로 파산에 이르게 되었고, 이 사건 후순위사채가 일반 파산채권보다 배당에 있어 후순위이기 때문이므로 증권신고서에 허위의 기재를 한 것과 원고의 손해 사이에는 인과관계가 없다고 주장한다. 자본시장법은 증권신고서의 허위기재로 인한 손해액의 입증의 어려움을 고려하여 위와 같은 손해배상액의 추정규정을 두면서, 제126조 제2항에서 배상책임을 질 자는 청구권자가 입은 손해액의 전부 또는 일부가 중요사항에 관하여 거짓의 기재 등으로 인하여 발생한 것이 아님을 증명한 경우에는 배상책임을 면할 수 있도록 규정하고 있어 배상의무자가 인과관계의 부존재를 증명하여야 한다. 그러나 피고가 제출한 모든 증거에 의하더라도 위와 같은 손해액의 추정을 깨뜨릴 정도의 인과관계 부존재의 증명이 있다고 볼 수 없으므로, 피고의 위 주장은 이유 없다.

다. 책임의 제한

자본시장법은 증권신고서의 허위기재로 인하여 증권취득자가 입은 손해를 추정하고 손해의 인과관계에 관한 입증책임을 배상의무자에게 전환하고 있으나, 이 조항이 적용되는 손해배상청구소송에 있어서도 손해의 공평한 분담이라는 손해배상법의 기본 이념이 적용된다는 점에서는 아무런 차이가 없으므로, 피해자에게 손해의 발생 및 확대에 기하여 과실이 있다는 점을 이유로 과실상계를 하거나 공평의 원칙에 기한 책임의 제한을 하는 것은 여전히 가능하다고 보아야 할 것이다(대법원 2007. 10. 25. 선고 2006다16758, 16765 판결 참조).

이 사건 변론에 나타난 제반 사정을 참작하면, 공평의 원칙상 C저축은행의 책임을 60퍼센트로 제한함이 상당하다.

라. 지연손해금

결국 C저축은행은 원고에게 손해액과 이에 대하여 파산선고일인 2012. 9. 7.부터 다 갚는 날까지 민법이 정한 연 5퍼센트의 비율로 계산한 지연손해금을 지급할 의무가 있다. 위법행위 시점과 손해 발생 시점 사이에 시간적 간격이 있는 경우에 손해배상청구권의 지연손해금은 손해 발생 시점을 기산일로 하여 발생한다고 보아야 하고, 이 사건 손해 발생일은 파산선고일이다.

▌대법원 : 파기환송

증권신고서와 투자설명서의 중요사항에 관한 부실기재로 사채권의 가치평가를 그르쳐 사채권 매입으로 인하여 손해를 입게 되었다는 이유로 민법상 불법행위에 기한 손해배상을 청구하는 경우, 그 손해액은 사채권의 매입대금에서 사채권의 실제가치, 즉 증권신고서와 투자설명서의 중요사항에 관한 부실기재가 없었더라면 형성되었을 사채권의 가액을 공제한 금액으로서 원칙적으로 불법행위 시인 사채권의 매입 시를 기준으로 산정하여야 한다(대법원 2008. 6. 26. 선고 2007다90647 판결 ; 대법원 2010. 4. 29. 선고 2009다91828 판결 등 참조). 그리고 불법행위로 인한 손해배상채무에 대하여는 원칙적으로 별도의 이행 최고가 없더라도 공평의 관념에 비추어 불법행위로 그 채무가 성립함과 동시에 지연손해금이 발생하는 것이므로(대법원 2011. 1. 13. 선고 2009다103950 판결 참조), 증권신고서와 투자설명서의 중요사항에 관한 부실기재로 인한 손해배상채무에 대하여도 이와 마찬가지로 보아야 할 것이다.

한편 자본시장법 제125조 제1항은 증권신고서와 투자설명서 중 중요사항에 관하여 거짓의 기재 또는 표시가 있거나 중요사항이 기재 또는 표시되지 아니함으로써 증권의 취득자가 손해를 입은 경우에는 그 손해를 배상하도록 규정하고 있으며, 제126조 제1항은 그 손해액에 관하여 추정 규정을 두고 있다. 자본시장법 제125조 제1항에서 정한 이와 같은 손해배상책임은 민법상 불법행위책임과는 별도로 인정되는 법정책임이지만(대법원 1998. 4. 24. 선고 97다32215 판결 등 참조) 그 실질은 민법상 불법행위책임과 다르지 아니하고, 제126조 제1항은 증권의 취득자가 입은 손해액의 추정 규정에 불과하므로, 자본시장법 제125조 제1항에서 정한 손해배상채무의 지연손해금의 발생 시기에 대하여도 민법상 불법행위책임에 기한 손해배상채무의 경우와 달리 볼 것은 아니다. 그럼에도 원심은 원고의 손해가 C저축은행에 대한 파산선고일인 2012. 9. 7. 발생하고 그 손해배상청구권의 지연손해금도 이때부터 발생한다고 판단하였으니, 이와 같은 원심판결에는 자본시장법 제125조 제1항에 의한 손해의 발생 시기와 그 손해배상청구권의 지연손해금 발생의 기산점에 관한 법리를 오해하여 판결 결과에 영향을 미친 위법이 있다.

| 생각해 볼 사항 |

〔판례 2-6〕은 증권신고서와 투자설명서의 부실기재로 인한 손해배상을 민법상 불법행위에 기하여 청구한 사안에서 손해액의 산정에 관한 기존 판례를 재확인하고 자본시장법 제125조 제1항에서 정한 증권신고서 등의 부실기재로 인한 손해배상책임은 민법상 불법행위책임과는 별도로 인정되는 법정책임이지만 그 실질은 민법상 불법행위책임과 다르지 아니하므로, 특칙이 없는 한 민법상 불법행위책임에 관한 법리를 적용한다는 원칙을 확인한 것이다.

☞ 민사책임에 대하여는 다음의 판례도 참조

　　〔판례 3-1〕 대법원 2007. 9. 21. 선고 2006다81981 판결

　　〔판례 3-2〕 대법원 2007. 10. 25. 선고 2006다16758, 16765 판결

　　〔판례 3-3〕 대법원 1997. 9. 12. 선고 96다41991 판결

III. 공시의무 위반에 대한 형사책임

〔**판례 2-7**〕 대법원 2006. 10. 26. 선고 2006도5147 판결〔증권거래법 위반
　　등〕― 주금의 가장납입과 유가증권신고서의 허위기재

• 사실관계

　　1. 피고인 Y는 A회사의 회장으로서 2003. 3.경 A회사가 제3자 배정방식
으로 61억 8,999만 7,000원 상당의 유상증자를 실시함에 있어 그중 59억
9,999만 9,500원에 관하여는 사채자금 등을 일시 주금납입계좌에 입금한
후 증자등기 경료 직후 이를 인출하기로 하여 자금조달의 의도나 목적이 없
음에도 불구하고, 2003. 3. 25.경 유가증권신고서에 "신주의 종류와 수(기명
식 보통주 112만 5,454주), 신주 발행가액(5,500원), 자금조달의 목적 운영자금
61억 5,499만 7,000원, 기타 3,500만 원"이라고 기재하여 제출하였다.

　　2. 피고인 Y는 유가증권신고서의 중요사항에 관하여 허위의 기재를 하
여 구 증권거래법 제207조의3 제2호를 위반한 혐의로 기소되었다.

• 법원의 판단

　　유상증자에 의한 유가증권을 발행함에 있어 사채업자의 자금을 일시 유
상증자를 위한 주금납입 계좌에 입금한 다음 주금납입금 보관증명서를 발

급받아 증자등기 경료 직후 이를 인출하여 사채업자에게 반환하는 방법으로 주금납입을 가장하거나, 실제로는 주금납입이 이루어지지 않았음에도 위조된 주금납입금 보관증명서를 제출하여 증자등기가 경료되게 한 경우, 비록 형식상으로는 유상증자의 외형을 갖추었더라도 실질적으로는 자금을 조달할 의도나 목적 없어 납입한 주금이 전혀 자본금으로 편입되지 않으므로, 주금의 가장납입 또는 위조된 주금납입금 보관증명서에 의한 증자등기를 경료할 의도하에 마치 실질적인 자금조달에 의하여 유상증자를 할 것처럼 구 증권거래법 제8조 소정의 유가증권신고서를 작성하여 금융감독위원회에 제출하는 행위는 구 증권거래법 제207조의3 제2호 소정의 유가증권신고서의 중요한 사항에 관하여 허위의 기재를 한 경우에 해당한다고 봄이 상당하다.

IV. 공시의무 위반에 대한 행정제재

〔판례 2-8〕 대법원 2016. 2. 18. 선고 2014두36259 판결〔과징금부과처분취소〕 — 증권신고서 중요사항 거짓기재에 대한 과징금 부과

• 사실관계

1. X증권회사(동부증권)은 A회사(주식회사 씨모텍)가 2011. 1. 28. 주주배정 후 실권주 일반공모방식으로 발행주식수 1200만 주, 증자금액 286억 8,000원 규모의 유상증자할 때 대표주관회사 겸 증권인수인으로 참여하였다.

2. A회사가 위 유상증자를 위해 금융위원회에 제출한 증권신고서(2010. 9. 28. 제출, 2011. 1. 14. 최종 정정신고서 제출) 중 '인수인의 의견' 부분에 'A회사의 최대주주 B회사(나무이쿼티)가 A회사를 인수하기 위하여 차입한 270억 원 중 220억 원이 2010. 9. 14. 기준자본금으로 전환되었다'는 기재

(이하 '이 사건 기재'라 한다)가 있었다. 실제로는 당시 B회사의 자본금 변동이 없었다.

3. 증권선물위원회는 X회사가 증권신고서의 중요사항에 관하여 거짓의 기재를 한 사실이 있다는 이유로 2012. 10. 26. X회사에 대하여 자본시장법 제429조 제1항 제1호를 근거로 과징금 4억 6,620만 원을 부과하는 처분을 하였고, X회사는 과징금부과처분의 취소를 청구하였다.

• 법원의 판단

자본시장법은 증권의 인수인 등이 증권신고서(정정신고서 및 제출서류 포함) 중 중요사항에 관하여 거짓의 기재 또는 표시를 하거나 중요사항을 기재 또는 표시하지 아니하고, 그러한 위반행위에 대하여 고의 또는 중대한 과실이 있는 경우에 증권신고서상의 모집가액 또는 매출가액의 100분의 3을 초과하지 아니하는 범위에서 과징금을 부과할 수 있다고 규정하고 있다(제429조 제1항 제1호 및 제430조 제1항).

자본시장법이 증권신고서 제출제도를 통하여 증권발행시장을 규제하는 것은 증권의 공모 시에 발행회사와 증권에 관한 정확한 정보를 투자자에게 제공함으로써 발행회사와 투자자 사이에 발생할 수 있는 정보의 비대칭을 해소하여 투자자를 보호하기 위한 것이다. 이러한 취지에 비추어 볼 때, 위 조항에서 말하는 '중요사항'이란 증권의 공정한 거래와 투자자보호를 위하여 필요한 사항으로서 투자자의 합리적인 투자판단 또는 증권의 가치에 중대한 영향을 미칠 수 있는 사항을 의미한다고 할 것이다.

… 원심은… ① B회사는 바이아웃(buy-out)을 목적으로 30억 원의 자본금과 270억 원의 차입금을 통해 A회사의 주식 및 경영권을 인수하였는데, 270억 원의 차입금 중 220억 원이 자본금으로 전환되었는지 여부는 A회사의 지배구조의 안정성과 직결되는 요소로서 A회사 주식의 가치에 영향을 미칠 수 있는 사항으로 보이는 점, ② 발행회사의 최대주주는 주주총회 또

는 이사회에서 결의되는 회사운영의 중요한 사항에 관하여 영향력을 행사할 수 있는 여지가 많고, 최대주주가 자신에게 유리한 방향으로 의결권 내지 경영권을 행사하는 경우 그로 인하여 소액투자자에게 손해를 가할 수 있는 우려도 높다 할 것이므로, 투자자로서는 발행회사 최대주주의 재무건전성 및 회사운영 방향 등도 주식투자 여부를 결정함에 있어 중요한 요소로 고려할 수 있는 점, ③ 자본시장법 제119조 제1항, 동법 시행령 제125조 제1항 제3호 바목은 증권신고서에 발행회사의 주주에 관한 사항을 기재하도록 규정하고 있고, 금융감독원이 투자자보호와 건전한 자본시장 발전을 목적으로 제정한 '금융투자회사의 기업실사(Due Diligence) 모범규준' 제11조 제6항은 주관회사가 발행회사의 지배구조에 대하여 검증을 실시하는 경우 반드시 포함하여야 할 사항으로 최대주주의 지분율 및 주식 보유 형태, 경영권 분쟁 등으로 인하여 경영권 불안전성이 대두될 가능성이 있는지 여부, 최근 최대주주가 변경된 경우 지분인수조건 및 인수자금 조달 방법 등이 타당한지 여부 등을 열거하고 있으므로, 발행회사뿐만 아니라 발행회사의 최대주주에 관한 사항도 주관회사가 실사하여 증권신고서에 기재하여야 하는 필수적인 사항에 해당하는 점, ④ 투자자들의 가장 큰 관심사는 투자로 인하여 이득을 얻을 수 있는지 여부이므로 주식투자와 관련하여서는 주가수익비율·주가순자산비율·자기자본이익률 등의 재무지표와 투자하려는 회사의 성장 가능성 등을 가장 우선적으로 고려할 것이다. 그러나 A회사의 최대주주인 B회사는 바이아웃을 목적으로 한 특수목적법인으로 A회사를 인수할 때 인수금액 300억 원 중 무려 270억 원을 차입하였으므로 그 차입금의 채권자가 급작스럽게 상환을 요구할 때는 회사를 계속 경영하지 못하고 할 수 없이 A회사 주식을 매각할 수밖에 없으며, 이에 따라 A회사 주식의 주가가 하락할 수 있음을 충분히 예견할 수 있으므로 A회사의 투자자들에게 B회사의 차입금 중 대부분이 자본금으로 전환되었는지 여부는 투자판단에 있어 고려될 사항으로 보이는 점, ⑤ 원고는 이 사건 유상증자 이전에 이미 B회사의 A회사 인수자금이 대부분 차입금이었고, 그것을 자본금으로 전환하는지 여부가 이 사건 유상증자에 따른 위험 요소 중 하나라는 것을 인식하면서 이 사건 기재를 한 것으로 보이는 점 등의 사정을 종합적으로 고려하여 보면, 이 사건 기재는 자본시장법 제429조 제1항 제1호 소정의 중요사항에 해당하고, 원고는 B회사의 법인 등기부등본을 확인하는 간편한 방법에 의해 B회사의 차입금의 자본금 전환 여부에 관한 사실을 알 수 있었음에도 A회사 담당자의 진술이나 B회사가 일방적으로 작성한 '주식 등의 대량보유 상황보고서'만을 근거로 만연히 B회사의 차입금의 자본금 전환 사실을 진실이라고 믿고 증권신고서에 거짓의 기재를 하였으므로, 원고에게 중대한 과실이 인정된다고 판단하였다. … 이러한 원심의 판단은 정당하고… 판결에 영향을 미친 위법이 없다.

〔**판례 2-9**〕 대법원 2020. 2. 27. 선고 2016두30750 판결〔시정명령 등 취소 청구의 소〕 – 중국고섬의 국내상장과 공동주관회사에 대한 과징금 부과

• **사실관계**

1. 중국고섬은 2009. 9. 18. 싱가포르 증권거래소에 주식을 상장하였고, 그 주식을 원주로 하는 증권예탁증권을 한국거래소의 유가증권시장에 상장하기 위하여 주식예탁증권 3,000만 주(싱가포르 원주 20주당 1주)를 한국 내에서 모집하였다(모집가액 총개 1,791억 원). 위 모집에서 대표주관회사는 D증권, 공동주관회사는 원고 X, 인수인은 D증권과 X 및 그 밖의 2개의 증권회사가 맡았다.

2. 중국고섬은 2010. 12. 15. 제출한 증권신고서와 그 이후 3차례 제출한 정정신고서(이하 모두 합쳐 '이 사건 증권신고서')에 의하면, ① D증권 직원 7명, X 직원 5명이 기업실사에 참여하였고, ② 중국고섬의 2010년 3분기

기준 재무제표상 현금 및 현금성자산은 '5억 9,338만 위안' 이라는 것이다.

3. 위 주식예탁증권은 2011. 1. 25. 상장되었으나, 싱가포르 증권거래소는 2011. 3. 22.부터 원주의 거래를 일시정지하였고, 같은 날 한국거래소도 위 주식예탁증권의 거래를 정지하였다. 특별감사인은 2012. 5. 3.자 특별감사보고서에서 '중국고섬의 2010. 12. 31. 기준 은행 잔고가 약 9,700만 위안에 불과하다' 는 감사결과를 보고하였다. 금융감독원은 중국증권감독관리위원회로부터 송부받은 자료를 토대로 2010. 9. 말 현금 및 현금성자산의 부족액을 1,016억 원으로 추정하였다. 위 주식예탁증권은 2013. 10. 4. 감사인의 감사의견 거절을 이유로 상장폐지되었다.

4. 금융위원회(피고)는 2013. 10. 10. X에 대하여 자본시장법 제429조 제1항 제1호, 자본시장조사업무규정 제25조에 따라 20억 원의 과징금을 부과하였다(이하 '이 사건 처분'). 피고의 과징금 부과처분사유는 ① X가 중국고섬에 대한 실사의무를 대표주관회사인 D증권에 의존하여 중국고섬의 현금 및 현금성자산에 대한 확인절차를 수행하지 않는 등 공동주관회사로서 현저히 부실한 실사를 함으로써 중국고섬이 제출한 이 사건 증권신고서상 중요사항의 거짓 기재를 '방지' 하지 못한 중대한 과실이 있고, ② 중국고섬이 이 사건 증권신고서에 화상프로젝트 등 관련 주요 계약내역, 소요예산 및 자금조달방안 등 중요 투자위험요소의 기재 누락을 '방지' 하지 못한 중대한 과실이 있다는 것이다.

• 법원의 판단

▌ 원심 : 서울고등법원 2015. 12. 9. 선고 2015누36623 판결

원심판결은 다음과 같은 이유로 이 사건 처분은 위법하다고 판단하여 원고의 청구를 인용하였다.

(1) 구 자본시장과 금융투자업에 관한 법률(2013. 5. 28. 법률 제11845호로 개정되기 전의 것, 이하 '구 자본시장법' 이라 한다) 제429조 제1항 제1호, 제

125조 제1항 제5호, 구 자본시장과 금융투자업에 관한 법률 시행령(2013. 8. 27. 대통령령 제24697호로 개정되기 전의 것, 이하 '구 자본시장법 시행령'이라 한다) 제135조 제2항에 의하여 공시위반에 대한 과징금 부과대상이 되는 '발행인 또는 매출인으로부터 직접 증권의 인수를 의뢰받아 인수조건 등을 정하는 인수인'이라 함은 '대표주관회사', '공동주관회사', '인수인' 등의 명칭과는 상관없이 '증권의 발행인으로부터 직접 증권의 인수를 의뢰받아 인수조건 등을 결정하는 인수인'을 의미한다고 해석하여야 하는데, 이 사건 공동주관계약 및 이 사건 인수계약에서 원고가 '공동주관회사'로서의 지위에 있다고 하더라도, 이 사건 증권의 상장을 위한 증권의 평가, 인수조건의 결정 등은 대표주관회사인 D증권이 수행하였고 원고는 위 각 계약서에 기재된 내용과 달리 실제로는 이러한 업무에 참여하지 않았으며, 대표주관회사인 D증권으로부터 이 사건 증권을 배정받은 인수인에 불과하므로 위 법령에 규정된 과징금 부과대상자에 해당하지 않는다.

(2) 구 자본시장법 제429조 제1항 제1호, 제125조 제1항은 '증권신고서의 중요사항에 관하여 거짓의 기재 또는 표시를 하거나 중요사항을 기재 또는 표시하지 아니한 때'를 과징금 부과사유로 규정하고 있으므로, 발행인이 증권신고서의 중요사항에 관하여 거짓의 기재 또는 표시를 한 때에는 발행인이 과징금 부과대상이 되어야 하고, 이 사건 증권의 인수인인 원고는 증권신고서 중 '인수인 의견'란의 중요사항에 관하여 직접 거짓의 기재 또는 표시를 하거나 중요사항을 기재 또는 표시하지 아니한 때에만 과징금 부과의 상대방이 될 뿐 이를 고의 또는 중대한 과실로 방지하지 못하였다고 하더라도 이는 과징금 부과사유에 해당하지 않는다.

■ 대법원 : 파기환송

가. 구 자본시장법 제429조 제1항 제1호에 의하면, "금융위원회는 제125조 제1항 각호의 어느 하나에 해당하는 자가 '제119조, 제122조 또는 제123조에 따른 신고서, 설명서, 그 밖의 제출서류 중 중요사항에 관하여 거짓의

기재 또는 표시를 하거나 중요사항을 기재 또는 표시하지 아니한 때'에 해당하는 경우에는 증권신고서상의 모집가액 또는 매출가액의 100분의 3 (20억 원을 초과하는 경우에는 20억 원)을 초과하지 아니하는 범위에서 과징금을 부과할 수 있다.'라고 규정하고, 제125조 제1항 제5호는 "그 증권의 인수계약을 체결한 자(인수계약을 체결한 자가 2인 이상인 경우에는 대통령령으로 정하는 자를 말한다)"를 규정하고 있다. 이에 따라 구 자본시장법 시행령 제135조 제2항은 "법 제125조 제1항 제5호에서 '대통령령으로 정하는 자'란 발행인 또는 매출인으로부터 직접 증권의 인수를 의뢰받아 인수조건 등을 정하는 인수인을 말한다."라고 규정하고 있다.

한편 「증권의 발행 및 공시 등에 관한 규정」(금융위원회 고시 제2010-37호, 2010. 11. 8. 일부 개정) 제2-12조 제1항에 의하면, '주관회사'라 함은 '모집 또는 매출하는 증권의 발행인 또는 매출인으로부터 해당 증권의 인수를 의뢰받아 인수조건 등을 결정하고 해당 모집 또는 매출과 관련된 업무를 통할하는 자'를 의미한다. 그리고 「증권인수업무에 관한 규정」(한국금융투자협회, 2010. 8. 20. 개정된 것) 제2조 제5호에 의하면, '주관회사'란 증권을 인수함에 있어서 인수회사를 대표하여 발행회사와 인수조건 등을 결정하고 인수 및 청약업무를 통할하며, 기타 이 규정에서 정하는 업무를 영위하는 금융투자회사를 말하며, '대표주관회사'란 발행회사로부터 증권의 인수를 의뢰받은 자로서 주관회사를 대표하는 금융투자회사를 말하고, 「금융투자회사의 기업실사(Due diligence) 모범규준」(금융감독원, 2011. 12. 6. 제정) 제2조 제2호에 의하면, '주관회사'라 함은 증권의 인수 또는 모집 · 매출의 주선업무를 수행함에 있어서 인수 및 주선회사를 대표하여 발행회사와 인수 · 주선 조건 등을 결정하고 인수 · 주선 및 청약업무를 통할하며, 기타 이 규준에서 정하는 업무를 영위하는 금융투자회사를 말하고, '대표주관회사'라 함은 주관회사가 다수인 경우 주관회사를 대표하는 금융투자회사를 말한다.

나. 자본시장법은 자본시장의 공정성 · 신뢰성 및 효율성을 높이고 투자

자를 보호하기 위하여 증권의 발행인으로 하여금 증권의 내용이나 발행회
사의 재산, 경영상태 등 투자자의 투자판단에 필요한 기업 내용을 신속·
정확하게 공시하게 하는 제도를 두고 있다. 발행시장은 최초로 시장에 증
권이 등장하는 공모발행이라는 점에서 그 증권의 가치평가가 어렵고, 투자
판단에 필요한 정보가 부족한 경우가 많으며, 그 결과 투자자들이 증권시
장에 대한 신뢰와 투자에 대한 확신을 가지기 어려운 특징이 있다. 이 때문
에 증권의 모집·매출은 발행회사가 직접 공모하기보다는 인수인을 통하
여 간접공모를 하는 것이 통상인데, 그 이유는 발행회사로서는 인수인이
가지는 공신력에 의하여 공모가 성공할 가능성이 높아질 뿐만 아니라 공
모 차질로 인한 위험을 부담하게 되는 보험자의 역할을 기대할 수 있고, 투
자자들은 시장의 '문지기(Gatekeeper)' 기능을 하는 인수인의 평판을 신뢰
하여 그로부터 투자판단에 필요한 정보의 취득·확인·인증 등을 용이하
게 제공받을 수 있기 때문이다. 이러한 이유로 자본시장법은 인수인이 증
권신고서 등의 직접적인 작성주체는 아니지만 증권신고서나 투자설명서
중 중요사항에 관하여 거짓 기재 또는 기재 누락을 방지하는 데 필요한 적
절한 주의를 기울여야 할 의무를 부과하고(자본시장법 제71조 제7호, 자본시
장법 시행령 제68조 제5항 제4호), 거짓 기재 또는 기재 누락으로 증권의 취
득자가 손해를 입은 때에는 그 손해배상책임을 지우는 한편(자본시장법 제
125조 제1항 제5호), 그 위반행위에 대하여 고의 또는 중대한 과실이 있는
때에는 과징금을 부과하도록 규정하고 있다(자본시장법 제429조 제1항 제
1호, 제430조 제1항).

위에서 살펴본 자본시장법상 인수인의 지위, 발행시장에서의 공시규제
의 내용에 더하여 공시위반에 대한 과징금 조항의 문언 및 취지 등을 종합
하여 살펴보면, 구 자본시장법 시행령 제135조 제2항에 정한 '증권의 발행
인으로부터 직접 증권의 인수를 의뢰받아 인수조건 등을 결정하는 인수
인'이 고의 또는 중대한 과실로 말미암아 발행인이 작성, 제출한 증권신고
서나 투자설명서 중 중요사항에 관하여 거짓의 기재 또는 표시를 하거나

중요사항을 기재 또는 표시하지 아니한 행위를 방지하지 못한 때에는 과징금 부과대상이 된다고 보아야 한다.

…원고는 이 사건 공동주관계약 및 이 사건 인수계약에 의하여 이 사건 증권의 발행을 위한 '주관회사'로서의 지위를 취득하였고, 여기에서 주관회사라 함은 구 자본시장법 시행령 제135조 제2항에 정한 '증권의 발행인으로부터 직접 증권의 인수를 의뢰받아 인수조건 등을 결정하는 인수인'에 해당함이 분명하다. 자본시장 법령의 규제 내용에 상관없이 원고가 실제로 주관회사로서의 업무를 수행하지 않았기 때문에 과징금 부과대상이 되지 않는다는 원심판단은 잘못된 것이다. 또한 원고가 이 사건 증권신고서 중 '인수인 의견'란에 대해 거짓 기재를 한 경우에만 과징금을 부과할 수 있다는 판단 역시 위 법리에 배치되는 것으로서 위법하다.

| 참고 사항 |

자본시장법시행령 제135조 제2항가 개정(대통령령 제28040호, 2017. 5. 8, 일부개정 및 시행)되어 이제는 '발행인 또는 매출인으로부터 직접 증권의 인수를 의뢰받아 인수조건 등을 정하는 인수인'이 아닌 모든 인수인이 자본시장법 제125조 제1항 제5호에 규정된 "대통령령으로 정하는 자"에 해당하게 되었다. 그러나 주선인의 경우에는 아직 '발행인 또는 매출인으로부터 인수 외의 방법으로 그 발행인 또는 매출인을 위하여 해당 증권의 모집·사모·매출을 할 것을 의뢰받거나 그 밖에 직접 또는 간접으로 증권의 모집·사모·매출을 분담할 것을 의뢰받아 그 조건 등을 정하는 주선인'만이 자본시장법 제125조 제1항 제5호에 규정된 "대통령령으로 정하는 자"에 해당한다.

| 참고 판례 |

▪ 대법원 2018. 8. 30. 선고 2014두9271 판결〔과징금부과처분취소〕— 최
대주주 허위기재

〈배경〉

증권선물위원회가 증권신고서에 최대주주를 A라고 거짓 기재하였다는
이유로 원고 X1에게 과징금 3,000만 원, 금융위원회가 증권신고서 및 6회
의 사업보고서에 최대주주를 거짓 기재하였다는 이유로 원고 X2회사(중
국원양자원유한공사)에 과징금 20억 원을 부과한 사건에서, 과징금부과처분
취소를 구한 X1과 X2의 청구가 원심에서 기각되고 대법원도 상고를 기각
하였다.

X2회사의 증권신고서에 포함된 대표주관회사(K증권)이 작성한 "인수인
의 의견"에도 X2회사의 최대주주가 A로 기재되어 있었다. 증권선물위원회
는 "인수인의 의견"에 발행인의 최대주주가 거짓 기재되어 있다는 이유로
K증권에 대해 3억 1,990만 원의 과징금을 부과하였다. K증권도 과징금부
과처분 취소를 구하였으나 대법원 2018. 8. 30. 선고 2014두9271 판결과 같
은 이유로 기각되었다(대법원 2018. 8. 1. 선고 2015두2994 판결).

〈법원의 판단〉

증권신고서의 신고인이나 신고 당시 발행인의 이사 등이 증권신고서(정
정신고서 및 첨부서류 포함) 중 중요사항에 관하여 거짓 기재 또는 표시를
하거나 사업보고서 제출대상법인이 사업보고서 등 중 중요사항에 관하여
거짓 기재 또는 표시를 하고, 그러한 위반행위에 대하여 고의 또는 중대한
과실이 있는 경우, 금융위원회는 과징금을 부과할 수 있다〔자본시장법 제
429조 제1항 제1호, 제3항 제1호, 제430조 제1항〕. 여기서 '중요사항'이란 '투
자자의 합리적인 투자판단 또는 해당 금융투자상품의 가치에 중대한 영향
을 미칠 수 있는 사항'을 말한다(대법원 2016. 2. 18. 선고 2014두36259 판결
등 참조).

…최대주주에 관한 사항은 합리적인 투자자가 투자판단에 중요하게 고려할 상당한 개연성이 있는 중요사항에 해당한다. 따라서 자기의 계산으로 주식을 소유하고 있는 자와 명의상 주주가 상이함에도 증권신고서와 사업보고서 등에 명의상 주주를 최대주주로 기재하였다면, 자본시장법 제429조 제1항 제1호, 제3항 제1호에서 정한 '증권신고서와 사업보고서 등 중 중요사항에 관하여 거짓의 기재를 한 때'에 해당한다.

이러한 법리는 증권의 모집·매출을 위해 증권신고서를 제출하는 발행인 또는 사업보고서 제출대상법인이 외국 법령에 따라 설립된 외국 기업이라고 하더라도 국제증권감독기구(IOSCO)에서 제정한 공시기준에 맞춘 신고서를 제출하지 않는 이상 동일하게 적용된다.

X2회사의 설립 및 유상증자 당시 X1이 A명의로 X2회사의 주식을 취득하였으나, 그 주식취득을 위한 자금이 X1의 출연에 의한 것이고 그 주식취득에 따른 손익 역시 X1에게 귀속된다. 따라서 증권신고서에 기재하여야 하는 자본시장법 제9조 제1항 제1호에 따른 X2회사의 최대주주는 X1이다. 그런데도 X1과 X2는 이 사건 증권신고서와 사업보고서에 명의상 주주에 불과한 A를 최대주주로 기재하였고, 이는 자본시장법 제429조 제1항 제1호, 제3항 제1호에서 정한 '증권신고서 또는 사업보고서 등 중 중요사항에 관하여 거짓의 기재를 한 때'에 해당한다.

▌대법원 2020. 12. 24. 선고 2020두30450 판결.

회계법인이 감사절차 소홀로 피감사회사 D조선해양의 거짓 재무제표에 관하여 적정 의견을 표명하였다는 사유로「자본시장법」제429조 제1항, 제119조에 따른 과징금 16억 원의 부과처분과 업무정지 12개월 처분이 행해졌다. 업무정지처분에 대해서 1심은 비례의 원칙에 위반한 과중한 처분으로 취소하였으나 2심은 업무정지 기간이 도과하였음을 이유로 소의 이익이 없다고 보아 각하하였고, 대법원은 소의 이익이 있다고 보아 파기환송하였다.

03

유통시장과 공시

〔판례 3-1〕 대법원 2007. 9. 21. 선고 2006다81981 판결〔손해배상(기)〕— 상당한 주의의 의미와 손해액의 추정

• 사실관계

1. 피고 Y1은 피고 Y2회사의 이사이다. 피고 Y2회사는 2000. 회계연도 재무제표를 작성함에 있어 분식결산을 하여 허위의 재무제표를 작성하였고, 피고 Y3회계법인은 분식결산 부분을 지적하지 아니한 채 감사보고서를 작성하였다.

2. 2001. 3. 31. 위 재무제표와 감사보고서를 첨부한 사업보고서가 일반투자자들에게 공시되었고 원고들은 공개시장에서 Y2회사의 주식을 매수하였다.

3. 금융감독원이 Y2회사의 분식회계 사실을 지적하는 감리 결과 지적사항 및 조치 내역이 2002. 10. 24. 공식적으로 발표되어 Y2회사의 주가가 폭

락하였다.

4. 원고들은 피고들을 상대로 사업보고서 및 감사보고서의 허위기재 등으로 인한 손해배상을 청구하였다.

• 법원의 판단

1. 구 증권거래법(이하 '법') 제186조의5에 의하여 준용되는 법 제14조의 규정을 근거로 주식의 취득자가 사업보고서의 내용을 공시할 당시의 당해 주권 상장법인의 이사에 대하여 사업보고서의 허위기재 등으로 인하여 입은 손해의 배상을 청구하는 경우, 배상의무자인 이사가 책임을 면하기 위해서는 자신이 '상당한 주의를 하였음에도 불구하고 이를 알 수 없었음'을 증명하거나 그 유가증권의 취득자가 '취득의 청약 시에 그 사실을 알았음'을 입증하여야 하고(법 제14조 제1항 단서 참조), 여기에서 '상당한 주의를 하였음에도 불구하고 이를 알 수 없었음'을 증명한다는 것은 '자신의 지위에 따라 합리적으로 기대되는 조사를 한 후 그에 의하여 허위기재 등이 없다고 믿을 만한 합리적인 근거가 있었고 또한 실제로 그렇게 믿었음'을 입증하는 것을 의미한다.

따라서 이사가 재무제표의 승인을 위한 이사회에 참석하지도 않았고 또한 공시대상인 재무제표 및 사업보고서의 내용에 대하여 아무런 조사를 한 바가 없다면, 그와 같이 이사의 직무를 수행하지 아니한 이유가 보유주식을 제3자에게 모두 양도한 때문이었다는 사정만으로는 법 제14조 제1항 단서의 면책사유에 대한 입증이 있었다고 볼 수 없는바, 같은 취지에서 피고 Y1의 면책 항변을 배척한 원심의 판단은 정당하고, 거기에 상고이유의 주장과 동법 제14조의 손해배상책임을 부담하는 자에 관한 법리오해 등의 위법이 없다.

2. 법 제186조의5에 의하여 준용되는 법 제14조의 규정을 근거로 주식 취득자가 사업보고서의 내용을 공시할 당시의 당해 주권 상장법인의 이사

에 대하여 사업보고서의 허위기재 등으로 인하여 입은 손해의 배상을 청
구하는 경우, 주식의 취득자는 법 제15조 제2항의 규정에 따라 사업보고서
의 허위기재 등과 손해 발생 사이의 인과관계의 존재를 입증할 필요가 없
고, 배상의무자인 이사가 책임을 면하려면 이러한 인과관계의 부존재를 입
증하여야 한다(대법원 2002. 10. 11. 선고 2002다38521 판결 참조). 민법상 손해
배상의 일반 원칙에 의하면, 사업보고서의 허위기재 등으로 인하여 입은
손해의 배상을 청구하고자 할 경우 투자자인 주식 취득자는 배상의무자의
고의나 과실, 허위기재 등의 위법행위와 손해 발생 사이의 인과관계 등의
요건사실을 모두 스스로 입증하여야 한다. 그런데 증권거래소에서 집중
적·대량적으로 이루어지는 매매에 따라 형성되는 주식의 가격은 주식시
장 내부에서의 주식 물량의 수요·공급과 주식시장 외부의 각종 여건 등
매우 다양한 요인에 의하여 결정되는 지극히 가변적인 성질을 지니고 있
기 때문에, 주가의 등락분 중 허위기재 등으로 인한 하락분을 가려내어 그
인과관계를 입증한다는 것은 결코 쉬운 일이 아니다. 이와 같이 어려운 손
해의 입증책임을 손해배상의 일반 원칙에 따라 주식 취득자에게 부담시키
는 것은 사실상 손해배상의 청구를 곤란하게 만드는 셈이 된다. 그리하여
법은 투자자보호의 측면에서 투자자가 손해배상청구를 가능한 한 쉽게 할
수 있도록 입증책임을 전환하여 배상의무자에게 무과실의 입증책임을 부
담시키고 있을 뿐만 아니라(법 제14조), 나아가 손해액에 관한 추정규정을
두어 배상의무자가 손해와 사이의 인과관계의 부존재를 입증하지 못하는
한 투자자는 원칙적으로 법정추정액의 손해배상을 받을 수 있도록 하고
있는 것이다(법 제15조). 그리고 법 제15조 제2항이 요구하는 '손해 인과관
계의 부존재 사실'의 입증은 직접적으로 문제 된 해당 허위공시 등 위법행
위가 손해 발생에 아무런 영향을 미치지 아니하였다는 사실이나 부분적
영향을 미쳤다는 사실을 입증하는 방법 또는 간접적으로 문제 된 해당 허
위공시 등 위법행위 외 다른 요인에 의하여 손해의 전부 또는 일부가 발생
하였다는 사실을 입증하는 방법으로 가능하다고 할 것이나, 위와 같은 손

해액 추정조항의 입법 취지에 비추어 볼 때, 예컨대 허위공시 등의 위법행위 이후 매수한 주식의 가격이 하락하여 손실이 발생하였는데 그 가격 하락의 원인이 문제 된 당해 허위공시 등 위법행위 때문인지 여부가 불분명하다는 정도의 입증만으로는 위 손해액의 추정이 깨진다고 볼 수 없다. 그리고 허위공시 등의 위법행위가 있었던 사실이 정식으로 공표되기 이전에 투자자가 매수한 주식을 그 허위공시 등의 위법행위로 말미암아 부양된 상태의 주가에 모두 처분하였더라도(이하 이처럼 공표 전에 매각된 부분을 '공표 전 매각분'이라고 한다) 그 공표일 이전에 허위공시 등의 위법행위가 있었다는 정보가 미리 시장에 알려진 경우에는 주가가 이로 인한 영향을 받았을 가능성을 배제할 수 없으므로, 그와 같이 미리 시장에 알려지지 아니하였다는 점을 입증하거나 다른 요인이 주가에 미친 영향의 정도를 입증하거나 매수 시점과 매도 시점에 있어서 허위공시 등의 위법행위가 없었더라면 존재하였을 정상적인 주가까지 입증하는 등의 사정이 없는 한 공표 전 매각분이라는 사실의 입증만으로 법 제15조 제2항이 요구하는 인과관계 부존재의 입증이 있다고 할 수는 없는 것이며, 특히 문제 된 허위공시의 내용이 분식회계인 경우에는 그 성질상 주가에 미치는 영향이 분식회계 사실의 공표에 갈음한다고 평가할 만한 유사정보(예컨대 외부감사인의 한정의견처럼 회계투명성을 의심하게 하는 정보, 회사의 재무불건전성을 드러내는 정보 등)의 누출이 사전에 조금씩 일어나기 쉽다는 점에서 더더욱 공표 전 매각분이라는 사실 자체의 입증만으로 법 제15조 제2항이 요구하는 인과관계 부존재의 입증이 있다고 보기는 어려울 것이다.

원심판결의 이유를 위 법리 및 기록에 비추어 살펴보면, … 원고들이 거래한 주식 중 공표 전 매각분이 있다는 사실, 그리고 9 · 11테러 등 경제 상황의 급격한 악화, 피고 Y2회사의 대규모 적자 발생과 상장 폐지 등 그 판시와 같은 분식회계 사실의 공표일 이전의 일련의 사건들이 있었다는 사실만으로는 법 제15조 제2항이 정하는 '손해액의 전부 또는 일부가 허위공시로써 발생한 것이 아님'을 입증하였다고 볼 수 없다는 취지에서 피고 Y1

의 항변을 배척한 원심의 조치는 결론에 있어서 정당하고, 거기에 상고이유의 주장과 같은 인과관계에 관한 법리오해 등의 위법이 없다.

| 생각해 볼 사항 |

1. 상당한 주의의 항변이 인정되려면 '자신의 지위에 따라 합리적으로 기대되는 조사'를 할 것이 요구되고, 자신의 지위에 따라 합리적으로 기대되는 조사의 방법과 범위는 발행인의 대표이사, 기타 사내이사와 사외이사의 경우 다를 수밖에 없을 것이다. 사외이사의 경우에는 증권신고서 또는 정기보고서의 내용을 일일이 확인할 것이 기대된다기보다는 그러한 공시서류의 작성이 정확하게 이루어지도록 회사 내에 내부통제장치(상장회사협의회 제정 공시통제모범규준 참조)를 갖추고 그 내부통제장치가 적정하게 작동되고 있음을 확인할 것이 기대된다고 보는 것이 합리적이다.[14] 기타 상당한 주의에 대하여는 〔판례 2-3〕 서울지방법원 남부지원 1994. 5. 6. 선고 92가합11689 판결의 '생각해 볼 사항' 참조.

2. 증권신고서상의 거짓기재 또는 기재 누락에 따른 손해배상액에 관하여 법 제15조는 배상할 금액은 청구권자가 해당 "증권을 취득함에 있어서 실지로 지급한 액에서 처분가액(처분하지 않은 경우는 변론 종결 시 시장가격)을 공제한 금액으로 한다"고 규정하였으나, "구 증권거래법 제15조는 증권투자나 증권가격 결정의 특성상 위와 같은 전제조건을 충족시킬 수 없음에도 투자자보호 등 정책적 이유만으로 손해배상의 범위를 법으로 간주함으로써 배상의무자의 반증을 불허하고 법원의 재량권을 제한함으로써 헌

---

14) 미국 1933년 증권법상으로 사외이사는 악의(knowingly)인 경우에 한하여 1933년 증권법 제11조에 따른 책임을 다른 책임질 자와 연대하여 부담하고, 그 금액도 귀책사유의 정도에 따른 비례책임을 부담한다〔Private Securities Litigation Reform Act of 1995로 개정된 1933년 증권법 제11조 (f)(2) 및 1934년 증권거래소법 제21D조 (f)항〕.

법에 반한다. …구 증권거래법 제15조를 단순 위헌 선언할 경우에는 동법 제197조 제1항에 근거한 손해배상청구소송에서 주식투자자는 일반적인 손해배상청구소송에서와 마찬가지로 감사인의 불실 감사와 손해 발생 사이의 인과관계를 입증하여야 하는데 이는 사실상 곤란하고 이를 심리하는 법원도 큰 부담을 안게 될 것이므로 가급적 위 법규정의 효력을 유지하는 쪽으로 이를 해석하는 것이 바람직하다고 할 것인바, 손해배상의 범위에 관한 간주규정과 추정규정은 본질적으로 상이하다기보다는 간주규정이 배상의무자의 반증을 불허함으로써 추정규정보다 배상권리자를 보다 더 두텁게 보호하는 정도의 질적·양적 차이가 있는 것으로 볼 것이다. 따라서 구 증권거래법 제15조를 추정규정으로 해석하더라도 입법권의 침해에 해당하지는 아니하므로 이를 추정규정으로 해석함으로써 그 위헌성을 제거함이 상당하다"라는 헌법재판소 1996. 10. 4. 94헌가8 이후, 제2항으로 "제1항의 규정에 불구하고 제14조의 규정에 의하여 배상책임을 질 자가 청구권자가 입은 손해액의 전부 또는 일부를 허위로 기재·표시하거나 중요한 사항을 기재·표시하지 아니함으로써 발생한 것이 아님을 입증한 경우에는 그 부분에 대하여 배상책임을 지지 아니한다"는 조항을 추가하였다. 자본시장법 제126조 제1항은 '추정한다'는 문안을 명시적으로 사용하고 있다.

| 참고 판례 |

■ 대법원 2015. 12. 10. 선고 2012다16063 판결〔손해배상(기)〕—중요사항의 의미와 판단기준

자본시장 제162조 제1항은 "제159조 제1항의 사업보고서·반기보고서·분기보고서·주요사항보고서 및 그 첨부 서류(회계감사인의 감사보고서는 제외한다) 중 중요사항에 관하여 거짓의 기재 또는 표시가 있거나 중요사항이 기재 또는 표시되지 아니함으로써 사업보고서 제출대상 법인이

발행한 증권의 취득자 또는 처분자가 손해를 입은 경우에는 다음 각 호의 자는 그 손해에 관하여 배상의 책임을 진다"고 규정하고 있다. 여기에서 '중요사항'이란 '투자자의 합리적인 투자판단 또는 해당 금융투자상품의 가치에 중대한 영향을 미칠 수 있는 사항'을 말하며(자본시장법 제47조 제3항), 이는 합리적인 투자자가 금융투자상품과 관련된 투자판단이나 의사결정을 할 때에 중요하게 고려할 상당한 개연성이 있는 사항을 의미한다. 그리고 위와 같은 중요사항에 관하여 거짓의 기재·표시 또는 그 기재·표시의 누락이 있는지 여부는 그 기재·표시나 누락이 이루어진 시기를 기준으로 판단하여야 한다.

… 한편 원고가 부실표시로 주장하는 사항이 중요사항에 해당하는지는 원고가 아니라 시장의 합리적인 투자자를 기준으로 하여 금융투자상품과 관련된 투자판단이나 의사결정을 할 때에 중요하게 고려할 상당한 개연성이 있는 사항에 해당하는지를 따져 보아야 한다.

〔판례 3-2〕 대법원 2007. 10. 25. 선고 2006다16758, 16765 판결〔손해배상(기)〕— 사업보고서 허위기재로 인한 손해배상 사건에서 인과관계 부존재의 입증과 책임의 제한

● **사실관계**

1. 피고 Y2는 피고 Y1회사(대우전자)의 이사이다. Y1회사는 분식결산한 허위의 재무제표를 포함한 사업보고서를 작성하고 피고 Y3회계법인의 적정 의견이 기재된 감사보고서를 첨부하여 1998. 3. 31. 이를 증권거래소와 일간신문 등에 공시하였다.

2. 대우그룹 계열사에 대한 기업재무구조 개선작업을 위한 회계법인들의 실사 작업 결과가 1999. 11. 4. 공식적으로 발표됨으로써 Y1회사의 분식

회계 사실이 일반에 알려졌다.

3. 원고 X는 사업보고서와 감사보고서가 증권거래소 등에 공시된 후부터 Y1회사의 주식을 매수하였다.

4. X는 피고들을 상대로 구 증권거래법 제186조의5에 의하여 준용되는 동법 제14조의 규정을 근거로 사업보고서의 허위기재 등을 원인으로 한 손해배상을 청구하였다.

• 법원의 판단

1. 구 증권거래법 제186조의5에 의하여 준용되는 법 제14조의 규정을 근거로 주식의 취득자가 주권 상장법인 등에 대하여 사업보고서의 허위기재 등으로 인하여 입은 손해의 배상을 청구하는 경우 주식의 취득자는 법 제15조 제2항의 규정에 따라 사업보고서의 허위기재 등과 손해 발생 사이의 인과관계의 존재를 입증할 필요가 없고, 주권 상장법인 등이 책임을 면하기 위하여 이러한 인과관계의 부존재를 입증하여야 한다(대법원 2002. 10. 11. 선고 2002다38521 판결 참조).

… 위 법 제15조 제2항이 요구하는 '손해 인과관계의 부존재 사실'의 입증은 직접적으로 문제 된 해당 허위공시 등 위법행위가 손해 발생에 아무런 영향을 미치지 아니하였다는 사실이나 부분적 영향을 미쳤다는 사실을 입증하는 방법 또는 간접적으로 문제 된 해당 허위공시 등 위법행위 외 다른 요인에 의하여 손해의 전부 또는 일부가 발생하였다는 사실을 입증하는 방법으로 가능하다 할 것이고, 이 경우 허위공시 등 위법행위가 시장에 알려지기 이전의 자료를 기초로 하여 그 위법행위가 공표되지 않았다고 가정하였을 경우 예상할 수 있는 기대수익률 및 정상 주가를 추정하고 그 기대수익률과 시장에서 관측된 실제 수익률의 차이인 초과수익률의 추정치를 이용하여 그 위법행위의 공표가 주가에 미친 영향이 통계적으로 유의한 수준인지 여부를 분석하는 사건연구(event study)방식을 사용할 수도

있을 것이나, 위와 같은 손해액 추정조항의 입법 취지에 비추어 볼 때 예컨대 허위공시 등의 위법행위 이후 매수한 주식의 가격이 하락하여 손실이 발생하였는데 그 가격 하락의 원인이 문제 된 해당 허위공시 등 위법행위 때문인지 여부가 불분명하다는 정도의 입증만으로는 위 손해액의 추정이 깨진다고 볼 수 없다.

···다만 일반적으로 분식회계 및 부실감사 사실이 밝혀진 후 그로 인한 충격이 가라앉고 그와 같은 허위정보로 인하여 부양된 부분이 모두 제거되어 일단 정상적인 주가가 형성되면 그와 같은 정상 주가 형성일 이후의 주가변동은 달리 특별한 사정이 없는 한 분식회계 및 부실감사와 아무런 인과관계가 없다고 할 것이므로, 그 정상 주가 형성일 이후 해당 주식을 매도하였거나 변론 종결일까지 계속 보유 중인 사실이 확인되는 경우 법 제15조 제1항이 정하는 손해액 중 위 정상 주가와 실제 처분가격(또는 변론 종결일의 시장가격)의 차액 부분에 대하여는 법 제15조 제2항의 인과관계 부존재의 입증이 있다고 보아야 할 것이고, 이 경우 손해액은 계산상 매수가격에서 위 정상 주가 형성일의 주가를 공제한 금액이 될 것이다.

2. 법 제15조는 앞에서 본 바와 같은 이유에서 배상할 손해액을 추정하고 손해 인과관계에 관한 입증책임을 배상의무자에게 전환하고 있으나, 이 조항이 적용되는 손해배상청구소송에 있어서도 손해의 공평 부담이라는 손해배상법의 기본 이념이 적용된다는 점에 있어서는 아무런 차이가 없으므로, 피해자에게 손해의 발생 및 확대에 기여한 과실이 있다는 점을 이유로 과실상계를 하거나 공평의 원칙에 기한 책임의 제한을 하는 것은 여전히 가능하다고 보아야 할 것이다. 특히 주식가격의 변동요인은 매우 다양하고 여러 요인이 동시에 복합적으로 영향을 미치는 것이기에 어느 특정 요인이 언제 어느 정도의 영향력을 발휘한 것인지를 가늠하기가 극히 어렵다는 점을 감안할 때, 허위공시 등의 위법행위 외에도 매수 시점 이후 손실이 발생할 때까지의 기간 동안의 해당 기업이나 주식시장의 전반적인 상황의 변화 등도 손해 발생에 영향을 미쳤을 것으로 인정되나 성질상 그

와 같은 다른 사정에 의하여 생긴 손해액을 일일이 증명하는 것이 극히 곤란한 경우가 있을 수 있고, 이와 같은 경우 손해분담의 공평이라는 손해배상제도의 이념에 비추어 그러한 사정을 들어 손해배상액을 제한할 수 있다고 봄이 상당하다.

3. 책임의 제한의 점에 대하여

▌원심 : 서울고등법원 2006. 1. 18. 선고 2005나22673, 22680 판결

원고 X가 이 사건 주식을 취득할 무렵 채권금융기관, 신용평가회사, 금융감독위원회의 여러 조치로 인하여 피고 Y1회사의 자금 사정이나 재무 상태에 문제가 있다는 사정이 어느 정도 알려졌는데도 무모하게 피고 Y1회사의 주식을 취득하였고, 피고 Y1회사의 재무 상태가 피고 Y1회사가 공시한 바와 다르다는 사실이 밝혀져 그후 주가가 지속적으로 하락하였는데도 주식의 매도를 늦추어 손해가 확대되었음을 인정할 수 있는바, 이러한 원고 X의 과실은 손해의 발생과 확대의 한 원인이 되었으므로 손해액을 산정함에 있어 이를 참작하기로 하고….

▌대법원 : 파기환송

…허위공시 등의 위법행위로 인하여 주식 투자자가 입은 손해의 배상을 구하는 이 사건에 있어서 자금 사정이나 재무 상태에 문제가 있다는 점이 알려진 회사의 주식을 취득하였다는 사정은 투자자의 과실이라고 할 수 없고, 또한 재무 상태가 공시 내용과 다르다는 사실이 밝혀진 후 정상 주가를 형성하기 전까지 주가가 계속 하락하였음에도 그 중간의 적당한 때에 증권을 처분하지 아니하고 매도를 늦추어 매도가격이 낮아졌다는 사정은 장래 시세 변동의 방향과 폭을 예측하기 곤란한 주식거래의 특성에 비추어 특별한 사정이 없는 한 과실상계의 사유가 될 수 없을 뿐만 아니라, 정상 주가가 형성된 이후의 주가 변동으로 인한 매도가격의 하락분은 앞에서 본 바와 같은 이유에서 일반적으로 허위공시와의 인과관계 자체를 인정할 수 없어 손해배상의 대상에서 제외될 것이고, 그 경우 그 주가변동에 관한 사정은 손해에 아무런 영향을 주지 못하므로 이 단계에서 주식의 매

도를 늦추었다는 사정을 과실상계의 사유로 삼을 수도 없다.

▎대법원 2015. 1. 29. 선고 2014다207283 판결

자본시장법 제162조의 규정을 근거로 주식의 취득자 또는 처분자가 주권상장법인 등에 대하여 사업보고서의 거짓 기재 등으로 인하여 입은 손해의 배상을 청구하는 경우에, 주식의 취득자 또는 처분자는 자본시장법 제162조 제4항의 규정에 따라 사업보고서의 거짓 기재 등과 손해 발생 사이의 인과관계의 존재에 대하여 증명할 필요가 없고, 주권상장법인 등이 책임을 면하기 위하여 이러한 인과관계의 부존재를 증명하여야 한다. 그리고 자본시장법 제162조 제4항이 요구하는 '손해 인과관계의 부존재 사실'의 증명은 직접적으로 문제된 해당 허위공시 등 위법행위가 손해 발생에 아무런 영향을 미치지 아니하였다는 사실이나 부분적 영향을 미쳤다는 사실을 증명하는 방법 또는 간접적으로 문제된 해당 허위공시 등 위법행위 이외의 다른 요인에 의하여 손해의 전부 또는 일부가 발생하였다는 사실을 증명하는 방법으로 가능하다. 이 경우 특정한 사건이 발생하기 이전의 자료를 기초로 하여 그 특정한 사건이 발생하지 않았다고 가정하였을 경우 예상할 수 있는 기대수익률 및 정상주가를 추정하고 그 기대수익률과 시장에서 관측된 실제 수익률의 차이인 초과수익률의 추정치를 이용하여 그 특정한 사건이 주가에 미친 영향이 통계적으로 유의한 수준인지 여부를 분석하는 사건연구(event study) 방법을 사용할 수도 있으나, 투자자 보호의 측면에서 손해액 추정조항을 둔 자본시장법 제162조 제3항의 입법취지에 비추어 볼 때 예컨대 허위공시 등 위법행위 이후 매수한 주식의 가격이 하락하여 손실이 발생하였는데 허위공시 등 위법행위 이후 주식 가격 형성이나 그 위법행위 공표 이후 주식 가격 하락의 원인이 문제된 해당 허위공시 등 위법행위 때문인지 여부가 불분명하다는 정도의 증명만으로는 위 손해액의 추정이 깨진다고 볼 수 없다(대법원 2010. 8. 19. 선고 2008다92336 판결 등 참조).

〔판례 3-3〕 대법원 1997. 9. 12. 선고 96다41991 판결〔손해배상(기)〕— 부실
　　　　감사로 인한 감사인의 민사책임 : 인과관계 및 손해액

● 사실관계

1. A회사(한국강관)는 분식결산하여 허위의 재무제표를 작성하였다.

2. 피고 Y회계법인은 1993. 2. 4~14. 외부감사인으로서 A회사의 재무제
표에 대한 감사를 실시하였는데, 재고자산 등을 과다계상하는 방법으로 분
식결산이 이루어진 사실을 밝혀내지 못하여 적정 의견이 표시된 감사보고
서를 작성하였고 A회사는 감사보고서를 증권관리위원회와 증권거래소에
제출하여 공시하였다.

3. 증권감독원은 Y회계법인의 A회사에 대한 감사보고서의 감리를 실시
하여 분식결산 사실과 부실감사 사실을 밝혀내고 1993. 11. 5. 증권감독원
기자실에서 A회사의 분식결산과 Y회계법인의 부실감사 사실을 발표하여
언론보도가 이루어지도록 하였으며, 증권거래소에 통보하여 증권거래소는
11. 6. A회사의 감사보고서에 대한 일반 감리 결과 나타난 중요한 재무내
용변경의 공시를 하고 11. 6. 전장부터 11. 8. 전장까지 A회사의 주식거래
를 정지시켰다.

4. X는 1993. 10. 22. A회사의 주식 1,000주를 1주당 1만 5,900원에, 매매
거래정지기간이 막 지난 1993. 11. 8. 또 1,000주를 1주당 1만 3,000원에 각
매수하였다가 1993. 11. 12. 그중 100주를 1주당 1만 1,200원에 처분하였
고, A회사가 부도 난 후인 1995. 11. 16. 나머지 1,900주를 1주당 4,550원에
모두 매도하였다.

5. X는 Y회계법인에 대하여 감사인으로서 부실감사로 인한 구 증권거
래법상 혹은 민법상의 손해배상책임이 있음을 이유로 손해배상을 청구하
였다.

• 법원의 판단

▌원심 : 서울지방법원 1996. 8. 28. 선고 96나15298 판결

1. 원고 X는 늦어도 1993. 11. 8.경 피고의 부실감사 사실을 알았다고 할 것인데 그로부터 1년이 경과한 이후에 이 사건 소를 제기하였으므로 원고의 증권거래법상의 손해배상청구권은 소멸되었다.

2. 감사인의 부실감사에 관하여 민법상 불법행위책임을 묻기 위하여는 감사인의 고의 · 과실, 투자자의 손해의 발생, 인과관계의 존재, 손해액 등에 대하여 별도로 주장 · 입증을 하여야 할 것이라고 하면서, 이 사건에서 원고가 분식된 재무제표와 부실한 감사보고서를 신뢰하고 이를 투자판단의 자료로 삼아 주식을 취득하게 되었는지에 관하여는 이를 인정할 아무런 증거가 없다.

3. 원고 X가 재무제표와 부실한 감사보고서를 이용하여 주식을 매수하였더라도 이로 인하여 발생한 손해는 구 증권거래법 제15조에 법정된 손해가 아니라 원고 X가 매수할 당시 분식결산이 이루어지지 않았다면 형성되었을 A회사의 주식가격과 원고 X의 실제 취득가격의 차액 상당이라고 할 것인데 이에 관하여 아무런 주장 · 입증이 없다.

▌대법원 : 2와 3에 관하여 파기환송

1. 구 증권거래법 제197조 제1항에 의하여 준용되는 구 주식회사의 외부감사에 관한 법률(1993. 12. 31. 법률 제4680호로 개정되기 전의 법률. 이하 '외부감사법') 제17조 제2항 및 제6항 전단에 의하면, 감사인이 중요한 사항에 관하여 감사보고서에 기재하지 아니하거나 허위의 기재를 함으로써 제3자에게 손해를 발생하게 한 때에는 그 감사인은 제3자에 대하여 손해배상책임이 있고, 이 손해배상책임은 그 청구권자가 당해 사실을 안 날로부터 1년 이내 또는 감사보고서를 제출한 날로부터 3년 이내에 청구권을 행사하지 아니한 때에는 소멸한다고 규정하고 있는바, 여기에서 '당해 사실을 안 날'이라 함은 문언 그대로 청구권자가 외부감사법 제17조 제2항

소정의 감사보고서의 기재 누락이나 허위기재의 사실을 현실적으로 인식한 때라고 볼 것이고, 일반인이 그와 같은 감사보고의 기재 누락이나 허위기재의 사실을 인식할 수 있는 정도라면 특별한 사정이 없는 한 청구권자역시 그러한 사실을 현실적으로 인식하였다고 봄이 상당하다고 할 것이다(대법원 1993. 12. 21. 선고 93다30402 판결 참조).

2. 주식거래에 있어서 대상 기업의 재무 상태는 주가를 형성하는 가장 중요한 요인 중의 하나이고, 대상 기업의 재무제표에 대한 외부감사인의 회계감사를 거쳐 작성된 감사보고서는 대상 기업의 정확한 재무 상태를 드러내는 가장 객관적인 자료로서 일반 투자자에게 제공·공표되어 그 주가 형성에 결정적인 영향을 미치는 것이므로, 주식투자를 하는 일반 투자자로서는 그 대상 기업의 재무 상태를 가장 잘 나타내는 감사보고서가 정당하게 작성되어 공표된 것으로 믿고 주가가 당연히 그에 바탕을 두고 형성되었으리라는 생각 아래 대상 기업의 주식을 거래한 것으로 보아야 할 것이다.

더구나… 원고 X는 1989. 3. 20.부터 B투자증권주식회사 불광동지점에 계좌를 개설하여 거래를 해오면서 거래 시에는 증권회사 직원에게 일임하지 않고 자신이 주식시세를 검토한 후 구체적으로 종목을 지정하여 객장에 나오거나 전화를 통하여 A회사의 주식 외에 다른 회사들의 주식을 수시로 매수하고 다시 매각하였다는 것이므로, 원고 X가 A회사의 주식을 매입함에 있어서는 다른 특단의 사정이 없는 한 증권거래소를 통하여 공시된 피고 Y회계법인의 A회사에 대한 감사보고서가 정당하게 작성되어 A회사의 정확한 재무 상태를 나타내는 것으로 믿고 그 주가는 당연히 그것을 바탕으로 형성되었으리라는 생각 아래 A회사의 주식을 거래한 것으로 보아야 할 것이다. 그럼에도 불구하고 원심이, 원고 X가 분식된 재무제표와 부실한 감사보고서를 신뢰하고 이를 투자판단의 자료로 삼아 주식을 취득하게 되었는지에 관하여는 이를 인정할 아무런 증거가 없다고 판단하고만 것은 채증법칙에 위배하여 사실을 오인함으로써 판결 결과에 영향을 미친 위법을 저지른 것이라고 하겠다.

3. 주식을 매수한 원고 X가 A회사의 분식결산 및 피고 Y회계법인의 부실감사로 인하여 입은 손해액은 위와 같은 분식결산 및 부실감사로 인하여 상실하게 된 주가 상당액이라고 봄이 상당하고, 이 사건의 경우 이와 같은 분식결산 및 부실감사로 인하여 상실하게 된 주가 상당액은 특별한 사정이 없는 한 분식결산 및 부실감사가 밝혀져 거래가 정지되기 전에 정상적으로 형성된 주가와 분식결산 및 부실감사로 인한 거래정지가 해제되고 거래가 재개된 후 계속된 하종가를 벗어난 시점에 정상적으로 형성된 주가의 또는 그 이상의 가격으로 매도한 경우에는 그 매도가액과의 차액 상당이라고 볼 수 있다.

그럼에도 불구하고 원심이, 원고 X의 손해는 원고 X가 주식을 매수할 당시 분식결산이 이루어지지 않았다면 형성되었을 A회사의 주식가격과 원고 X의 실제 취득가격의 차액 상당이라고 단정하고, 이에 대하여 원고 X의 주장·입증이 없다는 이유를 들어 원고 X의 청구를 배척한 것은… 위법을 저지른 것이라고 하겠다.

| 생각해 볼 사항 |

1. 증권신고서, 투자설명서, 사업보고서, 분기·반기보고서에 중요사항에 관한 거짓기재 또는 기재 누락이 있음을 근거로 자본시장법 제125조 또는 제162조에 따른 손해배상책임을 청구하는 경우 그 배상의 책임을 질 자가 상당한 주의를 하였음에도 알 수 없었음을 증명하거나 증권 취득자가 그 사실을 안 경우가 아닌 한 손해배상책임을 진다. 회계감사인이 중요사항에 관하여 감사보고서에 거짓기재 또는 기재 누락한 경우, 이를 믿고 이용한 선의의 투자자에게 손해가 발생한 경우 감사인은 그 손해를 배상할 책임이 있다(자본시장법 제170조 및 외부감사법 제17조). 이 경우 손해액은 원칙적으로 처분가액에서 취득가액을 공제한 금액으로 산정한다(자본시장법

제126조 및 제162조 제3항, 제170조 제2항).

2. 〔판례 3-3〕은 구 증권거래법 및 외부감사법에 따른 손해배상책임을 청구할 수 있는 제척기간이 도과한 상황에서 민법상 불법행위에 기한 손해배상책임을 다루었다. 원심은 민법상 불법행위의 일반적인 법리에 따라 원고가 피고의 고의ㆍ과실, 인과관계 및 손해액을 주장ㆍ입증을 하여야 한다는 입장에서 입증이 불충분하다고 보았으나, 대법원은 감사보고서의 기재 내용이 증권시장, 즉 주식의 가격 형성에 영향을 미친다는 점에 비추어 원고가 잘못된 감사보고서의 기재를 믿고 증권을 취득하였다는 별도의 입증 없이 거래 인과관계를 인정하였다. 이는 불공정거래행위가 시장가격에 영향을 준다는 점을 지적하는 이른바 시장사기이론(fraud on the market theory)과 같은 입장에 서 있는 것이라고 할 수 있다.

3. 손해액에 관하여는, '분식결산이 감추어져 있는 경우와 밝혀진 경우의 주가의 차이'가 이론적인 손해액이 되어야 하므로 원고 X의 매수 시점을 기준으로 분식결산이 이루어지지 않았다면 형성되었을 A회사의 주식 가격과 원고의 실제 취득가격과의 차액 상당을 손해로 본 원심의 판시는 이론적으로 올바르다고 할 수 있다. 그러나 실제로 원고 X의 매수 시점의 그 차액을 사후에 산정하기는 매우 어렵거나 시간과 비용이 많이 들게 될 것이므로 현실적으로는 분식결산 사실이 밝혀진 시점을 기준으로 그 직전의 시가와 정보가 시장에 충분히 반영된 시점의 시가의 차액으로 산정하도록 한 대법원의 판시가 보다 현실적인 손해액 산정방법이라고 할 수 있다.

이러한 대법원의 손해액 산정방법은 분식결산 사실이 공식적으로 밝혀져 거래정지가 되기 이전에는 분식결산했다는 정보가 전혀 시장에 반영되지 않았을 것(원고의 주식매수 시점과 비교하여 그러한 정보가 시장에 더 반영되지 않았을 것)을 전제로 한다. 그러나 실제 분식결산 사실이 공표되기 전에 감독기관의 감리과정에서 분식결산 사실을 알게 되는 사람의 숫자가 늘어날수록 그 정보가 유통되어 시장에 일부라도 반영될 여지는 더 커질 수 있을 것이고 이 점이 대법원의 손해액 산정방법의 한계라고 할 수 있다.

〔판례 2-5〕 대법원 2002. 9. 24. 선고 2001다9311, 9328 판결도 "특히 문제된 허위공시의 내용이 분식회계인 경우에는 그 성질상 주가에 미치는 영향이 분식회계 사실의 공표에 갈음한다고 평가할 만한 유사정보(예컨대 외부감사인의 한정 의견처럼 회계투명성을 의심하게 하는 정보, 회사의 재무불건전성을 드러내는 정보 등)의 누출이 사전에 조금씩 일어나기 쉽다는 점"을 지적하였다.

| 참고 판례 |

■ 대법원 1998. 4. 24. 선고 97다32215 판결 ; 대법원 1999. 10. 22. 선고 97다26555 판결(〔판례 3-3〕과 동일한 A회사의 분식결산과 관련하여 동일한 Y회계법인에게 다른 원고가 손해배상을 청구한 사건) — 자본시장법(또는 구 증권거래법)·외부감사법상의 손해배상책임과 불법행위책임의 관계

구 증권거래법 제197조 소정의 감사인의 손해배상책임은 그 요건이 특정되어 있고, 그에 대한 입증책임이 전환되어 있을 뿐만 아니라 손해배상액이 추정되어 선의의 투자자가 보다 신속하게 구제받을 수 있게 하는 한편, 유가증권시장의 안정을 도모하기 위하여 그 책임을 물을 수 있는 기간이 단기간으로 제한되어 있는 손해배상책임으로서 민법상의 불법행위책임과는 별도로 인정되는 법정책임이라 할 것이므로, 감사인의 부실감사로 인하여 손해를 입게 된 선의의 일반 주식투자자들은 감사인에 대하여 구 증권거래법상의 손해배상책임과 민법상의 불법행위로 인한 손해배상책임을 다 함께 물을 수 있다.

■ 대법원 2016. 9. 28. 선고 2014다221517 판결

증권신고서와 투자설명서의 중요사항에 관한 부실 기재로 사채권의 가치평가를 그르쳐 사채권 매입으로 인하여 손해를 입게 되었다는 이유로 민법의 불법행위에 기한 손해배상을 청구하는 경우에, 그 손해액은 사채권의 매입대금에서 사채권의 실제가치 즉 증권신고서와 투자설명서의 중요

사항에 관한 부실 기재가 없었더라면 형성되었을 사채권의 가액을 공제한 금액으로서, 원칙적으로 불법행위 시인 사채권의 매입 시를 기준으로 산정하여야 한다(대법원 2008. 6. 26. 선고 2007다90647 판결 등 참조). 그리고 불법행위로 인한 손해배상채무에 대하여는 원칙적으로 별도의 이행 최고가 없더라도 공평의 관념에 비추어 불법행위로 그 채무가 성립함과 동시에 지연손해금이 발생하므로(대법원 2011. 1. 13. 선고 2009다103950 판결 참조), 증권신고서와 투자설명서의 중요사항에 관한 부실 기재로 인한 손해배상채무에 대하여도 이와 마찬가지로 보아야 한다(대법원 2015. 11. 27. 선고 2013다211032 판결 참조).

한편 자본시장법 제125조 제1항은 증권신고서와 투자설명서 중 중요사항에 관하여 거짓의 기재 또는 표시가 있거나 중요사항이 기재 또는 표시되지 아니함으로써 증권의 취득자가 손해를 입은 경우에는 그 손해를 배상하도록 규정하고 있고, 제126조 제1항은 그 손해액에 관하여 추정 규정을 두고 있다. 자본시장법 제125조 제1항에서 정한 이와 같은 손해배상책임은 민법의 불법행위책임과는 별도로 인정되는 법정책임이지만(대법원 1998. 4. 24. 선고 97다32215 판결 등 참조) 그 실질은 민법의 불법행위책임과 다르지 아니하고, 제126조 제1항은 증권의 취득자가 입은 손해액의 추정 규정에 불과하므로, 자본시장법 제125조 제1항에서 정한 손해배상채무에 대한 지연손해금의 발생 시기에 대하여도 민법의 불법행위책임에 기한 손해배상채무의 경우와 달리 볼 것은 아니다(위 대법원 2013다211032 판결 참조). 또한 이러한 법리는 자본시장법 제170조 제1항, 외부감사법 제17조 제2항에 따른 손해배상책임의 경우에도 마찬가지로 봄이 타당하다.

04

기업인수거래의 규제

I. 주식의 대량보유보고

〔판례 4-1〕 대법원 2002. 7. 22. 선고 2002도1696 판결〔증권거래법 위반
   등〕― 보유의 개념

• 사실관계

　피고인 Y는 F회사의 경영자로서 2000. 4. 19. A회사가 B회사 및 C회사
의 명의로 차명으로 보유하고 있던 자사주 620만 주(발행주식총수의 20.5퍼
센트)를 F회사의 자회사인 E회사 명의로 204억 원에 매수하는 내용의 계
약을 체결하였으나, 계약 체결 후 5일 이내에 대량주식보유보고를 하지
않았다. 구체적으로는 A회사는 B회사를 거쳐 D회사에게 200억 원을 대출
하는 계약서를 작성하고, D회사는 위 200억 원을 E회사에게 대출하되 A회
사 주식 620만 주로 대물변제할 수 있도록 하였다. 한편 E회사는 B회사와

C회사에게 위 200억 원에 4억 원을 더한 204억 원을 변제기는 대여일로부터 30일 후, 이자율 연 10퍼센트로 대여하고, B와 C는 대여금 상환채무에 대한 담보로 A회사 주식 620만 주를 제공하되, 담보주식의 주권은 교부하나 명의개서는 하지 않고, 담보주식에 기한 의결권 및 기타 일체의 권리는 대주(E회사)가 행사하며, 대여금 채무의 변제는 대주가 담보 주식의 소유권을 대주에게 귀속시키거나 이를 처분하여 대여금 채무의 변제에 충당하는 방법으로 하고, 따로 차주에게 금전적 의무의 이행을 요구하지 아니하는 것으로 약정하였다. 차명주주였던 B회사와 C회사는 위 주식을 종국적으로 E회사에게 사실상 귀속시킨다는 의사였다.

• 법원의 판단

1. 구 증권거래법 제200조의2 제1항 및 동법 시행령 제10조의4 소정 '보유'의 개념에 대하여

… 원심의 판단과 같이 사실상 피고인 Y가 2000. 4. 19.경 계약 시점에서 사실상 위 620만 주 주식의 소유권을 확정적으로 취득하였다고 봄이 상당하고, 주식의 명의개서를 하지 않았더라도 계약상 피고인 Y 측에서 의결권을 포함한 주주로서의 모든 권리를 행사하고 주권까지 교부받은 이상 피고인 Y가 이를 사실상 처분할 수도 있는 지위에 있었다고 보이므로 위 원심의 판단에는 증권거래법상 보유의 개념에 대한 법리오해 및 사실오인의 위법이 없다.

나아가 계약서의 문언과 같이 피고인 Y가 위 주식 620만 주에 대한 소유권을 2000. 4. 19.경 취득하지 못하였다고 할지라도 이는 소유에 준하는 보유의 개념을 정한 구 증권거래법 시행령 제10조의4 제3호 소정 "법률의 규정 또는 금전의 신탁계약·담보계약, 기타 계약에 의하여 당해 주식 등의 취득 또는 처분권한이나 의결권(의결권의 행사를 지시할 수 있는 권한을 포함한다)을 갖는 경우"에 해당한다 할 것이므로… 구 증권거래법상 소유

에 준하는 '보유'에 대한 동법 시행령 제10조의4 제4~5호를 포함한 동조 제2호 내지 제6호의 규정은 장래 주식을 소유할 것이 예상되거나 소유하지는 않지만 주식에 대한 의결권을 갖거나 의결권의 행사를 지시할 수 있는 권한을 갖는 경우를 '보유'로 규정한 것으로, 특히 위 시행령 제10조의4 중 제4~5호에 관하여는 Y가 주장하는 바와 같이 그 종국적인 권리를 행사하여야만 '보유'로 본다는 것이 아니며, 권리의 종국적 행사 이전에 그와 같은 권리의 취득 자체를 '보유'로 규정한 것으로 해석하는 것이 타당하다고 할 것이고, 이와 같이 풀이하는 것이 장래의 권리를 규정한 다른 각호, 즉 제2호·제3호·제6호의 규정과 비교하여서도 균형이 맞는 해석이라고 보인다.

〔판례 4-2〕 서울행정법원 2008. 9. 5. 선고 2008구합23276 판결 : 항소 취하 확정〔주식처분명령 취소〕― 경영참가 목적이 인정된 사례

• 사실관계

1. 원고 X1은 경영컨설팅 등을 영위하는 원고 X2회사의 대표이사이다. 원고들은 '기업효율개선전문 사모엠에이(M&A)투자조합'이라는 익명 조합을 설립하여 투자자 7인으로부터 출자를 받았다. 원고들은 2007. 3. 22~12. 4. A회사의 주식을 매수하였는데, 2007. 4. 5.까지 A회사 발행주식총수의 14.99퍼센트인 9만 8,232주를 매수하여 이를 보유한 후 2007. 3. 30, 2007. 4. 3, 2007. 4. 9. 3회에 걸쳐 금융감독위원회(이하 '금감위') 및 증권거래소에 보유 목적을 경영참가 목적이 아닌 단순투자 목적으로 보고하였고, 2007. 4. 19.까지 A회사 발행주식총수의 17.64퍼센트인 11만 5,610주를 매수한 후 2007. 4. 23. 경영참가 목적이 있다고 보유 목적을 변경하여 보고하였다.

2. 피고 Y(증권선물위원회)는 원고들이 경영참가 목적으로 주식을 취득하였음에도 금감위와 증권거래소에 그 보유 목적을 경영참가 목적이 아닌 '단순투자 목적'으로 보고하여 중요사항을 허위로 보고하였다는 이유로, 2008. 3. 31. 원고들에 대하여 증권거래법 제200조의3 제1항에 따라 원고들이 2007. 3. 22~4. 5.의 기간 동안 매수한 A회사 주식 9만 8,232주 중 6만 5,472주를 증권거래소시장 내에서 2008. 8. 25.까지 처분하도록 하는 처분명령을 하였다.

3. 원고들은 피고 Y의 주식처분명령의 취소를 구하는 소를 제기하였다.

• 법원의 판단

1. 보유 목적이 증권거래법 제200조의3 제1항의 중요한 사항인지 여부

'주식 등의 대량보유 등의 보고'에 관한 증권거래법 제200조의2 제1항 및 구 증권거래법 시행령 제86조의4 제1항, 제86조의9의 규정 내용, 5퍼센트 이상의 주식을 대량 보유한 자가 '경영 참여 목적'으로 주식을 취득하였다는 사실은 일반 투자자들의 경우에는 경영권을 유지하려는 자와 새로이 경영권을 확보하려는 자 사이에 지분 경쟁이 생길 것으로 예상하여 투자하게 하는 등 투자의 합리적인 의사결정에 영향을 미치고, 주식 발행회사들의 경우에는 보유 목적을 통하여 앞으로 예상되는 경영권 분쟁에 대한 방어를 준비할 기회를 보장하게 되는 등 그 보유 목적의 영향력이 큰 점, 최근 기업에 대한 적대적인 인수·합병 시도의 증가로 기업의 경영권에 대한 위협이 증가하고 있음에도 기업의 경영권 방어를 위한 제도적 수단이 불충분하여 공정한 경영권 경쟁이 이루어지지 못하고 기업환경이 악화되는 문제점이 있어, 이를 해결하기 위한 방안으로 2005. 1. 17. 법률 제7339호로 증권거래법을 개정할 당시 보유 상황의 사항이었던 보유 목적을 보유 상황과 구별하여 별도로 규정하고 그 보유 목적에 따라 보고사항을 달리 정한 입법 취지 등에 비추어 보면, 대량보유(변동)보고서에 기재하는

'보유 목적'은 법 제200조의3 제1항에 정한 중요사항에 해당한다.

2. 원고들의 경영참가 목적 유무(허위보고 여부)

원고들은 소외 회사의 경영에 참여함으로써 A회사의 가치를 제고하여 수익률을 창출하고 이를 극대화하기 위하여 익명 조합을 설립하였고, 이후 투자자를 모집함에 있어 투자자들에게 소외 회사에 대한 인수·합병을 시도하여 회사의 실질적 가치 및 시장에서의 관심을 제고하는 것을 그 투자금의 회수전략으로 설명하여 익명조합계약을 체결하여 투자금을 지급받았으며, 원고들이 금감위와 증권거래소에 대한 2007. 4. 23. 4차 보고 이전까지 변호사 소외 2로부터 A회사의 경영에 참가하는 것을 전제로 하여 법률자문을 받는 등 A회사의 경영에 참가를 위하여 준비하여 온 과정, 원고들이 A회사의 주식을 매수하기 시작한 2007. 3. 22.부터 원고들이 경영참가 목적으로 보고한 2007. 4. 23. 4차 보고 당시까지의 약 1개월에 불과한 짧은 기간, 원고들이 금감위 및 증권거래소·일반 투자자들의 관심 등을 피하기 위하여 5개의 계좌를 이용하여 A회사의 주식을 매수한 주식 취득방법 등 원고들이 A회사의 주식을 취득한 제반 사정을 고려하면, 원고들은 2007. 4. 5.까지 A회사의 주식 9만 8,232주(3차 보고 당시까지 매수한 부분)를 확정적인 경영참가 목적으로 매수하였다고 할 것이고, 따라서 원고들은 2007. 3. 30, 2007. 4. 3, 2007. 4. 9. 3회에 걸쳐 금감위와 증권거래소에 보고를 함에 있어 중요한 사항인 보유 목적을 허위로 보고하였다고 할 것이다.

가사 원고들이 확정적인 경영참가 목적을 가지지 아니하고 A회사의 주식을 매수하였더라도 보유 목적 보고에 관한 법의 입법 취지, 단순투자 목적 보고에 비하여 경영참가 목적 보고가 주식거래에 있어 가지는 중요성, 법 시행령 제86조의9 제1항 제2호에서 주식 등의 보유기간 동안 증권거래법 시행령 제86조의7에 따른 경영권에 영향을 주기 위한 행위를 하지 아니하겠다는 확인을 하도록 규정하여 단순투자 목적의 경우 경영참가 목적이 없다는 취지의 확인을 하도록 한 점 등에 비추어 보면, 5퍼센트 이상의 주식을 대량보유한 자가 금감위와 증권거래소에 보고하는 '경영참가 목적'은 그 목적이 확정적인 경우만 의미한다고 할 수 없고, 적어도 향후 거래 실정에 따라 경영참가 목적의 행위를 하겠다는 의사를 갖고 단순투자 목적과 대등한 정도의 경영참가 목적을 갖고 주식을 취득하게 되는 경우도 포함된다고 할 것인데, 앞에서 본 인정사실에 비추어 보면, 원고들은 적어도 향후 거래 실정에 따라 경영참가 목적의 행위를 하겠다는 의사를 갖고 단순투자 목적과 대등한 정도의 경영참가 목적을 갖고 주식을 취득하였다는 사실을 충분히 추인할 수 있다고 할 것이다.

3. 주식처분명령의 대상

증권거래법 제200조의3 제1항에서 말하는 '당해 위반분'은 법문상 의결권 있는 발행주식총수의 100분의 5를 초과하는 부분 중 '위반분'을 지칭하는 것으로 해석되고, 법령상 일정한 기간을 정하여 당연히 의결권행사를 제한하는 규정과 달리, 주식처분명령에 관하여는 그 대상을 한정하거나 그 행사기간을 제한하는 규정을 두고 있지 아니한 점 등에 비추어 보면, 주식처분명령의 대상은 의결권 있는 발행주식총수(발행 외국 주식 포함)의 100분의 5를 초과하는 부분 중 '위반분'을 의미하는 것으로, 증권거래법 시행령 제86조의10 제1호에 정한 6개월이라는 기간 동안 의결권행사가 제한되는 주식에 한정된다고 볼 수 없다.

| 생각해 볼 사항 |

자본시장법은 대량보유보고(이른바 5퍼센트 보고), 변동보고 또는 정정보고 중 중요사항(대량보유자와 그 특별 관계자에 관한 사항, 보유 목적, 보유 또는 변동주식 등의 종류와 수, 취득/처분 일자, 보유주식 등에 관한 신탁·담보계약, 그 밖의 주요 계약 내용)에 관하여 거짓의 기재 또는 표시를 하거나 중요한 사항을 기재 또는 표시하지 아니한 경우 5년 이하의 징역 또는 2억 원 이하의 벌금에 처하고, 보고의무를 이행하지 않은 경우에는 3년 이하의 징역 또는 1억 원 이하의 벌금에 처하도록 규정하고 있다(자본시장법 제444조

제18호 및 제445조 제20호). 〔판례 7-3〕 대법원 2003. 11. 14. 선고 2003도686 판결과 〔판례 7-4〕 대법원 2010. 12. 9. 선고 2009도6411 판결은 대량보유 보고 및 변동보고상의 거짓기재 또는 기재 누락이 오해를 유발하는 사기 적 부정행위가 될 수 있음을 인정하였다. 대량보유보고상의 거짓기재 또는 기재 누락 중 자본시장법 제444조 제18호만이 적용되는 경우와 사기적 부 정행위조항이 적용될 수 있는 경우의 구별기준은 무엇이 되겠는가?

| 참고 사항 |

1. 자본시장법 제150조 제1항과 동법 시행령 제157조는 다음 사항을 중 요사항으로 규정하였다.

  (i) 대량보유자와 그 특별 관계자에 관한 사항

  (ii) 보유 목적

  (iii) 보유 또는 변동 주식 등의 종류와 수

  (iv) 취득 또는 처분 일자

  (V) 보유 주식 등에 관한 신탁·담보계약, 그 밖의 주요 계약 내용

2. 증권선물위원회는 금강고려화학 등의 현대엘리베이터 주식 등 대량 보유(변동)보고 위반 등 사건에서 위반분(무상증자 신주 포함 20.78퍼센트)을 증권거래소시장에서 전부 처분하도록 명령하였고(금융감독원 보도자료 2004. 2. 11), 오양수산의 경영권 분쟁과정에서 차명 계좌 7개를 이용하여 주식을 취득하여 대량보유보고의무를 이행하지 아니한 사건에서도 법규 위반분(지분율 19.57퍼센트)을 처분하도록 명령하였으며(금융감독원 보도자 료 2007. 12. 21), 두 사건 모두 대량매매·시간외매매·통정매매 등 특정인 과의 약속에 의하여 매매하는 방법은 제외한다고 명시하였다.

3. '자기의 계산'의 의미에 대하여는 아래의 '참고 판례' 참조.

| 참고 판례 |

▌서울고등법원 1997. 5. 13.자 97라51, 52 결정

A가 B 등 주주 7인에 대하여 실질적인 지배력을 갖고 있음을 이유로 B 등 주주 7인 명의의 주식을 A의 계산으로 소유하고 있는 것이라는 주장에 대하여 법원은 "구 증권거래법(1997. 1. 13. 법률 제5254호로 개정되기 전의 것) 제200조 제1항 소정의 '자기의 계산'으로 소유하고 있는 주식이라 함은 '손익의 귀속 주체'가 동일인인 경우를 뜻하는 것이지 '자기가 실질적인 지배력을 갖고 있는' 모든 주식을 뜻하는 것은 아니다"라고 하여 주장을 배척하였다.

▌서울지방법원 2003. 10. 20.자 2003카합3224 결정

공동보유에서의 합의 또는 계약에 관하여 "여기에서의 합의 또는 계약이라 함은 의사의 연락 이외에 이에 기한 행위의 공동성을 요하기는 하나 반드시 명시적일 것까지 요구하는 것은 아니고 묵시적인 경우라도 이에 해당하고, 이러한 사정에 관하여는 직접 증거가 아닌 정황 증거에 의하여도 입증할 수 있다고 보아야 한다"고 판시하고, 5인의 피신청인 중 3인에 대하여는 "의결권을 공동으로 행사하기로 합의하였다고 봄이 상당하고, …피신청인들의 의결권행사로 인하여 이 사건 주주총회에 상정된 외자유치안이 부결될 경우 신청 외 회사로서는 심각한 유동성 위기를 겪게 됨으로써 부도 위기에 처할 수 있다고 보이고, 이러한 사정은 신청인들을 비롯하여 신청 외 회사의 투자자들로 하여금 심각한 피해를 입게 할 우려가 있음을 넉넉히 짐작할 수 있다는 점에서 시급히 가처분함으로써 그 의결권행사를 정지시켜야 할 보전의 필요성도 인정된다"고 하여 의결권행사금지 가처분신청을 인용하였다.

〔**판례 4-3**〕대법원 2021. 3. 25. 선고 2016도14165 판결〔자본시장과 금융
투자업에 관한 법률 위반〕

• 사실관계

구 「자본시장과 금융투자업에 관한 법률」(2015. 7. 31. 법률 제13453호로
개정되기 전의 것, 이하 '구 자본시장법'이라 한다) 제9조 제1항 제2호, 구 「자
본시장과 금융투자업에 관한 법률 시행령」(2016. 7. 28. 대통령령 제27414호로
개정되기 전의 것, 이하 '구 자본시장법 시행령'이라 한다) 제9조에 따르면 "자기
의 계산으로 법인의 의결권 있는 발행주식총수의 100분의 10 이상의 주식
을 소유한 자〔'(가)목 주요주주'〕" 또는 "임원의 임면 등의 방법으로 법인
의 중요한 경영사항에 대하여 사실상의 영향력을 행사하는 주주〔이하
'(나)목 주요주주'라 한다〕로서 ① 단독으로 또는 다른 주주와의 합의ㆍ계
약 등에 따라 대표이사 또는 이사의 과반수를 선임한 주주('제1호 주요주
주'), 또는 ② 경영전략ㆍ조직변경 등 주요 의사결정이나 업무집행에 지배
적인 영향력을 행사한다고 인정되는 자로서 금융위원회가 정하여 고시하
는 주주(이하 '제2호 주요주주'라 한다)"는 '주요주주'로서 구 자본시장법
제9조 제1항이 규정하는 '대주주'에 해당한다. 그리고 구 자본시장법 제23조
제1항에 의하면, 이 사건 회사와 같은 금융투자업자가 발행한 주식을 취득
하여 대주주가 되고자 하는 자는 미리 금융위원회의 승인을 받아야 한다.

피고인은 2013. 7. 17. 금융투자업자인 공소외 1 주식회사(이하 '이 사건
회사'라 한다)의 주식 6만 5,000주(발행주식총수의 9.6%)를 취득하였다. 피고
인은 위와 같이 이 사건 회사의 주식을 취득하면서 이사 3명 중 1명과 감
사 1명의 지명권을 받아 사외이사로 공소외 2를, 감사로 공소외 3을 선임
하게 하고, 위 회사가 발행할 주식의 총수를 220만 주에서 500만 주로 높
인 것을 비롯하여 정관의 중요 내용을 바꾸는 등 위 회사에 대한 영향력을
행사할 토대를 확고하게 마련하였다. 금융투자업자가 발행한 주식을 취득

하여 대주주가 되고자 하는 자는 법정의 요건을 갖추어 미리 금융위원회의 승인을 받아야 한다. 그럼에도 불구하고 피고인은 금융위원회의 승인을 받지 않은 상태에서, 2013. 8. 무렵부터 서울 서초구(주소 생략)에 있는 이 사건 회사의 사무실에서 대표이사 공소외 4에게 회사의 인사 문제, 자금 문제, 업무 방식 등을 지시함으로써 위 회사의 이사를 통해 업무집행을 지시하였다. 이로써 피고인은 금융위원회의 승인을 받지 아니하고 금융투자업자의 대주주가 되었다. 이 사건 공소사실의 요지는 "피고인이 이 사건 회사에 대한 영향력을 행사할 토대를 확고하게 마련하고, 이 사건 회사의 대표이사인 공소외 4를 통해 업무집행을 지시하였다."라는 것으로서, 피고인이 (나)목 주요주주 중 제2호 주요주주에 해당하여 미리 금융위원회의 승인을 받아야 하는지 여부가 이 사건의 쟁점이다.

● 법원의 판단

▌원심 : 수원지방법원 2016. 8. 19. 선고 2015노4057 판결

원심은 피고인이 경영전략 · 조직변경 등 주요 의사결정이나 업무집행에 지배적인 영향력을 행사한 주주에 해당한다고 보아 이 사건 공소사실을 유죄로 판단하였다.

▌대법원 : 파기환송

1) 피고인은 2013. 7. 15. 이 사건 투자약정에 따라 이 사건 회사의 사외이사 1명 및 감사 1명을 그 의사대로 선임하기는 하였으나, 이 사건 회사의 대표이사 또는 이사의 과반수를 선임하지는 못하였다.

2) 피고인은 2013. 8. 무렵부터 이 사건 회사의 임직원으로부터 지배구조 변경 등에 관한 보고를 받고 이 사건 회사의 대표이사인 공소외 4에게 피고인의 총괄 아래 특정 사업을 담당하라는 의사를 전달하는 등 사실상 이 사건 회사의 경영사항 등에 관여하기는 하였으나, 이러한 사정만으로는 피고인이 경영전략 등 주요 의사결정이나 업무집행에 관하여 사실상 구속

력 있는 결정이나 지시를 할 수 있는 지배의 근거를 갖추고 그에 따른 지배적인 영향력을 계속적으로 행사했다고 볼 수 없다.

3) 더욱이 다음과 같은 점에 비추어 보면, 이 사건 회사의 대주주이자 대표이사인 공소외 4가 경영전략 등 주요 의사결정이나 업무집행에 관하여 투자자인 피고인의 요구나 지시를 따르지 않으면 안 될 사실상 구속력이 있었다고 인정하기 어렵거나, 오히려 공소외 4가 지배적인 영향력을 계속 보유·행사하면서 피고인과 대립하거나 피고인의 추가 투자 등을 통한 지배 근거 확보를 견제하고 있었던 것으로 보인다.

가) 공소외 4는 이 사건 회사의 대주주였고, 이 사건 주주 간 합의서에 따라 피고인이 취득한 주식 및 신주인수권부사채 전량에 대한 매수청구권을 부여받았으며 대표이사의 지위도 최소 3년간 보장받았다. 반면 이 사건 주주 간 합의서에 따르면 피고인은 대주주 변경승인을 받고 피고인이 행사할 수 있는 의결권의 수가 공소외 4가 행사할 수 있는 의결권의 수를 초과한 경우에야 이 사건 회사의 이사의 과반수에 대한 선임권을 가질 수 있었다.

나) 이 사건 사채의 발행은 피고인이 이 사건 회사에 대한 지배의 근거를 확보하기 위해 필요한 절차였으나, 공소외 4는 2013. 11. 28. 이 사건 회사의 이사회에서 이 사건 사채 발행의 건에 대해 반대하였다. 결국 피고인이 대표이사로 있는 공소외 5 회사가 2013. 12. 8. 이 사건 사채를 취득하였으나, 이 사건 회사는 2014. 2. 7. 이 사건 사채 원리금 전액을 상환하였다.

다) 이 사건 회사의 이사회는 2013. 12. 24. 공소외 4를 이 사건 회사의 각자 대표이사에서 해임하였으나, 결국 이 사건 회사의 2014. 2. 10.자 주주총회에서 공소외 4에 대한 이사 해임 안건은 부결되었고, 위 공소외 4에 대한 대표이사 해임 결의에 찬성한 공소외 6에 대한 이사 해임 안건은 가결되었으며, 공소외 4는 2014. 2. 18. 다시 이 사건 회사의 대표이사로 선임되었다.

4) 그 외에 피고인이 경영전략 등 주요 의사결정이나 업무집행에 관하여

사실상 구속력 있는 결정이나 지시를 할 수 있는 지배의 근거를 갖추고 그에 따른 지배적인 영향력을 계속적으로 행사하였다고 볼 만한 사정은 없다.

그런데도 원심이 피고인이 (나)목 주요주주 중 제2호 주요주주에 해당한다고 보아 이 사건 공소사실을 유죄로 판단한 데에는, 구 자본시장법 시행령 제9조 제2호에서 정한 '지배적인 영향력' 등에 관한 법리를 오해하여 판결에 영향을 미친 잘못이 있다.

| 생각해 볼 사항 |

〔판례 4-3〕 사안에서 문제된 조문은 "경영전략·조직변경 등 주요 의사결정이나 업무집행에 지배적인 영향력을 행사한다고 인정되는 자로서 금융위원회가 정하여 고시하는 주주"(구 자본시장법 제9조 제2항; 동 시행령 제9조 제2호)를 대상으로 하는 것으로서 지금은 자본시장법상 금융투자업자에 직접 적용되지 않는다. 금융회사의 지배구조에 관한 법률 제2조 제6호 나목 1)과 2) 및 동 시행령 제4조 제1호 및 제2호 가목 1)과 2)가 적용된다. 2가지 문제가 지적될 수 있다.

첫째, 대주주 변경승인의 대상에 포함되는지 여부를 "경영전략 등 주요 의사결정이나 업무집행에 관하여 사실상 구속력 있는 결정이나 지시를 할 수 있는 지배의 근거를 갖추고 그에 따른 지배적인 영향력을 계속적으로 행사하였다고 볼 만한 사정"의 유무에 따라 판단하게 될 경우 행정적으로 관리가능한지 여부와 규제목적에 부합하는지 여부가 문제된다.

둘째, 동일한 정의가 자본시장법 제174조의 미공개중요정보이용행위의 주체인 주요주주에도 적용되게 된다. 이 경우 범죄의 구성요건을 자본시장법이 아닌 다른 법률 특히 그 하위규정인 시행령이나 감독규정으로 정하게 되는 점, 위 첫째의 문제와 마찬가지로 "경영전략 등 주요 의사결정이나 업무집행에 관하여 사실상 구속력 있는 결정이나 지시를 할 수 있는 지배의 근거를 갖추고 그에 따른 지배적인 영향력을 계속적으로 행사하였다

고 볼 만한 사정"의 유무에 따라 미공개 중요정보 이용행위의 주체에 해당
여부가 달라지는 것이 가능한지 의문이 있다.

05

내부자거래

I. 내부자, 준내부자 및 정보수령자

〔판례 5-1〕 대법원 2002. 1. 25. 선고 2000도90 판결〔증권거래법 위반〕 —
정보수령자의 공범 성립 여부

1. 구 증권거래법 제188조의2 제1항은 내부자로부터 미공개 내부정보를 전달받은 제1차 정보수령자가 유가증권의 매매, 기타 거래와 관련하여 그 정보를 이용하거나 다른 사람으로 하여금 이를 이용하게 하는 행위만을 금지하고 있을 뿐, 1차 정보수령자로부터 미공개 내부정보를 전달받은 2차 정보수령자 이후의 사람이 유가증권의 매매, 기타 거래와 관련하여 당해 정보를 이용하거나 다른 사람으로 하여금 이를 이용하게 하는 행위를 금지하지는 아니하므로 결국 구 증권거래법 제188조의2 제1항 및 제207조의2 제1호는 내부자로부터 미공개 내부정보를 전달받은 1차 정보수령자가 유가증권의 매매, 기타의 거래에 관련하여 당해 정보를 이용하거나 다른

사람에게 이를 이용하게 하는 행위만을 처벌할 뿐이고, 1차 정보수령자로부터 1차 정보수령과는 다른 기회에 미공개 내부정보를 다시 전달받은 2차 정보수령자 이후의 사람이 유가증권의 매매, 기타의 거래와 관련하여 전달받은 당해 정보를 이용하거나 다른 사람에게 이용하게 하는 행위는 그 규정조항에 의하여는 처벌되지 않는 취지라고 판단된다.

2. 구 증권거래법 제188조의2 제1항의 금지행위 중의 하나인 내부자로부터 미공개 내부정보를 수령한 1차 정보수령자가 다른 사람에게 유가증권의 매매, 기타 거래와 관련하여 당해 정보를 이용하게 하는 행위에 있어서는 1차 정보수령자로부터 당해 정보를 전달받는 2차 정보수령자의 존재가 반드시 필요하고, 2차 정보수령자가 1차 정보수령자와의 의사 합치하에 그로부터 미공개 내부정보를 전달받아 유가증권의 매매, 기타 거래와 관련하여 당해 정보를 이용하는 행위가 당연히 예상되는바, 그와 같이 1차 정보수령자가 미공개 내부정보를 다른 사람에게 이용하게 하는 구 증권거래법 제188조의2 제1항 위반죄가 성립하는데 당연히 예상될 뿐만 아니라, 그 범죄의 성립에 없어서는 아니 되는 2차 정보수령자의 그와 같은 관여행위에 관하여 이를 처벌하는 규정이 없는 이상 그 입법 취지에 비추어 2차 정보수령자가 1차 정보수령자로부터 1차 정보수령 후에 미공개 내부정보를 전달받아 이용한 행위가 일반적인 형법 총칙상의 공모·교사·방조에 해당된다고 하더라도 2차 정보수령자를 1차 정보수령자의 공범으로서 처벌할 수는 없다.

| 참고 사항 |

2015년 자본시장법 개정(2014. 12. 30. 개정, 2015. 7. 1. 시행)으로 2차 정보수령자 이하 단계의 정보수령자와 해킹, 절취, 기망, 협박, 그 밖의 부정한 방법으로 정보를 알게 된 자가 그 정보를 증권 또는 파생상품의 매매, 그 밖의 거래에 이용하는 행위를 금하고 이를 위반하는 경우 과징금을 부과

할 수 있도록 하는 시장질서 교란행위금지조항이 신설되었다(제178조의2 제1항, 제429조의2). 실제 위반 사례는 제2차 정보수령자 또는 그 이후의 전득자의 미공개중요정보 이용,[15] 미공개중요 시장정보 이용,[16] 미공개중요 시장정보 이용,[17] 홈쇼핑 회사에 재직중 호재성 정보(홈쇼핑판매예정 정보)를 지득하고 이용,[18] 팀 회의 및 제품 판매 관련 메일 등을 통해 얻은 정보의 이용[19] 등이 있다.

| 참고 판례 |

■ 대법원 2017. 10. 31. 선고 2015도8342 판결—미공개중요정보 전달
…구 자본시장법 제174조 제3항 제6호에서 정한 주식 등의 대량취득·처분의 실시 또는 중지에 관한 미공개정보를 '알게 된 자'란 대량취득·처분을 하는 자 또는 제1호부터 제5호까지의 어느 하나에 해당하는 자로부터 당해 정보를 전달받은 자를 말한다고 보아야 한다.

그런데 정보수령자가 정보제공자로부터 정보를 전달받았다고 인정하기 위해서는 단순히 정보의 이동이 있었다는 객관적 사실만으로는 충분하지 않고, 정보제공자가 직무와 관련하여 알게 된 미공개정보를 전달한다는 점에 관한 인식이 있어야 한다.

한편 정보수령자가 알게 된 미공개정보는 대량취득·처분의 실시 또는

---

15) 증권선물위원회 의결 2016-제305호(2016. 12. 21.)(과징금 3,940만원), 2017-제125호(2017. 5. 24.)(14명에게 과징금 2,710만원부터 13억4,520만원 부과)「금융위원회 자본시장조사단장, 보도자료(2017. 5. 24.) "○○약품 시장질서교란행위자 대규모 과징금 부과 조치"」, 2018-제118호(2018. 4. 25.)(과징금 7,160만원), 2020-제3호(2020. 1. 8.)(과징금 5,600만원)
16) 증권선물위원회 의결 2019-제308호(2019. 11. 13.)(과징금 5,827만원)
17) 증권선물위원회 의결 2017-제243호(2017. 9. 27.)(과징금 3억7,760만원)
18) 금융위원회, 보도자료(2019. 10. 28.) "자본시장 불공정거래 주요 제재사례"
19) 증권선물위원회 의결 2019-제272호(2019. 9. 25.)(과징금 1억7,650만원)

중지를 알 수 있을 만큼 구체적이어야 한다. 정보제공자가 제공한 내용이 단순히 미공개정보의 존재를 암시하는 것에 지나지 않거나, 모호하고 추상적이어서 정보수령자가 그 정보를 이용하더라도 여전히 일반투자자와 같은 정도의 경제적 위험을 부담하게 되는 경우에는 특별한 사정이 없는 한 위 규정에서 말하는 미공개정보에 해당하지 않는다.

〔**판례 5-2**〕 대법원 2009. 12. 10. 선고 2008도6953 판결〔증권거래법 위반〕— 정보수령자의 범위

• **사실관계**

1. A는 2005. 9. 초순경 C회사 대표이사인 남편 B로부터 C회사의 '저가형 플라스틱 무선 전파인식장치(RFID Tag)' 관련 신기술 개발이 완료되었다는 정보(이하 '이 사건 내부정보'라고 한다)를 제공받았다.

2. A는 2005. 9. 중순경 전화 통화를 통해서 피고인 Y에게 이 사건 내부정보를 전달하였고, 이에 따라 피고인 Y는 C회사의 주식을 매수한 후 이 사건 내부정보가 증권사이트에 공시되어 주가가 오르면 이를 처분하여 그 수익을 분배하자고 제안하였다.

3. 이 사건 내부정보는 2005. 10. 5. 공시되어 C회사의 주가는 급등하였고 A는 피고인 Y의 제안에 따라 2005. 9. 23~10. 13. C회사의 주식을 거래하여 6억 7,119만 6,805원의 이익을 취득하였다.

4. 피고인 Y는 일정한 자가 법인의 유가증권거래와 관련하여 일반인에게 공개되지 아니한 중요한 정보를 이용하거나 다른 사람으로 하여금 이용하게 하는 것을 금지하고 있는 구 증권거래법(2008. 2. 29. 법률 제8863호로 개정되기 전의 것) 제188조의2 제1항 등을 위반한 혐의로 기소되었다.

• 법원의 판단

▌원심 : 광주고등법원 2008. 7. 10. 선고 2007노281 판결

피고인 Y는 이 사건 내부정보에 관한 2차 정보수령자에 불과하여 구 증권거래법 제188조의2 제1항 소정의 내부정보 이용행위금지의무자에 해당하지 않고, 따라서 피고인 Y가 그 정보를 이용하여 C회사의 주식을 거래하였더라도 법 제207조의2 제2항으로 처벌할 수 없으며, 또한 A가 1차로 이사건 내부정보를 받은 단계에서 그 정보를 거래에 바로 이용한 행위에 피고인 Y가 공동 가담한 것으로 볼 수도 없으므로 피고인 Y가 2차 정보수령자로서 이 사건 내부정보를 이용하였다 하여도 피고인 Y를 구 증권거래법 제188조의2 제1항 위반죄로 처벌할 수 없다.

▌대법원 : 파기환송

…구 증권거래법 제188조의2 제1항 및 제207조의2 제1항 제1호는 내부자로부터 미공개 내부정보를 전달받은 1차 정보수령자가 유가증권의 매매 기타의 거래와 관련하여 당해 정보를 이용하거나 다른 사람에게 이를 이용하게 하는 행위만을 처벌할 뿐이고, 1차 정보수령자로부터 1차 정보수령과는 다른 기회에 미공개 내부정보를 다시 전달받은 2차 정보수령자 이후의 사람이 유가증권의 매매, 기타의 거래와 관련하여 전달받은 당해 정보를 이용하거나 다른 사람에게 이용하게 하는 행위는 그 규정조항에 의하여는 처벌되지 않는 취지라고 할 것이고, 또한 구 증권거래법 제188조의2 제1항의 금지행위 중 하나인 내부자로부터 미공개 내부정보를 수령한 1차 정보수령자가 다른 사람에게 유가증권의 매매, 기타 거래와 관련하여 당해 정보를 이용하게 하는 행위에 있어서는, 2차 정보수령자가 1차 정보수령자로부터… 미공개 내부정보를 전달받은 후에 이용한 행위가 일반적인 형법 총칙상의 공모·교사·방조에 해당되더라도 2차 정보수령자를 1차 정보수령자의 공범으로서 처벌할 수는 없다고 할 것이지만(대법원 2002. 1. 25. 선고 2000도90 판결 참조), 다른 한편 구 증권거래법 제188조의2 제1항의 다

른 금지행위인 1차 정보수령자가 1차로 정보를 받은 단계에서 그 정보를 거래에 막바로 이용하는 행위에 2차 정보수령자가 공동 가담하였다면 그 2차 정보수령자를 1차 정보수령자의 공범으로 처벌할 수 있다고 할 것이다.

그런데 원심이 인정한 사실에 의하더라도, A가 피고인 Y에게 이 사건 내부정보를 전달하자 피고인 Y가 그 정보를 이용하여 C회사의 주식을 매매한 후 그 수익을 분배하자고 제안하였고 A가 이를 승낙하여 이 사건 범행을 공모한 뒤 그에 따라 C회사의 주식을 매매하였다는 것이므로, 비록 1차 정보수령자인 A가 C회사의 주식거래를 직접 실행한 바 없다 하더라도 A는 공범인 피고인 Y의 주식거래행위를 이용하여 자신의 범행의사를 실행에 옮긴 것으로 보아야 할 것이며, 여기에 C회사의 주식매수자금 대부분을 A가 제공한 점, 주식매매를 통해 얻은 매매 차익의 60퍼센트 정도가 A에게 귀속된 점 등의 사정까지 종합해 보면, 피고인 Y와 A의 위 주식거래는 1차 정보수령자인 A가 1차로 정보를 받은 단계에서 그 정보를 거래에 바로 이용한 행위에 해당하고, 피고인 Y는 A의 위와 같은 행위에 공동 가담한 것으로 보아야 할 것이다.

그럼에도 원심이, 피고인 Y는 이 사건 내부정보에 관한 2차 정보수령자에 불과하여 구 증권거래법 제188조의2 제1항 소정의 내부정보 이용행위 금지의무자에 해당하지 않고, 또한 A가 1차로 이 사건 내부정보를 받은 단계에서 그 정보를 거래에 바로 이용한 행위에 피고인 Y가 공동 가담한 것으로 볼 수도 없다는 이유로 피고인 Y에 대한 위 공소사실을 무죄로 인정한 데에는, 공동정범의 성립과 구 증권거래법 제188조의2 제1항의 해석·적용에 관한 법리를 오해하여 판결에 영향을 미친 위법이 있다고 할 것이다. 이 점을 지적하는 상고이유의 주장은 이유 있다.

| 참고 판례 |

■ 대법원 2019. 7. 11. 선고 2017도9087 판결

〈사실관계〉

1. ○○회계법인 소속 회계사인 A2는 주식 및 선물 거래 등에 이용할 목적으로 같은 회계법인 회계사인 Y1에게 P회사 등의 "2014. 4.분기 미공개 영업실적 정보"(이하 '이 사건 정보' 라 한다)를 전달해 줄 것을 요청하였다.

2. Y1은 P회사의 자회사인 S회사의 외부감사 업무를 하던 같은 회계법인 소속 A4에게 이 사건 정보를 요청하였고, A4는 S회사의 감사 과정에서 모회사와의 연결 실적 및 특수관계인 등의 확인을 위하여 같은 회계법인 내 P회사 감사팀에 요청하여 가지고 있던 이 사건 정보를 Y1에게 전달해 주었고, Y1은 이를 A2에게 전달하였다.

3. A2는 이 사건 정보를 전달받은 후 그 정보가 일반인들에게 공개되기 전 P회사 선물 120계약의 매도포지션을 취함으로써 개별 종목 주가하락에 따른 742만 9,163원의 이득을 얻었다.

4. A2는 위 정보 공개 전 A3에게 이를 알려주었고, A3은 P회사 선물 39계약의 매도포지션을 취함으로써 331만 원의 이득을 얻었다.

〈법원의 판단〉

원심은 Y1과 A2가 공범관계에 있음을 전제로 Y1이 A2와 공모하여 A2가 이 사건 정보를 이용하여 이득을 취득하고, A2로 하여금 A3에게 정보를 이용하게 하여 이득을 취득하게 한 것은 Y1이 공범인 A2로 하여금 '타인에게 정보를 이용하게 한 행위' 에 해당한다고 판단하였다.

그러나 대법원은 우선 "○○회계법인은… 자본시장법 제174조 제1항 제4호의 '그 법인과 계약을 체결하고 이를 이행하는 과정에서 미공개중요 정보를 알게 된 자' 에 해당하고… 직원인 A4는… 직무와 관련하여 이 사건 정보를 취득하였으므로, 같은 법조항 제5호의 준내부자에 해당한다. 결국 Y1은 준내부자인 A4로부터 정보를 받은… 제1차 정보수령자에 해당한

다"고 보았다. 나아가 대법원은 "Y1은… 이 사건 정보를 제2차 정보수령자인 A2에게 전달하여 A2가 위 정보를 이용한 선물 거래에 나아갔을 뿐, 검사가 제출한 증거만으로는 Y1이 직접 위 정보를 이용한 선물 거래에 나아갔거나 Y1이 1차로 정보를 받은 단계에서 제2차 정보수령자인 A2가 그 정보를 거래에 곧바로 이용하는 행위에 공동 가담하는 등의 사정을 인정하기 어려우므로 이들의 공범관계가 성립되지 않는다고 볼 여지가 많다"고 보고 원심판결을 파기환송하였다.

II. 미공개 중요정보

〔판례 5-3〕 대법원 2003. 11. 14. 선고 2003도686 판결〔증권거래법 위반〕 ― 자기생성정보와 구 증권거래법 제188조의2 소정의 정보수령자의 의미[20]

• 사실관계

1. 피고인 Y는 2000. 5. 하순부터 B회사를 인수하기 위해서 B회사의 대주주인 A회사와 비밀리에 교섭하여 2000. 6. 초순 A회사와 "B회사 주식 290만 주를 55억 1,000만 원에 인수하기로" 합의하고 2000. 6. 12. 그 계약 체결 사실을 공시한 후 2000. 7. 4.까지 대금을 전액 지불하여 B회사의 경영권을 인수하였고, B회사의 주가는 2000. 5. 말 1,610원에서 2000. 7. 4.까지 4,490원으로 급등하였다.

2. 피고인 Y는 2000. 6. 2.부터 2000. 6. 12. B회사의 인수 사실이 공시되기 직전까지 B회사 주식 42만 1,756주를 매수하여 2000. 6. 7〜7. 19. 사이

---

20) 이 판결의 시세조종 및 사기적 부정거래에 관한 부분은 뒤의 〔판례 7-3〕 대법원 2003. 11. 14. 선고 2003도686 판결.

에 전량 매도하였다.

3. Y는 미공개 정보 이용행위를 금지하는 구 증권거래법 제188조의2를 위반한 혐의로 기소되었다.

• 법원의 판단

구 증권거래법(이하 '법') 제188조의2 소정의 미공개 정보 이용행위의 금지 대상이 되는 '당해 정보를 받은 자(소위 정보수령자)'란 동조 제1항 각 호에 해당하는 자로부터 이들이 직무와 관련하여 알게 된 당해 정보를 전달받은 자를 말한다 할 것인바, 기록에 의하면 피고인 Y가 법 제188조의2 제1항 각 호에 해당하는 자로서 B회사의 주요 주주인 A회사로부터 전달받았다는 당해 정보인 "A회사가 피고인 Y에게 B회사 주식 290만 주를 양도하여 B회사의 경영권을 양도한다"는 정보는 A회사가 그 소유의 주식을 피고인 Y에게 처분함으로써 스스로 생산한 정보이지 직무와 관련하여 알게 된 정보가 아니고, 피고인 Y가 당해 정보를 A회사로부터 전달받은 자가 아니라 A회사와 이 사건 주식 양수계약을 체결한 계약 당사자로서 A회사와 공동으로 당해 정보를 생산한 자에 해당한다 할 것이므로, 피고인 Y는 법 제188조의2 제1항 제4호의 '당해 법인과 계약을 체결하고 있는 자' 또는 법 제188조의2 제1항 소정의 '당해 정보를 받은 자'에 해당하지 아니한다.

| 생각해 볼 사항 |

1. 〔판례 5-3〕은 주요 주주의 변경에 관한 정보는 주식양도계약의 일방 당사자에게는 '스스로 생산한 정보'이지 '직무와 관련하여 알게 된 정보'가 아니고, 당해 정보를 내부자로부터 전달받은 자가 아니라 주식 양수계약을 체결한 계약 당사자로서 공동으로 당해 정보를 생산한 자에 해당한다

할 것이므로, '당해 법인과 계약을 체결하고 있는 자' 또는 '당해 정보를 받은 자'에 해당하지 아니한다고 판단하였다. 정보생산자라는 개념을 인정할 것인지에 대해서는 논란의 여지도 있지만, 자본시장법은 제174조 제3항에서 '주식 등의 대량취득 · 처분'이라는 정보를 이용하는 미공개 중요정보 이용행위 유형을 새로이 도입하여 이 문제에 대한 해결을 시도하고 있다.

즉 대량주식 취득 및 처분은 대량주식을 취득 또는 처분하려는 자가 생성하는 정보이기는 하지만, 그 정보의 중요성에 비추어 자본시장법은 대량취득 · 처분의 실시 또는 중지에 관한 미공개 정보를 대상 회사의 주식, 기타 관련 증권의 매매에 이용하는 행위를 금지하고 있다. 공개매수 역시 공개매수를 하려는 자가 생성하는 정보이지만, 그 정보를 대상 회사의 주식, 기타 관련 증권의 매매에 이용하는 행위는 금지된다(자본시장법 제174조 제2항).

그동안 자본시장법 제174조 제2항 단서는 공개매수자 또는 대량취득 · 처분을 하는 자가 공개매수 또는 대량취득 · 처분을 목적으로 거래하는 경우는 허용되도록 규정하고 있어서 공개매수 또는 대량취득 · 처분을 하려는 자의 거래행위도 금지되는지에 대하여 논란이 있었다. 2013. 5. 28. 개정에서 단서가 개정되어 "공개매수를 하려는 자(또는 대량취득 · 처분을 하려는 자)가 공개매수공고(또는 대량취득 · 처분 공시) 이후에도 상당한 기간 동안 주식 등을 보유하는 등 주식 등에 대한 공개매수(또는 대량취득 · 처분)의 실시 또는 중지에 관한 미공개 정보를 그 주식 등과 관련된 특정 증권 등의 매매, 그 밖의 거래에 이용할 의사가 없다고 인정되는 경우"에는 거래행위가 금지되지 않는다. 대량취득 · 처분을 하는 자가 거래행위를 한 것으로 볼 수 없다면 자본시장법 제174조 제3항 단서에 해당하지 않는다〔아래 참고판례(대법원 2014. 3. 13. 선고 2013도12440 판결의 원심판결)〕.[21]

---

21) 대법원 2014. 3. 13. 선고 2013도12440 판결에 대한 평석 및 자본시장법 제174조

2. 자기생성정보를 이용하는 행위의 허용범위에 대하여는 신중하게 검토할 필요가 있다. 〔판례 5-3〕에서 문제된 정보는 주요주주의 변경이고, 피고인은 기존 대주주와 주식매매합의를 하였고 주식발행회사 B회사와 계약을 체결한 것은 아니었다. 발행회사가 대주주 변경을 초래하는 신주 기타 증권을 발행하거나 또는 회사의 신인도 또는 평판을 높일 수 있는 중요 인물에게 증권을 발행하고자 하는 경우, 그 증권을 인수하기로 합의하거나 협상중인 사람이 회사의 공시전에 그 회사의 주식을 거래하는 경우에는 〔판례 5-4〕와 그 참고판례(대법원 2017. 1. 25. 선고 2014도11775 판결)와 같이 미공개중요정보 이용행위로 인정해야 할 것이다. 또한, 예컨대 상장회사 A가 그의 영업에 매우 중대한 영향을 미치는 호재성 계약을 B와 체결한 후 (또는 그 계약 체결을 위한 협상 중에), A회사가 그 계약 내용을 공시하기 전에 B(또는 B의 임직원)가 그 정보를 이용하여 A주식을 매입한 경우, 그 정보가 B의 자기생성정보라고 하여 미공개 중요정보 이용행위에 해당하지 않는다고 보아서는 안 될 것이다.

| 참고 판례 |

▌대법원 2014. 3. 13. 선고 2013도12440 판결

〈사실관계〉

(1) 피고인 Y1은 D회사(코스닥상장법인), K실업, 피고인 Y2회사 등으로 구성된 K그룹의 회장으로 D회사의 등기이사이고 K실업과 Y2회사의 대표이사이다.

(2) 2010. 8. 4. Y1을 포함한 5인으로 구성된 K그룹의 경영위원회는 K실업이 D회사의 주식을 대량취득하는 방법으로 D회사의 최대주주를 Y2회

제3항의 해석에 관한 상세한 논의는 노혁준, "주식대량취득, 처분정보의 이용 — 대법원 2014. 3. 13. 선고 2013도12440 판결등을 중심으로 —", 정순섭·노혁준 편, 증권불공정거래의 쟁점(1)(소화, 2019) 제5장.

사에서 K실업으로 변경하기로 하였다. 2000. 9. 28.부터 9.30.까지 K실업은 장내에서 D회사 주식을 매수하고, 장외에서 Y2회사로부터 D회사가 발행한 신주인수권부사채를 매수하여, D회사의 최대주주가 되었고, 2010. 10. 4. 대량보유상황보고서를 공시하였다.

(3) 2010. 8. 5.부터 9. 3.까지 Y1은 차명으로 D회사 주식 약 460만 주를, 자신이 대표이사로 있는 Y2회사 명의로 약 197만 주를 매수하였다. 같은 해 9. 28.부터 10. 4.까지 Y1은 차명으로 매수한 주식을 매도하여 약 4억 7,000만 원의 매매차익을 얻었다.

(4) Y1과 Y2회사는 자본시장법 제174조 제3항의 주식 등의 대량주식의 실시에 관한 미공개정보를 이용하여 위 주식을 매수한 것으로 기소되었다.

〈법원의 판단〉

> 1심(서울중앙지방법원 2013. 6. 18. 선고 2013고단831 판결)과 항소심(서울중앙지방법원 2013. 9. 27. 선고 2013노2064 판결)은 모두 유죄를 인정하였고 대법원은 피고인들의 상고를 기각하였다. 항소심의 판결 이유 가운데 중요한 부분은 다음과 같다.

자본시장법 제174조 제3항 단서가 미공개정보 이용행위 금지의무에 예외를 둔 것은 '대량취득·처분을 하는 자'가 대량취득·처분을 목적으로 거래한 경우는 본래 목적의 실현이지 이를 이용하는 행위로 볼 수 없기 때문이다. 따라서 해당 거래를 대량취득·처분을 하는 자가 한 거래로 볼 수 없다면 자본시장법 제174조 제3항 단서에 해당하지 않는다.

…이 사건의 과정에서 '대량취득·처분을 하는 자'는 K실업이지 Y1이 아니므로, 차명계좌나 Y2회사 명의로 D회사 주식을 취득한 것은 대량취득·처분을 하는 자가 거래한 것으로 볼 수 없다.

자본시장법 제174조 제3항이 규정한 미공개정보의 이용은 '주식의 대량취득에 관한 미공개정보를 그 주식 등의 매매 등의 거래에 이용'하면 성립하는 것이므로 반드시 미공개정보를 이용하여 취득한 주식을 매도하여 이익을 실현하는 것을 요하지 않는다.

…자본시장법 제174조 제3항 단서는 오직 대량취득·처분을 하는 자가 한 거래만을 이용행위에서 배제하고 있는데, 대량취득·처분을 하는 자의 요청이 있다는 사유 등에 의하여 그 배제 범위가 확대된다면 실질적으로 대량취득·처분을 하는 자와 통모하여 거래하는 경우를 처벌하지 못하게 됨으로써 사실상 미공개정보 이용행위 금지규정의 실효성이 상실될 우려가 있는 점 등에 비추어 보면, 거래의 목적이 대량취득·처분을 하는 자의 요청에 의한 것이라고 할지라도 그와 같은 목적에 따라 미공개정보의 이용 여부가 좌우된다고 볼 수 없다.

따라서 Y2회사 명의로 D회사 주식을 취득한 이상 그 주식의 매도 여부를 불문하고 미공개정보를 이용한 행위에 해당하고, 대량취득·처분을 하는 자의 요청 등 목적을 불문하고 Y1이 실제로 운용하는 차명계좌를 이용하여 D회사 주식을 취득하는 행위 자체로 미공개정보를 이용한 행위에 해당한다.

〔판례 5-4〕 대법원 2017. 1. 25. 선고 2014도11775 판결〔자본시장법 위반〕 — 최대주주변경을 위한 유상증자 참여 협상중 회사주식을 매수한 행위

• 사실관계

1. 코스닥상장법인 A회사가 자본잠식으로 기업회생을 기대하기 어려운 상황에 이르러, 제3자 배정 유상증자를 통한 경영권 매각을 추진하게 되었다. 2010. 11.경 A회사의 대표이사 갑과 고문 을이 피고인 Y(B회사의 최대주주 겸 대표이사, C회사의 최대주주)에게 "A회사가 추진하는 50억 원 규모의 유상증자에 참여하여 A회사의 경영권을 인수한 다음 A회사가 C회사의 지분을 인수하여 C회사가 추진하는 스마트그리드 사업을 A회사를 통하여 추진하는 방법"을 제안하였다.

2. A회사는 2010. 11. 12 회계법인에게 C회사의 주식가치 평가를 의뢰하여 회계법인이 같은 달 25. 평가의견을 작성하는 등 작업이 진행되었다.

3. Y는 2010. 11. 29. A회사의 주식 19만 7,500주(이하 "이 사건 주식")를 매수하였다.

4. Y는 2010. 11. 30. A회사에게 11억 원을 대여하고 2010. 12. 1. A회사를 인수하기로 결정하였다.

5. A회사는 2010. 12. 1. Y와 B회사에 대한 제3자 배정방식의 유상증자에 관한 이사회 결의를 하고, 같은 날 'B회사 및 Y를 대상으로 50억 원 규모의 유상증자를 실시하고 그에 따라 최대주주가 변경된다'(이하 '이 사건 정보'라고 한다)는 취지의 유상증자 결정 및 최대주주 변경 관련 공시를 하였다.

6. Y는 2010. 11. 29. 미공개중요정보를 이용하여 A회사 주식을 매수함으로써 자본시장법 제174조 제1항을 위반한 것으로 기소되었다.

• 쟁점

• 쟁점 1
정보의 생성에 관여한 자의 "그 법인과 계약을 체결하고 있거나 체결을 교섭하고 있는 자로서 그 계약을 체결·교섭 또는 이행하는 과정에서 미공개중요정보를 알게 된 자"에의 해당 여부

• 쟁점 2
구 자본시장과 금융투자업에 관한 법률 제174조 제1항에서 정한 '미공개중요정보'의 의미 및 법인 내부의 의사결정 절차가 종료되지 않아 아직 실현 여부가 확정되지 않은 정보가 중요정보로 생성된 것으로 볼 수 있는 경우

• 쟁점 3
미공개중요정보를 이용하였다고 하기 위한 요건 및 판단 기준

• 법원의 판단

1심(서울남부지방법원 2014. 2. 18. 선고 2013고정3033 판결)은 Y의 미공개정보 이용행위금지 위반에 대하여 무죄를 선고하였으나 항소심(서울남부지방법원 2014. 8. 22. 선고 2014노462 판결)은 유죄로 판단하였고, 대법원은 Y의 상고를 기각하였다.

■ 원심 : 서울남부지방법원 2014. 8. 22. 선고 2014노462 판결

• 쟁점 1

피고인은 위 사실관계에 의하여 알 수 있는 바와 같이, 이 사건 주식을 매수하기 전부터 공소외 1 회사와 경영권 인수에 관한 계약의 체결을 교섭하고 있었고, 그 과정에서 이 사건 정보의 생성에 관여함으로써 이 사건 정보를 알게 되었다고 봄이 상당하다. 같은 취지에서 피고인이 제174조 제1항 제4호의 "그 법인과 계약을 체결하고 있거나 체결을 교섭하고 있는 자로서 그 계약을 체결·교섭 또는 이행하는 과정에서 미공개중요정보를 알게 된 자"에 해당한다.

• 쟁점 2

이 사건 정보는 피고인과 공소외 2 회사가 공소외 1 회사의 50억 원 규모의 유상증자에 참여한다는 내용으로, 공소외 1 회사가 2010. 11.경 신규 사업의 실패 등으로 채권금융기관의 경영정상화 이행계획에 따른 채무를 상환하여야 할 상황에 이르러 유상증자를 통하여 자금을 조달할 경우 당면한 재정적 어려움을 해소할 수도 있으리라고 기대할 수 있는 점 등을 고려하면, 이 사건 정보는 자본시장법 제174조 제1항이 정한 미공개중요정보에 해당한다고 판단하였다. 나아가 원심은, 위 사실관계를 토대로 공소외 1 회사와 피고인은 2015. 11. 25.경 공소외 1 회사가 공소외 6 회계법인으로부터 공소외 3 회사에 대한 가치평가서를 수령할 무렵부터 2010. 11. 30.경 피고인이 공소외 1 회사에 11억 원을 대여할 때까지 유상증자에의

참여 여부, 참여 방식 및 유상증자대금의 추후 사용계획 등에 관하여 상당히 구체적인 내용으로 교섭하면서 그에 관한 합의를 이루어가는 과정에 있었다고 전제한 다음, 이 사건 정보는 피고인의 주식 매수 당시 공소외 1 회사의 이사회 결의를 얻지 못한 상태여서 객관적으로 확실하게 완성된 상태는 아니었다 하더라도 2010. 11. 25.경 또는 적어도 2010. 11. 30.자 대여 직전으로서 이 사건 주식거래일인 2010. 11. 29.경에는 이 사건 정보가 투자자의 의사결정에 영향을 미칠 수 있을 정도로 구체화되어 있었다고 보아, 미공개중요정보로 생성되어 있었다고 판단하였다.

• 쟁점 3

피고인이 이 사건 정보를 거래에 이용하였는지에 관하여, 원심은, 피고인은 이 사건 정보를 생성하는 데 관여한 자로서 이 사건 정보를 보유한 상태에서 ○○제약 주식을 처분하고 그 대금으로 이전 거래보다 훨씬 큰 규모로 이 사건 주식을 매수한 점, 공소외 1 회사의 주가 및 거래량 추이와 당시 동종업종지수의 주가 및 거래량 추이가 일치하지 않는 등 공소외 1 회사의 주가나 주식 거래량의 변화는 이 사건 정보의 존재와 공개 때문인 것으로 보이는 점 등을 고려하면, 피고인은 이 사건 정보를 보유한 상태에서 이를 이용하여 이 사건 주식을 매수하였다고 봄이 상당하다.

▌대법원

• 쟁점 1

원심의 판단을 수용하였다.

• 쟁점 2

구 자본시장과 금융투자업에 관한 법률(2013. 5. 28. 법률 제11845호로 개정되기 전의 것, 이하 '자본시장법' 이라고 한다)은 자본시장에서 공정한 경쟁을 촉진하고 투자자를 보호하며 자본시장의 공정성·신뢰성 및 효율성을 높

이기 위하여 각종 불공정거래를 규제하면서 그중 하나로 '미공개중요정보
이용행위'를 금지하고 있다. 즉, 자본시장법 제174조 제1항은 '다음 각 호
의 어느 하나에 해당하는 자'는 '상장법인의 업무 등과 관련된 미공개중
요정보를 특정증권 등의 매매, 그 밖의 거래에 이용하거나 타인에게 이용
하게 하여서는 아니 된다'고 하고, 제1호부터 제6호까지 그 법인 및 법인
의 임직원, 주요주주, 인·허가권자, 대리인, 사용인, 종업원 등 직무와 관
련하여 미공개중요정보를 알게 된 자 또는 그들로부터 정보를 받은 자를
규정하면서, 제4호에서 '그 법인과 계약을 체결하고 있거나 체결을 교섭하
고 있는 자로서 그 계약을 체결·교섭 또는 이행하는 과정에서 미공개중
요정보를 알게 된 자'를 규정하고 있다.

여기에서 '미공개중요정보'란 상장법인의 경영이나 재산상태, 영업실
적 등 투자자의 투자판단에 중대한 영향을 미칠 수 있는 내부정보로서 불
특정 다수인이 알 수 있도록 공개되기 전의 것을 말하고, 법인의 업무 등과
관련하여 법인 내부에서 생성된 것이면 거기에 일부 외부적 요인이나 시
장정보가 결합되어 있더라도 그에 해당한다. 그리고 법인 내부의 의사결정
절차가 종료되지 않아 아직 실현 여부가 확정되지 않은 정보라도 합리적
인 투자자가 정보의 중대성과 현실화될 개연성을 평가하여 투자에 관한
의사결정에 중요한 가치를 지닌다고 받아들일 수 있을 정도로 구체화된
것이면 중요정보로 생성된 것이라고 볼 수 있다.

위 사실관계에 의하더라도 이 사건 정보는 피고인과 공소외 2 회사가 유
상증자에 참여할지 여부를 결정하는 내심의 의사뿐 아니라 신주발행의 주
체인 공소외 1 회사가 상대방인 피고인과 교섭하는 과정에서 생성된 정보
로서, 공소외 1 회사의 경영, 즉 업무와 관련된 것임은 물론 공소외 1 회사
내부의 의사결정 과정을 거쳐 최종적으로 확정된다는 점에서 공소외 1 회
사의 내부정보라고 보아야 하고, 일부 외부적 요인이 결합되어 있더라도
달리 볼 것은 아니라는 점에서, 이 사건 정보가 미공개중요정보에 해당한
다고 한 원심의 판단은 옳다.

• 쟁점 3 미공개중요정보를 이용하였다고 하기 위한 요건 및 판단 기준

한편 미공개중요정보를 이용하였다고 하려면 정보가 매매 등 거래 여부와 거래량, 거래가격 등 거래조건을 결정하는 데 영향을 미친 것으로 인정되어야 하고, 이는 피고인이 정보를 취득한 경위 및 정보에 대한 인식의 정도, 정보가 거래에 관한 판단과 결정에 미친 영향 내지 기여도, 피고인의 경제적 상황, 거래를 한 시기, 거래의 형태나 방식, 거래 대상이 된 증권 등의 가격 및 거래량의 변동 추이 등 여러 사정을 종합적으로 살펴서 판단하여야 한다. …원심의 판단은 정당한 것으로 수긍이 된다.

| 생각해 볼 사항 |

화승강업사건에서의 결론은 정보생성자는 정보수령자에 해당하지 않는다는 것이었다. 이 판결에서는 "이 사건 주식을 매수하기 전부터 공소외 1 회사와 경영권 인수에 관한 계약의 체결을 교섭하고 있었고, 그 과정에서 이 사건 정보의 생성에 관여함으로써 이 사건 정보를 알게 되었다고 봄이 상당"한 피고인을 "제174조 제1항 제4호의 "그 법인과 계약을 체결하고 있거나 체결을 교섭하고 있는 자로서 그 계약을 체결·교섭 또는 이행하는 과정에서 미공개중요정보를 알게 된 자"에 해당한다고 판단한 것으로서 쟁점이 다르다.

| 참고 판례 |

■ 대법원 2017. 10. 31. 선고 2015도5251 판결〔자본시장법위반〕— 신주인수권부사채 사모인수협상중 회사주식을 매수한 행위

〈사실관계〉

(1) 피고인 Y는 자금압박을 받고 있던 A회사 측으로부터 A회사가 발행하는 신주인수권부사채 인수를 권유받고, 2011. 5. 29. A회사 측을 만나 신

주인수권부사채 인수계약을 논의한 다음, 2011. 5. 30.부터 2011. 6. 2.까지 A회사 주식 44만 7,980주를 매수하였다. 그 후 Y는 2011. 6. 2. A회사와 100억 원 규모의 제9회 신주인수권부사채를 인수하는 계약을 체결하였고, A회사는 2011. 6. 2. 13:15 이를 공시하였다.

(2) Y는 2011. 7. 초순 다시 A회사 측으로부터 A회사가 발행하는 신주인 수권부사채 인수를 제의받아 발행 조건 등을 협의하고 2011. 7. 7.경 신주 인수권부사채 인수를 결정하고 A회사 측과 협상을 진행하였으며, 2011. 7. 20.과 2011. 7. 21. A회사 주식 114만 8,810주를 매수하였다. Y는 2011. 7. 21. A회사와 피고인 등이 200억 원 규모의 제10회 신주인수권부사채를 인 수하는 계약을 체결하였고, A회사는 2011. 7. 21. 14:39 이를 공시하였다.

(3) Y는 A회사와 계약 체결을 교섭하고 있는 사람으로서 그 계약을 교 섭하는 과정에서 알게된 A회사의 업무 등과 관련된 중요정보인 '전 B회사 회장인 Y 자신이 A회사 신주인수권부 사채 100억원(또는 200억원)을 인수 한다'는 정보(이하 "이 사건 정보")가 공개되기 전에 이를 A회사 주식매매 에 이용하였다고 하여 기소되었다.

〈법원의 판단〉

1심과 원심은 공소사실을 유죄로 인정하였고 대법원은 다음과 같은 이유로 Y의 상고를 기각하였다.

'미공개중요정보'란 상장법인의 경영이나 재산상태, 영업실적 등 투자 자의 투자판단에 중대한 영향을 미칠 수 있는 내부정보로서 불특정 다수 인이 알 수 있도록 공개되기 전의 것을 말한다. 법인의 업무 등과 관련하여 법인 내부에서 생성된 것이면 거기에 일부 외부적 요인이나 시장정보가 결합되어 있더라도 미공개중요정보에 해당한다(대법원 2017. 1. 25. 선고 2014도11775 판결 참조).

…이 사건 정보는 A회사의 업무 등과 관련된 내부정보이고, Y는 계약 체결을 교섭하는 과정에서 이 사건 정보를 알게 된 자에 해당하므로, 구 자

본시장법 제174조 제1항 제4호가 적용된다. 그 이유는 다음과 같다.

이 사건 정보는 피고인이 신주인수권부사채를 인수할지 여부를 결정하는 내심의 의사뿐만 아니라 신주인수권부사채 발행의 주체인 A회사가 상대방인 피고인과 신주인수권부사채 인수계약 체결을 교섭하는 과정에서 생성된 정보이다. 이는 A회사의 경영, 즉 업무와 관련된 것임은 물론이고, A회사 내부의 의사결정 과정을 거쳐 최종적으로 확정되므로 A회사의 내부정보에 해당하며, 일부 외부적 요인이 결합되어 있더라도 달리 볼 것은 아니다. 또한, Y는 A회사 주식을 매수하기 전부터 A회사와 신주인수권부사채 인수계약 체결을 교섭하고 있었고, 그 과정에서 이 사건 정보의 생성에 관여하였으므로 이 사건 정보를 알고 있었다.

〔판례 5-5〕 대법원 2000. 11. 24. 선고 2000도2827 판결〔증권거래법 위반〕—
　　　　　내부정보 중요성의 판단기준

● **사실관계**

1. Y는 A회사의 대표이사로서 B회사가 발행한 어음 등의 부도 처리가 불가피한 사실을 알고 A회사가 보유하고 있던 B회사의 주식을 1998. 4. 16.부터 같은 달 23.까지 매도하였고 주식매도가 끝난 다음 날인 24. B회사는 최종 부도 처리되어 공시되었다.

2. Y는 구 증권거래법 제188조의2 제1항에 위반하여 법인의 유가증권거래와 관련하여 일반인에게 공개되지 아니한 중요한 정보를 이용하거나 다른 사람으로 하여금 이용하게 한 혐의로 기소되었다.

• 법원의 판단

1. 구 증권거래법(이하 '법') 제188조의2 제1항은 일정한 자가 법인의 유가증권거래와 관련하여 일반인에게 공개되지 아니한 중요한 정보를 이용하거나 다른 사람으로 하여금 이용하게 하는 것을 금지하고 있고, 제2항은 '일반인에게 공개되지 아니한 중요한 정보'라 함은 제186조 제1항 각 호의 1에 해당하는 사실 등에 관한 정보 중 투자자의 투자판단에 중대한 영향을 미칠 수 있는 것으로서 당해 법인이 재정경제부령이 정하는 바에 따라 다수인으로 하여금 알 수 있도록 공개하기 전의 것을 말하는 것이라고 규정하고 있는바, 위 제2항에서 '일반인에게 공개되지 아니한 중요한 정보'를 정의함에 있어 "제186조 제1항 각 호의 1에 해당하는 사실 등에 관한 정보 중"이라는 표현을 사용하고 있다고 하더라도 법 제186조 제1항 및 제2항 등 관계규정에 비추어 볼 때 이는 위 제186조 제1항 제1호 내지 제13호 소정의 사실들만을 미공개 정보 이용행위금지의 대상이 되는 중요한 정보에 해당하는 것으로 제한하고자 하는 취지에서가 아니라, 중요한 정보인지의 여부를 판단하는 기준인 '투자자의 투자판단에 중대한 영향을 미칠 수 있는 정보'를 예시하기 위한 목적에서라고 보아야 할 것이고(대법원 1995. 6. 29. 선고 95도467 판결 참조), 따라서 법 제186조 제1항 제1호에서 규정하고 있는 상장법인 등이 발행한 어음 또는 수표가 부도 처리되었을 때뿐만 아니라, 은행이 부도 처리하기 전에 도저히 자금조달이 어려워 부도 처리될 것이 거의 확실시되는 사정도 당해 법인의 경영에 중대한 영향을 미칠 수 있는 사실로서 합리적인 투자자라면 누구든지 당해 법인의 주식의 거래에 관한 의사를 결정함에 있어서 상당히 중요한 가치를 지니는 것으로 판단할 정보에 해당하는 것임이 분명하므로, 이러한 상황을 알고 있는 당해 법인의 주요 주주 등이 그 정보를 공시하기 전에 이를 이용하여 보유주식을 매각하였다면 이는 미공개 정보 이용행위를 금지하고 있는 법 제188조의2 제1항을 위반하였다고 보지 않을 수 없다(대법원 1994. 4. 26. 선고 93도695 판결

참조). 같은 취지에서 이 사건 범행 당시 상호 지급보증을 한 관련 회사들의 부도 처리와 은행거래 정지 등으로 인하여 B회사의 부도가 불가피하다는 사실이 바로 법 제188조의2 제2항 소정의 '일반인에게 공개되지 아니한 중요한 정보'에 해당한다고 본 원심의 판단은 정당하고, 거기에 상고이유가 주장하는 바와 같이 공소사실 자체로 범죄가 되지 아니한 행위를 유죄로 인정하였다거나 범죄사실이 특정되지 아니한 위법이 있다고 할 수 없다.

2. 법 제188조의2 제2항은 '일반인에게 공개되지 아니한 중요한 정보'를 "당해 법인이 재정경제부령이 정하는 바에 따라 다수인으로 하여금 알 수 있도록 공개하기 전의 것"이라고 규정하고 있으므로 어떤 정보가 당해 법인의 의사에 의하여 재정경제부령이 정하는 바에 따라 공개되기까지는 그 정보는 여전히 미공개 정보 이용행위금지의 대상이 되는 정보에 속한다고 할 것이므로(대법원 1995. 6. 29. 선고 95도467 판결 참조), B회사 스스로가 부도 사실이 불가피하다는 사실을 공개한 사실이 없는 이상 비록 경제신문 등에서 그 유사한 내용으로 추측 보도된 사실이 있다고 하더라도 그러한 사실만으로 일반인에게 공개된 정보라고 할 수는 없다 할 것이다. 따라서 이 부분에 대한 상고이유도 받아들일 수 없다.

| 참고 판례 |

■ 대법원 1995. 6. 30. 선고 94도2792 판결〔증권거래법 위반〕—내부정보의 중요성

구 증권거래법 제188조의2에 규정한 '투자자의 투자판단에 중대한 영향을 미칠 수 있는 정보'라 함은 구 증권거래법(1994. 1. 5. 법률 제4701호로 개정되기 전의 것) 제186조 제1항 제1호 내지 제11호에 그 유형이 개별적으로 예시되고 나아가 제12호에 포괄적으로 규정되어 있는 '법인 경영에 관하여 중대한 영향을 미칠 사실'들 가운데, 합리적인 투자자라면 그 정보의 중대성과 사실이 발생할 개연성을 비교·평가하여 판단할 경우 유가증권의

거래에 관한 의사를 결정함에 있어서 중요한 가치를 지닌다고 생각하는 정보를 가리키는 것이다.

…자본금이 101억여 원인 회사의 자회사에서 화재가 발생하여 약 20억 원의 손실을 입은 것을 비롯하여 연도 말 결산 결과 약 35억 원의 적자가 발생한 것이 드러났고, 그 내용이 아직 공개되지 아니하고 있었다면, 그와 같은 정보는 중요한 정보로서 공개 전의 내부자거래는 구 증권거래법이 규제하는 대상에 해당한다.

■ 대법원 2010. 2. 25. 선고 2009도4662 판결〔증권거래법 위반〕—내부정 보의 명확성(불필요)

내부자거래의 금지를 규정한 구 증권거래법 제188조의2의 입법 취지에 비추어 볼 때 '투자자의 투자판단에 중대한 영향을 미칠 수 있는 정보'라 함은, 법인의 경영에 관하여 중대한 영향을 미칠 사실들 가운데 합리적인 투자자라면 그 정보의 중대성과 사실이 발생할 개연성을 비교 · 평가하여 판단할 경우 유가증권의 거래에 관한 의사를 결정함에 있어 중요한 가치를 지닌다고 생각되는 정보를 가리키는 것이라고 해석함이 상당하고, 더 나아가 그 정보가 반드시 객관적으로 명확하고 확실할 것까지는 필요로 하지 아니한다(대법원 1994. 4. 26. 선고 93도695 판결 참조).

원심이 이 사건 정보에 일부 허위 또는 과장된 부분이 포함되어 있다 하더라도 그것을 이유로 이 사건 정보의 중요성 자체를 부정할 수는 없다고 판단한 것은 위와 같은 법리에 따른 것으로서 정당하다.

〔판례 5-6〕 대법원 2010. 5. 13. 선고 2007도9769 판결〔증권거래법 위반〕—
　　　　 내부정보 중요성의 판단 시 공시사항 해당 여부를 판단기준으로
　　　　 삼을 수 있는지 여부(소극)

• 사실관계

1. A회사는 국내 최초의 바이오 장기 개발 전문회사로서 2005. 7. 1. B회
사와 신주인수에 관한 잠정적인 구두합의를 하고, A회사의 이사 C는 2005.
7. 1. A회사의 이사들에게 제3자 배정 유상증자에 관한 이사회의 서면 결의
를 요구하는 이메일을 송부하였고, 이에 대하여 이사들의 이의 제기가 없
자 A회사는 2005. 7. 4. B회사와 이 사건 신주인수계약을 체결한 다음 2005.
7. 6. 이사회를 개최하여 신주 발행 및 제3자 배정을 결의하였다.

2. B회사는 자기자본금의 3.07퍼센트를 출자하여 A회사의 신주를 인수
함으로써 A회사의 전체 지분 중 10.24퍼센트를 보유한 3대 주주가 되었으
며, A회사가 추진하는 바이오 의약품 연구·제조 및 판매 사업에 있어서
최우선적인 협의권을 인정받게 되었고, B회사는 위와 같이 A회사와 신주
인수계약을 체결한 후 2005. 7. 11. 자진하여 그 사실을 공시하는 한편 언
론사에 보도자료를 배부하여 홍보하였다.

3. A회사의 임원인 Y1과 B회사의 임원인 Y2, Y3, Y4와 B회사 임원의 아
들 Y5는 위 신주 인수 정보가 공시되기 이전에 B회사의 주식을 집중적으
로 매수하거나 다른 사람으로 하여금 매수하게 하였다.

4. 피고인들은 미공개 중요정보의 이용을 금지한 구 증권거래법 제188조
의2 제1항 등을 위반한 혐의로 기소되었다.

• 법원의 판단

1. '중요한 정보' 해당 여부에 대하여
∎ 원심 : 서울고등법원 2007. 10. 26. 선고 2007노1733 판결

구 증권거래법 제188조의2가 정하는 '중요한 정보'에 해당하기 위해서는 구 증권거래법 제186조 제1항 각 호 또는 이에 의하여 순차로 위임을 받은 구 증권거래법 시행령(2008. 1. 18. 대통령령 제20551호로 개정되기 전의 것) 제83조 제3항 각 호 및 구 유가증권의 발행 및 공시 등에 관한 규정(2005. 12. 29. 금융감독위원회 공고 제2005-65호로 개정되기 전의 것) 제69조 제1항 각 호에서 예시하고 있는 신고의무사항에 해당하거나 이에 비견할 수 있을 정도로 중요한 것이어야 하고, 아울러 장차 법령의 규정에 의하여 공개될 것으로 예정되어 있는 정보일 것을 요구한다.

그런데 B회사가 자기자본금의 3.07퍼센트에 해당하는 자금을 출자하여 A회사의 신주를 인수함으로써 A회사의 출자지분 10.24퍼센트를 보유하게 된다는 내용의 이 사건 정보는, '자기자본의 100분의 5 이상의 타 법인의 주식 및 출자증권의 취득 또는 처분에 관한 결정이 있은 때'를 신고의무사항으로 정하고 있는 유가증권의 발행 및 공시 등에 관한 규정 제69조 제1항 제5호 사목 소정의 출자비율 수치에 현저히 미달하여 신고의무사항에 해당하지 아니함은 물론 이에 비견할 수 있는 정도로 중요한 사항이라고 할 수 없으며, 피고인들의 행위 당시를 기준으로 법령에 의한 공개가 예정된 바도 아니어서 구 증권거래법 제188조의2에서 정하고 있는 '중요한 정보'에 해당하지 않는다.

… 그렇다면 피고인들에 대한 이 사건 공소사실 중 이 사건 정보가 법 제188조의2 제2항 소정의 '중요한 정보'임을 전제로 한 미공개 정보 이용행위금지 위반의 점은 범죄의 증명이 없는 경우에 해당하여 형사소송법 제325조 후단에 의하여 무죄를 선고하여야….

■ 대법원 : 파기환송

…어떤 사실이 '투자자의 투자판단에 중대한 영향을 미칠 수 있는 정보'에 해당하는지 여부는 당해 사실이 구 증권거래법 제186조 제1항 각 호 및 그 위임을 받은 구 증권거래법 시행령, 구 유가증권의 발행 및 공시 등에 관한 규정이 정한 신고의무사항에 해당하는지 여부와는 직접적인 관계

가 없다고 할 것이고, …이 사건 신주인수계약 당시 주식시장에는 바이오 산업에 대한 낙관적인 전망으로 바이오 테마 붐이 일고 있어 B회사가 국내 최초의 바이오 장기 개발 전문회사이자 복제돼지의 생산에 성공하기도 한 A회사의 신주를 인수한다는 내용은 주식시장에서 호재성 정보로 인식되기에 충분하다고 볼 수 있는 점, 당시 주식시장의 상황에 비추어 일반 투자자로서는 B회사가 이 사건 신주인수계약으로 A회사의 3대 주주가 되었고 A회사가 개발하는 의약품 제조 등에 있어서 최우선적 공동사업 협의권을 확보하였다는 점에 민감하게 반응하였을 것으로 보이는 점, B회사가 이 사건 정보가 증권거래법상의 신고의무사항이 아님에도 자진하여 이를 공시한 점이나 피고인들이 위 공시 이전에 B회사의 주식을 집중매수한 점 등을 종합하여 보면, 이 사건 정보는 일반 투자자가 B회사의 유가증권의 거래에 관한 의사를 결정하는 데 있어서 중요한 가치가 있는 정보라고 봄이 상당하다.

원심은, 구 증권거래법 제188조의2 제2항이 '중요한 정보'가 되기 위한 요건으로 '당해 법인이 재정경제부령이 정하는 바에 따라 다수인으로 하여금 알 수 있도록 공개하기 전의 것'임을 요하는 것으로 규정함으로써, '중요한 정보'에 해당하기 위해서는 장차 법령의 규정에 의하여 공개될 것으로 예정되어 있는 정보일 것을 요구한다고 판시하고 있다. 그러나 구 증권거래법 제188조의2에 정한 내부자거래의 규제대상이 되는 정보는 '일반인에게 공개되지 아니한 중요한 정보'로서, 위 조항의 체계나 문언에 비추어 "당해 법인이 재정경제부령이 정하는 바에 따라 다수인으로 하여금 알 수 있도록 공개하기 전의 것"이라는 규정은 내부자거래의 규제대상이 되는 정보에 해당하기 위한 요건 중 미공개에 관한 것으로 보아야 할 것이고, 이와 달리 중요한 정보의 요건을 규정한 것으로 볼 것은 아니다.

그렇다면 이 사건 정보는 구 증권거래법 제188조의2가 정하는 '중요한 정보'에 해당한다고 할 것인바, 이와 달리 판단한 원심에는 구 증권거래법 제188조의2에서 정하는 '중요한 정보'에 관한 법리를 오해하여 판결 결과에 영향을 미친 위법이 있다.

2. '당해 법인과 계약을 체결하고 있는 자'의 의미에 대하여

구 증권거래법 제188조의2 제1항은 상장법인 또는 코스닥 상장법인 및 그 임직원, 대리인, 주요 주주, 당해 법인에 대하여 법령에 의한 허가·인가·지도·감독, 기타의 권한을 가지는 자, 당해 법인과 계약을 체결하고 있는 자로서 당해 법인의 업무 등과 관련하여 일반인에게 공개되지 아니한 중요한 정보를 알게 된 자와 이들로부터 당해 정보를 받은 자는 당해 법인이 발행한 유가증권의 거래와 관련하여 그 정보를 이용하거나 다른 사람으로 하여금 이를 이용하게 하지 못한다고 규정하고 있다. 여기에서 '당해 법인과 계약을 체결하고 있는 자'를 내부거래의 규제범위에 포함시킨 취지는 법인과 계약을 체결하고 있는 자는 그 법인의 미공개 중요정보에 쉽게 접근할 수 있어 이를 이용하는 행위를 제한하지 아니할 경우 거래의 공정성 내지 증권시장의 건전성을 해할 위험성이 많으므로 이를 방지하고자 하는 데에 있다 할 것이다. 이와 같은 입법 취지를 고려하여 보면, 법인과 계약을 체결함으로써 그 법인의 미공개 중요정보에 용이하게 접근하여 이를 이용할 수 있는 지위에 있다고 인정되는 자는 비록 위 계약이 그 효력을 발생하기 위한 절차적 요건을 갖추지 아니하였다고 하더라도 '당해 법인과 계약을 체결하고 있는 자'에 해당한다고 봄이 상당하다.

…A회사는 2005. 7. 4.자 신주인수계약 체결 전에 이미 실질적으로 이사회의 동의를 받은 것으로 볼 수 있고, 다만 형식적인 이사회 결의가 위 계약체결 이후에 이루어진 것에 불과하다고 할 것이다.

…피고인 Y1은 이 사건 신주인수계약을 체결함으로써 그 법인의 미공개 중요정보에 용이하게 접근하여 이를 이용할 수 있는 지위를 취득하였다고 볼 것이고, 위 계약 당시 이에 관한 A회사의 이사회 결의가 없었다고 하여 이와 달리 볼 것은 아니다. 따라서 피고인 Y1이 그의 처인 D에게 이 사건 정보를 전달함으로써 D로 하여금 이 사건 정보를 이용하게 할 당시에 피고인 Y1은 구 증권거래법 제188조의2 제1항 제4호가 정하는 '당해

법인과 계약을 체결하고 있는 자'에 해당한다고 할 것이다.

| 참고 사항 |

1. 중요성에 대한 〔판례 5-6〕의 판시는 중요정보의 생성 시기에 관한 〔판례 5-7〕대법원 2009. 11. 26. 선고 2008도9623 판결 등의 판시, 즉 "합리적인 투자자의 입장에서 그 정보의 중대성 및 사실이 발생할 개연성을 비교·평가하여 유가증권의 거래에 관한 의사결정에서 중요한 가치를 지닌다고 생각할 정도로 구체화되었다면 중요정보가 생성된 것으로 보아야 한다"는 판시와도 궤를 같이한다고 볼 수 있다.

2. 〔판례 5-6〕에서 쟁점의 하나로 다룬 '계약을 체결하고 있는 자'의 범위에 대한 논란은 자본시장법 제174조 제1항 제4호에서 "그 법인과 계약을 체결하고 있거나 체결을 교섭하고 있는 자로서 그 계약을 체결·교섭 또는 이행하는 과정에서 미공개 중요정보를 알게 된 자"를 내부자의 하나로 열거함으로써 해결하였다.

〔**판례 5-7**〕 대법원 2009. 11. 26. 선고 2008도9623 판결〔증권거래법 위반〕 — 내부정보의 생성 시기

• 사실관계

1. Y1은 A회사의 기업 홍보 및 주식 관리의 업무를 담당하면서 2004. 1. 중순경 B회사의 직원인 Y2에게 "A회사가 주가부양방법으로 자사주 취득 후 이익소각을 검토하고 있다"는 정보를 알려 주었다.

2. A회사는 2004. 2. 11. 주가부양방법으로 자사주 취득 후 이익소각방안을 이사회 결의로 채택하여 공시하였다.

3. Y2는 2004. 2. 9. 및 2. 10. A회사 주식을 집중적으로 매수하였고, 위
주식거래로 1억 2,000만 원 상당의 이득을 얻었다.

4. Y1과 Y2는 미공개 중요정보 이용을 금지한 구 증권거래법 제188조의
2 제1항 등을 위반한 혐의로 기소되었다.

• 법원의 판단

▌원심 : 서울고등법원 2008. 10. 10. 선고 2008노1552 판결

당시에는 A회사에서 '자사주 취득 후 이익소각'의 실행 여부가 다분히
유동적이고 불확정적이어서 상당한 정도의 개연성이 있었다거나 실제 투
자자들의 투자판단에 중대한 영향을 미치는 것으로 보기 어려우므로, 이
사건 정보는 구 증권거래법 제188조의2 제1항 및 제2항의 '중요한 정보'에
해당하지 않는다.

▌대법원 : 파기환송

구 증권거래법 제188조의2 제1항의 '중요한 정보'의 인정기준인 동조 제
2항의 '투자자의 투자판단에 중대한 영향을 미칠 수 있는 정보'란 법인의
경영·재산 등에 관하여 중대한 영향을 미칠 사실들 가운데에서 합리적인
투자자가 그 정보의 중대성 및 사실이 발생할 개연성을 비교·평가하여
판단할 경우 유가증권의 거래에 관한 의사결정에서 중요한 가치를 지닌다
고 생각하는 정보를 가리킨다. 한편 일반적으로 법인 내부에서 생성되는
중요정보라는 것은 갑자기 한번에 완성되지 아니하고 여러 단계를 거치는
과정에서 구체화되는 것이므로, 그러한 정보가 객관적으로 명확하고 확실
하게 완성된 경우에만 중요정보가 생성되었다고 할 것이 아니고 합리적인
투자자의 입장에서 그 정보의 중대성 및 사실이 발생할 개연성을 비교·평
가하여 유가증권의 거래에 관한 의사결정에서 중요한 가치를 지닌다고 생
각할 정도로 구체화되었다면 중요정보가 생성된 것으로 보아야 한다(대법
원 2008. 11. 27. 선고 2008도6219 판결 참조).

…다음과 같은 사정, 즉 2004. 1. 중순 당시 A회사는 관리종목 지정을 피하기 위하여 주가 부양이 절실한 상황이었던 점, 주식 관리업무를 담당하는 임원인 Y1이 상당한 기간 검토 끝에 '자사주 취득 후 이익소각'이라는 방안을 제시하고 그 준비를 지시한 점, 2003.에 시도하였던 자사주신탁 및 액면분할이 실패한 상황에서 위 방안과 다른 방안이 주가부양방법으로 채택될 가능성은 크지 않았다고 보이는 점, 이후 실제로 위 방안이 A회사의 주가부양방법으로 채택된 점 등을 종합하면, 위 방안은 2004. 1. 중순 당시 이미 현실화될 개연성이 충분히 있었다고 할 것이다. 또한 '자사주 취득 후 이익소각'은 미공개 중요정보를 예시하고 있는 구 증권거래법 제186조 제1항 제9호 및 제11호 등에 해당하는 정보로서 회사 경영이나 주가에 미치는 사안의 중대성 역시 인정된다.

…나아가 어느 회사에서 주가부양이 필요하다는 막연한 사실에 관한 주식시장의 인식과 회사 내부에서 실제로 그 방안을 구체적으로 검토하고 있다는 사실의 확인은 정보로서의 가치가 다르다고 할 것이므로, 합리적인 투자자라면 2004. 1. 중순경 A회사 내부에서 주가부양방법으로 '자사주 취득 후 이익소각'의 방안이 확정되지는 않았지만 구체적으로 검토되고 있다는 이 사건 정보를 A회사 주식의 거래에 관한 의사결정의 판단 자료로 삼기에 충분하다.

그렇다면 이 사건 정보는 Y1이 Y2에게 이를 전달한 2004. 1. 중순경 이미 미공개 중요정보로 생성되어 있었다고 할 것이다. 이와 달리 판단한 원심에는 구 증권거래법 제188조의2 제1항에서 정하는 '공개되지 아니한 중요한 정보'에 관한 법리를 오해하여 판결 결과에 영향을 미친 위법이 있다.

| 참고 판례 |

■ 대법원 2008. 11. 27. 선고 2008도6219 판결〔증권거래법 위반〕; 대법
원 2007. 7. 9. 선고 2009도1374 판결〔증권거래법 위반 등〕

구 증권거래법 제188조의2 제2항에 정한 '투자자의 투자판단에 중대한
영향을 미칠 수 있는 정보'란, 동법 제186조 제1항 제1호 내지 제12호에 유
형이 개별적으로 예시되고 제13호에 포괄적으로 규정되어 있는 '법인의 경
영·재산 등에 관하여 중대한 영향을 미칠 사실'들 가운데에서, 합리적인
투자자라면 그 정보의 중대성과 사실이 발생할 개연성을 비교·평가하여
판단할 경우 유가증권의 거래에 관한 의사결정에서 중요한 가치를 지닌다
고 생각하는 정보를 가리킨다. 한편 일반적으로 법인 내부에서 생성되는
중요정보란 갑자기 완성되는 것이 아니라 여러 단계를 거치는 과정에서
구체화되는 것으로서, 중요정보의 생성 시기는 반드시 그러한 정보가 객관
적으로 명확하고 확실하게 완성된 경우를 말하는 것이 아니라, 합리적인
투자자의 입장에서 그 정보의 중대성과 사실이 발생할 개연성을 비교·평
가하여 유가증권의 거래에 관한 의사결정에서 중요한 가치를 지닌다고 생
각할 정도로 구체화되면 그 정보가 생성된 것이다.

■ 대법원 2010. 5. 27. 선고 2010도2181 판결〔가. 특정경제범죄 가중처벌
등에 관한 법률 위반(횡령) ; 나. 특정경제범죄 가중처벌 등에 관한 법률 위반
(배임) ; 다. 증권거래법 위반 ; 라. 업무상배임 ; 마. 사문서위조〕

피고인 Y가 A회사의 새로운 사업전략으로 영화제작 등 엔터테인먼트 사
업을 추진하기로 한 후, B회사를 인수하기로 마음먹고 2005. 12. 11.경 C가
보유하고 있는 B회사 주식 중 20퍼센트 상당을 차명으로 매수하는 계약을
체결한 시점에는 'A회사의 B회사 인수'라는 이 사건 미공개 정보가 생성되
었다고 보아야 할 것이다.

〔**판례 5-8**〕 대법원 1995. 6. 29. 선고 95도467 판결〔증권거래법 위반〕— 정보
의 미공개성

• **사실관계**

1. Y는 상장회사인 A회사의 상무이사로서 1992. 12. 하순경 A회사의
1992 사업연도의 결산실적을 추정한 결과, 총매출액이 940억 원, 순이익이
1억 4,800만 원으로 각각 전년 대비 70.1퍼센트와 131.2퍼센트 증가하였
음을 확인한 후, 1993. 1. 4.경 B증권회사 영업부장으로 근무하는 친구 C가
B증권회사에서 A회사의 1992 사업연도의 매출액을 900억 원, 당기순이익
을 1억 1,000만 원으로 추정하고 있는데 맞느냐고 묻자, 그 수치가 거의 맞
는다고 확인하여 주었다. C는 이 정보를 자기 고객들에게 알려 주어 1993.
1. 5~27. 사이에 A회사의 주식 20만 5,000주(약 31억 원 상당)를 매매하게
하였다.
2. 한편 위 매매거래 이전에 A회사의 1992 사업연도의 결산추정치는 이
미 여러 차례에 걸쳐 신문에 게재되었다.
3. Y는 미공개 중요정보를 다른 사람으로 하여금 이용하게 한 행위로 기
소되었다.

• **법원의 판단**

1. 중요성
가. 구 증권거래법 제188조의2 제2항이 '제186조 제1항 각 호의 1에 해
당하는 사실 등에 관한 정보 중'이라는 표현을 사용하고 있다고 하더라도,
이는 그 사실들만을 내부자거래의 규제대상이 되는 중요한 정보에 해당하
는 것으로 제한하고자 하는 취지에서가 아니라 중요한 정보인지의 여부를
판단하는 기준인 '투자자의 투자판단에 중대한 영향을 미칠 수 있는 정보'

를 예시하기 위한 목적에서라고 보아야 한다.

나. 구 증권거래법 제188조의2 제2항 소정의 '투자자의 투자판단에 중대한 영향을 미칠 수 있는 정보'란 합리적인 투자자가 당해 유가증권을 매수 또는 계속 보유할 것인가 아니면 처분할 것인가를 결정하는 데 있어서 중요한 가치가 있는 정보, 바꾸어 말하면 일반 투자자들이 일반적으로 안다고 가정할 경우에 당해 유가증권의 가격에 중대한 영향을 미칠 수 있는 사실을 말한다. A회사의 추정 영업실적이 전년도에 비하여 대폭으로 호전되었다는 사실은 A회사의 유가증권가격에 중대한 영향을 미칠 것임이 분명하므로, 그에 관한 매출액 · 순이익 등의 추정 결산실적 등의 정보는 '투자자의 투자 판단에 중대한 영향을 미칠 수 있는 정보'에 해당한다.

2. 미공개성

구 증권거래법 제188조의2 제2항은 '일반인에게 공개되지 아니한 중요한 정보'를 "당해 법인이 재무부령이 정하는 바에 따라 다수인으로 하여금 알 수 있도록 공개하기 전의 것"이라고 규정하고 있으므로, 어떤 정보가 당해 회사의 의사에 의하여 재무부령이 정하는 바에 따라 공개되기까지 그 정보는 여전히 내부자거래의 규제대상이 되는 정보에 속한다고 할 것이다. 원심은, A회사가 위 추정 결산 결과를 공개한 사실이 없는 이상, 비록 일간 신문 등에 위 추정 결산 결과와 유사한 내용으로 추측 보도된 사실이 있다고 하더라도 그러한 사실만으로는 A회사의 추정 결산실적이 일반인에게 공개된 정보라거나 그로 인하여 A회사가 직접 집계하여 추정한 결산수치가 중요한 정보로서의 가치를 상실한다고는 볼 수 없다고 판단하였는바, 관련 법령의 규정과 기록에 의하여 살펴보면 원심의 위와 같은 인정과 판단은 정당하고 원심판결에 논하는 바와 같은 법리오해의 위법이 있다고 볼 수 없으므로 논지도 이유가 없다.

| 참고 판례 |

■ 헌법재판소 1997. 3. 27. 94헌바24〔증권거래법 부칙 제1조 위헌소원〕

구 증권거래법 제188조의2 제2항을 보면 "제1항에서 '일반인에게 공개되지 아니한 중요한 정보'라 함은 제186조 제1항 각 호의 1에 해당하는 사실 등에 관한 정보 중 투자자의 투자판단에 중대한 영향을 미칠 수 있는 것으로서 당해 법인이 재무부령이 정하는 바에 따라 다수인으로 하여금 알 수 있도록 공개하기 전의 것을 말한다"고 규정함으로써 처벌 법규 구성요건의 일부인 '일반인에게 공개되지 아니한 중요한 정보'의 개념을 재무부령에 위임하고 있음을 알 수 있다. 즉 이 법 제188조의2 제2항은 내부자거래행위의 객관적인 요건으로서 법 제186조 제1항 각 호의 1에 해당하는 사실 등에 관한 정보 중 투자자의 투자판단에 중대한 영향을 미칠 수 있는 것이어야 한다는 '정보의 중요성'과 '당해 법인이 재무부령이 정하는 바에 따라 다수인으로 하여금 알 수 있도록 공개하기 전의 것'이어야 한다는 정보의 '비공개성'을 규정하면서 그중 후자에 관하여는 어떠한 정보가 공개되었다고 할 것인지 여부에 관하여 재무부령에서 구체적인 기준을 정하도록 하였다. 그렇다면 법 제188조의2 제2항이 재무부령에 위임하고 있는 사항은 당해 법인이 다수인으로 하여금 알 수 있도록 일반인에게 정보를 공개하는 방법과 그 방법에 따라 정보가 공개된 것으로 보게 되는 시점에 관한 것뿐임이 분명하다.

그러므로 정보가 어떤 방법으로든지 일반인에게 전혀 공개되지 아니하였다면 그 정보가 공개되기 전에 그것을 이용하여 이루어진 내부자거래에 대하여는 이 법의 위임에 의한 재무부령의 규정 내용과는 관계없이 법 제208조 제6호에 의하여 당연히 처벌할 수 있다고 할 것이다. 다만 문제는 법 시행일인 1991. 12. 31.부터 이 사건 시행규칙 시행일 전날인 1992. 4. 27.까지 사이에 어떠한 형태로든 정보가 공개되었다고 볼 수 있을 때 그 정보를 이용하여 내부자거래를 한 경우인데, 물론 그러한 자에 대하여까지 법

제208조 제6호를 적용하여 처벌하는 것은 헌법상 구성요건 명확성의 원칙에 위반하여 적용상 위헌의 문제가 있을 수도 있으나 이 사건의 당해 사건의 경우는 여기에 해당하지 아니하므로 굳이 한정위헌을 선고할 필요가 없다 할 것이며, 위와 같은 사정만으로 규범인 이 사건 법률조항 자체가 바로 위헌이라고 할 수도 없다 하겠다.

따라서 이 사건 법률조항인 법 제208조 제6호 중 제188조의2 제1항은 이 법 공포일로부터 시행한다고 규정하고 있다 하더라도 헌법상 구성요건 명확성의 원칙(헌법 제12조 제1항)과 소급입법금지원칙(헌법 제13조 제1항) 및 재산권 보장을 규정한 헌법 제23조 제1항에 위배된다고 볼 수 없다.

| 생각해 볼 사항 |

정보가 당해 법인의 의사에 의하여 공개되더라도 일정한 시간이 경과하여야 공개성을 갖춘다. 그 이전에 내부자가 증권의 매매에 정보를 이용하면 금지된 미공개 중요정보 이용행위에 해당한다. 공개성에 필요한 시간이 종전에는 상당히 길어서 정보통신의 발달을 반영하지 못한다는 비판을 받았다. 2009. 7. 1. 개정으로 자본시장법 시행령 제201조는 공개성을 갖추는 데 필요한 시간을 대폭 단축하였다(예컨대 금융위원회 또는 증권거래소가 설치·운영하는 전자전달매체를 통하여 그 내용이 공개된 경우에는 공개된 때부터 3시간, 전국에서 시청할 수 있는 지상파방송 또는 연합뉴스를 통하여 제공된 경우에는 제공된 때부터 6시간). 그러나 이렇게 공개성을 갖추기 위해서는 당해 법인 또는 자회사 또는 그들로부터 위임을 받은 사람이 공개하여야 한다.

이러한 조항은 정보의 공개 여부에 대한 불확실성을 제거한다는 점에서 의미가 있다. 그러나 당해 법인 또는 자회사가 공개하지 않았음에도 불구하고 다른 경위로 정보가 언론에 보도된 경우에도 정보가 미공개성을 유지하도록 하는 이유는 무엇인가, 신문·방송에 보도되어 널리 알려지고 이미 그 내용이 시장에 반영되어 있는 상태에서도 미공개 정보로 취급하는 것이 타당한가, 자본시장법에 열거된 방법 이외의 방법(예컨대 인터넷)으로 정보가 공개된 경우 미공개성을 인정하는 것이 타당한가 등의 의문이 제기될 여지가 있다.

III. 미공개 중요정보의 이용

〔판례 5-9〕 대법원 2006. 5. 11. 선고 2003도4320 판결〔증권거래법 위반, 배임증재〕—미공개 중요정보의 이용[22]

• 사실관계

1. 피고인 Y1은 코스닥시장에 등록된 A회사의 대주주 겸 상무이사로서 A회사와 B회사의 인수 후 개발(Acquisition & Development. 이하 'A&D')(B회사가 A회사의 대주주로 되어, B회사가 우회 상장되는 효과가 있고 A회사는 자회사인 B회사를 통하여 신규 사업에 진출)을 추진하였다.

2. 위 A&D에 있어서는 당시 A회사가 발행한 전환사채 상당 부분을 인수하여 보유하고 있던 H구조조정기금(이하 'H기금')의 승인이 필요한 상황이었다. Y1은 위 기금의 운용회사인 C회사(미국 소재 스키드캠퍼)의 담당직원 D에게 그 승인 여부를 타진하였으나 부정적인 답변을 듣게 되었고, 이에 Y1은 위 D와 협의하여 H기금으로부터 위 전환사채를 매입하기로 하고, Y2에게 위 A&D 예정 사실을 알려 주면서 그 전환사채 일부를 매입하게 하였다. 그 과정에서 Y1은 D에게 사례금 조로 현금 5억 2,500만 원을 마대

---

22) 이 사건의 사실관계 중 D에 대한 형사판결은 뒤의 〔판례 5-13〕 대법원 2006. 5. 12. 선고 2004도491 판결.

자루에 담아 교부하여 주었다. 그후 A&D가 공시되어 A회사의 주가가 급상승하였고, 위 Y2는 18억여 원의 시세 차익을 남겼다.

• Y1의 주장

공개 증권시장을 통하지 아니하고 거래가 이루어지는 이른바 '상대거래'의 경우에 증권시장의 공정성이나 일반 투자자의 신뢰성 문제는 발생되지 않으며, 따라서 정보의 불공정한 격차의 문제는 거래 당사자 사이에서 판단하여야 하고, '미공개 정보'인지 여부는 거래 당사자가 이를 알고 있었는지 여부에 따라 판단하여야 하며, 상대거래의 거래 당사자가 모두 해당 정보를 알고 있는 경우라면 해당 정보가 비록 공시되지는 않았다고 하더라도 내부자거래의 요건인 '미공개 정보'에 해당된다고 할 수는 없다. 증권시장을 전제로 한 내부자거래의 규제가 상대거래에도 그대로 적용된다고 본 것은 잘못이다. Y1이 C회사의 담당자인 D에게 전환사채 매수 이전에 A회사와 B회사의 A&D 추진 정보를 알렸고, 내부자가 어느 조직에 속하는 개인에게 정보를 제공하였으나 실제로는 그 개인이 아니라 조직을 상대로 정보를 제공할 의도였던 경우에는 그 조직의 모든 구성원을 정보수령자로 보아야 하는바, 실제로 A회사 전환사채 관련 업무는 D가 모두 담당하였고, Y1도 D 외에는 달리 위와 같은 사항을 알릴 H기금의 담당자를 알고 있지 않았으므로 Y1이 D에게 해당 정보를 알린 이상 H기금 역시 이를 알고 있었다고 보아야 한다. 결과적으로 거래 당사자인 Y1과 H기금 사이에는 불공정한 정보의 격차가 없어졌기 때문에 내부자거래는 성립될 수 없다.

• 법원의 판단

내부자거래의 규제대상이 되는 정보가 되기 위해서는 그 정보가 중요한 정보일 뿐만 아니라 아직 일반인에게 알려지지 아니한 미공개 정보이어야 하는데, 구 증권거래법 제188조의2 제2항의 규정에 비추어 어떤 정보가 당해 회사의 의사에 의하여 재정경제부령이 정하는 공시절차에 따라 공개되기까지는 그 정보는 여전히 내부자거래의 규제대상이 되는 정보에 속한다고 보아야 하고, 다만 거래의 당사자가 거래의 목적인 유가증권 관련 내부정보에 대하여 전해 들어 이를 잘 알고 있는 상태에서 거래에 이르게 되었음이 인정되는 경우에는 공개되지 아니한 중요한 정보를 이용한 것으로 볼 수 없다 할 것이지만, 거래 당사자인 법인의 담당 직원이 거래 상대방으로부터 그 유가증권 관련 내부정보를 전해 들었음에도 이를 정식으로 법인의 의사결정권자에게 보고하거나 그에 관한 지시를 받지 아니한 채 거래 상대방으로부터 거래의 성사를 위한 부정한 청탁금을 받고 법인에 대한 배임적 의사로 거래가 이루어지도록 한 경우에는 거래 당사자에 대하여 위 내부정보의 완전한 공개가 이루어졌다고 볼 수 없을 것이다.

　…비록 Y1이 이 사건 전환사채의 거래에 앞서 D에게 이 사건 내부정보를 미리 알려 주었다고 하더라도 그것만으로는 거래의 당사자인 H기금 혹은 그 자산운영사인 C회사에게 위 내부정보가 공개된 것으로 볼 수는 없다 할 것이니, 같은 취지에서 Y1이 아직 공개되지 아니한 위 내부정보를 이 사건 전환사채 거래에 이용한 사실이 인정된다고 본 원심의 판단은, …결론에 있어서는 정당하다.

| 생각해 볼 사항 |

　1. 〔판례 5-9〕는 직원이 배임적인 의사로 거래를 이루어지게 하였다는 점에서 거래 당사자인 법인에게 내부정보의 완전한 공개가 이루어진 것으로 볼 수 없다고 판시하였으나, 증권매매 시 매도인과 매수인이 동일한 내부정보를 갖고 있는 경우 정보의 비대칭성이 없어서 미공개 중요정보를 이용한 것으로 볼 수 없다는 원칙은 인정하였다.

　한편 하급심판결 중 A증권회사가 B회사로부터 의뢰받은 협회중개시장

등록(장외시장 등록) 및 전환사채에 대한 지급보증과 발행주선업무를 추진하던 중 A증권의 임원들이 B회사의 업무 등과 관련하여 알게 된 미공개 중요정보를 이용하여 B회사가 발행한 전환사채를 청약한 사안에 대하여 제1심 법원은 미공개 중요정보 이용행위로 인정하여 유죄를 인정한 사례가 있다(서울지방법원 1998. 3. 26. 선고 98고단955 판결). 이 사건의 항소심은 증권거래법 개정에 따라 피고인들의 행위가 미공개 중요정보 이용행위 처벌대상에서 제외됨으로써 면소판결하였고 대법원도 이를 유지하였다(대법원 1999. 6. 11. 선고 98도3097 판결).

　회사가 전환사채 등 증권 발행 시 미공개 중요정보를 갖고 있는 내부자가 청약하는 경우, 거래 당사자는 청약자인 내부자와 발행회사이고, 발행회사는 내부자가 갖고 있는 미공개 중요정보를 갖고 있을 것이므로 위〔판례 5-8〕에서 인정한 원칙을 적용하여 정보의 비대칭성이 없다고 보아 내부자거래로 규율할 수 없다고 보아야 하는가 아니면 서울지방법원 1998. 3. 26. 선고 98고단955 판결과 같이 내부자거래로 규율하여야 하는가? 유통시장에서의 일대일거래에서는 매도인과 매수인 사이에 정보의 비대칭성이 없으면 내부자거래로 규율할 수 없다고 보는 것이 합리적이겠으나, 발행시장에서의 청약은 발행인과 내부자인 청약인 외에 그와 경쟁적으로 청약하는 다른 투자자들이 있다는 점을 고려하여야 할 것이다.

　2. 미공개 중요정보를 알기 전에 체결된 증권매매계약을 미공개 중요정보를 알게 된 후 이행하는 경우 또는 미공개 중요정보를 알기 전에 세운 계획을 실행할 때 미공개 중요정보를 알게 된 경우 내부자거래에 해당하는지 여부는 그 매매계약의 이행 또는 계획의 실행 시 미공개 중요정보를 이용하였는지 여부에 달려 있을 것이다. 대법원 2008. 11. 27. 선고 2008도6219 판결은 "L카드 경영진은 지속적인 자금 부족 때문에 2003. 9. 22. '추가자본 확충 검토(안)'라는 문건을 작성하면서 확정적으로 자본 확충을 시도하기로 결정하여 2003. 10. 20. 이사회에 보고하였고, 피고인 2는 위 이사회에 참석하여 이 사건 중요정보를 취득한 것으로 보이는데, 이미 위 피

고인은 그전부터 D증권과 일임매매에 관한 협의를 하여 2003. 10. 7. A증권과 일임매매약정을 체결한 다음 L카드 주식 전량의 매도를 진행하고 있던 상태였으므로 이 사건 중요정보를 이용하였다고 볼 수 없다"고 판시하였다. 일본 금융상품거래법 제166조 제6항 제8호는 미공개 중요정보를 알기 전에 체결한 계약의 이행으로 행하는 매매에 대하여는 미공개 중요정보 이용금지의 적용을 배제하였다.

| 참고 판례 |

▌ 법원 2017. 1. 25. 선고 2014도11775 판결—미공개중요정보 이용의 판단 기준 ☞ 〔판례 5-4〕의 쟁점 3

▌ 대법원 2017. 5. 17. 선고 2017도1616 판결

자본시장법 제443조 제1항 제1호, 제174조 제1항이 금지하는 미공개중요정보 이용행위인지 여부를 판단함에 있어 행위자가 자신의 이익을 추구할 목적으로 자기 계산으로 하는 것이든 또는 행위자가 타인의 이익을 위하여 타인의 계산으로 하는 것이든 어떠한 제한이나 구별을 둘 것은 아니다(대법원 2009. 7. 9. 선고 2009도1374 판결 등 참조).

▌ 대법원 2017. 1. 12. 선고 2016도10313 판결—미공개중요정보 이용이 아닌 경우

…구 자본시장법 제174조 제1항 각 호의 어느 하나에 해당하는 자가 미공개중요정보를 인식한 상태에서 특정증권 등의 매매나 그 밖의 거래를 한 경우에 그 거래가 전적으로 미공개중요정보 때문에 이루어지지는 않았다고 하더라도 미공개중요정보가 거래를 하게 된 요인의 하나임이 인정된다면 특별한 사정이 없는 한 미공개중요정보를 이용하여 거래를 한 것으로 볼 수 있다. 그러나 미공개중요정보를 알기 전에 이미 거래가 예정되어 있었다거나 미공개중요정보를 알게 된 자에게 거래를 할 수밖에 없는 불가피한 사정이 있었다는 등 미공개중요정보와 관계없이 다른 동기에 의하

여 거래를 하였다고 인정되는 때에는 미공개중요정보를 이용한 것이라고
할 수 없다.

〔판례 5-10〕 대법원 2002. 4. 12. 선고 2000도3350 판결〔증권거래법 위
　　　　　　반〕— 법인의 계산으로 임직원이 미공개 중요정보를 이용하여
　　　　　　거래한 경우

• 사실관계

　1. 피고인들은 A회사의 임원들로서, 1998. 8. 21.경 감자에 관한 이사회
결의가 예정되어 있는 상황에서 A회사가 심각한 부도 위기에 처하자, 회사
운영자금 마련을 위해 보유하고 있는 A회사 주식 106만 2,748주를 감자 이
사회 결의 공시 전에 약 12억 원에 매각하여 종업원 임금지급 등 회사 운
영자금으로 사용하였다.
　2. 피고인들은 미공개 중요정보 이용을 금지하고 있는 구 증권거래법 제
188조의2 제1항 등을 위반한 혐의로 기소되었다.

• 법원의 판단

　구 증권거래법 제188조의2 제1항 제1호에서 말하는 임직원의 미공개 정
보 이용행위는 그것이 자신의 이익을 추구할 목적으로 자기의 계산으로 하
는 것이든 또는 당해 법인에게 이익이 귀속될 자사 주식의 처분처럼 타인
의 이익을 위하여 타인의 계산으로 하는 것이든 아무런 제한을 두고 있지
아니하였던 데다가 구 증권거래법 제215조가 법인의 대표자, 대리인·사
용인, 기타 종업원이 그 법인의 업무에 관하여 제207조의2의 위반행위를
한 때에 행위자를 벌하도록 규정한 것을 보면 당해 법인의 임직원 또는 대

리인이 미공개 정보를 이용하여 법인의 업무에 관하여 자사의 주식을 매각하는 경우에도 그 법인의 임직원 또는 대리인은 당연히 형사처벌되는 것이라 할 것이므로, 개정된 법률에서 미공개 정보 이용행위 금지의 주체로 법인을 추가하고 당해 법인의 금지위반행위를 처벌의 대상으로 삼게 되었다고 하여 구법의 규정을 달리 볼 수는 없다고 할 것이다.

| 생각해 볼 사항 |

법인이 내부정보 보유 중일 때 정보의 '이용'에 관하여는 다음과 같이 생각해 볼 점들이 있다.

(i) 법인이 정보를 보유하고 있으면 법인의 계산으로 하는 매매는 모두 보유한 정보를 이용한 거래로 추정하여야 하는가, 아니면 실제 매매거래를 행하는 개인 또는 그 행위자에게 지시하는 사람이 정보를 보유한 경우에만 그 정보를 이용한 거래로 추정하여야 하는가?

(ii) 미공개 중요정보를 보유한 직원과 매매거래 담당 직원 간의 정보 교류를 차단함으로써 이용 추정을 번복할 수 있는가? 미공개 내부정보를 보유한 부서와 증권매매업무 담당 부서 간 정보 교류 차단(Chinese wall)은 어떻게 해야 할 것인가?

〔판례 5-11〕 대법원 2020. 10. 29. 선고 2017도18164 판결〔자본시장법위반〕– 미공개중요정보를 이용하게 하는 행위

• 사실관계

(1) 종합유선방송사업 등을 목적으로 설립된 후 코스닥시장에 상장된 A주식회사의 파트장과 파트 과장인 피고인 1, 2, 3은 회계파트로부터 '2013년 3분

기 실적 가마감 결과 방송부문 등 적자로 인해 회사 영업이익이 70억 원에 불과하다'는 이메일을 수령한 후, 증권회사 애널리스트들인 피고인 4, 5, 6과 공소외1에게 3분기 영업 실적이 예상보다 부진하고 그 수치도 세 자릿수(100억 원) 미만이라는 취지의 정보(이하 '이 사건 정보'라 한다)를 알려주었다.

(2) 정보를 받은 애널리스트들은 12회에 걸쳐 이 사건 정보를 자산운용사 소속 펀드매니저들에게 전달하였다.

(3) 그 펀드매니저들은 이 사건 정보를 이용하여 정보가 공개되기 전에 자산운용사 등에서 보유하고 있던 A회사 주식 약 56만 주를 약 217억 원에 매도하여 약 52억 원 상당의 손실을 회피하였고, 합계 약 28만 주를 약 107억 원에 공매도하여 약 14억 원 상당의 이익을 취득하였다.

• 법원의 판단

▌원심 : 서울고등법원 2017. 10. 19. 선고 2016노313 판결

자본시장법 제174조 제1항이 규정하는 '타인'은 정보제공자로부터 직접 정보를 수령한 자로 제한하여야 하고, 다만 직접 정보를 수령한 자와 그로부터 다시 정보를 전달받은 사람이 하나의 주체로서 기능할 경우에만 처벌대상에 포함된다고 보아, 피고인 1. 2, 3에 대하여 모두 무죄로 판단하고, 피고인 4와 6이 펀드매니저에게 정보제공한 행위도 무죄로 판단하였다.

▌대법원 : 파기환송

가) 자본시장법 제174조 제1항은 각호의 어느 하나에 해당하는 자, 즉 상장법인의 내부자 및 제1차 정보수령자(이하 '수범자'라 한다)가 업무 등과 관련된 미공개중요정보를 특정증권 등의 매매, 그 밖의 거래에 이용하거나 타인에게 이용하게 하는 행위를 금지한다. 위 규정에 따른 금지행위 중 '타인에게 미공개중요정보를 특정증권 등의 매매, 그 밖의 거래에 이용하게 하는 행위'는 타인이 미공개중요정보를 당해 특정증권 등의 매매, 그 밖의 거래에 이용하려 한다는 정을 알면서 그에게 당해 정보를 제공하거

나 당해 정보가 제공되도록 하여 위 정보를 특정증권 등의 매매, 그 밖의 거래에 이용하게 하는 것을 말하고, 이때 타인은 반드시 수범자로부터 정보를 직접 수령한 자로 한정된다고 볼 수 없다. 따라서 정보의 직접 수령자가 당해 정보를 거래에 이용하게 하는 경우뿐만 아니라 위 직접 수령자를 통하여 정보전달이 이루어져 당해 정보를 제공받은 자가 위 정보를 거래에 이용하게 하는 경우도 위 금지행위에 포함된다고 보아야 한다. 한편 이러한 경우 수범자의 정보제공행위와 정보수령자의 정보이용행위 사이에는 인과관계가 존재하여야 하고, 수범자는 정보수령자가 당해 정보를 이용하여 특정증권 등의 매매, 그 밖의 거래를 한다는 점을 인식하면서 정보를 제공하여야 한다. 수범자의 위와 같은 인식은 반드시 확정적일 필요는 없고 미필적인 정도로도 충분하며, 위와 같은 인식 여부는 제공 대상인 정보의 내용과 성격, 정보제공의 목적과 동기, 정보제공행위 당시의 상황과 행위의 태양, 정보의 직접 수령자와 전달자 또는 이용자 사이의 관계와 이에 관한 정보제공자의 인식, 정보제공 시점과 이용 시점 사이의 시간적 간격 및 정보이용행위의 태양 등 제반 사정을 종합적으로 고려하여 판단하여야 한다.…

나) 위와 같은 법리에 비추어 보면, 피고인 1, 2, 3과 위 피고인들로부터 이 사건 정보를 수령한 직접 상대방인 애널리스트 공소외 1 및 피고인 4, 5, 6은 수범자에 해당하고, 위 수범자들로부터 정보를 수령하거나 중간에 개입된 직접 정보수령자로부터 정보를 재전달받은… 펀드매니저들은 모두 자본시장법 제174조 제1항 에서 규정한 '타인' 에 해당한다고 보아야 한다.

IV. 미공개 중요정보 이용에 대한 민형사책임

〔판례 5-12〕 서울지방법원 남부지원 1994. 5. 6. 선고 92가합11689 판결
　　　　　　〔손해배상(기)청구 사건〕— 내부자거래금지 위반 시 배상청구권자,
　　　　배상액[23]

　1. 구 증권거래법 제188조의3 제1항은 동법 제188조의2의 규정에 위반
하여 내부자거래를 한 자는 당해 유가증권의 매매, 기타 거래를 한 자가 그
매매, 기타 거래와 관련하여 입은 손해를 배상할 책임이 있는 것으로 규정
하고 있는바, 이때의 '당해 유가증권의 매매, 기타 거래를 한 자'라 함은 내
부자가 거래한 것과 같은 종목의 유가증권을 동 시기에 내부자와는 반대
방향으로 매매한 자를 의미한다고 해석함이 상당하다.

　2. 구 증권거래법 제15조는 유가증권신고서 등의 허위기재로 인하여 그
발행인 등이 동법 제14조의 규정에 의하여 손해배상책임을 지는 경우 배
상하여야 할 손해액은 피해자가 당해 유가증권을 취득함에 있어서 실지로
지급한 금액에서 변론 종결 당시의 그 시장가격 또는 변론 종결 전에 그 주
식을 처분한 때에는 처분가격을 공제한 금액으로 한다고 규정하고 있는바,
주식의 불법 상장을 원인으로 하는 불법행위로 인한 손해배상책임 및 내
부자거래금지규정 위반으로 인한 구 증권거래법 제188조의3 제1항에 의한
손해배상책임의 경우에 있어서의 손해배상의 범위도 위와 같다고 봄이 상
당하다.

---

23) 항소심 판결(〔판례 2-3〕 서울고등법원 1995. 6. 14. 선고 94나21162 판결(확정))은
　　〔판례 5-12〕의 판시사항 1에 대하여는 언급이 없고 판시사항 2에 대하여는 동일한
　　판시를 하였다. 이 판결 중 기업공개 시 거짓정보 제공에 대한 부분은 앞의 〔판례
　　2-3〕 서울지방법원 남부지원 1994. 5. 6. 선고 92가합11689 판결 ; 서울고등법원
　　1995. 6. 14. 선고 94나21162 판결(확정).

| 생각해 볼 사항 |

구 증권거래법과 마찬가지로 자본시장법은 미공개 정보 이용금지조항인
동법 "제174조를 위반한 자는 해당 특정 증권 등의 매매, 그 밖의 거래를
한 자가 그 매매, 그 밖의 거래와 관련하여 입은 손해를 배상할 책임을 진
다"고 규정하고 있을 뿐 증권신고서의 허위공시에 따른 손해배상에서와 같
은 배상액의 추정(취득금액에서 처분금액을 차감한 금액) 조항(제126조 제1항)
과 같은 조항을 두고 있지 않다. 미공개 중요정보 이용행위에 따른 손해배
상액을 〔판례 5-12〕와 같이 자본시장법 제126조 제1항과 같은 방식으로 산
정하는 것이 타당한지에 대하여는 의문이 있다. 시세조종에 따른 손해배상액
산정(정상가격과 조작된 가격의 차이. 〔판례 6-13〕 대법원 2004. 5. 28. 선고
2003 다69607, 69614 판결)과 유사한 방법을 사용하는 방안이 있을 수 있다.
이러한 방안을 따르는 경우 미공개 중요정보 이용행위의 맥락에서의 정상
가격이 무엇인지 즉 미공개 중요정보 이용행위를 하지 않았을 때의 가격
인지, 미공개 중요정보가 공개되었다면 형성되었을 가격인지를 생각해 보자.

〔**판례 5-13**〕 대법원 2006. 5. 12. 선고 2004도491 판결〔배임수재, 증권거래
법 위반〕— 형사제재 시 이익 산정방법[24] · [25]

• **사실관계**

1. 피고인 Y는 H구조조정기금 자문팀 차장으로서 H구조조정기금에서

---

24) A회사의 임원 L에 대한 형사판결은 〔판례 5-9〕 대법원 2006. 5. 11. 선고 2003도
4320 판결.

25) 시세조종에서의 이익 산정에 대하여는 〔판례 6-12〕 대법원 2009. 4. 9. 선고 2009
도675 판결과 헌법재판소 2011. 2. 24. 2009헌바29 참조.

2000. 4. 10. 취득한 코스닥 등록법인인 A회사 발행 액면금 각 10억 원의 전환사채 4구좌 총 40억 원 관리를 담당하고 있었다.

2. Y는 2001. 4. 20.경 A회사의 임원 및 주요 주주인 L로부터 A회사와 B회사가 주식 맞교환을 통한 A&D방식의 합병을 추진하고 있다는 정보를 취득한 후 A회사 발행의 전환사채 4구좌 중 1구좌를 E 명의로 인수하였다.

3. Y는 증권거래와 관련하여 일반인에게 공개되지 아니한 중요한 정보를 이용하거나 다른 사람으로 하여금 이용하게 하는 것을 금지하고 있는 구 증권거래법 제188조의2 제1항 등을 위반한 혐의로 기소되었다.

• 법원의 판단

구 증권거래법 제207조의2 제1호는 동법 제188조의2 제1항의 규정을 위반한 자를 10년 이하의 징역 또는 2,000만 원 이하의 벌금에 처하되, 다만 그 위반행위로 얻은 이익 또는 회피한 손실액의 3배에 해당하는 금액이 2,000만 원을 초과할 때에는 그 이익 또는 회피손실액의 3배에 상당하는 금액 이하의 벌금에 처한다고 규정하고 있는바, 위 단서에서 정하고 있는 '위반행위로 얻은 이익'이라 함은 거기에 함께 규정되어 있는 '손실액'에 반대되는 개념으로서 당해 위반행위로 인하여 행위자가 얻은 이득, 즉 그 거래로 인한 총수입에서 그 거래를 위한 총비용을 공제한 차액을 말하므로, 미공개 정보 이용행위로 얻은 이익은 그와 관련된 유가증권거래의 총 매도금액에서 총매수금액 및 그 거래비용을 공제한 나머지 순매매이익을 의미하고(대법원 2002. 6. 14. 선고 2002도1256 판결 ; 대법원 2005. 4. 15. 선고 2005도632 판결 등 참조), 그와 같은 이익의 산정에 있어서는 피고인의 이익 실현행위를 기준으로 하여 그에 따른 구체적 거래로 인한 이익, 아직 보유 중인 미공개 정보 이용·대상주식의 가액, 미공개 정보 이용·행위와 관련하여 발생한 채권 등이 모두 포함되어야 하며, 이 경우 특별한 사정이 없는 한 아직 보유 중인 주식의 가액은 그와 동종 주식의 마지막 처분행위 시를 기

준으로 주식양도를 목적으로 하는 채권의 가액은 그 약정 이행기를 기준
으로 산정함이 상당하다.

기록에 의하면, 피고인 Y가 2001. 4. 24. 이 사건 미공개 정보를 이용하
여 H구조조정기금으로부터 A회사 발행의 전환사채 1구좌를 E 명의로 인
수하고 그 인수대금 10억 9,577만 9,918원을 지급한 사실, 피고인 Y는
2001. 6. 중순경 A회사의 대주주로서 임원인 L 등과의 사이에 피고인 Y가
위 전환사채 1구좌를 A회사에 양도하는 대신 위 회사의 주식 50만 주를 양
수하기로 하는 내용의 계약을 체결하고 2001. 6. 21. 위 회사의 주식 30만
주는 이전받았으나 나머지 20만 주는 그 약정 시기 이전에 이 사건 미공개
정보 이용행위가 적발됨으로써 이전받지 못한 사실, 피고인 Y는 위 30만
주 중 16만 주를 2001. 6. 26~7. 19. 사이에 7억 4,336만 1,720원에 매각하
고 그에 관한 증권거래세 및 수수료로 520만 3,515원을 지출하여 그 차액
7억 3,815만 8,205원을 취득한 사실, 피고인 Y는 나머지 14만 주 외에
2001. 7. 20. 이후 위 회사의 주식 3만 주를 추가로 매수하여 그중 15만 주
를 2002. 4. 26.까지 6억 4,585만 8,320원에 매각하고 그에 관한 증권거래세
및 수수료로 452만 1,005원을 지출하여 그 차액 6억 4,133만 7,315원을 취
득한 사실을 알 수 있다.

위와 같은 사실관계를 기초로 하여 위의 법리에 따라 피고인 Y에게 가
장 유리한 방법으로 피고인 Y가 이 사건 미공개 정보 이용행위로 얻은 이
익을 계산하면, 2001. 7. 19.까지 16만 주 매각으로 취득한 7억 3,815만
8,205원, 그후 매각한 15만 주에 추가로 매수한 3만 주가 모두 포함되어 위
30만 주 중 12만 주만 매각된 것으로 보아 위 매각으로 취득한 금액 중 12만
주에 해당하는 5억 1,306만 9,852원, 보유 중인 나머지 2만 주를 마지막 매각
일인 2002. 4. 26.의 주가를 기준으로 평가한 3,120만 원(2만 주×1,560원),
아직 이전받지 못한 20만 주를 그 약정이행기간 동안의 가장 낮은 주가를
기준으로 평가한 1억 9,000만 원의 합계액에 위 인수대금 10억 9,577만
9,918원을 공제한 3억 7,664만 8,139원이 되는바, 위와 같은 이익액은 비록

원심이 산정한 6억 885만 396원 또는 공소장 기재 5억 7,773만 4,002원보다 작기는 하나 원심이 피고인 Y에 대하여 선고한 벌금 3억 5,000만 원은 위 이익액에 의하여 산정되는 정당한 형의 범위 안에 있는 것이 명백할뿐더러 그 형의 양정도 적정한 것으로 보이므로, 결국 원심의 이익액 산정과정에서의 잘못은 판결 결과에 아무런 영향이 없다.

| 참고 판례 |

■ 대법원 2014. 5. 29. 선고 2011도11233 판결—공동으로 위반한 경우 위반행위로 얻은 이익의 범위

구 증권거래법(2007. 8. 3. 법률 제8635호로 공포되어 2009. 2. 4.부터 시행된 자본시장법 부칙 제2조로 폐지되기 전의 법률. 이하 같다) 제207조의2 제1항 단서, 제2항 및 제214조 제2항에서 정한 '위반행위로 얻은 이익'은 당해 위반행위로 인하여 행위자가 얻은 이익을 의미하고, 여러 사람이 공동으로 미공개 정보 이용행위금지의 범행을 저지른 경우 그 범행으로 인한 이익은 범행에 가담한 공범 전체가 취득한 이익을 말하는 것일 뿐, 범행에 가담하지 아니한 제3자에게 귀속하는 이익은 이에 포함되지 아니한다(대법원 2011. 4. 28. 선고 2010도7622 판결 ; 대법원 2011. 7. 14. 선고 2011도3180 판결 등 참조).

■ 대법원 2004. 3. 26. 선고 2003도7112 판결—미공개 중요정보 이용행위에 관한 공소사실이 특정되지 않은 사례

1. 원심은, A주식회사의 대표이사인 피고인 1은 피고인 2에게 2001. 9. 20.경 "A주식회사에서 주가 부양을 위해 자사주를 취득할 것이다"라는 사실을 알려 주고, 같은 해 10. 말경 "A주식회사에서 한 달 정도 뒤 해외 신주인수권부사채를 발행할 것이다"라는 사실을 알려 주어, 피고인 2로 하여금 일반인에게 공개되지 아니한 중요한 정보를 A주식회사 주식의 매매거래에 이용하게 하였고, 피고인 2는 위와 같이 두 차례에 걸쳐 피고인 1로부터 A주식회사의 미공개 정보를 제공받아 A주식회사 주식의 매매거래에 이용

하였다는 공소사실을 그대로 받아들여 이를 모두 유죄로 판단하였다.

2. 그러나 원심의 위와 같은 판단은 다음과 같은 이유로 수긍하기 어렵다.

형사소송법 제254조 제4항이 "공소사실의 기재는 범죄의 일시·장소와 방법을 명시하여 사실을 특정할 수 있도록 하여야 한다"고 규정한 취지는, 심판의 대상을 한정함으로써 심판의 능률과 신속을 꾀함과 동시에 방어의 범위를 특정하여 피고인이 방어권을 쉽게 행사할 수 있도록 하기 위한 것이므로, 검사로서는 위 세 가지 특정요소를 종합하여 다른 사실과의 식별이 가능하도록 범죄 구성요건에 해당하는 구체적 사실을 기재하여야 할 것이다(대법원 2001. 4. 27. 선고 2001도506 판결 참조). 위와 같은 법리에 비추어 볼 때, 피고인들에 대한 자사주 취득과 해외 신주인수권부사채에 관한 미공개 정보의 이용에 관한 위 공소사실은 피고인 2가 피고인 1로부터 제공받은 미공개 정보를 언제, 어떻게 매매거래에 이용하였다는 것인지에 관한 구체적인 범죄사실이 전혀 적시되지 아니하여 공소사실이 특정된 것으로 볼 수 없어 적법한 공소제기로 볼 수 없음에도 불구하고, 원심이 위 공소사실을 그대로 받아들여 모두 유죄로 판단한 것은 형사소송법 제254조 제4항의 해석 적용을 잘못한 위법을 저지른 것이고, 이는 판결 결과에 영향을 미친 것으로 보아야 할 것이다.

V. 단기매매 차익의 반환

〔판례 5-14〕 헌법재판소 2002. 12. 18. 99헌바105, 2001헌바48(병합) ─
단기매매 차익반환제도 위헌 여부(합헌)

• 사실관계

1. 청구인은 A회사의 대표이사로 재직 중이던 1997. 10. 23~1998. 2. 12.

사이에 C 등 17인의 명의를 빌려 청구인의 계산으로 위 회사의 주식 36만 5,570주를 매수한 다음 1997. 11. 3. 등에 합계 34만 5,951주를 매도하여 매매수수료 등을 공제하고 16억 9,146만 4,381원의 매매 차익을 얻었다.

2. 증권선물위원회는 1999. 3. 11. 매매 차익의 발생 사실을 알고 A회사에게 청구인이 위 증권거래를 통하여 얻은 단기매매 차익의 반환을 위한 재판상 청구 등 실효성 있는 조치를 취할 것을 요구하였고, 위 요구에 따라 A회사는 청구인을 상대로 단기매매 차익반환을 구하는 민사소송을 제기하였다.

3. 청구인은 소송 계속 중 반환청구의 근거조항인 구 증권거래법 제188조 제2항(1997. 1. 13. 법률 제5254호로 개정되어 1998. 5. 25. 법률 제5539호로 개정되기 전의 것)에 대하여 위헌법률심판 제청신청을 하였으나, 법원은 이를 기각하였고, 이에 청구인은 헌법소원심판을 청구하였다.

● 헌법재판소의 판단

1. 단기매매 차익반환제도의 취지

단기매매 차익반환제도는 회사의 내부자가 당해 회사의 주식을 매도하거나 또는 매수한 다음 6개월 이내에 이를 다시 매수 또는 매도하여 이익을 얻은 경우에 당해 회사가 그 이익을 회사로 반환할 것을 청구할 수 있도록 함을 내용으로 하는데, 이는 실제로 내부자가 회사의 미공개 내부정보를 이용하여 주식매매를 하였는지 여부를 묻지 않고 내부자의 단기주식거래로 인한 차익을 모두 회사에 반환하도록 하는 것이다.

법은 이러한 내부자의 내부정보 이용행위를 방지하기 위하여 위에서 본 바와 같이 회사의 내부자가 외부에 공개되지 않은 회사의 정보를 이용하여 회사의 주식 등을 거래한 경우 민사상·형사상 제재를 가함으로써 이에 대한 규제를 하고 있으나, 실제로 내부자가 회사의 내부정보를 이용하였음을 입증하는 것은 회사와 내부자의 관계나 내부자가 회사 내부의 서류 등 증거 자료에 접근하는 것이 용이한 점 등을 고려할 때 매우 어렵다고 볼 것이다.

따라서 이 사건 법률조항은 회사의 내부자가 6개월이라는 단기간에 당해 회사의 주식거래를 한 경우에는 실제로 내부정보를 이용하였는지 여부에 관계없이 그러한 거래로 인하여 발생하는 차익을 모두 회사에 반환하도록 함으로써 내부자거래에 대한 예방적·간접적 규제를 하는 데 그 취지가 있다고 할 것이다.

2. 구 증권거래법 제188조 제2항이 정하는 단기매매 차익반환제도는 문면상 내부자가 실제로 미공개 내부정보를 이용하였는지 여부에 관계없이 (i) 내부자가, (ii) 6개월 이내의 기간에, (iii) 자기 회사의 주식 등을 거래하여, (iv) 차익이 발생한 경우라는 형식적인 요건에만 해당하면 반환책임이 성립하고, 내부정보를 이용하지 않고 주식거래를 하였다는 등 일체의 반증을 허용하지 않는 내부자에 대한 엄격책임을 부과하고 있다. 이는 미공개 내부정보의 이용 유무를 적용의 적극 또는 소극요건으로 할 경우, 그 입증 및 인정이 실제상 극히 곤란하기 때문에 단기매매 차익청구권의 신속하고 확실한 행사를 방해하고 결국 입법 목적을 잃게 되는 결과를 가져온다는 점 및 일반 투자자들의 증권시장에 대한 신뢰의 제고라는 입법 목적을 고려한 불가피한 입법적 선택이라 할 것이다.

3. 구 증권거래법 제188조 제2항이 반환책임의 요건을 객관화하여 엄격한 반환책임을 내부자에게 부과하고, 동법 동조 제8항 및 이에 근거한 동법 시행령 제86조의6 등에서 반환책임의 예외를 한정적으로 열거하여 이에 해당하지 않는 한 반환책임의 예외를 인정하지 않는다고 하더라도, 위 법률조항의 입법 목적과 단기매매 차익반환의 예외를 정한 동법 시행령 제86조의6의 성격 및 헌법 제23조가 정하는 재산권 보장의 취지를 고려하면 내부정보를 이용할 가능성조차 없는 유형의 주식거래에 대하여는 이 사건 법률조항이 애당초 적용되지 않는다고 해석하여야 할 것이므로, 이를 두고 최소침해원칙에 반한다고 할 수 없다.

4. 구 증권거래법 제188조 제2항은 단기매매 차익을 반환하게 함으로써 일반 투자자들의 이익을 보호함과 동시에 증권시장의 공평성과 공정성을 확보함으로써 일반 투자자들의 증권시장에 대한 신뢰를 확보하고자 하는 데 비하여, 이로 인하여 제한되는 청구인들과 같은 내부자의 재산권에 대한 제한은 내부자에게 일체의 주식거래를 금지하는 것이 아니라 단지 단기매매에 해당하는 경우 그 이익을 회사로 반환하도록 하는 데 그치고, 나아가 내부정보를 이용하였다고 하더라도 6개월의 기간이 지나면 아무런 제한 없이 주식거래를 할 수 있고 그 차익도 보유할 수 있으므로 이 사건 법률조항에 의한 재산권의 제한이 이로 인하여 달성할 수 있는 공익에 비하여 결코 크다고 볼 수도 없다.

5. 구 증권거래법 제188조 제2항은 헌법에 위반되지 아니한다.

| 참고 사항 |

〔판례 5-14〕와 마찬가지로 대법원도 "객관적으로 볼 때 내부정보를 부당하게 이용할 가능성이 전혀 없는 유형의 거래에 대하여는 법원이 동법 제188조 제2항의 매수 또는 매도에 해당하지 아니하는 것으로 보아 그 적용을 배제할 수는 있다"는 입장을 취하고 있으나, 다음의 '참고 판례'와 〔판례 5-15〕 대법원 2008. 3. 13. 선고 2006다73218 판결, 〔판례 5-17〕 대법원 2004. 2. 12. 선고 2002다69327 판결에서 보듯이 실제 '내부정보에 대한 부당한 이용의 가능성이 전혀 없는 유형의 거래'에 해당하는 것으로 인정한 예를 대법원판결 중에는 찾아볼 수 없다(다만 〔판례 5-16〕 대법원 2005. 3. 25. 선고 2004다30040 판결은 차명 계좌 보유주식을 실명 계좌로 이전하는 거래가 단기매매 차익반환조항이 적용되는 매매에 해당하지 않는다고 하였다). 하급심판결로는 주식의 포괄적 교환으로 취득한 주식을 6개월 이내에 매도한 경우는 자발적인 취득이라고 볼 수 없다고 보아 단기매매 차익에 해당하지 않는다는 취지의 판결이 있다(서울중앙지방법원 2008. 6. 20. 선고 2007가

합90062 판결).

| 참고 판례 |

▌대법원 2004. 2. 13. 선고 2001다36580 판결
〈사실관계〉

피고가 원고 회사의 이사 또는 대표이사로 재직하면서 차명 계좌 17개를 이용하여 원고 회사 주식 36만 5,570주를 평균단가 4,861원에 매수한 다음 그로부터 6개월이 경과하지 아니한 시점에 합계 34만 5,951주를 평균단가 9,824원에 매도하여(그중 33만 5,951주는 1주당 1만 원에 장외에서 매도) 매매수수료 등을 공제하고 금 16억 9,146만 4,381원의 매매 차익을 얻었다.

〈법원의 판단〉

피고가 그 주장과 같이 원고 회사의 주가 하락 및 원고 회사에 대한 적대적 M&A에 대한 방어책으로서 주식을 매수하였다거나 백화점의 경영악화로 인하여 부득이 A개발에 원고 회사의 경영권을 양도하기 위한 수단으로 주식을 매도한 것이라 하여도, 이는 객관적으로 볼 때 애당초 내부정보의 이용 가능성이 전혀 없는 유형의 거래에는 해당하지 않는다고 봄이 상당하므로, 결국 피고의 위 주식거래에 구 증권거래법 제188조 제2항이 적용된다고 본 원심의 판단은 결론에 있어서는 정당하다.

▌대법원 2004. 5. 28. 선고 2003다60396 판결
〈사실관계〉

피고는 기업의 M&A를 주요 업무로 하는 회사의 대표이사로서 적대적 기업인수를 하기 위하여 주식을 매입한 후 발행회사의 대주주들과 경영권 양도에 관한 협상을 시도하였으나 실패하고 경영 참여의 기회를 봉쇄당하자, 인수가 불가능하다고 판단하여 주식을 모두 공개시장에서 매도하였다.

〈법원의 판단〉

피고가 대량취득하였던 주식을 매도한 것은 비록 계속 보유할 경우의 경제적 손실을 회피하기 위한 동기에서 비롯된 것이었다 할지라도 피고 스스로 경제적 이해득실을 따져 본 후 임의로 결정한 다음 공개시장을 통하여 매도한 것으로 보일 뿐, 비자발적인 유형의 거래로 볼 수 없을 뿐만 아니라 적대적 주식 대량매수자와 회사 경영자가 서로 어느 정도 적대적인지는 개별 사안에 따라 다를 수 있고 또한 같은 사안에 있어서도 시기별로 차이가 있을 수 있으므로, 그 적대적 관계성은 결국 개별 사안에서 시기별로 구체적 사정을 살펴본 이후에야 판단할 수 있는 사항이어서 피고가 적대적 주식 대량매수자의 지위에서 주식을 거래하였다는 외형 자체만으로 내부정보에의 접근 가능성이 완전히 배제된다고 볼 수는 없는 점을 고려하면 결국 '내부정보에 대한 부당한 이용의 가능성이 전혀 없는 유형의 거래'에는 해당하지 않는다고 보아야 할 것이므로, 구 증권거래법 제188조 제2항의 적용대상인 매도에 해당하여 단기매매 차익의 반환책임을 피할 수 없다.

〔판례 5-15〕 대법원 2008. 3. 13. 선고 2006다73218 판결〔부당이득금〕—
　　　　　　단기매매 차익반환의무자

1. 구 증권거래법(2007. 8. 3. 자본시장법 부칙 제2조 제1호로 폐지) 제188조 제2항의 문언상 임원 또는 직원이 매수 또는 매도의 두 시기에 모두 그 직책에 있어야 한다고 해석할 근거는 없고, 오히려 동조 제8항이 동조 제2항의 적용대상자 중 '주요 주주'에 대하여만 매수 또는 매도의 어느 한 시기에 주요 주주가 아닌 경우에 제2항을 적용하지 않도록 규정하고 있는 취지에 비추어 볼 때, 임원 또는 직원에 대하여는 매수 또는 매도의 어느 한 시기에만 그 신분을 갖고 있으면 동조 제2항의 적용대상자에 해당하여 그 단

기매매 차익을 반환할 의무가 있다.

2. 피고가 정직 처분을 받아 직원으로서의 신분 및 임무 수행상의 제한을 받고 있는 상태에서 위와 같이 주식을 매수하였다 할지라도 피고 스스로 경제적 이해득실을 따져 본 후 임의로 결정한 다음 공개시장을 통하여 매수한 것으로 보일 뿐, 비자발적인 유형의 거래로 볼 수 없을 뿐만 아니라 정직 처분을 받은 자와 회사 경영자 등과의 관계가 우호적인지 적대적인지는 개별 사안에 따라 다를 수 있고 또한 같은 사안에 있어서도 시기별로 차이가 있을 수 있으므로, 그 적대적 관계성은 결국 개별 사안에서 시기별로 구체적 사정을 살펴본 이후에야 판단할 수 있는 사항이어서, 피고가 정직 처분을 받은 자의 지위에서 주식을 거래하였다는 외형 자체만으로 내부정보에의 접근 가능성이 완전히 배제된다고 볼 수는 없는 점을 고려하면, 결국 '정직 처분일 이후인 2002. 6. 24~11. 18.의 매수분' 역시 '내부정보에 대한 부당한 이용의 가능성이 전혀 없는 유형의 거래'에는 해당하지 않는다고 보아야 할 것이므로, 동법 제188조 제2항의 적용대상인 매수에 해당하고, 따라서 그에 대한 단기매매 차익의 반환책임을 피할 수 없다.

| 생각해 볼 사항 |

단기매매 차익반환의무를 지는 내부자는 주권 상장법인의 임원(상법 제401조의2 제1항의 업무 집행 관여자도 포함), 직무상 미공개 중요정보를 알 수 있는 일정한 범위의 직원 및 주요 주주이다. 이 가운데 주요 주주에 대하여는 구 증권거래법과 마찬가지로 자본시장법 제172조 제6항은 매수와 매도 양 시점 모두에 주요 주주일 경우에만 단기매매 차익반환의무를 부과하고 있다. 주요 주주와 임직원을 달리 취급할 이유가 있는가? 특히 주식을 매수하여 주요 주주가 된 경우(특히 지배주주가 된 경우), 그 주요 주주는 회사의 미공개 중요정보를 알 수 있는 위치에 있게 될 터인데 그 주식매수 후

6개월 이내에 주식을 매도할 때 미공개 중요정보를 이용할 수 있는 가능성이 임직원의 경우보다 낮다고 볼 수 있는가?

| 참고 판례 |

■ 대법원 2016. 8. 24. 선고 2016다222453 판결
…소외인[대표이사]이 이 사건 회사를 대표하여 피고를 상대로 단기매매차익금반환 소송을 제기하고 또 제1심에서 승소하고도 그 항소심판결 선고 직전에 피고와 사이에 이 사건 회사에 아무런 이득 없이 일방적으로 그 반환채무를 면제하는 취지의 약정을 한 것은 상법 제382조의3이 규정하고 있는 이사의 충실의무에 위배되는 행위이다.

〔판례 5-16〕 대법원 2005. 3. 25. 선고 2004다30040 판결〔단기매매 차익〕 ─ 차명 계좌 보유주식을 실명 계좌로 이전하는 거래가 단기매매 차익반환 대상인지 여부

• 사실관계

1. Y는 A회사의 이사로 재직하면서 2000. 8. 24～9. 22. 차명 계좌 6개를 통하여 공개시장에서 A회사의 주식 31만 3,770주를 매수한 후, 그로부터 6개월이 지나기 전인 2000. 8. 25. 등에 위 주식 전부를 공개시장에서 매도하고(이하 '이 사건 주식거래'), 계속하여 같은 날 같은 가격으로 위 매도수량 중 일부를 Y 자신의 실명 계좌로 다시 매수하였다.

2. X는 2002. 8. 13. A회사 주주의 자격으로 위 회사에 대하여 Y가 취득한 단기매매 차익의 반환을 청구하라고 요구하였으나 위 회사는 이에 응하지 않았고, 이에 따라 A회사를 대위하여 Y를 상대로 단기매매 차익반환

청구소송을 제기하였다.

• 법원의 판단

▌원심 : 서울고등법원 2004. 5. 7. 선고 2003나56122 판결

…공개시장에서 유통되는 유가증권은 증권예탁원에 예탁되어 있고 이러한 증권예탁의 법적 성질이 혼장임치인 이상 투자자가 취득·보유·처분하는 특정 종목의 유가증권은 개별적으로 어떤 투자자가 전체 유가증권 중 어느 것을 취득·보유·처분하는 것인지 특정되지 않고, 다만 투자자는 전체 유가증권 중 몇 주를 취득·보유·처분하는 것만 알 수 있으므로 위와 같이 공개시장에서 피고 Y가 취득·처분하는 A회사의 주식은 위 회사의 전체 주식 중 어느 것을 취득·처분하는 것인지 특정되지 않기 때문에, 비록 피고 Y의 차명 계좌에서의 매도가격·일시 및 수량과 실명 계좌에서의 매수가격·일시 및 수량이 일치하는 경우라 할지라도 피고 Y가 실명 계좌로 매수한 A회사의 주식이 바로 차명 계좌로 매도한 주식과 동일한 주식이라고 할 수 없다는 점을 전제로 하여, 이 사건 주식거래는 비록 피고 Y의 차명 계좌에서의 매도가격·일시 및 수량과 실명 계좌에서의 매수가격·일시 및 수량이 일치하는 경우라 할지라도 피고 Y가 차명 계좌에서 보유하고 있던 주식을 자신의 실명 계좌로 매도한 것이 아니라 피고 Y가 차명 계좌를 통하여 보유하고 있던 A회사의 주식을 공개시장에서 매도하고 다시 공개시장에서 자신의 실명 계좌를 통하여 위 회사의 주식을 매수한 것으로 보아야 하며, 이는 가장매매가 아니라 증권거래소시장을 통한 위탁매매로서 유효하게 성립하여 매매의 효력이 발생하였다 할 것이므로 이 사건 거래가 법률상 진정한 매매가 아니라거나 가장매매이기 때문에 단기매매 차익반환규정이 배제된다는 피고 Y의 위 주장은 나아가 살펴볼 필요 없이 이유 없다.

■ 대법원 : 파기환송

구 증권거래법 제188조 제2항이 주권 상장법인 또는 코스닥 상장법인의 임원, 직원 또는 주요 주주로 하여금 당해 법인의 주식에 대한 단기매매거래에 의하여 얻은 이익을 당해 법인에 반환하도록 하는 것은 그들이 직무 또는 지위에 의하여 취득한 비밀을 부당하게 이용하는 것을 방지하고자 하는 데에 그 목적이 있는 것이며, 또한 그러한 취지에서 반환의무자로서의 주요 주주를 정의함에 있어서 동조 제1항은 "누구의 명의로 하든지 자기의 계산으로 의결권 있는 발행주식총수 또는 출자총액의 100분의 10 이상의 주식 또는 출자증권을 소유한 자"를 주요 주주에 포함시킴으로써, 단기매매 차익의 반환에 관한 한 차명 계좌를 이용한 매매라 하더라도 이를 모두 본인이 매매한 것으로 본다는 취지를 규정하고 있는바, 이러한 단기매매 차익반환제도의 목적 및 요건 등에 비추어 볼 때 동일인이 차명 계좌를 통하여 보유하고 있던 주식을 공개시장에서 실명 계좌로 매도한 경우 비록 공개시장에서의 증권예탁에 혼합임치의 성격이 있어 매도 · 매수되는 주식을 특정할 수 없다 할지라도 실질적으로 동일한 시점에 차명 계좌로부터의 매도주문과 실명 계좌로부터의 매수주문이 존재하였다면 차명 계좌에서의 매도가격과 실명 계좌에서의 매수가격이 정확히 일치하는 수량에 관한 한 구 증권거래법 제188조 제2항의 적용대상인 매매에 해당하지 아니한다고 보아야 할 것이다.

원심이 인정한 사실에 의하면, 차명 계좌에서의 매도가 일어난 바로 그날 같은 가격으로 위 매도수량 중 일부를 Y 자신의 실명 계좌로 다시 매수하였다는 것인바, 만약 그중에서 매도주문이 있었던 시점과 매수주문이 있었던 시점이 실질적으로 동일하고 차명 계좌에서의 매도가격과 실명 계좌에서의 매수가격이 정확히 일치하는 부분이 있다면, 이는 권리의 이전이 없는 형식적인 거래에 불과하여 단기매매 차익반환조항의 적용대상인 매매에 해당하지 아니한다고 보아야 할 것이다.

그렇다면 원심으로서는 차명 계좌로부터의 매도주문이 있었던 시점과 실명 계좌로부터의 매수주문이 있던 시점이 실질적으로 동일하고 차명 계좌에서의 매도가격과 실명 계좌에서의 매수가격이 정확히 일치하는 부분이 있는지 여부를 살펴 그 부분을 제외한 나머지 부분에 대하여만 매매 차익의 반환을 명하였어야 함에도 불구하고, 차명 계좌에서의 매도주문과 실명 계좌에서의 매수주문이 실질적으로 동시에 이루어진 경우에도 그 가격 및 수량이 일치하는지 여부를 불문하고 단기매매 차익반환조항의 적용대상인 매매에 해당한다고 잘못 판단한 나머지 이를 구별하지 아니하고 원고 X의 청구를 전부 인용한 것은 단기매매 차익반환조항의 적용대상인 매매에 관한 법리를 오해하거나 차명 계좌 및 실명 계좌의 거래 내용에 대한 심리를 다하지 아니하여 판결에 영향을 미친 위법이 있다.

| 생각해 볼 사항 |

자본시장법 제172조 제1항은 특정 증권 등을 '매수'한 후 '매도'하거나 '매도'한 후 '매수'하여 이익을 얻은 경우에 적용한다고 규정하고 있으며, 단기매매 차익반환의무의 적용 예외를 규정한 자본시장법 시행령 제198조는 주식매수선택권의 행사, 전환사채 또는 신주인수권부사채상의 권리행사, 예탁계약의 해지 등으로 주식을 '취득'하는 경우를 예외에 포함시키고 있다. 자본시장법 시행령 제198조에서 매매 이외의 방법에 의한 취득에 대하여 적용 예외를 규정한 것을 근거로 자본시장법 제172조 제1항의 적용범위가 당연히 매도, 매수 외의 다른 방법에 의한 취득, 처분에까지 미친다고 해석할 것은 아니다. 자본시장법 시행령 제198조에서 여러 종류의 취득처분을 규정한 것은 그것이 매도, 매수에 해당하지 않음을 확인하는 의미를 가지는 것이라고 보는 것이 합리적일 것이다.

그렇다면 자본시장법 제172조 제1항은 매도와 매수에 대해서만 적용되는 것인가? 예컨대 교환은 어떠한가? 이 조항의 취지와 교환의 성격에 비추어 보면 교환을 매매와 달리 취급할 이유는 없을 것이다. 다른 종류의 유

상 양수도에 대하여도 이 조항의 적용범위를 확대할 수 있다고 볼 수 있는
가를 생각해 보자.

〔판례 5-17〕 대법원 2004. 2. 12. 선고 2002다69327 판결(단기매매 차익
　　　　　금) — 단기매매 차익에 경영권 프리미엄이 포함되는지 여부(적극)

• 사실관계

1. 피고 Y는 원고 X회사의 의결권 있는 발행주식총수의 33.86퍼센트에
해당하는 주식을 소유하고 있던 주요 주주로서, 2000. 3. 30. A회사와의 사
이에 Y가 보유하고 있는 X회사의 주식을 매도하기로 하는 매매예약을 체
결한 다음, 위 매매예약에 따라 2000. 5. 22. 및 5. 27. 2회에 걸쳐 X회사의
주권 합계 208만 6,138주를 A회사에게 매도하는 한편, 2000. 5. 26～6. 1.
사이에 5회에 걸쳐 X회사 주식 합계 15만 2,550주를 매수하였다.
2. Y는 2000. 11. 15. 금융감독원으로부터 단기매매 차익금 36억 5,160만
3,332원을 X회사에게 반환하라는 내용의 통보를 받았으나 이를 반환하지
않았으며, 금융감독원의 요구에 따라 X회사는 Y를 상대로 단기매매 차익
반환청구소송을 제기하였다.

• 법원의 판단

…주식의 양도와 함께 경영권의 양도가 이루어지는 경우에 경영권의 양
도는 주식의 양도에 따르는 부수적인 효과에 불과하고 그 양도대금은 경
영권을 행사할 수 있는 정도의 수에 이르는 주식 자체에 대한 대가이므로,
내부자가 그 회사 주식과 함께 경영권을 양도하면서 이른바 경영권 프리
미엄을 취득한 후 6개월 이내에 주식을 매수하여 이익을 얻은 경우에 그

단기매매 차익을 산정함에 있어 경영권 프리미엄을 제외하여야 한다고 볼 수 없다.

앞에서 본 법리와 기록에 비추어 살펴보면, 원심이 같은 취지에서 이 사건 주식거래가 위 예외사유에 해당할 뿐만 아니라 단기매매 차익을 산정함에 있어 경영권 프리미엄을 제외하여야 한다는 피고 Y의 주장을 배척한 다음, 이 사건 주식거래는 종목이 같은 주권을 매도한 후 매수한 경우에 해당하는 것으로 보아 구 증권거래법 시행령 제83조의5 제1항 제1호에 따라 단기매매 차익을 금 36억 5,160만 3,332원으로 산정한 조치는 정당하다.

| 참고 판례 |

■ 대법원 2016. 3. 24. 선고 2013다210374 판결
…주권상장법인의 내부자가 6개월 이내에 그 법인의 주식 등을 매수한 후 매도하거나 매도한 후 매수한 경우에 그 매도에 따른 양도소득세를 납부하더라도 반환할 단기매매차익을 산정할 때에 양도소득세를 공제하여야 한다고 볼 수 없고, 양도소득세의 공제를 규정하지 않은 자본시장법 시행령 제195조 제1항이 자본시장법 제172조 제1항의 위임 범위를 넘어선 것이거나 기본권의 제한에 관한 과잉금지의 원칙에 반하여 헌법 제23조가 보장하는 재산권을 침해하는 것이라고 볼 수도 없다.

〔판례 5-18〕 대법원 2012. 1. 12. 선고 2011다80203 판결〔단기매매 차익금〕— 단기매매 차익반환청구권 행사기간의 법적 성질(제척기간)

구 증권거래법 제188조 제2항 소정의 단기매매 차익반환제도는 주권 상장법인 또는 코스닥 상장법인의 내부자가 6개월 이내의 단기간에 그 법인

의 주식 등을 사고파는 경우 미공개 내부정보를 이용하였을 개연성이 크다는 점에서 거래 자체는 허용하되, 그 대신 내부자가 실제로 미공개 내부정보를 이용하였는지 여부나 내부자에게 미공개 내부정보를 이용하여 이득을 취하려는 의사가 있었는지 여부를 묻지 않고 내부자로 하여금 그 거래로 얻은 이익을 법인에 반환하도록 하는 엄격한 책임을 인정함으로써, 내부자가 미공개 내부정보를 이용하여 법인의 주식 등을 거래하는 행위를 간접적으로 규제하려는 제도(대법원 2008. 3. 13. 선고 2006다73218 판결 등 참조)로, 그 단기매매 차익반환청구권에 관한 기간은 제척기간으로서 재판상 또는 재판 외의 권리행사기간이며 재판상 청구를 위한 출소기간은 아니라고 할 것이다.

원심판결이유에 의하면, 원심은 원고가 2008. 12. 8. 원고의 임원이었던 피고에게 내용증명 우편을 통하여 단기매매 차익금을 반환하라는 청구를 하고, 위 내용증명 우편이 2008. 12. 9. 피고에게 도달한 사실을 인정한 다음, 위 청구일로부터 소급하여 2년이 되는 날인 2006. 12. 10.부터 2008. 12. 9.까지 사이에 이루어진 원고 주식의 단기매매로 피고가 취득한 1억 6,978만 1,463원에 대한 원고의 단기매매 차익금반환청구 부분은 제척기간이 준수되어 적법하다고 판단하였다. 위 법리와 기록에 비추어 살펴보면, 원심의 위와 같은 판단은 정당하고 구 증권거래법 제188조 제2항 및 제5항의 단기매매 차익반환청구권의 제척기간에 관한 법리오해의 위법이 없다.

06

시세조종

I. 시세조종행위의 유형

1. 통정매매, 가장매매

〔판례 6-1〕 대법원 2001. 11. 27. 선고 2001도3567 판결〔사기, 증권거래법
위반〕— 통정매매, 가장매매 관련 주관적 요건 : '거래가 성황을
이루고 있는 듯이 잘못 알게 하거나 기타 타인으로 하여금 그릇된
판단을 하게 할 목적'의 의미 및 그 판단방법

• 사실관계

1. P회사는 총주식수가 480만 주(납입자본금 240억 원)에 불과하고 관리
종목으로서 1주당 주가는 1996. 초 1,800원가량이었으나 이후 계속 하락하

여 1997. 4. 및 5. 초순에는 1주당 800~1,000원 사이에서 등락하였고, 일평균거래량은 1만 주가량이었다.

2. Y1은 1997. 1. P회사의 전 사장으로서 대주주인 F로부터 P회사 주식 49만 5,000주를 제공받은 후 평소 알고 지내던 Q가 1997. 3~4.부터 P회사의 인수를 추진하자, 서로 다른 증권회사에 수 개의 증권거래계좌를 실명 또는 차명으로 개설·운영하면서 이 사건 통정 및 가장매매 이전인 1997. 4. 2. 1만 주, 4. 3. 1만 7,840주, 4. 9. 2만 3,050주, 5. 19. 3만 6,000주, 5. 23. 2만 720주 등 1일평균거래량을 넘는 P회사 주식을 지속적으로 매집하였다.

3. Y1은 P회사의 제3자 인수가 이루어지면 1주당 7,000원 이상 상승할 수 있다고 판단하고 주가를 상승시키기 위한 매수 세력을 섭외하기로 하고, 甲증권 서초지점의 투자상담사이던 친구 Y2와 함께 그가 관리하고 있던 타인들의 계좌를 통하여 P회사의 주식을 대량으로 매매하기로 결의하였다.

4. 이에 따라 Y1과 Y2는 다음과 같이 통정매매 또는 가장된 매매거래를 하였다.

(ⅰ) Y2는 그에게 주식 계좌 관리를 맡긴 B에게 P회사의 제3자 인수 추진 사실을 말하면서 그 주식을 매수할 것을 권유하자, B가 P회사의 주식을 매수하기로 하고 이를 Y2에게 위임하였다. 이에 따라 Y1과 Y2는 1997. 6. 11. 甲증권 서초지점에서 Y1이 관리하던 그의 처 A 명의의 계좌에서 P회사 주식에 대하여 1주당 1,390원으로 10만 주의 매도주문을 내고 Y2가 관리하던, 甲증권 서초지점 B의 처 C 명의의 계좌로 1주당 1,400원에 3만 주, 乙증권 명동지점 B 명의의 계좌로 1주당 1,400원에 7만 주의 매수주문을 하도록 사전에 통정한 후, P회사 주식이 관리종목이어서 1일 2회 동시호가에 의해 계약이 체결됨에 따라 주문 마감시간인 15시 직전인 14시 58분경 매도주문을 내어 매매가 이루어지게 하여 Y1은 통정 매도행위, Y2는 통정 매수행위를 하였다.

(ⅱ) Y1은 1997. 6. 12. 자신이 단골로 이용하던 카센터 업주인 피해자 1에게 신문의 주식시세표를 보이면서 전날 통정매매로 거래된 P회사 주식 10만

주를 P회사 관리 총책임자인 J은행 전무가 샀다고 속이고 Y1이 P회사 회장을 잘 아는데 틀림없이 제3자에게 인수되니 P회사 주식 10만 주를 사도록 권유하며 Y2를 소개했다. Y2도 P회사가 제3자에게 곧 인수되어 주식가격이 오를 것이라고 하면서 그 주식의 매수를 권유하여 이를 믿은 피해자 1이 P회사 주식을 사겠다고 하자 6. 13. 丙증권 강남지점에 피해자 1의 계좌를 개설하였다. 그리고 위 피해자 1의 계좌에서 1주당 1,460원에 10만 주의 매수주문을 내고 Y2가 관리하던 甲증권 서초지점 Y1 명의의 계좌로 1주당 1,430원에 9만 960주의 매도주문을 내기로 사전에 통정한 후 주문 제한시간 직전인 14시 57분경 매도주문을 내어 매매가 이루어지게 하였다.

(iii) 1997. 8. 14. 위와 같은 방법으로 Y2가 관리하던 甲증권 서초지점 B 명의의 계좌 및 Y1의 계좌에서 합계 15만 2,000주의 매수주문을 내고 Y1이 관리하던 丁증권 신사지점 Y1 명의의 계좌와 Y1의 처 A 명의의 甲증권 서초지점 및 丁증권 신사지점의 각 계좌에서 총 16만 9,760주의 매도주문을 내기로 통정한 후 주문 마감시간 직전인 11시 28분경 매도주문을 내어 매매가 이루어지게 하였다.

(iv) 1997. 6. 21. 丁증권 신사지점에서 Y1 소유인 그의 처 A 명의의 계좌로 10만 주의 매도주문을 내고, 甲증권 서초지점에 개설된 Y1 소유 계좌로 7만 7,000주 및 Y1 소유로서 Y2의 처 E 명의로 개설된 戊증권 서초지점 계좌로 약 2만 3,000주의 매수주문을 하여 매매가 이루어지게 함으로써 각 권리의 이전을 목적으로 하지 않는 가장된 매매거래를 하였다.

• 법원의 판단

Y1과 Y2는 구 증권거래법 제188조의4 제1항[26] · [27] 위반 및 피해자 1에 대한 사

---

26) 증권거래법(법률 제5254호 1997. 1. 13) 제188조의4(시세조종 등 불공정거래의 금지) ① 누구든지 상장유가증권 또는 협회중개시장에 등록된 유가증권의 매매거래에 관하여 그 거래가 성황을 이루고 있는 듯이 잘못 알게 하거나 기타 타인으로 하

기로 기소되었고, 원심에서는 사기는 유죄를 인정하고 구 증권거래법 제188조의4 제1항은 무죄를 선고하였으나 대법원은 무죄 부분을 파기하였다.

■ 원심 : 서울지방법원 2001. 6. 13. 선고 2000노3490 판결

피고인들이 공모하여 공소사실 기재와 같이 통정매도·매수행위를 하고 가장된 매매거래를 한 사실은 인정되나, 다음과 같은 점에서 피고인들에게 위의 각 거래에 관하여 매수세력을 섭외하여 P회사 주식을 10만 주 이상 대량매매하는 과정에서 시세조종을 통하여 주가를 인위적으로 상승시키거나 하락을 최소한으로 억제시켜 일반 투자자로 하여금 위 주식의 매매거래가 정상 수급의 원칙에 의하여 성황을 이루고 있는 듯이 오인하도록 하여 거래를 유인할 목적이 있었음을 인정할 증거가 없다.

즉 이 사건 각 거래의 직접적인 동기는, 1997. 6. 11.자 및 6. 13.자 통정매매의 경우 Y1이 P회사의 Q에 의한 인수를 확신하고 그 주식을 더 많이 확보하기 위한 자금 마련을 목적으로 한 것이고, 1997. 8. 14.자 통정매매는 위와 같은 목적 및 주식의 과다 보유로 인한 신고의무를 회피하기 위함이며, 1997. 6. 21. 가장매매거래는 타인에게 대여해 줄 금원을 마련하기 위한 목적이었지 시세조종 목적이 있었던 것으로는 보이지 않으며, 매매거래의 회수는 모두 4회에 불과하고 거래량도 많으며 기간도 부정기적이어서 피

여금 그릇된 판단을 하게 할 목적으로 다음 각 호의 1에 해당하는 행위를 하지 못한다.

1. 자기가 매도하는 같은 시기에 그와 같은 가격으로 타인이 그 유가증권을 매수할 것을 사전에 그자와 통정한 후 매도하는 행위
2. 자기가 매수하는 같은 시기에 그와 같은 가격으로 타인이 그 유가증권을 매도할 것을 사전에 그자와 통정한 후 매수하는 행위
3. 유가증권의 매매거래에 있어서 그 권리의 이전을 목적으로 하지 아니하는 가장된 매매거래를 하는 행위
4. 제1호 내지 제3호의 행위의 위탁 또는 수탁을 하는 행위

27) 자본시장법 제176조 제1항은 구 증권거래법 제188조의4 제1항과 유사한 내용을 규정하면서 적용범위를 증권과 장내파생상품으로 확대하였다.

고인들이 시세조종을 통하여 주가를 인위적으로 상승시키거나 하락을 최
소한으로 억제시키기 위하여 위와 같은 매매를 하였다고 보기는 어렵다.

■ 대법원 : 파기환송

위 통정매매 및 가장매매 당시 피고인들에게 P회사 주식의 매매거래가
성황을 이루고 있는 듯이 잘못 알게 하거나 기타 타인으로 하여금 그릇된
판단을 할 목적이 있었다고 하기에 부족하다고 본 원심의 판단은 다음과
같은 점에서 그대로 수긍할 수 없다.

구 증권거래법 제188조의4 제1항은 공개경쟁시장에서의 자연적인 수
요·공급에 따른 거래가 아닌 통정매매 또는 가장매매로 인한 거래량 또
는 가격의 변화가 자유로운 공개경쟁시장에서의 자율적인 수요·공급에
따른 정상적인 것인 양 타인을 오도하여 현실적인 시세조종을 용이하게
하는 위장거래행위를 금지하는 데에 그 취지가 있는바, 위 조항 위반죄가
성립하기 위하여는 통정매매 또는 가장매매 사실 외에 주관적 요건으로
거래가 성황을 이루고 있는 듯이 오인하게 하거나 기타 타인으로 하여금
그릇된 판단을 하게 할 목적이 있어야 함은 물론이나, 이러한 목적은 다른
목적과의 공존 여부나 어느 목적이 주된 것인지는 문제 되지 아니하며, 그
목적에 대한 인식의 정도는 적극적 의욕이나 확정적 인식임을 요하지 아
니하고 미필적 인식이 있으면 족하며, 투자자의 오해를 실제로 유발하였는
지 여부나 타인에게 손해가 발생하였는지 여부 등도 문제가 되지 아니하
고, 동조 제2항에서 요구되는 '매매거래를 유인할 목적'이나 제3항이 요구
하는 '시세를 고정시키거나 안정시킬 목적', 그 밖에 '시세조종을 통하여
부당이득을 취득할 목적' 등이 요구되는 것도 아니다. 그리고 이러한 목적
은 당사자가 이를 자백하지 않더라도 그 유가증권의 성격과 발행된 유가
증권의 총수, 매매거래의 동기와 태양(순차적 가격상승주문 또는 가장매매,
시장관여율의 정도, 지속적인 종가 관여 등), 그 유가증권의 가격 및 거래량의
동향, 전후의 거래 상황, 거래의 경제적 합리성 및 공정성 등의 간접사실을
종합적으로 고려하여 판단할 수 있는 것이다.

| 생각해 볼 사항 |

1. 〔판례 6-1〕은 가장매매와 통정매매의 주관적 요건으로 구 증권거래법 제188조의4 제1항(자본시장법 제176조 제1항에 해당)에 규정되어 있는 '거래 가 성황을 이루고 있는 듯이 잘못 알게 하거나, 기타 타인으로 하여금 그릇 된 판단을 하게 할 목적'은 공개경쟁시장에서의 자연적인 수요·공급에 따 른 거래가 아닌 통정매매 또는 가장매매로 인한 거래량 또는 가격의 변화 가 자유로운 공개경쟁시장에서의 자율적인 수요·공급에 따른 정상적인 것인 양 타인을 오도하여 현실적인 시세조종을 용이하게 하는 위장거래행 위를 할 목적으로 판단하였다.

2. 〔판례 6-1〕은 이러한 오인 목적의 판단을 위하여, 첫째 다른 목적과의 공존 여부나 어느 목적이 주된 것인지 여부를 불문하고, 둘째 그 목적에 대 한 인식의 정도는 적극적 의욕이나 확정적 인식임을 요하지 아니하고 미 필적 인식이 있으면 족하며, 셋째 투자자의 오해를 실제로 유발하였는지 여부나 타인에게 손해가 발생하였는지 여부 등도 불문한다고 판단하여 매 우 넓게 해석하고 있다. 또한 이러한 목적의 존재 여부는 당사자의 자백이 없더라도 여러 간접사실을 종합적으로 고려하여 정황증거에 의하여 인정 할 수 있다고 보았다.

3. 범죄의 구성요건으로서의 주관적 요건을 이와 같이 넓게 인정하는 것 이 죄형법정주의의 취지에 반한다고 볼 여지는 없는지, 자본시장의 공정 성·안정성·효율성의 유지라는 불공정거래규제의 보호 법익에 비추어 이러한 폭넓은 해석이 불가피하다고 볼 수 있는지 생각해 보자.

4. 2015년 자본시장법 개정(2014. 12. 30. 개정, 2015. 7. 1. 시행)으로 시세조 종의 요건을 갖추지 못하는 시세관여행위를 시장질서 교란행위로 규정하 여 이를 금지하고 금지를 위반하는 경우 과징금을 부과할 수 있도록 하는 조항이 신설되었다(제178조의2 제2항, 제429조의2). 실제 시세관여형 교란 행위로 인정된 사례로는 선물 5개 종목을 매매하는 과정에서 다수의 허수

성 호가를 제출한 후, 해당 호가를 지속·반복적으로 취소한 경우(제178조 의2 제2항 제1호 위반),[28] 평균 2~3분 정도의 짧은 시간 동안 1주 또는 10주 의 고가매수주문을 수백회 반복한 경우(동항 제4호 위반)와[29] 실제 발행되 지 않은 주식이 배당된 것으로 계좌에 잘못 기재되자 이를 이용하여 매도 주문한 경우(동항 제4호 위반)[30] 등이 있다. 시장질서 교란행위에서 제176조 의 시세조종에 해당하는 행위는 제외하고 있으므로 제176조와 제178조의2 제2항의 적용 관계와 관련하여 주관적 요건에 대한 정밀한 재검토가 필요 하다.

| 참고 판례 |

■ 대법원 2013. 9. 26. 선고 2013도5214 판결
구 증권거래법 제188조의4 제1항 제1~2호에서 금지하고 있는 시장조 작행위의 일종인 통정매매라 함은, 상장유가증권 또는 협회중개시장에 등 록된 유가증권의 매매거래에 관하여 양 당사자가 미리 통정한 후 동일 유 가증권에 대하여 같은 시기에 같은 가격으로 매수 또는 매도하는 행위인 데(대법원 1998. 12. 8. 선고 98도3051 판결 등 참조), 이러한 통정매매는 반드 시 매도인과 매수인 사이에 직접적인 협의가 이루어져야 하는 것은 아니 고 중간에 매도인과 매수인을 지배·장악하는 주체가 있어 그가 양자 사 이의 거래가 체결되도록 주도적으로 기획·조종한 결과 실제로 매매가 체 결되는 경우도 포함한다고 해석함이 상당하다.
… 원심은… 피고인 2는 H그룹 경영기획실의 재무팀장으로서 매도인인

---

28) 증권선물위원회 의결 2021-제4호(2021. 1. 6., 과징금 4,500만원)
29) 증권선물위원회 의결 2017-제130호(2017. 6. 21.)(과징금 4,500만원 또는 6,930만 원), 2019-제163호(2019. 6. 19.)(과징금 3,750만원)
30) 증권선물위원회 의결 2018-제187호(2018. 7. 18.)(과징금 3,000만원 또는 2,250만 원)(S증권 주식배당사고 관련)

B회사 차명주주들과 매수인인 A회사를 지배·장악할 수 있는 위치에 있었고, 실제로 동일한 시점에 차명주식 관리자에게는 매도, A회사 측에는 매수의 지시를 내림으로써 상호 제출한 호가에 의하여 B회사 주식의 매매가 이루어지도록 하였으니, 이는 구 증권거래법 제188조의4 제1항 제1~2호의 통정매매에 해당하며, 그 판시와 같은 A회사의 B회사 주식매수 시기와 매수량 및 그 기간 동안의 B회사의 주가변동 내역, B회사의 전체 발행주식수에 대비한 A회사의 주식매수규모와 매수 세력의 비중 및 시세관여율 등을 종합해 보면 A회사의 위와 같은 매수행위는 정상적인 수요·공급에 따라 경쟁시장에서 형성될 시세 및 거래량을 시장요인에 의하지 아니한 다른 요인으로 인위적으로 변동시킬 가능성이 있는 거래에 해당한다고 보아, 위와 같은 매수 및 매도행위를 계획하고 지시한 피고인 2에게 시세조종의 목적이 있었다고 판단하여 원심에서 추가된 이 부분 예비적 공소사실을 유죄로 인정하였다.

원심판결이유를 앞에서 본 법리와 원심이 적법하게 채택한 증거들에 비추어 살펴보면, 원심의 위와 같은 판단은 정당하다.

〔판례 6-2〕 대법원 2002. 7. 22. 선고 2002도1696 판결〔증권거래법 위반, 종합금융회사에 관한 법률 위반 등〕— 통정매매, 가장매매 관련 주관적 요건 : '거래가 성황을 이루고 있는 듯이 잘못 알게 하거나 기타 타인으로 하여금 그릇된 판단을 하게 할 목적'의 해석기준[31]

• 사실관계

1. 1999. 10. 초순경 F회사 및 G회사 회장인 P는 G회사의 사모방식 유상

---

31) 이 판결 중 주식의 대량보유보고에 관한 부분은 〔판례 4-1〕 대법원 2002. 7. 22. 선고 2002도1696 판결.

증자를 추진하고 있었고, Y는 F회사 사장이던 Q의 소개로 P로부터 G회사
의 유상증자를 원활히 추진하기 위해서는 G회사의 주력회사인 F회사의
주가가 올라야 한다는 이유로 F회사의 주식매집을 부탁받았다.

2. Y는 F회사 주식을 매매거래하는 과정에서 1999. 10. 13~11. 17. 9회
에 걸쳐 통정매매하고, 1999. 10. 7~11. 9. 303회에 걸쳐 직전가(전일종가)
및 상대호가 대비 고가매수주문 등을 함으로써 그 시세를 상승시키는 매
매거래를 하고, 1999. 11. 1~9. 19회에 걸쳐 직전가 또는 전일종가 대비 현
저히 낮은 가격으로 대량허위매수를 주문하였다.

3. Y는 시세조종 등 불공정거래행위를 하여 구 증권거래법 제210조 제5호
및 제207조의2 제2호 등을 위반한 혐의로 기소되었다.

• 법원의 판단

구 증권거래법 제188조의4 제1항은 "누구든지 상장유가증권 또는 협회
중개시장에 등록된 유가증권의 매매거래에 관하여 그 거래가 성황을 이루
고 있는 듯이 잘못 알게 하거나 기타 타인으로 하여금 그릇된 판단을 하게
할 목적으로 다음 각 호의 1에 해당하는 행위를 하지 못한다"고 규정하면
서 제1호에서 "자기가 매도하는 같은 시기에 그와 같은 가격으로 타인이
그 유가증권을 매수할 것을 사전에 그자와 통정한 후 매도하는 행위"를, 제
2호에서 "자기가 매수하는 같은 시기에 그와 같은 가격으로 타인이 그 유
가증권을 매도할 것을 사전에 그자와 통정한 후 매수하는 행위"를 각 규정
하고 있는바, 여기에서 "그 거래가 성황을 이루고 있는 듯이 잘못 알게 하
거나 기타 타인으로 하여금 그릇된 판단을 하게 할 목적"이라 함은, 인위
적인 통정매매에 의하여 거래가 일어났음에도 불구하고 투자자들에게는
유가증권시장에서 자연스러운 거래가 일어난 것처럼 오인하게 할 의사로
서, 그 목적의 내용을 인식함으로써 충분하고 적극적 의욕까지는 필요하
지 않다고 할 것이다(Y가 매집을 의도한 F회사 주식물량은 시중에 유통 중인

것의 절반가량을 매입할 수 있는 막대한 규모인 점, 위 기간 중 실제 거래량이 총 거래량의 20~30퍼센트에 달하는 점, 위와 같은 주식매집으로 실제 F회사 주가가 1만 3,000원대에서 3만 4,000원대까지 상승한 점을 들어 Y의 범의 인정).

| 생각해 볼 사항 |

통정매매, 가장매매에서의 오인 목적을 현실 거래에서의 유인 목적([판례 6-4] 대법원 2001. 6. 26. 선고 99도2282 판결 참고)과 비교해 보자. 특히 현실 거래에 의한 시세조종의 경우, 유인 목적을 완화하여 해석하면 정상적인 증권매매거래와의 구분이 곤란해진다는 문제도 생각해 볼 필요가 있다.

2. 현실 거래에 의한 시세조종

[판례 6-3] 대법원 1994. 10. 25. 선고 93도2516 판결[주식회사의 외부감사에 관한 법률 위반, 증권거래법 위반] ― '유가증권의 시세를 변동시키는 매매거래행위'의 의미 및 최초로 상장되는 주식의 경우 이에 해당하는지 여부[32]

● 사실관계

1. Y1은 1992. 1. 23. 상장된 P회사의 대표이사로서 위 회사의 총주식 중 27.1퍼센트에 해당하는 49만 8,561주를 1주당 5,000원씩 배정받아 소유하고 있으며, Y2는 위 회사의 총주식 중 8퍼센트에 해당하는 10만 2,400주를

---

32) 이 사건 관련 민사판결은 [판례 2-3] 서울지방법원 남부지원 1994. 5. 6. 선고 92가합11689 판결 ; 서울고등법원 1995. 6. 14. 선고 94나21162 판결(확정)과 [판례 5-12] 서울지방법원 남부지원 1994. 5. 6. 선고 92가합11689 판결 참조.

1주당 8,500원씩 배정받아 타인 명의로 보유하고 있었다.

2. Y1과 Y2는 1992. 1. 23. 상장 당일 거래되는 P회사의 거래기준시가를 결정함에 있어, 신규 상장법인의 경우 기상장된 법인과는 달리 매수주문만 먼저 받아 매수주문가격이 높은 순서로 주문가격과 수량을 나열한 후, 주문수량을 순차적으로 합산하여 총매수주문량의 2분의 1에 해당하는 주문수량이 속하는 주문가격을 상장 당일 기준가로 결정하는 방식을 채택하고 있음을 기화로 위 회사의 주식가격이 1주당 8,000~8,500원이 적정선이라는 사실을 알면서도 Y1은 가명 계좌 1개를 통하여 100주를 8,500원씩에, Y2는 가명 계좌 6개를 통하여 도합 640주를 최저 1만 2,000원, 최고 1만 5,000원씩에 각 매수주문을 하였고, 그 결과 위 주식의 기준가가 공모가액 6,000원의 2.4배에 달하는 금 1만 4,500원에 결정되었다.

3. 그런데 P회사가 증권거래소에 상장된 1992. 1. 23. 당일 Y1과 Y2를 제외하고 1명이 1주당 8,500원의 가격으로 단 10주의 매수주문을 냈으며, 그나마 매매계약이 체결된 것은 총 750주의 매수주문 중 540주에 불과하였다.

4. Y1과 Y2는 구 증권거래법 제105조 제2항[33] 위반의 공동정범으로 기소되었다.

• 법원의 판단

원심은 피고인들의 증권거래법 위반의 점에 대하여 무죄를 선고하였고, 대법원은 원심판결을 유지하였다.

---

33) 증권거래법(법률 제4469호 1991. 12. 31) 제105조(시세조종 등 불공정거래의 금지)
② 누구든지 유가증권시장에서의 매매거래를 유인할 목적으로 다음 각 호의 1에 해당하는 행위를 하지 못한다.
1. 단독으로 또는 타인과 공모하여 유가증권의 매매거래가 성황을 이루고 있는 듯이 오인하게 하거나 그 시세를 변동시키는 매매거래 또는 그 위탁이나 수탁을 하는 것

■ 원심 : 서울형사지방법원 1993. 7. 23. 선고 92노8174, 93노655(병합)
　판결

설령 P회사가 일반인에게 잘 알려지지 않은 회사이고 상장 초기에는 주식거래가 많지 않은 것이 보통이더라도 발행주식총수가 184만 주에 이르는 P회사의 주식에 대하여 피고인들이 고작 740주의 매수주문을 냈을 뿐, 그후 계속적인 거래행위에 관여한 바 없고 당일 총매수주문이 750주인데도 매매계약이 체결된 것은 그에도 못 미치는 540주 정도의 수준이라면, 피고인들의 이 사건의 행위를 유가증권의 매매거래가 성황을 이루고 있는 듯이 오인하게 한 행위로 보기 어렵다고 할 것이고, 피고인들이 여러 개의 가명 계좌를 사용하였다고 하더라도 마찬가지이다.

또한 최초 상장된 주식의 경우 기형성된 주식의 시세라는 것이 존재하지 아니할 뿐 아니라 주식시장에 있어서 자유시장경쟁원리에 입각한 수요와 공급의 원칙에 따라 결정되는 시세가 아닌 합리적인 주식시세의 개념을 상정할 수 없으므로 피고인들의 위 행위는 주식 상장기준가의 조작행위에 해당한다고는 할 수 있을지언정 구 증권거래법의 규율대상인 주식의 시세를 변동시키는 매매거래행위에 해당한다고는 할 수 없다.

■ 대법원

구 증권거래법 제105조 제2항 제1호의, "유가증권의 매매거래가 성황을 이루고 있는 듯이 오인하게" 하는 유가증권의 매매거래에 해당하는지의 여부에 관하여는 당해 유가증권의 성격, 발행주식의 총수, 종전 및 당시의 거래 상황, 증권시장의 상황 등을 종합적으로 고려하여 판단하여야 하며, 동호의 "유가증권의 시세를 변동시키는 매매거래행위"라 함은 유가증권시장에서 수요·공급의 원칙에 의하여 형성된 유가증권의 가격을 인위적으로 상승 또는 하락시키는 등의 조작을 가하는 매매거래를 말하는 것으로서, 최초로 상장되는 주식의 경우에는 기형성된 주식가격이 없으므로 비록 상장 당일 매매거래의 가격제한 폭의 적용기준인 상장기준가에 영향을 미치는 매매거래라 할지라도 이에 해당한다고 볼 수 없다 할 것이다.

| 생각해 볼 사항 |

1. 시세조종행위의 보호 법익은 자본시장의 공정성과 신뢰성 그리고 효율성으로 표현되는 자본시장의 가격결정기능의 정상적인 작동을 보호하는 데 있다. 일반적인 의미에서 '시세'는 '유가증권시장에서 수요·공급의 원칙에 의하여 형성된 유가증권의 가격'을 의미하는 것이므로 [판례 6-3]에서 문제 된 사안은 "최초로 상장되는 주식의 경우에는 기형성된 주식가격이 없으므로 비록 상장 당일 매매거래의 가격제한 폭의 적용기준인 상장기준가에 영향을 미치는 매매거래라 할지라도 시세조종에 해당하지 않는다"고 본 것이다. 시세라는 용어의 사전적 의미에 충실한 해석이라 할 수 있을지 몰라도 시세조종행위를 규제하는 입법 목적에 비추어 재검토될 여지는 있다고 본다.

2. 자본시장법은 증권시장에 최초로 형성되는 시세도 현실 거래에 의한 시세조종대상에 포함하고 있으므로[34] 이 사건과 같은 사안도 시세조종으로 금지되도록 입법적으로 해결하였다.

---

34) 자본시장법 제176조(시세조종행위 등의 금지)
　② 누구든지 상장증권 또는 장내파생상품의 매매를 유인할 목적으로 다음 각 호의 어느 하나에 해당하는 행위를 하여서는 아니 된다. 〈개정 2013. 5. 28.〉
　1. 그 증권 또는 장내파생상품의 매매가 성황을 이루고 있는 듯이 잘못 알게 하거나 그 시세(증권시장 또는 파생상품시장에서 형성된 시세, 다자간매매 체결 회사가 상장주권의 매매를 중개함에 있어서 형성된 시세, 그 밖에 대통령령으로 정하는 시세를 말한다. 이하 같다)를 변동시키는 매매 또는 그 위탁이나 수탁을 하는 행위
　자본시장법 시행령 제202조(시세조종행위의 대상이 되는 시세) 법 제176조 제2항 제1호에서 '대통령령으로 정하는 시세'란 상장(금융위원회가 정하여 고시하는 상장을 포함한다)되는 증권에 대하여 증권시장에서 최초로 형성되는 시세를 말한다.

〔판례 6-4〕 대법원 2001. 6. 26. 선고 99도2282 판결〔증권거래법 위반〕―
'매매거래를 유인할 목적'의 의미 및 '유가증권의 매매거래가 성
황을 이루고 있는 듯이 잘못 알게 하거나 그 시세를 변동시키는
매매거래'에 해당하는지 여부의 판단기준

● 사실관계

1. Y1은 대학동창인 A로부터 P회사[35]의 인수·합병이 진행되고 있어 주가가 크게 오를 것이니 이를 매수하라는 권유를 받았다. Y1은 1997. 4. 하순 P회사의 주식 1만 주를 6억 7,500만 원에 매입하였는데, 그 대금 가운데 2억 7,000만 원은 자신이 조달하였으나 나머지 약 4억 원은 신용매수로서 그 주식을 담보로 증권회사로부터 차용하여 충당하였다.

2. P회사의 주가가 1997. 5. 폭락하기 시작하여 1997. 6. 초에는 4만 원대에 이르렀고 그 주가 하락으로 큰 손해를 보게 되었을 뿐만 아니라 담보부족을 걱정하여야 할 입장이 된 Y1은 이를 A에게 항의하는 과정에서 A가 보유주식을 고가에 처분하기 위하여 P회사의 인수·합병의 정보를 퍼뜨리며 그 주식의 매입을 권유하였다는 것을 알게 되었다.

3. 이에 Y1은 1997. 7. 초순 지인의 소개로 알게 된 B증권회사 압구정지점의 영업담당 과장인 Y2에게 P회사의 인수·합병이 추진되고 있어 주가가 크게 오를 것이라고 하며 그 주식의 매집에 참여하라고 권유하여 그로 하여금 그 고객인 Y3의 예탁금으로 P회사의 주식을 매입하도록 권유하였다. 또한 Y1은 1997. 6. 4~9. 30. 사이에 C증권 삼풍지점 등에 본인과 직원

[35] 위 회사는 농약의 제조·판매 등을 목적으로 하는 중소기업체로서 1997. 1. 당시 자본금이 약 35억 원으로 매출액 약 407억 원에 비해 현저히 적고 발행주식총수가 약 70만 주로서 적은 편일 뿐만 아니라 증권시장에서 유통되는 주식의 거래량도 많지 않았으며 주가는 2만 원대에 머물렀으나, 1997. 4. 증권시장에서 소외 회사의 M&A에 관한 소문이 나돌면서 그 주가가 크게 오르고 거래량도 급증하였다.

등의 명의로 개설된 계좌 7개로 P회사의 주식을 거래하면서 전후장의 각 시초가 결정을 위한 거래부터 전일의 종가 또는 직전가보다 고가의 매수주문을 하고 장중거래에서 직전가 또는 상대호가에 비하여 고가의 매수주문을 하며, 종가 결정을 위한 거래에서도 직전가보다 고가의 매수주문을 하는 등 51회에 걸쳐 합계 1만 1,430주의 매매거래를 하여 주가를 인위적으로 고가로 형성시켰다. Y2와 Y3 또한 1997. 7. 21〜9. 18. 그들이 관리하는 계좌 사이에서 16회에 걸쳐 1만 9,230주를 고가로 가장매매함과 아울러 37회에 걸쳐 2만 1,150주를 직전가 내지 상대호가보다 고가의 매수주문을 하는 등에 의한 매매거래를 하였고, 그 결과 P회사의 주가가 1997. 6. 중순 4만 3,000원에서 1997. 9. 중순에는 11만 5,000원으로 급등하였다가 그후 급락하였다.

• 법원의 판단

구 증권거래법 제188조의4 제2항은 "누구든지 유가증권시장 또는 협회중개시장에서의 매매거래를 유인할 목적으로 다음 각 호의 1에 해당하는 행위를 하지 못한다"고 규정하면서, 제1호에서 '단독으로 또는 타인과 공모하여 유가증권의 매매거래가 성황을 이루고 있는 듯이 잘못 알게 하거나 그 시세를 변동시키는 매매거래 또는 그 위탁이나 수탁을 하는 행위'를 들고 있는바, 여기에서 '매매거래를 유인할 목적'이라 함은 인위적인 조작을 가하여 시세를 변동시킴에도 불구하고 투자자에게는 그 시세가 유가증권시장에서의 자연적인 수요·공급의 원칙에 의하여 형성된 것으로 오인시켜 유가증권의 매매거래에 끌어들이려는 목적을 말하고, '유가증권의 매매거래가 성황을 이루고 있는 듯이 잘못 알게 하거나 그 시세를 변동시키는 매매거래'에 해당하는지의 여부는 그 유가증권의 성격과 발행된 유가증권의 총수, 매매거래의 동기와 유형, 그 유가증권가격의 동향, 종전 및 당시의 거래 상황 등을 종합적으로 고려하여 판단하여야 할 것이다.

P회사의 자본금의 규모와 발행주식의 총수, 피고인이 소외 회사의 주식을 매수한 경위, 이 사건 매매거래의 동기와 태양, 주가의 추이 및 당시의 거래 상황 등을 종합하여 볼 때, 이 사건 매매거래는 P회사의 주가를 인위적으로 조작하여 상승시킴으로써 종전의 주가 하락으로 인한 손해를 보전하고 담보 부족 등을 해소하기 위하여 행하여진 변칙적 거래(속칭 '작전'행위)로서 '유가증권의 매매거래가 성황을 이루고 있는 듯이 잘못 알게 하거나 그 시세를 변동시키는 매매거래'에 해당하고, 이와 같이 인위적인 조작으로 주가를 상승시킨 것은 일반 투자자로 하여금 소외 회사의 주식이 유망한 것처럼 오인시켜 그 주식의 매매거래에 끌어들이려는 목적에서 비롯된 것이라고 봄이 상당하다.

| 생각해 볼 사항 |

1. 어떠한 정당한 거래도 시세에 영향을 미칠 수밖에 없기 때문에 현실거래에 의한 시세조종을 포함한 시세조종에서 가장 어려운 부분은 '불공정한 시세조종행위'와 '정당한 매매거래행위'를 구분하는 것이다. 자본시장법에서는 그 구분기준으로 유인 목적이라는 주관적인 요건을 규정하고 있다. 법원에서는 "여기에서 '매매거래를 유인할 목적'이라 함은 인위적인 조작을 가하여 시세를 변동시킴에도 불구하고 투자자에게는 그 시세가 유가증권시장에서의 자연적인 수요·공급의 원칙에 의하여 형성된 것으로 오인시켜 유가증권의 매매거래에 끌어들이려는 목적"으로 보고 있다.

2. 이러한 유인 목적은 "별개의 목적이 동시에 존재하거나 그중 어느 목적이 주된 것인가를 문제 삼지 않고, 목적에 대한 인식의 정도도 미필적 인식으로 충분하며, 한편 구 증권거래법 제184조의4 제2항 제1호 소정의 '유가증권의 매매거래가 성황을 이루고 있는 듯이 잘못 알게 하거나 그 시세를 변동시키는 매매거래'라 함은 본래 정상적인 수요·공급에 따라 자유경쟁시장에서 형성될 시세 및 거래량을 시장요인에 의하지 아니한

다른 요인으로 인위적으로 변동시킬 가능성이 있는 거래를 말하는 것일 뿐 그로 인하여 실제로 시세가 변동될 필요까지는 없고, 일련의 행위가 이어진 경우에는 전체적으로 그 행위로 인하여 시세를 변동시킬 가능성이 있으면 충분"하다(〔판례 6-1〕대법원 2001. 11. 27. 선고 2001도3567 판결 ; 대법원 2002. 7. 26. 선고 2001도4947 판결 ; 대법원 2005. 11. 10. 선고 2004도1164 판결 ; 〔판례 5-8〕대법원 2006. 5. 11. 선고 2003도4320 판결).

3. 또한 현실 거래에 의한 시세조종의 요건 중 하나인 '유가증권의 매매거래가 성황을 이루고 있는 듯이 잘못 알게 하거나 그 시세를 변동시키는 매매거래'에 해당하는지의 여부에 대하여 '그 유가증권의 성격과 발행된 유가증권의 총수, 매매거래의 동기와 유형, 그 유가증권 가격의 동향, 종전 및 당시의 거래 상황 등을 종합적으로 고려하여 판단하여야 할 것'이라고 보고 "이상의 각 요건에 해당하는지 여부는 당사자가 이를 자백하지 않더라도 그 유가증권의 성격과 발행된 유가증권의 총수, 가격 및 거래량의 동향, 전후의 거래 상황, 거래의 경제적 합리성과 공정성, 가장 혹은 허위매매 여부, 시장관여율의 정도, 지속적인 종가 관리 등 거래의 동기와 태양 등의 간접사실을 종합적으로 고려하여 이를 판단할 수 있다"라고 하여 거래행태의 분석에 기초한 포괄적인 인정 가능성을 열어 두고 있다. 가장·통정매매에서 요구되는 '유가증권의 매매거래가 성황을 이루고 있는 듯이 잘못 알게 하거나 기타 타인으로 하여금 그릇된 판단을 하게 할 목적'도 역시 여러 간접사실을 종합적으로 고려하여 판단할 수 있다(〔판례 6-1〕대법원 2001. 11. 27. 선고 2001도3567 판결).

4. 이와 같은 유인 목적의 의의와 범위 그리고 그 입증방법에 대한 법원의 입장이 죄형법정주의의 요청에 비추어 지나치게 불명확하고 추상적인 기준이라고 비판받을 여지가 있는지 생각해 보자.

반면 불공정거래행위가 가지는 자본시장의 신뢰성과 공정성 그리고 효율성에 대한 위험의 정도에 비추어 시세조종을 주도하거나 참여할 정도의 시장 참여자라면 정상적인 거래행태에 해당하는지 여부에 대하여 명확한

인식을 갖고 있을 것이므로 유인 목적의 의의와 입증방법에 대한 법원의
입장이 특별히 문제 되지 않는다는 견해에 대해서도 생각해 보자.

〔판례 6-5〕 대법원 2007. 11. 29. 선고 2007도7471 판결〔증권거래법 위반,
    상법 위반, 사기〕— 현실 매매에 의한 시세조종의 주관적 요건 : 유
    인 목적

● 사실관계

1. Y는 C로부터 P회사의 인수 · 합병을 의뢰받고 2005. 5.부터 P회사의
주식을 매집하기 시작하여 2005. 6. 7~7. 20. A · B 등으로 하여금 고가매
수주문 66회, 통정매매주문 8회, 종가관여주문 5회를 내도록 하여 P회사
주가를 1,445원에서 2,930원으로 상승시켰고, 영업일 1일기준으로 평균
2.45회 정도 빈번한 거래주문을 내었다.

2. Y는 P회사 주식을 5퍼센트 이상 보유하고서도 대량보유신고를 하지
아니하여 의결권행사가 제한되었고, 또한 기업인수 · 합병을 하기 위한 통
상의 법률적 · 회계적 준비를 하지 않고 있었다. 또한 통상의 기업인수 · 합
병의 의사가 있는 자들이 주가 상승을 최대한 억제하면서 물량을 매집하
는 것과는 달리, Y는 A · B 등을 통해 매집단계부터 고가주문 및 통정매매
주문을 반복하면서 주가를 상승시키고, 그 과정에서 P회사의 예상 실적 및
예상 주가가 과대평가된 기업분석보고서의 주요 내용을 2005. 6. 말경 인
터넷에 유포시켜 주가 상승을 유도하였다.

3. Y는 P회사의 인수 · 합병을 의뢰한 C가 제공한 자금과 계좌를 이용하
여 P회사 주식 160만 주를 매집한 것과는 별도로 자신의 지인들로부터 유
치한 자금과 계좌로 P회사 주식 140만 주를 매집하였다. Y의 입장에서는
별도로 유치한 자금에 대해 이익을 배당하려면 P회사의 주가를 끌어올려

수익을 창출할 필요가 있었다.

4. C가 유사 수신행위 등으로 수사를 받게 되면서 자금 회수를 요청하여 Y는 2005. 7. 21. 160만 주 중 143만 주를 사채업자에게 담보로 제공하여 20억 원을 융통하였으나 위 주식을 처분하지는 않은 채 주가 유지를 위해 시세조종에 나섰고, 2005. 8.경에 이르러서는 P회사의 대주주 측에 위 주식의 인수를 제의하는 등 매매 차익을 실현하려고 하였다.

5. Y는 구 증권거래법 제188조의4 제1항 및 제2항[36) 위반으로 기소되었다.

• 법원의 판단

피고인은 2005. 6. 7~7. 20.의 기간 동안에는 단순히 P회사의 인수·합병을 위해 그 주식을 매집한 것일 뿐 시세조종행위를 한 것이 아니었다가 2005. 7. 21.부터

---

36) 구 증권거래법(법률 제7428호 2005. 3. 31) 제188조의4(시세조종 등 불공정거래의 금지)

② 누구든지 유가증권시장 또는 코스닥시장에서의 매매거래를 유인할 목적으로 다음 각 호의 1에 해당하는 행위를 하지 못한다. 〈개정 2004. 1. 29.〉

1. 단독으로 또는 타인과 공모하여 유가증권의 매매거래가 성황을 이루고 있는 듯이 잘못 알게 하거나 그 시세를 변동시키는 매매거래 또는 그 위탁이나 수탁을 하는 행위

2. 당해 유가증권의 시세가 자기 또는 타인의 시장조작에 의하여 변동한다는 말을 유포하는 행위

3. 당해 유가증권의 매매에 있어서 중요한 사실에 관하여 고의로 허위의 표시 또는 오해를 유발하게 하는 표시를 하는 행위

자본시장법 제176조(시세조종행위 등의 금지)

② 누구든지 상장증권 또는 장내파생상품의 매매를 유인할 목적으로 다음 각 호의 어느 하나에 해당하는 행위를 하여서는 아니 된다.

1. 그 증권 또는 장내파생상품의 매매가 성황을 이루고 있는 듯이 잘못 알게 하거나 그 시세(증권시장 또는 파생상품시장에서 형성된 시세, 전자증권중개회사가 상장주권의 매매를 중개함에 있어서 형성된 시세, 그 밖에 대통령령으로 정하는 시세를 말한다. 이하 같다)를 변동시키는 매매 또는 그 위탁이나 수탁을 하는 행위

비로소 시세조종행위에 나선 것일 뿐이라고 변소하였으나, 원심 및 대법원은 이를 배척하고 피고인이 2005. 6. 7.부터 이미 이 사건 시세조종의 범행을 시작하였음이 충분히 인정된다고 판단하였다.

구 증권거래법 제188조의4 제2항 소정의 '매매거래를 유인할 목적'이라 함은 인위적인 조작을 가하여 시세를 변동시킴에도 불구하고, 투자자에게 는 그 시세가 유가증권시장에서의 자연적인 수요 · 공급의 원칙에 의하여 형성된 것으로 오인시켜 유가증권의 매매에 끌어들이려는 목적으로서 이 역시 다른 목적과의 공존 여부나 어느 목적이 주된 것인지는 문제 되지 아니하고 목적에 대한 인식의 정도도 미필적 인식으로 충분하며, 한편 동 조항 제1호 소정의 '유가증권의 매매거래가 성황을 이루고 있는 듯이 잘못 알게 하거나 그 시세를 변동시키는 매매거래'라 함은 본래 정상적인 수요 · 공급에 따라 자유경쟁시장에서 형성될 시세 및 거래량을 시장요인에 의하지 아니한 다른 요인으로 인위적으로 변동시킬 가능성이 있는 거래를 말하는 것일 뿐 그로 인하여 실제로 시세가 변동될 필요까지는 없고, 일련의 행위가 이어진 경우에는 전체적으로 그 행위로 인하여 시세를 변동시킬 가능성이 있으면 충분한데, 이상의 각 요건에 해당하는지 여부는 당사자가 이를 자백하지 않더라도 그 유가증권의 성격과 발행된 유가증권의 총수, 가격 및 거래량의 동향, 전후의 거래 상황, 거래의 경제적 합리성과 공정성, 가장 혹은 허위매매 여부, 시장관여율의 정도, 지속적인 종가 관리 등 거래의 동기와 태양 등의 간접사실을 종합적으로 고려하여 이를 판단할 수 있다(대법원 2006. 5. 11. 선고 2003도4320 판결 등 참조).

| 생각해 볼 사항 |

1. [판례 6-5]는 현실 거래에 의한 시세조종의 주관적 요건인 유인 목적을 해석한 것으로서 구 증권거래법 제188조의4 제2항(자본시장법 제176조

제2항에 해당) 소정의 '매매거래를 유인할 목적'을 "인위적인 조작을 가하여 시세를 변동시킴에도 불구하고, 투자자에게는 그 시세가 유가증권시장에서의 자연적인 수요·공급의 원칙에 의하여 형성된 것으로 오인시켜 유가증권의 매매에 끌어들이려는 목적"으로 정의하고 있다. 이 정의에서 핵심은 '유가증권의 매매에 끌어들이려는 목적'이라는 점에서 단순한 시세의 인위적 조작 목적이나 오인 목적과는 구별된다. 〔판례 6-5〕는 유인 목적의 판단에 관하여 〔판례 6-1〕 대법원 2001. 11. 27. 선고 2001도3567 판결과 마찬가지로 다른 목적과의 공존 여부나 어느 목적이 주된 것인지는 문제되지 아니하고, 목적에 대한 인식의 정도도 미필적 인식으로 충분하다고 하여 매우 넓게 인정하고 있다.

2. 현실 거래에 의한 시세조종의 요건 중 '유가증권의 매매거래가 성황을 이루고 있는 듯이 잘못 알게 하거나 그 시세를 변동시키는 매매거래'를 '본래 정상적인 수요·공급에 따라 자유경쟁시장에서 형성될 시세 및 거래량을 시장요인에 의하지 아니한 다른 요인으로 인위적으로 변동시킬 가능성이 있는 거래'를 말하는 것으로 정의하고 "그로 인하여 실제로 시세가 변동될 필요까지는 없고, 일련의 행위가 이어진 경우에는 전체적으로 그 행위로 인하여 시세를 변동시킬 가능성이 있으면 충분"하다고 하여 위험범임을 선언하고 있다. 이 요건 역시 당사자가 이를 자백하지 않더라도 여러 간접사실을 종합적으로 고려하여 이를 판단할 수 있다.

3. 현실 거래에 의한 시세조종을 그 행태상 정상적인 거래와 구별하는 것이 어렵기 때문에 유인 목적은 양자를 구별하는 기능을 담당한다. 대량매매에 의하여 증권가격이 변동되는 것은 매우 자연스러운 현상이기 때문이다. 이러한 제도적 기능을 수행하는 유인 목적이라는 주관적 요건을 넓게 인정하는 것이 죄형법정주의에 반한다고 볼 여지는 없는지, 자본시장의 공정성과 안정성 그리고 효율성의 유지라는 불공정거래규제의 보호 법익에 비추어 이러한 폭넓은 해석이 불가피하다고 볼 수 있는지 생각해 보자.

〔판례 6-6〕 대법원 2002. 6. 14. 선고 2002도1256 판결〔증권거래법 위반〕—
매수 의사 없이 하는 일련의 허수주문행위가 현실 거래에 의한 시
세조종행위에 해당하는지 여부(적극)

• 사실관계

Y는 자신이 매입한 주식을 고가에 매도하여 차액에 따른 이익을 얻을
목적으로 단일하고 계속된 범의하에 2000. 8. 1～2001. 2. 1. 실제 매수 의
사가 없는 대량의 허수 매수주문을 내어 매수 잔량을 증가시키거나 매수
잔량의 변동을 심화시켜 일반 투자자의 매수세를 유인하여 주가를 상승시
킨 후 매수주식을 고가에 매도하고 허수 매수주문을 취소하는 동일한 방
법으로 합계 7,542회에 걸쳐 168개 종목에 관하여 시세조종행위를 하였다.

이 사건 시세조종행위와 관련된 주식 매매거래의 총매도금액은 합계 금
248억 7,962만 3,980원이고 총매수금액은 금 247억 286만 7,360원이었으
며, 거래비용〔매수수수료(0.028퍼센트) · 매도수수료(0.028퍼센트) · 증권거래세
(0.3퍼센트)〕으로는 합계 금 8,852만 1,970원이 들었다.

• 법원의 판단 [37]

매매계약의 체결에 이르지 아니한 매수청약 또는 매수주문이라 하더라

---

37) 원심은 피고인에 대하여 구 증권거래법 제188조의4 제2항 위반죄를 인정하면서
피고인이 시세조종행위로 얻은 이익이 1억 7,675만 6,620원(총매도금액 248억
7,962만 3,980원—총매수금액 247억 286만 7,360원)임을 전제로 하여 벌금 2억
원을 선고하였다. 이에 대하여 대법원은 구 증권거래법 위반죄의 성립을 인정하면
서 벌금형의 기초가 된 '위반행위로 얻은 이익'의 계산이 잘못되었다는 이유로 원심
을 파기환송하였다. 이익 산정방법에 대하여 대법원은 〔판례 6-12〕 대법원 2009. 4.
9. 선고 2009도675 판결과 같은 취지의 판시를 하였다(총매도금액에서 총매수금액
을 뺀 시세 차익에서 거래비용 8,852만 1,970원을 공제해야 한다는 것이다).

도 그것이 유가증권의 가격을 상승 또는 하락시키는 효과를 갖고 제3자에 의한 유가증권의 매매거래를 유인하는 성질을 가지는 이상 여기에 해당하고, 단지 매수주문량이 많은 것처럼 보이기 위하여 매수 의사 없이 하는 허수 매수주문도 구 증권거래법 제184조의4 제2항 제1호가 금지하는 이른바 현실 거래에 의한 시세조종행위의 유형에 속한다고 할 것이다.

| 생각해 볼 사항 |

1. 허수주문도 현실 거래에 의한 시세조종에 해당한다고 본 판결로서 매우 중요한 선례에 해당한다. 허수주문은 비록 매매 체결에 이르지는 못하였지만 대량의 매수 또는 매도주문이 이루어진 것만으로도 충분히 자본시장의 정상적인 시장기능을 침해할 수 있으므로 타당한 판시라고 하겠다.

2. 국채선물시장에서 시장지배력과 정보력·자금력을 갖춘 투자회사가 시장 참여자들에게 그 거래 내역이 공개되는 범위인 현재가의 아래위 5단계 내 호가에 대량의 허수 주문과 취소를 지속적으로 반복한 행위가 구 선물거래법 제31조 제1항의 시세조종행위에 해당한다고 본 판결(대법원 2008. 12. 11. 선고 2006도2718 판결)도 〔판례 6-6〕과 같은 취지라고 하겠다.

〔판례 6-7〕 대법원 2012. 11. 29. 선고 2012도1745 판결〔증권거래법 위반〕— 녹아웃옵션 관련 주가조작 : 현실 매매에 의한 시세조종에서의 매매 유인 목적

• 사실관계

1. D은행 런던지점은 T회사로부터 H은행 주식 285만 9,370주를 1주당

7,930원에 매수하면서 동시에 T회사에게 행사가격 1주당 7,892원으로 285만 9,370주에 대한 유럽식 콜옵션을 부여하였다. 콜옵션계약에는 H은행 주가가 행사가격의 200퍼센트(1만 5,784원) 이상이 되면 옵션이 소멸하는 내용의 녹아웃조건이 포함되어 있었다. A는 D은행의 계열회사인 D증권 직원으로 위 옵션계약과 관련된 헤지거래업무를 담당하였고, B는 T회사의 자금팀장이었다.

2. 2004. 2. 19. H은행 주가가 1만 5,800원 전후로 등락하자, A는 (i) 그날 14시 45분 H은행 주가가 1만 5,750원인 상태에서 16만 주를 1만 5,800원에 매수주문하도록 지시하였고, 그 지시에 따라 다른 직원 Q가 14시 46분 13초에 3만 주, 14시 46분 16초에 2만 주, 14시 46분 54초에 1만 주를 매수주문하여 1만 5,750원의 매도 잔량을 거의 소진한 후, 14시 49분 50초에 4만 주를 매수주문하여 1만 5,750원 호가의 매도 잔량 230주와 1만 5,800원 호가의 매도 잔량 1,810주 전부 매매거래가 체결되어 동시호가 직전가격을 1만 5,800원으로 형성시킨 후 나머지 3만 7,960주는 동시호가 시간대로 넘어갔고, 이후 14시 59분 59초에 다시 1만 5,800원으로 6만 주의 매수주문을 제출하여 이 매수주문량 역시 동시호가 시간대로 넘어갔다. (ii) 그날 14시 54분 D증권 홍콩 직원에게 요청하여 14시 59분 43초에 H은행 주식 93만 주를 1만 5,800원에 지정가 매수주문하도록 하였다. A는 위 주문 중 14시 49분 50초 4만 주의 매수주문과 14시 59분 43초의 93만 주 매수주문이 매매거래가 성황을 이루고 있는 듯이 잘못 알게 하거나 그 시세를 변동시키는 매매거래에 해당하는 것으로 기소되었다.

3. 한편 B는 2004. 2. 19. 14시 59분 37초에 예상 체결가격이 1만 5,800원인 상태에서 H은행 주식 35만 주를 시장가(매도주문인 경우 하한가를 의미하고 당시 하한가는 1만 2,500원)에 대량 매도주문하여 예상 체결가격이 1만 5,300원으로 급락하고 예상 체결물량이 25만 1,960주에서 42만 680주로 증가하였고, 이 35만 주의 대량매도주문이 H은행 시세를 인위적으로 변동시킨 것으로 기소되었다.

• 법원의 판단

▌원심판결 : 서울고등법원 2012. 1. 13. 선고 2011노433 판결

1. A의 행위

…피고인 A가 종가 동시호가 시간대에 H은행 주식 93만 주를 지정가 1만 5,800원에 매수주문한 것은… 델타헤지원리에 따른 공매도수량을 청산하기 위한 목적도 있었다고 보이나, …피고인 A의 고가 매수주문과 연계하여 전체적으로 볼 때 위와 같은 1만 5,800원 지정가 매수주문은 H은행의 주가를 이 사건 녹아웃옵션계약상의 녹아웃가격(1만 5,784원) 이상으로 변동시킬 의도로 주문한 것으로서, 그 주문으로 인하여 당시 H은행 주식의 예상 체결가격이 상승하지 않을 뿐 예상 체결수량을 크게 증가시켜 일반 투자자들로 하여금 H은행 주식에 대한 매수세가 유입되어 매매거래가 성황을 이루고 있는 것으로 오인하게 되는 종가관여주문에 해당한다고 봄이 상당하다. … 전체적으로 볼 때 피고인 A는 동시호가 시간대에 들어가기 직전에 4만 주의 고가매수주문을 제출하여 H은행의 주가를 1만 5,800원으로 변동시킨 수, 장 마감 직전에 T회사의 매도물량(약 70만 주 정도로 예상한 것으로 보인다)을 훨씬 초과하는 H은행 주식 93만 주를 1만 5,800원 지정가로 매수주문을 제출함으로써 H은행 주식의 종가를 T회사의 매도물량에도 불구하고 녹아웃가격 이상인 1만 5,800원으로 형성시키려고 하였던 것으로 보인다.

… '매매거래를 유인할 목적'은 다른 목적과의 공존 여부나 어느 목적이 주된 것인지는 문제 되지 아니하고, 목적에 대한 인식의 정도도 미필적 인식으로 충분한바, …다음과 같은 사정들, 즉 ① …T회사가 갖고 있는 물량을 초과하는 대량의 매수주문을 제출함으로써 H은행의 종가가 녹아웃가격 이상으로 되도록 관여할 필요성이 있었던 점, ② …녹아웃조건이 성취될 경우 D은행으로서는 장래 T회사에게 부담할 수도 있는 상당한 금액의 지급의무를 확정적으로 면하게 되는 등 D은행을 위하여 위 옵션계약과 관

런한 헤지거래를 하는 피고인 A로서도 H은행의 종가를 녹아웃가격 이상
으로 상승시킬 동기가 충분히 있어 보이는 점, ③ 앞의 고가매수주문과
연계하여 전체적으로 볼 때 피고인 A는 동시호가 시간대에 들어가기 직전
H은행의 주가를 1만 5,800원으로 형성한 후, 예상되는 T회사의 매도물량을
훨씬 초과하는 93만 주의 대량매수주문을 제출함으로써 H은행의 종가를
T회사의 대량매도물량에도 불구하고 녹아웃가격 이상인 1만 5,800원으로
형성시키려고 하였던 것으로 보이는 점, ④ 피고인 A는 이 사건 녹아웃옵
션계약에 관한 델타헤지거래의 이론상 델타값에 훨씬 미치지 못하는 50퍼
센트의 수준으로 헤지거래를 하여 그것을 정상적인 델타헤지거래라고 볼
수 있는지도 의문시되는 점 등을 종합하여 보면… 매매거래를 유인할 목
적이 있었다고 충분히 인정할 수 있다.

2. B의 행위

…피고인 B가 제출한 2004. 2. 19. 동시호가 시간대의 H은행 주식 35만
주의 시장가 매도주문은 일련의 거래가 아닌 동시호가 시간대 1회의 대량
매도주문이기는 하나 이로 인하여 예상 체결가격이 인위적으로 변동되었
고, 이러한 피고인 B의 행위는 H은행 종가를 이 사건 녹아웃옵션계약상의
녹아웃가격(1만 5,784원) 이하로 변동시키려는 의도에서 이루어진 시세조
종주문이라고 봄이 상당하고, 당시 피고인 B는 위와 같은 대량매도주문으
로 인하여 당해 주식의 매매거래에 제3자를 유인하여 종가가 녹아웃조건
이하 가격으로 변동될 가능성이 있음을 미필적이나마 인식한 상태에서 위
와 같은 매도주문을 제출하였다고 봄이 상당하므로 피고인 B에게 매매거
래를 유인할 목적이 인정된다.

▌대법원

1. 피고인A의 상고이유에 관하여

가. 원심은… ① H은행 주식의 종가 1만 5,800원은 D은행과 T회사가 체
결한 이 사건 옵션계약의 녹아웃조건을 성취시키는 최저 금액인 점, ② 피
고인 A가 Q에게 H은행 주식의 매수주문을 지시하면서 "동시호가 들어가

기 직전 가격이 1만 5,800원으로 끝나야 돼요"라고 말한 것은 단지 자신의 매수주문가격의 상한을 말한 것이 아니라 동시호가 시간대(장 종료 10분 전인 14시 50분부터 장 종료 시점인 15시까지 호가를 접수하여 단일가격에 의해 매매거래를 체결시키고 종가를 결정하는 시간대)에 들어가기 직전의 가격이 1만 5,800원이 되어야 한다는 의미임이 분명한 점, ③ 피고인 A로부터 H은행 주식 16만 주의 매수주문 지시를 받은 Q는 주로 T회사 측의 매도주문으로 인하여 형성된 1만 5,750원의 직전체결가격에 대응하여 2004. 2. 19. 14시 46분부터 직전가보다 50원 높은 1만 5,800원의 매수주문을 반복함으로써 H은행 주식의 시세를 1만 5,800원으로 형성시키려 했던 것으로 보이는 점, ④ 피고인 A는 Q에게 동시호가 시간대에 들어가기 직전의 가격이 1만 5,800원이 되어야 한다고 하면서 "그렇게 다 안 사셔도 좋아요"라고 하였는바, 이는 매수수량보다는 '1만 5,800원'이라는 가격에 중점을 둔 것이며, 피고인 A의 주장과 같이 이 사건 옵션계약의 녹아웃이 예상되어 공매도를 청산하기 위한 매수주문이었다면 위와 같이 말할 것이 아니라 적극적으로 매수주문을 지시했어야 할 것인 점, ⑤ 위와 같은 피고인 A의 지시에 따른 Q의 매수주문으로 인하여 H은행 주식의 동시호가 시간대 진입 직전의 가격이 1만 5,800원으로 형성되었는바, 이러한 직전가는 동시호가 시간대의 매도·매수주문의 기준가가 되어 종가 결정에 상당한 영향을 미치는 점 등을 종합하여 볼 때, 피고인 A가 Q를 통해 2004. 2. 19. 14시 49분 49초 매수호가 1만 5,800원에 H은행 주식 4만 주의 매수주문을 한 것은 동시호가 시간대 진입 직전의 가격을 인위적으로 이 사건 옵션계약의 녹아웃가격인 1만 5,800원으로 변동시키는 행위에 해당한다고 판단하였다.

나아가 원심은… ① 피고인 A는 동시호가 시간대에 T회사의 대량매도주문으로 H은행의 주가가 이 사건 옵션계약의 녹아웃가격 아래로 하락할 것을 충분히 예상하고 있었던 점, ② 위의 4만 주 매수주문과 연계하여 일련의 매수주문을 전체적으로 볼 때, 피고인 A는 동시호가 시간대 진입 직전에 4만 주의 매수주문을 하여 H은행의 주가를 1만 5,800원으로 변동시킨 후, 장 종료 직전에 동시호가 시간대에 예상되는 T회사의 매도물량을 초과하는 93만 주 대량매수주문을 매수호가 1만 5,800원에 함으로써 종가를 1만 5,800원으로 형성시키려고 한 것으로 보이는 점 등을 종합하여 보면, 피고인 A의 2004. 2. 19. 14시 59분 47초 매수호가 1만 5,800원의 93만 주 매수주문도 H은행 주식의 종가를 인위적으로 이 사건 옵션계약의 녹아웃가격 이상인 1만 5,800원으로 변동시키려는 의도로 행해진 시세변동행위에 해당한다고 판단하였다.

… 원심의 위와 같은 사실인정과 판단은 정당한 것으로 수긍이 가고, 거기에 논리와 경험의 법칙에 반하여 자유심증주의의 한계를 벗어나거나 필요한 심리를 다하지 아니하거나 헤지거래와 시세변동행위 및 그 범위에 관한 법리를 오해한 잘못이 없다.

나. … '매매거래를 유인할 목적'이란 인위적인 조작을 가하여 시세를 변동시킴에도 불구하고 투자자에게는 그 시세가 유가증권시장에서 자연적인 수요·공급의 원칙에 의하여 형성된 것으로 오인시켜 유가증권의 매매에 끌어들이려는 목적을 말하는바, 이러한 매매거래 유인 목적은 동시에 다른 목적이 있었더라도 인정될 수 있고 그중 어느 목적이 주된 것인지도 문제 되지 않으며, 목적에 대한 인식의 정도도 적극적인 의욕이나 확정적 인식임을 요하지 않고 미필적 인식이 있으면 충분하다(대법원 2003. 12. 12. 선고 2001도606 판결 ; 대법원 2006. 5. 11. 선고 2003도4320 판결 등 참조).

… 피고인 A가 2004. 2. 19. 동시호가 시간대 직전과 동시호가 시간대의 장 종료 직전에 위와 같이 1만 5,800원에 4만 주와 93만 주의 매수주문을 한 것은 일련의 과정에 비추어 볼 때, 인위적인 조작을 가하여 H은행의 주가를 이 사건 옵션계약의 녹아웃가격 이상인 1만 5,800원으로 변동시키려는 것임에도 불구하고 다른 투자자들에게는 그것이 시장에서의 자연적인 수요·공급의 원칙에 의하여 형성된 것으로 오인시켜 동시호가 시간대에 그 가격을 중심으로 매도·매수주문을 유인함으로써 종가를 녹아웃가격 이상으로 결정되도록 하려는 목적에서 이루어진 것이고, 그와 같이

변동된 시세가 종가 결정 후에도 다른 투자자들의 매수세를 유인할 수 있는 것으로서, 피고인 A의 위와 같은 행위는 구 증권거래법 제188조의4 제2항 제1호 소정의 매매거래를 유인할 목적의 시세변동행위에 해당한다고 봄이 상당하다.

2. 피고인 B의 상고이유에 관하여

원심은… 피고인 B가 2004. 2. 19. 장 종료 직전에 H은행 주식 35만 주를 시장가로 대량매도주문을 한 것은 H은행의 주가를 이 사건 옵션계약의 녹아웃가격 아래로 인위적으로 변동시키기 위한 것이었고 위 대량매도주문이 다음 날에도 주식시장에서 다른 투자자들의 매매거래를 유인할 개연성이 충분히 있으므로 피고인 B에게 '매매거래를 유인할 목적'이 인정된다고 판단하였다.

앞에서 본 법리와 기록에 의하면 T회사의 피고인 B로서는 2004. 2. 19. 은 물론 그후로도 H은행의 주가를 이 사건 옵션계약의 녹아웃가격 아래로 유지할 필요성이 있었던 것으로 보이는 점 등의 사정들에 비추어 볼 때, 원심의 위와 같은 판단은 정당한 것으로 수긍이 가고 거기에 구 증권거래법 제188조의4 제2항 소정의 '매매거래를 유인할 목적'에 관한 법리를 오해한 잘못이 없다.

| 생각해 볼 사항 |

현실매매에 의한 시세조종이 문제 될 경우 피고인들은 많은 경우 정상적인 매매거래 또는 헤지 목적이나 차익거래 목적의 보유포지션 청산 등 정당한 거래임을 주장한다. 그 여부를 밝히는 것은 쉬운 문제가 아니다. 또한 비록 헤지 목적이나 차익거래 목적의 보유포지션 청산 등 정당한 목적을 위한 거래였다 해도 불공정거래행위에 해당할 가능성이 없는 거래방식을 선택했어야 한다는 주장도 있을 수 있다. 〔판례 6-7〕의 원심은 헤지포지션 청산의 목적도 있음을 인정하였으나, 주문 행태에 비추어 성황을 이루

게 한 매매거래로 유인 목적이 있음을 인정하였다. 일반적으로 목적이 정당하면 투자 행태 또는 투자 결과에 의한 자본시장질서 침해를 정당화할 수 있는지 생각해 보자.

| 더 읽을거리 |

• 김영기, "현실 거래에 의한 시세조종과 매매 유인 목적 : 2012. 11. 29. 선고 2012도1745 판결 사안('도이치증권 v. 대한전선' 사건)을 중심으로," 형사판례연구 제21호(2013), 한국형사판례연구회.
• 박임출, "시세조종의 구성요건인 '변동거래'와 '유인 목적' : 서울중앙지방법원 2011. 1. 28. 선고 2010고합11 판결을 중심으로," 증권법연구 제12권 제2호(2011), 한국증권법학회.
• 남궁주현, "현실매매에 의한 시세조종행위의 성립요건에 관한 고찰 : 서울중앙지방법원 2011. 1. 28. 선고 2010고합11 판결을 중심으로," 증권법연구 제12권 제2호(2011), 한국증권법학회.

| 참고 사항 |

〔판례 6-7〕과 동일한 사실관계에 대하여 원고 T회사가 피고 D은행과 D증권에 대하여 피고들의 불법행위 내지 D은행의 채무불이행으로 인해 T회사가 콜옵션을 행사할 수 있는 기회를 상실하게 되었다고 하여 손해배상을 청구하였으나 제1심과 항소심에서 원고청구가 기각되었다(서울고등법원 2014. 9. 19. 선고 2013나7433 판결 : 서울중앙지방법원 2012. 12. 21. 선고 2010가합125715 판결). 민사재판에서도 형사판결인 〔판례 6-7〕에서 인정된 사실은 그대로 인정하였다. 그러나 민사재판에서는 옵션계약상 T회사가 콜옵션을 행사할 수 있기 위해서는 2003. 6. 27~2004. 6. 28. H은행 주식의 종가가 계속하여 녹아웃가격(1만 5,784원) 미만으로 형성되어야 한다는

점이 중요하게 부각되었다. 법원은 이러한 콜옵션행사조건에 비추어 '시세
조종행위로 인해 2004. 2. 19. H은행 주식의 종가가 한 번 녹아웃가격 이상
으로 형성된 것만 갖고는 T회사가 2004. 2. 19.에 그 즉시 콜옵션을 상실하
게 되는 손해를 입었다고 보기는 어려우며 2004. 2. 19. 이후의 H은행 주식
의 종가가 계속하여 녹아웃가격 미만으로 형성되었을 때 비로소 이 사건
시세조종행위로 인해 T회사가 콜옵션을 상실하게 되는 최종적인 손해를
입었다고 평가할 수 있을 것'이라고 판시하였다. 나아가 법원은 이 건 시세
조종행위가 있던 다음 날인 2004. 2. 20.자 H은행 주식의 종가도 녹아웃가격
이상인 1만 5,800원으로 마감되었고 이 사건 시세조종행위가 2004. 2. 20.자
H은행 주식의 종가 형성에도 직접적인 영향을 미쳤다는 등의 특별한 사정
이 인정되지 않는 이상, T회사로서는 이 건 시세조종행위가 없었더라도 어
차피 2004. 2. 20.경 콜옵션을 상실하였을 것이므로 T회사가 이 건 시세조
종행위로 인해 그 즉시 콜옵션행사 기회를 상실하게 되는 최종적인 손해
를 입었다고 볼 수는 없다고 판시하였다.

3. 시세고정, 안정행위

〔판례 6-8〕 대법원 2004. 10. 28. 선고 2002도3131 판결〔특정경제범죄 가
　　　　　중처벌 등에 관한 법률 위반(배임), 증권거래법 위반, 주식회사의 외부
　　　　　감사에 관한 법률 위반〕 — 구 증권거래법 제188조의4 제3항에 정
　　　　　한 '유가증권의 시세를 고정시키거나 안정시킬 목적으로 한 매매
　　　　　거래'의 의미

• 사실관계

　1. Y는 BIS비율을 맞추려는 한국산업은행의 요청에 따라 그 은행이 보

유하고 있는 포항제철 주식 1억 3,319만 8,370주와 엘지반도체화학 주식 377만 8,920주를 높은 가격으로 자전거래시키기로 하였다.

2. 이에 따라 Y는 1997. 12. 23. 전장 동시호가에서 포항제철 주식 25만 주를 1주당 전일 종가보다 3,600원이 높은 5만 600원에, 엘지반도체화학 주식 10만 주를 1주당 전일 종가보다 1,200원 높은 1만 8,100원에 각 매수 주문을 내고 주문가대로 매매거래를 성사시켜 그날 전장 시초가를 주문가 대로 형성시킨 다음 한국산업은행이 보유한 엘지반도체화학 주식을 그 가 격으로 자전거래시켰다.

3. 또한 Y는 같은 날 오후 동시호가에서 포항제철 주식 19만 주를 위와 같은 가격인 5만 600원에 매수주문을 내어 주문가대로 매매거래를 성사시 켜 후장 시초가를 주문가대로 형성시킨 다음, 한국산업은행이 보유한 포항 제철 주식을 그 가격으로 자전거래시켰다.

4. Y는 구 증권거래법 제188조의4 제3항[38] 위반 등으로 기소되었다.

• 법원의 판단

원심은 피고인의 행위가 구 증권거래법 시행령 제83조의8[39] 이하에서 정한 요건

---

38) 증권거래법(법률 제5423호 1997. 12. 13) 제188조의4(시세조종 등 불공정거래의 금지)
   ③ 누구든지 단독 또는 공동으로 대통령령이 정하는 바에 위반하여 유가증권의 시 세를 고정시키거나 안정시킬 목적으로 유가증권시장 또는 협회중개시장에서의 매 매거래 또는 그 위탁이나 수탁을 하지 못한다.

39) 증권거래법 시행령(대통령령 제15537호 1997. 12. 9) 제83조의8(안정조작 · 시장 조성의 제한)
   ① 법 제188조의4 제3항의 규정에 의하여 유가증권의 시세를 고정시키거나 안정 시킬 목적으로 유가증권시장 또는 협회중개시장에서 행하는 매매거래 또는 그 위 탁이나 수탁은 일정한 기간 유가증권의 가격의 안정을 기하여 유가증권의 모집 또 는 매출을 원활하게 하는 것(이하 '안정조작'이라 한다)과 모집 또는 매출한 유가증 권의 수요 · 공급을 당해 유가증권의 상장 또는 협회 등록 후 일정 기간 조성하는

과 절차를 위반한 안정조작과 시장조성에 해당하지 않는다고 하여 구 증권거래법 위
반의 점에 대해 무죄를 선고하였으나, 대법원은 이를 파기환송하였다.

1. 구 증권거래법 제188조의4 제3항은 "누구든지 단독 또는 공동으로 대
통령령이 정하는 바에 위반하여 유가증권의 시세를 고정시키거나 안정시
킬 목적으로 유가증권시장 또는 협회중개시장에서의 매매거래 또는 그 위
탁이나 수탁을 하지 못한다"고 규정하고 있으며, 그 대통령령인 구 증권거
래법 시행령 제83조의8 제1항은 "법 제188조의4 제3항에 의하여 유가증권
의 시세를 고정시키거나 안정시킬 목적으로 유가증권시장 또는 협회중개
시장에서 행하는 매매거래 또는 그 위탁이나 수탁은 일정한 기간 유가증
권의 가격의 안정을 기하여 유가증권의 모집 또는 매출을 원활하게 하는
것(이하 '안정조작'이라 한다)과 모집 또는 매출한 유가증권의 수요·공급을
당해 유가증권의 상장 또는 협회 등록 후 일정 기간 조성하는 것(이하 '시장
조성'이라 한다)에 한한다"라고 규정하고, 그 이하의 조항에서 안정조작과

것(이하 '시장조성'이라 한다)에 한한다.
② 안정조작 또는 시장조성을 자기 또는 타인의 계산으로 할 수 있는 자는 그 유가
증권의 발행인 또는 소유자와 인수계약을 체결한 증권회사로서 법 제8조 제1항에
규정하는 신고서에 기재된 회사에 한한다.
③ 안정조작을 위한 유가증권의 매매거래를 위탁할 수 있는 자는 다음 각 호의 1에
해당하는 자에 한한다.
1. 모집 또는 매출되는 당해 유가증권의 발행인의 임원
2. 매출되는 당해 유가증권의 소유자. 다만, 인수계약에 의하여 그 유가증권을 취득
   한 자의 경우에는 그에 갈음하여 인수계약에 의하여 그 유가증권을 양도한 자를
   소유자로 한다.
3. 모집 또는 매출되는 당해 유가증권의 발행인과 총리령이 정하는 특수한 관계가
   있는 회사 또는 그 임원
4. 모집 또는 매출되는 당해 유가증권의 발행인이 안정조작을 위탁할 수 있는 자로
   지정하여 미리 위원회와 증권거래소 또는 협회에 통지한 자
④ 시장조성을 위한 유가증권의 매매거래를 위탁할 수 있는 자는 당해 유가증권의
인수인에 한한다.

시장조성의 요건과 절차를 규정하고 있다.

자유로운 유가증권시장에 개입하여 인위적으로 유가증권의 시세를 조작하는 것을 방지하려는 구 증권거래법의 입법 취지에 비추어 위 규정의 취지를 살펴보면, 구 증권거래법 제188조의4 제3항은 유가증권의 시세를 고정시키거나 안정시킬 목적으로 유가증권시장 또는 협회공개시장에서 행하는 매매거래 또는 그 위탁이나 수탁을 금지하되, 다만 유가증권의 모집·매출을 원활하게 하기 위한 시장에서의 필요성에 의하여 그 시행령 제83조의8 제1항 소정의 안정조작과 시장조성을 그 이하 조항이 정하는 기간·가격 및 주체 등에 관한 엄격한 조건하에 예외적으로 허용하는 의미라고 보아야 할 것이다.

2. 그리고 유가증권의 시세를 고정시키거나 안정시킬 목적은 유가증권의 현재의 시장가격을 고정시키거나 안정시키는 경우뿐 아니라, 행위자가 일정한 가격을 형성하고 그 가격을 고정시키거나 안정시키는 경우에도 인정되고, 행위자가 그러한 목적을 갖고 매매거래를 한 것이라면 그 매매거래가 일정한 기간 계속 반복적으로 이루어져야 하는 것이 아니라 한 번의 매매거래도 구 증권거래법 제188조의4 제3항의 구성요건을 충족한다 할 것이다.

3. 따라서 주식을 높은 가격으로 자전거래시키기 위하여 시장조작에 의하여 높은 가격을 형성하는 매매거래를 하고 그 가격으로 자전거래를 하였다면, 그 매매거래행위는 유가증권의 시세를 고정시킬 목적으로 한 것이라고 인정할 수 있으므로 구 증권거래법 제188조의4 제3항의 처벌대상이 된다고 할 것이다.

그럼에도 불구하고 원심은, 구 증권거래법 제188조의4 제3항의 처벌대상은 시행령에서 정한 요건과 절차를 위반한 안정조작과 시장조성에 한한다고 해석하여 피고인의 행위가 그것에 해당하지 않는다는 이유로 무죄를 선고하였는바, 이러한 원심판결에는 구 증권거래법 제188조의4 제3항과 그 시행령의 해석을 잘못함으로써 판결 결과에 영향을 미친 위법이 있다

할 것이다.

| 생각해 볼 사항 |

1. 이 사건 당시 구 증권거래법은 안정조작과 시장조성의 요건을 시행령으로 위임하고 있었기 때문에 금지되는 시세고정, 안정행위의 범위에 대하여 해석상 논란이 있을 수 있었다. 이 사건에서 원심은 시행령상 안정조작과 시장조성요건에 반하지 않아 처벌할 수 없다고 했지만, 대법원은 이를 파기환송한 것이다. 현행 자본시장법은 '유가증권의 시세를 고정시키거나 안정시킬 목적으로 하는 매매거래' 자체를 원칙적인 시세조종으로 처벌하고, 안정조작과 시장조성에 해당하는 경우에는 처벌대상에서 제외하고 있는 구조를 취해 구 증권거래법상의 해석상 논란을 입법적으로 해결하였다.

2. 시세고정과 안정은 소극적 변동행위라는 점에서 적극적으로 시세를 변동시키는 다른 유형의 시세조종과 구분된다고 설명되고 있으나, 정확한 의미에 대해서는 논의가 있을 수 있다. 〔판례 6-8〕에서는, 첫째 유가증권의 시세를 고정시키거나 안정시킬 목적은 유가증권의 현재의 시장가격을 고정시키거나 안정시키는 경우뿐 아니라 행위자가 일정한 가격을 형성하고 그 가격을 고정시키거나 안정시키는 경우에도 인정되며, 둘째 행위자가 그러한 목적을 갖고 매매거래를 한 것이라면 그 매매거래가 일정 기간 계속 반복적으로 이루어져야 하는 것이 아니라 한 번의 매매거래도 구성요건을 충족한다고 하여 그 의미를 명확히 하고 있다. 이와 관련하여 일정한 가격으로 시세를 유지하려는 것이 아니라 시세를 일정 가격 이상으로 상승 또는 이하로 하락시키고자 의도한 경우도 '시세고정 · 안정'행위로 볼 수 있는지 생각해 보자. 일정한 기준가격 이상 또는 이하로 가격이 유지되기만 하면 이익을 보는 자가 그 가격 이상 또는 이하로 유지하고자 일정한 행위를 한 경우가 문제 될 수 있다(〔판례 6-7〕 대법원 2012. 11. 29. 선고 2012도1745 판결 참조).

| 참고 사항 |

구 증권거래법은 시세고정과 안정에 관한 제188조의4 제3항의 처벌대
상에서 제외되는 안정조작과 시장조성의 요건과 절차를 구 증권거래법 시
행령 제83조의8에서 정하도록 하고 있었다. 이에 대하여 헌법재판소는 다
음의 '참고 판례'에서 보는 바와 같이 구 증권거래법 제188조의4 제3항은
명확성의 원칙에 반하고, 위임 입법의 한계도 일탈한 것이라는 점을 근거
로 처벌조항인 법 제207조의2 제2호 중 법 제188조의4 제3항에 관한 부분
또한 헌법에 위반된다고 결정하였다(헌법재판소 2005. 5. 26. 2003헌가17). 이
에 자본시장법은 구 증권거래법 시행령 제83조의8 시행령에서 규정하고
있던 안정조작과 시장조성에 관한 사항을 자본시장법 자체에서 규정하여
문제를 해결하였다(제176조 각 호).

| 참고 판례 |

■ 헌법재판소 2005. 5. 26. 2003헌가17
1. 구 증권거래법(1997. 1. 13. 법률 제5254호로 개정되고, 2002. 4. 27. 법률 제
6695호로 개정되기 전의 것. 이하 '법') 제188조의4 제3항 중 "대통령령이 정
하는 바에 위반하여"는 '대통령령에서 구체적으로 금지하는 바에 위반하
여'의 의미로 해석하는 것과 '대통령령에서 예외적으로 허용하는 경우를
제외하고'의 의미로 해석하는 것 모두 가능한바, 위 조항의 수권을 받은 구
증권거래법 시행령(1999. 5. 27. 대통령령 제16367호로 개정되고 2005. 1. 27. 대
통령령 제18687호로 개정되기 전의 것. 이하 '시행령') 제83조의8 제1항은 법
제188조의4 제3항이 금지하고 있는 유가증권 시세의 고정·안정행위의
범위를 유가증권의 모집 또는 매출과 관련된 안정조작 또는 시장조성에
한정되는 것으로 규정하고 있을 뿐, 안정조작 또는 시장조성이 법 제188조
의4 제3항이 금지하는 행위의 구체적 대상인지 아니면 예외적으로 허용되

는 경우인지에 관하여 언급하지 않고 있으므로, 법 제188조의4 제3항의 불
명확성은 시행령 제83조의8 제1항에 의하더라도 해결되지 않고 관련 법률
조항들의 전체를 종합하여 유기적으로 해석한다고 하더라도 위 조항의 의
미가 일의적으로 파악된다고 할 수 없으므로 법 제188조의4 제3항은 명확
성의 원칙에 반한다.

2. 법 제188조의4 제3항은 증권거래소 및 협회중개시장에서의 안정조작
행위 전체를 광범위하게 규율대상으로 삼게 되는바, 법 제188조의4 제3항
은 규율대상인 안정조작행위에 관하여 아무런 위임기준을 두고 있지 않으
므로 위와 같이 광의의 안정조작행위 중 어떠한 형태의 행위가 대통령령
에서 허용되고 금지될 것인지를 위 조항 자체로부터 예측하기 어렵고, 관
련 법조항 전체를 유기적 · 체계적으로 종합하여 판단하더라도 대통령령
에 규정될 내용의 범위가 도출되지 아니하므로 위임 입법의 한계도 일탈
한 것이다.

3. 법 제207조의2 제2호와 관련하여 형벌의 구성요건을 이루는 법 제188조
의4 제3항이 위헌으로 판단되는 이상 처벌조항인 법 제207조의2 제2호 중
법 제188조의4 제3항에 관한 부분 또한 헌법에 위반된다.

〔심판 대상 조문〕

구 증권거래법(1997. 1. 13. 법률 제5254호로 개정되고 2002. 4. 27. 법률 제
6695호로 개정되기 전의 것) 제207조의2(벌칙) 다음 각 호의 1에 해당하는 자는
10년 이하의 징역 또는 2,000만 원 이하의 벌금에 처한다. 다만, 그 위반행위
로 얻은 이익 또는 회피한 손실액의 3배에 해당하는 금액이 2,000만 원을 초과하
는 때에는 그 이익 또는 회피손실액의 3배에 상당하는 금액 이하의 벌금에 처한다.

1. 생략

2. 제188조의4의 규정에 위반한 자

구 증권거래법(1997. 1. 13. 법률 제5254호로 개정되고 2002. 4. 27. 법률 제
6695호로 개정되기 전의 것) 제188조의4(시세조종 등 불공정거래의 금지)

③ 누구든지 단독 또는 공동으로 대통령령이 정하는 바에 위반하여 유가증권의 시세를 고정시키거나 안정시킬 목적으로 유가증권시장 또는 협회중개시장에서의 매매거래 또는 그 위탁이나 수탁을 하지 못한다.

〔판례 6-9〕 대법원 2015. 6. 11. 선고 2014도11280 판결〔자본시장법 위반〕
— 주가연계증권(ELS) 기초자산 주가 시세고정

• 사실관계

1. 주가연계증권(Equity Linked Securities. 이하 'ELS')의 발행

A증권회사는 2008. 4. 18. 다음 조건으로 이 사건 ELS를 발행하여 판매하였다.

(i) 이 사건 ELS는 B회사 주식과 C회사 주식을 기초자산으로 하고 만기 2년이다.

(ii) 발행일 다음 날 기초자산의 종가를 최초 기준가격으로 하여 6개월마다 도래하는 조기상환기준일에 2개 기초자산의 종가가 모두 상환기준가격(최초 기준가격 대비 1차 조기상환의 경우 85퍼센트, 2차 조기상환의 경우 80퍼센트, 3차 조기상환의 경우 75퍼센트) 이상이면 투자자들에게 원금에 연 24퍼센트의 약정수익을 더한 금액을 상환하여 상품을 만기 전에 종료한다.

(iii) 조기상환조건이 성취되지 못한 채 진행하여 만기가 도래한 경우 만기상환기준일에 2개 기초자산의 종가가 모두 상환기준가격(최초 기준가격의 70퍼센트) 이상이거나 그렇지 않은 경우 투자기간 중 2개 기초자산이 모두 하한가격(최초 기준가격의 50퍼센트) 미만으로 하락한 적이 없다면, 역시 투자자들에게 원금에 연 24퍼센트의 약정수익을 더한 금액을 상환하지만 위 조건의 어느 하나에도 해당되지 않으면 원금에 2개 기초자산 중 하락폭이 큰 종목의 하락률을 곱한 금액만을 투자자에게 상환한다.

2. 헤지업무

피고인은 이 사건 ELS를 포함하여 A증권이 발행한 총 123개 ELS의 전체 기초자산을 기초자산별로 통합하여 헤지업무를 수행하였고, C회사 주식에 관하여는 이 사건 ELS 등 그 주식을 기초자산으로 하는 9개 ELS를 통합하여 헤지업무를 수행하였다.

3. C회사 주식의 주가변동과 피고인의 C회사 주식매매

(i) C회사 주가는 2008. 7.경 세계 금융위기로 하락세로 들어서 1차 조기상환기준일에 상환조건이 성취되지 않은 채 2008. 10. 27. 장중 4만 3,950원까지 하락하였다가 상승세로 반전하였고 이후 지속적으로 상승하여 이 사건 ELS의 2차 조기상환기준일(이하 '이 사건 기준일')인 2009. 4. 15.에 근접하여서는 상환기준가격인 9만 6,000원 부근에 이르렀다.

피고인은 C회사 주가변동에 따른 델타값의 변화에 맞추어 C회사 주식의 매수와 매도를 반복하였고, 이 사건 기준일에 가까워서는 증가하는 델타값에 맞추어 C회사 주식을 매수하여 보유량을 늘렸다.

(ii) 이 사건 기준일 당일 C회사 주가는 9만 6,500원으로 시작하여 장 초반 9만 5,000원대까지 일시 하락하였다가 상승세로 반전하여 9시 40분경 이후 상환기준가격인 9만 6,000원 이상으로 진입하였고, 10시 50분경 9만 9,300원을 정점으로 다시 하락하였으나 이후 14시 30분경까지 13시 20분 부근에서 약 10분 정도 9만 6,000원보다 약간 낮은 가격에 있었던 외에는 대부분의 시간 동안 상환기준가격인 9만 6,000원을 상회했다. 이와 같은 상황에서 피고인은 장 초반에 C회사 주가가 일시 하락세를 보일 때 C회사 주식 500주를 매수하였고, 상승세로 반전된 후 직전가격 대비 100원 내지 900원 높은 9만 7,400원 내지 9만 8,000원에 5,000주를 매도하였으며, 9시 55분경 총 64회에 걸쳐 직전가격 대비 2,700원 내지 8,700원 높은 10만 3,000원 내지 10만 6,000원에 10만 주의 매도주문을 하였으나 주문가격이 너무 높아 매매가 체결되지 않았다. 피고인은 이후 C회사 주식에 관하여 아무런 주문을 하지 않고 있다가 14시 30분경부터 14시 50분경까지 20분

동안 총 62회에 걸쳐 합계 6만 500주를 대부분 직전가격 대비 저가 또는 동일가로 매도하였고, 피고인의 매도로 인하여 14시 30분경 9만 7,000원 대 수준이었던 C회사 주식의 주가는 14시 50분경 9만 5,900원으로 하락하였다.

(iii) 피고인은 이 사건 기준일 종가 결정을 위한 단일가매매 시간대(14시 50분～15시, 10분 동안 매도주문과 매수주문을 모두 접수한 후 15시에 가격우선 및 시간우선의 원칙에 따라 가장 낮은 가격의 매도주문과 가장 높은 가격의 매수주문부터 순차적으로 물량을 맞추어 최종적으로 가장 많은 수량을 매매할 수 있는 하나의 가격으로 매매거래가 이루어진다. 한국거래소는 실시간으로 그때까지 이루어진 매도주문과 매수주문을 기초로 산출된 예상 체결가격과 예상 체결수량을 알려 준다)에도 계속하여 C회사 주식에 관하여 다음과 같이 상환기준가격인 9만 6,000원을 하회하는 가격으로 대량의 매도주문을 하였다.

주문시간	주문가격	주문수량	주문 전 예상체결가격	주문 전 예상체결수량	주문 후 예상체결가격	주문 후 예상체결수량
14:52:00	95,500원	7,000주	96,000원	11,668주	95,500원	18,108주
14:58:50	95,900원	50,000주	97,400원	33,653주	95,900원	57,524주
14:59:48	95,800원	10,000주	95,900원	72,901주	95,900원	72,901주
14:59:50	95,800원	10,000주	96,000원	86,287주	95,900원	93,220주
14:59:55	95,800원	10,000주	95,900원	93,225주	95,900원	93,225주

피고인은 장이 마감된 15시 최종적으로 상환기준가격에 100원 미달하는 9만 5,900원의 가격에 C회사 주식 7만 8,763주를 매도하였고, 이로써 사건 기준일 당시 B회사 주식의 주가가 상환기준가격을 훨씬 상회하였음에도 이 사건 ELS의 조기상환조건이 충족되지 못하게 되었다. 피고인의 C회사 주식의 매도량은 단일가매매 시간대에 체결된 C회사 주식 전체 거래량의 81.1퍼센트에 달하는 것이고 호가관여율은 24.3퍼센트에 이르렀다.

4. 이 사건 기준일을 전후한 기타 정황사실

(i) A증권은 이 사건 ELS 기초자산인 B회사와 C회사 주식의 운용에서 손실(2009. 6.까지 B회사 주식에서 24억 9,900만 원, C회사 주식에서 61억 2,700만 원의 매매 및 평가 손실)을 입었고, ELS의 부채평가액을 헤지하기 위한 변동성 스왑계약에서도 손실이 발생하여 누적손실이 145억 1,300만 원에 이르렀다.

(ii) 이 사건 기준일이 지나고 이 사건 ELS의 조기상환조건이 성취되지 않은 데 대하여 민원이 제기되자, A증권의 경영지원본부 대표는 '부도덕한 매매를 했다'고 피고인과 그의 상관인 상무보를 질책하였고, 금융감독원에 민원을 제기한 사람에 대하여 파생상품 운영본부장의 요청으로 다른 임원 2명이 출연하여 원금에 이 사건 기준일에 조기상환조건이 충족되었을 때의 약정수익을 더한 금액을 지급해 주었다.

• 법원의 판단

자본시장법 제176조 제3항에 정한 '증권 등의 시세를 고정시킬 목적'이라 함은 본래 정상적인 수요 · 공급에 따라 자유경쟁시장에서 형성될 증권 등의 시세에 시장요인에 의하지 아니한 다른 요인으로 인위적인 조작을 가하여 시세를 형성 및 고정시키거나 이미 형성된 시세를 고정시킬 목적을 말하는 것으로서, 다른 목적이 동시에 존재하는지 및 그중 어느 목적이 주된 것인지는 문제 되지 않고, 목적에 대한 인식은 미필적 인식으로 충분하며, 시세고정 목적이 있는지 여부는 그 증권 등의 성격과 발행된 증권 등의 총수, 가격 및 거래량의 동향, 전후의 거래 상황, 거래의 경제적 합리성과 공정성, 시장관여율의 정도, 지속적인 종가관리 등 거래의 동기와 태양 등의 간접사실을 종합적으로 고려하여 이를 판단하여야 한다(대법원 2004. 10. 28. 선고 2002도3131 판결 ; 대법원 2006. 5. 11. 선고 2003도4320 판결 등 참조).

…ELS의 발행사는 델타헤지에 의한 기초자산의 매매로 투자자들에 대

한 상환자금을 마련하게 되는데 이 사건 ELS의 경우 그 기초자산인 B회사 주식과 C회사 주식의 헤지거래에서 큰 손실을 보고 있다가 이 사건 기준일에 이르러서야 수익이 발생하기 시작하였으므로, 피고인으로서는 위 기초자산들을 차회 조기상환기준일 내지 만기상환기준일까지 운용하여 그동안의 손실을 만회할 기회를 얻기 위하여 이 사건 기준일에 조기상환을 무산시킬 유인이 있었다고 볼 수 있다.

··· 이상과 같은 거래의 동기와 태양 및 그 밖에··· 이 사건 ELS에 관하여 제기된 민원에 대한 A증권의 대처 내용 등에 비추어 보면, 피고인은 이 사건 기준일에 C회사 주식의 종가를 이 사건 ELS의 상환기준가격인 9만 6,000원 미만으로 인위적으로 형성 및 고정시킬 목적으로 앞에서 본 바와 같은 방식으로 장 마감 직전에 단일가매매 시간대 전체 C회사 주식거래량의 80퍼센트가 넘는 8만 7,000주에 대하여 상환기준가격보다 낮은 가격으로 집중적인 매도주문을 함으로써 자본시장법 제176조 제3항에 정한 시세고정행위를 하였다고 봄이 상당하고, 비록 델타헤지를 위하여 위와 같은 수량의 C회사 주식을 매도할 필요가 있었다고 하더라도 그러한 사정의 존재가 피고인에 대한 시세고정 목적의 인정에 방해가 되지는 않는다.

| 참고 사항 |

증권회사가 ELS 기초자산인 주식을 대량매도하여 조기상환조건의 성취를 무산시킨 데 대한 민사사건에 대하여는 [판례 9-28] 대법원 2015. 5. 14. 선고 2013다2757 판결 참조. 관련 손해배상을 청구하는 증권집단소송에 관한 대법원 2015. 4. 9.자 2013마1052, 1053 결정에 대하여는 '제7장의 II. 부정거래행위에 대한 민형사책임' 참조.

| 참고 판례 |

■ 대법원 2016. 3. 10. 선고 2013다7264 판결[손해배상(기)]— 주가연계
증권(ELS) 관련 헤지거래가 헤지 목적에 부합하면 시세조종행위라고 볼
수 없다고 본 사례

금융투자업자가 파생상품의 거래로 인한 위험을 관리하기 위하여 시장
에서 주식 등 그 기초자산을 매매하는 방식으로 수행하는 헤지거래가 시
기·수량 및 방법 등의 면에서 헤지 목적에 부합한다면 이는 경제적 합리
성이 인정되는 행위라고 할 것이므로, 헤지거래로 인하여 기초자산의 시세
에 영향을 주었더라도 파생상품의 계약조건에 영향을 줄 목적으로 인위적
으로 가격을 조작하는 등 거래의 공정성이 훼손되었다고 볼만한 특별한
사정이 없는 한 이를 시세조종행위라고 할 수는 없다.

■ 대법원 2016. 3. 24. 선고 2013다2740 판결[상환원리금 등]— 주가연계
증권(ELS) 관련 헤지거래가 시세조종행위 또는 부정거래행위에 해당한다
고 볼 수 있는 사례

기초자산의 가격변동에 따른 위험을 회피하기 위하여 기초자산 자체를
보유한 다음 기초자산의 가격 변화에 대한 옵션가치의 민감도를 의미하는
델타값에 따라 기초자산의 보유량을 조절하는 이른바 델타헤지는 금융투
자업자가 자신의 위험을 회피 내지 관리하는 금융거래기법에 불과하다. 따
라서 금융투자업자가 델타헤지의 수행이라는 사정을 내세워 특정한 주식
거래행위를 하더라도, 그것이 자본시장법에서 금지하고 있는 시세조종행
위 내지 부정거래행위인지는 앞에서 본 법리를 기초로 다시 따져 보아야
한다.

…(1) 이 사건 주가연계증권은 투자자에게 상환될 금액이 기초자산의
상환기준일 종가에 따라 결정되는 구조로 되어 있는데, (2) 이 사건 기준일
당시 이 사건 주식의 가격이 손익분기점인 이 사건 기준가격 부근에서 등
락을 반복하고 있었으므로, 피고로서는 이 사건 주식의 기준일 종가를 낮

추어 수익만기 상환조건의 성취를 무산시킴으로써 한국투자증권에 지급할 금액을 절반 가까이 줄이고자 할 동기가 충분히 있었다고 보이고, (3) 이 사건 주식매도행위의 태양을 보더라도, 접속매매시간대 중 이 사건 주식의 가격이 올라간 오후에 집중적으로 주식을 매도하고 특히 단일가매매시간대에 이르러서는 이 사건 주식의 예상체결가격이 이 사건 기준가격을 근소하게 넘어서는 시점마다 가격 하락 효과가 큰 시장가 주문방식으로 반복적으로 주식을 대량매도하였고 그 매도관여율이 매우 큰 비중을 차지함에 따라 실제로 예상체결가격이 하락한 사정에 비추어 볼 때, 피고가 이 사건 주식의 가격을 낮출 의도로 이 사건 주식의 가격 내지 예상체결가격의 추이를 줄곧 살피면서 이 사건 주식매도행위를 하였다고 볼 여지가 많다.

따라서 앞에서 본 법리에 의하면, 이 사건 주식매도행위는 이 사건 주가연계증권과 관련하여 수익만기 상환조건이 성취되지 않도록 이 사건 주식의 기준일 종가를 낮추기 위하여 이루어진 자본시장법에서 금지하고 있는 시세조종행위 내지 부정거래행위에 해당한다고 볼 수 있으며, 이 사건 주식매도행위가 이 사건 주가연계증권과 관련하여 피고 자신을 위한 위험회피 목적으로 이루어졌다 하여 달리 볼 수 없다.

II. 시세조종행위에 대한 민형사책임

1. 형사책임

〔**판례 6-10**〕 헌법재판소 2003. 9. 25. 2002헌바69, 2003헌바41(병합) —
　　　　　'위반행위로 얻은 이득'

● 사실관계

1. A주식회사의 대표이사인 X는 같은 회사 상무이사 등과 공모하여 상장유가증권인 위 회사 등의 주식의 시세를 조정하려는 목적으로 여러 차례에 걸쳐 구 증권거래법(1997. 1. 13. 법률 제5254호로 개정되고 2002. 4. 27. 법률 제6695호로 개정되기 전의 것) 제188조의4 제2항 제1호 전단에 해당하는 허위매수주문행위 또는 같은 호 후단에 해당하는 고가매수주문행위 등을 반복하거나 그러한 행위와 동법 제188조의4 제1항 제1~2호에 해당하는 통정매매행위 등을 반복한 범죄사실로 기소되어 2001. 11. 23. 부산지방법원〔2001고단5544, 6467(병합)〕에서 징역 2년 6개월 및 벌금 100억 원의 형을 선고받았고, 같은 법원의 항소심(2001노3778)에서는 2002. 4. 4. 징역 2년 및 벌금 20억 원의 형을 선고받았다.

2. 상고심인 대법원(2002도1855)에서는 2002. 7. 26. 위 범죄행위에 대한 처벌규정인 법 제207조의2 단서에 규정된 위반행위로 얻은 이익액은 당해 위반행위로 얻은 거래의 총수입에서 매수대금 등 총비용을 공제하는 방식에 의하여야 한다고 판시하면서 이 방식을 따르지 않은 항소심의 산정방식이 잘못되었다는 이유로 항소심 판결을 파기환송하였다.

3. X는 위 사건이 대법원에 계속되던 중 동법 제207조의2 단서[40] 중 '위

---

40) 제207조의2(벌칙) 다음 각 호의 1에 해당하는 자는 10년 이하의 징역 또는 2,000만

반행위로 얻은 이익' 부분이 헌법에 위반된다고 주장하면서 위헌 여부 심판의 제청신청(2002초기199)을 하였으나 기각되자 이 사건 헌법소원심판을 청구하였다.

• 헌법재판소의 판단

1. 이 사건의 쟁점은 이 사건 규정이 죄형법정주의 중 명확성의 원칙에 위반되는지 여부, 시세 차익방식에 의한 이익액 산정이 과잉처벌에 해당하는지 여부 및 기소되지 않은 시세조종행위에서 입은 손실액을 위 이익액 산정 시 공제하지 않는 것이 평등의 원칙에 위반되는지 여부이다.

2. 이 사건 법률조항에 사용된 '위반행위', '얻은', '이익' 등의 개념 자체는 모호한 점이 없으며, 이 사건 규정은 '위반행위로 얻은 이익'이라고 표현하고 있을 뿐 위반행위와 직접적인 인과관계가 있는 이익만을 의미하는 것으로 한정하여 규정하고 있지 않으므로, 건전한 상식과 통상의 법감정을 가진 일반인의 입장에서 '위반행위로 얻은 이익'을 위반행위가 개입된 거래에서 얻은 총수입에서 총비용을 공제한 액수(시세 차익)로 파악하는 데 별다른 어려움이 없으므로, 이 사건 법률조항은 죄형법정주의에서 파생된 명확성의 원칙에 위배되지 않는다.

3. 대법원 판례에 의하면, 이 사건 법률조항상의 '위반행위로 얻은 이익'이란 그 위반행위가 개입된 거래에서 위반행위자가 얻은 모든 이익(시세 차익)을 의미하는바, 주식을 비롯한 유가증권의 시장가격은 어느 특정 요인에 의해 형성되는 것이 아니고 매우 다양한 요인에 의해 영향을 받는다

원 이하의 벌금에 처한다. 다만, 그 위반행위로 얻은 이익 또는 회피한 손실액의 3배에 해당하는 금액이 2,000만 원을 초과하는 때에는 그 이익 또는 회피손실액의 3배에 상당하는 금액 이하의 벌금에 처한다.
1. 제188조의2 제1항 또는 제3항의 규정에 위반한 자
2. 제188조의4의 규정에 위반한 자

는 점을 고려하면, 유가증권의 시세를 인위적으로 조종하는 행위를 하여 이익을 얻은 경우 이것이 모두 그 시세조종행위에 의한 것이라고 말할 수는 없지만, 형사책임이라는 측면에서 볼 때 위반행위로 얻은 시세 차익의 많고 적음이 그러한 위반행위를 한 자에 대한 형사책임의 경중을 결정하는 중요한 요소가 될 수 있으며, 또 이 사건 법률조항은 형사처벌의 법정형에 관한 조항이지, 손해배상책임의 범위를 정하기 위한 조항이나 위반행위와 직접적인 인과관계가 있는 이익액을 박탈하려는 조항이 아니기 때문에 위반행위와 직접적인 인과관계가 있는 이익액만을 벌금형 상한변동의 요건으로 삼아야 할 필연성이 인정되지 않는다. 또한 위반행위자가 받게 될 최종적인 형사책임(형량)은 법정형의 범위 내에서 구체적인 법관의 양형에 의하여 결정된다. 그렇다면 위반행위가 개입된 거래에서 얻은 시세 차익을 기준으로 벌금형의 상한이 가중되도록 한 이 사건 법률조항은 그 정당성을 수긍할 수 있으므로, 형벌체계의 균형을 상실하였거나 책임원칙에 반하는 과잉처벌이라고 할 수 없다.

4. 청구인은 자신이 행한 주식거래행위 중 기소되지 않은 부분 중에는 그 거래로 이득을 얻은 바는 없지만 시세조종에 해당하는 행위가 있고 그 부분까지 기소되었다면, 이 사건 법률조항상의 '위반행위로 얻은 이익'의 액수를 산정함에 있어 그 매수가격 등을 비용으로서 공제받을 수 있었는데 검사가 기소를 하지 않는 바람에 공제를 받지 못하게 되었고, 그 결과 그 기소되지 않은 부분까지 모두 기소된 경우에 비하여 법정형에서 불리한 입장에 처했다고 주장하나, 형사소송법상 법원의 심판대상은 기소되어 공소사실에 포함되거나 공소장 변경에 의하여 변경된 사실에 한정되는 것이므로 법원은 기소되지 아니한 범죄사실에 대하여는 심판할 수 없는바, 청구인이 주장하는 불리한 결과는 검사가 포괄일죄의 일부만을 기소한 행위에 의하여 야기된 것이지 이 사건 법률조항에 의해 발생한 차별 효과는 아니므로 이 사건 법률조항이 평등의 원칙에 위반된다고 할 수는 없다.

〔판례 6-11〕 헌법재판소 2011. 2. 24. 2009헌바29 — '위반행위로 얻은
　　　　　　이득'

• 사실관계

1. 청구인은 A회사를 경영하는 자로서 "호재성 허위사실을 유포하여 주
가를 상승시킨 후 보유 주식을 매도하여 이익을 얻고자, 실제로는 위 회사
가 규사광산의 개발권을 확보한 바 없고 태양전지의 기판부품인 폴리실리
콘 생산사업은 원천기술을 가진 회사도 5개 정도로 많지 않을 뿐만 아니라
상당한 금액을 투자하여야 경쟁력 있는 공장 설비를 갖출 수 있어 원재료
인 규사를 확보하였다고 하더라도 쉽게 진출할 수 있는 영역이 아님에도,
2007. 2. 27~9. 13. 8회에 걸쳐 '규사는 태양에너지 사업에 있어서 80퍼센
트를 차지하는 중요한 자원인데 A회사가 높은 순도와 많은 매장량으로
약 100억 달러의 가치를 갖는 우즈베키스탄 규사광산의 개발사업자로 선
정되었고, 계획대로라면 2010.부터 위 광산에서 채굴되는 규사를 원재료
로 하여 태양전지의 기판 원료인 폴리실리콘의 양산에 들어갈 수 있을
것'이라는 허위내용으로 보도자료를 배포하거나 인터뷰를 하여 허위사실
을 유포하였고, 또 A회사의 코스닥상장 시인 2006. 6. 30.경과 무상증자로
신주를 배정받은 2007. 3. 26.경 금융감독위원회와 증권거래소에 차명소
유 주식을 누락시킨 허위내용의 '임원·주요 주주 소유주식보고서'를 제
출하여 청구인이 차명으로 소유하는 주식을 매각한 사실이 드러나지 않
게 함으로써 타인의 오해를 유발하게 하였다"는 내용의 구 증권거래법 위
반 등 공소사실로 기소되었다. 서울중앙지방법원은 2008. 9. 19. 이를 유
죄로 인정하면서 청구인이 얻은 시세 차익 전부를 '위반행위로 얻은 이
익'으로 보고 구 증권거래법 제207조의2 제2항 제1호를 적용하여 징역 3년
및 벌금 250억 원에 처한다는 판결을 선고하였다(2008고합475).

2. 청구인은 위 판결에 불복하여 서울고등법원에 항소하는 한편, 구 증

권거래법 제207조의2 제1항 단서와 제2항⁴¹⁾의 '위반행위로 얻은 이익' 부분에 대하여 같은 법원에 위헌법률심판 제청신청을 하였으나(2008초기 1052) 2009. 1. 23. 기각되자, 2009. 2. 20. 위 법률조항들에 대하여 이 사건 헌법소원심판을 청구하였다.

• 헌법재판소의 판단

1. 자기책임의 원리 위반 여부

이 사건 법률조항들에서는 '위반행위로 얻은 이익'의 액수를 기준으로 가중된 처벌조항을 적용할 것인지 여부를 결정하고 있는바, 위 문언 자체의 의미뿐만 아니라 입법 목적이나 입법 취지, 입법 연혁, 그리고 법규범의 체계적 구조 등을 종합적으로 고려하는 해석방법에 의할 때, 건전한 상식과 통상적인 법 감정을 가진 일반인이라면 어렵지 않게 '위반행위로 얻은 이익'은 '위반행위가 원인이 되어 그 결과로서 발생한 이익'을 의미하는 것으로 해석할 수 있다. 그리고 앞에서 본 바와 같이 대법원도 '위반행위로 얻은 이익'이란 위반행위와 관련된 거래로 인한 이익을 말하는 것으로서 위반행위로 인하여 발생한 위험과 인과관계가 인정되는 것을 의미한다고

---

41) 구 증권거래법(2002. 4. 27. 법률 제6695호로 개정되고 2007. 8. 3. 법률 제8635호로 폐지되기 전의 것) 제207조의2(벌칙)
② 제1항 각 호의 위반행위로 얻은 이익 또는 회피한 손실액이 5억 원 이상인 때에는 다음의 구분에 따라 가중처벌한다.
1. 이익 또는 회피한 손실액이 50억 원 이상인 때에는 무기 또는 5년 이상의 징역에 처한다.
2. 이익 또는 회피한 손실액이 5억 원 이상 50억 원 미만인 때에는 3년 이상의 유기징역에 처한다.
제214조(징역과 벌금의 병과)
② 제1항의 규정에 따라 제207조의2 제2항의 규정을 위반한 자에 대하여 벌금형을 병과하는 경우에는 그 위반행위로 얻은 이익 또는 회피손실액의 3배에 상당하는 금액 이하의 벌금에 처한다.

해석하고 있다.

이러한 해석에 의할 때, 사기적 부정거래행위를 한 자가 이 사건 법률조항들에 의하여 자신의 행위와 인과관계 없는 부분, 즉 주식시장에서의 정상적인 변동요인에 의한 주가 상승분이나 행위자와 무관한 제3자가 야기한 변동요인에 의한 주가 상승분에 기한 형사책임까지 지게 될 여지는 없다고 할 것이다.

더구나 당해 사건의 상고심에서 원심의 해석이 잘못되었다는 이유로 이를 파기하여 환송 후 항소심에서 이 사건 법률조항들을 적용함에 있어서는, 청구인이 한 사기적 부정거래행위와 상당 인과관계가 있는 이득액에 기한 죄책만을 부담하게 하고, (청구인과 무관한 제3자인) 김○○이 독자적으로 유포한 허위사실에 영향을 받아 상승한 주가 부분에 기한 죄책은 부담하지 아니하도록 판단하여 위와 같은 해석의 잘못도 바로잡힌 상태이므로, 이 사건 법률조항들이 자기책임의 원리에 반한다고 볼 수 없다.

2. 직접적인 인과관계가 있는 이익으로 한정하여야 하는지 여부

청구인의 이 부분 주장은 자기책임의 원리에 충실하려면 '위반행위로 얻은 이익'은 직접적인 인과관계가 인정되는 이득액으로 한정하여야 한다는 취지로 보이기도 한다. '직접적인 인과관계'가 인정되는 이득액이란 다른 매개 없이 사기적 부정거래행위에 의하여 바로 영향받은 주가 상승분에 기한 이득액을 의미하는 것으로서, 앞에서 본 당해 사건의 상고심 및 환송 후 항소심이 인정한 인과관계보다 좁은 개념이 될 것으로 보인다.

그러나 인과관계의 범위를 설정하여 구체적인 결과가 원인행위와 인과관계가 있는지 여부를 판단하는 문제는 이 사건 법률조항들 자체에서 정해지는 것이 아니고 법원의 해석을 통하여 구체화되는 것이므로, 이를 문제 삼는 것은 인과관계의 범위에 관한 법원의 해석이나 구체적 사실관계에의 적용을 탓하는 것에 지나지 아니하고 이 사건 법률조항들의 위헌 여부에 관한 주장이라고 할 수 없기 때문에 이 부분 주장은 받아들이지 아니한다.

3. 책임과 형벌 간의 비례원칙 위반 여부

앞에서 본 입법 취지에 의하면, 입법자는 사기적 부정거래행위에 대한 종래의 처벌규정이 그 해악의 중대성에 비하여 미약하다는 판단하에 이러한 범죄를 근절하고자 하는 목적에서 일정한 경우에 가중처벌하도록 하는 이 사건 법률조항들을 신설하게 된 것임을 알 수 있는바, 이러한 목적은 정당하고 그 방법도 적절하다 할 것이다.

이 사건 법률조항들에서 가중처벌의 기준금액으로 정한 5억 원 또는 50억 원은 우리나라 국민의 소득수준에 비추어 그 경제적 가치를 결코 가볍게 볼 수 없는 금액이므로, 위와 같은 금액을 기준으로 하여 적용대상을 정하고 있는 이 사건 법률조항들은 보호 법익에 심대한 피해를 야기하여 중하게 처벌할 필요성이 있는 극소수의 중대범죄만으로 엄격하게 규율대상을 한정하고 있는 것이라고 할 것이다.

나아가 사기적 부정거래행위는 조직성과 전문성, 지능성을 갖춘 영리범이라는 특성을 갖고 있어 쉽게 근절하기 어렵다는 점 및 이와 같은 범행에 의하여 피해를 입은 불특정 다수의 투자자들에 미칠 수 있는 손해와 주식시장의 신뢰성 상실로 국가경제에 야기할 수 있는 폐해가 크다는 점 등을 종합하여 고려해 보면, 이 사건 법률조항들은 입법 목적의 달성을 위하여 필요할 뿐 아니라 그 수단·방법에 있어서도 적정하다고 할 것이므로, 해당 범죄에 대한 형벌 본래의 목적과 기능을 달성함에 있어 필요한 정도를 일탈하였다고 볼 수 없다.

4. 현저히 형벌체계상의 균형을 잃었는지 여부

이 사건 법률조항들이 처벌대상으로 삼는 사기적 부정거래행위는 허위사실을 유포하거나 허위표시 문서를 이용하여 타인의 오해를 유발함으로써 재산상의 이익을 얻는 범죄로서 사기죄의 구성요건과 상당히 유사한바, 사기죄의 경우 특정경제범죄 가중처벌 등에 관한 법률 제3조 제1항에서 이득액이 50억 원 이상인 때에는 무기 또는 5년 이상의 징역에, 이득액이 5억 원 이상 50억 원 미만인 때에는 3년 이상의 유기징역에 각 처할 수 있도록 하여 이 사건 법률조항들에서 규정한 징역형의 법정형과 동일하게 규정하고 있다.

그리고 비록 이 사건 법률조항들에서 벌금형을 선택적으로 규정하지는 않았으나, 위반행위로 얻은 이익이 5억 원 이상 50억 원 미만인 경우는 작량감경을 하지 않고도 집행유예의 선고가 가능하고, 50억 원 이상인 경우에도 구체적 양형인자를 고려하여 작량감경을 거쳐 집행유예를 선고하는 것이 불가능하지 아니하며, 병과될 수 있는 벌금형도 단지 상한만을 가중하여 개개의 사건에서 여러 양형인자를 고려한 법관의 적절한 양형에 의하여 합리적인 방향으로 조절이 가능하도록 한 이상 해당 범죄의 중대성에 비해 법정형 자체가 과중하다고 볼 수도 없다.

따라서 이 사건 법률조항들이 범죄의 죄질 및 이에 따른 행위자의 책임에 비하여 지나치게 가혹한 것이어서 현저히 형벌체계상의 균형을 잃고 있다고 할 수도 없다.

| 생각해 볼 사항 |[42]

1. 〔판례 6-10〕과 〔판례 6-11〕은 모두 시세조종행위에 대한 처벌을 부당이득의 규모에 연동하고 있는 구 증권거래법 제207조의 2 단서가 헌법에 위반되지 않는다고 결정하였으나, 내용을 보면 〔판례 6-10〕과 〔판례 6-11〕은 차이가 있다.

2. 〔판례 6-10〕은, 첫째 '위반행위로 얻은 이익＝시세 차익'으로 단정하고 인과관계가 있는 부분으로 한정하지 않았다는 점과, 둘째 이익이 법정형의 '상한'을 정하는 기준이던 시절의 결정이라는 점이다. 이익이 법정형의 상한을 정하고 그 범위 내에서 법관이 양형을 하는 법제에서는 이익의

---

42) 정순섭, "자본시장법상 불공정거래와 보호 법익 : 시세조종과 부당이득을 중심으로," 상사판례연구 제25권 제1호(2012), 한국상사판례학회, 121-126면.

산정을 덜 엄격하게 하더라도 문제가 심각하지 않겠으나, 이익이 법정형의 하한도 정하는 법제에서는 〔판례 6-10〕의 논거가 그대로 타당하다고 하기 어렵다. 이 문제는 결국 위반행위와 인과관계가 없는 외부적 요소에 의한 가격변동분의 포함 여부로 귀착된다.

3. 이익 법정형의 상한과 하한을 결정하는 법제에 대한 결정인 〔판례 6-11〕은 '위반행위로 얻은 이익'을 달리 파악함으로써 이 문제를 해소하였다. 즉 '위반행위로 얻은 이익'은 '위반행위가 원인이 되어 그 결과로서 발생한 이익'을 의미하므로 "사기적 부정거래행위를 한 자가 이 사건 법률조항들에 의하여 자신의 행위와 인과관계 없는 부분, 즉 주식시장에서의 정상적인 변동요인에 의한 주가 상승분이나 행위자와 무관한 제3자가 야기한 변동요인에 의한 주가 상승분에 기한 형사책임까지 지게 될 여지는 없다"고 하여 위반행위와 인과관계가 없는 외부적 요소에 의한 가격변동분을 제외하는 것을 전제로 이익 개념을 파악하고 있다.

4. 이에 대하여 '이득액이나 회피한 손실액이 2,000만 원을 초과하는 경우에는 그 액의 3배까지 벌금을 부과할 수 있게 한 것도 심각한 문제'이고, "과도한 형벌규정은 오히려 법 집행력을 떨어뜨릴 뿐만 아니라 형벌의 적정성원칙에도 위반된다"고 주장하는 견해가 있다.[43] 그러나 부당이득의 형벌연동제는 부당이득을 자본시장법상 불공정거래에 대한 규제를 통하여 보호하고자 하는 보호 법익인 '자본시장의 공정성·신뢰성 및 효율성'에 대한 침해의 정도를 나타내는 것으로 보아 그 규모를 징역형과 벌금형에 연동시킨 것이다. 경제적 이익의 취득을 궁극적 목적으로 하는 경제범죄인 자본시장법상 불공정거래의 처벌을 이익규모에 연동하는 것은 그 범죄 동기 자체를 제압하기 위한 적절한 수단으로 생각된다.[44]

---

43) 최인섭/이천현/오경식/안경옥/이경렬, 한국의 금융범죄 실태와 사회적 대응방안, 한국형사정책연구원, 2002, 724면.
44) 자본시장법상 불공정거래규제의 보호 법익인 '자본시장의 공정성·신뢰성 및 효율성'에 대한 침해의 정도를 나타내는 지표로서 부당이득이 적정한 개념인지에 대

| 참고 판례 |

▌대법원 2018. 10. 12. 선고 2018도8438 판결

자본시장법은 시세조종행위를 금지하고(제176조), 이를 위반한 경우 형사처벌하고 있다(제443조). 자본시장법은 '위반행위로 얻은 이익 또는 회피한 손실'을 범죄구성요건의 일부로 삼아 그 가액에 따라 형을 가중하고 있으므로(제443조 제1항 단서 및 제2항), 이를 적용할 때에는 위반행위로 얻은 이익의 가액을 엄격하고 신중하게 산정함으로써 범죄와 형벌 사이에 적정한 균형이 이루어져야 한다는 죄형 균형의 원칙이나 형벌은 책임에 기초하고 그 책임에 비례하여야 한다는 책임주의 원칙을 훼손하지 않도록 유의하여야 한다(대법원 2011. 10. 27. 선고 2011도8109 판결 등 참조).

'위반행위로 얻은 이익'은 위반행위로 행위자가 얻은 인과관계에 있는 이익의 전부를 뜻하므로, 시세조종행위 기간 중에 한 구체적 거래로 인하여 이미 발생한 이익(이하 '실현이익')과 시세조종행위 종료 시점 당시 보유 중인 시세조종 대상 주식 또는 신주인수권증권의 평가이익(이하 '미실현이익')이 모두 포함된다(대법원 2003. 12. 12. 선고 2001도606 판결, 대법원 2013. 7. 11. 선고 2011도15056 판결 등 참조).

시세조종행위로 주가를 상승시킨 경우 그에 따른 실현이익은 '매도단가와 매수단가의 차액에 매매일치수량(매수수량과 매도수량 중 더 적은 수량)을 곱하여 계산한 금액'에서 '주식을 처분할 때 든 거래비용'을 공제하여 산정된다. 시세조종행위로 이익을 얻기 위해 주식을 취득하였다면 실제 매

해서는 추가적인 검토를 요한다. 불공정거래행위의 부당이득은 일정한 행위로 인해 발생한 결과 개념이라는 점에서 그 산정이 결코 쉽지 않기 때문이다. 그러나 첫째 귀속주체론과 인과관계론에 의한 범위의 통제가 가능하고, 둘째 외부적 요소에 의한 정상적인 가격변동분을 부당이득에서 공제하고, 셋째 검사가 부당이득을 입증하지 못하는 경우 기본형만이 부과되는 등의 요건을 충족할 경우 근본적인 문제라고 보기는 어렵다. 다만 자본시장법상 형벌 가중기준으로서 '불공정거래행위에 동원된 금액'을 도입하는 방안에 대해 장기 과제로 검토할 필요가 있다.

수가액을 매수수량으로 가중평균한 단가를 매수단가로 적용하고, 신주인수권증권을 취득한 뒤 이를 행사하여 주식을 발행받아 처분하였다면 신주인수권 행사가격에 신주인수권증권 매입가액을 더한 금액(이하 '신주인수권 매수가격')을 매수수량으로 가중평균한 단가를 매수단가로 보아야 한다.

그러나 시세조종행위로 이익을 얻기 위해 주식이나 신주인수권증권을 취득한 것이 아니라면, 시세조종기간 전일 주식의 종가를 매수단가로 보아야 한다. 기존에 보유하고 있던 주식 또는 신주인수권 매수가격은 시세조종행위와 무관하기 때문이다.

결국 시세조종기간 전일의 종가가 정상적인 주가변동이나 위반행위자와 무관한 변동요인으로 말미암아 기존에 보유하고 있던 주식 또는 신주인수권 매수가격보다 높다면, 그 차액만큼의 이익은 시세조종행위와 관계없이 얻은 것이어서 '위반행위로 얻은 이익'으로 볼 수 없다. 반면 시세조종기간 전일 종가가 주식 또는 신주인수권 매수가격보다 낮았는데 시세조종행위로 주가가 주식 또는 신주인수권 매수가격보다 상승하였다면, 주식 또는 신주인수권 매수가격과 시세조종기간 전일의 종가의 차액만큼의 이익도 시세조종행위로 형성된 것이므로 '위반행위로 얻은 이익'에 해당한다.

한편 시세조종기간에 주식이 매도된 경우 매도단가는 실제 매도가액을 매도수량으로 가중평균하는 방식으로 정하여야 한다.

▌대법원 2017. 5. 17. 선고 2017도1616 판결

자본시장법 제443조 제1항 및 제2항에 규정된 '위반행위로 얻은 이익'이란 그 위반행위와 관련된 거래로 인한 이익을 말하는 것으로서 위반행위로 인하여 발생한 위험과 인과관계가 인정되는 것을 의미한다. 통상적인 경우에는 위반행위와 관련된 거래로 인한 총수입에서 그 거래를 위한 총비용을 공제한 차액을 산정하는 방법으로 인과관계가 인정되는 이익을 산출할 수 있겠지만, 구체적인 사안에서 위반행위로 얻은 이익의 가액을 위와 같은 방법으로 인정하는 것이 부당하다고 볼 만한 사정이 있는 경우에는, 사기적 부정거래행위를 근절하려는 위 조항의 입법 취지와 형사법의

대원칙인 책임주의를 염두에 두고 위반행위의 동기, 경위, 태양, 기간, 제3자 개입 여부, 증권시장 상황 및 그 밖에 주가에 중대한 영향을 미칠 수 있는 제반 요소들을 전체적·종합적으로 고려하여 인과관계가 인정되는 이익을 산정해야 하며, 그에 관한 증명책임은 검사가 부담한다(대법원 2009. 7. 9. 선고 2009도1374 판결 등 참조).

한편, 위와 같은 인과관계가 인정되기 위하여 반드시 위반행위가 이익 발생의 유일한 원인이거나 직접적인 원인이어야만 하는 것은 아니고, 다른 원인이 개재되어 그것이 이익 발생의 원인이 되었다고 하더라도 그것이 통상 예견할 수 있는 것에 지나지 않는다면 위반행위와 이익 사이의 인과관계를 인정할 수 있다.

〔판례 6-12〕 대법원 2009. 4. 9. 선고 2009도675 판결〔증권거래법 위반〕—
시세조종 목적으로 허위매수주문, 고가매수주문 및 통정매매행위 등을 반복한 경우 증권거래법 위반죄의 죄수, 시세조종으로 얻은 이익의 산정, 시세조종 방조범에 대한 벌금형 병과

• 사실관계

1. Y1은 전주들로부터 시세조종 자금이 입금된 증권 계좌를 위탁받아 Y2에게 시세조종주문을 내도록 지시하고, Y2는 Y1의 지시에 따라 동물의 약품 관련 회사인 P회사·Q회사 등 피고인 Y1이 선정해 놓은 종목에 대해 시세조종주문을 제출하였다.

① P회사 관련 시세조종

Y1, Y2는 2004. 7. 8~12. 30. 사이에 Y1이 모집해 온 A증권 강남지점 甲 명의계좌 등 15개 계좌를 이용하여 P회사 주식을 매매거래하는 과정에서,

(i) 2004. 11. 19. 10시 11분 10초 B증권 부산 WMC지점 乙 명의의 계좌

에서 1주당 3,090원의 가격으로 1,000주를 매도주문한 후, 10시 15분 58초 1주당 3,105원의 가격으로 乙 명의의 계좌에서 3,000주의 고가매수주문을 내어 전량 체결시키면서 주가를 3,105원까지 상승시키는 등 2004. 8. 18~ 12. 30. 총 58회에 걸쳐 합계 25만 6,191주의 매도주문, 총 47회에 걸쳐 합계 23만 6,400주의 매수주문을 제출하여 그중 합계 10만 3,404주의 매매를 체결시키는 방법으로 통정 및 가장매매하고,

(ii) 2004. 10. 25. 10시 18분 2초 주가가 2,320원이고 매수 1순위 호가가 2,310원(778주), 매도 1순위 호가가 2,320원(189주)인 상태에서 C증권 논현지점 丙 명의의 계좌에서 직전가 대비 50원(상대호가 대비 50원) 높은 2,370원의 가격에 2,000주를 매수주문하여 주가를 50원 상승시키는 등 2004. 7. 8 ~12. 30. 총 350회에 걸쳐 합계 121만 1,901주에 대한 고가매수주문을 제출하여 그중 합계 118만 8,412주의 매매를 체결시키고,

(iii) 2004. 8. 6. 10시 9분 27초경 전일 종가 1,200원보다 낮은 1,175원으로 주가가 시작되자, 매도 1순위 호가 1,175원(1,418주), 매수 1순위 호가 1,170원(2,015주)인 상태에서 D증권 강북센터지점 丁 명의의 계좌를 통해 1,175원에 2,000주를 매수주문하여 가격 하락을 방지하는 등 2004. 7. 8~ 12. 30. 인위적으로 주가 하락을 막기 위한 목적으로 총 308회에 걸쳐 합계 92만 257주의 매수주문을 제출하여 그중 합계 85만 6,764주의 매매를 체결시켜 그 시세를 변동시키는 매매거래를 하고,

(iv) 2004. 10. 21. 9시 6분 45초 매도 10호가 총잔량이 2만 1,030주이고 매수 10호가 총잔량이 1만 6,031주로 매수주문량이 더 적게 나타나자, 매수세가 더 우세한 것으로 보이게 하기 위해 E증권 부산지점 戊 명의의 계좌를 통해 직전가 대비 110원(상대호가 대비 120원) 낮은 2,150원(매수 1호가는 2,250원)에 1만 주를 매수주문하여 매수 10호가 총잔량이 더 많아지도록 하는 등 매수 의사 없이 투자자들의 매수를 유인할 목적으로 2004. 7. 9~ 12. 30. 매수 의사 없이 체결 가능성이 없는 저가로 총 413회에 걸쳐 합계 177만 3,905주의 허수매수주문을 제출하고,

(v) 2004. 10. 11. 8시 37분 36초 시초가 결정을 위한 동시호가 시간대의 예상 체결가격이 전일 종가인 1,650원보다 낮은 1,485원으로 나타나자, 丙 명의의 계좌를 통해 예상 체결가격보다 높은 1,600원으로 1,500주, 8시 38분 18초 1,610원으로 1,200주, 8시 38분 49초 1,620원으로 2,000주를 각 매수주문하는 등 예상 체결가를 상승시키기 위하여 2004. 8. 9~12. 28. 총 46회에 걸쳐 합계 40만 8,085주의 시가관여 매수주문을 제출하고,

(vi) 2004. 10. 6. 14시 56분 45초 종가 결정을 위한 동시호가 시간대의 예상 체결가격이 1,545원으로 전일 종가 1,585원보다 40원이 낮고 동시호가 직전 거래가인 1,600원보다 55원이 낮게 나타나자, 丙 명의의 계좌를 통해 1,600원에 7,000주를 매수주문하여 예상 체결가격을 상승시키는 등 2004. 7. 22~12. 30. 총 80회에 걸쳐 합계 45만 9,975주에 대한 종가관여 매수주문을 제출하는 등,

P회사 주가를 1주당 690원에서 5,600원으로 711.6퍼센트 상승시켜 29억 3,900만 원(실현이익 29억 2,831만 7,479원, 미실현이익 1,072만 897원) 상당의 이득을 취득하였다.

② Q회사 관련 시세조종

Y1, Y2는 2005. 2. 22~6. 30. 사이에 Y1이 모집해 온 F증권 잠실지점 己 명의의 계좌 등 41개 계좌를 이용하여 Q회사 주식을 매매하는 과정에서,

(i) 2005. 3. 16. 12시 27분 58초 G증권 청담지점 庚 명의의 계좌에서 1주당 3,305원에 1,000주 매수주문을 내고 12시 28분 4초 위 庚 명의의 계좌에서 3,305원에 2,000주 매도주문을 내어 전량 체결시키는 등 2005. 2. 23~6. 24. 총 75회에 걸쳐 합계 19만 1,735주의 매도주문, 총 66회에 걸쳐 합계 16만 4,097주의 매수주문을 제출하여 그중 합계 8만 1,899주의 매매를 체결시키는 방법으로 통정 및 가장매매하고,

(ii) 2005. 2. 23. 9시 55분 11초 매도 1순위 호가가 2,480원(4,000주), 매수 1순위 호가가 2,415원(600주)인 상태에서 H증권 잠실지점 辛 명의의 계좌에서 상대호가 대비 10원 높은 2,490원에 5만 주를 매수주문하여 주가를

10원 상승시키는 등 2005. 2. 22~6. 30.경 사이에 총 81회에 걸쳐 합계 40만 1,523주의 고가매수주문을 제출하여 그중 합계 38만 4,372주의 매매를 체결시키는 외에 허수매수주문 제출, 시가관여 매수주문 제출, 종가관여 매수주문 제출 등의 방법으로 위 회사 주가를 1주당 2,365원에서 1만 1,750원으로 396.8퍼센트 상승시켜 87억 1,800만 원(실현이익 69억 2,127만 8,300원, 미실현이익 17억 9,707만 2,087원) 상당의 이득을 취득하였다.

2. Y3는 1994.경부터 Y1에게 주식투자 자금을 제공했다가 2004.경까지 20억 원 상당의 손실을 보았고, 2000.에는 Y1이 여러 종목을 시세조종하는 데 자금 5억 원을 제공했다가 금융감독원에서 시세조종 혐의에 대해 조사받은 바가 있는 자로서, Y1이 소위 '작전세력'이라는 사정을 잘 알면서도 Y1에게 사무실을 시세조종 장소로 제공함과 아울러 시세조종 자금을 제공해 주었다.

3. Y1, Y2, Y3는 모두 위 시세조종에 관하여 구 증권거래법 위반(제188조의4 제1항 및 제2항)의 공동정범으로 기소되었다.

• 법원의 판단

제1심에서는 직접 시세조종을 행한 Y1·Y2뿐만 아니라 자금 및 작전 장소를 제공한 Y3에 대하여도 구 증권거래법 위반의 공모공동정범의 성립을 인정하였으나, 항소심은 이를 파기하고 Y3을 구 증권거래법 위반의 방조범으로 인정하였다. 대법원은 피고인들의 상고를 기각하였다.

…주식시세조종의 목적으로 허위매수주문행위·고가매수주문행위 및 통정매매행위 등을 반복한 경우, 이는 시세조종 등 불공정거래의 금지를 규정하고 있는 구 증권거래법 제188조의4에 해당하는 수 개의 행위를 단일하고 계속된 범의 아래 일정 기간 계속하여 반복한 범행이라 할 것이고, 이 범죄의 보호 법익은 유가증권시장 또는 협회중개시장에서의 유가증권

거래의 공정성 및 유통의 원활성 확보라는 사회적 법익이고 각각의 유가
증권 소유자나 발행자 등 개개인의 재산적 법익은 직접적인 보호 법익이
아닌 점에 비추어 위 각 범행의 피해 법익의 동일성도 인정되므로, 구 증권
거래법 제188조의4 소정의 불공정거래행위금지 위반의 포괄일죄가 성립
한다(대법원 2002. 7. 26. 선고 2002도1855 판결 등 참조). … 원심이 그 판시와
같은 사실들을 인정한 다음 피고인 Y1 · Y2의 판시 각 거래행위를 집중거
래기간 및 종목별로 포괄하여 구 증권거래법 제188조의4 소정의 불공정거
래행위금지 위반의 포괄일죄에 해당하고, 피고인 Y3는 이를 방조하였다고
판단한 것은 정당한 것으로 수긍할 수 있다.

　…구 증권거래법 제188조의4 소정의 불공정거래행위금지 위반죄의 종
범에 대해서도 본 범과 마찬가지로 구 증권거래법 제214조 제1항[45]에 의
하여 벌금형을 병과할 수 있는 것이고, 다만 형법 제32조 제2항에 의하여
정범의 형보다 감경하여야 한다.

　또한 구 증권거래법 제207조의2 제1항 단서[46] 및 제2항[47]에서 규정하고
있는 '위반행위로 얻은 이익'이라 함은 거기에 함께 규정되어 있는 '손실
액'에 반대되는 개념으로서 당해 위반행위로 인하여 행위자가 얻은 이윤,
즉 그 거래로 인한 총수입에서 그 거래를 위한 총비용을 공제한 차액을 말
하고, 따라서 현실 거래로 인한 불공정거래행위로 얻은 이익은 그 불공정

---

45) 증권거래법(법률 제7114호 2004. 1. 29) 제214조(징역과 벌금의 병과) ①제207조의
2 내지 제210조에 규정하는 죄를 범한 자에게는 징역과 벌금을 병과할 수 있다. 〈개
정 1997. 1. 13.〉
　② 제1항의 규정에 따라 제207조의2 제2항의 규정을 위반한 자에 대하여 벌금형을
병과하는 경우에는 그 위반행위로 얻은 이익 또는 회피손실액의 3배에 상당하는
금액 이하의 벌금에 처한다. 〈신설 2002. 4. 27.〉
　자본시장법 제447조 제1항은 동법 제443조 위반(시세조종, 미공개 중요정보 이용,
부정거래 등)에 대하여 징역에 처하는 경우에는 반드시 벌금을 병과하도록 규정하
고 있다.
46) 자본시장법 제443조 제1항 단서에 해당.
47) 자본시장법 제443조 제2항에 해당.

거래행위와 관련된 유가증권거래의 총매도금액에서 총매수금액 외에 그 거래를 위한 매수수수료, 매도수수료, 증권거래세(증권거래소의 경우 농어촌특별세 포함) 등의 거래비용도 공제한 나머지 순매매이익을 의미한다(대법원 2004. 5. 28. 선고 2004도1465 판결 등 참조).

| 생각해 볼 사항 |

1. 〔판례 6-12〕가 불공정거래행위의 보호 법익에 대하여 '유가증권시장 또는 협회중개시장에서의 유가증권거래의 공정성 및 유통의 원활성 확보'라는 사회적 법익이고 각각의 유가증권 소유자나 발행자 등 개개인의 재산적 법익은 직접적인 보호 법익이 아닌 점'을 확인하고 있다는 점을 먼저 주목할 필요가 있다. 이후 자본시장법상 부정거래행위에 관한 제178조의 보호 법익을 "주로 '금융상품거래의 공정성에 대한 투자자들의 신뢰'라는 사회적 법익"으로 보고, "객관적으로 '금융상품거래의 공정성에 대한 위와 같은 투자자들의 신뢰를 실질적으로 저해할 우려가 있다'라는 평가를 내리려면, 그 행위로 인하여 다른 투자자들의 이익이 부당하게 침해될 만한 구체적이나 추상적인 위험성이 있어야 한다"고 판단한 하급심판결이 있다.[48]

불공정거래의 보호 법익과 관련하여 투자자 등 개개인의 재산적 법익을 어느 정도 고려해야 하는가? 이와 관련하여 대법원은 구 선물거래법 제31조 제1항 제4호와 관련하여 "이익의 실현 여부 역시 구성요건과 무관하므로 시세조종이 이루어진 기간 전체로 볼 때 실제로는 오히려 손해가 발생하여도 죄책의 성립에 지장이 없다"고 하여 재산적 법익과의 무관성을 강조하였다(대법원 2008. 12. 11. 선고 2006도2718 판결).

2. 시세조종의 목적으로 허위매수주문행위·고가매수주문행위 및 통정매매행위 등을 반복한 경우의 죄수에 대하여, 첫째 시세조종 등 불공정거

---

48) 서울중앙지방법원 2011. 11. 28. 선고 2011고합600 판결.

래의 금지를 규정하고 있는 구 증권거래법 제188조의4에 해당하는 수 개의 행위를 단일하고 계속된 범의 아래 일정 기간 계속하여 반복한 범행이라는 점과, 둘째 피해 법익이 동일한 점을 근거로 포괄일죄로 판단하고 있다([판례 6-6] 대법원 2002. 6. 14. 선고 2002도1256 판결 ; [판례 4-1] 및 [판례 6-2] 대법원 2002. 7. 22. 선고 2002도1696 판결 ; 대법원 2002. 7. 26. 선고 2001도4947 판결 ; 대법원 2005. 11. 10. 선고 2004도1164 판결 등 참조).

3. 자본시장법 및 구 증권거래법상 불공정거래에서 '위반행위로 얻은 이익'과 '회피한 손실액'(이하 '부당이득'이라 한다)은 범죄구성요건의 일부로서 가액에 따라 그 죄에 대한 형벌을 가중하고 있으므로 부당이득의 존부와 그 금액은 중요한 법적 의미를 갖는다. 부당이득의 존부와 금액은 검사가 입증책임을 지므로 구체적인 부당이득의 규모를 입증하지 못할 경우 가중처벌이 아닌 기본형만 부과된다([판례 7-4] 대법원 2010. 12. 9. 선고 2009도6411 판결).

4. 이 판결은 '위반행위로 얻은 이익'이나 '회피한 손실액'을 정하는 기준으로 차액설을 채택하여 '그 거래로 인한 총수입에서 그 거래를 위한 총비용을 공제한 차액'을 말하는 것으로 판시하였다. 자본시장법상 각종 불공정거래행위에 있어 부당이득의 구체적인 산정방법에 대해서는 구체적으로 생각해 볼 부분이 있다.

① 산정대상 보유자산의 범위

행위자가 시세조종의 대상으로 삼은 증권과 연계되어 있는 다른 증권을 보유하고 있는 경우, 예컨대 특정 주식을 대상으로 시세조종을 하면서 그 주식은 물론 그 주식으로 전환할 수 있는 전환사채를 보유하고 있을 때 전환사채의 가격 상승분도 부당이득으로 포함할 것인지가 문제 된다. 자본시장법상 '그 위반행위로 얻은 이익'은 행위를 기준으로 그 범위가 정해져야 하므로 시세조종의 직접적인 대상증권과 상호 가격연계성이 있는 경우에는 모두 포함하는 것이 타당할 것이다. 따라서 위 사례에서는 주식을 시세조종의 대상으로 삼은 경우 그 주식으로 전환될 수 있는 전환사채의 가격

상승분도 당연히 부당이득에 포함된다고 할 것이다(대법원 2003. 12. 12. 선고 2001도606 판결). 다만 금융상품 상호 간의 연계성을 어디까지 인정할 것인지에 대하여는 구체적인 사실관계하에서 검토할 필요가 있다.

② 평가이익의 포함 여부

미실현이익 또는 평가이익의 포함 여부에 대하여 대법원은 위반행위자가 시세조종행위 종료 시점까지 처분하지 않고 있는 보유주식이 있는 경우, 시세조종행위 개시 후 종료 시점까지의 구체적 거래로 인한 이익은 물론 시세조종행위 종료 시점 당시 보유 중이던 시세조종 대상주식의 평가이익까지 모두 포함되어야 할 것이라고 판시하였다(대법원 2005. 11. 10. 선고 2005도6523 판결 ; 대법원 2003. 12. 12. 선고 2001도606 판결 등).

미실현이익의 포함에 대해서는 명확하고 합리적인 판단기준의 부재를 이유로 포함하는 데에 부정적인 견해가 있다. 불공정거래규제의 보호 법익을 침해하는 정도를 보여 주는 기준이지 현실적으로 실현되어 위반행위자에게 귀속된 이익을 의미하는 것은 아니므로 포함해야 한다는 견해도 있다.

③ 인과관계의 요부와 정도

첫째, 범죄행위와 인과관계가 없는 결과는 형사처벌의 근거가 될 수 없으므로 위반행위와 부당이득액 사이에 인과관계가 있어야 한다. 대법원도 (i) 형법 제17조[49]가 범죄행위와 인과관계가 인정되지 않는 결과는 형사처벌의 근거가 될 수 없음을 분명히 하고 있는 점, (ii) '위반행위로 얻은 이익'을 범죄구성요건의 일부로 삼아 그 가액에 따라 그 죄에 대한 형벌을 가중하고 있으므로, 이를 적용할 때에는 위반행위로 얻은 이익의 가액을 엄격하고 신중하게 산정함으로써 죄형균형원칙이나 책임주의원칙이 훼손되지 않도록 유의하여야 하는 점을 근거로 구 증권거래법 제207조의2와 제214조에서 정한 '위반행위로 얻은 이익'은 '그 위반행위와 관련된 거래로

---

49) 형법 제17조(인과관계) 어떤 행위라도 죄의 요소 되는 위험 발생에 연결되지 아니한 때에는 그 결과로 인하여 벌하지 아니한다.

인한 이익'을 말하는 것으로서 '위반행위로 인하여 발생한 위험과 인과관계가 인정되는 것'을 의미한다고 보고 있다(대법원 2009. 7. 9. 선고 2009도1374 판결). 대법원은 나아가 "통상적인 경우에는 위반행위와 관련된 거래로 인한 총수입에서 그 거래를 위한 총비용을 공제한 차액을 산정하는 방법으로 인과관계가 인정되는 이익을 산출할 수 있겠지만, 구체적인 사안에서 위반행위로 얻은 이익의 가액을 위와 같은 방법으로 인정하는 것이 부당하다고 볼만한 사정이 있는 경우에는 사기적 부정거래행위를 근절하려는 입법 취지와 형사법의 대원칙인 책임주의를 염두에 두고 위반행위의 동기, 경위, 태양, 기간, 제3자의 개입 여부, 증권시장 상황 및 그 밖에 주가에 중대한 영향을 미칠 수 있는 제반 요소들을 전체적·종합적으로 고려하여 인과관계가 인정되는 이익을 산정해야 할 것이며, 그에 관한 입증책임은 검사가 부담한다"고 판시하였다(대법원 2009. 7. 9. 선고 2009도1374 판결 ; 대법원 2010. 4. 15. 선고 2009도13890 판결).

둘째, 위반행위와 부당이득 사이의 인과관계가 직접적인 인과관계를 의미하는 것인지 여부가 다투어지기도 한다. 이에 대하여 대법원 2009. 7. 9. 선고 2009도1374 판결은 "구 증권거래법 제207조의2, 제214조에서 정한 이익은 위반행위와 직접적인 인과관계가 있는 것만을 의미하는 것은 아니고 그 위반행위가 개입된 거래로 인하여 얻은 이익에 해당하는 것이면 족"하다고 판시한 원심판결을 파기하였다.[50] 위 대법원판결 후 파기환송심 판결

---

50) 대법원 2009. 7. 9. 선고 2009도1374 판결의 환송 전 원심판결(서울고등법원 2009. 1. 23. 선고 2008노2564 판결)은 이 쟁점에 대하여 "이 사건 규정은 개인적 법익이 아닌 유가증권시장의 공정한 거래질서라는 사회적 법익을 주된 보호 법익으로 하는 것으로 위반행위자와의 거래에서 상대방이 입은 손해에 대한 배상책임의 범위를 정하거나 위반행위자가 얻은 이익 중 위반행위와 직접적인 인과관계가 있는 이익액을 박탈하거나 환수하려는 조항이 아니어서, 그 법정형을 정함에 있어 위반행위와 직접적인 인과관계가 있는 이익액만을 그 변동의 요건으로 삼아야 할 필연성도 없으므로, 이 사건 규정이 위반행위자의 책임의 경중에 영향을 줄 수 있는 여러 요인 중에서 경중을 가리는 기준으로서 합리적이라고 인정되는 요인인 시세 차익을 기준으로 법정형의 범위를 정한 것을 가리켜 책임원칙에 반한다고 단정

(서울고등법원 2009. 11. 26. 선고 2009노1838 판결)은 "구 증권거래법 제207조
의2 제2항 등에서 정한 위반행위로 얻은 이익과 위반행위로 인하여 발생
한 위험과의 인과관계는… 구 증권거래법 제207조의2 제2항 등의 개정입
법 취지, 만일 여기의 인과관계를 직접적인 인과관계로 해석할 경우에 지
나치게 그 처벌범위가 축소되어 사실상 증권거래법 처벌 규정을 사문화시
키는 부당한 결과가 초래되고 증권거래법 개정입법 취지에도 역행하며, 일
반적으로 형사법의 인과관계를 상당 인과관계로 파악하고 있는 것과의 조
화 등을 고려할 때, 이를… 직접적인 인과관계로 국한하여야 할 것은 아니
고, 형사법에서 일반적으로 요구되는 상당 인과관계로 보아야 할 것이다
(이러한 맥락에서 원심이 인용한 대법원 2004. 9. 3. 선고 2004도1628 판결은 인과
관계로서 직접적인 인과관계까지를 요하는 것이 아니라는 취지에서 그 의의가
여전히 있다). 원심이 마치 피고인의 사기적 부정거래와 주가 상승과의 사
이에 인과관계 자체까지 요하지 아니한다는 듯한 설시를 하여 형사법이
요구하는 자기책임주의에 반하는 듯한 태도를 보이는 것은 다소 위헌적인
소지가 있다. 따라서 피고인의 이 부분 주장은 피고인의 사기적 부정거래
와 주가 상승 사이에 인과관계가 여전히 필요하다는 점에 있어서 이유 있
다"고 판시하여 형사법에서 일반적으로 요구되는 상당 인과관계가 요구되
는 것으로 판시하였고, 재상고심에서 대법원 2010. 4. 15. 선고 2009도
13890 판결은 인과관계에 관한 법리오해가 없다고 하여 상고를 기각하고
환송 후 원심판결을 확정하였다.
　그후 대법원 2017. 5. 17. 선고 2017도1616 판결은 "인과관계가 인정되
기 위하여 반드시 위반행위가 이익 발생의 유일한 원인이거나 직접적인

할 수는 없다"고 하고 "위반행위와 직접적인 인과관계가 있는 이익에 한정하지 않
고 위반행위가 개입된 거래에서 얻은 시세 차익을 기준으로 법정형을 정한 이 사
건 규정은 비록 시세 차익의 많고 적음이 유일한 기준은 아니라 할지라도 가장 중
요하고 합리적인 기준이 될 수 있음에 비추어, 위 규정들이 형벌체계의 균형성을
상실한 것으로 죄형법정주의에 위반한다거나, 형벌 법규의 책임 원칙 내지 비례원
칙에 반한다고 볼 수 없다"고 하여 상당 인과관계를 요구하지는 않았다.

원인이어야만 하는 것은 아니고, 다른 원인이 개재되어 그것이 이익 발생의 원인이 되었다고 하더라도 그것이 통상 예견할 수 있는 것에 지나지 않는다면 위반행위와 이익 사이의 인과관계를 인정할 수 있다."고 판시하였다.

④ 불공정거래행위와 부당이득의 귀속 주체가 다른 경우의 취급

(i) 위반행위자의 행위가 구 증권거래법 제207조의2 제1항 본문의 구성요건 해당 여부의 판단에서는 이득의 유무가 아무런 문제가 되지 아니하므로 위반행위자가 타인의 계산으로 시세조종행위를 한 부분도 유죄로 인정되지만, 부당이득액의 3배에 해당하는 금액이 기준금액을 초과하는지 여부를 따져 그 부당이득액의 3배에 상당하는 금액 이하의 벌금에 처할 경우에는 타인의 이익으로 귀속되는 부분을 제외하고, 위반행위자의 이익으로 귀속되는 부분만을 계산하여야 한다[서울고등법원 2008. 11. 26. 선고 2008노1251 판결(확정 : 대법원 2010. 6. 24. 선고 2010도4453 판결)].

(ii) 시세조종에 사용된 계좌를 통한 거래에서는 손실이 발생하였고 다른 계좌들은 불공정거래에 제공된 바 없다고 하더라도 다른 계좌에서의 거래로 얻은 이익이 시세조종행위 등이 개입된 거래로 인하여 얻은 이익으로 평가되는 이상 위반행위로 인한 이익에 해당된다(대법원 2005. 4. 15. 선고 2005도632 판결).

(iii) 자본시장법상 부당이득, 즉 '위반행위로 얻은 이익'은 원칙적으로 당해 위반행위로 인하여 행위자가 얻은 이익을 의미하고, 범행에 가담하지 아니한 제3자에게 귀속되는 이익은 이에 포함되지 아니하지만(대법원 2011. 7. 14. 선고 2011도3180 판결), 법인의 대표자 등이 그 법인의 기관으로서 그 법인의 업무에 관하여 자본시장법 제443조에 정한 위반행위를 한 경우에는 그 위반행위로 법인이 얻은 이익도 법인의 대표자 등의 위반행위로 얻은 이익에 포함된다(대법원 2011. 12. 22. 선고 2011도12041 판결).[51]

---

51) 대법원 2011. 12. 22. 선고 2011도12041 판결은 코스닥 상장법인인 甲회사의 실질적 경영자와 대표이사인 피고인들이 공모하여 甲회사가 실시할 예정인 유상증자 관련 증권신고서 및 투자설명서를 작성하면서 유상증자를 통하여 조달할 자금의

(iv) 반면 양벌규정 적용에 의하여 법인을 처벌하는 경우 법인이 취득한 부당이득에 따라 정하여지는 벌금형의 상한은 그 법인이 대표자의 위반행위로 인하여 얻은 이익 또는 회피한 손실액을 기준으로 정하여진다(대법원 2003. 12. 12. 선고 2001도606 판결 등). 법인 대표자의 위반행위로 취득한 법인의 부당이득을 법인 대표자의 부당이득에 포함시킨 대법원 2011. 12. 22. 선고 2011도12041 판결과 비교할 때 '대표자가 개인적으로 얻은 부당이득'과 '그 법인이 얻은 부당이득'을 합산하여 법인이 취득한 부당이득액을 계산하는 것이 타당하다는 반론이 더 설득력이 있지 않을까?

(v) '위반행위로 얻은 이익'이라 함은 당해 위반행위로 인하여 행위자가 얻은 이익을 의미하고, 여러 사람이 공동하여 시세조종 등 불공정거래의 범행을 저지른 경우 그 범행으로 인한 이익은 범행에 가담한 공범 전체가 취득한 이익을 말하는 것이지 범행에 가담한 범인별로 얻은 이익을 말하는 것이 아니다(대법원 2011. 2. 24. 선고 2010도7404 판결). 또한 실질적으로 분배받은 이득액에 국한되지 않고(대법원 2005. 12. 9. 선고 2005도5569 판결), 공범 중 일부 범인에게 손실이 발생하더라도 전체적으로 이익을 산정한다(대법원 2008. 6. 26. 선고 2007도10721 판결). 미공개 중요정보 이용행위와 관련한 사례에서 대법원 2014. 5. 29. 선고 2011도11233 판결은 "'위반행위로 얻은 이익'은 당해 위반행위로 인하여 행위자가 얻은 이익을 의미하고, 여러 사람이 공동으로 미공개 정보 이용행위금지의 범행을 저지른 경우 그 범행으로 인한 이익은 범행에 가담한 공범 전체가 취득한 이익을 말하는 것일 뿐, 범행에 가담하지 아니한 제3자에게 귀속하는 이익은 이에 포함되지 아니한다"고 판시하였다.

사용계획에 관하여 자금의 실제 사용계획과는 다른 계획을 기재하여 자본시장법 위반죄가 인정된 사안에서 증권신고서 등의 거짓기재로 인하여 '피고인들이 얻은 이익'에는 '甲회사가 유상증자로 납입 받은 대금'도 포함된다고 판시하였다.

⑤ 외부적 요소에 의한 가격변동분의 반영 여부와 그 방법

〔판례 6-10〕 헌법재판소 2003. 9. 25. 2002헌바69, 2003헌바41(병합)과 〔판례 6-11〕 헌법재판소 2011. 2. 24. 2009헌바29의 '생각해 볼 사항' 참조.

구체적으로 외부적 요소에 의한 가격변동분의 평가와 공제방법이 문제된다. 시세조종에 관한 민사상 손해배상청구에 대해서는 사건 연구방식을 적용하여 외부적 요소에 의한 부당이득을 분리하는 방식을 허용하고 있다 (대법원 2004. 5. 28. 선고 2003다69607, 69614 판결 ; 대법원 2007. 11. 30. 선고 2006다58578 판결 ; 대법원 2004. 5. 27. 선고 2003다55486 판결 등). 형사사건에서도 사건 연구방식을 사용할 것인지 아니면 다른 방법이 있는지 구체적인 방법론을 생각해 보자.

| 더 읽을거리 |

• 정순섭, "자본시장법상 불공정거래와 보호 법익 : 시세조종과 부당이득을 중심으로," 상사판례연구 제25권 제1호(2012), 한국상사판례학회.
• 노혁준, "자본시장법상 불공정거래로 인한 부당이득의 법적 문제", 증권법연구 제19권 제1호 (2018), 한국증권법학회 또는 노혁준, "증권불공정거래와 부당이득 산정", 정순섭/노혁준(편저), 증권 불공정거래의 쟁점(제2권) 제6장.

2. 민사책임

〔판례 6-13〕 대법원 2004. 5. 28. 선고 2003다69607, 69614 판결〔손해배상
　　　　　 (기)〕— 시세조종행위에 의하여 투자자가 입은 손해의 산정방법

• 사실관계

1. Y1은 Y2회사의 대표이사로서 Y2회사가 보유하고 있던 H회사 발행
의 전환사채 2,500억 원 상당 및 H회사 주식 300만 주의 처분을 추진하고
있던바, 그중 피고인 Y2회사 및 H회사의 계열사인 J회사와 S회사로부터 자
금을 받아 이를 이용하여 H회사의 주식의 시세조종을 하기로 마음먹었다.

2. Y1은 1998. 5. 26~11. 12. 사이에 Y2회사에 개설된 J회사와 S회사 명
의의 계좌에서 주식을 매매하는 과정에서, 종가 결정을 위한 동시호가 시
간대에 53회에 걸쳐 합계 142만 5,680주의 고가매수주문을 내어 종가를 고
가에 형성시키고, 1,023회에 걸쳐 합계 347만 2,180주에 대하여 직전 체결
가 및 상대호가 대비 고가매수주문을 내어 장중시세를 인위적으로 상승시키
는 시세변동 거래행위를 하였으며, 567회에 걸쳐 합계 210만 3,290주에 대
하여 장중접속매매 시 매매 체결 가능성이 없는 허위의 대량매수주문을 내
어 매수세가 성황을 이루고 있는 듯이 보이게 하고, 60회에 걸쳐 합계 30만
2,070주에 대하여 시초가 형성을 위한 동시호가 시 호가 잔량만 공개되는
점을 이용하여 매매 체결 가능성이 없는 낮은 가격에 대량의 허위매수주
문을 내 매수세가 성황을 이루고 있는 듯이 보이게 하였다.

3. Y1에 의한 H회사 주식의 시세조종이 시작될 당시 H회사의 발행주식
총수는 5,600만 316주이고, 위 주식은 당시 H그룹의 수장이던 A 및 그 일
가, 그리고 나머지 H계열사들이 4,450만 1,390주(79.47퍼센트), 기관투자자 등
법인주주가 245만 2,897주(4.38퍼센트), 일반 개인 소액주주가 559만 519주
(9.98퍼센트), 기타 법인주주 2인이 344만 5,510주(6.17퍼센트)를 각 소유하

고 있었는데, 당시 주식 분포 상황에서 보듯이 유통 가능한 H회사 주식의 최대 물량은 기관 및 개인 소유 주식 804만 3,416주(14.36퍼센트)였고, 실제로 가능한 유통물량은 이보다 적었다. 그런데 Y1과 Y2회사가 J회사, S회사와 함께 이 사건 H회사 주식매수에 동원하기로 한 자금의 규모는 2,200억 원으로서 시세 관여기간 전일(1998. 5. 25) 종가인 주가 1만 4,800원으로 환산하면, 1,486만 4,864주(단주 미만 버림) 상당이 되고, 이는 위 최대 유통 가능 주식물량의 1.84배에 이르는 물량이었다.

4. 위 기간 중 위 H회사 주식의 매매거래로 인한 수익은 실현손실과 평가손익을 감안하여 58억 5,962만 6,530원에 이르렀고, 또한 위 매수행위 시작 당시 Y2회사가 자신의 자산으로서 갖고 있던 H회사의 전환사채 2,500억 원 상당도 시세조종행위의 종료 시점을 기준으로 하여 H회사의 주가를 감안하면 90억 3,741만 6,000원의 평가이익이 있었다.

5. 위 시세조종으로 인하여 피해를 본 주식투자자인 X 외 51인은 Y1과 Y2회사에 대하여 손해배상을 청구하였다.

• 법원의 판단

원심은 Y1 등이 구 증권거래법 제188조의4를 위반하여 시세조종행위를 한 사실을 인정하면서 피고들이 배상할 원고들의 손해액을 산정하는 방법에 관하여 판시하였고, 대법원은 '피고들의 시세조종행위가 처음 일어난 시점이 언제인지'에 대한 원심의 사실인정에 위법이 있다는 이유로 파기환송하였으나 '손해액 산정방식'에 대하여는 다음과 같이 판시하면서 원심과 같은 견해를 취하였다.

구 증권거래법 제188조의4 제2항 제1호의 시세조종행위로 인하여 형성된 가격에 의하여 유가증권시장 또는 코스닥시장에서 당해 유가증권의 매매거래 또는 위탁을 한 투자자가 그 매매거래 또는 위탁에 관하여 입은 손해를 산정함에 있어서는, 그와 같은 <u>시세조종행위가 없었더라면 매수 당시</u>

형성되었으리라고 인정되는 주가(이하 '정상주가'라 한다)와 시세조종행위
로 인하여 형성된 주가로서 그 투자자가 실제로 매수한 주가(이하 '조작주
가'라 한다)와의 차액 상당(만약 정상주가 이상의 가격으로 실제 매도한 경우에
는 조작주가와 그 매도주가의 차액 상당)을 손해로 볼 수 있고, 여기에서 정상
주가의 산정방법으로는, 전문가의 감정을 통하여 그와 같은 시세조종행위
가 발생하여 그 영향을 받은 기간(이하 '사건기간'이라 한다) 중의 주가동향
과 그 사건이 없었더라면 진행되었을 주가 동향을 비교한 다음 그 차이가
통계적으로 의미가 있는 경우 시세조종행위의 영향으로 주가가 변동되었
다고 보고, 사건기간 이전이나 이후의 일정 기간의 종합주가지수·업종지
수 및 동종 업체의 주가 등 공개된 지표 중 가장 적절한 것을 바탕으로 도
출한 회귀방정식을 이용하여 사건기간 동안의 정상수익률을 산출한 다음
이를 기초로 사건기간 중의 정상주가를 추정하는 금융경제학적 방식 등의
합리적 방법에 의할 수 있다 할 것이다.

| 생각해 볼 사항 |

1. 대법원은 시세조종으로 인한 손해액의 산정방식으로 정상주가와 조
작주가의 차액을 손해로 보는 입장을 채택하고 있다. 증권의 가격은 발행
회사의 영업실적과 재산 상태는 물론이고 시장수급 상황과 금리 등 국내
외 경제 상황과 같이 다양한 요소로부터 영향을 받는 것이므로 정상주가
를 입증하는 것이 극히 곤란하다. 따라서 법원의 유연한 태도가 없이는 실
제로 손해배상청구가 실효적으로 이루어지기는 어렵다. 〔판례 6-13〕에서
대법원은 사건 연구방식을 통한 정상주가의 산정을 허용함으로써 상당히
유연한 태도를 보이고 있다.

2. 실손해의 전보라는 손해배상제도의 취지에 비추어 시세조종으로 인
한 투자자들의 손해액이 반드시 시세조종행위자가 얻은 이익이나 회피한
손실액과 일치할 수는 없다. 따라서 형벌 가중요건으로서의 부당이득 개념

과는 차별화되는 것이며 산출방식도 같을 수 없다.

3. 다만 투자자의 보호를 위하여 자본시장법 제125조와 같이 손해액을 일정한 방식으로 추정하여 구체적인 손해액의 입증책임을 시세조종행위 자에게 전환하는 것은 가능할지 생각해 보자.

| 더 읽을거리 |

• 장상균, "시세조종행위로 인한 손해배상청구소송에 있어서 손해액의 계산 : 대법원 2004. 5. 28. 선고 2003다69607, 69614 판결을 중심으로," BFL 제6호(2004. 7), 서울대학교 금융법센터.

〔판례 6-14〕 대법원 1993. 12. 21. 선고 93다30402 판결〔손해배상(기)〕— 시세조종에 따른 손해배상채권의 소멸시효 기산점인 '위반행위 가 있었던 사실을 안 때'의 의미

• 사실관계

1. A는 Y1회사 영업부 차장 B, Y2회사 차장 C, Y3회사의 대리 D와 함께 J상호금고 주식을 대량매집해 두었다가 시세를 높게 조종한 다음 매도함으로써 그 차액을 취득하기로 공모하였다.

2. A는 X의 여유자금을 주가조작에 이용할 목적으로 X에게 주식투자를 권유하여, X는 1989. 2. 17. Y1증권회사 본점에 계좌를 개설하고 1989. 5. 25.까지 합계 4억 2,900만 원을 예탁하고, 1989. 3. Y2증권회사와 Y3증권회사에 각각 2억 590만 원과 1억 6,460만 원을 예탁한 다음, 각 계좌의 증권거래를 위 A에게 일임하였다.

3. A · B · C · D 등은 J상호금고 주식을 대량 매집한 다음 J상호금고가

유무상증자를 할 것이라는 소문을 퍼뜨리는 등의 수법으로 1989. 3. 20. 주가를 1주당 3만 2,000원에 이르게 한 뒤 그다음 날 자신들이 매집해 놓은 주식을 1주당 2만 9,700원에 대량매도주문을 하면서 Y1 · Y2 · Y3회사에 개설한 X의 계좌로 같은 가격에 매수하였으며, 그후 1989. 10. 30.까지 그들이 관리하는 계좌와 X의 각 계좌를 이용한 상호 가장매매를 하여 오다가, 그 뒤에 주가가 하락하여 X는 1989. 12~1990. 1. 사이에 매도하여 손해를 입게 되었다.

5. X는 1990. 2. A · B · C · D가 구 증권거래법 제105조를 위반하였다고 경찰에 고소를 제기하였고, 1990. 3. 7. 서울지방검찰청에서 A는 B · C · D와 공모하여 시세조종 등 불공정거래를 하였다고 하며 시세조종행위에 관한 구체적인 진술을 하였다.

6. X는 1991. 3. 18. Y1, Y2, Y3회사를 상대로 사용자책임에 근거하여 B, C, D의 시세조종행위로 인해 X가 입은 손해의 배상을 청구하였다.

• 법원의 판단

구 증권거래법 제106조 제2항[52]에서 동법 제105조 소정의 시세조종 등 불공정거래행위로 인한 손해배상청구권의 소멸시효기간을 단기로 한 취지는 유가증권거래로 인한 분쟁을 빨리 끝냄으로써 유가증권시장의 안정을 도모하고자 함에 있으므로, 그 소멸시효의 기산점이 되는 '위반행위가 있었던 사실을 안 때'라 함은 문언 그대로 피해자가 구 증권거래법 제105조

---

52) 증권거래법(법률 제3945호 1987. 11. 28) 제106조(시세조작의 배상책임) ① 제105조의 규정에 위반한 자는 그 위반행위로 인하여 형성된 가격에 의하여 유가증권시장에서 당해 유가증권의 매매거래 또는 위탁을 한 자가 그 매매거래 또는 위탁에 관하여 입은 손해를 배상할 책임을 진다.
② 제1항의 규정에 의한 배상의 청구권은 청구권자가 제105조의 규정에 위반된 행위가 있었던 사실을 안 때로부터 1년, 그 행위가 있었던 때로부터 2년간 이를 행사하지 아니한 경우에는 시효로 인하여 소멸한다.

소정의 불공정거래행위가 있었다는 사실을 현실적으로 인식한 때라고 볼 것이고, 그 인식의 정도는 일반인이라면 불공정행위의 존재를 인식할 수 있는 정도면 족하다고 할 것이다.

원심은 원고 X가 서울지방검찰청에서 고소인으로 진술한 1990. 3. 7. 당시 피고소인들이 구 증권거래법 제105조에 위반되는 주식시세조종 등 불공정거래행위를 함으로써 원고 X에게 손해를 가한 사실을 비교적 소상하게 진술하고 있는 점으로 미루어 적어도 그 진술 당시에는 위와 같은 불공정거래행위가 있었다는 사실을 알았다고 보이므로, 그로부터 구 증권거래법 제106조 제2항에 따른 단기소멸시효기간인 1년이 경과함으로써 원고 X의 피고들에 대한 이 사건 손해배상청구권은 시효로 소멸하였다고 판단하였다. 관계 법령의 규정 내용에 비추어 보면 원심의 위와 같은 판단은 옳고, 거기에 소론과 같은 단기 소멸시효에 관한 법리오해의 위법이 있다고 할 수 없다.

| 생각해 볼 사항 |

1. 〔판례 6-14〕는 시세조종 등 불공정거래행위로 인한 손해배상청구권의 소멸시효기간을 단기로 한 취지를 증권거래로 인한 분쟁을 빨리 끝냄으로써 증권시장의 안정을 도모하고자 함에 있다고 설명하고 있다. 불공정거래행위의 소멸시효기간이 지나치게 짧아서 투자자보호에 문제가 있다는 지적과 함께 그 의미를 생각해 보자.

2. 소멸시효의 기산점이 되는 '위반행위가 있었던 사실을 안 때'를 불공정거래행위가 있었다는 사실을 현실적으로 인식한 때라고 해석하면서, 그 인식의 정도는 일반인이라면 불공정행위의 존재를 인식할 수 있는 정도면 족하다고 한 것 또한 단기소멸시효제도의 문제와 함께 생각해 보자.

| 참고 판례 |

■ 대법원 2002. 12. 26. 선고 2000다23440, 23457 판결〔손해배상(기), 대여금〕

구 증권거래법 제188조의4~5에 터 잡은 손해배상청구권에 대한 1년의 소멸시효는 청구권자가 그 위반행위가 있었던 사실을 안 때로부터 기산되어야 하며, 위반자에 대한 유죄의 형사판결이 선고되거나 확정된 때로부터 기산되어야 한다고 볼 수 없다.

〔판례 6-15〕 대법원 2018. 9. 13. 선고 2018다241403 판결〔손해배상청구의소〕— 시세조종행위의 가해자를 안 날

• **사실관계**

1. 피고 D은행의 직원인 소외 1, 2, 3 및 피고 D증권의 직원인 소외 4는 코스피200 주가지수 하락에 관한 투기적 포지션을 구축한 다음 장마감 동시호가 시간대의 주식 대량 매도를 통해 코스피200 주가지수를 하락시켜 장내파생상품의 매매에서 피고들로 하여금 부당한 이득을 얻게 하는 시세조종행위(이하 '이 사건 시세조종행위'라 한다)를 하였다.

2. 2010. 11. 11. '피고들의 주식 대량매도로 인하여 코스피200 지수가 급락하였다.'는 내용의 언론보도가 있었고 다음 날 금융감독원이 위 주식 대량매도의 불공정거래 여부에 관한 조사에 착수하였다는 대대적인 보도가 있었다.

3. 금융위원회와 금융감독원은 2011. 2. 23. '피고 D은행의 계열사 직원들이 시세조종행위를 한 사실을 확인함에 따라 관련자에 대하여 검찰 고발, 소외 4에 대한 6개월의 정직 요구, 피고 D증권에 대한 일부 영업정지

6개월 등의 엄중한 제재를 부과하기로 결정하였다.' 는 조사결과를 발표하
였다. 이 발표 내용이 일간신문, 주요 경제신문 등 언론매체를 통해 대대적
으로 보도되었다.

4. 검찰은 2011. 8. 19. 피고들의 직원 및 피고 D증권을 자본시장법상 시
세조종혐의로 기소하였다고 발표하였고, 그 이후 국내 금융기관 및 보험회
사, 외국인 투자자들의 손해배상청구 소송이 이어졌으며, 이에 관한 언론
보도도 계속되었다.

5. 소외 4와 피고 D증권에 대한 형사판결이 2016. 1. 25.에야 선고되었
고, 민사소송에서 수년간 위법행위의 존재, 위법행위와 손해 발생 사이의
상당인과관계 여부 등이 치열하게 다투어진 끝에 피고들의 손해배상책임
을 인정하는 민사판결 등이 2015. 11. 무렵부터 선고되었다.

6. 원고들은 2016. 1. 26. 피고들에 대하여 이 사건 소를 제기하였다.

• 법원의 판단

▌ 원심 : 서울고등법원 2018. 5. 10. 선고 2017나2037841 판결 : 원고청
구 기각

원고들은 피고들의 직원과 피고 D증권에 대한 증권선물위원회의 징계
요구 및 영업정지 등의 제재조치가 있었던 2011. 2. 23. 무렵에는 피고들의
불법행위로 인한 손해를 현실적이고도 구체적으로 인식하였다고 봄이 타
당하다(…원고들은 늦어도 피고 D증권에 대한 금융위원회의 영업정지 처분이
확정된 2011. 5. 31.경에는 피고들의 불법행위로 인한 손해를 현실적이고도 구체
적으로 인식하였다고 보아야 한다). …원고들의 피고들에 대한 손해배상청구
권의 소멸시효는 2011. 2. 23.경부터 진행되었다고 보아야 할 것인데(…원
고들의 주장에 따르더라도 2011. 5. 31.경부터는 원고들의 피고들에 대한 손해배
상청구권의 소멸시효가 진행되었다고 보아야 한다), 원고들은 그로부터 3년이
지난 2016. 1. 26. 피고들에 대하여 이 사건 소를 제기하였으므로, 원고들의

위 손해배상청구권은 시효로 소멸하였다.

▌대법원 : 파기환송

불법행위로 인한 손해배상청구권의 단기소멸시효의 기산점이 되는 민법 제766조 제1항 소정의 '손해 및 가해자를 안 날'이라고 함은 손해의 발생, 위법한 가해행위의 존재, 가해행위와 손해의 발생 사이에 상당인과관계가 있다는 사실 등 불법행위의 요건사실에 대하여 현실적 · 구체적으로 인식하였을 때를 의미한다. 피해자가 언제 불법행위의 요건사실을 현실적 · 구체적으로 인식하였는지는 개별 사건에서 여러 객관적 사정을 참작하고 손해배상청구가 사실상 가능한 상황을 고려하여 합리적으로 인정하여야 한다(대법원 2008. 4. 24. 선고 2006다30440 판결 등 참조). 그리고 사용자의 손해배상책임은 사용자와 피용관계에 있는 자가 사용자의 사무집행에 관하여 제3자에게 손해를 가한 때에 발생하고, 이 경우 피해자가 가해자를 안다는 것은 피해자가 사용자 및 그 사용자와 불법행위자 사이에 사용관계가 있다는 사실을 인식하는 것 외에 일반인이 그 불법행위가 사용자의 사무집행과 관련하여 행하여진 것이라고 판단할 수 있는 사실까지도 인식하는 것을 말한다(대법원 1989. 11. 14. 선고 88다카32500 판결 참조).

아래와 같은 사정을 앞서 본 법리에 비추어 살펴보면, X들이 금융위원회 등의 조사결과 발표, 검찰의 기소, 언론보도 등이 이루어진 2011. 2. 23. 내지 2011. 8. 19. 무렵에 위법한 가해행위의 존재, 가해행위와 손해의 발생 사이에 상당인과관계가 있다는 사실이나 사용관계 등 불법행위의 요건사실을 현실적 · 구체적으로 인식하였다고 볼 수 없다.

1) 금융위원회와 금융감독원은 2011. 2. 23. '피고 D은행의 계열사 직원들이 시세조종행위를 한 사실을 확인함에 따라 관련자에 대한 검찰 고발과 제재조치를 하기로 결정하였다.'는 조사결과를 발표하였고, 2011. 5. 31.경에는 피고 D증권에 대한 일부 영업정지 처분이 확정되었다. 나아가 검찰은 2011. 8. 19. 피고들의 직원과 피고 D증권을 자본시장법상 시세조종 혐의로 기소하였다고 발표하였으며, 언론보도와 국내 금융기관, 보험회사,

외국인 투자자들의 손해배상청구 소송이 이어졌으나, 전문 금융투자업자가 아닌 개인투자자들인 원고들이 금융상품시장에 대한 이해와 경험이 비교적 풍부하였다고 하더라도, 금융위원회, 금융감독원이나 검찰 등에서 알고 있었던 사항을 모두 알고 있었다고 단정하기 어렵다.

2) 피고들은 금융감독원 등의 조사결과, 검찰의 기소 발표와 언론보도 후에도 혐의를 강하게 부인하며 다투었고, 피고 D은행의 홍콩지점 직원들은 국외로 도주하여 소외인과 피고 D증권에 대해서만 4년 이상이 지난 2016. 1. 25. 제1심 유죄판결이 선고되었다.

3) 이 사건 시세조종행위의 위법성 판단을 위해서는 코스피200과 지수차액거래와 지수변동행위에 대한 전문적인 지식이 필요하고, 위법한 시세조종행위의 존부에 대한 다툼이 있었으며, 위 형사판결문의 본문만 82면에 달하는 점에 비추어 보면, 일반인의 입장에서 위 형사판결 선고 이전에 위법한 시세조종행위의 존재, 위 시세조종행위와 손해 발생 사이의 상당인과관계를 인식하였다고 단정할 수 없다.

4) 피고들은 민사상 손해배상책임의 유무에 관하여도 다투었고, 4년 이상이 지난 2015. 11. 26.경에야 피고들에 대한 사용자책임을 인정하는 제1심판결이 선고되기 시작하였다.

5) 피고 D은행의 경우 금융위원회나 금융감독원의 제재 대상과 검찰의 기소 대상에서 제외되어 있었으므로, 전문 금융투자자가 아닌 개인투자자인 원고들이 위 민사 제1심판결 선고 이전에 피고 D은행의 홍콩지점 직원들과 피고 D은행과의 사용관계나 사무집행 관련성을 알 수 있었다고 단정하기에는 더욱 무리가 있다.

〔판례 6-16〕 대법원 2000. 3. 28. 선고 98다48934 판결〔손해배상(기)〕— 시세조종에 따른 손해배상채권의 소멸시효 기산점 및 시세조종을 알고 매매거래를 위탁한 고객에 대한 증권회사의 사용자책임(소극)

• 사실관계

1. X1과 X2는 1994. 9.부터 Y1증권회사 부산지점에서 그 직원인 Y2를 통하여 증권거래 위탁을 하였는데, 1994. 12. 28. Y2가 Y1회사의 해운대지점으로 이동하자, X1과 X2도 그 무렵 해운대지점에 계좌를 개설하였다.

2. Y2는 1995. 1. 6. X1에게 전화를 걸어 A증권에 근무하는 Y3로부터 'B주식이 매우 좋아 당기 순이익도 높으며, 상한가를 1차 목표 1주당 6만 원, 2차 목표 1주당 8만 원이 될 때까지 계속 물량을 관리하다가 2차 목표가 달성되면 외국인에게 일부 넘길 것이니 조속히 매수하라'는 취지의 이야기를 들었다고 하면서, "Y3의 실력이 대단하여 서울에서 알아주는 팀 중의 하나이며 A증권에 스카우트되어 연봉 6,000만 원을 받는 실력자이므로, B주식이 당장 6만 원이 될 것"이라는 취지로 B주식의 매수를 권하여 X1의 승낙을 받은 다음 X1 명의로 B주식을 매수하기 시작하고, 1995. 1. 7. X2에게 전화를 걸어 위와 같은 방법으로 B주식의 매수를 권하여 X2의 승낙을 받아 X2 명의로 B주식을 매수하기 시작하였으며, 1995. 1. 13. X1과 X2에게 다시 Y3으로부터 C주식을 상한가로 만들겠다고 연락이 왔다면서 이의 매수를 권유하여 X1과 X2 명의로 C주식을 매수하기 시작하였다.

3. 1995. 1. 23.경 당시 증권가에서는 증권거래소가 B주식에 대하여 매매심리를 실시한다는 등의 소문이 퍼지면서 B주식의 주가 하락이 진행되었는데, Y2는 X1과 X2에게 "Y3이 기자를 통하여 증권거래소에 로비를 하고 있으므로 주가 하락은 더 이상 계속되지 않을 것이고, Y3이 B주식에 대한 관리를 철저히 하고 있다"고 하여 X1과 X2는 Y2와의 위 주식 매매거래 위

탁을 계속 유지하였다.

4. X1과 X2는 이로 인해 입게 된 손해에 관하여 Y1회사, Y2, Y3에게 구 증권거래법 제106조 제1항[53]을 근거로 그 배상을 청구하였다.

• 법원의 판단

▌ 원심 : 부산고등법원 1998. 8. 27. 선고 98나574 판결

1. 피고 Y2, Y3에 대한 청구에 관한 판단

가. 손해배상책임의 발생

위 인정사실에 의하면 피고 Y2는 원고들에게 B 및 C의 주식매매가 성황을 이루고 있는 듯이 잘못 알게 하고 또한 위 각 주식의 시세가 피고 Y3 등의 시장조작에 의하여 변동한다는 말을 유포하여 원고들로 하여금 위와 같이 매매거래를 하도록 하였다 할 것이므로, 피고 Y2의 위와 같은 행위는 구 증권거래법(1995. 12. 29.자로 개정되기 전의 법률 제4701호) 제105조 제2항

---

53) 증권거래법(법률 제4701호 1994. 1. 5) 제106조(시세조작의 배상책임) ① 제105조의 규정에 위반한 자는 그 위반행위로 인하여 형성된 가격에 의하여 유가증권시장에서 당해 유가증권의 매매거래 또는 위탁을 한 자가 그 매매거래 또는 위탁에 관하여 입은 손해를 배상할 책임을 진다.

② 제1항의 규정에 의한 배상의 청구권은 청구권자가 제105조의 규정에 위반된 행위가 있었던 사실을 안 때로부터 1년, 그 행위가 있었던 때로부터 2년간 이를 행사하지 아니한 경우에는 시효로 인하여 소멸한다.

제105조(시세조종 등 불공정거래의 금지)

② 누구든지 유가증권시장에서의 매매거래를 유인할 목적으로 다음 각 호의 1에 해당하는 행위를 하지 못한다.

1. 단독으로 또는 타인과 공모하여 유가증권의 매매거래가 성황을 이루고 있는 듯이 오인하게 하거나 그 시세를 변동시키는 매매거래 또는 그 위탁이나 수탁을 하는 것

2. 당해 유가증권의 시세가 자기 또는 타인의 시장조작에 의하여 변동한다는 말을 유포하는 것

3. 당해 유가증권의 매매에 있어서 중요한 사실에 관하여 고의로 허위이거나 오해를 유발하게 하는 표시를 하는 것

제1~2호에서 정한 시세조종 등 불공정거래행위에 해당한다 할 것이므로, 동법 제106조 제1항에 의하여 피고 Y2는 자신의 위와 같은 시세조종 등 불공정거래행위로 인하여 원고들이 입은 모든 손해를 배상할 책임이 있고,[54] 특별한 사정이 없는 한 Y2와 공모하여 시세조종행위를 한 Y3도 같은 책임이 있다.

　나. 위 피고들의 소멸시효 항변에 대하여

　가해자의 시세조종 등 불공정거래행위로 인하여 피해자가 특정 주식에 대한 일련의 매수와 매도를 반복한 경우 시세조종 등 불공정거래행위는 반복되는 일련의 매수와 매도가 종료된 시점에 종료하는 것으로 봄이 상당하고, 한편 소멸시효는 가해행위가 종료하기 전에 진행할 수 없으므로 피해자가 시세조종 등 불공정거래행위를 안 시기를 소멸시효의 기산일로 삼는 경우에도 그 기산일은 시세조종 등 불공정거래행위가 종료된 이후의 어느 시점이 될 수 밖에 없다 할 것이다.

　이 사건의 경우 원고들은 위 각 주식의 최초 매수 시부터 최후 매도 시까지 시종일관 피고 Y2의 시세조종 등 불공정거래행위를 알고 있었다 할 것이나, 각 매수 시기와 매도 시기의 근접 정도에 비추어 보면 원고들의 위 각 주식의 매수와 매도는 피고 Y2의 시세조종 등 불공정거래행위로 인하여 계속적으로 반복된 일련의 행위로 보아야 할 것이므로, 이 사건 소멸시효의 기산일은 B주식의 경우 일련의 매수와 매도가 종료한 날인 1995. 7. 29.이고, C주식의 경우 같은 1995. 1. 19.이며, 따라서 시효 중단사유가 있다는 등의 사정이 없는 한 원고들의 손해배상청구권은 B주식의 경우 1996. 7. 29.에, C주식의 경우 1996. 1. 19.에 각 소멸시효가 완성한다고 할 것이다.[55]

---

54) 단 50퍼센트의 과실상계가 인정되었다.

55) 결국 피고 Y2의 경우는 소멸시효 항변이 인정되어 원고들의 청구가 기각되었으나, 피고 Y3의 경우에는 소멸시효기간 경과 전인 1995. 11. 원고들에게 시세조종 등 불공정거래행위로 인하여 원고들이 입은 모든 손해를 배상하겠다고 약속한 사실이 인정되어, 원고들의 채무의 승인으로 인한 시효 중단 재항변이 받아들여졌다.

2. 피고 Y1회사에 대한 청구에 관한 판단

원고들은 당초 피고 Y2가 시세조종 등 불공정거래행위를 하려고 한다는 사실을 알고도 자신들의 투자수익을 목적으로 이에 편승하여 위 해당 주식의 매매거래 또는 위탁을 하여 온 사실이 인정되는바, 그렇다면 원고들은 피고 Y1회사에 대하여 그 피용자가 직무에 관하여 자기에게 손해를 가하였다고 주장할 수 없다 할 것이고, 그렇지 않다 하더라도 위 피고 Y2의 위 시세조종 등 불공정거래행위가 사용자인 Y1회사의 사무집행행위의 범위에 해당하지 않음을 원고 자신들이 알았다고 보아야 할 것이어서, 원고들은 피고 Y1회사에 대하여 사용자책임을 물을 수 없다 할 것이다.

▌대법원 : 상고기각

1. 피용자의 불법행위가 외관상 사무집행의 범위 내에 속하는 것으로 보이더라도 그것이 사용자의 사무집행행위에 해당하지 않음을 피해자가 알았거나 중대한 과실로 알지 못한 때에는 사용자에 대하여 그 책임을 물을 수 없다(대법원 1999. 3. 9. 선고 97다7721, 7738 판결 ; 대법원 1999. 7. 27. 선고 99다12932 판결 등 참조).

원심은, 피고 Y1회사에게 그 직원인 피고 Y2의 시세조종 등 불공정거래행위로 인한 사용자책임을 묻는 원고들의 청구에 대하여 원고들이 피고 Y2로부터 B 및 C의 주식 시세가 A증권 주식회사에 근무하는 피고 Y3의 시장조작에 의하여 오를 것이니 위 주식들을 매수하라는 취지의 권유를 받고 위 주식들을 매수한 것으로, 당초 피고 Y2가 시세조종 등 불공정거래행위를 하려고 한다는 사실을 알면서도 자신들의 투자수익을 목적으로 이에 편승하여 위 주식들의 매매거래 또는 위탁을 하여 온 사실을 인정한 다음, 원고들은 피고 Y2의 위 시세조종 등 불공정거래행위가 사용자인 피고 Y1회사의 사무집행행위에 해당하지 않음을 알았다고 할 것이므로 피고 Y1회사에 대하여 사용자책임을 물을 수 없다는 취지로 판단하였는바, 원심의 이러한 사실인정과 판단은 정당하고, … 직원의 시세조종 등 불공정거래행위가 있는 경우에 법인도 양벌규정에 의하여 형사처벌된다고 하여 반드시 민사상 사용자책임이 인정되는 것도 아니기 때문에 원심판결에… 법리오해와 판례 위반 등의 위법이 없다.

2. 시세조종 등 불공정거래행위로 인한 손해배상책임을 규정하고 있는 구 증권거래법(1997. 1. 13. 법률 제5254호로 개정되기 전의 것) 제106조 제1항이 과실상계를 금지하는 취지라고는 해석되지 아니하고, 한편 과실상계에 관한 사실인정이나 그 비율을 정하는 것은 그것이 형평의 원칙에 비추어 현저히 불합리하다고 인정되지 아니하는 한 사실심의 전권사항에 속하는 바, 원심이 그 인정사실에 비추어 원고들의 과실 정도를 50퍼센트로 본 것은 정당하고 거기에 상고이유의 주장과 같은 법리오해 등의 위법이 없다.

3. 원심이, 늦어도 원고들이 위 주식들의 매매가 모두 종결된 때에는 시세조종 등 불공정거래행위가 있었다는 것을 알았으므로 그때부터 소멸시효가 진행한다고 보아 원고들의 피고 Y2에 대한 손해배상청구권이 시효로 소멸하였다고 본 것은 옳고 거기에 상고이유의 주장과 같은 법리오해의 위법이 없으며, 원고들이 증권감독원에 진정서를 제출한 것은 소멸시효 중단사유인 청구에 해당하지 아니한다.

| 생각해 볼 사항 |

1. '시세조종행위를 안 때로부터 1년, 그 행위가 있었던 때로부터 3년'으로 되어 있는 소멸시효의 기산점인 시세조종행위가 있었던 사실을 안 때란, 불공정행위의 존재를 인식할 수 있는 정도로 충분하다고 본다(〔판례 6-14〕대법원 1993. 12. 21. 선고 93다30402 판결). 매매거래 시 시세조종행위가 있음을 모르고 투자한 투자자는 현실적으로 금융감독기관 또는 수사기관의 조사가 발표된 후에야 비로소 시세조종행위가 있었음을 알 수 있고 이 시점이 되어야 손해배상청구를 할 수 있을 것이다. 이 사건에서는 원고들이 시세조종임을 알고 매매에 가담하였다는 점에서 불공정거래행위로 인하여 계속적으로 반복된 일련의 매수와 매도행위가 종료한 날 소멸시효가

진행된 것으로 보았다.

2. 증권사 직원들이 시세조종 등 불공정거래행위를 하려고 한다는 사실을 알고도 투자수익을 목적으로 이에 편승하여 해당 주식의 매매거래 또는 위탁을 하여 온 자들은 시세조종 등 불공정거래행위가 사용자인 회사의 사무집행행위의 범위에 해당하지 않음을 자신들이 알았다고 보아야 할 것이어서 사용자책임을 물을 수 없다.

07

부정거래행위 등

I. 부정거래행위의 유형

〔판례 7-1〕 대법원 2001. 1. 19. 선고 2000도4444 판결〔증권거래법 위반, 주식회사의 외부감사에 관한 법률 위반〕: 허위사실, 풍설 유포행위 ─ 사기적 부정거래행위의 판단기준

• 사실관계

1. 피고인은 P회사의 대표이사로서 P회사의 전환사채를 낮은 가격으로 인수한 후 허위사실을 유포하는 등의 방법으로 주가를 상승하도록 한 후, 보유주식을 매도하여 시세 차익을 취득하는 한편 위 전환사채를 주식으로 전환하여 P회사에 대한 피고인의 지분율을 유지하기로 마음먹었다.

2. 피고인은 사실은 P회사가 유통단지를 조성하고자 하는 P회사 부천공장 부지 약 7만 평과 인근 14만 평 합계 21만여 평이 유통단지 지정 및 유

통센터 건립과 관련하여 어떤 내용도 확정된 바 없고 유통단지로 지정받을 가능성도 매우 희박한 상태였음에도 불구하고, P회사의 임원으로 하여금 1997. 2. 28.자『한국경제신문』에 마치 경기도에서 1997. 말쯤 위 부지를 유통단지로 지정할 것이고, 2000. 말쯤 완공될 것이라는 취지로 허위보도되게 하고, 1997. 5. 22.『서울경제신문』에 P회사가 유통단지를 개발하여 내년 하반기께 본격 공사에 착수할 계획이라는 취지로 허위보도되게 하고, 1997. 4. 3. 피고인이 롯데호텔에서 증권회사 관계자들을 상대로 피고인이 회사설명회를 개최하면서 1998. 상반기까지는 유통단지 지정을 받을 수 있을 것이라는 취지로 발표하였다.

3. 또한 1996. 사업연도의 결산 결과 및 1997. 상반기의 결산 결과가 재무제표상 흑자로 나타난 것은 분식결산에 의하여 이루어진 허위의 것임에도 소속 직원으로 하여금 1997. 3. 5.자『매일경제신문』에 4년 만에 흑자가 발생된 것처럼 보도되게 한 것을 비롯하여, 1997. 3. 14. 증권거래소 공시망에 같은 내용으로 허위공시하고, 1997. 4. 3. 위 회사설명회에서 유인물에 같은 내용으로 허위기재하여 발표하고, 1997. 8. 8.자『서울경제신문』에 1997. 상반기의 순이익이 작년 동기보다 3배나 증가하였다는 취지로 허위보도되게 한 것을 비롯하여, 1997. 8. 9.자『한국경제신문』에 같은 취지로 보도되게 하고, 1997. 10. 1. 위 회사설명회에서 유인물에 같은 내용으로 허위기재하여 발표하였다.

4. P회사의 주가는 1997. 2. 28~10. 1. 사이에 최저 7,100원에서 최고 2만 2,400원까지 상승하였으며, 피고인은 1997. 7. 2~11. 22. 사이에 P회사 주식 149만 5,999주를 매도하여 약 127억 원 상당의 이득을 취하였고, 위와 같은 허위사실의 유포 등에 앞서 미리 사모전환사채를 인수하는 방법으로 주식의 매도에 대비하였다가 주식을 매도한 후 위 전환사채를 주식으로 전환하여 피고인의 지분율을 유지하였다.

• 법원의 판단

1. 구 증권거래법 제188조의4 제4항 제1호는 유가증권의 매매, 기타 거래와 관련하여 부당한 이득을 얻기 위하여 고의로 허위의 시세 또는 허위의 사실, 기타 풍설을 유포하거나 위계를 쓰는 행위를 금지하고, 동항 제2호는 유가증권의 매매, 기타 거래와 관련하여 중요한 사항에 관하여 허위의 표시가 된 문서를 이용하여 타인에게 오해를 유발하게 함으로써 금전, 기타 재산상의 이익을 얻고자 하는 행위를 금지하고 있는바, 구 증권거래법이 이와 같이 사기적 부정거래행위를 금지하는 것은 증권거래에 관한 사기적 부정거래가 다수인에게 영향을 미치고 증권시장 전체를 불건전하게 할 수 있기 때문에 증권거래에 참가하는 개개 투자자의 이익을 보호함과 함께 투자자 일반의 증권시장에 대한 신뢰를 보호하여 증권시장이 국민경제의 발전에 기여할 수 있도록 함에 그 목적이 있다고 할 것이므로, 여기에서 유가증권의 매매 등 거래와 관련한 행위인지 여부나 허위의 여부 및 부당한 이득 또는 경제적 이익의 취득 도모 여부 등은 그 행위자의 지위, 발행회사의 경영 상태와 그 주가의 동향, 그 행위 전후의 제반 사정 등을 종합적으로 고려하여 객관적인 기준에 의하여 판단하여야 할 것이다.

2. 기록에서 나타난 사실에 비추어 보면, 피고인이 유가증권의 매매 등과 관련하여 부당한 이득을 얻기 위하여 허위의 사실을 유포하고 중요한 사항에 관하여 허위의 표시를 한 문서를 이용하여 타인에게 오해를 유발함으로써 재산상의 이익을 얻었다고 할 것이며, 설사 상고이유에서 주장하는 바와 같이 피고인이 필요한 회사의 운영자금을 마련하기 위하여 자신이 보유하는 주식을 매도하였다고 하더라도 그와 같은 사정은 피고인에게 부당한 이득이나 재산상의 이익을 얻을 목적이 있었다고 인정하는 데에 아무런 장애가 되지 아니한다고 할 것이므로, 원심이 피고인을 구 증권거래법 제188조의4 제4항 제1~2호 소정의 사기적 거래행위로 인한 구 증권거래법 위반죄로 처벌한 조치는 정당하다.

| 생각해 볼 사항 |

1. 구 증권거래법 제188조의4 제4항의 사기적 부정거래의 요건인 '유가증권의 매매, 기타 거래와 관련하여'에서의 관련성의 해석기준을 제시한 판결이다. 법원은 유가증권의 매매 등 거래와 관련한 행위인지 여부나 허위의 여부 및 부당한 이득 또는 경제적 이익의 취득 도모 여부 등은 그 행위자의 지위, 발행회사의 경영 상태와 그 주가의 동향, 그 행위 전후의 제반 사정 등을 종합적으로 고려하여 객관적인 기준에 의하여 판단하여야 할 것이라고 하여 매우 유연한 입장을 보이고 있다. 대법원의 이러한 입장은 자본시장법하에서도 동일하게 유지되어야 할 것이다.

2. 형벌의 요건으로서의 관련성 판단이 지나치게 유연하여 죄형법정주의의 취지에 반할 우려가 있는지 생각해 보자.

〔판례 7-2〕 대법원 2006. 4. 14. 선고 2003도6759 판결〔증권거래법 위반〕—
유가증권의 불공정거래행위를 포괄적으로 금지하는 구 증권거래법 제188조의4 제4항[56]의 규정이 비상장·비등록 유가증권의 장외시장에서의 직접·대면거래에도 적용되는지 여부(적극)/구 증권거래법 제188조의4 제4항 제2호 위반죄가 성립하기 위하여 '허위·부실표시 문서 이용행위'와 '타인의 오해' 사이에 인과관계가 있어야 하는지 여부(소극)

● 사실관계

1. 피고인은 1999. 7. 7.경 PC방 프랜차이즈 및 운영·관리프로그램 개

---

56) 증권거래법(법률 제5982호 1999. 5. 24) 제188조의4(시세조종 등 불공정거래의

발을 목적으로 하는 P회사를 설립하여 2001. 3. 말경까지 대표이사로 재직하였고, 1999. 12. 3.경 P회사의 유상증자 청약대금을 마련하기 위해 지인이던 A와 B에게 보유주식 일부인 각 6,364주를 저가(총 2억 8,000만 원)에 양도하여 준 바 있었다.

2. 피고인은 D투자신탁과 같은 기관투자가가 P회사의 주식을 매수하여 투자하였다는 사실 자체만으로도 피고인이 대표이사로서 4만 1,465주나 소유하고 있는 위 P회사의 가치 상승이라는 이익을 얻을 수 있을 뿐 아니라, 나아가 D투자신탁과 A · B의 주식매매를 주선하여 주면 그 매매 차익의 일부로 A · B가 자신의 보유주식을 시세대로 매입하여 줄 수 있을 것이라 생각하고, 1999. 12. 초순경부터 위 회사의 사업 전망 등 투자가치를 분석하기 위하여 수차례 방문한 D투자신탁 고유재산운용팀 대리 C에게 P회사의 매출 현황 및 예상 매출계획 등에 대하여 아무런 근거도 없는 자료를 제시하면서 마치 P회사의 사업 전망이 좋은 것처럼 설명하며 A와 B가 보유하고 있는 P회사 주식을 매수하도록 추천하였다.

3. 또한 1999. 12. 27.경 D투자신탁 직원들을 만나 D투자신탁에서 A와 B의 보유주식을 매수하기 위하여 교섭할 때 실제로는 P회사의 1999. 매출액은 '0원'이고, 손실액이 3억 5,264만 3,145원에 달할 정도로 회사 실적이 전무함에도, "P회사의 1999.도 사업실적이 3억 원에 달하고 순이익도 3,000만 원이 발생했으며, 2000.도 예상 매출액은 400억 원에 이를 것"이라는 등 허위 설명을 하고, 한편으로는 P회사에서 확보하고 있는 회원 수가 20만 명에 달

금지)

④ 누구든지 유가증권의 매매, 기타 거래와 관련하여 다음 각 호의 1에 해당하는 행위를 하지 못한다.

1. 부당한 이득을 얻기 위하여 고의로 허위의 시세 또는 허위의 사실, 기타 풍설을 유포하거나 위계를 쓰는 행위
2. 중요한 사항에 관하여 허위의 표시를 하거나 필요한 사실의 표시가 누락된 문서를 이용하여 타인에게 오해를 유발하게 함으로써 금전, 기타 재산상의 이익을 얻고자 하는 행위

한다는 등의 허위내용이 기재되어 있는 「IMM 부가사업기획서」를 제시하였다.

4. 이에 의해 피고인은 D투자신탁 측에게 P회사의 경영 상태와 장래 사업 전망이 좋은 것처럼 오해를 유발하게 함으로써 2000. 1. 5. D투자신탁에서 A와 B가 보유하고 있는 P회사 주식 3만 주를 1주당 33만 3,000원씩 총 99억 9,000만 원에 매수하게 하였다.

• 법원의 판단

1. 구 증권거래법(2004. 1. 29. 법률 제7114호로 개정되기 전의 것) 제188조의4 제4항은 동조 제1항 내지 제3항에 대한 일반규정으로서 '유가증권의 매매, 기타 거래'와 관련하여 소정의 불공정행위를 포괄적으로 금지하고 있을 뿐, 동조 제1항 내지 제3항과 같이 거래 객체를 '상장유가증권 또는 협회중개시장에 등록된 유가증권'으로 한정하거나 거래장소를 '유가증권 시장 또는 협회중개시장'으로 제한하고 있지 않으므로, 위 조항은 상장유가증권 또는 협회중개시장에 등록된 유가증권은 물론 동법 제2조 제1항 각 호와 제2항이 정의한 유가증권에 포함되는 모든 유가증권의 매매, 기타 거래에 적용되며, 유가증권시장 또는 협회중개시장에서의 거래는 물론 장외시장에서의 직접·대면거래에 대하여도 마찬가지로 적용된다고 봄이 상당하다.

2. 구 증권거래법(2004. 1. 29. 법률 제7114호로 개정되기 전의 것) 제188조의4 제4항 제2호는 원래 "중요한 사항에 관하여 허위의 표시를 하거나 필요한 사실의 표시가 누락된 문서를 이용하여 타인에게 오해를 유발하게 함으로써 금전, 기타 재산상의 이익을 취득하는 것"이라는 결과범형식으로 규정되어 있던 것을 1997. 1. 13. 개정(법률 제5254호) 시 '중요한 사항에 관하여 허위의 표시를 하거나 필요한 사실의 표시가 누락된 문서를 이용하여 타인에게 오해를 유발하게 함으로써 금전, 기타 재산상의 이익을 얻고

자 하는 행위'라는 목적범형식으로 바꾼 것인바, 그 문언의 해석상 일단 "타인에게 오해를 유발하게 함으로써 금전, 기타 재산상의 이익을 얻기 위하여" 중요한 사항에 관한 허위·부실표시 문서를 이용한 이상 그로써 바로 위 조항 위반죄가 성립하는 것이고, 문서 이용행위로 인하여 실제 '타인에게 오해를 유발'하거나 '금전, 기타 재산상의 이익을 얻을 것'을 요하지 않으므로, 허위·부실표시 문서 이용행위와 타인의 오해 사이의 인과관계 여부는 위 죄의 성립에 아무런 영향을 미치지 않는다.

더구나 기록에 의하면, 이 사건 각 문서는 D투자신탁 측에서 이 사건 주식을 매수할 것인지 여부를 최종적으로 결정하기 전에 전달되어 P회사의 경영 상태와 장래 사업 전망에 대한 D투자신탁 측의 평가에 영향을 미쳤음이 인정되므로, 이 사건 각 문서 이용행위와 D투자신탁 측의 오해 사이의 인과관계도 인정된다.

| 생각해 볼 사항 |

1. 구 증권거래법 제188조의4 제4항의 사기적 부정거래의 구성요건인 "유가증권의 매매, 기타 거래와 관련하여"에서의 매매 등은 장내외거래를 불문하여 적용된다. 자본시장법 제178조[57]상 부정거래행위의 해석도 마찬

---

57) 자본시장법 제178조(부정거래행위 등의 금지) ① 누구든지 금융투자상품의 매매(증권의 경우 모집·사모·매출을 포함한다. 이하 이 조 및 제179조에서 같다), 그 밖의 거래와 관련하여 다음 각 호의 어느 하나에 해당하는 행위를 하여서는 아니 된다.
 1. 부정한 수단, 계획 또는 기교를 사용하는 행위
 2. 중요사항에 관하여 거짓의 기재 또는 표시를 하거나 타인에게 오해를 유발시키지 아니하기 위하여 필요한 중요사항의 기재 또는 표시가 누락된 문서, 그 밖의 기재 또는 표시를 사용하여 금전, 그 밖의 재산상의 이익을 얻고자 하는 행위
 3. 금융투자상품의 매매, 그 밖의 거래를 유인할 목적으로 거짓의 시세를 이용하는 행위
 ② 누구든지 금융투자상품의 매매, 그 밖의 거래를 할 목적이나 그 시세의 변동을 도모할 목적으로 풍문의 유포, 위계(僞計)의 사용, 폭행 또는 협박을 하여서는 아니

가지다. 그 행위의 사기성 또는 부정성을 처벌근거로 하는 것이므로 행위의 장소나 거래의 객체에 대한 제한을 둘 이유가 없을 것이다.

2. 허위·부실표시 문서 이용행위로 인하여 실제 '타인에게 오해를 유발'하거나 '금전, 기타 재산상의 이익을 얻을 것'을 요하지 않는다는 것은 위험범으로서의 불공정거래행위의 본질에 따른 적절한 해석론이라고 할 수 있다.

〔판례 7-3〕 대법원 2003. 11. 14. 선고 2003도686 판결〔증권거래법 위반〕 ―
　　　　　 허위사실 유포 또는 허위표시의 판단기준, 허위의 대량보유보고
　　　　　 가 허위사실 유포 또는 허위표시에 해당하는지 여부(적극)[58]

• 사실관계

1. 피고인은 P회사(주식회사 화승강업)를 인수한 후 당시 주식시장의 테마를 형성하고 있던 A&D(인수 후 개발) 및 정보통신 관련 사업체의 주식에 대한 일반 투자자들의 관심이 높은 것을 노리고 2000. 7. 19. 이사회 결의사항으로 P회사의 사업 목적에 '정보통신 관련 등' 사업 내용을 추가한다는 내용의 안건을 임시주주총회에 부의하였고, 2000. 8. 18. 위 안건이 주주총회에서 의결됨으로써 확정되었다는 내용을 협회 전산망을 통하여 각각 공시하고, 그와 같은 내용이 2000. 8. 19.자 『머니 투데이』와 8. 20.자 『한국경제신문』에 기사화되도록 하였다. 그러나 그후 실제로 P회사가 정보통신 관련 분야의 사업을 추진하지는 않았다.

2. 피고인은 P회사의 인수자금 중 상당 부분을 단기차입금에 의존할 정

된다.

58) 이 판결의 미공개 중요정보 이용행위에 관한 부분은 앞의 〔판례 5-3〕 대법원 2003. 11. 14. 선고 2003도686 판결 참조.

도로 별다른 자금 여력이 없었다. 그럼에도 불구하고 피고인은 2000. 6. 17. 제출한 대량보유보고서에는 타인 자금이 아닌 자기 자금으로만 주식을 취득한 것으로 기재하였다. 이후 피고인은 1주당 1,900원에 다른 사람의 이름으로 취득하였던 P회사 주식을 2000. 8. 22. 및 같은 달 23. 그중 106만 8,000주를 1주당 3,940원에, 39만 2,000주를 1주당 4,000원에 전부 매도하여 막대한 차익을 남겼다.

3. 피고인은 위 사실에 관하여 구 증권거래법 제188조의4 제4항[59] 위반으로 기소되었다.

•법원의 판단

원심은 사실관계 1과 2 모두 구 증권거래법 제188조의4 제4항 위반죄가 성립한다고 판시하였으나, 대법원은 사실관계 1부분에 관하여는 '허위사실 유포' 자체가 인정되지 않는다는 이유로 원심판결을 파기환송하였다.

1. 피고인이 허위사실을 유포하거나 허위의 표시를 하였는지 여부는 공시 내용 자체가 허위인지 여부에 의하여 판단하여야 할 것이지 피고인이 실제로 정보통신 관련 등 사업에 투자를 할 의사와 능력이 있었는지 여부에 의하여 판단할 것은 아니라고 할 것인바, …P회사가 공시 내용과 같이

---

59) 증권거래법(법률 제6176호 2000. 1. 21) 제188조의4(시세조종 등 불공정거래의 금지)
   ④ 누구든지 유가증권의 매매, 기타 거래와 관련하여 다음 각 호의 1에 해당하는 행위를 하지 못한다.
   1. 부당한 이득을 얻기 위하여 고의로 허위의 시세 또는 허위의 사실, 기타 풍설을 유포하거나 위계를 쓰는 행위
   2. 중요한 사항에 관하여 허위의 표시를 하거나 필요한 사실의 표시가 누락된 문서를 이용하여 타인에게 오해를 유발하게 함으로써 금전, 기타 재산상의 이익을 얻고자 하는 행위

주주총회의 결의를 거쳐 회사의 사업 목적에 '정보통신 관련 등' 사업 내용을 추가하는 정관 변경을 한 사실을 알 수 있으므로 공시 내용 자체가 허위라고 볼 수 없고, 한편 구 증권거래법 제186조 제1항 제4호에 의하면 '사업 목적의 변경에 관한 결의가 있은 때'에는 그 사실을 반드시 공시하도록 되어 있으므로, 가사 피고인이 처음부터 정보통신 관련 등 사업에 투자를 할 의사와 능력이 없었다거나 공시를 한 후 실제로 정보통신 관련 등 사업을 추진하지 아니하였다 하더라도 위 사실을 공시하거나 기사화한 것이 허위 사실을 유포하거나 허위의 표시를 한 것으로 볼 수는 없다 할 것이다.

2. 구 증권거래법이 이와 같이 사기적 부정거래행위를 금지하는 것은 증권거래에 관한 사기적 부정거래가 다수인에게 영향을 미치고 증권시장 전체를 불건전하게 할 수 있기 때문에 증권거래에 참가하는 개개의 투자자의 이익을 보호함과 함께 투자자 일반의 증권시장에 대한 신뢰를 보호하여 증권시장이 국민경제의 발전에 기여할 수 있도록 함에 그 목적이 있다고 할 것이므로, 여기에서 유가증권의 매매 등 거래와 관련한 행위인지 여부나 허위의 여부 및 부당한 이득 또는 경제적 이익의 취득 도모 여부 등은 그 행위자의 지위, 발행회사의 경영 상태와 그 주가의 동향, 그 행위 전후의 제반 사정 등을 종합적으로 고려하여 객관적인 기준에 의하여 판단하여야 하고(대법원 2001. 1. 19. 선고 2000도4444 판결 참조), 위와 같은 구 증권거래법의 목적과 위 규정의 입법 취지 등에 비추어 위 법문 소정의 부당한 이득은 유가증권의 처분으로 인한 행위자의 개인적이고 유형적인 경제적 이익에 한정되지 않고, 기업의 경영권 획득, 지배권 확보, 회사 내에서의 지위 상승 등 무형적 이익 및 적극적 이득뿐 아니라 손실을 회피하는 경우와 같은 소극적 이득, 아직 현실화되지 않는 장래의 이득도 모두 포함하는 포괄적인 개념으로 해석하는 것이 상당하다고 할 것이다(대법원 2001. 1. 19. 선고 2000도4444 판결 ; 대법원 2003. 1. 10. 선고 2002도6053 판결 등 참조).

기록에 의하면, 피고인은 당초 이 사건 주식을 취득할 당시부터 주식 취득자금을 마련할 목적으로 차용한 금원을 반환하는 데 사용하기 위하여 다른 사람의 이름으로 취득한 주식을 조만간에 매도할 계획이 있었고, 최대주주가 보유주식을 매도할 경우 주가에 부정적인 영향을 미치게 되므로 피고인은 판시와 같이 대량보유보고서에 자신이 매수한 주식을 타인이 보유하는 것으로 기재함으로써 주가에 충격을 주지 않으면서 주식을 매도하는 이익을 도모할 수 있었던 것으로 인정되는 점, 피고인이 대량보유보고서에 자기자금으로만 주식을 취득한 것으로 기재한 것은 자신의 재무구조가 실제보다 더 충실한 것으로 보이게 함으로써 인수한 회사인 P회사의 신인도 제고라는 무형적 이득과 함께 주가의 상승이라는 유형적 이득을 도모하기 위한 것이라고 볼 것인 점 등을 비추어 보면, 원심이 피고인이 허위의 대량보유보고서를 제출한 행위를 법 제188조의4 제4항 소정의 '부당한 이득을 얻기 위한 행위' 또는 '금전, 기타 재산상의 이익을 얻고자 하는 행위'로 보고, 그 행위와 피고인이 얻은 이득 사이에 인과관계를 인정하는 취지로 판단하여 이 부분 공소사실을 유죄로 인정한 것은 정당한 것으로 수긍이 간다.

| 생각해 볼 사항 |

1. '허위사실을 유포하거나 허위의 표시를 하였는지 여부는 공시 내용 자체가 허위인지 여부에 의하여 판단하여야 할 것이지 피고인이 실제로 정보통신 관련 등 사업에 투자를 할 의사와 능력이 있었는지 여부에 의하여 판단할 것은 아니라고 할 것'이라는 판시는 부정거래행위의 일부로서의 허위사실의 유포나 허위표시의 법리를 제시하였다. 그러나 주주총회 또는 이사회에의 부의를 허위사실 유포의 수단으로 이용한 경우에도 [판례 7-3]과 같은 결론에 이를 것인지는 다시 생각해 볼 필요가 있을 것이다. 물론 주주총회 또는 이사회에의 부의를 허위사실 유포의 수단으로 이용한 것인지 여부는 구체적인 사실관계에 따라 판단하여야 할 것이다. 주주총회 또는 이사회에 부의한 안건을 수행할 의사와 능력이 없다는 점은 주주총회

또는 이사회에의 부의를 허위사실 유포를 위한 수단으로 이용하려고 한 점을 뒷받침할 매우 중요한 요소의 하나가 될 수 있을 것이다.

2. 자본시장법 제178조 제2항은 "누구든지 금융투자상품의 매매, 그 밖의 거래를 할 목적이나 그 시세의 변동을 도모할 목적으로 풍문의 유포, 위계(僞計)의 사용, 폭행 또는 협박을 하여서는 아니 된다"라고 규정하여 '허위의 사실, 기타 풍설 유포' 대신 풍문의 유포와 위계의 사용으로 규정하고 있으나 그 적용범위가 좁아진 것은 아니라고 하겠다.

3. 구 증권거래법 제188조의4 제4항 제2호의 '부당한 이득을 얻기 위하여 고의로 허위의 시세 또는 허위의 사실, 기타 풍설을 유포하거나 위계를 쓰는 행위'에서 부당한 이득은 유가증권의 처분으로 인한 행위자의 개인적이고 유형적인 경제적 이익에 한정되지 않고, 기업의 경영권 획득, 지배권 확보, 회사 내에서의 지위 상승 등 무형적 이익 및 적극적 이득뿐 아니라 손실을 회피하는 경우와 같은 소극적 이득, 아직 현실화되지 않는 장래의 이득도 모두 포함하는 포괄적인 개념으로 해석한 것으로서 불공정거래행위에 대한 형벌 가중요소인 위반행위로 얻은 이익 또는 회피한 손실이 순수한 재산적 이익인 것과 비교된다. 자본시장법 제178조는 부정거래행위의 구성요건에서 부당한 이득이라는 요건을 포함시키지 않았다.

| 참고 판례 |

■ 대법원 2018. 12. 13. 선고 2018도13689 판결

1. 자본시장법 제178조 제1항 제2호의 '중요사항'이란 미공개중요정보 이용행위 금지조항인 자본시장법 제174조 제1항에서 정한 '미공개중요정보'와 같은 취지로서, 당해 법인의 재산·경영에 관하여 중대한 영향을 미치거나 특정증권 등의 공정거래와 투자자 보호를 위하여 필요한 사항으로서 투자자의 투자판단에 영향을 미칠 수 있는 사항을 의미한다(대법원 2006. 2. 9. 선고 2005도8652 판결 참조). 또한 위와 같은 중요사항에 관하여

거짓의 기재 또는 표시를 한 문서를 관계 기관을 통해 공시한 상태에서 이를 단순히 시정하지 않고 방치하는 데 그치는 것이 아니라, 구체적인 상황에서 그 문서가 투자자의 투자판단에 영향을 미칠 수 있는 사항에 관하여 오해를 유발할 수 있는 상황임을 알면서도, 이를 금전 기타 재산상의 이익을 얻는 기회로 삼기 위해서 유사한 취지의 문서를 계속 관계 기관에 보고하는 등의 방법으로 적극적으로 활용하는 행위는 위 조항에서 정한 문서의 이용행위에 포함될 수 있다.

(A회사가 유상증자를 실시하는 과정에서 지분 40.48%를 보유하고 있는 인도네시아 법인 B 회사에 대한 파산신청 사실은 투자자 보호를 위하여 공시하여야 하는 '중요사항'에 해당하고, 피고인들이 위 사실을 공시하여야 한다는 것을 미필적으로나마 인식할 수 있음에도 이를 누락하였다고 보아, 이 부분 공소사실을 유죄로 판단한 원심 판결을 유지함)

2. C회사의 제3자 배정 유상증자를 실시하면서 피고인1이 실질적으로 지배하고 있는 D회사와 E회사로 하여금 C회사 주식 합계 293만 2,000주를 1년간 보호예수를 조건으로 배정받도록 하면서도, 한편으로 A회사가 소유하고 있던 C회사 주식 293만 2,000주를 위 각 법인에 1년 후에 돌려받는 조건으로 대여하여 유상증자대금을 즉시 회수하도록 함으로써 마치 위 각 법인이 유상증자 참여에 따른 투자위험을 부담하는 듯한 외관을 작출한 행위는 자본시장법 제178조 제1항 제1호에 정한 '부정한 수단, 계획 또는 기교를 사용하는 행위'에 해당한다.

■ 대법원 2018. 4. 26. 선고 2017도19019 판결

어떠한 공시 내용이 계약의 내용을 그대로 반영하여 그 기재 자체만으로는 허위로 보기 어렵다고 하더라도, 다른 수단이나 거래의 내용, 목적, 방식 등과 결부되어 사회통념상 부정하다고 볼 수 있으면 이에 해당된다고 할 것이다.

원심은 실제로는 자금력이 없는 피고인 개인이 사채를 동원하여 ○○○○ 주식과 경영권을 인수하는 것임에도 마치 자금력이 풍부한 외국계 회

사가 이를 인수하는 것처럼 이 사건 공시를 하고 그와 같은 기사가 보도되도록 한 것은 주식시장에 참여하는 자로 하여금 그 인수자가 인수대금을 부담할 자력이 있는 자라고 오인할 수 있게 만드는 중요사항에 관한 거짓의 기재를 하거나 부정한 수단을 사용한 부정거래행위에 해당한다고 판단하였다.

…원심이… 이 사건 공소사실 중 자본시장법 위반의 점… 을 유죄로 판단한 것은 앞서 본 법리에 따른 것으로서 정당하다.

▌대법원 2018. 4. 12. 선고 2013도6962 판결

유사투자자문업 신고를 한 피고인 Y2회사와 그 대표이사인 피고인 Y1은 2009. 8. 14.부터 2009. 10. 7.경까지 피고인들 명의로 A회사의 주식을 다량 매수하였다. 이후 Y1은 2009. 10. 23.부터 2010. 4. 16.경까지, 그를 따르는 B연구소 인터넷 회원들에게 A회사의 주가가 폭등할 것이니 매수하라고 단정적으로 추천하면서, 주식을 매입만 하고 팔지 않는 이른바 '물량잠그기' 를 계속 하라는 취지의 글 등을 인터넷 증시게시판과 포털사이트 등에 지속적으로 게시하였다.

…Y1은 A회사 주식의 주가 하락을 예상하고 있었음에도, 자신의 매도, 매수 관련 추천을 신뢰하는 위 회원들에게 게시글 등을 통하여 A회사 주식을 2012년까지 계속 보유할 것을 강조한 반면, 자신과 Y2회사 보유 A회사 주식은 2010. 4. 28.부터 2010. 7. 2.까지 그 대부분을 매도하여 현금화하였다. …Y1의 이러한 행위는 A회사 주식의 매매와 관련하여 부정한 수단, 계획 또는 기교를 사용한 것일 뿐만 아니라, A회사 주식의 매매를 할 목적으로 B연구소 회원들에게 위계를 사용한 것에 해당하고, 이들은 각 포괄일죄에 해당한다.

〔**판례 7-4**〕 대법원 2010. 12. 9. 선고 2009도6411 판결〔특정경제범죄 가중
　　　　　처벌 등에 관한 법률 위반(배임), 강제집행 면탈, 증권거래법 위반, 특
　　　　　정범죄 가중처벌 등에 관한 법률 위반(알선수재)〕— 허위공시가 사기
　　　　　적 부정거래에 해당하는지 여부

• 사실관계

　1. Y2는 A회사(미디어솔루션) 인수과정에서 Y1에게 해외 자금 및 해외
계좌를 이용하게 해 줄 것과 해외 페이퍼컴퍼니 명의로 유상증자 등에 참
여해 달라고 부탁하고 Y1은 이를 승낙하였다.

　2. Y2는 사실 자신이 대주주로 있는 G회사로부터 250억 원을 차용하여
A회사의 인수자금으로 사용하였음에도 불구하고, A회사의 신주인수권부
사채·구주매수·유상증자 참여에 따른 주식 취득에 관한 '주식 등의 대
량보유 상황보고서'상 취득자금 내역난에 '자기자금' 또는 '배당소득으로
조성된 자기자금'으로 기재하였다.

　3. Y1은 Y2의 요청에 따라 2006. 9. 27~28. 외국 투자은행 B회사 명의
로 A회사 주식 29만 2,936주(발행주식총수의 9.52퍼센트)를 매수하고, 2006.
9. 28. A회사의 제3자 배정 유상증자에 3개 해외 페이퍼컴퍼니 명의로 참
여하여 A회사 주식 50만 주를 인수하고, 2006. 10. 18. K회사 명의로 신주
인수권부사채 90만 주를 매수하였다. 이러한 주식 취득에 대하여 Y1은 대
량보유보고 및 소유주식 상황변동보고를 하지 않았다.

　4. Y1, Y2, 기타 피고인들은 허위사실 유포, 위계 등에 의한 불공정거래
행위를 금지하는 구 증권거래법 제188조의4 제4항 제1호 등을 위반한 혐
의로 기소되었다.

• 법원의 판단

1. 대량보유보고상 주식취득자금 조성내역 허위공시가 오해유발행위에 해당하는지 여부

원심은, 회사의 대주주가 주식 및 신주인수권부사채 취득자금을 '차용금'이 아니라 '자기자금'으로 공시하는 것은 시장에서 대규모 매도 물량에 대한 공포심을 해소하고 향후 주가가 안정적으로 유지될 것이라는 기대를 불러옴으로써 일반 투자자들의 투자판단에 영향을 미친다는 것이 경험칙상 명백하다는 점 등을 들어, Y2가 일반 투자자들의 투자판단에 영향을 미치는 중요한 사항인 주식취득자금 조성내역 등에 관하여 그 판시와 같이 사실과 다른 내용을 공시한 것은 구 증권거래법 제188조의4 제4항 제2호 소정의 '오해를 유발하는 행위'에 해당한다고 판단하였다. 원심판결이유 및 그 채택 증거들을 앞에서 본 법리에 비추어 살펴보면, 원심의 위와 같은 판단은 정당한 것으로 수긍할 수 있다.

2. 외국 법인 명의 주식거래가 위계 사용에 해당하는지 여부

■ 원심 : 서울고등법원 2009. 6. 17. 선고 2009노355 판결

1심은, …피고인 Y2가 A회사로부터 차용한 250억 원의 상환자금을 마련할 방법으로 신주인수권부사채의 고가매도 외에 다른 방법이 없어 처음부터 이를 계획한 점, 피고인 Y2가 유상증자에 피고인 Y1 소유의 3개 외국 페이퍼컴퍼니를 참여시킴으로써 일반 투자자들로서는 L그룹과 관련된 피고인 Y2의 배경 등에 비추어 외국 기관투자자 또는 다수의 외국인 투자자들이 정상적인 투자판단을 거쳐 투자한 것으로 오인할 가능성이 있다는 것은 경험칙상 명백한 점, 피고인 Y2가 B회사 및 피고인 Y1의 외국 법인 명의로 A회사 주식을 매도·매수한 내역을 살펴보면 그 거래량 및 거래가격 등에 비추어 이는 정상적인 거래라기보다는 외국인 지분의 활발한 변동이 있는 것과 같은 외관을 갖추려는 의도적인 거래로밖에 볼 수 없는 점, 피고인 Y1은 피고인 Y2와 사전에 상의하여 시세 차익만을 목적으로 2006.

10. 18.경 피고인 Y2로부터 K회사 명의로 신주인수권부사채 90만 주를 405억 원에 인수하였음에도, 피고인 Y2는 피고인 Y1과 사전에 합의한 대로 언론에 'K회사가 A회사의 가치를 높이 평가하여 장기보유를 목적으로 투자한 것'이라는 취지의 허위사실을 유포한 점 등을 인정한 다음 이러한 사정들에 비추어 보면, 피고인 Y2와 Y1이 외국인 투자자들의 정상적인 투자가 있는 것처럼 위계를 사용하고 허위사실을 유포함으로써 상당한 규모의 시세 차익을 얻었다고 봄이 상당하다고 판단하였다.

원심이 적절하게 설시한 위 사정들에, …다음과 같은 사정들, 즉 피고인 Y2가 사전에 코스닥 등록기업을 인수하여 H회사와 합병하는 방법으로 H회사를 우회상장시키되, 이에 필요한 자금은 주로 G회사에서 차용하는 차용금과 평소 친분이 있으면서도 외국 법인을 소유한 피고인 Y1의 돈으로 조달하였다가 외국 법인 명의로 대량주식거래를 하는 경우 발생하는 외국인 투자 효과가 H회사의 우회상장이라는 기대감과 서로 상승작용을 일으키도록 함으로써 인수 대상기업의 주가를 충분히 끌어올리고 나서 인수 대상기업의 신주 또는 신주인수권부사채를 매도하여 그 대금으로 차용금을 변제하고, 자금과 외국 법인을 제공한 피고인 Y1에게는 상당한 규모의 시세 차익을 갖도록 한다는 종합적인 계획을 세운 점, 피고인 Y2는 이러한 계획에 피고인 Y1을 끌어들인 다음 사전 계획에 따라 피고인 Y1의 자금과 외국 법인을 이용하여 A회사 주식에 관한 거래를 하면서도 주식시장에는 사전 계획 내용이 일체 알려지지 않도록 한 점 등을 더하여 보면, 피고인 Y2와 Y1이 공모하여 사기적 부정거래를 한 사실을 넉넉하게 인정할 수 있다.

▌대법원 : 파기환송

구 증권거래법 제188조의4 제4항 제1호는 유가증권의 매매, 기타 거래와 관련하여 '부당한 이득을 얻기 위하여 고의로 허위의 시세 또는 허위의 사실, 기타 풍설을 유포하거나 위계를 쓰는 행위'를 금지하고 있는바, 여기에서 '위계'라 함은 거래 상대방이나 불특정 투자자를 기망하여 일정한 행위를 유인할 목적의 수단 · 계획 · 기교 등을 말하는 것이고(대법원 2008. 5. 15. 선고 2007도11145 판결 참조), '기망'이라 함은 객관적 사실과 다른 내용의 허위사실을 내세우는 등의 방법으로 타인을 속이는 것을 의미한다. 그런데 원심판결이유에 의하면, 원심은 그 판시의 여러 간접사실 내지 정황에 비추어 피고인 Y1의 외국 법인 명의를 이용한 주식거래의 계산 주체 혹은 손익의 귀속 주체는 검사가 공소사실에 적시한 피고인 Y2가 아니라 피고인 Y1 자신이라는 제1심의 판단을 그대로 유지하고 있고, 나아가 원심이 적법하게 채택한 관련 증거들에 의하면 피고인 Y1은 외국 국적을 가진 사람으로서 이 사건 주식거래 이전부터 외국계 투자은행에 계좌를 개설하여 금융자산을 관리하거나 자신이 직간접적으로 운영하고 있는 외국 법인의 명의를 이용하여 국내외 자산에 투자하여 온 사실을 알 수 있는바, 원칙으로 주식거래에 있어서는 실명에 의한 거래가 강제되지 아니할 뿐만 아니라 투자자가 자신의 투자 동기나 계획 등을 스스로 시장에 공개하여야 할 의무가 없다는 점을 감안할 때, 원심이 인정한 바와 같이 외국인인 피고인 Y1이 자신의 자금을 갖고 그의 계산하에 실재하는 외국 법인 명의 혹은 계좌를 이용하여 일반적인 주식시장에서 이 사건 미디어솔루션 주식을 매수하였다면 그 행위는 객관적 측면에서 모두 사실에 부합하는 것으로서 아무런 허위내용이 없으므로 위 법리에 비추어 이와 같은 행위를 기망행위에 해당하는 것이라고 볼 수는 없다. 따라서 피고인들이 이 사건 주식거래를 함에 있어 관련 외국 법인의 실체를 과장하거나 그에 관한 허위의 정보를 제공하는 등 허위사실을 내세웠다는 특별한 사정이 없는 이상, 원심이 유죄 인정의 근거로 들고 있는 사실(단 아래의 허위사실 유포행위는 제외)만으로는 피고인 Y1의 위와 같은 투자 행태를 법률이 금지하는 위계의 사용에 해당한다고 단정하기에 부족하다….

3. 대량보유보고를 하지 않은 것이 문서 이용 오해 유발에 해당하는지 여부

▌원심 : 서울고등법원 2009. 6. 17. 선고 2009노355 판결

제1심 판결은 "피고인들은 2006. 9. 27.경부터 2007. 4. 3.경까지 B회사 명의로 A회사 주식 합계 55만 5,587주를 매매하고, 3개 외국 법인 명의로 A회사 주식 합계 72만 3,812주를 매매하였음에도 대량보유보고 및 소유주식 상황변동보고를 하지 않아 일반 투자자들로 하여금 외국인들의 정상적인 투자나 지분 변동이 있는 것과 같은 오해를 유발하고"라고 범죄사실을 인정하였고, 원심도 이를 유지하였다.

▌대법원 : 파기환송

구 증권거래법 제188조의4 제4항 제2호는 유가증권의 매매, 기타 거래와 관련하여 '중요한 사항에 관하여 허위의 표시를 하거나 필요한 사실의 표시가 누락된 문서를 이용하여 타인에게 오해를 유발하게 함으로써 금전, 기타 재산상의 이익을 얻고자 하는 행위'를 금지하고 있는바, 이는 투자자의 투자판단에 영향을 미치는 중요한 사항에 관하여 허위·부실표시 문서를 이용하는 방법으로 타인의 오해를 유발하여 재산상의 이익을 얻고자 하는 행위를 처벌하는 것으로(대법원 2006. 4. 14. 선고 2003도6759 판결 ; 대법원 2009. 7. 9. 선고 2009도1374 판결 등 참조), 그 행위의 매체는 문서에 국한되므로 위 제2호 위반행위에 해당하기 위해서는 '문서의 이용'이라는 요건이 충족되어야 한다. 그런데 이 부분 공소사실의 기재 내용은 "피고인들이 주식의 대량보유보고 및 소유주식 상황변동보고를 하지 않는 방법으로 일반 투자자들로 하여금 외국인들의 정상적인 투자나 지분 변동이 있는 것과 같은 오해를 유발하였다"는 것으로 문서의 이용에 관한 것이라 할 수 없으므로, 위 행위가 구 증권거래법 제210조 제5호의2[60] 소정의 위반행위에 해당하는 것은 별론으로 하더라도 구 증권거래법 제188조의4 제4항 제2호 소정의 사기적 부정거래행위에는 해당하지 아니한다.

4. 신주인수권부사채 매각 등과 관련한 위계 사용 및 허위사실 유포의 점에 대하여

---

60) 제5의2. 제200조의2 제1항 또는 제4항의 규정을 위반하여 보고하지 아니하거나 중요한 사항에 대하여 허위의 보고 또는 기재를 누락한 자.

원심은, 피고인 Y1과 피고인 Y2가 'K회사 명의로 그 판시 신주인수권부사채를 시세보다 훨씬 고가로 매매하는 계약을 체결하고 그 내용을 공시하면서 언론에 그 매매 경위 및 매수 주체에 관한 내용을 공개한 부분'은 주가 상승을 유도하거나 주가 하락을 방지하기 위해 해외 펀드의 정상적인 투자를 유치한 듯한 외양을 갖추고 언론을 통해 허위사실을 퍼뜨린 것으로, 피고인들의 이러한 행위는 구 증권거래법 제188조의4 제4항 제1~2호 소정의 위계 사용 및 허위사실의 유포에 해당한다고 판단하였다. 원심판결 이유와 그 채택 증거들을 앞에서 본 법리에 비추어 살펴보면, 원심의 위와 같은 판단은 정당한 것으로 수긍할 수 있다.

| 생각해 볼 사항 |

1. 그동안 국내에서 이루어진 불공정거래행위 중 외국인의 투자를 유치했다는 점을 주가 상승요소로 이용한 경우가 많았다. [판례 7-4]에서는 외국인 계좌를 이용한 것에 대하여 부정거래행위로 볼 수 있는지가 문제 된 것이다. [판례 7-4]는 피고인들이 이 사건 주식거래를 함에 있어 관련 외국 법인의 실체를 과장하거나 그에 관한 허위의 정보를 제공하는 등 허위사실을 내세웠다는 특별한 사정이 없는 이상, 단순히 외국인 명의 또는 외국인 계좌로 거래했다는 것만으로는 위계의 사용에 해당하지 않는다고 판시하였다.

2. 구 증권거래법 제188조의4 제4항 제2호는 유가증권의 매매, 기타 거래와 관련하여 '중요한 사항에 관하여 허위의 표시를 하거나 필요한 사실의 표시가 누락된 문서를 이용하여 타인에게 오해를 유발하게 함으로써 금전, 기타 재산상의 이익을 얻고자 하는 행위'를 금지하고 있다. 대량보유보고 및 소유주식 상황변동보고를 하지 않는 방법으로 일반 투자자들로 하여금 외국인들의 정상적인 투자나 지분 변동이 있는 것과 같은 오해를 유발할 수 있을 것이다. 그러나 법원은 구 증권거래법 제188조의4 제4항

제2호가 금지하는 행위의 매체는 문서에 국한되므로, 그에 해당하기 위해서는 '문서의 이용'이라는 요건이 충족되어야 한다고 보았다. 대량보유보고에 취득자금을 허위로 기재한 행위는 '문서의 이용'요건을 갖추었기 때문에 구 증권거래법 제188조의4 제4항 제2호 위반이 된다.

3. 자본시장법은 구 증권거래법 제188조의4 제4항 제2호와 유사하게 "중요사항에 관하여 거짓의 기재 또는 표시를 하거나 타인에게 오해를 유발시키지 아니하기 위하여 필요한 중요사항의 기재 또는 표시가 누락된 문서, 그 밖의 기재 또는 표시를 사용하여 금전, 그 밖의 재산상의 이익을 얻고자 하는 행위"(제178조 제1항 제2호) 이외에 "부정한 수단, 계획 또는 기교를 사용하는 행위"(동조 동항 제1호)도 금지하고 있다. 대량보유보고 및 소유주식 상황 변동보고를 하지 않는 방법으로 외국인들의 정상적인 투자나 지분 변동이 있는 것과 같은 오해를 유발하는 행위가 자본시장법 제178조 제1항 제2호 위반이 되는지에 대하여 생각해 보자.

| 참고 판례 |

■ 대법원 2016. 8. 29. 선고 2016도6297 판결— 부실표시된 재무제표의 적극적 활용

중요사항에 관하여 허위 또는 부실 표시된 재무제표가 구체적인 상황에서 투자자의 투자 판단에 영향을 미칠 수 있는 사항에 관하여 오해를 유발할 수 있음을 알면서도, 이를 금전, 그 밖의 재산상의 이익을 얻는 기회로 삼기 위하여 적극적으로 활용하는 행위는 자본시장법 제178조 제1항 제2호에서 정한 '문서의 사용행위'에 포함된다. 한편 자본시장법 제178조 제1항 제2호의 문언 해석상 일단 타인에게 오해를 유발하게 함으로써 금전, 그 밖의 재산상의 이익을 얻고자 중요사항에 관하여 거짓의 기재 또는 표시를 한 문서를 사용한 이상 이로써 바로 위 조항 위반죄가 성립하고, 문서의 사용행위로 인하여 실제로 타인에게 오해를 유발하거나 금전, 그 밖

의 재산상의 이익을 얻을 필요는 없다. 따라서 거짓의 기재 또는 표시를 한 문서의 사용행위와 타인의 오해 사이의 인과관계 유무는 위 조항 위반죄의 성립에 영향을 미치지 아니한다(대법원 2006. 4. 14. 선고 2003도6759 판결, 대법원 2015. 1. 15. 선고 2014도9691 판결 등 참조).

■ 대법원 2018. 6. 28. 선고 2018도2475 판결— 보도자료 배포와 사기적 부정거래행위

자본시장법이 사기적 부정거래행위를 금지하는 것은, 증권거래에 관한 사기적 부정거래가 다수인에게 영향을 미치고 증권시장 전체를 불건전하게 할 수 있기 때문에 증권거래에 참가하는 개개 투자자의 이익을 보호함과 함께 투자자 일반의 증권시장에 대한 신뢰를 보호하여 증권시장이 국민경제의 발전에 기여할 수 있도록 함에 그 목적이 있다(대법원 2003. 11. 14. 선고 2003도686 판결 등 참조). 따라서 언론을 통하여 기업의 사업 추진 현황이나 전망 등에 관한 인터뷰 기사 등이 보도되도록 한 경우 그것이 단순히 사업과 관련된 의견 또는 평가 내지 단순한 홍보성 발언에 불과한 것이 아니라 허위의 사실을 유포하는 행위에 해당하는지와 그러한 행위가 부당한 이익을 얻기 위한 것인지 등은, 위 금지 조항의 취지를 염두에 두고 행위자의 지위, 해당 기업의 경영 상태와 그 주가의 동향, 인터뷰 및 보도 내용의 구체적인 표현과 전체적인 취지, 보도의 계기와 그 계속 · 반복성 여부, 보도 내용과 관련된 기업의 여러 실제 사정 등을 전체적 · 종합적으로 고려하여 객관적인 기준에 의하여 판단하여야 한다(대법원 2009. 7. 9. 선고 2009도1374 판결 등 참조).

원심은 …Y1이 Y2회사의 직원 A로 하여금 Y2회사의 이라크 바지안 광구 석유자원 개발사업에 관한 허위 내용의 보도자료를 작성 · 배포하게 하여 Y2회사의 주가 상승을 유인하고 그 결과 유상증자 모집총액인 9억 9,977만 5,000원 상당의 이익을 얻었다고 판단하여… 공소사실 중 2011. 10. 21. 유상증자 과정에서의 자본시장법 위반의 점을 유죄로 판단한 제1심 판결을 그대로 유지하였다. 원심의 위와 같은 판단에… 자유심증주의의

한계를 벗어난 잘못 또는 … 법리를 오해한 잘못이 있다고 할 수 없다.

〔판례 7-5〕 대법원 2011. 3. 10. 선고 2008도6335 판결〔증권거래법 위반, 특
정경제범죄 가중처벌 등에 관한 법률 위반(배임), 특정범죄 가중처벌 등
에 관한 법률 위반(조세), 국회에서의 증언·감정 등에 관한 법률 위반〕—
위계의 의미 및 판단기준, 상장법인의 발표가 위계에 해당한 사례

● 사실관계

1. L펀드(론스타 펀드)가 설립한 M회사(엘에스에프-케이이비 홀딩스 에스
시에이)는 2003. 10. 31.경 같은 해 8. 27.자 P회사(한국외환은행)의 주식양수
도계약을 이행함으로써 P회사 주식 51퍼센트를 보유하게 되었다. P회사
이사회는 주주 간 협약에 따라 총 10명의 이사로 구성되는데, 이때 M회사
는 위 협약에 기하여 Y를 P회사의 사외이사로 추천하여 임명시켰다.

2. L펀드 및 M회사는 2003. 9. 하순경부터 재무자문사인 A회사 및 법률
자문사인 B법률사무소와 함께 P회사의 자회사로서 심각한 유동성 부족 때
문에 부도 위기에 놓여 있는 Q회사(외환카드)의 처리방안을 논의하였고,
감자 및 증자명령신청 등 여러 방안을 모색하였지만, 이를 추진할 만한 시
간적 여유가 없다는 문제점 등 때문에 Q회사와의 합병을 통하여 타개하기
로 방침을 정하였다.

3. M회사 측 사외이사들, A·B·P회사 등의 관계자들은 P회사의 2003.
11. 20.자 이사회를 앞두고 P회사와 Q회사의 합병 전 감자의 필요성, 상법
상 요구되는 채권자보호절차의 문제, 소액주주의 보호 문제, 노조에 대한
대응 문제, P회사의 유동성 문제, 감자의 방식과 대략적인 규모 등에 관하
여 검토·분석하거나 계획을 수립한 적이 없었다. P회사 집행부가 P회사
의 2003. 11. 20.자 이사회를 앞두고 준비한 보도자료 초안에 역시 감자에

관한 언급은 전혀 없었다.

4. 당초 P회사 집행부가 2003. 11. 20.자 이사회에 올린 안건은 Q회사에 3,500억 원 한도의 유동성 지원, R캐피털 보유 Q회사 주식인수 승인, Q회사와의 합병 추진이었다. 그런데 위 이사회 도중 Y 등 M회사 측 사외이사들은 당초 안건으로 부의되지 않았던 Q회사의 감자 문제를 갑자기 제기하였다. 그리고 Y는 그 감자 검토 발표 방침에 관한 보도자료를 B사무소 소속 C로 하여금 작성하도록 지시하였다.

5. P회사의 행장직무대행 D는 2003. 11. 21. 17시경 보도자료 배포 및 기자간담회를 통하여 Q회사에 대한 재무구조 개선방안의 일환으로 P회사와 Q회사의 합병을 추진하겠다고 하면서 Q회사의 감자계획이 검토될 것이며 구체적인 합병비율 및 일정 등은 합병계획이 마련되는 대로 이사회 결의를 거쳐 다시 발표할 예정이라고 발표하고, 그 직후 Q회사의 순자산가치를 정확하게 평가해 보아야 감자 여부를 결정할 수 있을 것이나 현재로서는 감자할 가능성이 크다는 내용의 발언을 하였다(이하 '이 사건 발표 및 발언'이라 한다).

6. M회사의 재무자문사인 A회사는 M회사와 긴밀히 협의하며 이 사건 합병계획 발표 이전부터 Q회사의 처리방침에 관하여 검토 · 분석하여 왔다. 그러나 A회사의 실무담당자 F 등은 이 사건 합병계획 발표 전은 물론이고 발표 후에도 Q회사의 감자를 실행할 경우 주요 계획에 관하여 M회사 측이나 P회사 집행부 측으로부터 검토 지시를 받은 적이 없었다. 또한 위 F 등은 이 사건 합병계획 발표 직후인 2003. 11. 21.부터 P회사와 M회사에 가장 유리한 합병 결의 시점을 찾기 위하여 매일 P회사와 Q회사의 주가를 기준으로 하여 Q회사의 반대주주들의 주식매수청구권가격, 합병비율, 합병 후 P회사에 대한 M회사 측의 지분율 희석 정도 등을 계산하여 이를 M회사와 P회사에 제공하여 왔을 뿐, 합병 전 감자에 관하여는 검토 · 분석한 바가 없었다.

7. Q회사의 주가는 2003. 11. 중순경에 접어들어 6,700원대와 6,800원대

를 횡보하던 중 11. 18.과 11. 19. 큰 폭으로 하락 5,030원까지 떨어졌다가 합병 추진 결의 이사회가 열린 11. 20. 오전에는 P회사와의 합병 가능성이 커지면서 5,400원까지 상승하였으나, 다시 합병 시 감자 가능성이 크다는 소식이 증권시장에 전해지며 11. 20. 4,280원으로, 11. 21. 3,975원으로 하락하였다. 이러한 상황에서 P회사가 2003. 11. 21. 증권시장 거래 종료 후 이 사건 발표 및 발언을 하기에 이르자, Q회사의 주가는 그 뒤 제1영업일인 11. 24. 3,380원으로, 11. 25. 2,875원으로 떨어져 연속으로 하한가를 기록하였고 11. 26.에도 전일보다 11.29퍼센트 하락하여 2,550원까지 떨어졌다.

8. M회사 측 P회사의 사외이사인 공소외 E는 2003. 11. 25. Q회사에 대한 감자계획 검토 발표로 인하여 Q회사의 주가가 하락하고, 그 결과 Q회사 반대주주들의 주식매수청구권가격과 M회사의 P회사에 대한 지분 희석비율이 점점 낮아져 M회사에 유리해지자, 위 E와 A회사의 실무담당자와 B사무소의 변호사는 2003. 11. 26. 전화 회의를 개최하여 감자 없이 Q회사를 합병하기로 하는 방안을 재확인하였다. 그런데 A회사의 실무담당자 F는 위 전화 회의에서 감자 없는 합병방침을 재확인하였으면서도 그 방침이 외부에 알려지는 것을 막기 위하여 2003. 11. 26. 16시 28분 P회사 집행부의 G와 H 등에게 위 전화 회의에서 아무런 결론에 이르지 않았고 감자를 계속 검토하기로 하였다는 내용을 송신하였다.

9. 그럼에도 불구하고 위 방침이 외부에 누설되어 Q회사 주가는 다음 날인 2003. 11. 27. 전일 대비 14.9퍼센트 상승한 2,930원이 되었다. 이에 M회사 측은 Q회사의 주가가 반등하자, 2003. 11. 27. 전격적으로 P회사 집행부에게 감자 없는 합병 결의 이사회를 준비하라고 지시하였다. 이에 따라 P회사에서는 통상의 이사회소집기간도 두지 아니한 채 서둘러 그다음 날인 2003. 11. 28. 전화 통지를 하는 등의 방법으로 P회사의 합병 결의 이사회를 개최하였고, 같은 날 Q회사도 P회사와의 합병 결의 이사회를 개최하였다. 양 회사의 이사회에서는 구 증권거래법에 따라 합병비율과 합병 반대주주에 대한 주식매수청구권가격을 확정하고 합병 기일을 2004. 2. 28.

로 정하여 합병 결의를 하였다.

　10. 위의 사실과 관련하여 Y는 구 증권거래법 제188조의4 제4항 제1호 위반 등으로 기소되었다.

• 법원의 판단

　▌원심 : 서울고등법원 2008. 6. 24. 선고 2008노518 판결

　이 사건 발표나 이 사건 발언은 이 사건 이사회 결의의 내용과 같은 것으로서 이 사건 이사회 결의의 내용을 공시한다는 관점에서는 허위의 사실 유포나 투자자 등을 기망하는 위계가 있었다고 할 수 없고, 또한 이 사건 발표나 이 사건 발언에 의하면 Q회사의 감자는 추후에 결정될 것이고 그 가능성이 크다는 것으로서 구체적인 내용이 확정되었다는 것은 아닌바, 이 사건 발표나 이 사건 발언은 허위의 사실 유포나 위계에 해당한다고 할 수 없다.

　▌대법원 : 파기환송

　1. 구 증권거래법 제188조의4 제4항 제1호는 유가증권의 매매, 기타 거래와 관련하여 부당한 이득을 얻기 위하여 고의로 허위의 시세 또는 허위의 사실, 기타 풍설을 유포하거나 위계를 쓰는 행위를 금지하고 있다. 여기에서 위계를 쓰는 행위라 함은 거래 상대방이나 불특정 투자자들을 기망하여 일정한 행위를 유인할 목적의 수단, 계획, 기교 등을 쓰는 행위를 말한다. 구 증권거래법이 이와 같이 사기적 부정거래행위를 금지하는 것은 증권거래에 관한 사기적 부정거래가 다수인에게 영향을 미치고 증권시장 전체를 불건전하게 할 수 있기 때문에 증권거래에 참가하는 개개 투자자의 이익을 보호함과 함께 투자자 일반의 증권시장에 대한 신뢰를 보호하여 증권시장이 국민경제의 발전에 기여할 수 있도록 함에 그 목적이 있다고 할 것이므로, 유가증권의 매매 등 거래와 관련한 행위인지 여부나 허위 또는 위계인지 여부 및 부당한 이득 또는 경제적 이익의 취득 도모 여부 등

은 행위자의 지위, 행위자가 특정 진술이나 표시를 하게 된 동기와 경위, 그 진술 등이 미래의 재무 상태나 영업실적 등에 대한 예측 또는 전망에 관한 사항일 때에는 합리적인 근거에 기초하여 성실하게 행하여진 것인지 여부, 그 진술 등의 내용이 거래 상대방이나 불특정 투자자들에게 오인 · 착각을 유발할 위험이 있는지 여부, 행위자가 그 진술 등을 한 후 취한 행동과 주가의 동향, 그 행위 전후의 제반 사정 등을 종합적 · 전체적으로 고려하여 객관적인 기준에 의하여 판단하여야 한다(대법원 2001. 1. 19. 선고 2000도4444 판결 ; 대법원 2008. 5. 15. 선고 2007도11145 판결 등 참조).

한편 상장법인 등이 재무구조에 변경을 초래하는 감자 또는 증자(이하 '감자 등'이라 한다)에 관한 정보를 스스로 공표하는 경우, 그러한 정보는 주주의 지위 및 증권시장에서의 주가 변동에 직접적이고 중대한 영향을 미칠 뿐만 아니라 투자자들은 언론이나 투자분석가들이 예측 또는 전망을 한 경우와는 달리 그 정확성과 신뢰성이 훨씬 높다고 평가하는 것이 일반적이므로, 상장법인 등의 임직원으로서는 그러한 정보의 공표로 인하여 투자자들에게 오인 · 착각을 유발하지 않도록 합리적인 근거에 기초하여 성실하게 정보를 공표하여야 한다.

만일 이와 달리 상장법인 등이 객관적으로 보아 감자 등을 할 법적 또는 경제적 여건을 갖추고 있지 아니하거나 또는 그 임직원이 그 감자 등을 진지하고 성실하게 검토 · 추진하려는 의사를 갖고 있지 아니함에도 불구하고 감자 등의 검토계획을 공표하면, 투자자들이 그 실현 가능성이 높은 것으로 판단하여 주식거래에 나설 것이고 이로 인하여 주가의 변동이 초래될 것임을 인식하면서도 그에 따른 이득을 취할 목적으로 그 검토계획의 공표에 나아간 경우, 이러한 행위는 투자자들의 오인 · 착각을 이용하여 부당한 이득을 취하려는 기망적인 수단, 계획 내지 기교로서 구 증권거래법 제188조의4 제4항 제1호 소정의 위계를 쓰는 행위에 해당한다고 할 것이다.

2. …위와 같은 피고인 Y 등의 지위, 이 사건 발표에 이르게 된 동기 및 경위, 당시 Q회사의 재정 상태, 이 사건 발표로 인하여 Q회사의 투자자들

이 형성하게 된 인식 및 이 사건 발표 후 주가의 동향, 피고인 Y 등이 이 사건 발표 전후에 취한 일련의 행동 등 제반 사정을 종합적 · 전체적으로 고려하면, 피고인 Y 등은 객관적으로 보아 Q회사에 대한 합병 전 감자를 추진하는 데 필요한 경제적 여건을 갖추고 있지 아니하였고, Q회사의 감자를 성실하게 검토 · 추진할 의사가 없었음에도 불구하고, P회사의 이사회에서 자회사인 Q회사에 대한 감자를 고려하고 있다는 내용을 발표하면 Q회사의 투자자들이 Q회사에 대한 감자의 실현 가능성이 높은 것으로 오인 · 착각을 일으켜 주식투매에 나설 것이고, 이로 인하여 Q회사의 주가 하락이 초래될 것임을 인식하면서 L펀드 측과 P회사에 그에 따른 이득을 취하게 할 목적으로 이 사건 발표의 감행을 공모한 것이라고 할 것이다. 따라서 피고인 Y 등의 위의 행위는 유가증권의 매매, 기타 거래와 관련하여 부당한 이득을 얻기 위하여 고의로 위계를 쓰는 행위라고 보아야 할 것이므로, 이는 구 증권거래법 제188조의4 제4항 제1호 소정의 구성요건에 해당한다.

| 생각해 볼 사항 |

〔판례 7-5〕는 위계의 의의와 판단기준을 제시하였다. 또한 상장법인의 공시의 중요성을 강조하고 공시를 이용한 경우도 위계에 해당한다고 하였다. 즉 상장법인 등이 감자와 같은 중요한 사항에 대하여 객관적으로 보아 감자 등을 할 법적 또는 경제적 여건을 갖추고 있지 아니하거나, 그 임직원이 그 감자 등을 진지하고 성실하게 검토 · 추진하려는 의사를 갖고 있지 아니함에도 불구하고 감자 등의 검토계획을 공표한 것을 위계를 쓰는 행위에 해당한다고 판시하였다. '허위사실을 유포하거나 허위의 표시를 하였는지 여부는 공시 내용 자체가 허위인지 여부에 의하여 판단하여야 할 것이지 피고인이 실제로 정보통신 관련 등 사업에 투자를 할 의사와 능력이 있었는지 여부에 의하여 판단할 것은 아니라고 할 것'이라는 〔판례 7-3〕

대법원 2003. 11. 14. 선고 2003도686 판결의 판시와 비교하여 그 의미를 생각해 보자.

〔**판례 7-6**〕 대법원 2014. 1. 16. 선고 2013도9933 판결〔자본시장법 위반, 특정경제범죄 가중처벌 등에 관한 법률 위반(증재 등 · 수재 등)〕(ELW 사건) — '부정한 수단, 계획 또는 기교'의 의미 및 금융투자업자 등이 특정 투자자에 대하여만 투자 기회 또는 거래수단을 제공한 행위가 부정한 수단 등에 해당하는지의 판단기준

• 공소사실

Y1은 2006. 12.부터 Y2와 함께 주식워런트증권(Equity Linked Warrant. 이하 'ELW')매매를 업으로 하여 오던 중, 2009. 10. A금융회사 IT지원부 차장 Y3을 통하여 ELW 초단타매매가 컴퓨터를 통해 이루어지도록 하는 알고리즘 매매프로그램을 개발하고, 위 프로그램을 이용하여 ELW가 상장된 한국거래소(이하 '거래소')에서 ELW를 매매하면서 발생하는 시세 차익을 얻기 위해 초단타매매를 하는 개인 투자자로서, 소위 '슈퍼 메뚜기'(이하 '스캘퍼')로 불리는 사람이다.

Y1은 알고리즘 매매프로그램을 이용하여 짧은 기간에 발생한 대량의 ELW 매매주문이 일반적인 매매주문 처리에 소요되는 시간보다 빠르게 증권회사에서 처리되어 거래소에 도달되도록 하기 위해, 거래소 회원사인 A회사 · B회사의 ELW 전산처리절차 관련 업무를 담당하는 Y3 · Y4 등의 증권회사 임직원들에게 부탁하여 ① Y1의 ELW 알고리즘 매매프로그램을 위 2개 증권회사의 내부 서버에 직접 연결시켜 사용할 수 있도록 하였다. 구체적으로는 (i) A회사의 경우는 스캘퍼 전용 주문서버에 탑재하고, (ii) B회사의 경우는 스캘퍼 전용 대외계 서버(일명 FEP서버)에 탑재하였으며, ② 위

2개 증권회사는 모두 Y1의 ELW 매매주문을 처리함에 있어 가원장체크만
을 하며, ③ 위 2개 증권회사 모두 Y1의 컴퓨터에 위 ELW 및 ELW 기초자
산에 관한 시세정보를 우선하여 제공하는 등의 방법으로, Y1의 ELW 매매
주문이 일반 투자자(속칭 개미)들이나 다른 스캘퍼보다 빠르게 거래소에 도
달되는 데 필요한 전산처리절차수단을 이용할 수 있도록 A · B회사 임직
원들의 승낙을 받아 ELW 매매를 하기로 하였다.

　이에 따라 Y1은 동료 스캘퍼인 Y2 및 Y3 등 A회사의 임직원들과 공모
하여 2009. 12.경 A회사 내부 전산망 내 스캘퍼 전용 ELW 주문처리서버에
Y1이 Y3을 통해 개발한 ELW 알고리즘 매매프로그램을 탑재시켜 초단타
매매주문이 이루어지도록 한 다음 PC를 통해 초단타매매가 이루어지는 상
황을 체크 · 관리할 수 있도록 하는 방법으로, A회사에 개설한 Y1의 처 명
의의 차명 계좌로 2009. 12. 한 달 동안 약 2조 3,405억 원의 ELW 매매를
하였다. 이를 비롯하여 Y1은 Y2 및 Y3, Y4 등 A회사와 B회사 임직원들과
공모하여, 2009. 12.경부터 2011. 2.까지 Y1과 Y2의 ELW 매매주문이 다른
일반 투자자나 스캘퍼들보다 빠른 속도로 위 2개 증권회사 내부 전산망에
서 처리 · 전송되어 거래소에 도달하는 방법으로 총 21개의 ELW 차명 계
좌를 이용하여 거래대금 합계 약 56조 3,885억 원의 ELW 매매를 함으로써
위 기간 동안 총 약 50억 원의 수익을 얻음에 있어서 거래소에 상장된 금
융투자상품인 ELW의 매매와 관련하여 부정한 수단, 계획 또는 기교를 사
용하였다.

• 법원의 판단

　제1심과 항소심 모두 자본시장법 제178조 제1항 제1호 위반에 대한 무죄를 선고하
였고 대법원도 이를 유지하였다.

　1. 구 자본시장과 금융투자업에 관한 법률(2013. 5. 28. 법률 제11845호로
개정되기 전의 것. 이하 '구 자본시장법'이라 한다) 제178조 제1항 제1호는 금

융투자상품의 매매, 그 밖의 거래와 관련하여 '부정한 수단, 계획 또는 기교를 사용하는 행위'를 금지하고 있는데, 여기에서 '부정한 수단, 계획 또는 기교'란 사회통념상 부정하다고 인정되는 일체의 수단, 계획 또는 기교를 말한다(대법원 2011. 10. 27. 선고 2011도8109 판결 등 참조). 나아가 어떠한 행위를 부정하다고 할지는 그 행위가 법령 등에서 금지된 것인지, 다른 투자자들로 하여금 잘못된 판단을 하게 함으로써 공정한 경쟁을 해치고 선의의 투자자에게 손해를 전가하여 자본시장의 공정성·신뢰성 및 효율성을 해칠 위험이 있는지를 고려해야 할 것인데, 이 사건과 같이 금융투자업자 등이 특정 투자자에 대하여만 투자 기회 또는 거래수단을 제공한 경우에는 그 금융거래시장의 특성과 거래 참여자의 종류와 규모, 거래의 구조와 방식, 특정 투자자에 대하여만 투자 기회 등을 제공하게 된 동기와 방법, 이로 인하여 다른 일반 투자자들의 투자 기회 등을 침해함으로써 다른 일반 투자자들에게 손해를 초래할 위험이 있는지 여부, 이와 같은 행위로 인하여 금융상품거래의 공정성에 대한 투자자들의 신뢰가 중대하게 훼손되었다고 볼 수 있는지 등의 사정을 구 자본시장법의 목적·취지에 비추어 종합적으로 고려하여 판단하여야 할 것이다.

2. 원심판결이유에 의하면, 원심은 ① 증권회사가 고객의 주문을 접수하는 방식은 주문전표방식, 전화·전보·모사전송 등의 방식, 전자통신방식 및 투자자가 자신의 주문을 증권사 전산시스템을 이용하여 거래소에 직접 제출하여 주문 처리 속도를 높이는 DMA(Direct Market Access. 이하 'DMA') 방식으로 다양한데, 서로 다른 방식으로 접수된 주문들 사이의 접수 시점을 언제로 볼 것인지에 관한 명확한 기준이 없고, 각 수단 사이의 시계 일치에 필요한 기술적 한계를 극복할 방법 또한 없어서 접수 순서대로 주문이 체결되도록 하는 것은 사실상 불가능한 점, ② 구 자본시장법에서는 증권회사가 고객들에게 제공하는 거래방법의 속도 차이에 관하여 아무런 규정도 두고 있지 아니하고, 유가증권시장 업무규정 시행세칙 제123조 및 금융위원회·금융감독원·한국거래소의 각 행정 지도 공문 등에서도 주문

접수 시점에 관한 기준이나 DMA방식의 주문 접수를 허용할 것인지에 관한 명확한 언급이 없는 점, ③ 한국거래소 시장감시본부팀장인 공소외 3, 금융감독원 선임조사역 공소외 4는 관련 사건(서울중앙지방법원 2011고합 900)의 법정에서 속도 관련 서비스들의 제공에 관한 감독규정이나 감독기관의 공문들에 관하여, 유가증권의 거래에는 원칙적으로 시간 우선의 원칙이 적용되지만 접수 순서에 관한 특별한 기준이 정해져 있지 않을 뿐만 아니라 거래수단이 다양하여 현실적으로 모든 주문에 대하여 시간 우선의 원칙을 그대로 적용할 수는 없고, 그러한 이유로 감독기관에서는 거래소와 직접 연결된 증권회사의 대외계 서버(일명 FEP서버)에서 거래소에 이르기까지의 주문 프로세스를 부당하게 배정하여 발생하는 속도 차이만을 감독할 뿐이고 그 이전 단계에서는 증권회사가 자율적으로 주문을 처리할 수 있으며, 감독기관도 DMA방식의 주문 접수를 허용하고 있었다는 취지로 증언한 점, ④ 이 사건 당시에도 증권회사들은 거래가 빈번한 우량고객을 유치하기 위하여 홈트레이딩시스템 속도 향상 등의 서비스를 제공하면서 이를 적극적으로 홍보하였고 외국인 투자자나 기관투자자들에게 DMA서비스를 제공하고 있었으므로, 일반 투자자들도 증권회사의 속도 관련 서비스로 인한 차별의 가능성을 예견할 수 있었던 점, ⑤ 이미 투자자의 알고리즘 매매프로그램을 증권회사의 서버에 탑재하여 주문 처리 속도를 높이는 등의 DMA방식이 허용되었던 상황이었으므로, ELW 차익거래를 위하여 이를 이용한 피고인들에게 다른 투자자들의 이익을 해하려는 목적이 있었다고 보기 어려운 점 등에 비추어 피고인들이 증권회사로부터 속도 편의 서비스를 제공받아 ELW를 거래하는 것이 구 자본시장법 제178조 제1항 제1호의 '부정한 수단, 계획 또는 기교'를 사용하는 행위에 해당한다고 보기 어렵다고 판단하였다.

3. 앞에서 본 법리와 기록에 비추어 살펴보면, 원심의 판단은 정당하여 수긍할 수 있고, 거기에 상고이유 주장과 같은 구 자본시장법 제178조 제1항 제1호의 '부정한 수단, 계획 또는 기교'에 관한 법리를 오해하는 등의

위법이 없다.

| **생각해 볼 사항** |

1. 이른바 ELW 사건에 대한 판결이다. 자본시장 인프라에 대한 접근 가능성 또는 금융기관이 제공하는 서비스를 고객별로 얼마만큼 차별화하여도 되는가에 대하여 생각해 보자.

2. 증권회사가 투자자로부터 주문을 수탁할 때는 불공정거래에 해당하는지 여부를 확인하고 그에 해당할 가능성이 있는 경우에는 이를 거부할 의무가 있다. [판례 7-6]은 증권회사의 주문수탁 시 불공정거래 해당 가능성에 대한 판단이 사실상 불가능한 구조를 DMA라고 하면서 그러한 구조의 사용이 허용됨을 전제로 판단하였다. 그러나 구 증권거래법이나 자본시장법은 이러한 형태의 DMA에 대하여 주문수탁 시 불공정거래 해당 가능성에 대한 증권회사의 판단의무를 면제하는 조치를 취한 적이 전혀 없다. 이러한 관점에서 이 판결의 의미를 다시 한 번 생각해 보자.

[**판례 7-7**] 대법원 2017. 3. 30. 선고 2014도6910 판결 [자본시장법위반] — 스캘핑(scalping)행위 : 부정한 수단, 계획, 기교 및 위계 해당

• 사실관계

1. 피고인 Y는 증권관련 저술 및 방송, 강연, 컨설팅 등으로 업계에서 인지도와 영향력이 있는 증권분석전문가로서 2009.경 ○○○ ○○○○ TV에 입사하여 이 사건 당시 여러 증권 관련 프로그램에 출연하여 하루 평균 4회에서 많을 경우 10회까지 증권방송을 하였다.

2. Y는 2010. 4. 8.경부터 2013. 1. 22.경까지 사이에 총 90개 종목에 대하

여 117회에 걸쳐 차명계좌 4개를 이용하여, 방송 전에 특정 종목의 주식을 매수한 다음, 이를 방송에서 단독 또는 다수의 유망 종목 중 하나로 분석 · 추천하여 유망 주식을 매입하려는 일반 투자자들의 관심을 환기시키고는, 방송 직후 또는 적어도 방송일로부터 수일 이내에(공휴일과 휴일 등이 포함되어 있을 뿐, 대부분이 2영업일 이내) 선행매수물량을 매도하거나, 혹은 낮은 목표수익 수준으로 방송 전 또는 방송 중에 미리 예상 상승가격으로 제출해 둔 매도 주문에 따라 방송 중 또는 방송 직후 계약이 체결되도록 하는 방법 등으로 주식의 매수 · 매도거래를 하였다.

• 법원의 판단

투자자문업자, 증권분석가, 언론매체 종사자, 투자 관련 웹사이트 운영자 등(이하 '투자자문업자 등'이라고 한다)이 특정 증권을 장기투자로 추천하기 직전에 자신의 계산으로 그 증권을 매수한 다음, 추천 후 그 증권의 시장가격이 상승할 때에 즉시 차익을 남기고 매도하는 이른바 스캘핑(scalping) 행위를 하는 경우, 그 행위가 명백하게 거짓인 정보를 시장에 흘리는 방법으로 그 특정 증권을 추천하는 것이라면 이는 정상적인 자본의 흐름을 왜곡시켜 자본시장의 공정성과 효율성을 해침은 물론이다. 또한 그 증권 자체에 관한 정보는 거짓이 아니어서 자본의 흐름을 왜곡시키는 것은 아니라도, 이러한 스캘핑 행위가 용인되면 자본시장에서의 공정한 경쟁에 대한 시장참여자들의 신뢰가 훼손되고 시장 내의 각종 투자 관련 조언 행위가 평가절하됨으로써, 양질의 정보를 생산하고 소비하려는 유인이 감소하여 자본시장에서의 자원배분의 효율성을 해치고 투자자들이 자본시장으로부터 이탈하는 결과를 가져올 수 있다.

또한 특정 증권을 추천하기 직전에 그 증권을 매수한 투자자문업자 등은 장기적 가격상승의 잠재력이 아니라 추천으로 예상되는 투자자들의 행동에 따른 단기적 가격상승 가능성 때문에 의식적으로 또는 무의식적으로 그 증권을 추천할 유인이 생길 수 있고, 추천내용의 객관성에 영향을 미칠 수 있는 추천의 동기는 추천에 따라 투자 판단을 하려는 합리적인 투자자가 중요하게 고려할 상당한 개연성이 있는 사항에 해당하므로, 특정 증권을 추천하기 전에 자신의 계산으로 그 증권을 매수한 투자자문업자 등이 그 증권에 관한 자신의 이해관계를 공시하지 않고 추천하면 상대방에게 개인적인 이해관계 없이 객관적인 동기에서 그 증권을 추천한다는 오해를 초래할 수 있다.

위와 같은 제반 사정을 고려하면, 투자자문업자 등이 추천하는 증권을 자신이 선행매수하여 보유하고 있고 추천 후에 이를 매도할 수도 있다는 그 증권에 관한 자신의 이해관계를 표시하지 않은 채 그 증권의 매수를 추천하는 행위는 자본시장법 제178조 제1항 제1호에서 말하는 '부정한 수단, 계획, 기교를 사용하는 행위'에 해당하는 한편, 투자자들의 오해를 초래하지 않기 위하여 필요한 중요사항인 개인적인 이해관계의 표시를 누락함으로써 투자자들에게 객관적인 동기에서 그 증권을 추천한다는 인상을 주어 거래를 유인하려는 행위로서 자본시장법 제178조 제2항에서 정한 '위계의 사용'에도 해당한다.

…그러한 행위는 자본시장법 제178조 제1항 제1호에서 정한 주식의 매매와 관련하여 부정한 수단, 계획, 기교를 사용한 행위 및 자본시장법 제178조 제2항에서 정한 거래 목적 또는 시세 변동 목적으로 위계를 사용한 행위에 해당한다.

| 참고 판례 |

▌대법원 2017. 12. 22. 선고 2017도12649 판결

회계분식을 하여 허위로 작성·공시된 재무제표가 첨부되어 있는 사업보고서 등 기업어음 신용평가에 필요한 자료들을 신용평가회사 담당자에게 제출하도록 하여 당해 회사 발행 회사채에 관하여 'A1'의 신용등급을

부정하게 취득한 다음, 그 신용등급을 이용하여 기업어음을 발행 · 매매한 행위를 사기적 부정거래로 인정한 사례.

▌서울남부지방법원 2019. 4. 10. 선고 2018고단3255 판결(항소)

〈사실관계〉

S회사에서는 … 직원들이 보유한 우리사주… 에 대한 배당금을 입금하는 과정에서, 담당 직원의 과실로 우리사주 1주당 1,000원의 현금 배당 대신 1주당 1,000주의 주식을 입고하는 내용의 전산처리가 이루어지는 사고가 발생하였다. 피고인들(S회사의 직원으로 우리사주 조합원)은 전산처리 과실로 인하여 잘못 입력된 주식에 대한 매도주문을 제출하여 매매계약이 체결되게 함으로써 금융투자상품의 매매와 관련하여 부정한 수단 등을 사용하여 매도대금 상당의 재산상 이익을 취득하고 S회사에 손해를 가하였다고 하여 자본시장법 위반 및 배임, 컴퓨터 등 사용사기로 기소되었다.

〈법원의 판단〉

법원은, 피고인들이 본인들 명의의 주식거래계좌에서 한 매도주문은 금융투자상품인 '갑 회사 주식'을 매도하겠다는 것으로서 자본시장법상 금융투자상품의 거래와 관련된 행위임이 분명하고, 허용된 무차입공매도를 제외한다면 실제로 확보하고 있지 않은 주식을 매도하는 것 자체가 법령상 허용되지 않는 행위인 점, 피고인들의 대량 주문 자체가 실제 시장의 수급에 현저한 영향을 미쳐 갑 회사 주가가 급락하도록 하였고, 이로 인한 잘못된 판단으로 주식을 추격 매도한 일반 투자자들도 있었던 점(물론 그 한편으로는 그 기회에 비정상적으로 형성된 낮은 금액에 주식을 매수한 자도 있었다), 이는 주식시장 참가자들 사이의 공정한 경쟁을 해한 것이고, 선의의 투자자들에게 손해가 전가된 것인 점 등을 감안하면 피고인들의 행위는 자본시장법이 금지하는 '부정한 수단'에 해당한다고 판시하였다. 배임에 대해서도 유죄를 선고하였고, 컴퓨터 등 사용사기의 점은 무죄를 선고하였다.

II. 부정거래행위에 대한 민형사책임

| 참고 사항 |

부정거래행위에 따른 손해배상청구는 미공개 중요정보이용, 시세조종, 증권신고서 · 정기보고서에의 부실기재에 따른 손해배상청구와 더불어 집단소송으로 소를 제기할 수 있다(증권 관련 집단소송법 제3조 제1항). 대법원 2015. 4. 9.자 2013마1052, 1053 결정은 주가연계증권(Equity Linked Securities, ELS)을 발행한 증권회사가 주가연계증권의 기초자산을 대량매도하여 상환조건 성취를 무산시킨 결과 손해를 입은 주가연계증권 투자자가 증권 관련 집단소송으로 자본시장법 제179조 제1항에 의한 손해배상을 청구한 사건에서, "주가연계증권은 투자자에게 상환될 금액이 기초자산의 상환기준일 종가에 따라 결정되는 구조로 되어 있으므로, 상대방이 자본시장법 제178조 제1항 제1호를 위반하여 기초자산인 에스케이 보통주의 주가를 인위적으로 하락시킴으로써 이 사건 주가연계증권의 상환조건 성취가 무산되었고 그로 인하여 이 사건 주가연계증권을 보유한 투자자들이 만기에 투자금 중 일부만 상환 받아 손해를 입었다고 주장하며 손해배상을 구하는 재항고인들의 청구는 자본시장법 제179조 제1항에 따른 손해배상청구에 해당한다고 할 것이다. 그럼에도 원심은, 재항고인들이 2008. 4. 25. 이 사건 주가연계증권을 취득한 이후 만기까지 소극적 · 수동적으로 보유하고 있었을 뿐 상대방이 2009. 4. 22. 그 기초자산인 에스케이 보통주를 대량으로 매도한 행위로 인하여 이 사건 주가연계증권을 매매 · 교환하거나 담보로 제공하는 등 적극적으로 거래한 사실이 없다는 이유로, 재항고인들은 자본시장법 제179조에 따른 손해배상청구권을 행사할 수 없고, 그 결과 이 사건 소송 허가신청은 증권 관련 집단소송법 제3조가 정한 요건을 갖추지 못하였다고 판단하였는바, 이는 자본시장법 제179조 제1항이 정한 손해배상청구권자의 범위에 관한 법리를 오해하여 판단을 그르친 것이다"

라고 판시하였다.

| 참고 판례 |

■ 대법원 2016. 3. 24. 선고 2013다2740 판결〔상환원리금 등〕—손해배상
책임을 지는 부정거래행위자의 범위〔주가연계증권(ELS) 발행자와 스와프계
약을 체결한 자도 포함〕

특정 시점의 기초자산가격 또는 그와 관련된 수치에 따라 권리행사 또
는 조건 성취의 여부가 결정되거나 금전 등이 결제되는 구조로 되어 있는
금융투자상품의 경우에 그 금융투자상품의 기초자산인 증권의 가격을 고
정시키는 시세조종행위를 비롯하여 사회통념상 부정하다고 인정되는 수
단이나 기교 등을 사용하여 그 금융투자상품에서 정한 권리행사나 조건
성취에 영향을 주는 행위를 하였다면, 이는 그 금융투자상품의 거래와 관
련하여 부정행위를 한 것으로서 자본시장법 제178조 제1항 제1호를 위반
한 행위에 해당하고, 그 위반행위로 인하여 그 금융투자상품의 투자자의
권리·의무의 내용이 변경되거나 결제되는 금액이 달라져 투자자가 손해
를 입었다면 그 투자자는 그 부정거래행위자에 대하여 자본시장법 제179조
제1항에 따라 손해배상을 청구할 수 있다(대법원 2015. 4. 9.자 2013마1052,
1053 결정 참조). 그리고 여기에서 시세조종행위 등 사회통념상 부정하다고
인정되는 수단이나 기교 등을 사용한 자로서 그 금융투자상품의 거래와
관련하여 입은 손해를 배상할 책임을 지는 부정거래행위자에는, 그 금융투
자상품의 거래에 관여한 발행인이나 판매인뿐 아니라 발행인과 스와프계
약 등 그 금융투자상품과 연계된 다른 금융투자상품을 거래하여 권리행사
나 조건 성취와 관련하여 투자자와 대립되는 이해관계를 가지게 된 자도
포함된다고 해석된다.

III. 불공정거래 등 신고·제보에 대한 포상금 지급

| 참고 판례 |

■ 대법원 2017. 7. 18. 선고 2014두9820 판결〔포상금지급거부처분취소〕

1. 구 자본시장과 금융투자업에 관한 법률(2013. 4. 5. 법률 제11758호로 개정되기 전의 것, 이하 '구 자본시장법'이라 한다) 제435조 제1항은 "누구든지 자본시장법 제4편의 불공정거래행위, 그 밖에 이 법의 위반행위를 알게 되었거나 이를 강요 또는 제의받은 경우(이하 '불공정거래행위 등'이라 한다)에는 금융위원회 또는 증권선물위원회에 신고 또는 제보할 수 있다."라고 규정하고 있고, 제7항은 "금융위원회는 신고자 등에 대하여 포상금을 지급할 수 있다."라고 규정하고 있으며, 제8항은 "제1항부터 제7항까지에 규정한 사항 외에 신고의 방법 및 처리, 신고자 등에 대한 통지방법, 신고자 등의 보호와 포상금 지급 등에 관한 사항은 대통령령으로 정한다."라고 규정하고 있다.

이에 따라 구 자본시장법 시행령(2012. 6. 29. 대통령령 제23924호로 개정되기 전의 것) 제384조 제1항은 "불공정거래행위 등을 신고하거나 제보하려는 경우에는 '신고 또는 제보하는 내용이 특정인의 불공정거래행위 등과 관련이 있을 것'(제1호), '위반행위자, 일시, 장소 등 불공정거래행위 등의 구체적인 위반사실을 적시하고 그 증거 등을 함께 제시할 것'(제2호), '신고 또는 제보하는 자의 신원을 밝힐 것'(제3호)의 기준에 따라야 한다."라고 규정하고 있고, 제8항은 "금융위원회는 접수된 신고 또는 제보가 불공정거래행위 등의 적발이나 그에 따른 조치에 도움이 되었다고 인정하는 경우에는 1억 원의 범위에서 금융위원회가 정하여 고시하는 기준에 따라 신고자 등에게 금융감독원장으로 하여금 금융감독원의 예산의 범위에서 포상금을 지급하게 할 수 있다."라고 규정하고 있다.

위 법령에 따라 피고(금융감독원장)가 마련한 구 단기매매차익 반환 및 불공정거래 조사·신고 등에 관한 규정(2012. 10. 23. 금융위원회 고시 제2012-25호로 개정되기 전의 것, 이하 '포상금 규정'이라 한다) 제34조 제1항은 "불공정거래행위 등을 신고하고자 하는 자는 '당해 신고의 내용이 특정인의 불공정거래행위 등과 관련이 있을 것'(제1호), '위반행위자, 장소, 일시, 방법 등 불공정거래행위 등이 특정될 수 있도록 구체적인 위반사실을 적시할 것'(제2호), '당해 신고를 하는 자의 신원(성명·주민등록번호·주소 및 전화번호)을 밝힐 것'(제3호)의 기준에 따라 금융감독원장에게 신고하여야 한다."라고 규정하고, 제37조 제1항은 "포상금은 다음 각호의 1에 해당하는 불공정거래행위를 신고한 자로서 이를 적발 또는 그에 따른 조치에 도움이 되었다고 인정된 자에게 지급한다. ① 구 자본시장법 제174조의 규정에 따른 미공개정보이용행위, ② 구 자본시장법 제176조의 규정에 따른 시세조종행위, ③ 구 자본시장법 제178조의 규정에 따른 부정거래행위 등, ④ 구 자본시장법 제173조의2 제2항의 규정에 따른 정보의 누설 등 행위, ⑤ 구 자본시장법 제119조, 제122조 또는 제123조에 따른 증권신고서 등에 거짓의 기재 또는 표시를 하거나 중요한 사항을 기재 또는 표시하지 아니한 행위와 증권신고서 등을 제출하지 아니한 행위, ⑥ 구 자본시장법 제159조 제1항, 제160조 또는 제161조 제1항에 따른 사업보고서 등에 허위의 기재 또는 표시를 하거나 중요한 사항을 기재 또는 표시하지 아니한 행위"라고 규정하고 있다.

위와 같이 구 자본시장법에 따라 포상금을 지급받기 위해서는 신고하거나 제보하는 내용이 구 자본시장법상 불공정거래행위 등을 비교적 용이하게 발견하고 특정할 수 있어야 한다. 다만 신고·제보 내용이 불공정거래행위 등의 요건에 맞게 완결성 또는 자족성을 갖출 필요는 없고 특정인의 불공정거래행위 등과 관련이 있고 조사의 단서가 되는 사실을 알리는 것으로 충분하다. 따라서 신고·제보 내용이 단서가 되어 조사가 진행되고 불공정거래행위 등의 적발 또는 그에 따른 조치에 도움이 된 경우 포상금

지급요건을 충족한다. 신고자가 혐의자를 잘못 기재하거나 구체적으로 기재하지 않은 경우라도 신고 내용에 따라 불공정거래행위자를 적발한 경우에는 포상금을 지급할 수 있고, 신고·제보 내용이나 제시한 증거를 조사한 결과 사실과 다른 부분이 포함되어 있더라도 이와 같은 사정은 구체적인 기여도에 관한 사유로서 포상금을 산정할 때에 고려하는 것이 적절하다.

그러나 어떠한 신고 또는 제보 후에 해당 기관의 통상적인 조사나 위반자의 자진신고 등에 의하여 비로소 구체적인 불공정거래행위 등의 사실이 확인되었다면, 그러한 신고 또는 제보는 불공정거래행위 등을 발견하는 데 직접 관련되거나 기여를 한 것으로 볼 수 없으므로 포상금 지급대상이 되는 신고나 제보로 보기 어렵다.

08

금융투자상품시장

〔**판례 8-1**〕 서울지방법원 남부지원 2000. 10. 31. 선고 2000가단281 판결
〔손해배상(기)〕 ― 주문 처리에 관한 거래소의 책임

• 사실관계

1. X는 Y1증권회사에 주식위탁 계좌를 개설하였다. X는 1999. 8. 25. 11시
30분경 Y1회사의 직원인 A에게 자신이 보유하고 있던 코스닥 상장회사 하
나로통신 주식 2만 주 중 1만 주를 1주당 2만 3,600원에 매도주문을 내도
록 위탁하였다. 그런데 A는 같은 날 13시 33분 45초 주식 1만 주에 대하여
1주당 2만 3,600원에 매도주문을 낸다는 것을 착오로 거꾸로 매수주문을
내었다.

2. A는 그 직후인 13시 34분 24초 매수주문에 대한 취소주문을 내었으나,
호가폭주로 인하여 주문에 대한 전산처리가 순차적으로 늦어지면서 B회
사 주식 20주가 1주당 금 2만 2,900원에, 9,980주가 1주당 금 2만 3,500원

에 각 매수되었다. 이에 A는 위와 같이 착오로 매수된 주식에 대하여 매도주문을 내었으나, 위 회사 주식에 대한 주문이 폭주하여 매도주문이 처리되지 않은 채 장이 종료되었다. X는 같은 날 위와 같은 사정을 듣고 주가가 상승하는 기회에 이를 처분하기로 하였는데, 그후 B회사의 주가가 점차 하락 추세를 보여 손해를 보고 위 주식을 매도하였다.

3. X는 Y1회사를 상대로 위 매수대금과 매도대금 사이의 차액 상당의 손해배상을 청구하였다. 나아가 코스닥증권시장으로서는 매수주문이 처리되기 전에 취소주문을 접수하였으면 매수주문을 처리하지 말아야 할 의무가 있음에도 불구하고 이를 게을리한 채 취소주문이 접수된 지 약 50분이나 지나 매수주문을 처리하였는바, (i) 이는 코스닥증권시장이 X의 대리인인 Y1회사의 복대리인 내지 X의 제2차 대리인의 지위에서 X와의 중개 및 매매위탁약정을 불이행한 것이고, (ii) 그렇지 않다 하더라도 매수주문이 처리되기 전에 취소주문이 접수되었음에도 이를 무시하고 그대로 매수주문을 처리한 하자 있는 전산시스템의 점유자로서, 또는 위와 같은 전산시스템 운영상의 잘못을 저지른 피용자의 사용자로서 X가 입은 손해를 Y1회사와 연대하여 배상할 의무가 있다고 주장하였다.

• 법원의 판단

1. 피고 증권회사의 책임

(1) 손해배상책임의 유무

피고 Y1회사는 A의 사용자로서 동인이 전산조작을 잘못하여 X의 매도주문 요구에 대하여 반대로 매수주문을 내어 하나로통신 주식 1만 주를 매수토록 한 불법행위로 인하여 X가 입게 된 손해를 배상할 의무가 있다.

(2) 추인 여부에 관한 판단

X가 보유 중이던 다른 주식을 매각하는 등으로 미수대금을 결제한 것은, 어차피 Y1이 부담하는 배상책임이 내부구상 관계를 통하여 결국 담당직원

인 A가 지게 되어 있으며, 이 사건이 Y1에 알려져 인사상의 불이익까지 받게 되는 점을 고려하여 일단 X가 A나 Y1 대신 X의 계산으로 미수대금을 정리한 다음 차후 주식시장에서 주가 상승의 기회에 손실을 회복하여 원·피고 및 A 누구에게도 피해가 없이 사건을 원만히 해결하려는 데 그 목적이 있었던 것으로, 이로써 A가 Y1 소송대리인 주장과 같이 무효인 이 사건 주식매매를 추인하고 나아가 피고 Y1에 대한 손해배상청구를 포기한 것으로 보기는 어렵다.

2. 피고 코스닥의 책임

(1) 매매위탁약정상의 채무불이행책임

코스닥증권시장은 대통령령이 정하는 유가증권의 매매거래의 중개를 위하여 설립된 한국증권업협회로부터 피고 코스닥이 위임받아 운영하는 중개시장이고, 피고 코스닥은 증권회사나 고객과 위임 또는 위탁계약을 체결하고 증권회사나 고객을 대리하여 매매계약을 체결하는 대리인이 아니라 코스닥증권시장에서 호가가 일치하는 경우 매매거래를 성사시켜 주는 중개인에 불과하다. 따라서 피고 코스닥이 취소주문 접수 후 당초의 매수주문에 따라 매매 처리한 것이 원고의 대리인인 피고 Y1의 복대리인 내지 X의 제2차 대리인의 지위에서 X와의 중개 및 매매위탁약정을 불이행한 것이라는 X 소송대리인의 주장은 이유 없다.

(2) 공작물 점유자로서의 손해배상책임

코스닥증권시장의 전산시스템은 각 증권사로부터 접수된 주문을 종목별로 접수 시간 순서로 순차적으로 처리하고, 중간에 정정 또는 취소주문이 접수된다 하더라도 여타 매수 및 매도주문과 함께 접수 시간 순서로 처리되도록 설계되어 있는데, …예상외로 특정 종목에 대한 주문 건수가 폭주하는 경우 또는 1일 주문 건수는 많지 않더라도 짧은 시간에 주문 건수가 폭주하는 경우에는 전산시스템 전체 처리 용량과 무관하게 해당 연산처리장치에 배정된 종목들에 대한 주문 처리가 지연될 수 있다. 이 사건의 경우에도 사건 당일 B회사 주식의 경우 300만 주 이상 거래가 될 정도로 주문이 폭주하여 불가피하게 처리가 지연되었다.

…피고 코스닥은 당일… 4차례에 걸쳐 주문 폭주로 인하여 매매체결 및 시세 정보 제공이 약 20분 내지 45분간 지연되고 있다는 사실을 공시하기까지 하였다.

위 인정 사실에 의하면, 매수주문이 처리되기 전에 취소주문이 접수되었음에도 이를 무시하고 그대로 매수주문이 처리되었다는 점만으로는 코스닥증권시장의 전산시스템에 통상 그 용도에 따라 갖추어야 할 안전성을 갖추지 못한 하자가 있다고 보기는 어렵고, 달리 피고 코스닥이 전산시스템을 운영하는 데 잘못이 있었다고 볼 증거가 없다.

3. 손해배상책임의 범위

이 사건 주식의 매매로 인하여 X의 계좌에서 금 2억 3,591만 7,350원이 인출되었다가 금 2억 138만 1,000원이 입금된 결과, 원고는 그 차액에 상당한 금 3,453만 6,350원의 손해를 보게 되었다. 그런데 사건 발생 다음 날인 1999. 8. 26. 하나로통신 주식의 종가는 금 2만 1,200원이었고, 역시 종가기준으로 1999. 8. 27. 금 2만 2,000원, 1999. 8. 30. 금 2만 2,160원, 1999. 8. 31. 금 2만 1,600원 등과 같이 2만 2,000원 선에서 등락을 거듭하다가 그후 X가 위 주식을 처분할 때까지 최고 금 2만 1,450원에서 최저 금 2만 150원 선까지 주가가 하락하였다.

X로서도 신의칙 또는 손해 부담의 공평이라는 손해배상제도의 이념에 비추어 손해의 확대를 방지하거나 감경하기 위하여 노력하여야 할 의무가 있는바, X가 착오로 매수된 주식의 인수를 거부하였더라면 피고 Y1으로서는 미수대금의 결제 시한인 거래일로부터 3일째 되는 날까지 시장 상황을 살펴 위 주식을 적절히 매각하여 손실을 크게 줄일 수 있었을 것인데, X 스스로 자신의 계산으로 미수대금을 결제하고 위 주식의 주가가 계속 하락 중임에도 불구하고 1999. 9. 14.까지 처분을 미루어 손해를 확대시킨 과실이 있다.

위와 같은 손해의 확대와 관련한 X의 과실을 참작할 때, 피고 Y1이 배상하여야 할 손해액을 50퍼센트 감액함이 상당하다.

| 생각해 볼 사항 |

1. 투자자는 증권회사에 매수나 매도의 주문을 하고 증권회사는 이를 받아 거래소에 호가를 내는 구조로 증권시장에서의 매매가 이루어진다. 투자자는 전적으로 증권회사를 신뢰하고 주문을 내는 것이고 증권회사는 그에 대한 대가로 일정한 수수료를 취득하는 것이다. 따라서 투자자의 매도주문을 증권회사의 직원이 매수주문으로 착각하여 주문을 잘못 냄으로써 발생한 손해에 대해서는 원칙적으로 증권회사에서 책임을 지는 것이 타당하다. 이 사건에서는 손해의 발생 원인은 전적으로 증권회사의 귀책사유라고 하겠으나, 투자자가 손해 확대에 기여한 점이 있기 때문에 과실상계한 것이라고 보아야 할 것이다.

2. 당시 주식회사 코스닥증권시장의 법적 지위는 법상 거래소로서의 지위를 가지는 것은 아니었지만, 그에 준하는 지위를 가지는 자본시장 인프라 운영기관으로 볼 수 있다. [판례 8-1]은 주식회사 코스닥증권시장의 법적 지위를 "증권회사나 고객과 위임 또는 위탁계약을 체결하고 증권회사나 고객을 대리하여 매매계약을 체결하는 대리인이 아니라 코스닥증권시장에서 호가가 일치하는 경우 매매거래를 성사시켜 주는 중개인에 불과하다"라고 판단한 것은 자본시장 인프라로서의 매매체결기능의 운영 주체인 거래소의 지위를 지나치게 낮게 평가하였다는 비판을 받을 여지가 상당히 있다. 거래소는 자신이 개설한 시장에서 이루어지는 거래가 원활하게 이루어질 수 있도록 필요한 시스템을 구축하고 운영할 일차적인 책임을 진다. 이러한 관점에서 거래의 지연에 따라 손해가 확대된 경우, 거래소의 책임에 대해서는 단순한 중개인이 아니라 자본시장 인프라의 운영기관으로서의 법적 지위를 고려하여 판단되어야 할 것이다.

| 참고 판례 |

■ 대법원 2014. 11. 27. 선고 2013다49794 판결— 거래소 시장 거래와 착오법리의 적용

〈사실관계〉

1. 원고 M증권의 직원이 개장 전인 08:50경 이 사건 선물스프레드 1만 5,000계약의 매수주문을 입력하면서 주문가격란에 0.80원을 입력하여야 함에도 ˙˙ 을 찍지 않아 80원을 입력하였다.

2. 피고 Y증권의 직원이 08:54경 1.1원에 이 사건 선물스프레드 332계약을 매도하겠다는 주문을 입력해두었다가 09:00:03:60 위 주문이 80원에 체결되자, 거래화면에 나온 매수호가 80원을 클릭하여 주문가격을 80원으로, 주문수량을 300계약으로 하여 09:00:08:46 매도주문을 하고, 이후 주문가격과 주문수량을 고정하여 09:00:11:88부터 09:00:15:73까지 불과 몇 초 만에 추가로 28회의 매도주문을 하였고, 이 사건 거래가 있기 전까지 이 사건 선물스프레드에 대하여 하루 1,000계약 이상의 주문은 하지 않았으나, 이 사건 거래 당일에는 10,000계약의 주문을 하였다.

3. 원고 M증권은 매수주문을 착오를 이유로 취소하고 Y증권을 상대로 부당이득의 반환을 청구하였고, 1심과 원심 모두 원고청구를 인용하였고, 대법원도 Y증권의 상고를 기각하였다.

〈법원의 판단〉

「자본시장과 금융투자업에 관한 법률」에 따라 거래소가 개설한 금융투자상품시장에서 이루어지는 증권이나 파생상품 거래의 경우 그 거래의 안전과 상대방의 신뢰를 보호할 필요성이 크다고 하더라도 거래소의 업무규정에서 민법 제109조의 적용을 배제하거나 제한하고 있는 등의 특별한 사정이 없는 한 그 거래에 대하여 민법 제109조가 적용되고, 거래의 안전과 상대방의 신뢰에 대한 보호도 민법 제109조의 적용을 통해 도모되어야 한다.…

민법 제109조 제1항 단서는 의사표시의 착오가 표의자의 중대한 과실로 인한 때에는 그 의사표시를 취소하지 못한다고 규정하고 있는바, 위 단서 규정은 표의자의 상대방의 이익을 보호하기 위한 것이므로, 상대방이 표의자의 착오를 알고 이를 이용한 경우에는 그 착오가 표의자의 중대한 과실로 인한 것이라고 하더라도 표의자는 그 의사표시를 취소할 수 있다(대법원 1955. 11. 10. 선고 4288민상321 판결 참조).

원심은 …피고로서는 최초에 매매계약이 80원에 체결된 후에는 이 사건 매수주문의 주문가격이 80원인 사실을 확인함으로써 그것이 주문자의 착오로 인한 것임을 충분히 알고 있었고, 이를 이용하여 다른 매도자들보다 먼저 매매계약을 체결하여 시가와의 차액을 얻을 목적으로 단시간 내에 여러 차례 매도주문을 냄으로써 이 사건 거래를 성립시켰으므로, 원고 미래에셋증권이 이 사건 매수주문을 함에 있어서 중대한 과실이 있었다고 하더라도 착오를 이유로 이를 취소할 수 있다고 판단하였다. … 원심의 위와 같은 판단은 정당한 것으로 수긍이 가고, … 위법이 없다.

〔판례 8-2〕 대법원 2004. 1. 16.자 2003마1499 결정〔상장폐지금지 및 매매거래 재개가처분〕— 유가증권상장규정의 법적 성격 및 의견거절의 감사 의견이 있을 경우 상장을 폐지하도록 한 조항의 효력(적극)

• 사실관계

1. X회사(스마텔)는 한국증권거래소에 주권이 상장되어 있는 법인이다. X회사에 관한 감사보고서에는 X회사가 내부회계관리제도를 갖추지 못하고 있으며 자산의 관리와 보호를 위한 적절한 통제장치를 갖추지 못하고 있다는 이유로 의견거절의 감사 의견이 기재되어 있었다. 이에 한국증권거래소는 X회사 주권의 거래정지처분을 하였다.

2. 구 증권거래법 제88조 제2항은 증권거래소로 하여금 상장유가증권의 관리를 위하여 유가증권상장규정(이하 '상장규정')을 정해야 한다고 규정하고 있다. 이에 따른 상장규정 제37조(주권의 상장폐지기준) 제1항은 거래소는 주권상장법인이 감사인의 감사보고서상 감사 의견이 최근 사업연도에 부적정 또는 의견거절인 경우에 주권의 상장을 폐지하도록 규정하고 있다.

3. X회사는, 상장규정이 1회의 감사인의 의견거절만으로 곧바로 상장폐지되도록 규정하고 있으며, 회사에 해명의 기회를 전혀 부여하지 아니하고 의견거절의 사유와 상장폐지의 파급 효과와 공익적 요인을 비교형량하여 결정할 여지를 전혀 남기지 아니한 채 곧바로 상장폐지되도록 규정하고 있는바, 이는 상장법인의 본질적 권리를 제한하는 부당하게 불리한 조항이고 모법인 증권거래법의 취지에도 반하는 것이라고 주장하면서, 본안 판결 시까지 한국증권거래소가 X회사의 상장주식에 대한 상장폐지처분을 금하고 그때까지 매매거래를 재개한다는 내용의 보전처분을 구하였다.

• 법원의 판단

1. 포괄위임입법 금지 위반 여부

구 증권거래법 제88조는, 제2항에서 유가증권시장에 상장할 유가증권의 심사 및 유가증권시장에 상장되어 있는 유가증권의 관리를 위하여 증권거래소가 상장규정을 정하여야 한다고 규정한 다음 제3항에서 그 상장규정에서 정할 사항을 열거하고 있는바, 이는 법률이 공법적 단체인 증권거래소의 자치적인 사항을 그 규정으로 정하도록 위임한 것으로서 이러한 경우에는 헌법 제75조 및 제95조가 정하는 포괄적인 위임입법의 금지가 원칙적으로 적용되지 않을 뿐만 아니라 위와 같은 상장규정은 고도로 전문적이고 기술적인 내용에 관한 것으로서 제도나 환경의 변화에 따른 탄력성이 요구되므로, 위 제3항이 상장규정에 정할 사항의 하나로 '유가증권의 상장기준·상장심사 및 상장폐지에 관한 사항'이라고만 규정하였다고 하여 그것이 포괄위임입법금지의 원칙에 위반된다고 볼 수 없다.

2. 증권거래법 위임범위 일탈 내지 불공정 약관으로서 무효가 되는지 여부

상장법인이 상장으로 누리는 이익도 결국은 거래소에 대한 시장 참여자의 신뢰에 바탕을 두고 있는 것이어서 투자자의 신뢰를 해하지 아니하는 범위 내에서만 보호받을 수 있는 것이고, 상장법인이 제출하는 사업보고서와 그에 대한 감사인의 감사보고서는 상장법인의 재무건전성과 회계의 투명성을 평가할 수 있는 거의 유일한 자료임과 동시에 투자자들의 투자 의사결정의 주된 근거가 되며 공정하고 타당한 시장가격이 형성되기 위한 전제가 되는데, 감사인의 감사보고서상 감사 의견이 부적정 또는 의견거절인 경우에는 불특정 다수의 투자자들의 신뢰를 해칠 가능성이 객관적으로 명백하다고 볼 수 있고, 특히 1997. 말부터 시작된 외환위기 이후 기업들이 자금조달을 위하여 거래소시장을 통한 직접금융방식에 크게 의존하게 됨에 따라 투자자보호를 위하여는 상장폐지기준 등을 강화할 필요가 있었던 점 등에 비추어 보면, 증권거래소가 감독기관의 승인을 거쳐 유가증권상장규정 제37조 제1항 제1호에 규정된 상장폐지기준 중 하나인 '최근 2사업연도 계속 부적정 또는 의견거절인 때'를 '최근 사업연도에 부적정 또는 의견거절인 때'로 더욱 엄격하게 개정한 것이 증권거래법의 위임범위를 일탈하였다거나 불공정한 약관으로서 무효에 해당한다고 볼 수는 없다.

| 생각해 볼 사항 |

1. 〔판례 8-4〕 대법원 2007. 11. 15. 선고 2007다1753 판결과 함께 거래소의 법적 지위에 관한 중요한 선례라고 할 수 있는 판결이다. 상장폐지에 대해서도 상장법인과 거래소 간의 사적 계약해지라는 관점에 기초하여 적절히 판단하였다.

2. 다만 거래소의 법적 성격을 '공법적 단체'라고 규정한 것은 2013. 5.
28. 개정된 자본시장법에서 거래소의 허가제(제373조 및 제373조의2)를 채
택한 것과 관련하여 검토할 여지가 있다. 종래 구 증권거래법이나 자본시
장법은 거래소 법정설립주의를 채택하여 거래소는 법률에 따라 직접 설립
되어 법률상 독점적 지위를 향유해 왔으므로 공법적 단체라는 표현이 가
능했다. 그러나 허가제의 대상으로서의 거래소는 매매체결기능을 경쟁적
으로 수행하는 사업 주체의 하나로 인식되어야 한다.

〔**판례 8-3**〕 헌법재판소 2005. 2. 24. 2004헌마442 — 한국증권거래소의 법
　　　적 지위 및 상장폐지업무의 성격 : 헌법소원의 대상이 되는 공권
　　　력 해당 여부(소극)

• 사실관계

X회사는 주식을 한국증권거래소에 상장한 법인으로, A회계법인은 X회
사의 재무제표 등을 감사하여 감사보고서를 작성하면서 "X회사는 기존 제
품에 대한 생산활동을 전면 중단하였고 지속적인 손실을 입고 있다"는 등
의 이유로 '의견거절'의 감사 의견을 표명하였다.

이에 따라 한국증권거래소는 감사보고서상의 감사 의견이 의견거절임
을 이유로 구 유가증권상장규정 제37조 제1항의 규정에 따라 X회사의 주
권에 대하여 매매거래정지조치를 취한 후 같은 달 30. X회사에 대한 상장
폐지결정을 하였고, 주식 전량에 대하여 2004. 3. 31.자로 상장폐지가 확정
되었다. 이에 X회사는 2004. 5. 29. 위 상장폐지 확정결정으로 말미암아 헌
법상 보장된 기본권인 재산권이 침해되었다고 주장하면서 헌법재판소에
헌법소원심판을 청구하였다.

• 헌법재판소의 판단

1. 한국증권거래소의 법적 지위

한국증권거래소는… 구 증권거래법 제71조의 규정에 따라 일반 사인인 증권회사를 회원으로 설립되어 유가증권시장의 개설과 유가증권의 상장, 매매거래, 공시 등에 관한 업무에 종사하는 비영리 사단법인이다.

2. 유가증권의 상장 및 상장폐지업무의 성격

피청구인이 수행하고 있는 유가증권의 상장 및 상장폐지업무(구 증권거래법 제73조)는 유가증권시장의 관리와 관련이 있기는 하나, 국가 사무로서의 '유가증권시장에 대한 관리·감독 및 감시업무'는 금융감독위원회 및 이의 위임을 받은 금융감독원에 의하여 별도로 수행되고 있다(구 증권거래법 제206조의7 등 참조).

즉 상장 또는 상장폐지업무가 국가의 사무, 구체적으로는 금융감독위원회의 사무라고 볼만한 직접적인 법률상 근거가 없을 뿐만 아니라, 법을 비롯한 관계 법령에 피청구인에게 상장 또는 상장폐지 결정의 권한을 위임 또는 위탁한다는 아무런 규정이 없다. 이는 그러한 결정의 권한이 국가의 사무가 아닌 것을 당연한 전제로 한 것이라고 볼 것이고, 통상 국가 사무를 위탁하는 경우라면 수탁자가 구체적인 사무 처리에서 저지른 잘못을 국가기관이 직접 시정할 수 있는 권한을 유보하는 것이 일반적임에도(행정권한의 위임 및 위탁에 관한 규정 제13조 제1항 참조), 법이나 그 밖의 관계 법령에 상장 또는 상장폐지 결정의 잘못을 국가가 직접 시정할 수 있도록 하는 근거규정이 없다.

유가증권의 상장은 피청구인과 상장신청법인 사이의 '상장계약'이라는 사법상의 계약에 의하여 이루어지는 것이고, 상장폐지 결정 및 상장폐지 확정결정 또한 그러한 사법상의 계약관계를 해소하려는 피청구인의 일방적인 의사표시라고 봄이 상당하다고 할 것이다. 결론적으로 이 사건 상장폐지 확정결정은 헌법소원의 대상이 되는 공권력의 행사에 해당하지 아니하므로 이를 대상으로 한 심판청구는 부적법하다고 할 것이다.

〔**판례 8-4**〕대법원 2007. 11. 15. 선고 2007다1753 판결〔상장폐지 결정 무효
확인〕― 유가증권상장규정의 법적 성격 및 동 규정상 회사정리절
차 개시에 따른 상장폐지조항의 타당성 여부(소극)

• 사실관계

1. A회사(충남방적)는 한국증권선물거래소에 주권을 상장한 주권상장법
인으로서, 2002. 12. 12. 법원으로부터 회사정리절차 개시 결정을 받고,
2003. 9. 19. 정리계획인가 결정을 받았다.

2. A회사에 대한 회사정리절차가 개시된 시점인 2002. 12. 12. 당시 적용
되던 한국증권거래소의 유가증권상장규정(이하 '구 상장규정') 제42조의2
제1항 제8호는 회사정리절차 개시신청을 관리종목 지정사유로 정하였고,
제37조 제1항 제3호는 주권상장법인이 정리절차 개시의 신청을 한 경우에
는 한국증권거래소가 주권상장법인으로서의 적격성을 심사하여 당해 주
권의 상장을 폐지한다고 규정하였다.

3. 그후 개정된 한국증권거래소의 유가증권상장규정(2003. 1. 1. 시행. 이
하 '개정 상장규정')은 제37조 제1항 제9호에서 회사정리법의 규정에 의하
여 정리절차 개시의 신청을 한 경우에 거래소는 당해 주권의 상장을 폐지
하도록 정하였고(이하 '이 사건 상장폐지조항'이라 한다), 부칙 제4조에서 이
규정의 시행 당시 종전 규정에 의하여 관리종목으로 지정된 주권 상장법
인에 대하여는 2004. 12. 31.까지는 종전의 규정을 적용한다고 하였다.

4. 그후 위 부칙이 다시 개정되어 유가증권상장규정(2004. 12. 27. 시행) 부
칙 제2항(이하 위 부칙 제2항은 '이 사건 부칙조항'이라 한다)은 "…위 부칙 제
4조 규정 시행 당시 종전의 규정에 의하여 관리종목으로 지정된 주권 상장

법인에 대하여는 제37조 제1항 제9호의 개정규정에 불구하고 관리종목으로 계속 지정하고, 회사정리절차 종료의 사실이 확인된 때에는 그 익일부터 관리종목 지정을 해제하며, 정리절차 개시 결정의 취소, 정리계획 불인가 및 정리절차폐지의 결정 등이 있는 때에는 당해 주권의 상장을 폐지한다. 다만 2004년 사업보고서를 기준으로 재상장요건을 구비하지 아니한 경우로서 2005. 3. 31.까지 회사정리절차가 종결되지 아니하는 경우에는 당해 주권의 상장을 폐지한다"고 규정하였다.

5. A회사는 2005. 3. 31.까지 위 회사정리절차가 종결되지 아니하였고, 재상장요건을 충족시키지 못하여 한국증권선물거래소는 A회사에게 이 사건 부칙조항에 따라 상장폐지절차를 진행할 예정임을 통지하였다(이하 '이 사건 상장폐지 결정'이라 한다).

6. A회사의 관리인은 (i) 주권 상장법인이 회사정리절차 개시신청을 하였다는 이유만으로 당해 법인의 주권을 상장폐지하도록 한 이 사건 상장폐지조항은 헌법상 비례의 원칙에 위반되어 무효이고, (ii) 이 사건 부칙조항 역시 통상의 상장법인에 대해서는 요구하지 않는 재상장요건을 정리기업에 대해서만 갖출 것을 요구함으로써 평등원칙에 반하여 무효라고 주장하면서 상장폐지 결정 무효확인의 소를 제기하였다.

• 법원의 판단

1. 이 사건 상장폐지조항 등의 법적 성격 및 그 무효 판단기준

주식회사 한국증권선물거래소는 한국증권선물거래소법 제4조의 규정에 따라 설립된 주식회사로서, 그 유가증권시장에 유가증권의 상장을 희망하는 발행회사와 주식회사 한국증권선물거래소 사이에 체결되는 상장계약은 사법상의 계약이고, 상장회사의 신청이 없는 상태에서의 주식회사 한국증권선물거래소에 의한 상장폐지 내지 상장폐지 결정은 그러한 사법상의 계약 관계를 해소하려는 주식회사 한국증권선물거래소의 일방적 의사

표시이다.

주식회사 한국증권선물거래소가 증권거래법의 규정에 따라 제정한 유가증권상장규정은, 행정기관이 제정하는 일반적·추상적인 규정으로서 법령의 위임에 따라 그 규정의 내용을 보충하는 기능을 가지면서 그와 결합하여 대외적인 구속력을 가지는 법규명령이라고 볼 수는 없고, 증권거래법이 자치적인 사항을 스스로 정하도록 위임함으로써 제정된 주식회사 한국증권선물거래소의 자치규정에 해당하는 것으로서, 상장계약과 관련하여서는 계약의 일방 당사자인 주식회사 한국증권선물거래소가 다수의 상장신청법인과 상장계약을 체결하기 위하여 일정한 형식에 의하여 미리 마련한 계약의 내용, 즉 약관의 성질을 갖는다.

주식회사 한국증권선물거래소가 제정한 유가증권상장규정은 법률의 규정에 근거를 두고 상장법인 내지 상장신청법인 모두에게 당연히 적용되는 규정으로서 실질적으로 규범적인 성격을 갖고 있음을 부인할 수 없어 관련 법률의 취지에 부합하지 않는 사항을 그 내용으로 할 수는 없고, 주식회사 한국증권선물거래소는 고도의 공익적 성격을 갖고 있는 점을 감안하면, 위 상장규정의 특정 조항이 비례의 원칙이나 형평의 원칙에 현저히 어긋남으로써 정의 관념에 반한다거나 다른 법률이 보장하는 상장법인의 권리를 지나치게 제약함으로써 그 법률의 입법 목적이나 취지에 반하는 내용을 담고 있다면 그 조항은 위법하여 무효라고 보아야 한다.

2. 이 사건 상장폐지조항이 무효인지에 관한 검토 필요성

회사정리절차의 개시신청을 하였다는 이유만으로 그 기업의 구체적인 재무 상태나 회생 가능성 등을 전혀 심사하지 아니한 채 곧바로 상장폐지 결정을 하도록 한 구 유가증권상장규정(2003. 1. 1. 시행)의 상장폐지규정은, 그 규정으로 달성하려는 '부실기업의 조기 퇴출과 이를 통한 주식시장의 거래 안정 및 투자자보호'라는 목적과 위 조항에 따라 상장폐지될 경우 그 상장법인과 기존 주주들이 상실할 이익을 비교할 때 비례의 원칙에 현저히 어긋나고, 또한 구 기업구조조정촉진법에 따른 공동관리절차를 선택한

기업에 비하여 차별하는 것에 합리적인 근거를 발견할 수 없어 형평의 원칙에도 어긋나 정의 관념에 반한다. 아울러 위 상장폐지규정은 회사정리절차를 선택할 경우에 과도한 불이익을 가하여 구 회사정리법(2005. 3. 31. 법률 제7428호 채무자 회생 및 파산에 관한 법률 부칙 제2조로 폐지)에 기한 회생의 기회를 현저하게 제한하고 회사정리절차를 통하여 조기에 부실을 종료할 기회를 박탈함으로써 사실상 구 회사정리법상 보장된 회사정리절차를 밟을 권리를 현저히 제약하는 것이어서 부실이 심화되기 전에 조기에 회사를 정상화하도록 하려는 구 회사정리법의 입법 목적과 취지에 반한다. 따라서 위 상장폐지규정은 무효이다.

| 생각해 볼 사항 |

1. 거래소상장규정의 법적 성질에 대한 판단으로서 거래소의 법적 지위와 거래소와 상장법인 간의 법률관계를 이해하기 위한 중요한 선례라고 할 수 있다. 종래 거래소가 수행하는 시장 감시 등의 자율규제기능의 공공적 성격으로 인하여 거래소의 법적 지위에 대한 다양한 논의가 있었으나, 〔판례 8-4〕는 사적 계약으로서의 상장계약의 법적 성질을 분명히 한 의미가 있다.

2. 입법론으로 상장심사기능이 가지는 공공적 성격을 고려하여 각 기능의 실질에 부응하는 자본시장 인프라구조의 확보를 위한 노력을 어떻게 해야 할 것인지를 생각해 보자.

| 참고 판례 |

■대법원 2019. 12. 12. 선고 2016다243405 판결〔상장폐지결정무효확인〕

…증권상장규정에서는 증권의 상장기준 및 상장심사에 관한 사항과 함께 상장폐지기준과 상장폐지에 관한 사항 등도 포함하도록 되어 있는데(자

본시장법 제390조 제2항 제2호), 이는 상장법인의 영업, 재무상황이나 기업지배구조 등 기업투명성이 부실하게 된 경우 그 기업의 상장을 폐지하여 시장건전성을 제고하고 잠재적인 다수의 투자자를 보호하기 위한 조치를 취하기 위한 것이다. 그러나 상장폐지로 인하여 대상 법인의 평판이 저해되고 투자자들도 증권의 유통성 상실 등으로 피해를 입을 수 있으므로, 상장폐지 여부에 대한 심사는 투명하고 공정하게 이루어져야 하고, 그 과정에서 상장폐지 대상 기업의 절차참여권은 충분히 보장되어야 한다.

   … 원심은 … 피고(한국거래소)가 상장적격성 실질심사 대상 여부를 선정하는 절차가 상장법인에게 불이익을 부과하는 행위에 해당한다고 보기 어려운 점, 이 사건 상장규정의 시행세칙에서 상장적격성 실질심사가 개시된 이후 법인 대표자의 출석권 및 의견진술권을 규정하고 있는 점, 상장폐지결정에 대한 이의신청 절차를 정하고 있는 점 등을 근거로 피고가 상장적격성 실질심사 대상 법인을 선정하는 단계에서 의견제출권 등 절차적 권리를 보장하지 않은 것이 정의관념에 반하거나 상장법인의 권리를 지나치게 제약하는 정도에 이르렀다고 보기 어렵다는 취지로 판단하였다.

   이 사건 상장규정에서 상장적격성 실질심사의 전 과정에 대상 법인의 절차참여권을 충분히 보장하고 있을 뿐만 아니라 상장적격성 실질심사 개시 여부에 관한 피고의 판단이 신속하게 이루어질 필요가 있는 사정 등을 참작하면, 상장적격성 실질심사 대상 법인을 선정하는 단계에서 대상 법인의 의견진술권 등 절차참여권을 보장하지 않은 것을 절차적 위법이라고 보지 않은 원심의 판단에 증권상장규정의 효력에 관한 법리를 오해하여 판결에 영향을 미친 잘못이 없다.

9

금융투자업자의 영업행위규제 및 고객과의 법률관계

I. 투자 권유 시 적합성의 원칙과 설명의무

〔판례 9-1〕 대법원 2013. 9. 26. 선고 2011다53683, 53690 전원합의체 판
　　　　　결〔부당이득금반환 등, 해지결제금〕 ― 키코 사건

● 사실관계

1. X회사는 중장비기계 제조판매업을 주된 사업 목적으로 하는 중소기
업이고 Y은행(우리은행)과 2006. 5. 11～2008. 1. 18. 5건의 통화옵션계약을
체결하였다. 기본적 형태의 키코통화옵션계약의 하나인 윈도키코(Window
KIKO)의 구조는 다음과 같다.

　(i) 녹인환율은 947원, 행사환율은 930원, 녹아웃환율은 905원, 풋옵션계
약금액은 50만 달러, 콜옵션계약금액은 100만 달러(2배 레버리지)이다.

　(ii) 관찰기간 동안 시장환율이 녹아웃환율인 905원 이하로 1회라도 하

락하는 경우 그 관찰기간에 해당하는 계약은 소멸한다.

(iii) 관찰기간 동안 시장환율이 녹아웃환율인 905원 이하로 1회라도 하락하지 않고 만기환율이 행사환율 930원보다 낮으면 X회사는 풋옵션을 행사하여 Y은행에 50만 달러를 행사환율 930원에 매도할 수 있고, 만기환율이 행사환율 930원보다 높으면 Y은행에 대한 풋옵션을 행사하지 않고 50만 달러를 시장환율에 매도함으로써 환차익을 얻을 수 있다.

(iv) 관찰기간 동안 시장환율이 녹인환율인 947원 이상으로 1회라도 오른 경우 만기환율이 행사환율 930원보다 낮으면 Y은행은 콜옵션을 행사하지 않고, X회사는 풋옵션을 행사하여 50만 달러를 행사환율 930원에 Y은행에 매도할 수 있다. 만기환율이 행사환율 930원보다 높다면 Y은행은 X회사에게 콜옵션을 행사하여 풋옵션계약금액의 2배인 100만 달러를 행사환율 930원에 매수할 수 있다.

2. 2008. 글로벌금융위기 발생으로 환율이 급상승하여 녹인조건이 성취되는 등으로 인하여 X회사는 달러화 2배 매도의무를 이행하게 되었고, X회사는 Y은행을 상대로 통화옵션계약의 무효·취소 등을 이유로 한 부당이득 반환 및 적합성의 원칙과 설명의무 위반을 이유로 한 손해배상 청구소송을 제기하였다.

• 법원의 판단

1. 이 사건 각 통화옵션계약의 무효 여부에 대하여

가. 민법상 불공정행위 관련 상고이유에 대하여

(1) 어떠한 법률행위가 불공정한 법률행위에 해당하는지는 법률행위 시를 기준으로 판단하여야 한다(대법원 2000. 12. 8. 선고 2000다30905 판결 참조). 따라서 계약 체결 당시를 기준으로 전체적인 계약 내용에 따른 권리·의무관계를 종합적으로 고려한 결과 불공정한 것이 아니라면, 사후에 외부적 환경의 급격한 변화에 따라 계약 당사자 일방에게 큰 손실이 발생하고 상대

방에게는 그에 상응하는 큰 이익이 발생할 수 있는 구조라고 하여 그 계약이 당연히 불공정한 계약에 해당한다고 말할 수 없다.

원심은, 이 사건 각 통화옵션계약처럼 계약 당사자가 제로코스트(zero cost)로 옵션을 교환하는 통화옵션계약은 환율 변동의 확률적 분포를 고려하여 기업과 은행의 기대이익이 대등하도록 구조화한 것인데, 계약 당시 시장의 환율 추이에 비추어 보면 모든 구간에서 환율 변동의 확률이 같았던 것이 아니라 시장환율 부근에서 변동될 확률이 높아 환율이 녹아웃과 녹인환율 사이 구간을 벗어날 가능성이 매우 낮았으므로 환율의 확률 분포는 키코통화옵션계약을 체결하는 기업에 유리한 것이었고, 그 외에도 기업은 키코통화옵션계약에서 통화선도계약에 비하여 행사환율을 더 높이는 이익을 얻고 그 대신 기업이 매도하는 콜옵션에 레버리지(leverage)조건을 부가하거나 은행이 매도하는 풋옵션(put option)에 녹아웃조건을 부가하는 방법 또는 계약기간을 장기간으로 하거나 녹인/녹아웃환율 사이의 폭을 좁히는 방법 등을 통하여 기업과 은행의 기대이익을 대등하게 만든 것이므로, 이러한 사정을 고려하면 녹아웃조건이나 레버리지조건이 부가되었다 하여 옵션 교환을 통하여 은행이 가지는 기대이익이 기업의 기대이익보다 부당하게 크다고 할 수 없다고 판단하였다.

이 부분에 대한 상고이유 주장은 키코통화옵션계약의 구조가 환율 변동이 클수록 그리고 급격하게 발생할수록 은행의 손실은 제한적인 반면 그 이익은 기하급수적으로 늘어나는 구조이며, 시간이 지날수록 시장환율이 당초의 예상범위에서 벗어나는 경향이 심해지고 변동의 정도도 커짐에 따라 은행이 막대한 이익을 얻게 되는 것이어서 불공정하다는 것이나, 이러한 주장은 이 사건 각 통화옵션계약 체결 당시의 시장환율 추이와 대다수 국내외 연구소 및 금융기관 등의 환율 전망에 비추어 시장환율이 상승할 확률이 높지 않으리라고 예상하였다가 사후에 시장환율이 급상승한 결과를 놓고 키코통화옵션계약이 불공정한 법률행위라고 주장하는 것과 다름없으므로 받아들이기 어려우며, 따라서 원심의 이 부분 판단에 위 상고이유 주장과 같은 위법이 있다고 할 수 없다.

….

(4) 헤지거래는 현재 보유하고 있거나 보유할 것으로 예상되는 현물의 거래에 따른 가격 변동 위험을 전체적 또는 부분적으로 줄이기 위한 거래로서, 그 헤지거래에 따른 손익이 현물의 가격 변동에 따른 손익과 전체 구간에서 반대 방향인 거래에 한정되지 아니하고, 특정 구간에서만 반대 방향인 거래도 포함한다. 따라서 헤지거래를 하려는 당사자가 현물의 가격 변동과 관련하여 특별한 전망이나 목적을 갖고 있는 경우에는 특정 구간에서만 위험 회피가 되는 헤지거래도 다른 거래조건들을 함께 고려하여 선택할 수 있으므로, 전체 구간에서 위험 회피가 되지 아니한다는 이유만으로 구조적으로 헤지에 부적합하다고 단정할 수는 없다.

원심은, 키코통화옵션계약은 환율 변동에 따른 모든 위험을 회피하려는 목적이 아니라 발생 가능성이 낮은 위험, 즉 콜옵션행사로 인한 위험은 스스로 감수하고 발생 가능성이 높은 위험에 한정하여 환 헤지가 가능하도록 설계된 것으로, 통화선도거래와 비교하면 환 헤지 구간이 일부 환율 변동 구간에 제한된다는 단점이 있지만, 그보다 행사환율을 높이고 행사환율과 녹인환율 사이 구간에서는 환차익을 얻을 수 있으며, 녹인조건이 성취될 경우에도 계약 당시의 선물환율보다 높은 행사환율로 외화를 매도하는 장점이 있는 부분적 환 헤지 상품이고, 이 사건 각 통화옵션계약의 체결 당시에는 선물환율이 시장환율보다 낮아 통화선도거래를 하더라도 환율 하락에 의한 위험이 완전히 제거되리라고 기대하기 곤란하였으므로, 선물환율이나 시장환율 이상으로 행사환율을 높인 통화옵션계약에 대한 수요가 강하였는데, 원고는 행사환율 등 계약조건에 영향을 미치는 여러 요소, 특히 이 사건 각 통화옵션계약 체결 당시 하락세를 보이고 있던 환율 추이 등을 고려하여 높은 행사환율을 얻겠다는 경영전략적 판단에 따라 스스로 녹아웃환율 이하의 환 위험을 감수하는 이 사건 각 통화옵션계약을 선택하였던 점 등 판시와 같은 사정을 종합하여, 이 사건 각 통화옵션계약을 환

헤지 구간이 협소하여 환 헤지 효과가 없는 옵션상품이라거나 제한된 헤지 효과만 가질 뿐이어서 불공정하다고 단정할 수 없다고 판단하였다. 원심의 이러한 판단은 앞에서 본 법리에 따른 것으로서 정당하고, 거기에 상고이유에서 주장하는 바와 같은 위법이 있다고 할 수 없다….

나. 약관의 규제에 관한 법률 위반 관련 상고이유에 대하여

(1) 계약의 일방 당사자가 일정한 형식에 의하여 미리 계약서를 마련하여 두었다가 이를 상대방에게 제시하여 그 내용대로 계약을 체결하는 경우에도 특정 조항에 관하여 상대방과 개별적인 교섭을 거침으로써 상대방이 자신의 이익을 조정할 기회를 가졌다면, 그 조항은 약관의 규제에 관한 법률의 규율대상이 아닌 개별 약정이 된다고 보아야 한다. 이때 개별적인 교섭이 있었다고 하기 위하여는 그 교섭의 결과가 반드시 특정 조항의 내용을 변경하는 형태로 나타나야 하는 것은 아니고, 계약 상대방이 그 특정 조항을 미리 마련한 당사자와 대등한 지위에서 당해 조항에 대하여 충분한 검토와 고려를 한 뒤 그 내용을 변경할 가능성이 있었다고 인정되면 된다(대법원 2008. 7. 10. 선고 2008다16950 판결 등 참조).

(2) 원심판결이유와 기록에 의하면, 원고와 피고들은 이 사건 각 통화옵션계약의 체결에 앞서 용어의 정의, 옵션거래의 이행, 채무불이행, 계약해지, 해지 시의 정산, 양도 및 담보 제공금지, 약정 통화, 통화옵션거래의 체결방식 등을 미리 포괄적으로 정하고 있는 통화옵션거래약정서나 외환거래약정서 등에 의하여 기본 계약을 체결하였지만, 이 사건 각 통화옵션계약의 구체적 계약조건인 계약금액, 행사환율, 녹인·녹아웃환율, 레버리지, 계약기간 등은 원고와 피고들이 개별적 교섭에 따라 결정하였고, 각 조건의 개별적 수치뿐만 아니라 각 조건을 붙일지 여부, 기간별 구조를 택할지 여부 등도 교섭을 통하여 결정한 사실을 알 수 있다.

사정이 이러하다면 통화옵션거래약정서 등에서 미리 포괄적으로 정하고 있는 일반적인 조항은 대체로 당사자 사이에 개별적인 교섭이나 선택의 여지가 없는 부분이어서 약관에 해당할 가능성이 클 것이나, 이 사건 각

통화옵션계약의 구조, 즉 녹인과 녹아웃조건, 레버리지구조, 은행이 취득하는 콜옵션의 이론가를 기업이 취득하는 풋옵션의 이론가보다 크게 하여 그 차액을 수수료로서 수취하고 별도로 이를 지급받지 아니하는 구조 등은 다른 장외파생상품들의 경우와 마찬가지로 피고들이 고객의 필요에 따라 그 구조나 조건을 적절히 변경하여 사용하기 편하도록 표준화하여 미리 마련해 놓은 것으로서, 그 구조만으로는 거래 당사자 사이에서 아무런 권리·의무가 발생하지 아니하고 거기에 계약금액, 행사환율, 녹인·녹아웃환율, 레버리지, 계약기간 등의 구체적 계약조건들이 결부됨으로써 비로소 전체 계약의 내용으로 완결되는 것이므로, 그 구조 자체만을 따로 약관에 해당한다고 볼 수는 없다고 할 것이다….

2. 이 사건 각 통화옵션계약의 체결에 관한 기망 또는 착오 유무에 대하여

가. 옵션의 가치, 수수료 또는 제로코스트 관련 상고이유에 대하여

일반적으로 재화나 용역의 판매자가 자신이 판매하는 재화나 용역의 판매가격에 관하여 구매자에게 그 원가나 판매이익 등 구성요소를 알려 주거나 밝힐 의무는 없고, 이는 은행이 고객으로부터 별도로 비용이나 수수료를 수취하지 아니하는 이른바 제로코스트구조의 장외파생상품거래를 하는 경우에도 다르지 아니하다. 또한 은행이 장외파생상품거래의 상대방으로서 일정한 이익을 추구하리라는 점은 시장경제의 속성상 당연하여 누구든지 이를 예상할 수 있으므로, 달리 계약 또는 법령 등에 의하여 가격구성요소의 고지의무가 인정되는 등의 특별한 사정이 없는 한 은행은 고객에게 제로코스트인 장외파생상품의 구조 내에 포함된 옵션의 이론가, 수수료 및 그로 인하여 발생하는 마이너스 시장가치에 대하여 고지하여야 할 의무가 있다고 할 수 없고, 이를 고지하지 아니하였다고 하여 그것이 고객에 대한 기망행위가 된다거나 고객에게 당해 장외파생상품거래에서 비용이나 수수료를 부담하지 아니한다는 착오를 유발한다고 볼 수 없다….

3. 적합성의 원칙 위반 여부에 대하여

가. 은행은 환 헤지 목적을 가진 기업과 통화옵션계약을 체결함에 있어

서 해당 기업의 예상 외화유입액, 자산 및 매출규모를 포함한 재산 상태, 환 헤지의 필요 여부, 거래 목적, 거래 경험, 당해 계약에 대한 지식 또는 이해 정도, 다른 환 헤지 계약 체결 여부 등의 경영 상황을 미리 파악한 다음 그에 비추어 해당 기업에 적합하지 아니한 통화옵션계약의 체결을 권유하여서는 아니 된다. 만약 은행이 이러한 의무를 위반하여 해당 기업의 경영 상황에 비추어 과대한 위험을 초래하는 통화옵션계약을 적극적으로 권유하여 이를 체결하게 한 때에는, 이러한 권유행위는 이른바 적합성의 원칙을 위반하여 고객에 대한 보호의무를 저버리는 위법한 것으로서 불법행위를 구성한다고 할 것이다.

특히 장외파생상품은 고도의 금융공학적 지식을 활용하여 개발된 것으로 예측과 다른 상황이 발생하였을 경우에는 손실이 과도하게 확대될 위험성이 내재되어 있고, 다른 한편 은행은 그 인가요건, 업무범위, 지배구조 및 감독체계 등 여러 면에서 투자를 전문으로 하는 금융기관 등에 비하여 더 큰 공신력을 갖고 있어 은행의 권유는 기업의 의사결정에 강한 영향을 미칠 수 있으므로, 은행으로서는 위와 같이 위험성이 큰 장외파생상품의 거래를 권유할 때에는 다른 금융기관에 비하여 더 무거운 고객보호의무를 부담한다고 봄이 타당하다.

나. 원심판결이유 및 원심이 적법하게 채택한 증거들에 의하면, 이 사건 ① 통화옵션계약은 원고가 이미 여러 차례 경험한 통화선도거래와 비교하면 일정 환율 이하로 하락할 경우에 환 헤지 효과를 일정한 금액으로 제한하고 레버리지조건을 부가하는 대신 행사환율을 높인 정도의 차이만 있는 것인 사실, 원고는 녹아웃조건·녹인조건·레버리지조건이 부가된 이 사건 ② 내지 ⑥ 각 통화옵션계약을 체결하기 전에 이미 이 사건 ① 통화옵션계약의 레버리지조건 성취에 따라 5회에 걸쳐 2배의 매도의무를 경험하였고, 피고 Y2은행과 녹아웃조건이 붙은 애니타임 코 타깃 포워드(Anytime KO Target Forward)계약 등을 체결하고 녹아웃조건 성취로 거래가 소멸되는 경험도 하였던 사실, 이 사건 각 통화옵션계약에 따라 피고들이 가지는

콜옵션계약금액은 이 사건 ⑥ 통화옵션계약 체결 이후 최대 월 350만 달러 규모로서 원고의 2007.과 2008.의 월평균 달러 유입액범위 내에 있었던 사실 등을 알 수 있다.

이러한 사실관계에다 원심이 적절하게 인정한 원고의 재산 상태, 거래 경험, 이 사건 각 통화옵션계약의 체결 경위 및 그 구체적 거래조건에 대한 원고의 이해 정도 등의 사정을 더하여 앞에서 든 법리에 비추어 살펴보면, 원고는 이미 유사한 거래 경험이 있는 상태에서 부분적 환 헤지 상품이라는 이 사건 각 통화옵션계약의 특성과 당시 국내외 기관의 장래 환율에 대한 전망 등을 고려하여 시장환율보다 높은 행사환율이 보장되는 환 헤지 거래의 목적으로 이 사건 각 통화옵션계약을 체결한 것으로 보이고, 그 콜옵션계약금액이 원고의 예상 외화유입액의 범위를 넘지 않는 등 이 사건 각 통화옵션계약이 원고의 매출규모나 환 헤지거래 경험 등 경영 상황에 비추어 과대한 위험을 초래하는 것이라고 볼 수도 없으므로, 비록 피고들이 은행으로서 장외파생상품거래에 관하여 엄격한 고객보호의무를 부담하더라도 이 사건 각 통화옵션계약을 원고에게 권유한 행위가 적합성의 원칙을 위반하여 고객에 대한 보호의무를 저버린 것으로 평가하기는 어렵다고 할 것이다….

4. 설명의무 위반 여부에 대하여

가. 금융기관이 일반 고객과 사이에 전문적인 지식과 분석능력이 요구되는 장외파생상품거래를 할 때에는, 고객이 당해 장외파생상품에 대하여 이미 잘 알고 있는 경우가 아닌 이상, 그 거래의 구조와 위험성을 정확하게 평가할 수 있도록 거래에 내재된 위험요소 및 잠재적 손실에 영향을 미치는 중요 인자 등 거래상의 주요 정보를 적합한 방법으로 명확하게 설명하여야 할 신의칙상의 의무가 있다(대법원 2010. 11. 11. 선고 2010다55699 판결 참조). 이때 금융기관이 고객에게 설명하여야 하는 거래상의 주요 정보에는 당해 장외파생상품계약의 구조와 주요 내용, 고객이 그 거래를 통하여 얻을 수 있는 이익과 발생 가능한 손실의 구체적 내용, 특히 손실 발생의

위험요소 등이 모두 포함된다 할 것이다.

　그러나 당해 장외파생상품의 상세한 금융공학적 구조나 다른 금융상품에 투자할 경우와 비교하여 손익에 있어서 어떠한 차이가 있는지까지 설명하여야 한다고 볼 것은 아니고, 또한 금융기관과 고객이 제로코스트구조의 장외파생상품거래를 하는 경우에도 수수료의 액수 등은 그 거래의 위험성을 평가하는 데 중요한 고려요소가 된다고 보기 어렵다 할 것이므로, 수수료가 시장의 관행에 비하여 현저하게 높지 아니한 이상 그 상품구조 속에 포함된 수수료 및 그로 인하여 발생하는 마이너스 시장가치에 대하여까지 설명할 의무는 없다고 보는 것이 타당하다.

　그리고 장외파생상품거래도 일반적인 계약과 마찬가지로 중도에 임의로 해지할 수 없는 것이 원칙이고, 설령 중도에 해지할 수 있다고 하더라도 금융기관과 고객이 중도청산금까지 포함하여 합의하여야 가능한 것이므로, 특별한 사정이 없는 한 금융기관이 고객과 장외파생상품거래를 하면서 그 거래를 중도에 해지할 수 있는지와 그 경우 중도청산금의 개략적인 규모와 산정방법에 대하여도 설명할 의무가 있다고 할 수 없다.

　한편 금융기관은 고객이 당해 파생상품거래의 구조와 위험성을 정확히 평가할 수 있도록 그 금융상품의 특성 및 위험의 수준, 고객의 거래 목적, 투자 경험 및 능력 등을 종합적으로 고려하여 고객이 앞에서 살펴본 거래상 주요 정보를 충분히 이해할 수 있을 정도로 설명하여야 한다(대법원 2003. 7. 11. 선고 2001다11802 판결 등 참조).

　나. 원심판결이유와 원심이 적법하게 채택한 증거들에 의하면, 원고의 자금업무 담당자인 소외인은 이 사건 각 통화옵션계약 체결 당시 이미 여러 차례 환 헤지 목적의 거래를 한 경험이 있었던 사실, 이 사건 ① 계약은 소외인이 이미 거래한 경험이 있는 통화선도거래와 비교하면 일정 환율 이하로 하락할 경우에 환 헤지 효과를 일정한 금액으로 제한하고 레버리지조건을 부가하는 대신 행사환율을 높인 차이만 있는 정도여서 소외인이 그 거래의 구조나 위험성을 이해하기 어렵지 아니하였을 것으로 보이는

사실, 원고는 이 사건 ② 내지 ⑥ 계약을 체결하기 전에 다른 통화옵션계약을 통하여 레버리지조건 성취에 따른 2배의 매도의무와 녹아웃조건 성취를 경험하였던 사실, 피고들의 담당직원이 소외인에게 옵션의 의미, 당해 통화옵션계약의 주된 내용과 거래조건, 만기환율에 따라 원고가 입게 되는 손익에 대한 시나리오 분석 및 녹인조건, 녹아웃조건, 레버리지조건, 조기종결조건 등으로 인하여 원고가 입을 수 있는 위험에 대한 추가적인 고지항목이 기재되어 있는 거래제안서 등을 전자우편으로 보낸 다음 전화로 소외인과 이 사건 각 통화옵션계약의 구체적 거래조건들에 관하여 협의하면서 설명한 사실을 알 수 있고, 여기에다 원심이 적절하게 인정한 이 사건 각 통화옵션계약 특성 및 위험의 수준, 원고의 거래 경험과 능력 등의 사정을 더하여 앞에서 본 법리에 비추어 보면, 당시 소외인이 피고들 담당직원의 설명이나 거래제안서의 내용을 명확하게 이해하지 못하거나 오해하고 있었다는 사정이 인정되지 아니한 이상, 이 사건 각 통화옵션계약의 구조와 주요 내용, 원고가 이 사건 각 통화옵션계약을 통하여 얻을 수 있는 이익과 환율 변동으로 인하여 부담하게 될 우려가 있는 위험이나 발생 가능한 손실의 구체적 내용 등에 대하여는 원고가 이해할 수 있을 정도의 충분한 설명이 적절한 방법에 의하여 이루어졌다고 보는 것이 타당하다.

그리고 피고들이 이 사건 각 통화옵션계약에서 녹인 또는 녹아웃될 확률, 개별 옵션의 이론가, 환율이 급상승하는 최악의 시나리오를 가상한 결과 및 환율 변동에 영향을 미치는 근본 요소에 관한 분석 결과나, 이 사건 각 통화옵션계약의 중도해지 가부와 중도청산금의 산정방법 등에 대하여 설명하지 아니하였다고 하더라도 설명의무를 위반하였다고 보기는 어렵고, 또한 앞에서 본 바와 같이 이 사건 각 통화옵션계약의 콜옵션계약금액을 기준으로 한 수수료율이 다른 금융거래에 비하여 현저하게 높다고 볼 수 없다고 본 원심의 판단을 수긍할 수 있는 이상, 피고들이 이 사건 각 통화옵션계약의 구조 내에 포함된 수수료 및 그로 인하여 발생하는 마이너

스 시장가치에 대하여 설명하지 아니한 점을 들어 설명의무 위반이라고
할 수도 없다.

| 생각해 볼 사항 |

1. 2021. 3. 시행된 금융소비자보호법상 금융상품판매업자와 금융상품자
문업자(이하 "금융상품판매업자 등")는 일반금융소비자에게 투자성상품을
포함한 일정한 금융상품 계약체결을 권유할 때 적합성원칙(제17조)을 준수
하고 설명의무(제19조)를 이행하여야 하고, 부당권유행위(제21조)를 해서는
안된다. 또한 권유하지 않고 금융상품 판매계약을 체결하는 경우에는 적정
성원칙(제18조)을 준수하여야 한다. 종전에 금융투자상품에 대한 투자권유
에 관하여 자본시장법에 규정되어 있던 것들이 이제는 금융소비자보호법
으로 규율되고 있다.

적합성 원칙을 준수하기 위하여 금융상품판매업자등은 투자성상품에
관하여는 일반금융소비자의 해당 금융상품 취득 · 처분 목적, 재산상황, 취
득 · 처분 경험을 파악하고 그 일반금융소비자에게 적합하지 아니하다고
인정되는 계약체결을 권유해서는 안 된다.

투자성상품에 관한 설명의무를 이행하기 위해서는 그 상품의 내용, 투
자에 따른 위험, 일정한 투자성상품의 경우에는 위험등급, 그 밖에 금융소
비자가 부담해야 하는 수수료, 계약의 해제 · 해지, 증권의 환매 및 매매 등
그 상품에 관한 중요한 사항을 일반금융소비자가 이해할 수 있도록 설명
해야 한다.

금융상품판매업자등이 계약체결을 권유하는 경우 해서는 안되는 대표
적인 부당권유행위로는 불확실한 사항에 대하여 단정적 판단을 제공하거
나 확실하다고 오인하게 할 소지가 있는 내용을 알리는 행위, 금융상품의
내용을 사실과 다르게 알리는 행위, 금융상품의 가치에 중대한 영향을 미
치는 사항을 미리 알고 있으면서 금융소비자에게 알리지 아니하는 행위,

금융상품 내용의 일부에 대하여 비교대상 및 기준을 밝히지 아니하거나 객관적인 근거 없이 다른 금융상품과 비교하여 해당 금융상품이 우수하거나 유리하다고 알리는 행위 등이 있다.

대법원은 아래 '참고 판례'(대법원 2015. 3. 26. 선고 2014다214588(본소), 2014다214595(반소) 판결)와 같이 금융회사의 금융투자상품 권유 시 투자자가 일반 투자자가 아닌 전문 투자자라고 하더라도 투자자에게 올바른 정보를 제공하여 투자자가 합리적인 투자판단을 할 수 있도록 투자자를 보호할 주의의무를 진다고 보고 있다.

2. 키코거래는 자본시장법 시행 이전에 발생한 것이므로 자본시장법을 근거로 적합성의 원칙과 설명의무가 부과될 수는 없다. 대법원 판례는 법률에 명시적인 조항이 들어가기 전부터 "증권회사의 임직원이 강행 규정에 위반된 이익 보장으로 투자를 권유하였으나 투자 결과 손실을 본 경우에 투자가에 대한 불법행위책임이 성립되기 위하여는, 이익 보장 여부에 대한 적극적 기망행위의 존재까지 요구하는 것은 아니라 하더라도, 적어도 거래 경위와 거래방법, 고객의 투자 상황(재산 상태 · 연령 · 사회적 경험 정도 등), 거래의 위험도 및 이에 관한 설명의 정도 등을 종합적으로 고려한 후, 당해 권유행위가 경험이 부족한 일반 투자가에게 거래행위에 필연적으로 수반되는 위험성에 관한 올바른 인식 형성을 방해하거나 또는 고객의 투자 상황에 비추어 과대한 위험성을 수반하는 거래를 적극적으로 권유한 경우에 해당하여, 결국 고객에 대한 보호의무를 저버려 위법성을 띤 행위인 것으로 평가될 수 있는 경우라야 할 것이다"(대법원 1994. 1. 11. 선고 93다26205 판결)라고 하여 금융기관에게 적합성의 원칙과 설명의무를 요구하여 왔다.

3. 적합성의 원칙과 관련하여 [판례 9-1]은 "은행이… 해당 기업의 경영 상황에 비추어 과대한 위험을 초래하는 통화옵션계약을 적극적으로 권유하여 이를 체결하게 한 때에는, 이러한 권유행위는 이른바 적합성의 원칙을 위반하여 고객에 대한 보호의무를 저버리는 위법한 것으로서 불법행위

를 구성한다"고 판시하여 종전의 판례와 유사한 판시를 하였고, 이는 적합성의 원칙 위반 자체가 바로 불법행위가 되는 것이 아니라 고객에 대한 보호의무를 저버리는 정도가 되면 위법성이 인정되는 것으로 판시한 것으로 보인다.

4. 설명의무의 범위에 대하여 〔판례 9-1〕은 장외파생상품계약의 구조와 주요 내용, 고객이 그 거래를 통하여 얻을 수 있는 이익과 발생 가능한 손실의 구체적 내용, 특히 손실 발생의 위험요소 등이 모두 설명할 대상에 포함된다고 보았으나, 상세한 금융공학적 구조나 다른 금융상품에 투자할 경우와 비교하여 손익에 있어서 어떠한 차이가 있는지에 대하여 설명할 의무는 없다고 보았다. 또한 제로코스트구조의 장외파생상품거래에서의 수수료의 액수, 계약의 해지 가능 여부 등이 설명대상에 포함되지 않는다고 보았다. 설명대상에 포함되는지 여부는 결국 고객이 부담하는 거래의 위험요소에 속하는 것인지 여부에 달려 있다.

5. 설명의 정도에 대하여 금융기관과 비슷한 정도로 정보와 지식을 갖도록 설명해야 한다는 논의도 있으나, 〔판례 9-1〕은 금융상품의 특성 및 위험의 수준, 고객의 거래 목적, 투자 경험 및 능력 등을 종합적으로 고려하여 고객이 거래상 주요 정보를 충분히 이해할 수 있을 정도로 설명하여야 한다고 판시하였다. 〔판례 9-1〕은 설명의 방법에 대하여는 명시적으로 언급하지 않았다. 키코 사건의 하급심 가처분 결정 중에는 설명의 방식을 대면·서면·전자우편 등의 문서형태로 하여야 한다고 하고 전화 상담으로 기업 측에서 궁금해하는 사항에 대해서 답변하는 정도로는 부족하다고 한 결정[61]이 있다. 그러나 설명의무의 목적은 거래의 구조 및 리스크를 정확하게 평가할 수 있도록 거래상의 주요 정보를 알려 주는 데 있으므로 그러한 목적이 달성될 수 있다면 반드시 대면이나 문서형태로 해야만 하는 것은 아닐 것이다.

---

61) 서울중앙지방법원 2009. 4. 24.자 2009카합393 결정.

6. 적합성의 원칙이나 설명의무와 같은 투자자보호규제가 적용되기 위해서는 금융투자업자와 투자자 간의 고객관계 형성이 전제되어야 한다. 아래 '참고 판례'(대법원 2014. 5. 16. 선고 2012다46644 판결)에서 보는 바와 같이 자본시장법상 금융투자업자가 아닌 자가 금융투자업과 유사한 투자 권유행위를 하더라도 자본시장법에 규정된 적합성의 원칙이나 설명의무는 적용되지 않는다.

7. 설명의무위반에 따른 손해배상책임과 관련하여 일반적으로 불법행위 책임으로 이해하고 있다. 법원은 "금융기관이 고객과 장외파생상품 거래를 할 때 투자권유 단계 또는 계약체결 준비단계에서 부담하는 고객 보호 의무로서의 적합성의 원칙과 설명의무는 신의칙 또는 법령에 의하여 인정되는 의무일 뿐, 그 후에 체결되는 계약에 근거하여 발생하는 의무라고 볼 수는 없"고, "신의칙과 법령이 금융기관에게 위와 같은 의무를 준수할 것을 요구한다고 하여, 곧바로 상대방인 고객에게 그 의무에 상응하는 채권이 생긴다고 보기도 어렵다"고 하여 금융기관이 적합성원칙이나 설명의무를 위반하는 경우 이는 "위법한 행위로서 불법행위를 구성할 수는 있지만, 고객에 대한 채무불이행을 구성하지는 않는다"고 판단하였다(서울고법 2015. 7. 3. 선고 2015나1043 판결; 대법원 2017. 6. 15. 선고 2015다47075 판결).

| 더 읽을거리 |

• 진상범／최문희, "KIKO 사건에 관한 대법원 전원합의체 판결의 논점 : 적합성원칙과 설명의무를 중심으로(상)," BFL 제63호(2014. 1), 서울대학교 금융법센터.
• 최문희, "KIKO 사건에 관한 대법원 전원합의체 판결의 논점 : 적합성의 원칙과 설명의무를 중심으로(하)," BFL 제64호(2014. 3), 서울대학교 금융법센터.
• 좌담회, "금융상품 분쟁해결의 법리," BFL 제58호(2013. 3), 서울대학교

금융법센터.

| 참고 판례 |

■ 대법원 2014. 5. 16. 선고 2012다46644 판결

　자본시장법은 금융투자업자가 일반 투자자를 상대로 투자 권유를 하는 경우에 준수하여야 할 적합성의 원칙(제46조)과 설명의무(제47조)에 관하여 규정하고 있는데, 여기에서 금융투자업자란 "투자자문업 등 자본시장법 제6조 제1항 각 호에 정한 금융투자업에 대하여 금융위원회의 인가를 받거나 금융위원회에 등록하여 이를 영위하는 자"를 말한다(제8조 제1항). 따라서 금융투자업자를 대상으로 하는 자본시장법상의 적합성의 원칙 및 설명의무가 유사 투자자문업 신고를 하고 불특정 다수인을 대상으로 간행물, 출판물, 통신물 또는 방송 등을 통하여 투자 조언을 하는 유사 투자자문업자(제101조)나 등록 없이 투자자문업을 하는 미등록 투자자문업자에게는 적용된다고 볼 수 없다.

　그리고 위 적합성의 원칙과 설명의무는 특정 투자자를 상대로 하여 투자자로부터 그의 투자 목적·재산 상황·투자 경험 등의 정보를 얻어 그에게 적합한 투자 권유를 할 의무와 금융투자상품의 내용 등에 관하여 특정 투자자가 이해할 수 있을 정도로 설명을 할 의무를 말하므로, 불특정 다수인을 상대로 투자 조언을 하는 유사 투자자문업자에게는 적합성의 원칙과 설명의무에 관한 규정이 유추적용된다거나 같은 내용의 신의칙상 의무가 인정된다고 할 수 없다. 또한 미등록 투자자문업자의 경우 투자자문을 받는 자와의 계약에서 자본시장법이 정한 투자자문업자의 의무와 같은 내용의 의무를 부담하기로 약정하였다는 등의 특별한 사정이 없는 이상, 미등록 투자자문행위에 대하여 자본시장법 위반을 이유로 형사처벌을 받는 것은 별론으로 하고, 미등록 투자자문업자에게도 자본시장법이 정한 적합성의 원칙과 설명의무가 유추적용된다거나 그러한 내용의 신의칙상 의무

가 인정된다고 할 수 없다(인터넷 사이트에서 투자 전문가로 활동하던 피고가 원고들에게 인터넷방송 채팅창을 통해 회원인 원고들의 개별적인 질문에 답변한 것은 미등록 투자자문행위로 여기에 적합성의 원칙이 바로 적용되지 않는다고 본 사례).

■ 대법원 2015. 1. 29. 선고 2013다217498 판결

자본시장법의 규정 내용과 취지 등에 비추어 보면, 금융투자업자가 과거 거래 등을 통하여 자신을 신뢰하고 있는 고객에게 다른 금융투자업자가 취급하는 금융투자상품 등을 단순히 소개하는 정도를 넘어 계약 체결을 권유함과 아울러 그 상품 등에 관하여 구체적으로 설명하는 등 적극적으로 관여하고, 나아가 그러한 설명 등을 들은 고객이 해당 금융투자업자에 대한 신뢰를 바탕으로 다른 금융투자업자와 계약 체결에 나아가거나 투자 여부 결정에 있어서 그 권유와 설명을 중요한 판단요소로 삼았다면, 해당 금융투자업자는 자본시장법 제9조 제4항에서 규정하는 '투자 권유'를 하였다고 평가할 수 있고 그와 같이 평가되는 경우 해당 금융투자업자는 고객과 사이에 금융투자상품 등에 관한 계약을 직접 체결하는 것이 아니라 하더라도 고객에 대하여 해당 금융투자상품에 관한 적합성의 원칙의 준수 및 설명의무를 부담한다고 보아야 한다(증권회사 직원이 다른 투자일임업자의 투자일임계약서를 보여 주면서 이를 상세하게 설명하였고, 이로써 원고가 투자 의사를 가지게 되었던 사안).

■ 대법원 2015. 3. 26. 선고 2014다214588(본소), 2014다214595(반소) 판결

구 간접투자자산 운용업법에서 규정하는 자산운용회사는 투자자에게 투자신탁의 수익구조와 위험요인에 관한 올바른 정보를 제공함으로써 투자자가 그 정보를 바탕으로 합리적인 투자판단을 할 수 있도록 투자자를 보호하여야 할 주의의무를 부담한다. 이러한 자산운용회사의 투자권유단계에서의 투자자보호의무는 투자자가 일반 투자자가 아닌 전문 투자자라는 이유만으로 배제되지 아니하며, 단지 투자자보호의무의 범위와 정도를 정함에 있어 투자신탁재산의 특성 및 위험도 수준, 투자자의 투자 경험이

나 전문성 등이 고려될 뿐이다(원금 손실 가능성이 있음에도 원금 및 수익이 보장된 것처럼 설명한 것이 투자자보호의무 위반이라고 본 사례).

▌대법원 2021. 4. 1. 선고 2018다218335 판결[부당이득금]

자본시장법은 일반투자자와 전문투자자를 구분하여 투자자보호의 정도를 달리하고 있다. 한국도로공사 사내근로복지기금이 자본시장법과 그 시행령에서 전문투자자로 규정하고 있는 '법률에 따라 설치된 기금'에 해당하는지 여부가 문제된 사건이다.

자본시장과 금융투자업에 관한 법률(이하 '자본시장법'이라 한다) 제9조 제5항은 금융투자상품에 관한 전문성 구비 여부, 소유자산 규모 등에 비추어 투자에 따른 위험감수능력이 있는 투자자로서 국가와 한국은행, 주권상장법인 외에 대통령령으로 정하는 금융기관과 그 밖에 대통령령으로 정하는 자를 전문투자자로 정의하고 있고, 이에 따라 자본시장과 금융투자업에 관한 법률 시행령(이하 '자본시장법 시행령'이라 한다) 제10조에서 전문투자자의 범위를 정하고 있다. 따라서 어떠한 투자자가 자본시장법에서 규정한 전문투자자에 해당하는지 여부는 객관적으로 자본시장법과 그 시행령에서 규정한 전문투자자에 해당하는지에 따라 결정된다.

자본시장법은 전문투자자와 일반투자자를 구별하여 전문투자자에 대하여는 적합성 원칙, 적정성 원칙, 설명의무 등 영업행위 규제의 대부분을 적용하지 않고 있는데, 이는 전문투자자와 일반투자자 사이에 금융투자계약을 체결할 때 필요한 지식과 경험, 능력 등 그 속성에 차이가 있음을 고려하여, 특히 보호가 필요한 일반투자자에게 한정된 규제자원을 집중함으로써 규제의 효율성을 높이고자 하는 취지이다.

위와 같이 전문투자자와 일반투자자를 구별하는 취지와 입법 목적, 구별 기준 등에 비추어 살펴보면, 전문투자자의 범위는 자본시장법과 그 시행령에 따라 명백하게 인정되는 경우를 제외하고는 한정적으로 해석해야 한다. 즉, 어떠한 기금이 법률에 설립 근거를 두고 있다는 사정만으로는 자본시장법 시행령 제10조 제3항 제12호에서 전문투자자로 규정하고 있는

'법률에 따라 설립된 기금'에 해당한다고 단정할 수 없고, 특히 그 기금의 설치 여부가 임의적인 경우에는 더욱 그러하다. 따라서 근로복지기본법 제50조, 제52조에 따라 한국도로공사 근로자의 생활안정과 복지증진을 위하여 고용노동부장관의 인가를 받아 설립된 법인인 한국도로공사 사내근로복지기금은 자본시장법 시행령 제10조 제3항 제12호에서 전문투자자로 규정하고 있는 '법률에 따라 설립된 기금'에 해당한다고 보기 어렵다.

〔판례 9-2〕 대법원 2010. 11. 11. 선고 2008다52369 판결〔손해배상(기)
　　　　　　등〕─ 설명의무에 있어 설명의 정도

● 사실관계

1. 이전까지 파생상품거래의 경험이 전혀 없던 X는 2004. 8. Y은행의 직원 A로부터 파생상품 투자신탁 가입 권유를 받고, 만기가 2007. 8. 16.인 투자신탁 수익증권을 매수하였다.

2. 위 투자신탁은 신탁재산 대부분을 코스피 200지수의 변동률에 따라 손익이 결정되는 주가지수연계증권(Equity Linked Securities, ELS)에 투자하였는바, 당시 X는 A로부터 상품설명서를 교부받고 이를 기초로 한 설명을 들었으나 투자설명서는 교부받지는 못하였다. X는 A로부터 "수익증권이 코스피 200지수의 등락률에 따라 손익이 결정되어 만기 시에 원금 손실의 위험이 있고, 만기가 도래하는 3년 동안 매 6개월 단위로 수익 발생요건이 충족되는 경우에는 그 수익을 확정한 후 펀드를 해지하고 그렇지 아니한 경우에는 6개월 단위로 만기까지 자동으로 연장되며, 수익증권의 환매는 언제든지 가능하나 환매가격의 5퍼센트가 환매수수료로 징구되어 원금 손실을 초래할 수 있다"고 설명을 듣고 투자신청서에 기재되어 있는 위 설명과 같은 내용의 고객 유의사항란에 서명날인을 하였으나, 만기일 이전 환

매의 경우 환매가격 자체가 원금에 미달될 수 있다는 점을 따로 설명받지
못하였다.

3. 상품설명서에는 위 투자신탁의 만기상환 시 및 상환 시기의 연장에
따른 펀드수익률의 변동에 관한 설명 및 그래프는 나와 있으나, 환매에 관
해서는 '환매기준일 : 제5영업일 기준가로 제5영업일 환매대금 지급', "환
매수수료 : 장외파생상품의 투자일의 익영업일로부터 장외파생상품 만기
일 전일까지 환매금액의 5퍼센트, 따라서 중도환매 시에 원금 손실을 초
래할 수 있으며 펀드 조기상환 시에는 환매수수료가 없습니다"라는 내용
만 기재되어 있었다. 반면 이 사건 투자신탁약관에는 수익증권의 환매가
격은 수익자가 판매회사에 환매를 청구한 날부터 제5영업일에 공고되는
기준가격으로 하며, 당일에 공고되는 기준가격은 그 직전일의 대차대조표
상에 계상된 투자신탁의 자산총액에서 부채총액을 차감한 금액을 그 직전
일의 수익증권 총좌수로 나누어 산출하며, 이 투자신탁을 최초로 설정하는
날의 기준가격은 1,000원으로 하고 이 경우 1좌는 1원으로 한다고 기재되
어 있었다.

4. X가 투자신탁에 가입한 이후로 주가지수가 급격하게 상승하여 계속
손실이 발생하였는데, X는 2005. 8.경 Y은행 직원으로부터 이 사건 수익증
권의 중도환매가격이 X가 당초 이해한 것과는 달리 원금의 50퍼센트 정도
에 불과하다는 설명을 듣게 되었다. X는 Y은행에 계속하여 원금 보장과 손
해배상 등을 요구할 뿐 중도환매요청을 하지 아니한 채 이 사건 수익증권
을 계속 보유함으로써 이 사건 투자신탁은 만기까지 자동으로 연장되었다.
결국 코스피 200지수는 이후에도 지속적으로 상승하여, 이 사건 수익증권
은 매 6개월 단위의 수익 발생요건을 계속 충족하지 못한 채 만기에 이르
렀고, 그 결과 X는 투자원금에 손실을 입게 되었고, Y은행을 상대로 손해
배상을 청구하였다.

• 법원의 판단

1. 불법행위 성립 여부에 관한 판단

구 간접투자자산 운용업법(2007. 8. 3. 법률 제8635호 자본시장과 금융투자업에 관한 법률 부칙 제2조로 폐지) 제26조에 따라 투자신탁 수익증권 판매업무를 영위하는 은행 임직원이 고객에게 수익증권의 매수를 권유할 때에는 그 투자에 따르는 위험을 포함하여 당해 수익증권의 특성과 주요 내용을 명확히 설명함으로써 고객이 그 정보를 바탕으로 합리적인 투자판단을 할 수 있도록 고객을 보호하여야 할 주의의무가 있고, 이러한 주의의무를 위반한 결과 고객에게 손해가 발생한 때에는 불법행위로 인한 손해배상책임이 성립한다. 이 경우 고객에게 어느 정도의 설명을 하여야 하는지는 당해 수익증권의 특성 및 위험도의 수준, 고객의 투자 경험 및 능력 등을 종합적으로 고려하여 판단하여야 한다.

… 원심은 Y은행의 직원 소외인이 손실이 발생할 가능성에 대한 예측을 소홀히 하여 그 가능성과 범위에 대한 명확한 설명을 하지 아니한 채 부당권유행위를 하였다고 판단하고 있으나, 원심 스스로도 X가 이 사건 투자신탁에 가입하여 입은 손실은 X가 이 사건 투자신탁에 가입한 이후 2004. 말부터 우리나라의 주가가 급격히 상승한 것에 기인한 것으로서 Y은행으로서는 이러한 사정을 예상하기 어려웠다는 점을 인정하고 있을 뿐만 아니라, 파생금융상품의 판매회사의 담당직원이 누구도 예측하기 어려운 미래 사실인 파생금융상품의 손실 발생 가능성을 스스로 예측하여 고객에게 그 가능성과 범위에 관하여 명확히 설명할 의무가 있다고 보기 어려우므로 위와 같은 원심의 판단은 적절하지 아니하다.

그러나 이 사건 수익증권은 만기에 이르러 수익 발생요건이 충족되지 아니할 경우에 비로소 원금 손실이 발생하고 만기 전 기준일에는 수익 발생요건이 충족되지 아니하더라도 6개월 후의 다음 기준일로 자동연장될 뿐 원금 손실이 결정되지는 않는 구조를 갖고 있으면서도 만기 전에 환매하는 경우에는 환매가격이 원금에 미달될 수 있는 특성을 갖고 있다. 그런데 이 사건 상품설명서에는 이러한 사실이 명확히 설명되지 아니한 채 "환매수수료 : 장외파생상품의 투자일의 익영업일로부터 장외파생상품 만기일 전일까지 환매금액의 5퍼센트, 따라서 중도환매 시에 원금 손실을 초래할 수 있으며 펀드 조기상환 시에는 환매수수료가 없습니다"라고 기재되어 있어, 마치 중도환매 시에는 환매수수료만을 공제하고 이 때문에 원금 손실이 발생하는 것처럼 오해할 소지를 제공하고 있다. 이러한 상황하에서 이 사건 수익증권을 판매하는 Y은행의 직원 소외인이 만기 전 기준일에는 원금 손실이 결정되지 않는다는 점을 설명하면서 만기 전에 환매하는 경우 환매가격이 원금에 미달될 수 있다는 점에 대하여 설명하지 아니한다면, X처럼 파생금융상품이나 이에 투자하는 투자신탁의 수익증권을 매수한 경험이 없는 투자자로서는 만기 전에 언제든지 환매하더라도 원금에서 환매수수료만을 공제할 뿐 그 이외에는 원금을 환급받을 수 있는 금융상품이라고 오해할 수 있다.

따라서 Y은행의 직원 소외인이 X에게 이 사건 수익증권의 매수를 권유하면서 중도환매가격에 대하여 오해를 불러일으킬 수 있는 부실한 표시가 기재된 이 사건 상품설명서를 제공하고, 그 환매가격에 대한 명확한 설명을 하지 아니함으로써 X로 하여금 중도환매 시 지급받을 수 있는 환매가격에 관하여 오해하게 한 것은, 고객이 올바른 정보를 바탕으로 합리적인 투자판단을 할 수 있도록 고객을 보호하여야 할 주의의무를 위반한 것으로 X에 대하여 불법행위를 구성한다고 할 것이다.

2. 불법행위로 인한 손해의 범위에 관한 판단

위와 같이 X가 만기에 이 사건 수익증권에서 원금 9,919만 610원의 손실을 입게 되었더라도 중도환매가격에 관한 설명의무 위반으로 입게 된 손해의 범위는, 그 설명의무 위반으로 X가 중도환매가격에 관하여 오해를 함으로써 갖게 된 기대이익의 상실, 즉 중도환매 시 원금 전액에서 소정의 수수료를 제외한 금액과 중도환매 시 지급받거나 받을 수 있는 금액과의 차액을 넘을 수 없다고 보아야 한다. 그리고 언제든지 중도환매를 할 수 있는 이 사건 수익증권의 특성과 손해의 공평·타당한 분담을 이념으로 하는 손해배상제도의 취지 등에 비추어 보면, 위 손해액의 산정 시점은 특별한 사정이 없는 한 X가 이 사건 수익증권의 중도환매를 할 수 있었던 시점, 즉 X가 2005. 8.경 Y은행 직원으로부터 이 사건 수익증권의 환매가격이 원금의 50퍼센트 정도에 불과하다는 사실에 관하여 설명을 듣고 그에 관하여 이의를 제기하며 원금 전액의 반환과 손해배상 등을 요구한 시점을 기준으로 함이 상당하다.

| 생각해 볼 사항 |

〔판례 9-2〕는 금융기관이 미래의 경제 상황 변화를 예측할 의무를 지는 것이 아니라는 점을 명확히 하였고, 투자 권유하는 금융상품의 내용과 성격을 정확하게 설명할 의무를 부담한다는 취지를 명확하게 하였다. 투자를 권유하는 금융상품에 대하여 정확히 설명할 의무에 대하여는 〔판례 9-1〕 대법원 2013. 9. 26. 선고 2011다53683, 53690 전원합의체 판결과 〔판례 9-3〕 대법원 2006. 6. 29. 선고 2005다49799 판결 참조.

| 참고 판례 |

■ 대법원 2015. 12. 23. 선고 2015다231092 판결〔투자금 반환〕—특정금전신탁에서의 설명의무

특정금전신탁은 위탁자가 신탁재산인 금전의 운용방법을 지정하는 금전신탁으로서 신탁업자는 위탁자가 지정한 운용방법대로 자산을 운용하여야 하고, 그 과정에서 신탁업자가 신탁재산에 대하여 선량한 관리자의 주의의무를 다하였다면 자기책임의 원칙상 신탁재산의 운용 결과에 대한 손익은 모두 수익자에게 귀속되는 것이지만, 신탁업자가 특정금전신탁의

신탁재산인 금전의 구체적인 운용방법을 미리 정하여 놓고 고객에게 계약 체결을 권유하는 등 실질적으로 투자를 권유하였다고 볼 수 있는 경우, 신탁업자는 신탁재산의 구체적 운용방법에 따르는 수익구조와 위험요인을 합리적으로 조사하여 올바른 정보를 고객에게 제공하고 고객이 이해할 수 있도록 명확히 설명함으로써 고객이 그 정보를 바탕으로 합리적인 투자판단을 할 수 있도록 고객을 보호하여야 할 주의의무가 있고, 이러한 주의의무를 위반한 결과 고객에게 손해가 발생한 때에는 불법행위로 인한 손해배상책임을 진다.

〔판례 9-3〕 대법원 2006. 6. 29. 선고 2005다49799 판결〔손해배상〕— 거래대상증권의 신용등급 불고지로 인한 고객보호의무 위반

• 사실관계

1. X는 Y1증권회사의 직원인 A를 통하여 B회사가 발행한 기업어음(Commercial Paper. 이하 'CP')을 매수하여 왔다. 그러한 CP거래는 X가 X 명의의 Y1증권회사 통장에 CP매수대금을 입금하면 Y1은 CP 실물은 금고에 보관하여 두고 위 통장에 그 CP의 신용등급과 CP의 입출고 여부 등을 표시한 뒤 X에게 이 사건 통장을 교부하여 주는 방식으로 이루어졌다. X는 1999. 3. 26. A를 통해 B회사 발행의 CP를 매수하였는데, 그 실제 신용등급은 A3-↓이었음에도 통장에는 위 CP의 신용등급으로 A3+로 기재하여 교부하여 주었고 거래원장에도 그와 같이 기재하였다.

2. 그러나 실제로 B회사는 1998.에는 재무구조가 상당히 악화되어 2000. 11. 8. 최종 부도 처리되었고, B회사 발행 CP의 신용등급은 1999. 2. 3. A3-↓이었으나, X가 이 사건 CP를 매수한 후 2개월여 만인 1999. 5. 31.경에는 B로 낮아졌고, 1999. 8. 26.경에는 C로 더 낮아졌다.

3. X는 1999. 8. 10. Y1증권회사로부터 위 CP를 교부받아 1999. 9. 22. X의 거래은행인 C은행을 통하여 이 사건 CP를 추심하였는데, 예금 부족(구조조정 대상기업)을 이유로 그 지급이 거절되었다.

4. X는 Y1증권회사가 B회사의 계열회사로서 이 사건 CP 신용등급이 A3+에서 A3-↓로 변경되었음에도 A3+라고 그릇되게 고지하여 고객보호의무를 위반한 것이므로, Y1증권회사는 X에게 위와 같은 불법행위로 인하여 X가 입은 손해를 배상할 의무가 있다거나 사기 또는 착오 취소에 따른 부당이득의 반환을 주장하며 소를 제기하였다.

• 법원의 판단

▌ 원심 : 서울고등법원 2005. 7. 21. 선고 2004나49701 판결

X의 거래 경험 및 거래 후 행적, 기타 여러 사정에 비추어 X가 이 사건 CP의 실제 신용등급을 인식하고 매입하였을 여지가 있으며, 가사 Y1증권회사의 담당직원이 신용등급을 잘못 고지하여 착오를 일으켜 매수하였더라도 X로서는 스스로 당시의 경제 상황, 투자위험성과 수익률 등을 함께 고려하여 이 사건 CP를 매수하였을 것이라는 사정 등을 종합하여 보면 Y1증권회사의 위와 같은 행위가 신의칙에 비추어 시인될 수 있는 정도를 넘어 허용될 수 없는 정도의 사기적 행위라거나 X 주장과 같이 손해배상책임을 부담시킬 만큼 증권 관련 법규상의 고객보호의무 등에 위반하는 정도에까지 이르렀다고 보기는 어려울 뿐만 아니라, 이 사건 CP의 신용등급에 관한 착오가 이 사건 CP거래 내용의 중요 부분에 관한 착오라고 할 수도 없다.

… 가사 Y1증권회사가 X에게 이 사건 CP의 신용등급을 잘못 고지하였다고 하더라도 X가 이 사건 CP를 매수하여 손해를 입게 된 것은 X의 주장과 같은 Y1증권회사의 잘못 때문이 아니라 이 사건 CP의 지급기일 전에 발행인인 B회사가 기업구조 개선작업 대상기업으로 선정되고 결국 2000. 11. 30. 회사정리절차가 개시되어 이 사건 CP가 더 이상 정상 결제될 수 없

었다는 사정 때문인 것으로 봄이 상당하고, 달리 Y1증권회사의 잘못 또는 X의 이 사건 CP의 신용등급에 관한 착오가 없었더라면 X가 이 사건 CP를 매수하지 않았을 것이라는 점을 인정할 만한 증거가 없어 Y1증권회사의 잘못과 X 주장의 손해 및 Y1증권회사의 잘못 또는 X의 착오와 이 사건 CP 거래 사이에 상당 인과관계가 있다고 할 수도 없다.

▌대법원 : 파기환송

CP의 신용등급은 적기상환능력, 투자위험도, 장래 환경 변화에 영향을 받을 가능성 등에 따라 가장 안정적인 등급인 A1에서 A2 · A3 · B · C · D 순서로 그 등급이 낮아지고, 그중 A2부터 B등급까지 그 등급 옆에 첨부되는 +, -기호는 같은 신용등급 내에서의 상대적 우열을 나타내는 표시로서 신용등급이 A3+에서 A3-로 변경되었다고 하여 신용등급을 구분하는 본질적인 표지가 달라지는 것은 아니라고 하지만, 일반 투자자의 입장에서 본 발행인의 신용도라는 측면에 있어서는 엄연히 적지 않은 차이가 있는 것이고, 또한 맨 끝에 첨부된 '등급감시' 기호(↓)는 등급에 영향을 미치는 특정 사건이나 환경의 변화가 발생하여 기존 등급을 재검토할 필요가 있다고 판단한 때에 부여하고 통상적으로 검토 기간은 90일을 초과하지 않는 것이 원칙이라는 점과, A3-등급에서 하향 조정될 경우 B등급이 되는데 이는 통상 증권거래법령에 따라 증권회사가 유가증권으로서 거래할 수 있는 CP 중 최하위의 신용등급에 해당하고 적기상환능력은 인정되지만 엄연히 투기적 요소가 내재되어 있는 것이라는 점을 감안할 때, 종전에 그와 같은 등급의 CP를 주저 없이 매입한 경력이 있었다거나 등급감시대상으로 분류되게 한 사건이나 환경 변화가 무엇인지 등을 정확히 알고 있었다는 등의 사정이 전혀 나타나지도 않는 상태에서 X가 실제의 신용등급을 알고 이 사건 CP를 매입하였다고 단정하는 것은 무리이다.

…증권회사의 임직원이 고객에게 투자를 권유할 때에는 고객이 합리적인 투자판단과 의사결정을 할 수 있도록 고객을 보호할 의무를 부담하고, 따라서 유가증권의 가치에 중대한 영향을 미치는 중요 정보는 고객에게

제공하고 설명할 의무를 부담한다.

…CP의 거래에 있어서 신용등급은 그 CP의 가치에 중대한 영향을 미치는 중요 정보에 해당하므로, …증권회사가 고객에게 거래의 대상인 CP의 신용등급을 제대로 고지하지 않았다면, 달리 고객이 이미 그 신용등급을 알고 있었다거나 신용등급을 제대로 고지하였더라도 그 CP를 매수하였으리라는 등의 특별한 사정이 없는 한, 이로써 고객보호의무 위반으로 인한 손해배상책임이 성립한다.

회사정리절차가 개시되어 이 사건 CP가 더 이상 정상 결제될 수 없었다면, 그로 인한 원고의 손해라는 것은 바로 위에서 설명의무의 대상으로 보았던 바로 그 신용도의 위험이 현실화된 것임이 분명하다. …이 사건 CP 거래와 원고 주장의 손해 발생 사이의 상당 인과관계 역시 인정된다 할 것이다.

| 참고 판례 |

■ 대법원 2015. 9. 15. 선고 2015다216123 판결〔손해배상(기)〕— 회사채 투자 권유 시의 설명의무

투자자가… 이 사건 회사채의 취득과 관련하여 부담하는 위험은 시장 금리 수준에 따른 회사채 시가의 변동 위험과 원리금이 만기에 지급되지 아니할 위험, 즉 발행기업인 대한해운의 신용 위험 및 그로 인한 원본 손실 가능성…이다. 따라서 금융투자업자인 피고로서는 원고들에게 이 사건 회사채에 투자할 것을 권유하는 경우, 그 투자에 따르는 위험과 관련하여 이 사건 회사채의 시가 변동의 위험 및 대한해운의 신용 위험이 존재하고 그로 인하여 원본 손실 가능성이 있다는 사실 등을 설명하여야 한다. 그리고 사채권의 신용등급은 금융위원회의 인가를 받은 신용평가회사가 사채권의 신용 상태를 평가하여 그 결과에 대하여 기호·숫자 등을 사용하여 표시한 등급으로서 사채권을 발행한 기업의 원리금 지급 능력 내지 위험

을 나타내는 지표이므로, 금융투자업자가 투자자에게 사채권의 신용등급과 아울러 해당 신용등급의 의미와 그것이 전체 신용등급에서 차지하는 위치에 대하여 투자자가 이해할 수 있도록 설명하였다면, 특별한 사정이 없는 한 금융투자업자는 사채권의 원리금 상환 여부에 영향을 미치는 발행기업의 신용 위험에 관하여 설명을 다하였다고 볼 것이고(대법원 2015. 4. 23. 선고 2013다17674 판결 참조), 자본시장법 제119조에 따라 증권을 모집·매출하는 경우 작성·공시하는 증권신고서와 투자설명서에 기재되어 있는 발행 주체의 재무 상황 등까지 설명하여야 하는 것은 아니다.

〔판례 9-4〕 대법원 2003. 7. 11. 선고 2001다11802 판결〔이익분배금〕— 러시아 국채에 투자하는 펀드 판매 시 설명의 정도

● **사실관계**

1. Y회사(투자신탁증권)는 1997. 1. 21.경 주로 러시아 국공채를 투자대상으로 하여 투자신탁을 설정·운용하였고, X는 종전까지 해외 공사채형 투자신탁상품에 투자한 경험이 전혀 없는데, Y회사 직원들로부터 이 사건 투자신탁상품에 가입할 것을 권유받고 수익증권을 매입하였다.

2. 당시 Y회사 직원들은 X에게 투자신탁설명서나 약관을 제시 또는 교부하거나 투자신탁의 운용방법이나 손익 부담에 따른 위험성 등에 관하여 구체적으로 설명하지 아니하였고 투자설명회를 열지도 아니한 채, 고수익 상품이라는 점만을 강조하여 X에게 수익증권의 매입을 적극 권유하였다.

3. Y회사는 A증권회사와 B증권회사의 유럽 현지법인이 설립한 역외펀드가 발행하고 현지법인이 보증한 달러화 표시 노트(note)를 이 사건 투자신탁의 신탁재산으로 매입하였고, 위 역외펀드는 그 자금으로 러시아 국내 발행 단기국채(GKO)를 매입하였다. 환차손을 피하는 방편으로 러시아 국

내 은행과는 루블화 / 달러화 선물환계약이, 국내 은행과는 달러화 / 원화
선물환계약이 체결되었고, 그 결과 Y회사는 전 신탁재산의 27퍼센트 정도
를 이 사건 노트에 투자하고 나머지는 주로 러시아 국채를 주 투자대상으
로 하는 해외펀드에 투자하였다.

4. 1998. 8.경 러시아 정부가 외화채권 등에 대한 지불유예(moratorium)
조치를 취하였고, 이로 인하여 러시아 국내 은행의 선물환계약이 이행 불
능 상태에 빠지는 등의 사태로 위 투자신탁의 잔존가치는 0에 가깝게 되
었다.

• 법원의 판단

1. 투자단계에서의 투자자보호의무 위반[62]

투자신탁회사의 임직원이 고객에게 투자신탁상품의 매입을 권유할 때
에는 그 투자에 따르는 위험을 포함하여 당해 투자신탁의 특성과 주요 내
용을 명확히 설명함으로써 고객이 그 정보를 바탕으로 합리적인 투자판단
을 할 수 있도록 고객을 보호하여야 할 주의의무가 있고, 이러한 주의의무
를 위반한 결과 고객에게 손해가 발생한 때에는 불법행위로 인한 손해배
상책임이 성립하는 것인바(대법원 1998. 10. 27. 선고 97다47989 판결 ; 대법원
1999. 3. 23. 선고 99다4405 판결 등 참조), 일반적으로 공사채형 투자신탁의
경우 투자에 따르는 위험과 관련하여 투자 권유자는 채권시장의 시가 변
동에 의한 위험, 발행 주체의 신용 위험, 그리고 만약 외국 채권을 신탁재
산에 편입하는 때에는 환 시세의 변동에 의한 위험이 존재하고 이로 인하
여 원본 손실의 가능성이 있다는 사실 등을 설명하여야 할 것이나, 고객에
게 어느 정도의 설명을 하여야 하는지는 투자대상인 상품의 특성 및 위험

---

62) 이 판결 중 투자신탁의 운용단계에서의 주의의무에 대하여는 〔판례 10-5〕 대법원
2003. 7. 11. 선고 2001다11802 판결.

도의 수준, 고객의 투자 경험 및 능력 등을 종합적으로 고려하여 판단하여야 할 것이다.

…Y회사가 이 사건 투자신탁에 관하여 높은 예상수익률을 제시할 수 있었던 주된 이유는 그 당시 러시아의 단기국채가 다른 어느 신흥공업국의 국채보다 이자율이 높기 때문이었고, 이는 곧 금융시장에서 러시아의 정치적·사회적 불안까지 감안한 국가신용의 위험이 높게 평가되었다는 것을 의미하는 것이기도 하므로 그만큼 채권시장에서의 가격 변동의 위험과 국가신용의 위험이 크고, 선물환계약에 의하여 환율 변동에 따른 위험이 어느 정도 제거될 수 있다는 점을 감안하더라도 러시아의 금융시장에 커다란 변동이 생기는 경우에는 선물환계약의 당사자 중 일방인 러시아 국내은행이 드러낼 신용위험에 그대로 영향을 받을 수밖에 없었다고 할 것이다. 그러므로 Y회사가 해외 공사채형 투자신탁상품에 투자한 경험이 전혀 없는 X와 같은 고객에게 이 사건 투자신탁에의 투자를 권유함에 있어서는 위와 같은 채권시장의 위험, 국가신용의 위험 및 환율 변동에 따른 위험에 관하여 명확히 설명하는 것은 물론, 이 사건 투자신탁재산의 대부분을 러시아 단기국채에 집중 투자할 계획이라는 점을 알려 줌으로써 고객으로 하여금 합리적인 투자판단을 할 수 있도록 고객을 보호하여야 할 주의의무가 있다고 할 것인바, Y회사의 직원들이 X에게 이 사건 투자신탁재산의 운용방법이나 투자 계획 등에 관하여 구체적으로 설명하지 아니한 채 단순히 수익률이 높은 특별한 고수익상품이라는 점만을 강조하여 이 사건 투자신탁의 수익증권의 매입을 적극 권유한 것은 위 고객보호를 위한 주의의무를 게을리한 것이라고 할 것이고, 이는 X에 대한 관계에서 불법행위가 된다고 할 것이다.

〔판례 9-5〕 대법원 2010. 11. 11. 선고 2010다55699 판결〔손해배상(기)〕—
　　　　동일한 내용의 선물환거래를 2차에 걸쳐 체결한 경우 제2차 거래
　　　　에서의 설명의무

● 사실관계

1. X는 1994.부터 Y은행에서 변액연금보험, 금융채권, 양도성 예금증서 등을 거래하다가 2007. 2. 6. Y은행의 직원 A의 권유로 Y은행이 판매하는 피델리티 일본펀드에 5,096만 5,250엔(한화로 3억 9,600만 원)을 투자하였다. 또한 X는 A의 권유에 따라 2007. 11. 16. 만기일 2008. 2. 18.에 약정환율 833.18원/100엔으로 5,096만 5,250엔을 Y은행에게 매도하기로 하는 내용으로 제1차 선물환계약을 체결하였다.

2. 제1차 선물환계약의 만기일(2008. 2. 18)에 X가 투자한 펀드의 평가액은 3,919만 9,145.76엔으로 감소하였고, 시장환율은 876.33원/100엔이었다. X는 A로부터 엔화환율이 예상보다 높아 이 사건 펀드를 해지하지 않고 선물환계약만을 정산하기 위해서는, 당시 시장환율과 약정하였던 환율의 차이에 따른 차액정산금으로 2,199만 1,506원을 지급하여야 한다는 말을 들었다. 그리하여 당초에는 차액정산금의 발생 경위를 충분히 이해하지 못하였으나, A로부터 선물환계약의 의미와 위 차액정산금의 발생 내역에 관한 설명을 듣고 나서 위 돈을 Y은행에 지급하였다.

3. 그후 X는 선물환계약을 갱신하기로 하고 2008. 2. 말경 Y은행을 방문하여 위 2008. 2. 18.자로 소급하여 제2차 선물환계약을 체결하였다. 그 내용은 제1차 선물환계약과 비교하여 만기 및 약정환율만 다른 것, 즉 펀드에 당초 투자하였던 5,096만 5,250엔을 계약 만기일인 2009. 2. 18.에 약정환율인 890.68원/100엔에 Y은행에게 매도하기로 하는 것이었다. 만기 하루 전인 2009. 2. 17. X는 펀드 및 제2차 선물환계약을 해지하여 그날의 시장환율인 1,582.94원/100엔을 기준으로 제2차 선물환계약을 정산하여 3억

5,281만 2,039원의 손실을 입게 되었고, 펀드도 손실이 발생하여 해지일의 펀드평가액은 1,884만 4,846엔에 불과하였다.

4. 이에 X는 Y은행이 금융 전문지식이 없는 X에게 투기적 성격이 매우 강한 선물환계약의 위험성에 관하여 별다른 설명을 해준 사실이 없기 때문에 Y은행에 대하여 설명의무 위반을 이유로 한 손해배상을 청구하는 소를 제기하였다.

• 법원의 판단

제1 · 2차 선물환계약 모두에 대해 설명의무 위반을 인정한 원심과 달리 대법원은 제1차 선물환계약에 대해서만 설명의무 위반을 인정하였다.

▌원심 : 대전고등법원 2010. 6. 9. 선고 2009나9940 판결

기준일 당시에 보유할 외환을 매도하는 선물환계약은 환율의 상승에 따른 이익을 포기하는 대신 환율의 하락에 따른 손실 발생에 대비할 수는 있으나(위험을 줄이는 기능을 할 뿐 위험을 확대시키는 기능은 하지 않는다), 반대로 기준일 당시에 보유하고 있지 않을 외환을 매도하는 선물환계약은 환율이 상승하는 경우에는 매도 외환금액에 선물환율과 기준일 당시의 시장 환율의 차이를 곱한 차액을 정산하여야 할 의무를 부담하는 고도의 위험이 수반되는 투기적 성격이 매우 강한 금융상품으로서(이 사건의 경우와 같이 위험을 확대시키는 기능을 할 수도 있다), 투자 경험이 없는 일반인이 쉽게 접할 수 있는 상품이 아닌 데다가 선물환상품에 관한 기본적인 지식이 없는 고객으로서는 금융기관의 창구에서 이루어지는 개괄적인 설명만으로는 선물환계약의 구조나 특성, 위험성을 제대로 인식하지 못한 채 만연히 선물환계약을 체결하기에 이를 수 있으므로, 금융기관인 Y은행으로서는 고객과 사이에 선물환계약을 체결함에 있어 고객의 직업, 연령, 투자 경험 유무, 선물환계약에 관한 사전 지식을 갖고 있는지 여부 등을 살펴 선물환

계약과 같은 파생금융상품에 관한 상식이나 경험이 부족한 고객에게는 적어도 환율의 변동 가능성, 선물환계약의 정산방법 및 선물환계약에 따르는 위험성 등에 관한 충실한 내용이 이해하기 쉽게 기재된 자료를 제공하는 등으로 선물환계약의 특성을 구체적으로 설명함으로써 고객이 그 정보를 바탕으로 선물환계약을 새로이 체결하거나 이미 체결한 선물환계약을 유지할지 여부에 관하여 합리적인 판단을 할 수 있도록 고객을 보호하여야 할 주의의무가 있다.

■ 대법원 : 일부 파기환송

고객의 자산을 관리하는 금융기관은 고객에 대하여 선량한 관리자로서의 주의의무를 부담하는 것이므로, 고객의 투자 목적·투자 경험·위험 선호의 정도 및 투자 예정 기간 등을 미리 파악하여 그에 적합한 투자방식을 선택하여 투자하도록 권유하여야 하고, 조사된 투자 목적에 비추어 볼 때 고객에게 과도한 위험을 초래하는 거래행위를 감행하도록 하여 고객의 재산에 손실을 가한 때에는 그로 인한 손해를 배상할 책임이 있다. 그러나 투자자가 금융기관의 권유를 받고 어느 특정한 상품에 투자하거나 어떠한 투자전략을 채택한 데에 단지 높은 위험이 수반된다는 사정만으로 일률적으로 금융기관이 적합성의 원칙을 위반하여 부당하게 투자를 권유한 것이라고 단정할 수는 없으며, 투자자로서도 예상 가능한 모든 위험을 회피하면서 동시에 높은 수익률이 실현될 것을 기대할 수는 없고 위험과 수익률의 조합을 스스로 투자 목적에 비추어 선택할 수밖에 없는 것이다. 또한 금융기관이 일반 고객과 선물환거래 등 전문적인 지식과 분석능력이 요구되는 금융거래를 할 때에는 상대방이 그 거래의 구조와 위험성을 정확하게 평가할 수 있도록 거래에 내재된 위험요소 및 잠재적 손실에 영향을 미치는 중요 인자 등 거래상의 주요 정보를 적합한 방법으로 설명할 신의칙상의 의무가 있다고 할 것이나, 계약자나 그 대리인이 그 내용을 충분히 잘 알고 있는 경우에는 그러한 사항에 대하여서까지 금융기관에게 설명의무가 인정된다고 할 수는 없다.

금융기관이 고객과 역외펀드에 연계된 제1차 선물환계약을 체결하면서 기본적인 환 헤지의 기능에 관하여는 어느 정도 설명하였지만 위 선물환계약에 수반되는 특별한 위험성에 관하여는 충분한 설명을 하지 않은 데에는 고객보호의무를 위반한 잘못이 있으나, 위 고객이 제1차 선물환계약의 만기일에 펀드를 해지하지 않고 선물환계약만을 정산하면서 선물환계약의 의미와 정산금의 발생 내역에 관한 설명을 다시 들었으므로, 그 무렵에는 선물환계약의 특별한 위험성에 관하여 잘 알고 있었다고 보이므로 그후 위 금융기관이 제1차 선물환계약과 비교하여 만기 및 약정환율만 다른 제2차 선물환계약을 체결하면서 별도로 선물환계약의 특별한 위험성에 관하여 설명할 의무를 부담한다고 볼 수 없다.

손해의 범위는 원고가 이 사건 각 선물환계약을 체결함에 따라 입은 전체 환차손액 중 이 사건 선물환계약 특유의 고도의 위험성으로 인한 손해, 즉 펀드에서 손실이 발생하는 부분에 상응하는 선물환계약(기준일에 보유하고 있지 않은 엔화에 대한 선물환계약)으로 인하여 발생된 손해로 한정된다. …나머지 부분, 즉 펀드의 잔존 평가액에 대한 환 헤지의 효과로 원고가 회수하지 못한 환차익 부분은 이 사건 선물환계약의 기본적인 기능(투기적인 성격을 띠고 있지 않아 고도의 위험을 수반하지 않는다)에 의하여 당연히 발생하는 결과이므로, 이를 피고의 위와 같은 설명의무 위반의 결과라고 보기는 어렵다.

| 생각해 볼 사항 |

역외펀드의 환위험을 헤지하기 위한 목적으로 체결하는 선물환계약을 체결할 때 금융기관이 고객에게 어떠한 내용을 설명하여야 하는가에 대하여는 다음과 같은 점을 더 생각해 볼 필요가 있다. 이 사건에서 원고가 손실을 입은 원인을 살펴보면 (i) 원/엔 환율이 예상과 달리 변동하였을 뿐 아니라(원화 강세/엔화 약세가 될 것을 우려하여 선물환계약을 체결하였는데

반대로 원화 약세 / 엔화 강세가 되었다), (ii) 선물환계약의 만기일에 선물환계약금액에 해당하는 엔화자산을 가지지 못하게 되었기 때문이다.

만약 원고가 선물환거래의 만기일에 선물환거래금액에 해당하는(또는 그 금액보다 많은) 엔화자산을 확보할 수 있었다면(즉 '투자한 펀드의 선물환계약 만기일의 엔화가치' ≧ '선물환거래금액'이었다면), 원고는 선물환계약을 이행하고 약정선물환율로 산정한 원화금액을 수령할 수 있었을 것이다. 이러한 경우에는 선물환거래를 하지 않았더라면 엔화의 가치가 상승하는 이익을 볼 수 있었는데 그렇지 못하게 되었다는 점에서 손해를 입은 것 아닌가 생각할 수도 있으나, 선물환율로 환율을 고정시켜 엔화 : 원화의 환율의 불확실성에 따른 위험을 회피하는 것이 선물환거래의 목적이므로 위험회피 결과 환율 변동에 따른 이익을 얻지 못한 것을 손해라고 보기는 어렵다.

그런데 이 사건에서 원고가 손실을 입은 이유는 선물환계약의 만기일에 선물환계약금액에 해당하는 엔화자산을 확보할 수 없었고 엔화자산을 확보하지 못한 범위 내에서는 원 / 엔 환율 변동의 위험에 완전히 노출되었기 때문이다. 펀드의 엔화자산가치는 계속 증감 변동하게 될 텐데, 마치 선물환계약 만기일에 처음 투자한 엔화금액 그대로 엔화자산가치를 유지할 것이라는 전제하에서 처음 투자한 금액만큼 선물환계약을 체결하였다는 점이 원고가 손실을 입게 된 가장 큰 원인이라고 할 수 있을 것이다. 펀드의 평가액이 계속 증감 변동할 수 있기 때문에 선물환계약 만기 시 확보할 수 있는 엔화금액을 정하기 어려우므로 펀드투자금액을 선물환계약금액으로 한 것으로 보인다. 이와 같은 논리로 선물환계약금액을 정하였다고 하더라도 다음과 같은 점에 유의할 필요가 있다.

첫째, 금융기관은 고객에게 선물환계약 만기일에 선물환계약금액에 해당하는 엔화를 확보하지 못할 위험에 대하여 충분히 설명하였어야 할 것이다(원심판결도 "기준일 당시에 보유하고 있지 않을 외환을 매도하는 선물환계약" 또는 "만기 시 환율 및 펀드의 손익 정도에 따라 펀드만을 가입하였을 경우보다 손해 발생의 가능성과 손해의 폭이 클 수도 있어"라고 언급함으로써 이 점을 인식하고 있는 것으로 보인다).

둘째, 제1선물환계약은 펀드투자 후 9개월 이상 경과한 후 체결하였는데, 선물환계약금액을 최초의 펀드투자 원금(5,096만 5,250엔)으로 정한 것이 합리적인지 의문이다. 제1선물환계약 체결 시점에 이미 최초 투자 시보다 펀드의 평가금액이 하락하였으므로(2007. 2. 6. 기준가 240.40엔, 2007. 11. 16. 기준가 214.20엔) 위의 논리에 따르더라도 선물환계약 체결 시점의 펀드평가액보다 큰 금액으로 선물환계약을 체결하는 것을 정당화할 수 있을지 의문이다. 이 점은 제2선물환계약 체결 시 더 극명하게 드러난다. 제2선물환계약 체결 당시 펀드의 평가액은 3,919만 9,145엔(2008. 2. 18. 기준가 184.90엔)에 불과하였는데, 과연 투자자인 원고가 최초 투자 원금인 5,096만 5,250엔에 대하여 엔/원 환율 변동 위험을 부담하고 있었다고 할 수 있는가. 제2선물환계약금액이 정당화되기 위해서는 그 계약 체결 당시 펀드의 평가액은 3,919만 9,145엔에 불과하였지만 제2선물환계약 만기일에 5,096만 5,250엔이 될 가능성이 상당히 높았다는 점을 뒷받침할 합리적인 근거가 있어야 할 것이고, 선물환계약 만기 시 선물환계약금액에 해당하는 엔화자금을 확보하지 못할 위험에 대한 설명의무가 더 강화된다고 보아야 할 것이다.

〔판례 9-6〕 대법원 2011. 7. 28. 선고 2010다101752 판결〔손해배상(기)〕— 파생상품투자신탁의 수익증권을 판매하는 판매회사와 투자신탁을 운용하는 운용회사의 고객보호의무

• 사실관계

1. Y1은행과 Y2은행은 Y3회사가 운용하는 ○○ 파워인컴 파생상품투자신탁 제1호와 제2호의 수익증권을 판매하였다. 위 투자신탁은 복수의 해외 특정 주권의 가격에 연계된 자산부채담보부증권(Collateralized Equity and

Debt Obligation. 이하 'CEDO')라는 장외파생상품을 주된 투자대상으로 하고 '5년 만기 국고채금리＋연 1.2퍼센트'를 예상수익률로 하며 6년 2주를 만기로 하였다.

CEDO는 112개 종목의 해외 특정 주식의 가격을 기초자산으로 한 롱／숏 주식디폴트스왑(long／short equity default swaps) 포트폴리오와 담보채권을 주요 자산으로 하여 손실 부담 순위에 따라 발행된 합성부채담보부증권(Synthetic Collateralized Debt Obligation, SCDO)이다.

(i) 제1호 펀드의 수익금과 상환금의 산정방법

제1호 장외파생상품의 분기별 확정수익금과 만기상환금은 그대로 제1호 펀드의 분기별 확정수익금과 만기상환금에 반영된다.

• 분기별 확정수익금

설정일로부터 만기일까지 매 분기 최초 투자신탁 설정일의 5년 만기 국고채금리에 연 1.2퍼센트를 더한 연 6.70퍼센트의 확정수익금을 수익자에게 지급한다. 확정수익금은 장외파생상품의 위험포트폴리오에서 발생하는 주식디폴트스왑 프리미엄과 보험포트폴리오에서 지출되는 주식디폴트스왑 프리미엄의 차익 및 담보채권의 이자를 재원으로 한다.

• 상환금액

제1호펀드의 만기상환금액은 2008. 11. 19.부터 만기까지 약 3년간 매주 목요일에 기초자산이 되는 112개 종목의 주가를 관찰함으로써 산출되는 '펀드이벤트 수'(위 기간 동안의 위험포트폴리오 이벤트 개수의 합에서 보험포트폴리오 이벤트 개수의 합을 공제하여 산출)에 따라 투자원금의 0～100퍼센트 사이에서 결정된다.

• 펀드이벤트 수＝(위험포트폴리오 이벤트의 수)－(보험포트폴리오 이벤트의 수)

• 위험포트폴리오 이벤트 : 112개 종목의 주식 중 위험포트폴리오에 편입된 56개 종목의 주식별로 주식가격이 기준주가(2005. 11. 18.로부터 3영업일의 종가 평균)의 35퍼센트 미만으로 하락하는 것.

• 보험포트폴리오 이벤트 : 112개 종목의 주식 중 보험포트폴리오에 편입된 56개 종목의 주식별로 주식가격이 기준주가의 35퍼센트 미만으로 하락하는 것.

• 위험포트폴리오와 보험포트폴리오에 속한 1종목당 최대 이벤트의 개수는 10회로 제한.

• 만기에 펀드이벤트 수가

58 미만일 경우 : 투자원금 전액 지급

58 이상 91 미만일 경우 : 회수금액 ＝ 원금×{1-(펀드이벤트 수-57.4)/33.6}

91 이상일 경우 : 만기상환금액 없음

(ii) 제2호펀드의 수익구조도 기본적으로 제1호펀드와 동일하고, 다만 만기, 원금보존 이벤트 수, 원금 전액을 상실하게 하는 이벤트 수에 차이가 있다.

2. CEDO는 무디스로부터 A3(투자적격등급 중 신용 상태 양호)의 신용등급을 받았고, 2007. 12. 24. B3(투자부적격등급 중 바람직한 투자대상 아님)으로, 2009. 1. 21. Caa3(투자부적격등급 중 신용 상태 나쁨)으로 하향 조정되었다.

3. 신탁약관에는 투자신탁재산의 운용에 따른 이익 및 손실은 모두 수익자에게 귀속된다는 이른바 '수익자 위험 부담의 원칙'이 기재되어 있었고, 투자설명서에는 일정 조건을 충족하면 원금 손실의 위험도 있으며, 기초자산에 직접 투자하는 경우에 비하여 훨씬 높은 위험에 노출될 수 있다고 기재되어 있었다.

4. Y3회사가 작성하여 Y1 및 Y2은행에게 배포한 광고지나 Q&A자료 · 상품요약서 · 상품제안서에는 펀드가 원금 손실의 가능성이 있다는 점이 기재되어 있기는 하지만, 그 글 자체가 작거나 상대적으로 강조가 되지 아니하여 쉽게 알아보기 어렵다. 위의 자료에는 펀드가 분기별로 지급하는 확정수익금의 이율이 시중 고금리상품인 시중은행 후순위채 · 국민주택채권 · 시중은행 특판예금과 비교하여 높고, 장외파생상품이 무디스

로부터 A3등급을 받아 이 사건 각 펀드의 원금 손실 가능성이 대한민국 국채의 부도 확률과 유사한 수준의 안정성을 갖추고 있고 시중은행채보다 신용등급이 높아 안정성이 훨씬 좋으며 은행예금보다 원금 보존의 가능성이 높다는 취지의 문구와 표현이 강조되어 있다.

5. 장외파생상품의 운용사인 외국의 C회사가 Y3회사에게 송부한 파생상품거래확인서의 추가정보부록에는 '투자 시 고려사항'이라는 제목으로 장외파생상품의 위험요소를 적시하면서 "이 사건 각 장외파생상품은 상당한 위험을 수반하므로 장외파생상품투자의 위험 및 장단점을 평가하는 데 필요한 금융 및 경영 문제에 대한 지식 및 경험을 보유한 투자자로서 투자결정 전 제반 위험요소를 스스로 검토하고, 필요한 조사를 하여 궁극적으로 투자금 전액의 손실 위험을 감수할 수 있는 자에게만 적합하다"는 취지로 기재되어 있으나, Y3회사는 Y1 및 Y2은행 등 판매회사에 배포한 펀드에 관한 Q&A 자료를 통해 판매회사가 퇴직금이나 기타 여유자금을 연금식으로 장기간 안정적으로 운용하려는 투자자들을 대상으로 이 사건 각 펀드의 판매활동을 하도록 안내하였다.

6. Y1 및 Y2은행의 판매담당 직원들은 수익증권을 판매하면서 각 펀드의 구조에 대하여 제대로 교육을 받지 아니하여 그 특성이나 위험성을 이해하지도 못한 채, 단순히 "○○파워인컴펀드는 대한민국 신용등급으로 '5년 만기 국고채금리＋연 1.2퍼센트' 수준의 고정금리로 확정수익금을 6년 동안 매 분기 지급하는 안정한 파생상품이다"라고 각 펀드가 고수익상품으로서 안전하다는 점만 강조하고, 만기에 지급되는 상환금액이 결정되는 구조와 위험성에 대하여는 제대로 설명하지 아니하였다.

7. 원고들은 판매회사인 Y1은행과 Y2은행을 통하여 투자신탁에 투자하였다. 원고 중 일부는 펀드상품에 투자한 경험이 없다. 원고들은 투자신탁상품 신규가입·청약신청서를 작성하고, 투자설명서 교부 및 주요 내용 설명확인서·투자신탁상품 가입고객확인서에 서명 또는 날인을 하여 Y1 및 Y2은행에 교부하였는데, 위 투자신탁상품 가입고객확인서에는 부동문자

로 "이 상품은 은행예금이 아니며 운용 실적에 따라 수익이 배분되는 실적 배당상품으로서 투자원금의 손실이 발생할 수 있습니다", "가입하신 투자 신탁상품은 예금자보호법에 의한 예금보호대상이 아닙니다"라는 등의 내용이 기재되어 있었다.

8. 제1호펀드의 수익률은 2006. 2. 이후 마이너스 수익률을 기록하다 2008. 1.부터 수익률이 급격히 감소하여 2009. 6. 4. 수익률이 −75퍼센트가 되었고, 제2호펀드의 수익률도 2009. 6. 4. −91퍼센트가 되었다. X들 대부분은 Y3회사의 안내에 따라 2008. 9∼2009. 4. 사이에 환매하였다.

9. 원고들은 (i) Y1 및 Y2은행은 경험이 부족한 일반 투자자들인 원고들에게 투자 상황에 비추어 과대한 위험을 수반하는 거래를 마치 아무런 위험이 없는 것처럼 허위·과장하여 적극적으로 권유하였으며, (ii) Y3회사도 위 펀드가 대한민국 국채와 유사하여 원금 손실 위험이 없다는 내용의 광고지와 Q&A 자료를 만들어 Y1 및 Y2은행을 통해 원고들에게 제공함에 따라 원고들이 위 펀드를 원금이 보장되는 상품으로 오인하도록 하여 투자자들에게 잘못된 정보를 제공함으로써 투자자보호의무를 위반하였다고 주장하며 손해배상을 구하였다.

• 법원의 판단

원심(서울고등법원 2010. 10. 29. 선고 2010나15532 판결)은 원고들의 청구를 인정하고 펀드투자 경험이 없는 원고들의 과실비율을 60퍼센트, 펀드투자 경험이 있는 원고들의 과실비율을 70퍼센트로 보아 피고들의 책임을 40퍼센트 또는 30퍼센트로 제한하였고, 대법원은 상고를 기각하였다.

1. 투자신탁 수익증권 판매에 관한 투자자보호의무 일반론
가. 판매회사
판매회사는 수익증권의 판매에 있어서 단순히 자산운용회사의 대리인

에 불과한 것이 아니라 투자자의 거래 상대방의 지위에서 판매회사 본인의 이름으로 투자자에게 투자를 권유하고 수익증권을 판매하는 지위에 있다. 이러한 판매회사가 경험이 부족한 일반 투자자에게 거래행위에 필연적으로 수반되는 위험성에 관한 올바른 인식 형성을 방해하거나 고객의 투자 상황에 비추어 과대한 위험성을 수반하는 거래를 적극적으로 권유함으로써 투자자에 대한 보호의무를 위반한 위법행위를 하여 투자자에게 손해를 가하는 경우, 판매회사는 불법행위로 인한 손해를 배상할 책임을 진다(대법원 1998. 10. 27. 선고 97다47989 판결 등 참조). 판매회사는 수익증권 판매를 위하여 투자자에게 수익증권의 취득을 권유함에 있어 자산운용회사로부터 제공받은 투자설명서를 투자자에게 제공하고 그 주요 내용을 설명하여야 하며, 투자자에게 중요한 사항에 대하여 오해를 유발할 수 있는 표시행위, 투자자에게 실적배당 및 원본의 손실 가능성 등 간접투자의 특성과 투자 위험에 관한 신탁약관 및 투자설명서의 주요 내용을 충분하고 정확하게 알리지 아니하는 행위 등을 하지 말아야 할 의무 등 판매행위준칙을 준수할 의무를 부담한다(구 간접투자 자산운용법 제56조 제2항 및 제57조 제1항). 따라서 판매회사는 자산운용회사가 제공한 투자설명서의 내용을 숙지하고, 그 의미가 명확하지 않은 부분은 자산운용회사로부터 정확한 설명을 들어 그 내용을 스스로 명확하게 이해한 다음, 투자자에게 그 투자신탁의 운용방법이나 투자계획 및 그로 인한 수익과 위험을 투자자가 정확하고 균형 있게 이해할 수 있도록 설명하여야 하고, 단지 자산운용회사로부터 제공받은 판매보조자료의 내용이 정확하고 충분하다고 믿고 그것에 의존하여 투자신탁에 관하여 설명하였다는 점만으로는 투자자보호의무를 다하였다고 볼 수 없다.

나. 자산운용회사

자산운용회사는 수익증권의 판매업무를 직접 담당하지 않는 경우에도 수익증권의 판매에 직접적인 이해관계가 있을 뿐 아니라 투자신탁의 설정자 및 운용자로서 투자신탁에 대하여 제1차적으로 정보를 생산하고 유통

시켜야 할 지위에 있으므로, 이러한 자산운용회사로서는 판매회사나 투자
자에게 투자신탁의 수익구조와 위험요인에 관한 올바른 정보를 제공함으
로써 투자자가 그 정보를 바탕으로 합리적인 투자판단을 할 수 있도록 투
자자를 보호하여야 할 주의의무와 이에 따른 불법행위책임을 부담한다(대
법원 2007. 9. 6. 선고 2004다53197 판결[63] 참조). 자산운용회사가 수익증권의
판매과정에서 제공하는 정보는 기본적으로 투자설명서의 내용일 것이나,
자산운용회사가 투자설명서 이외에 투자설명서의 내용을 숙지하는 데 도
움이 되는 판매보조자료나 그 투자신탁의 특성을 알리는 광고의 내용을
직접 작성하여 판매회사와 투자자에게 제공·전달하는 경우에 그 판매보
조자료나 광고가 투자자에게 중요한 사항에 대하여 오해를 유발할 수 있
는 표시나 투자신탁의 수익과 위험에 관하여 균형성을 상실한 정보를 담
고 있었고, 그것이 판매회사의 수익증권 판매과정에서 결과적으로 투자자
의 투자판단에 영향을 주었다면, 단지 자산운용회사가 판매회사에 제공한
투자설명서에 충실한 정보를 담고 있었다는 점만으로 자산운용회사가 투
자자보호의무를 다하였다고 볼 수는 없다.

2. 이 사건에서 판매회사와 운용회사가 투자자보호의무를 다했는지
여부

이 사건 각 펀드의 주된 투자대상인 이 사건 각 장외파생상품은 매우 생
소한 금융기법인 주식디폴트스왑에 근거하여 발행된 구조화된 채권으로
서 투자원금의 손실 가능성의 결정요인이 일반 채권이나 은행예금과는 다
르고, 주식디폴트스왑 프리미엄을 주요 재원으로 한 분기별 확정수익금도
통상의 금리와는 성격이 다르다는 점을 투자자들이 제대로 알기 어려웠으
므로, 피고들로서는 이 사건 각 장외파생상품투자의 수익과 위험을 정확하
게 이해한 뒤 투자자들이 합리적인 투자판단을 할 수 있도록 균형을 갖춘

---

63) 집합투자재산의 운용에 관한 [판례 10-1] 대법원 2007. 9. 6. 선고 2004다53197
판결.

올바른 정보를 제공하고 그 내용을 투자자들이 이해할 수 있도록 설명함으로써 투자자들을 보호할 의무가 있다. 그러나 Y3 자산운용회사는 그 시점에서 무디스가 이 사건 각 장외파생상품에 A3의 신용등급을 부여한 점의 의미를 과도하게 부각시켜 이 사건 각 광고지나 Q&A 자료, 상품요약서, 상품제안서 등 판매보조자료를 통하여 이 사건 각 장외파생상품과 대한민국 국고채, 시중은행 후순위채, 은행예금의 이율과 신용등급을 직접 비교함으로써 중요한 사항에 대하여 오해를 유발할 수 있는 표시를 사용하거나 투자신탁의 수익과 위험에 관하여 균형성을 상실한 정보를 판매회사와 투자자들에게 제공하였다. 그리고 Y1 및 Y2은행은 이와 같이 Y3 자산운용회사가 제공한 정보에 의존하여 원고들에게 이 사건 각 펀드의 가입행위에 필연적으로 수반되는 위험성에 관한 올바른 인식 형성을 방해하거나 고객의 투자 상황에 비추어 과대한 위험성을 수반하는 거래를 적극적으로 권유하였다. 이와 같이 피고들은 원고들에 대한 보호의무를 위반한 위법행위를 저질렀고, 이에 따라 원고들이 이 사건 각 펀드의 위험성을 정확하게 인식하지 못한 채 이 사건 각 펀드에 가입하게 되었으므로, 피고들은 피고들의 공동의 위법행위에 따라 원고들이 이 사건 각 펀드에 가입함으로써 입은 손해를 배상할 의무가 있다.

3. 손해 인과관계

피고들의 투자자보호의무 위반으로 인하여 원고들이 입은 손해는 이 사건 각 펀드에 가입함으로써 회수하지 못하게 되는 투자금액과 장차 얻을 수 있을 이익을 얻지 못한 일실수익의 합계액이라고 할 것이다. 그런데 피고들의 투자자보호의무 위반으로 인한 원고들의 투자 결정은 원칙적으로 수익증권을 만기까지 보유하는 것을 전제로 이루어졌고, 다만 원고들에게 만기 이전에 수익증권을 환매할 수 있는 선택권이 부여되어 있을 뿐이며, 이 사건 펀드는 만기까지 분기별 확정수익금이 지급되고 기준가격이 변동하는 구조로서 만기 시점까지 회수할 수 있는 금액을 미리 예측하기도 어려우므로, 피고들의 위법행위로 인한 원고들의 손해는 만기 시점이나 원고들이 실제 환매한 시점에서야 현실적·확정적으로 발생하고, 그 시점을 기준으로 그때까지 발생한 원고들의 손해는 피고들의 가해행위와 인과관계가 있다고 할 것이다. 이와 달리 원고들이 환매에 관한 안내문을 송달받은 시점이나 그 직후 중도환매할 수 있었던 시점을 기준으로 그 시점까지 발생한 손해만이 피고들의 가해행위와 인과관계가 있는 것이라고 볼 수는 없다.

원심이 같은 취지에서 원고들이 실제 환매한 시점을 기준으로 손해를 인식하여 손해액을 산정한 것은 정당하고, 거기에 불법행위책임에 있어 인과관계나 손해 발생 시기에 관한 법리를 오해한 위법은 없다.

4. 손해의 범위

원심판결이유에 의하면, 이 사건 각 펀드의 만기가 6년으로 장기인 사실, 피고들이 이 사건 각 펀드와 국고채·시중은행 후순위채·은행예금 등 위험성이 적은 금융상품과 비교하여 이 사건 각 펀드의 판매활동을 전개한 사실을 알 수 있다. 위 인정사실에 의하면, 원고들은 다른 특별한 사정이 없는 한 피고들의 위법행위가 없었더라면 이 사건 각 펀드에 투자한 원금을 최소한 정기예금이자 상당의 이율이 보장되는 안정적인 금융상품에 투자하였을 것이므로, 원고들은 피고들의 위법행위로 인하여 적어도 투자원금에 대한 정기예금 이자 상당의 기대수익을 상실하는 특별손해를 입게 되었고, 피고들로서도 이러한 사정을 알거나 알 수 있었을 것으로 보인다. 원심이 같은 취지에서 원고들의 펀드 가입 원금에 대한 연 5퍼센트의 일실수익을 반영하여 손해액을 산정한 것은 정당하고, 거기에 특별손해의 발생요건에 관한 법리를 오해한 위법은 없다.

원심은 판시 사실을 인정한 다음, 원고들의 손해액을 '이 사건 각 펀드의 가입원금과 이에 대한 연 5퍼센트의 이자율에 의한 일실수익을 합한 금액—중도환매수령금—분기별 확정수익금'의 산식으로 계산한 뒤, 그 손해액을 기준으로 원고들의 과실을 참작하여 산출된 금액을 피고들이 원고들에게 배상하여야 할 손해배상액으로 보았다. 앞의 사실관계에 의하면, 원고들의 손해는 원고들이 이 사건 각 펀드를 환매하여 환매대금을 수령한 시점에 현실적·확정적으로 발생하는 것이고 그때까지 원고들이 수령한 확정수익금은 과실상계 이전에 원고들의 손해액을 산정하는 요소에 해당하는 것이지, 이를 제외하고 산정된 손해액에 과실상계를 한 금액을 기준으로 다시 공제되어야 할 이득에 해당한다고 볼 수는 없다.

| 생각해 볼 사항 |

1. 금융기관이 금융상품판매업자로서 금융상품을 일반금융소비자에게 권유하는 경우 설명의무를 부담한다(금융소비자보호법 제19조). 금융기관이 투자자에게 판매하는 금융투자상품의 내용에 대하여 투자자가 이해할 수 있도록 설명하기 위해서는 우선 금융기관의 담당 직원이 그 금융투자상품을 정확하게 파악하여야 한다. 파생상품투자신탁과 같이 구조가 복잡하고 이해하기 어려운 금융상품을 판매하는 금융기관의 담당 직원이 그 금융상품을 정확하게 이해하지 못하면 투자자가 정확하고 균형 있게 이해할 수 있도록 설명할 수 없을 것이다. 이 사건은 자본시장법이 적용되는 사안은 아니지만, 대법원이 판매회사가 자산운용회사로부터 제공받은 판매보조자료가 정확하고 충분하다고 믿고 그것에 의존하여 설명하는 것만으로는 투자자보호의무를 다하였다고 볼 수 없다고 한 점은 금융기관의 설명의무가 형식에 그치지 않도록 하는 적절한 판시이고 자본시장법상의 설명의무에도 동일하게 적용되어야 할 법리이다.

2. 수익증권 판매회사의 판매보수와 자산운용회사의 운용보수는 펀드(투자신탁)의 자산규모의 일정 비율로 정하여지므로 판매회사뿐 아니라 자산운용회사도 수익증권의 판매에 대하여 직접적인 이해관계를 갖고 있고, 수익증권의 판매를 촉진하려고 할 유인을 갖고 있다. 이러한 점에 비추어 운용회사가 판매활동에 사용할 자료를 작성할 때 그 자료가 정확하고 오해를 유발하지 않도록 할 의무를 부담한다는 〔판례 9-6〕의 판시는 증권공모 시 발행회사의 공시의무와의 균형에 비추어 보더라도 타당하다.

| 참고 판례 |

▮ 대법원 2015. 11. 12. 선고 2014다15996 판결〔손해배상(기)〕—선박펀드

자산운용회사는 투자신탁을 설정하고 투자신탁재산을 운용하는 자로서 투자신탁에 관하여 제1차적으로 정보를 생산하고 유통시켜야 할 지위에 있고, 투자자도 자산운용회사의 전문적인 지식과 경험을 신뢰하여 자산운용회사가 제공하는 투자 정보가 올바른 것이라고 믿고 그에 의존하여 투자판단을 한다. 따라서 자산운용회사는 투자신탁재산의 운용대상이 되는 자산과 관련된 제3자가 제공한 운용자산에 관한 정보를 신뢰하여 이를 그대로 판매회사나 투자자에게 제공하는 데에 그쳐서는 아니 되고, 그 정보의 진위를 비롯한 투자신탁의 수익구조 및 위험요인에 관한 사항을 합리적으로 조사한 다음 올바른 정보를 판매회사와 투자자에게 제공하여야 하며, 만약 합리적인 조사를 거친 뒤에도 투자신탁의 수익구조와 위험요인에 관한 정보가 불명확하거나 불충분한 경우에는 판매회사나 투자자에게 그러한 사정을 분명하게 알려야 할 투자자보호의무를 부담한다.

판매회사는 특별한 사정이 없는 한 자산운용회사로부터 제공받은 투자설명서나 운용제안서 등의 내용을 명확히 이해한 후 이를 투자자가 정확하고 균형 있게 이해할 수 있도록 설명하면 되고, 그 내용이 진실한지를 독립적으로 확인하여 이를 투자자에게 알릴 의무가 있다고 할 수는 없다. 그러나 판매회사가 투자신탁재산의 수익구조나 위험요인과 관련한 주요 내용을 실질적으로 결정하는 등으로 투자신탁의 설정을 사실상 주도하였다고 볼만한 특별한 사정이 있는 경우에는 판매회사 역시 자산운용회사와 마찬가지로 투자신탁의 수익구조와 위험요인을 합리적으로 조사하여 올바른 정보를 투자자에게 제공하여야 할 투자자보호의무를 부담한다.

▮ 대법원 2018. 9. 28. 선고 2015다69853 판결〔손해배상〕 설명의무 · 부당권유 금지의무 위반시 손해배상청구권의 지연손해금 기산시기

금융투자업자가 투자자를 상대로 투자권유를 할 때 설명의무나 부당권

유 금지의무를 위반하여 일반투자자에게 손해가 발생한 경우 그 손해액은 금융투자상품을 취득하기 위하여 지급한 금전의 총액에서 그 금융투자상품으로부터 회수하였거나 회수할 수 있는 금전의 총액을 뺀 금액(이하 '미회수금액'이라 한다)이다(자본시장법 제48조 제2항, 제1항 참조). 이와 같이 금융투자업자가 설명의무 등을 위반함에 따른 일반투자자의 손해는 미회수금액의 발생이 확정된 시점에 현실적으로 발생하고, 그 시점이 투자자가 금융투자업자에게 갖는 손해배상청구권의 지연손해금 기산일이 된다(대법원 2016. 9. 30. 선고 2015다19117, 19124 판결, 대법원 2018. 6. 15. 선고 2016다212272 판결 등 참조). 따라서 금융투자상품을 취득하기 위하여 금전을 지급할 당시에 미회수금액의 발생이 이미 객관적으로 확정되어 있었다면, 금융투자상품을 취득하기 위하여 금전을 지급한 시점이 금융투자업자에 대한 손해배상청구권의 지연손해금 기산일이 된다.

| 더 읽을거리 |

• 김상연, "자산운용회사와 판매회사의 투자정보 조사의무 — 대상판결 : 대법원 2015. 11. 12. 선고 2014다15996 판결," BFL 제75호(2016. 1), 서울대학교 금융법센터.

〔판례 9-7〕 대법원 2006. 5. 11. 선고 2003다51057 판결〔손해배상(기)〕— 설명의무 위반이 아니라고 한 사례

• 사실관계

1. 구 증권투자신탁업법에 의하여 투자신탁운용업무를 수행하는 Y회사는 1999. 3. 31. 증권투자신탁(Money Market Fund, MMF)을 설정하고 투자자

로부터 받은 신탁재산을 대우그룹이 발행한 회사채 및 기업어음 등에 투자·운용하였다.

2. 투자신탁약관에 의하면 위탁회사는 신탁재산을 신용평가기관으로부터 평가받은 채권 중 신용등급이 BBB(-) 이상인 채권 또는 신용평가기관으로부터 평가받은 기업어음 중 신용등급이 A3(-) 이상인 기업어음 등에 투자하여 운영하여야 한다고 규정하고 있다.

3. X회사는 증권회사로서 1999. 5. 31. 판매회사인 B증권회사를 통하여 위 투자신탁에 투자하였다. 당시 X회사는 투자신탁설명서만을 제공받았고, 구체적 투자내역에 대해서는 고지 받지 못하였다.

4. 대우그룹 계열사가 발행한 유가증권 등의 일부는 편입 당시의 신용등급이 투자신탁약관의 기준에 부합하였으나, 대우그룹에 대한 금융 위기 가능성에 관한 불안감이 확산되면서 위 1999. 5. 31.에는 투자신탁약관이 규정한 투자 가능 신용등급 밑으로 하락하였다. 당시 Y회사는 X회사에 신용등급 하락에 대해 설명하지는 아니하였다.

5. 그후 대우그룹에 대한 구조조정방침이 발표되어 금융시장 전체가 불안해지자, 신탁재산으로 대우그룹 계열사들이 발행한 증권에 투자한 위탁회사들은, 수익자들의 대량환매 요구 사태로 인하여 갑작스런 금융시스템의 마비 현상이 우려된다는 점을 이유로 금융감독위원회에 수익증권 환매연기신청을 하고 이를 승인받아 시행하였다.

6. 금융기관들의 자율적인 환매요청 중지 결의에 따라 환매청구를 하지 않고 있던 X회사는 1999. 8. 21.에야 판매회사인 B증권회사에 대하여 X회사가 보유한 수익증권의 환매대금을 지급하여 줄 것을 청구하여 이를 수령하였으나 큰 손실을 입었다.

7. 이에 X회사는 증권투자신탁업법 및 동 감독규정에 의하여 이 사건 투자신탁에 투자하려는 X회사에게 위와 같은 투자부적격유가증권 등에도 투자되었음을 알려 주어야 할 의무가 있음에도 불구하고 이를 알리지 아니하여 X회사에 손해를 입게 하였다는 이유로, Y회사를 상대로 손해의 배

상을 청구하는 소를 제기하였다.

• 법원의 판단

 투자신탁회사의 임직원이 고객에게 투자신탁상품의 매입을 권유할 때
에는 그 투자에 따르는 위험을 포함하여 당해 투자신탁의 특성과 주요 내
용을 설명함으로써 고객이 그 정보를 바탕으로 합리적인 투자판단을 할
수 있도록 고객을 보호하여야 할 주의의무가 있고, 이때 고객에게 어느 정
도의 설명을 하여야 하는지는 투자대상인 상품의 특성 및 위험도의 수준,
고객의 투자 경험과 능력 및 기관투자자인지 여부 등을 종합적으로 고려
하여야 하는데, 상품안내서 등의 교부를 통하여 투자신탁의 운용 개념 및
방법과 신탁약관에서 정하는 사항에 대한 개략적인 정보를 제공한 경우에
는 투자신탁설명서나 약관 등을 직접 제시하거나 교부하지 않았다고 하여
설명의무 위반이 된다고 단정할 수 없다.

 기록 및 관련 법령에 의하면, 구 증권투자신탁업법(2000. 1. 21. 법률 제
6179호로 개정되기 전의 법률. 이하 '신탁업법') 제27조에서 위탁회사로 하여
금 투자신탁설명서를 작성하여 수익증권을 취득하고자 하는 자에게 제공
하고, 신탁재산의 기존 수익자에게는 신탁재산운용보고서를 작성 · 제공
하도록 하고 있으나, 신탁재산운용보고서는 신탁회계기간의 말일, 신탁계
약기간의 종료일 및 신탁계약의 해지일로부터 소정의 기간 내에 수익자에
게 제공하는 것이지 신규 투자자를 위한 것이 아니고, 투자신탁설명서는
그 성질상 수익증권을 취득하고자 하는 자에게 투자신탁의 운용 개념과
방법 등을 개괄적으로 설명 · 제공하는 자료로서 신탁재산에서 투자된 회
사채 및 기업어음(이하 '유가증권'이라 한다)의 내역은 위탁회사의 신탁재산
운용 지시에 따라 수시로 변동되고 투자신탁에 편입된 유가증권의 발행회
사에 대한 신용평가 역시 시장 상황 혹은 평가 주체, 평가 시점 등에 따라
유동적이어서 이러한 내용들을 그때마다 위 안내자료에 수록하는 것이 반

드시 필요하다거나 적절한 조치라고는 보기 어려운 점, 신탁업법 및 동법 시행령과 증권투자신탁업 감독규정에서 투자신탁약관 소정의 투자 가능한 신용등급에 미달하는 투자부적격 유가증권의 편입 여부를 투자신탁설명서나 신탁재산운용보고서에 기재할 사항으로 열거하고 있지도 않은 점, 이 사건 투자신탁약관 제20조 제1항에서 편입채권의 신용등급이 BBB(-) 이상이어야 함을 요구하고 있으나 X회사가 제출한 이 사건 투자신탁설명서에서 투자대상 채권을 '편입일기준 BBB(-) 이상의 평가등급을 받은 채권'이라고 하여 편입채권의 신용등급 준수 여부는 편입일을 기준으로 함을 명시하고 있고, 위 투자신탁설명서에서는 상품에 대한 그 밖의 추가정보 혹은 운용실적에 대하여는 위탁회사나 판매회사에 언제든지 자료를 요구할 수 있음을 안내하고 있으므로 전문 금융기관이자 기관투자자인 X회사로서는 이 사건 투자신탁 결성 이후에 수익증권을 취득하면서 위와 같은 구체적 사항에 대하여 위탁회사나 판매회사를 통하여 쉽게 확인할 수 있었던 점, 위탁회사인 Y회사는 신탁업법, 기타 관련 법령에 따라 판매회사를 통하여 수익증권 취득자에게 투자신탁설명서를 교부하였을 뿐 X회사 등 고객에 대한 직접적인 판촉이나 판매업무를 맡지는 않은 점 등의 사실을 알 수 있다. 이에 따르면 Y회사가 최초 편입 당시에는 기준 신용등급에 적합하였다가 X회사의 수익증권 취득을 전후하여 일부 신용평가기관의 신용평가에서 기준 신용등급에 미달하게 된 판시 대우그룹 계열사 발행 유가증권이 이 사건 투자신탁에 편입되어 있는 사정을 투자신탁설명서에 구체적으로 명시·설명하여야 할 법령, 계약 혹은 신의칙상 의무가 존재한다고 볼 수 없다. 나아가 위와 같은 제반 사정하에서는 위 투자부적격 유가증권의 투자신탁 내 편입 사실을 X회사에게 별도로 알리지 아니한 Y회사의 조치가 위탁회사의 수익자에 대한 일반적인 선관주의의무 혹은 충실의무 등 위반행위에 해당한다고 보기도 어렵다. 같은 취지의 제1심판결을 인용한 원심 판단은 정당하고, 거기에 상고이유에서 주장하는 바와 같은 법리오해 등의 위법이 없다.

II. 부당권유행위

〔**판례 9-8**〕 대법원 2007. 4. 12. 선고 2004다62641 판결〔손해배상〕— 부당
권유행위에 따른 불법행위 성립요건

• 사실관계

1. X는 선물옵션거래에 대하여는 잘 알지 못하는 사람이다. Y1증권회사
의 직원 Y2는 X에게 자신에게 선물옵션거래를 일임하면 자신이 아는 펀드
매니저들로부터 정보와 조언을 얻어 단기간에 주식투자로 입은 손해를 원
상복구해 주겠다고 말하면서, X와 손실부담약정과 선물옵션거래에 관한
포괄적 일임매매약정을 체결하였다(그러나 Y2는 선물옵션거래를 취급할 수
있는 1종 투자상담사 자격이 없었고, 위 손실부담약정이 무효라는 사실에 대해
설명하지 아니하였다).

2. 약속과 달리 투자 손실이 증가하자 X는 위 약정을 해지하겠다고 하였
는데, Y2는 조만간 주식시장이 크게 폭락할 것이라는 정보가 있다고 말하
면서 만일 손실이 발생하더라도 손실금의 85퍼센트 상당액을 보전해 줄
것이라고 하여 X를 안심시켰다. 한편 Y2는 X를 안심시키기 위해 자신의
사촌인 B가 Y1회사에 위탁한 주식거래대금을 횡령하여, 그 돈을 펀드매니
저 등이 손실금보전 약속에 따라 입금한 것처럼 X의 계좌에 입금하였다.

4. 그럼에도 손실이 계속되었고, X는 Y1과 Y2를 상대로 Y2의 부당권유
행위를 이유로 불법행위에 기한 손해배상을 청구하였다.

• 법원의 판단

증권회사의 임직원이 증권거래법에 위반한 방법으로 투자를 권유하였

으나 투자 결과 손실을 본 경우에 투자가에 대한 불법행위책임이 성립하기 위하여는, 거래행위와 거래방법, 고객의 투자 상황(재산 상태·연령 및 사회적 경험 정도 등), 거래의 위험도 및 이에 관한 설명의 정도 등을 종합적으로 고려한 후 당해 권유행위가 경험이 부족한 일반 투자자에게 거래행위에 필연적으로 수반되는 위험성에 관한 올바른 인식 형성을 방해하거나 고객의 투자 상황에 비추어 과대한 위험성을 수반하는 거래를 적극적으로 권유한 경우에 해당하여 결국 고객에 대한 보호의무를 저버려 위법성을 띤 행위인 것으로 평가될 수 있어야 한다(대법원 1996. 8. 23. 선고 94다38199 판결 ; 대법원 1999. 6. 11. 선고 97다58477 판결 ; 대법원 2001. 4. 27. 선고 2000다30943 판결 ; 대법원 2002. 7. 12. 선고 2000다59364 판결 ; 대법원 2006. 2. 9. 선고 2005다63634 판결 등 참조).

원심판결의 이유와 기록에 의하면, ① X는 오랜 기간 동안 상당한 규모로 주식투자를 하여 왔으나 직접 선물옵션거래를 한 적은 없어 선물옵션거래에 대하여는 잘 알지 못하는 사실, ② Y2는… X와 사이에 구 증권거래법 제52조에서 금지하고 있는 손실부담약정을 체결하고 X로부터 이 사건 각 계좌에 대한 선물옵션거래를 포괄적으로 위임받은 사실…, ③ Y2는 2001. 10.경 X가 투자 손실 증가로 인하여 이 사건 약정을 해지하겠다고 하자, 오히려 펀드매니저 등을 통하여 알아낸 바에 의하면 미국에서 탄저균 등을 이용한 추가적 테러가 발생할 가능성이 높고 따라서 조만간 주식시장이 크게 폭락할 것이라는 정보가 있다고 말하면서 만일 손실이 발생하더라도 2001. 10. 말까지 자신과 펀드매니저 등이 위 약정에 따라 손실금의 85퍼센트 상당액을 보전해 줄 것이니 계속 자신에게 믿고 맡겨 줄 것을 요구한 사실…, ⑥ Y2는 자신의 사촌인 B가 Y1회사에 위탁한 주식거래대금을 횡령하여 2001. 11. 1.에 5,000만 원, 2001. 11. 8.에 1억 원을 X의 아들인 C 명의의 계좌에 각 입금하면서도 X에게는 펀드매니저 등이 손실금보전약속에 따라 입금한 것처럼 말한 사실 등을 인정할 수 있는바, 위와 같은 거래경위와 거래방법, 고객인 X의 투자 상황, 거래에 따르는 위험성 및 이에 대한 설명의 정도 등을 함께 고려하여 보면, Y2의 X에 대한 투자 권유 행위는 선물옵션거래에 수반되는 위험성에 관한 올바른 인식 형성을 방해하고, 나아가 X의 투자 상황에 비추어 과대한 위험성을 수반하는 거래를 적극적으로 권유한 경우에 해당하여 결국 고객에 대한 보호의무를 저버린 것으로서 그의 직무집행에 관한 위법한 행위라고 할 것이다.

| 참고 사항 |

자본시장법은 금융투자업자가 투자 권유, 즉 특정 투자자를 상대로 금융투자상품의 매매 또는 투자자문계약, 투자일임계약, 신탁계약의 체결을 권유하는 경우 준수해야 할 여러 의무를 규정하고 있다. 적합성의 원칙(자본시장법 제46조), 적정성의 원칙(동법 제46조의2), 설명의무(동법 제47조)와 부당권유행위의 금지(동법 제49조) 등이 그것이다. 〔판례 9-9〕에서 판시한 단정적 판단을 제공하는 행위가 전형적인 부당권유행위의 하나이다. 자본시장법은 그 외에도 거짓의 내용을 알리는 행위(제49조 제1호), 투자자로부터 투자 권유의 요청을 받지 아니하고 방문·전화 등 실시간 대화의 방법을 이용하는 행위(일정한 예외적인 경우에는 허용)(제49조 제3호), 투자 권유를 받은 투자자가 이를 거부하는 취지의 의사를 표시하였음에도 불구하고 투자 권유를 계속하는 행위(일정한 예외적인 경우에는 허용)(제49조 제4호), 투자자의 요청이 없는데도 금전의 대여나 그 중개 주선 대리를 조건으로 투자 권유하는 행위(동법 시행령 제5조)를 금지하고 있다. 손실보전 또는 이익 보장을 하는 행위(제55조)도 광의의 부당권유행위에 포함된다고 할 수 있다. 이러한 의무는 금융투자업자의 고객보호의무의 하나라고 볼 수 있고, 따라서 금융투자업자가 아닌 매매거래 당사자 간에 이러한 의무가 그대로 적용될 수는 없다(〔판례 9-14〕 대법원 2006. 11. 23. 선고 2004다62955 판결 참고).

| 참고 판례 |

▌대법원 2002. 12. 26. 선고 2000다56952 판결

원고 X가 피고 Y증권회사의 직원 A의 주식매수에 대하여 항의하자 A가 자신이 매수한 위 주식들은 작전을 하는 종목이라는 취지로 말한 사실은 인정되지만, 이러한 정황만으로는 A의 부당한 권유행위에 의하여 X의 투자에 대한 올바른 인식 형성이 방해되었다거나 이러한 A의 행위가 X의 투자 상황에 비추어 과대한 위험성을 수반하는 거래를 적극적으로 권유한 것에 해당한다고 단정하기에는 부족하고 달리 이를 인정하기에 충분한 다른 증거가 기록상 발견되지 아니하므로, A의 투자 권유행위가 고객에 대한 보호의무를 저버려 위법성을 띤 불법행위로 평가될 수는 없다.

〔판례 9-9〕 대법원 2017. 12. 5. 선고 2014도14924 판결〔자본시장법위반 등〕 – 단정적 판단 제공에 의한 부당권유행위

● 사실관계

1. 피고인 Y1은 Y2회사의 대표이사이고 S장학재단과 학교법인 P대학의 기금운용자문위원회 위원으로 활동하였다.

2. Y1은 2010. 4. 28, P대학 기금운용자문위원회 회의에서 '부도위험이 없는 12% 수익을 제시하는 상품'을 연결해 줄 수 있다고 말한 후, 2010. 5. 27. P대 본부장에게 B저축은행이 발행하는 우선주에 투자할 것을 권유하면서 '선제적인 차원에서 이루어지는 투자로 위험성이 있다면 장학재단에 그런 제안을 하겠느냐, 전혀 문제가 없는 안전한 투자'라고 말을 하였다.

3. Y1은 2010. 4. 6. 개최된 S장학재단 기금관리위원회에서 '정부가 지금 과도하게 충당금 쌓기를 요구하고 있어요. …그러면 저는 상환전환우선주

같은 것들을 발행시켜가지고 완전히 풋백개런티를 만들어 저는 12~13% 대를 받을 수도 있을 것 같거든요. 무리하게 받는 거죠. 왜냐하면 상대방이 필요하니까, …그러니까 그렇게 해가지고 발행해서 우리가 3년 정도 500억 씩 투자를 해버리면 대박 나는 거거든요…' 라고 말한 후 2010. 6. 17. 개최 된 기금관리위원회에서 (i) 투자위험성에 관하여 '6개월만 지나면 시장에 다시는 없습니다. 12%짜리 없어요', (ii) B저축은행의 경영 및 재무상황에 간하여 '…우리 돈 1,000억이 투입되면 E저축은행은 완벽하게 저는 우량 저축은행으로 올라간다고 봅니다. …앞으로 E저축은행과 같은 비즈니스모 델을 가져야만 저축은행이 살아남을 수 있다', (iii) 투자금 손실가능성에 관하여 '…우리가 12%를 받아도 엄청 좋고, 12%를 못 받으면 시장에 갖다 매각하면요. 우리 원금 회수하는 데는 이거는 땅 짚고 헤엄치기에요, 그냥. 땅 짚고 헤엄치기에요. …10조짜리 저축은행을 51% 지분을 갖고 있는데 우리가 그거를 1,000억 원 회수 못 하겠습니까? 저 같으면 그냥 일주일이면 회수해요. …일주일에 2,000억 원 바로 드립니다, 따블로' 라고 말하였다.

4. 2010. 6. 29. S장학재단과 P대학은, B저축은행이 발행하는 신주(우선 주)를 취득하기 위하여 Y2회사가 설정한 사모증권투자신탁에 각 500억 원 씩 투자하였다.

5. 2011. 2. 17. 금융위원회는 B저축은행 및 계열저축은행들에 대해 영업 정지명령을 내리고, 금융감독원이 B저축은행과 계열저축은행들의 자산부 채 실사를 실시한 결과 2010. 12. 말 현재 모두 자본잠식상태(B저축은행의 BIS비율이 -50.29%)로 드러나, 부실금융기관 결정 및 경영개선명령을 내렸다.

6. 1심(서울중앙지방법원 2013. 12. 13. 선고 2011고합1372 판결)은 Y1과 Y2 회사의 자본시장법 위반(동법 제445조 제6호 중 '제49조를 위반하여 같은 조 제2호에 해당하는 행위를 한 자')을 인정하여 각 벌금 1억 원에 처했고, 항소 심(서울고등법원 2014. 10. 24. 선고 2014노73판결)과 대법원은 Y1과 Y2의 항 소 및 상고를 기각하였다.

7. B저축은행의 대주주 및 경영진은 분식회계 등에 대해 형사처벌을 받

았다(대법원 2013. 9. 26. 선고 2013도6394 판결).

• 법원의 판단

자본시장법 제49조 제2호는 금융투자업자가 투자권유를 함에 있어서 '불확실한 사항에 대하여 단정적 판단을 제공하거나 확실하다고 오인하게 할 소지가 있는 내용을 알리는 행위'를 금지하고 있다. 여기서 '불확실한 사항에 대하여 단정적 판단을 제공하거나 확실하다고 오인하게 할 소지가 있는 내용을 알리는 행위'란 투자자의 합리적인 투자판단 또는 해당 금융투자상품의 가치에 영향을 미칠 수 있는 사항 중 객관적으로 진위가 분명히 판명될 수 없는 사항에 대하여 진위를 명확히 판단해 주거나 투자자에게 그 진위가 명확하다고 잘못 생각하게 할 가능성이 있는 내용을 알리는 행위를 말한다. 나아가 어떠한 행위가 단정적 판단 제공 등의 행위에 해당하는지는 통상의 주의력을 가진 평균적 투자자를 기준으로 금융투자업자가 사용한 표현은 물론 투자에 관련된 제반 상황을 종합적으로 고려하여 객관적·규범적으로 판단하여야 한다. 그리고 자본시장법 제49조 제2호의 문언 해석상 금융투자업자가 일단 불확실한 사항에 대하여 단정적 판단 제공 등의 행위를 한 이상 이로써 바로 위 조항 위반죄가 성립하고, 금융투자업자의 불확실한 사항에 대한 단정적 판단 제공 등에 어떠한 합리적인 근거가 있는지, 제공한 단정적 판단 등이 결과적으로 맞았는지, 상대방이 단정적 판단 제공 등을 신뢰하여 실제 투자를 하였는지, 투자로 인하여 실제로 손해가 발생하였는지 등은 위 조항 위반죄의 성립에 영향을 미치지 아니한다(헌법재판소 2017. 5. 25. 선고 2014헌바459 전원재판부 결정 참조).

| 참고 사항 |

〔판례 9-9〕 사건에서 Y1은 S장학재단과 P대학에게 거짓 기재·표시와 위계를 사용하여 자본시장법 제178조 제1항 제2호와 제2항을 위반한 부정거래행위를 하고 그들을 기망하여 B저축은행으로 하여금 1,000억 원 상당의 재산상 이익을 취득하게 하여 편취한 것으로 특정경제범죄가중처벌 등에 관한 법률위반(사기)으로도 기소되었으나 1심은 범죄의 증명이 없다고 하여 무죄를 선고하였고, 항소심과 대법원은 검사의 항소와 상고를 기각하였다.

한편 〔판례 9-9〕 사건의 투자자인 S장학재단과 P대학은 Y1과 Y2회사를 상대로 손해배상청구를 하였다. 1심(서울중앙지방법원 2014. 10. 30. 선고 2011가합82631 판결)은 Y1과 Y2회사가 투자권유 단계에서 투자의 위험요소에 대한 고지의무를 위반하고 부당권유행위를 하여 이에 따른 손해배상책임이 있음을 인정하였다. 1심은 나아가 S장학재단과 P대학이 투자한 투자신탁의 수익증권의 잔존가치를 0원으로 보고 그들의 손해액을 각 500억 원으로 인정하였지만, 손해배상액은 여러 사정을 참작하여 공평의 원칙상 손해액의 40%로 제한하였다. 결국 Y1과 Y2가 연대하여 S장학재단과 P대학에게 각 200억 원을 지급하도록 판결하였고, 이에 대해 원고와 피고 양측이 항소와 상고를 하였으나 항소심(서울고등법원 2015. 10. 23. 선고 2014나60264 판결)과 대법원(대법원 2018. 9. 28. 선고 2015다69853 판결)은 이를 기각하였다.

| 생각해 볼 사항 |

2021.3.24. 자본시장법 제49조가 금융소비자보호법 제21조로 이관되면서 형벌규정이 폐지되었다. 금융소비자보호법 시행 이후 관련하여 자본시장법 시행 당시 발생한 사건에 대하여 자본시장법 제49조 제1항(거짓의 내용을 알리는 행위) 또는 제2항(단정적 판단 등의 제공 등)을 적용하여 형벌을

부과할 수 있는가.

| 더 읽을거리 |

• 정순섭, "자본시장법상 단정적 판단제공 등 금지규제의 해석론 일본법과의 비교를 중심으로," 상사판례연구 제32집 제2권, 2019, 3~48면.

〔판례 9-10〕 대법원 2003. 1. 24. 선고 2001다2129 판결〔손해배상(기)〕—
증권회사 직원의 손실보전약정의 효력과 손실보전약정으로 주식매매를 권유하는 행위의 불법행위성[64]

• 사실관계

1. X는 Y1증권회사에 1994. 10. 증권거래 계좌를 개설하고 Y1회사의 직원 A의 조언에 따라 주식매매거래를 하여 오다가 1996. 10.까지 8,000만 원 정도의 손해를 본 후 더 이상 주식거래를 하지 않기로 마음먹고 예탁금을 인출하려 하였으나, 지점장 Y2로부터 확실히 주가가 상승할 종목만 추천하고 원고의 허락 없이 임의매매를 하지 않을 테니 자신에게 계좌의 관리를 맡겨 달라는 부탁을 받고 Y2에게 계좌 관리를 위임하였으나 Y2는 X의 위임이나 승낙을 받지 않고 임의로 X의 예탁금을 이용하여 주식매매를 하였다.

2. Y2가 X에게 "대한중석의 주가가 상승하는 것은 100퍼센트 확실하다. 혼자만 알고 있는 호재인데 소문이 날까 보아 이를 밝힐 수 없다. 지금 당장

---

64) 임의매매 중 일부의 추인에 따른 손익상계의 가부에 관한 판시에 대하여는 〔판례 9-10〕 대법원 2003. 1. 24. 선고 2001다2129 판결(〔판례 9-24〕 대법원 2003. 12. 26. 선고 2003다49542 판결의 참고 판례) 참조.

투자하지 않으면 시기를 놓친다"는 등의 말을 하면서 위 주식을 매수할 것을 적극적으로 권유함에 따라 X는 1996. 10. 10. 금 10억 원을 입금하여 대한중석 주식 4만 주를 1주당 2만 4,600원 정도로 매수하였다. 매수 후 3∼4일간 주가가 잠시 상승하다가 곧 지속적으로 하락하여, X가 여러 차례 매도를 요청하였으나 Y2는 주가가 4만 원까지 상승할 것이 확실하므로 주가가 3만 1,500원이 될 때까지는 팔 수 없다면서 X의 요구를 거부하였다.

3. 대한중석의 주가가 계속 하락하여 손실액이 1억 6,000만 원에 이르게 되자, X는 불안감에서 Y2에게 주가가 상승할 것이 확실하다면 손실을 보전해 주겠다는 각서라도 써줄 것을 요구하여, Y2는 1997. 2. 28.까지 X 계좌의 예탁금 및 주식의 평가액을 당초의 금 14억 1,700만 원 상당액으로 만들겠고 그렇지 못할 경우 그 손실에 대한 책임을 지겠다는 내용의 각서를 작성하였고 X는 주식의 처분을 보류하였다.

4. 그러나 주가가 상승할 기미를 보이지 않자, Y2는 1996. 12. 16. 2만 주를 4억 2,100만 원에 매도하였고, X 역시 더 이상 Y2의 말을 믿을 수 없다고 판단하여 1997. 1. 31. 및 그다음 날 나머지 2만 주를 2억 6,211만 원에 모두 매도하였다.

5. X는 Y2와 Y1회사에 대하여 Y2가 행한 임의매매로 인한 손해배상을 청구하였다.

• 법원의 판단 [65]

1. 손실보전약정의 효력

증권회사 직원이 과거 자신의 잘못으로 고객의 계좌에 발생한 손해를 보전하여 주기 위한 방법으로 고객에게 향후 증권거래 계좌운용에서 일정

---

65) Y2가 X의 예탁금을 이용하여 임의로 주식매매를 한 행위는 위에 기재한 부당권유와는 별도로 불법행위가 성립한다고 판시하였다.

한 최소한의 수익을 보장할 것을 약정한 것은 공정한 증권거래 질서의 확보를 위하여 구 증권거래법(2000. 1. 21. 법률 제6176호로 개정되기 전의 것) 제52조 제1호[66] 및 제3호[67]에서 금지하고 있는 것에 해당하여 무효라고 할 것이고, 손실보전약정이 유효함을 전제로 일정 기간 동안 법적 조치 등을 취하지 않기로 하는 약정도 당연히 무효로 된다.

2. 보호의무 위반 여부

증권회사 직원이 자신만이 알고 있으나 이를 밝힐 수 없는 확실한 투자정보가 있다면서 고객으로 하여금 주식을 대량으로 매수하도록 유도하고, 그후 거듭된 매도 요청에도 불구하고 손실을 보전해 주겠다는 각서까지 써주면서 이를 거부한 것은, 증권회사의 직원으로서 고객에게 과대한 위험을 수반하는 거래를 적극적으로 권유하면서 그에 수반되는 위험성에 대한 인식을 방해한 행위, 즉 고객에 대한 보호의무를 위반한 행위에 해당한다고 할 것이므로 불법행위를 구성한다.

| 참고 판례 |

☞ 손실보전약정 대하여는 다음 판례 참조

　〔판례 9-15〕 대법원 2001. 4. 24. 선고 99다30718 판결

---

66) 제52조(부당권유행위 등의 금지) 증권회사 또는 그 임직원은 다음 각 호의 행위를 하여서는 아니 된다.
　1. 유가증권의 매매거래에 있어서 고객에 대하여 당해 거래에서 발생하는 손실의 전부 또는 일부를 부담할 것을 약속하고 권유하는 행위.
67) 제1호 및 제2호의 행위 외에 유가증권의 발행 또는 매매, 기타 거래와 관련하여 투자자의 보호 또는 거래의 공정을 저해하거나 증권업의 신용을 추락시키는 것으로서 재정경제부령*이 정하는 행위.
　* 증권거래법 시행규칙 제13조의3
　2. 유가증권의 매매, 기타 거래와 관련하여 고객에게 직접 또는 간접적인 재산상의 이익을 제공하거나, 정당한 사유 없이 당해 거래에서 발생한 손실의 전부 또는 일부를 보전하여 주는 행위.

〔판례 9-16〕 대법원 1997. 2. 14. 선고 95다19140 판결
〔판례 9-17〕 대법원 1999. 3. 23. 선고 99다4405 판결

〔**판례 9-11**〕 대법원 1994. 1. 11. 선고 93다26205 판결〔투자금〕— 증권회
사 직원이 수익보장약정을 체결하였으나 부당권유에 해당하지
않은 사례

• 사실관계

1. X는 S증권회사와 증권매매위탁계약을 맺고 거래하여 오던 중 S증권
의 직원인 Y와 사이에 "X의 위탁증거금을 Y의 관리와 책임하에 증권거래
에 투자하기로 하되 Y가 X에게 매월 1.5퍼센트에 해당하는 이익을 보장하
고, 만약 이익이 그 이상이 되면 X : Y = 7 : 3의 비율로 이익을 분할하기
로 한다"는 내용의 약정을 체결하였으나, 결과적으로 손실을 보았다.
2. X는 주식거래 경험이 풍부하며 Y가 종래 소속되어 있던 H증권과 증
권거래를 하여 오다가 Y가 S증권으로 이직을 하자 S증권과 거래를 시작하
였다. X는 거래과정에서 Y에게 증권거래를 맡겼으면서도 수시로 증권거래
상황을 보고받아 그 내역을 잘 알고 있었다.

• 법원의 판단

부당권유 성립을 인정한 원심과 달리, 대법원은 X의 증권거래에 관한 지식과 경험,
A회사와 거래를 하게 된 경위, X가 거래 상황을 파악해 왔던 사실 등을 근거로 부당
권유를 부정하였다.

▌원심 : 서울고등법원 1993. 4. 20. 선고 92나39206 판결

구 증권거래법 제52조 제1호는 증권회사의 임직원이 고객에 대하여 그 거래에서 발생하는 손실의 전부 또는 일부를 부담할 것을 약속하고 매매거래를 권유하는 행위를 금지하고 있으며, 이 규정은 공정한 증권거래 질서의 확보를 위하여 제정된 강행법규라고 할 것이어서, X와 Y 사이의 위 이익분배의 약정은 이러한 강행법규에 위배되어 무효이므로 위 약정을 내세운 X의 주된 청구는 이유 없으나, 증권회사의 영업부장의 직책에 있어 평소 증권거래에 대한 적법한 위탁거래와 위법한 위탁거래 관계가 어떠한 것인가를 일반 고객보다 더 잘 알고 있다고 여겨지는 Y가 위와 같은 증권거래법의 규정에 위배하여 고객인 X와 일정한 수익 보장과 이익금분배약정을 체결한 것이라면, 이는 X의 불법보다 Y의 불법이 훨씬 커서 X에 대한 불법행위를 구성한다고 볼 수밖에 없다.

▌대법원 : 파기환송

무릇 증권거래는 본래적으로 여러 불확정요소에 의한 위험성을 동반할 수밖에 없는 것으로서 투자가로서도 일정한 범위 내에서는 자신의 투자로 인해 발생할지 모르는 손실을 스스로 부담해야 함이 당연한 점에 비추어, 증권회사의 임직원이 강행규정에 위반된 이익 보장으로 투자를 권유하였으나 투자 결과 손실을 본 경우에 투자가에 대한 불법행위책임이 성립되기 위하여는, 이익 보장 여부에 대한 적극적 기망행위의 존재까지 요구하는 것은 아니라 하더라도, 적어도 거래경위와 거래방법, 고객의 투자 상황(재산 상태 · 연령 및 사회적 경험 정도 등), 거래의 위험도 및 이에 관한 설명의 정도 등을 종합적으로 고려한 후, 당해 권유행위가 경험이 부족한 일반투자자에게 거래행위에 필연적으로 수반되는 위험성에 관한 올바른 인식 형성을 방해하거나 고객의 투자 상황에 비추어 과대한 위험성을 수반하는 거래를 적극적으로 권유한 경우에 해당하여, 결국 고객에 대한 보호의무를 저버려 위법성을 띤 행위인 것으로 평가될 수 있는 경우라야 할 것이다.

그런데 원심이 위에서 들고 있는 사유들만으로는 이와 같은 점들에 대

한 요건을 충족한 것이라고 보기는 어렵다. 오히려··· 이 사건을 둘러싼 제반 정황을 살펴보면, 원고가 이 사건 증권거래를 하기 이전에도 증권투자를 해왔음은 원심 판시와 같고, 원심이 밝힌 거래 내용에만 의하더라도 그 투자규모가 작지 아니한 것으로 보여 원고로서도 이와 같은 증권투자를 해오면서 증권투자에 대한 상당한 정도의 지식과 경험을 축적한 것으로 보이고, 한편 기록에 의하면 원고는 이 사건 증권거래 당시 만 37세(1952. 4. 14.생)의 남자로서 요식업에 종사하고 있었던바, 이 사건 거래 이전인 1988. 에도 당시 H증권에 근무하던 피고를 통하여 처 명의로 증권거래를 해오다가 피고가 위 S증권으로 직장을 옮기자 다시 S증권에 장모 명의로 구좌를 개설하여 이 사건 거래에 이르렀을 뿐, 피고의 적극적인 권유가 있어 이 사건 증권거래를 하기에 이른 것으로는 보이지 아니하고, 이 사건의 거래에 있어서도 원고가 피고에게 유가증권의 종류·종목과 매매의 구분·방법 등을 포괄적으로 위임하기는 하였으나, 매월 S증권으로부터 잔고 현황·거래 내역을 공식적으로 통지받는 것 외에 피고로부터 매도 또는 매수가 이루어질 때마다 이를 바로 전화 및 팩스로 보고받아 그 거래 상황을 충분히 파악해 오던 사실 등을 엿볼 수 있는바, 이와 같은 이 사건 거래의 경위, 거래방법, 원고의 투자 상황(재산 상태·사회적 경험 및 투자 경험) 등에 비추어 본다면, 피고가 위와 같은 이익 보장의 약정을 하면서 원고에게 증권거래를 권유함에 있어 동 증권거래행위에 수반되는 위험성에 관한 올바른 인식 형성을 방해한 것이라거나 원고의 투자 상황에 비추어 과대한 위험성을 수반하는 거래를 적극적으로 권유한 것이라고는 보기 어려운 것이라고 할 것이다.

〔**판례 9-12**〕 대법원 1998. 10. 27. 선고 97다47989 판결〔약정수익금〕— 투자신탁운용회사가 수익보장약정하여 투자 권유하는 행위의 위법성 및 고객의 중과실로 인한 면책 여부

• 사실관계

1. X금고는 강원도에 소재한 상호신용금고로서 여유자금을 주로 양도성예금증서의 매입이나 금융기관 간의 단기간 자금거래인 콜거래 등 비교적 고수익을 올리는 금융상품에 투자하여 왔는데, 투자신탁회사인 Y회사의 직원 A의 권유에 따라 Y회사의 수익증권을 매입하여 만기를 매입일로부터 1년으로 하여 예탁하였다.

2. X금고가 매입한 수익증권은 주식형 수익증권으로, 그 신탁약관상 신탁재산에서 생긴 손익은 모두 수익자에게 귀속되는 실적배당형의 상품이었다. 그런데 Y회사의 직원 A는 고객 확보를 위하여 1년간 투자하면 실제수익과 상관없이 원금에 대한 연 14퍼센트 이상의 수익을 보장하기로 약정하였다. 한편 A는 위 수익보장약정이 금지되어 있다는 사실을 알면서도 X금고에 대해 이를 설명하지 아니하고 신탁약관도 교부하지 아니하였다.

3. 그후 X금고가 Y회사에게 환매청구를 하면서 수익보장약정에 따라 예탁원금과 이에 대한 연 14퍼센트의 비율에 의한 수익금의 지급을 청구하였으나, Y회사는 환매청구 시점의 기준가격에 따라서만 예탁금을 지급하였고, 수익보장약정에 따른 금원은 지급하지 아니하였다.

4. X금고는 주위적으로 위 수익보장약정에 따른 금원의 지급을, 예비적으로 보호의무 위반에 따른 손해배상을 청구하는 소를 제기하였고, Y회사는 주위적 청구에 대하여 위 약정은 무효라는 항변을, 예비적 청구에 대하여는 X금고의 금융기관으로서의 지위를 이유로 불법행위의 성립을 부정하거나 중과실에 따라 사용자책임이 면책된다는 항변을 하였다.

• 법원의 판단

원심(서울고등법원 1997. 8. 28. 선고 96나28204 판결)은 수익보장약정은 무효이므로 주위적 청구를 기각하고, 예비적 청구는 인용하되 피고의 책임을 30퍼센트로 제한하였고, 대법원은 원고·피고의 상고를 모두 기각하였다.

1. 손해배상책임 성립 여부에 관한 판단

X금고는 그동안 여유자금을 주로 양도성예금증서의 매입 등 고금리의 금융상품에 투자하면서도 투자신탁회사와는 채권형 수익증권거래만을 하였을 뿐 이 사건 수익증권과 같은 주식형 투자신탁상품에는 투자한 적이 없는 보수적 자금운용을 하여 왔는데, Y회사의 춘천지점장과 담당직원이 직접 X금고를 찾아와 높은 수익을 보장하며 이 사건 주식형 종목의 매입을 적극 권유하면서 무려 4회에 걸쳐 수익보장확약서를 작성하여 주었고, 나아가 만기에 예탁원리금의 반환을 요구하는 X금고에게 재차 수익 보장의 약속을 하며 만기를 연장하여 줄 것을 적극 요구하여 이를 믿고 이 사건 수익증권의 매수 및 그 만기 연장을 하였으므로, 이러한 거래 경위와 거래 방법, X금고의 투자 상황, 거래의 위험도 및 이에 관한 Y회사의 설명 정도 등을 모두 고려하여 보면, 위 지점장 등의 권유행위는 이 사건 수익증권의 매입에 필연적으로 수반되는 위험성에 관한 X금고의 올바른 인식 형성을 방해하여 투자판단을 그르치게 한 경우에 해당되거나 X금고에게 과대한 위험성을 수반하는 거래를 적극적으로 권유한 경우에 해당되어 결국 고객인 X금고에 대한 보호의무를 저버린 위법한 행위이다.

2. 손해배상책임 제한 여부에 관한 판단

당시 투자신탁회사의 임직원들이 약정고 경쟁으로 인하여 수익 보장행위를 암암리에 빈발히 하고 있었고, 증권투자신탁업법에 위와 같은 행위를 명문으로 금지하고 있지 아니한 상황에서 위 약정을 유효하다고 믿은 X금고의 위 과실은 Y회사의 책임을 면제할 정도로 중하다고는 할 수 없다는 이유로 Y회사의 면책주장을 배척한 원심의 이 부분 판단도 정당하고, 거기에 사용자책임에 있어서 사용자의 면책에 관한 법리를 오해한 위법이 있다고 할 수 없다.

〔판례 9-13〕 대법원 2003. 1. 10. 선고 2000다34426 판결〔주식매각대금〕—
증권회사 직원의 부당권유행위에 대한 사용자책임

• 사실관계

1. X는 Y증권회사에 증권매매거래 계좌를 개설하고 주식매매를 하였는데, 주식매매는 주로 X의 친구인 Y회사의 지점장(지배인) A가 특정 종목의 주식을 선택하여 매수나 매도할 것을 X에게 권유하면 A와 상의하여 매수·매도하는 방식으로 이루어졌다.

2. 1995. 3.경 A는 같은 지점에 근무하는 차장 D로부터 B투자금융주식회사가 C그룹에 매각될 것이라는 정보를 입수하고 그 주가가 상승될 것으로 판단하여 X에게 B회사 주식매수를 권유하였으며, X는 1995. 3. 27.부터 5. 8. 사이에 B회사의 주식을 1주당 1만 8,500원 내지 2만 2,500원에 매입하였다.

3. 1995. 7.부터 회사 매각 소문이 퍼지면서 B회사의 주가가 대폭 상승하였으나, 1995. 9. 초 S1건설이 B투자금융을 인수하자 주가가 하락하여 1995. 10.에는 2만 원대로 하락하였다. D는 E로부터 B회사의 주식을 장외에서 S1건설에게 1주당 2만 8,500원에 매도하여 주겠다는 제안을 받아 이를 A에게 전달하였으며, 이에 A는 X에게 위 B회사 주식 잔고를 출고해 주면 E를 통하여 이를 장외에서 매도하여 1주당 2만 7,000원을 입금하여 주겠다는 제의를 하였다. X는 이를 승낙하여 다음 날 주권을 모두 출고하여 주었으며, D는 같은 날 S건설 사옥 앞에서 E에게 위 주권을 교부하였다.

4. E는 위 주권을 S1건설의 계열사인 S2건설에게 매도하고도 D로부터 매도 의뢰를 받은 사실이 없다거나 S2건설에게 매도한 주식은 매도 의뢰를 받은 것이 아니라 본래 자신이 보유하던 주식이라고 주장하면서 그 대금 지급을 거부하였다.

5. X는 Y회사를 상대로, (i) 주위적으로 Y회사는 위 매매에 있어 위탁매매인이라는 이유로 상법 제105조 소정의 담보책임을 청구하고, (ii) 예비적으로 주식의 장외거래가 외관상 Y회사의 업무집행범위 내에 속한다고 보이므로 Y회사는 피용자인 A와 D의 사무집행에 관한 과실로 X가 입은 손해의 배상을 청구하였다.

• 법원의 판단

원심(서울고등법원 2000. 6. 9. 선고 99나30369 판결)은 원고의 주위적 청구를 기각하고 예비적 청구를 인용하되 50퍼센트의 과실상계를 하였고, 대법원은 상고기각하였다.

1. 주위적 청구에 관한 판단

…증권거래법에 따라 증권업을 영위하는 증권회사는 상장주식의 장외거래에 대하여 위탁매매, 그 대리 또는 중개를 할 수는 있으나, 기록에 의하면 증권회사가 단주 이외의 상장주식의 장외거래에 대하여 관여하는 것은 예외적인 경우로서 증권회사는 이를 통상의 업무로 취급하고 있지 않음을 알 수 있으므로 증권회사가 단주 이외의 상장주식에 대한 장외거래에 대한 위탁매매업무를 취급하기 위하여는 고객과 사이에 통상의 방법에 의한 주식의 위탁매매를 위하여 체결된 매매계좌설정계약 이외에 별도로 매매위탁약정이 필요하다고 할 것인데, X가 Y회사의 직원들로부터 상장주식의 장외거래에 관한 제의를 받고 이를 승낙하여 주권을 출고하여 교부한 사정만으로는 Y회사와 사이에 유가증권의 장외거래에 대한 매매위탁약정이 체

결되었다고 볼 수는 없고, 기록상 달리 X와 Y회사 사이에 유가증권의 장외
거래에 대한 매매위탁약정이 있었음을 인정할 자료를 찾아볼 수 없다.

2. 예비적 청구에 관한 판단

▌원심 : 서울고등법원 2000. 6. 9. 선고 99나30369 판결

A와 D는 X에게 '주식을 출고하여 피고 회사의 영업점이 아닌 제3의 장
소에서 개인에게 그 주식을 처분하는 거래방식'의 주식 장외거래가 Y회사
가 취급하고 있는 통상적인 업무에 속하지 아니하여 Y회사가 위 거래에
개입하지 않는다는 점과 그 위험성에 대하여 자세한 설명을 하지 않은 채
장외거래를 하면 당시의 위 주식의 시장가격보다 훨씬 유리한 조건에 이
를 매도할 수 있다고 하면서 장외거래를 권유한 사실, 또한 D는 만난 지
며칠 되지 않아 신원을 잘 모르는 E에게 위 주식의 장외매도를 의뢰하고,
주식대금을 받기도 전에 E에게 미리 주권을 교부해 주고는 매도 현장에 직
접 따라가지도 아니한 사실을 인정할 수 있고 반증이 없는바, 이러한 A 등
의 장외거래 권유 및 장외거래를 실시함에 있어 주의를 태만히 한 행위는
장외거래의 경험이 없는 일반 투자자인 X에게 장외 거래행위에 필연적으
로 수반되는 위험성에 대한 올바른 인식 형성을 방해한 부당권유행위 및
고객에 대한 충실의무 내지 보호의무, 위험회피의무에 위반하여 X의 이익
을 고려하지 않은 행위로서 불법행위가 된다 할 것이고, 위와 같은 A 등의
행위는 객관적·외형적으로 볼 때 Y회사 직원의 사무집행과 밀접하게 관
련된 행위라고 할 것이므로 Y회사는 A 등의 사용자로서 그들의 불법행위
로 인하여 X가 입은 손해를 배상할 책임이 있다.

▌대법원

A는 Y회사 반포지점의 지점장으로서 개인적 친분에 의하여 X에게 주식
투자를 권유하여 증권매매거래 계좌를 개설하게 하고 개인적으로 취득한
정보에 의존하여 B회사 주식의 매수를 권유하였다가 그 주가가 예상대
로 상승하지 않음으로써 X가 손해를 볼 처지에 놓이자, E의 제의를 받고
이 사건 장외거래에 관하여 Y회사가 개입하지 않는다거나 상장주식의 장

외거래가 어떤 방법으로 이루어지며 그 거래에 따르는 위험성은 어떠한 것인지에 관하여 적절한 설명 없이 부당하게 그 거래를 권유하였고, Y회사 반포지점 차장인 D는 이 사건 장외거래를 함에 있어서 E에 대한 신원을 확인함이 없이 매매 당사자가 아니라 중개인에 불과한 E에게 주권을 교부함으로써 X로 하여금 손해를 입게 하였음을 알 수 있는바, A와 D의 위와 같은 행위는 외형상 객관적으로 Y회사의 사무집행에 관련된 것으로 볼 수 있고 A와 D의 사용자인 Y회사에게도 위 직원들의 위와 같은 부당권유행위 등에 대한 방지조치 결여의 책임이 있다고 할 것이므로 Y회사는 사용자로서의 책임을 면하기 어렵고, 또 기록에 의하여 인정되는 X의 학력 및 경력, 이 사건 장외거래 이전의 주식거래형태, 이 사건 장외거래에 이르게 된 경위 등에 비추어 볼 때 X가 이 사건 장외거래는 A와 D가 Y회사의 업무가 아니라 개인적으로 취급하는 것임을 알았다거나 조금만 주의를 기울였다면 그와 같은 사실을 알 수 있었음에도 일반인에게 요구되는 주의의무에 현저히 위반하였다고 할 수는 없으므로, 같은 취지에서 원심이 A와 D의 이 사건 장외거래행위에 대하여 Y회사의 사용자책임을 인정한 것은 수긍이 가고 거기에 상고이유에서 주장하는 채증법칙 위배에 의한 사실오인이나 법리오해 등의 위법은 없다.

〔**판례 9-14**〕 대법원 2006. 11. 23. 선고 2004다62955 판결〔손해배상(기)〕— 증권회사가 아닌 증권매도인이 증권회사와 같은 정도로 매수인보호의무를 지는 것은 아니라고 본 사례

• 사실관계

1. Y2는 2000. 3. 15.과 3. 17. A회사가 발행한 워런트(warrant : 분리형 신주인수권부사채에서 사채와 분리된 신주인수권증권) 3장을 총 1,943만 원에 매

수하였다. 1장당 신주인수권을 행사할 수 있는 금액은 1만 달러(즉 1,181만 7,000원)이고 당시 신주인수권 행사가격은 2만 3,739원이었으며, 따라서 위 런트 1장당 A사의 주식 497주를 인수할 수 있도록 되어 있었다.

2. Y1은 매제인 Y2로부터 위 워런트를 매수할 사람을 알아봐 달라는 부탁을 받고, X1·X3 및 소외 B(X2의 처남) 등 친구 3명에게 상장되지 아니하여 공식적인 거래가격이 형성되어 있지 않은 위 워런트에 관하여 "A회사의 워런트 1장당 가격이 1억 원 이상이다. 내가 원금을 보장한다. 6개월 이내에 코스닥에 상장이 되고, 언제든지 주식으로 전환할 수 있다"고 말하고, Y2에 관하여 "Y2가 명동 사채시장에서 비상장주식의 거래를 하고 있고, 세종증권의 부회장이 Y2의 친인척인 관계로 확실한 정보이니 A회사의 워런트를 구입해도 손해가 없다. 나도 매입한다"고 말하였다. 2000. 3. 23.과 3. 31. Y2는 X1에게 7,000만 원, X2와 X3에게 각 8,946만 원에 워런트 1장씩을 매도하였다. 이는 워런트행사 시 신주 1주당 차익(주식 시가에서 행사가격을 공제한 금액)을 최저 18만 원으로 예상한 것이었다.

3. 2000. 1~7. A회사의 워런트는 1장에 36만 원 내지 2,085만 원에 거래되었다. 나아가 2000. 1. 17. 『매일경제신문』은 A회사의 신주 공모예정가가 13만 원가량으로 보도하였다. A회사의 코스닥시장 등록 승인이 보류되었고 2001. 6. 13. 등록 예비심사 승인 시 주식 발행 예정가격은 2,000~2,600원이었으며, 그후 실제로 발행된 신주의 공모가격은 1,600원에 불과하였다.

4. 이에 X1·X2·X3은 Y1·Y2가 주식거래 경험이 전혀 없는 자신들을 상대로 시세에 대해 기망하여 이 매매계약에 이르러 손해를 입었기에 불법행위를 원인으로 한 손해배상을 구하였고, 이에 대해 Y1과 Y2는 코스닥 상장 시 주식거래가격이 공모가격보다 큰 폭으로 상승하는 것이 일반적이므로 위 가격은 적정했다고 반박하였다.

• 법원의 판단

▌원심 : 광주고등법원 2004. 10. 15. 선고 2003나6513 판결

증권거래의 경험이 상대적으로 많은 피고(딜러)들이 경험이 부족한 원고들에게 과대한 위험을 수반하는 이 사건 워런트의 매수를 적극적으로 권유하면서 증권회사의 고위 임직원과 친인척 관계에 있어서 확실한 투자정보를 갖고 있다는 등의 언동으로 위 거래에 수반되는 위험성에 대한 원고들의 인식을 방해하고, Y2가 이 사건 워런트를 구입한 시점으로부터 매도시점까지 그 증권에 대한 기대수익의 전망을 달리 볼 특별한 사정의 변화가 없었음에도 이 사건 워런트의 구입가격을 숨긴 채 그 거래가격이 1억원 이상인 것처럼 원고들을 기망하여 이를 오신한 원고들에게 이 사건 워런트를 매도한 것이라 할 것이므로, 피고들이 원고들에게 이 사건 워런트를 매도한 행위는 불법행위를 구성한다.

▌대법원 : 파기환송

증권거래는 본래적으로 여러 불확정요소에 의한 위험성을 동반할 수밖에 없는 것으로서 투자자로서도 일정한 범위 안에서는 자신의 투자로 인해 발생할지 모르는 손실을 스스로 부담해야 함이 당연하다(대법원 1994. 1. 11. 선고 93다26205 판결 등 참조). 다만 고객보호의무를 지는 증권회사의 임직원이 일반 투자자에게 증권투자를 권유하면서 거래행위에 필연적으로 수반되는 위험성에 관한 올바른 인식 형성을 방해하거나 고객의 투자 상황에 비추어 과대한 위험성을 수반하는 거래를 적극적으로 권유한 경우에 해당하여 그 투자 권유행위가 결국 고객에 대한 보호의무를 저버려 위법성을 띤 행위로 평가될 때에는 불법행위가 성립할 것이지만, 증권회사의 창구를 통하지 않고 매매 당사자 사이에 직접 거래가 이루어지는 장외시장에서 증권의 매도인은 증권회사 임직원의 고객보호의무와 유사한 매수인보호의무를 부담하지 아니하므로, 장외시장에서 증권을 거래하면서 증권투자 경험이 있는 매도인이 그러한 경험이 없는 매수인에게 투자 손실의 위험성이 높은 증권의 매수를 적극적으로 권유하였고 그 결과 매수인이 손실을 보았더라도 매수 여부나 매수가격을 결정하는 데 기초가 되는 거래의 중요한 사항에 관하여 구체적 사실을 신의성실의 원칙에 비추어 비난받을 정도의 방법으로 허위로 고지하여 기망하는 등의 위법행위가 있지 아니한 경우에는 불법행위가 성립한다고 할 수 없다.

한편 일반적으로 매매거래에 있어서 매수인은 목적물을 염가로 구입할 것을 희망하고 매도인은 목적물을 고가로 처분하기를 희망하는 이해 상반의 지위에 있으며, 각자가 자신의 지식과 경험을 이용하여 최대한으로 자신의 이익을 도모할 것으로 예상되기 때문에, 당사자 일방이 알고 있는 정보를 상대방에게 사실대로 고지하여야 할 신의칙상의 주의의무가 인정된다고 볼만한 특별한 사정이 없는 한, 매도인이 목적물의 시가를 묵비하여 매수인에게 고지하지 아니하거나 시가보다 높은 가액을 시가라고 고지하였다 하더라도 상대방의 의사결정에 불법적인 간섭을 하였다고 볼 수 없으므로 불법행위가 성립한다고 볼 수 없는바(대법원 1959. 1. 29. 선고 4291민상139 판결 ; 대법원 2001. 7. 13. 선고 99다38583 판결 등 참조), 주식과 같은 투기성 있는 객체의 거래에서는 더욱 그러할 것이다.

위와 같은 법리에 비추어서 이 사건에 관하여 볼 때, 피고들은 증권회사의 직원이 아니라 장외시장을 통하여 A회사가 발행한 워런트를 원고들에게 직접 매도한 매도인 또는 소개인에 불과하여 매수인인 원고들에 대하여 증권회사 직원의 고객에 대한 보호의무와 유사한 정도의 보호의무를 지지는 않으므로, 피고들이 원고들에게 투자 손실의 위험성이 매우 큰 워런트의 매수를 적극적으로 권유하면서 원심의 판시와 같이 "친척이 증권회사의 고위 직원이라서 확실한 정보이다. 원금을 보장한다"는 등 다소 과장되거나 일부 허위의 사실이 포함된 표현을 썼다고 하더라도 그것이 거래의 중요한 사항에 관하여 구체적 사실을 신의성실의 의무에 비추어 비난받을 정도의 방법으로 허위로 고지한 경우에 해당한다고 볼 정도는 아니고 일반 거래 관행에 비추어 시인될 수 있는 정도에 그쳤다고 보이므로 피고들의 그와 같은 매수 권유행위가 불법행위에 해당한다고 할 수 없다.

또한 피고들이 원고들에게 피고 2가 이 사건 워런트를 구입한 가격을 말하지 않은 채 그 시가가 1억 원 이상이 될 것이라고 말하였다고 하더라도 그와 같은 사정만으로는 피고들이 원고들의 매수 의사결정에 불법적인 간섭을 하였다고 볼 수는 없으므로 그런 점을 들어 불법행위에 해당한다고 할 수도 없다.

III. 수익 보장 또는 손실보전약정

〔판례 9-15〕 대법원 1997. 2. 14. 선고 95다19140 판결〔채권 인도 등〕— 손실보전약정에 따라 지급된 금원의 부당이득성

● 사실관계

1. X는 Y증권회사와 채권매매위탁계약을 체결하면서 Y회사의 직원인 A에게 채권거래에 관한 일체의 사항을 일임하고, A는 그 자신의 판단하에 채권거래를 하여 예탁금에 대하여 금융기관의 금리보다 연 1퍼센트 정도가 높은 연 14.5퍼센트의 비율에 의한 이익금의 지급을 보장하기로 약정(이하 '이익금약정')하였다.

2. A는 X로부터 채권매수대금 등을 예탁 받고도 X의 거래 계좌에 이를 입금하거나 X를 위하여 채권매수·매도거래를 하지 아니하고, 예탁금을 자신이 개설하여 관리하던 가명 및 차명 계좌로 분산 입금시킨 후 그 돈을 임의로 자신의 주식거래대금으로 사용하였다. 그러고는 X에게는 가공의 채권거래 내역을 기재하여 교부하는 한편, X의 요청에 따라 수시로 허위내용의 예탁유가증권 잔고내역서를 발행·교부하였다. A가 최종적으로

X에게 작성하여 준 증권투자수첩 및 예탁유가증권 잔고내역서의 예탁금
은 43억여 원이었다.

3. X는 위와 같은 잔고내역서에 기하여 A를 통하여 A가 위 예탁금에 대
하여 지급하기로 한 이익금 중 일부는 이를 인출하고 나머지는 위 A로부
터 계산상 이를 지급받은 것으로 하였다가 다시 이를 예탁하는 형식을 통
하여 예탁금으로 재예치하였다.

4. X는 Y회사를 상대로 잔여 예탁금 전액의 반환을 구하는 소를 제기하
였다. 이에 대해 Y회사는 이익금약정은 강행법규인 구 증권거래법 제52조
제1호에 반하는 것으로서 무효이고, 따라서 X가 무효인 위 약정에 기하여
A로부터 계산상 지급받아 재예탁형식을 취한 이익금은 Y회사가 반환의무
를 지는 예탁금에 포함시켜서는 안 되고, 또한 X가 이미 지급받은 이익금
은 X가 부당이득한 것이므로 이는 Y회사의 예탁금 반환채무와 대등액에
서 상계되어야 한다고 항변하였다(X와 Y회사 사이의 채권매매위탁계약의 성
립 여부에 대해서도 다투어졌으나, 원심과 대법원 모두 성립을 인정).

• 법원의 판단

▌원심 : 부산고등법원 1995. 3. 31. 선고 94나309 판결

증권거래법 제52조 제1호… 규정은 공정한 증권거래질서의 확보를 위
하여 제정된 강행법규라고 할 것이나 X와 Y회사 직원인 A와 사이에 이루
어진 위 채권위탁매매와 관련하여 원고에게 일정률에 의한 이익금을 보
장하기로 약정한 행위는… 증권거래법 제52조 제3호에 의하여 1992. 4.
28. 재무부령 제1879호로 신설된 같은 법 시행규칙 제13조의2 제2호 전
단의 규정 즉 '유가증권의 매매, 기타 거래와 관련하여 고객에게 수수료
의 할인 등 직접 또는 간접적인 재산상의 이익을 제공하여 주는 행위'에 해
당될지언정… '손실의 전부 또는 일부를 부담하는 행위'에 해당된다고 볼
수 없다.

▌대법원 : 파기환송

유가증권의 매매거래에 있어서 고객에 대하여 당해 거래에서 발생하는 손실의 전부 또는 일부를 부담할 것을 약속하고 권유하는 행위를 금하고 있는 증권거래법 제52조 제1호는 공정한 증권거래 질서의 확보를 위하여 제정된 강행법규이므로 이에 위반하여 체결된 약정은 무효라고 할 것이고, 이와 같은 무효인 손실부담약정에 기하여 고객이 지급받은 이익금은 결국 증권회사의 손실에 기한 법률상 원인이 없는 부당이득이라고 할 것이다(대법원 1980. 12. 23. 선고 79다2156 판결 참조). 살피건대 X가 Y회사와 체결한 이 사건 채권매매위탁계약에 의하여 이루어지는 채권매매거래는 일정한 수익률이 보장되는 예금과는 달리 그 예탁금에 대하여 일정한 수익이 보장되는 것이 아니고, 채권의 종류나 매매의 시기 및 방법 등에 의하여 이익이 발생하거나 손실이 발생할 수 있는 것이며, 이익이 발생하는 경우에도 그 수익률이 항상 일정한 것은 아니므로 이와 같은 거래에는 항상 위험이 따르고, 그 위험은 원칙적으로 고객이 부담할 수밖에 없는 것이라고 할 것이다. 따라서 Y회사가 X와의 이 사건 채권매매위탁계약에 의하여 이루어지는 채권매매거래로 인하여 손실이 발생하였는지의 여부와는 관계없이 항상 이 사건 예탁금에 대하여 금융기관의 금리보다 연 1퍼센트 정도가 높은 비율에 의한 이익금의 지급을 보장하기로 한 이 사건 이익금약정은 결국 강행법규인 증권거래법 제52조 제1호 소정의 '손실의 전부 또는 일부를 부담하는 행위'에 해당하는 것으로서 무효라고 할 것이다. 그리고 이 사건 이익금약정이 무효인 이상, 위 약정에 기한 이익금 중 X가 위 A로부터 계산상 이를 지급받은 것으로 하였다가 다시 이를 예탁하는 형식을 통하여 예탁금으로 재예치한 금액은 Y가 반환하여야 할 이 사건 예탁금에 포함시켜서는 아니 된다고 할 것이고, 또한 위 약정에 기하여 X가 현실적으로 지급받은 이익금은 결국 Y회사의 손실에 기한 법률상 원인 없는 부당이득으로서 이는 X가 Y에게 반환하여야 할 의무가 있다고 할 것이다.

| 생각해 볼 사항 |

1. 위 판결은 손실보전약정의 사법상 효력을 무효로 선언하고, 나아가 고객이 그로부터 얻은 이익이 있더라도 이는 부당이득으로 반환되어야 한다고 보았다. 반면 손실보전약정을 체결하여 투자를 권유한 행위는 직원의 고객에 대한 보호의무를 위반한 행위로서 불법행위를 구성하고, 증권회사는 그 직원의 직무상 행위에 대하여 투자자에게 사용자책임을 지게 될 것이다. 손실보전약정을 신뢰하고 투자한 투자자가 손해를 회복할 수 있는 방법을 구체적으로 생각해 보자.

2. 증권회사의 손실보전행위를 금지하는 이유가 무엇인지 유사 수신행위의 규제에 관한 법률과 비교하여 생각해 보자.

〔판례 9-16〕 대법원 2001. 4. 24. 선고 99다30718 판결〔손해배상(기)〕— 증권회사 직원의 손실보전약정의 효력

• 사실관계

1. X가 A증권회사를 통하여 주식매매거래를 하여 왔는데, A회사의 직원인 Y는 X에게 추가 투자를 권유하여 X는 1,000만 원을 추가로 투자하였다. X의 추가 투자에도 불구하고 계속 손실을 보자, Y는 1996. 1. 5. X에게 "X의 잔고를 1996. 12. 31.까지 금 1,500만 원 이상 만들 것을 각서하며, 1996. 12. 31.까지 미달한 금액에 대해서는 Y가 배상함"이라고 약정하는 내용의 각서를 작성하여 주었다.

2. 그러나 Y는 위 약정을 이행하지 못하였고, 이에 X는 Y를 상대로 위 약정에 따른 금원의 지급을 청구하는 소를 제기하였다. 이 소송에서 Y는 X의 청구에 대해 이 사건 약정이 매매거래에 있어서 발생하는 손실의 전부 또

는 일부를 부담할 것을 약속하고 권유하는 행위를 금지하는 증권거래법 제52조 제1호에 위반되어 무효라는 항변과, X의 청구가 자기책임원칙에 반하여 부당하다는 취지의 주장을 하였다.

• 법원의 판단

■ 원심 : 서울지방법원 1999. 4. 30. 선고 98나44450 판결

증권회사 또는 그 임직원의 부당권유행위를 금지하는 증권거래법 제52조 제1호는 공정한 증권거래 질서의 확보를 위하여 제정된 강행법규로서 이에 위배되는 주식거래에 관한 투자수익보장약정은 무효라 할 것이나, 이 사건 Y의 X에 대한 위 약정은 Y가 X에게 X가 주식투자를 하면서 입은 손해에 대하여 Y 자신이 개인적으로 배상책임을 지겠다는 내용의 약정으로서 부당권유행위를 금지하는 증권거래법 제52조 제1호와는 무관하다 할 것이므로 Y의 위 주장은 이유 없다.

■ 대법원 : 파기환송

증권거래법(2000. 1. 21. 법률 제6176호로 개정되기 전의 것, 이하 같다.) 제52조 제3호는 증권회사 또는 그 임직원으로 하여금 제52조 제1호 및 제2호의 행위 이외에 유가증권의 발행 또는 매매 기타 거래와 관련하여 투자자의 보호 또는 거래의 공정을 저해하거나 증권업의 신용을 추락시키는 것으로서 재정경제부령이 정하는 행위를 금지하고 있고, 재정경제부령 제13조의3 제2호는 정당한 사유 없이 당해 거래에서 발생한 손실의 전부 또는 일부를 보전하여 주는 행위를 금지행위의 하나로 규정하고 있는바, 증권회사 등이 고객에 대하여 증권거래와 관련하여 발생한 손실을 보전하여 주기로 하는 약속이나 그 손실보전행위는 위험관리에 의하여 경제활동을 촉진하는 증권시장의 본질을 훼손하고 안이한 투자판단을 초래하여 가격형성의 공정을 왜곡하는 행위로서, 증권투자에 있어서의 자기책임원칙에 반하는 것이라고 할 것이므로, 정당한 사유 없는 손실보전의 약속 또는 그 실행행위는

사회질서에 위반되어 무효라고 할 것이다.

기록에 의하면, 이 사건 각서는 그 문언상 Y가 일정한 금액을 X에게 보장하기로 하는 일종의 이익보증으로 보이나, 위 각서가 작성된 경위에 비추어 보면 X가 추가투자까지 하였는데도 불구하고 손실을 보게 되자 Y가 X의 추가 투자 당시의 계좌잔고 및 추가투자금의 합계액에 맞추어 X의 손실을 보전하여 주기로 한 손실보전의 약속이라고 할 것이고, 한편 이 사건 각서는 Y가 X에게 투자를 권유하면서 작성해 준 것이 아니므로 이 사건 약정은 부당권유행위금지에 중점이 있는 증권거래법 제52조 제1호[68]의 적용대상이라고 보기는 어렵다고 할 것이나, Y는 이 사건 약정이 증권거래법 제52조 제1호에 위반되어 무효라고 주장하고 있으면서도, 원심의 1999. 4. 8.자 준비서면에서 이 사건 약정에 기한 청구가 자기책임원칙에 반하여 부당하다는 취지의 주장을 하고 있고, 증권거래법 제52조 제3호,[69] 동법 시행규칙 제13조의3 제2호[70] 소정의 손실보전의 금지도 증권거래에 있어서의 자기책임원칙을 선언하고 있는 것이므로, 변론의 전 취지상 Y의 위 주장 속에는 이 사건 약정이 증권거래법 제52조 제3호에 위반되어 무효라는 취지도 포함된 것이라고 볼 여지가 있다. 따라서 원심으로서는 Y에 대하여 이 점에 관하여 석명을 구하거나 의견 진술의 기회를 준 다음, 이 사건 약정의 효력에 대하여 판단하였어야 할 것이다. 그럼에도 불구하고 이를 간과한 채 Y의 항변을 배척한 원심판결에는 심리를 다하지

[68] 제52조(부당권유행위 등의 금지) 증권회사 또는 그 임직원은 다음 각 호의 행위를 하여서는 아니된다.
  1. 유가증권의 매매거래에 있어서 고객에 대하여 당해 거래에서 발생하는 손실의 전부 또는 일부를 부담할 것을 약속하고 권유하는 행위
[69] 제1호 및 제2호의 행위 외 유가증권의 발행 또는 매매, 기타 거래와 관련하여 투자자의 보호 또는 거래의 공정을 저해하거나 증권업의 신용을 추락시키는 것으로서 재정경제부령이 정하는 행위.
[70] 유가증권의 매매, 기타 거래와 관련하여 고객에게 직접 또는 간접적인 재산상의 이익을 제공하거나 정당한 사유 없이 당해 거래에서 발생한 손실의 전부 또는 일부를 보전하여 주는 행위.

아니하거나 손실보전약정의 효력에 관한 법리를 오해한 나머지 판결에 영향을 미친 위법이 있다고 할 것이다.

〔**판례 9-17**〕 대법원 1999. 3. 23. 선고 99다4405 판결〔약정수익금〕— 수익보장약정을 하여 투자 권유한 투자신탁회사가 수익보장약정의 무효를 주장하여도 신의칙에 반하지 않는다고 본 사례

● 사실관계

1. X는 증권투자신탁업무를 하는 Y회사의 수익증권을 매입하여 금원을 예탁하였다. 위 수익증권은 Y회사가 개발한 주식형 수익증권으로, 신탁약관상 신탁재산에서 생긴 손익이 모두 수익자에게 귀속하는 실적배당형의 상품이다. Y회사의 직원 A는 위 수익증권매입 당시 X에게 연 15퍼센트 이상의 수익률을 보장하기로 약정하는 내용의 확약서를 교부하였다.

3. X는 만기일을 전후하여 Y회사에 환매청구를 하면서 수익보장약정에 따라 예탁원금과 연 15퍼센트의 비율에 의한 수익금의 지급을 구하였으나, 환매청구일의 기준가격에 따른 예탁금만을 지급받았다.

4. 이에 X는 Y회사에 위 수익보장약정에 따른 금원의 지급을 구하는 소를 제기하였고, 이에 대하여 Y는 위 수익보장약정은 무효라는 항변을 하였는데, X는 Y회사의 위 항변이 금반언의 원칙에 위배되는 것이라고 다투었다.

● 법원의 판단

구 증권투자신탁업법(1995. 12. 29. 법률 제5044호로 전문 개정되기 전의 것) 제6조 제2항은 위탁회사가 발행한 수익증권을 수익자가 매입하는 거래에

서, 위탁회사는 재무부장관(현 재정경제부장관)의 승인을 얻어 원본의 손실을 초래할 경우 또는 미리 정한 최소액의 이익을 얻지 못할 경우에 그 보전 또는 보족에 관한 사항을 정하는 수익증권을 발행할 수 있도록 규정하고 있으며, 한편 증권거래법은 제52조 제1호 및 제70조의6 제4호, 제210조 제5호에서 증권회사나 그 임직원이 유가증권의 매매거래에 있어서 고객에게 당해 거래에서 발생하는 손실의 전부 또는 일부를 부담할 것을 약속하고 권유하는 행위와 함께 투자자문회사나 그 임직원이 유가증권의 투자에 관하여 고객과 일정한 이익의 보장 또는 이익의 분할을 약속하거나 손실의 전부 또는 일부를 부담할 것을 약속하는 행위를 금하고 그 위반행위에 대하여는 벌칙을 과하고 있는바, 이러한 규정들은 공정한 투자신탁거래 질서의 확립을 위하여 제정된 강행법규로 보아야 할 것이므로, 이에 위반하여 이루어진 수익보장약정은 무효이다.

강행법규에 위반하여 무효인 수익보장약정이 투자신탁회사가 먼저 고객에게 제의를 함으로써 체결된 것이라고 하더라도, 이러한 경우에 강행법규를 위반한 투자신탁회사 스스로가 그 약정의 무효를 주장함이 신의칙에 위반되는 권리의 행사라는 이유로 그 주장을 배척한다면, 이는 오히려 강행법규에 의하여 배제하려는 결과를 실현시키는 셈이 되어 입법 취지를 완전히 몰각하게 되므로, 달리 특별한 사정이 없는 한 위와 같은 주장이 신의성실의 원칙에 반하는 것이라고 할 수 없다.

| 참고 판례 |

■대법원 2012. 5. 24. 선고 2011도11237 판결(간접투자자산운용업법 위반)
구 간접투자자산운용업법(2007. 7. 19. 법률 제8516호로 개정되기 전의 것. 이하 같다) 제57조 제1항 제1호 및 제182조 제10호는 문언상 "투자원금의 보장 등 수익을 보장하는 권유행위를 하여서는 아니 된다"라고 규정하고 있을 뿐 "원금 손실이 나지 않고 수익이 보장될 것이라는 단정적 판단을

제공하여 권유행위를 하여서는 아니 된다"라고 규정하고 있지 않은 점, 현행 자본시장법 제49조 제2호는 "금융투자업자는 투자 권유를 함에 있어서 불확실한 사항에 대하여 단정적 판단을 제공하거나 확실하다고 오인하게 할 소지가 있는 내용을 알리는 행위를 하여서는 아니 된다"라고 규정하고 있고, 이와는 별도로 동법 제55조 제1호 및 제3호는 투자자가 입을 손실의 전부 또는 일부를 보전하여 줄 것을 사전에 약속하는 행위와 투자자에게 일정한 이익을 보장할 것을 사전에 약속하는 행위를 각각 금지하고 있는 점, 그리고 구 증권거래법(2007. 3. 29. 법률 제8315호로 개정되기 전의 것. 이하 같다) 제52조 제3호와 동법 시행규칙(2006. 11. 8. 재정경제부령 제527호로 개정되기 전의 것) 제13조의3 제1호는 "증권회사 또는 그 임직원은 유가증권의 매매, 기타 거래와 관련하여 고객에게 특정 유가증권가격의 상승 또는 하락에 대한 단정적인 판단을 제공하여 매매, 기타 거래를 권유하는 행위를 하여서는 아니 된다"라고 규정하고 있으며, 구 증권거래법 제57조 제1항 제1호 및 제3항은 금융감독위원회가 위 규정을 위반한 증권회사에 대해서 영업의 정지를 명할 수 있고, 위 규정을 위반한 임원에 대하여는 임원의 해임을 요구할 수 있도록 규정하고 있는 점 등에 비추어 볼 때, 구 간접투자자산운용업법 제57조 제1항 제1호에서 규정한 '투자원금의 보장 등 수익을 보장하는 권유행위'란 원금 또는 수익을 사전에 보장하거나 약속하는 행위를 하면서 거래를 권유하는 행위를 의미하고, 여기에 불확실한 사항에 대하여 단정적 판단을 제공하거나 확실하다고 오인하게 할 소지가 있는 내용을 알리면서 거래를 권유하는 행위까지 포함된다고 해석할 수는 없다.

이 사건 공소사실은, "피고인은 간접투자증권의 판매회사인 공소외 1 주식회사에서 판매업무를 담당하는 직원으로서 2006. 10. 13.경 공소외 2에게 ELS상품인 이 사건 펀드에 가입할 것을 권유하면서, '요새 나오는 펀드들은 실제로 원금 손실이 날 가능성이 거의 없다. 공소외 1 회사에서는 아직 원금이 손실된 적이 없을 뿐만 아니고 모두 조기상환으로 끝났으며, 개인적으로도 2004.부터 지금까지 100퍼센트 일체 조기상환을 했다. 실제로 주가가 내리는 상황에서 반 토막이 나도 원금은 손실이 안 나게 구조를 계속 그렇게 만들고 있다'라고 말하여 투자원금의 보장 등 수익을 보장하는 권유행위를 하였다"라는 것인바, 공소사실 기재 내용에 의하더라도 피고인이 원금 손실이 나지 않을 것이라는 사항에 대하여 단정적 판단을 제공하거나 확실하다고 오인하게 할 소지가 있는 내용을 알리면서 거래를 권유하였을 뿐이고, 원금 또는 수익을 사전에 보장하거나 약속하는 행위를 하면서 거래를 권유한 것으로 볼 수는 없다.

IV. 일임매매와 과당매매

〔**판례 9-18**〕 대법원 2007. 4. 12. 선고 2004다4980 판결〔손해배상(기)〕 — 일임매매에 있어 과당매매 성립요건과 과당매매에 따른 손해액 산정기준

• 사실관계

1. X는 1999. 12. 20.경 Y1증권회사에 주식매매거래 계좌를 개설하고 8억여 원을 주식매입자금으로 입금한 후 Y2에게 위 자금을 사용하여 주식거래를 하여 줄 것을 포괄적으로 일임하였지만, 증권회사의 영업행위에 관한 규정상 작성하도록 되어 있는 일임매매약정서는 작성하지 아니하였다.

2. Y2는 위 계좌를 운용하면서 1년 3개월 동안 1,010여 회에 이르는 빈번한 거래를 하였으며, 1일 거래 횟수가 많게는 45회까지 이르렀으며, 총 거래대금이 736억여 원에 이를 정도였다. 그리고 동일 종목에 대한 매수와 매도를 반복하면서 매수한 당일 혹은 적어도 3일 이내에 매수가격보다 저렴하거나 거의 같은 가격 또는 수수료 등을 공제하면 거의 이익이 남지 않는 가격에 매도하는 형태의 거래가 대부분을 차지하였다. 한편 총주식거래수수

료는 1억 8,000만 원 상당이고, 증권거래세·기타 거래비용 등은 총 1억 1,000만 원 상당으로서 총손실액의 약 40퍼센트 정도에 이르렀으며, Y2는 X에게 구체적인 거래 내역·잔고 상황 등에 관하여 통보하지 아니하였다.

3. 거래 종료일을 기준으로 위 계좌에 남아 있던 주식의 평가액은 6,000여만 원에 불과하였다. X가 위 계좌를 개설한 1999. 12. 20.경 거래소 종합주가지수는 967.05, 위 계좌를 해지한 2001. 3. 20.경 거래소 종합주가지수는 531.59로 전반적인 장세 하락이 있었다.

4. X는 Y2가 X의 이익을 무시하고 Y1회사의 영업실적만을 증대시키기 위하여 무리하게 빈번한 회전매매를 함으로써 X에게 손해를 입혔다는 이유로 Y1과 Y2에 대하여 손해배상을 청구하는 소를 제기하였다.

• 법원의 판단

1. 과당매매 성립 여부에 관한 판단

증권회사가 고객과 포괄적 일임매매약정을 하였음을 기화로, 그 직원이 충실의무를 위반하여 고객의 이익을 등한시하고 무리하게 빈번한 회전매매를 함으로써 고객에게 손해를 입힌 경우에는 과당매매행위로서 불법행위가 성립한다. 이 경우 증권회사의 직원이 충실의무를 위반하여 과당매매행위를 한 것인지의 여부는 고객 계좌에 대한 증권회사의 지배 여부, 주식매매의 동기 및 경위, 거래기간과 매매 횟수 및 양자의 비율, 매입주식의 평균적 보유기간, 매매주식 중 단기매매가 차지하는 비율, 동일 주식의 매입·매도를 반복한 것인지의 여부, 수수료 등 비용을 공제한 후의 이익 여부, 운용액 및 운용기간에 비추어 본 수수료액의 과다 여부, 손해액에서 수수료가 차지하는 비율, 단기매매가 많이 이루어져야 할 특별한 사정이 있는지의 여부 등 제반 사정을 참작하여 주식매매의 반복이 전문가로서의 합리적인 선택이라고 볼 수 있는지 여부를 기준으로 판단하여야 한다.

원심은 그 채용 증거들을 종합하여 인정되는 다음과 같은 사정, 즉 피고들이 포괄적 일임매매약정에 따라 이 사건 계좌를 지배하고 있었던 점, 1년 3개월간 1,010회에 이르는 빈번한 매매 횟수, 3,966.96퍼센트에 이르는 과도한 연평균 거래회전율, 동일한 종목에 매수·매도를 반복하며 매수한 당일 혹은 최소 3일 이내에 매수한 가격보다 저렴하거나 거의 같은 가격 또는 수수료 등을 공제하면 거의 이익이 남지 않는 가격에 매도하는 형태의 거래가 대부분인 점, 14개월 만에 총입금액 7억 9,036만 8,837원 중 7억 3,301만 6,726원의 손실이 생겼을 뿐만 아니라 지출된 주식거래수수료와 증권거래세 등 거래비용이 전체 손실금 중 40퍼센트 정도에 이르는 점, Y2가 위 계좌를 운용함에 있어 단기매매와 빈번한 회전매매가 필요했던 특별한 사정을 찾아볼 수 없는 점 등을 참작하면, 당시 증시 침체로 거의 모든 주식의 주가가 전반적으로 하락하고 있었다는 점을 고려하더라도 Y2의 주식매매행위는 전문가로서의 합리적인 선택이라고는 볼 수 없고, 따라서 Y2는 원고에 대한 충실의무를 위반하여 원고의 이익을 무시한 채 Y1회사의 영업실적 및 Y2 자신의 성과보수만을 증대시키기 위해 무리하게 과당매매의 불법행위를 함으로써 원고에게 손해를 입힌 것이라고 판단하였다. 앞에서 본 법리와 기록에 비추어 살펴보면, 원심이 위 주식매매행위에 대하여 과당매매에 해당한다고 근거로 삼은 사유들에 대한 사실인정은 정당한 것으로 수긍할 수 있고, 위 사유들에 의하면 위 주식매매행위는 전문가로서의 합리적 선택이라 할 수 없으며 피고 2가 충실의무를 위반하여 고객인 원고의 이익을 등한시하고 무리하게 빈번한 회전매매를 한 결과 고객인 원고에게 손해를 입힌 것이므로 과당매매행위로서 불법행위가 성립된다 할 것이다.

2. 과당매매의 불법행위로 인한 손해의 범위에 관한 판단

과당매매의 불법행위로 인한 재산상의 손해는 위법한 가해행위로 인하여 발생한 재산상의 불이익, 즉 과당매매가 없었더라면 존재하였을 재산상태와 과당매매가 종료된 이후의 재산 상태의 차이를 말한다. 과당매매는 포괄적 일임매매의 약정 등 증권업자에 의한 고객의 계좌 지배가 그 성립요건이므로, 과당매매가 없었더라도 최초의 예탁금이 그대로 잔존해 있는

것이 아니라 증권업자에 의한 정상적인 일임거래가 이루어졌을 것으로 보아야 하고, 따라서 과당매매기간 동안 주가가 변동한 경우에는 특별한 사정이 없는 한 과당매매가 없었더라도 주가 변동에 따라 재산 상태의 변동이 있었을 것으로 봄이 상당하다. 그렇다면 과당매매가 없었더라면 존재하였을 재산 상태는 정상적인 일임거래가 이루어졌을 경우의 투자 위험이 반영되어야 하므로, 과당매매가 시작되는 시점의 예탁금 및 주식 등의 평가액으로부터 주가지수변동률 등을 사용하여 정상적인 일임거래가 이루어졌을 경우 발생하였을 것으로 예상되는 손실과 거래비용을 적절히 평가하여 이를 공제한 금액(정상거래 후 잔고)이라 할 것이고, 결국 그 금액과 과당매매가 종료된 시점의 잔고(과당매매 후 잔고)의 차액을 과당매매로 인한 손해로 보아 이를 산정함이 원칙이다. 다만 실제로는 개별 주식거래의 다양성과 주식시장의 변동성 등으로 인하여 주가지수변동률 등의 통계자료만으로 '정상적인 일임거래가 이루어졌을 경우에 발생하였을 것으로 예상되는 손실이나 거래비용'을 정확히 추산하는 것이 매우 어렵기 때문에, 증권업자가 부담할 최종적인 손해배상액을 정하는 법원으로서는, 위와 같은 방법에 의해 손해를 산정함에 있어서도 당해 거래관계에 특수한 상황이 있을 때에는 이를 참작하여 손해배상책임을 조정할 필요가 있을 뿐만 아니라, 사안에 따라서는 경험칙이나 논리칙 또는 공평의 원칙에 어긋나지 아니하는 한 아예 '과당매매가 시작되는 시점의 계좌 상태'와 '과당매매 종료 시점의 계좌 잔고'의 차액에 의해 손해를 산정한 다음, 정상적인 일임거래가 이루어졌을 경우에도 그에 상응한 수수료 등 거래비용이 지출되리라는 사정 및 전반적인 주가 하락 추세 등의 요소로 인해 과당매매가 없었더라도 어느 정도의 손실을 피할 수 없었으리라는 사정 등을 적절히 참작하여 합리적인 범위 내에서 책임을 감경하는 방법으로 손해배상액을 결정할 수도 있다.

과당매매와 상당 인과관계 있는 손해액을 산정함에 있어 주가 하락으로 인한 영향을 반영하여 거래 순손실 중 과당매매로 인한 손해만을 산정하는 방식을 채택하는 경우, 특별한 사정이 없는 한 예탁금총액을 기준으로 주가지수변동률을 곱하여 주가 하락이 반영된 예탁금총액을 산출한 후 거기에서 잔고평가액과 거래비용을 공제하는 방식이 논리적이므로 예탁금총액에서 잔고평가액과 전체 거래비용을 뺀 금액을 기준으로 하여 그 금액에 주가지수변동률을 곱하는 방식은, 주가 하락이 이미 반영되어 있는 잔고평가액에 대하여는 이중으로 주가 하락을 반영하는 한편, 거래비용 손해산정 시 이미 지출된 것으로 간주되어 더 이상 주가 하락으로 인한 영향을 반영할 필요가 없는 전체 거래비용에 대하여도 주가 하락을 반영하는 결과가 되어 논리칙상 승인되기 어렵다.

| 참고 판례(과당매매가 인정된 사례) |

▊ 대법원 2007. 4. 12. 선고 2004다38907 판결

〈사실관계〉

1. X회사는 2000. 5. 4. Y회사에 주식위탁매매거래 계좌를 개설하면서 27억여 원을 예탁하고 Y회사의 직원 A에게 주식투자를 일임하였다.

2. 2000. 5. 4~6. 30.(이하 '제1거래기간') 사이에 총주식매매횟수는 512회, 월평균 매매회전율(월 약정금액을 예탁금총액으로 나눈 값. 증권거래소 평균 월 매매회전율은 20~30퍼센트)이 16.96회이었고 매수 당일 또는 3거래일 내의 단기간에 다시 매도한 사례가 약 80퍼센트에 달했으며, 단기매매한 주식 이외의 주식도 10거래일 내로 매매가 이루어진 주식거래가 많았다. 그뿐만 아니라 매도 후 며칠 이내에 다시 같은 회사의 주식을 매수한 사례 및 매수가격보다 매도가격이 낮은 손실거래나 매수가격보다 매도가격이 높기는 하지만 수수료 등 제 비용을 공제하면 수익이 낮거나 오히려 손해인 거래 역시 각 수십여 건에 달했다. 제1거래기간 동안의 수수료 4억여 원을 포함하여 5억여 원의 거래비용이 지출되었고 예탁금 27억 원 중 15억 원 이상의 손실이 발생하였다.

3. 반면 2000. 7. 1.부터 거래 종료일인 2001. 4. 13.까지(이하 '제2거래기

간) 총주식매매횟수는 700여 회였으나, 위 기간 동안의 월 매매회전율이 최저 6퍼센트에서 최고 176퍼센트 정도였다.

4. 결과적으로 제1거래기간 동안의 손해는 15억여 원, 제2거래기간 동안 의 손해는 6,000여만 원이었다. 그리고 거래기간 동안의 비용합계는 제 1거래기간 동안 5억 3,000여만 원, 제2거래기간 동안 1억여 원이었다.

〈법원의 판단〉

제1거래기간에 대하여만 과당매매를 인정하고 "증권업자가 일정 기간 동안 고객의 계좌를 지배하였다고 하여 반드시 그 계좌 지배기간 전체의 거래를 기준으로 과당매매 성립 여부를 판단하여야 하는 것은 아니고, 만 약 그중 일부 기간의 거래는 전문가로서의 합리적인 선택이라고 볼 수 없 을 정도로 과도한 거래가 반복되었음이 인정되지만, 나머지 기간의 거래는 그렇지 아니한 경우에는 그 일부 기간의 거래만을 기준으로 과당매매 성 립 여부를 판단할 수도 있다"고 판시하였다.

▌대법원 2007. 4. 12. 선고 2004다6122 판결

다음과 같은 사실관계에서 과당매매를 인정하였다.

1. X는 2000. 5. 19. Y1증권회사와 주식위탁매매계약을 체결하고 Y1회 사의 직원 Y2에게 계좌를 관리하면서 주식거래를 하도록 위탁하고 18억 8,050만 원을 예탁하였다.

2. X는 Y2에게 급하게 자금을 마련하여 수개월 후에는 사용하여야 하는 상황에 처해 있음을 이야기하였고, Y2는 단기매매를 X에게 적극적으로 권 유하였다. Y2는 거래기간 중 총 478회의 거래를 하는 등 1일 평균 2.23회 의 매매를 하였는데, 거래한 주식의 대부분을 매수한 당일 또는 3일 이내 의 단기간에 매도하였으며 그 비율은 전체 주식거래의 90퍼센트 이상을 차지하였다. 나아가 Y2는 주가가 하락하면 추가 매수하여 평균매수단가를 낮추었다가 약간 상승하면 다시 매도하는 방식(이른바 '물타기')으로 A사 의 주식을 집중적으로 거래하다가 주가의 추가 하락으로 큰 손해를 입게 되었다. 그 이후에도 Y2는 A사의 주식을 재차 매수할 것을 권유하였다가

X의 항의를 받고서야 거래를 종료하였다.

3. 위와 같은 단기매매의 결과 X의 계좌에는 2,762만 원만 남게 되었으며, 주식거래로 인한 총거래비용은 7,939만 원, Y1회사의 수수료 수익 5,308만 원, Y2가 받은 성과급은 1,592만 원이었다. 위 거래기간 동안 거래소 종합 주가지수는 691에서 493으로, 코스닥지수는 122에서 64로 하락하였다.

〔**판례 9-19**〕 대법원 1996. 8. 23. 선고 94다38199 판결〔손해배상(기)〕— 수 익보장약정과 함께 체결된 일임매매약정의 유효성, 구 증권거래 법 제107조에 위반한 일임매매약정의 유효성 및 과당매매의 불 법행위성

• 사실관계

1. Y증권회사의 직원 A는 X에게, 자신에게 주식투자를 일임하면 투자원 금과 이에 대한 연 10퍼센트의 이자, 연 6퍼센트의 수익 및 거래관계가 종 료되는 경우 익일부터 원금과 보장수익에 대한 연 25퍼센트의 비율에 의한 지연손해금의 지급을 보장하겠다고 제의하였다. X는 A로부터 위와 같은 내용의 서약서를 받은 후, Y회사와 매매거래 계좌설정약정과 신용거래 계 좌설정약정을 체결하고 A에게 주식투자에 관한 모든 사항을 일임하였다.

2. A는 X의 계좌를 이용하여 신용 융자의 과대거래와 단기회전매매를 일삼았고, 이후 전반적인 주가의 하락으로 투자원금의 손실이 발생하였다. 이에 X는 A에게 수차례 손해를 변상하고 정산할 것을 요청하였으나 A는 최악의 경우에도 은행예금보다 나을 것이라며 각서를 써주고 기다려 보라 면서 강권하여 거래를 계속하였고, 결과적으로 손실만을 입게 되었다.

3. 이에 X는 Y회사를 상대로 (i) 주위적 청구로 수익보장약정에 따른 금 원의 지급, (ii) 제1예비적 청구로 수익보장약정이 무효라면 그와 일체로

체결된 계좌설정계약 및 포괄적 일임매매약정 역시 무효이며, 나아가 일임매매약정은 모든 사항을 일임한 것으로서 구 증권거래법 제107조에 위반하여 무효가 되므로, Y회사는 부당이득으로서 예탁원금 손실액 상당액의 반환, (iii) 제2예비적 청구로 수익보장약정의 체결을 부당하게 권유하였고, 수수료 수입의 증대를 위해 과당매매하였음에 따른 손해배상을 청구하였다.

• 법원의 판단

1. 주위적 청구 — 기각

2. 제1예비적 청구에 관한 판단

…증권거래법 제107조가 일임매매의 경우 그 유가증권의 종류·종목 및 매매의 구분과 방법에 관하여는 고객이 결정하여야 하고(제1항) 재무부장관이 정하는 바에 따라야 하도록 규정하고 있으며(제2항), 증권거래법 시행규칙 제20조의2는 그 방식에 관하여 미리 서면에 의한 계약을 체결하도록 규정하고 있음에도 불구하고(위 규칙 제20조의2 제2항), X와 Y회사 사이에 체결된 이 사건 일임매매약정은 위와 같은 거래에 관계되는 사항을 X가 정하지 아니하고 포괄적으로 Y회사에 위임한 것이어서 위 규정에 위반된 것임은 분명하지만, 일임매매에 관한 증권거래법 제107조는 고객을 보호하기 위한 규정으로서 증권거래에 관한 절차를 규정하여 거래 질서를 확립하려는 데 그 목적이 있는 것이므로, 고객에 의하여 매매를 위임하는 의사표시가 된 것임이 분명한 이상 그 사법상 효력을 부인할 이유가 없고 그 효력을 부인할 경우 거래 상대방과의 사이에서 법적 안정성을 심히 해하게 되는 부당한 결과가 초래되므로, 일임매매에 관한 증권거래법 제107조 위반의 약정도 사법상으로는 유효하다고 보는 것이 타당하다고 할 것이다(대법원 1993. 12. 28. 선고 93다26632, 26649 판결 참조). 따라서 X와 Y회사 사이의 이 사건 주식거래에 있어서의 일임매매약정은 유효하다고 할 것이고

그것이 증권거래법 제107조에 위반하여 무효라고 할 수 없다.

또 X와 Y회사 사이에 이 사건 주식매매거래 계좌설정약정 및 투자수익
보장약정, 일임매매약정을 체결한 동기와 경위에 비추어 보면, X와 Y회사
사이에 체결된 이 사건 주식매매거래 계좌설정약정은 위 투자수익보장약
정 및 일임매매약정과 결합하여 그 전체가 경제적·사실적으로 일체로서
행하여진 것으로 보아야 할 것이고 서로 별도로 체결된 약정이라는 원심
의 판단은 잘못이라고 할 것이지만, 앞에서 본 바와 같이 X는 이 사건 주식
투자 이전에 이미 1986. 8.경부터 증권회사에 주식거래 구좌를 개설하고
상당한 기간 주식거래를 하여 온 이상 원심 인정과 같이 X가 이 사건 투자
수익보장약정 당시 이와 같은 약정이 무효임을 알았거나 알 수 있었다고
보일 뿐만 아니라 위와 같은 약정 자체가 주식투자에 있어서 부수적 약정
에 불과하고, 이 사건 주식매매거래 계좌설정약정이나 일임매매약정에 기
하여 주식거래가 계속되어 새로운 법률관계가 계속적으로 형성되어 온 이
상 위 투자수익보장약정이 무효라고 하여 주식매매거래 계좌설정약정이
나 일임매매약정까지 무효가 된다고 할 수는 없다.

2. 제2예비적 청구에 관한 판단

…X는 1989. 8. 24.경 X의 계좌의 원금에서 손실이 발생한 것을 알고
A에게 거래를 중단하겠다고 했으나, A가 장기적으로 볼 때 매우 희망적이
어서 계속 투자하면 약속대로 투자수익을 틀림없이 보장해 주겠다고 하면
서 그러한 취지의 각서까지 작성·교부하므로 거래를 계속하였던 것인데,
주가의 하락으로 그 뒤에도 계속 손실을 보아 X가 1990. 1. 8.에도 손해를
변상하고 정산할 것을 요청하였으나 A가 다시 투자수익을 보장하기로 하
였으니 최악의 경우에도 은행예금보다 나을 것이라며 각서를 써주고 기다
려 보라면서 강권하여 거래를 계속하다가 원심 판시와 같은 손실을 입게
된 사실을 인정할 수 있다.

그렇다면 적어도 1989. 8. 24. 이후의 거래에 관한 한 A가 투자수익보장
약정을 근거로 X에게 계속적인 증권거래를 권유함에 있어 증권거래행위

에 수반되는 위험성에 관한 올바른 인식 형성을 방해한 것이라고 봄이 상당할 것이다.

또한 포괄적 일임매매가 증권거래법 제107조에 의하여 금지되는 것이기는 하지만 매매위탁의 의사가 분명히 표시된 것이어서 사법상으로는 유효한 매매위탁계약이 됨은 위에서 판시한 것과 같으므로, 이에 기하여 Y회사가 X의 위탁금으로 주식투자거래를 하였다고 하여 불법행위가 될 리가 없으나, 포괄적 일임매매약정이 있는 경우에도 증권회사의 직원은 고객에 대하여 보호의무가 있어 선량한 관리자로서의 주의의무(충실의무)를 다하여야 할 것이고 이를 위반하여 증권회사가 포괄적 일임매매약정을 하였음을 기화로 고객의 이익을 무시하고 회사의 영업실적만을 증대시키기 위하여 무리하게 빈번한 회전매매를 함으로써 고객에게 손해를 입힌 경우에는 불법행위가 된다고 할 것이다.

그런데 기록에 의하면, 이 사건의 경우 위 A는 Y회사 차장에서 지점장으로 승진하여 신설된 안산지점을 맡으면서 회사의 영업수익목표 달성이라는 중압감을 받아 회사의 수수료 수입 증대를 위하여 포괄적 일임매매약정에 따라 자신이 사실상 지배할 수 있게 된 X의 계좌를 이용하여 신용융자의 과대거래와 단기회전매매를 빈번히 계속함으로써 Y회사의 수수료 수입은 증대시켰음에 반하여 X의 투자 손실은 오히려 증가시킨 사실이 인정되므로, Y회사의 지점장인 위 A의 이러한 과당매매행위도 불법행위를 구성한다고 할 것이다.

| 생각해 볼 사항 |

구 증권거래법상 증권회사가 고객으로부터 일정한 범위의 일임을 받을 수 있었다. 즉 고객이 증권의 종류·종목 및 매매의 구분과 방법에 관하여 결정하고, 수량·가격 및 매매의 시기에 한하여 고객으로부터 일임을 받을 수 있었다(구 증권거래법 제107조). 판례의 사실관계에서 드러나듯이 구 증

권거래법이 정한 대로 일임매매가 이루어지기보다는 더 포괄적인 일임매매가 이루어졌고 이로 인한 고객과 증권회사 간 분쟁도 자주 발생하였다. 자본시장법은 '투자자로부터 금융투자상품에 대한 투자판단의 전부 또는 일부를 일임 받아 투자자별로 구분하여 금융투자상품을 취득·처분, 그 밖의 방법으로 운용하는 행위'를 불건전영업행위의 하나로 규정하여 금지하고 있다.[71] 자본시장법상으로는 투자중개업자에 대하여는 '일반 투자자의 투자 목적, 재산 상황 및 투자 경험 등을 고려하지 아니하고 일반 투자자에게 지나치게 자주 투자 권유를 하는 행위'(자본시장법 시행령 제68조 제5항 제2호), 투자일임업자에 대하여는 '투자일임의 범위, 투자 목적 등을 고려하지 아니하고 투자일임재산으로 금융투자상품을 지나치게 자주 매매하는 행위'(자본시장법 시행령 제99조 제4항 제3호)를 금지하는 조항을 두고 있다. 구 증권거래법하에서의 판례에서 인정한 과당매매에 해당하는 거래의 유형은 (i) 자본시장법을 위반한 투자중개업자의 일임매매와 (ii) 투자일임업자가 투자일임을 받아 행하는 매매거래에서 발생할 수 있을 것이고, 판례에서 제시한 과당매매 해당 여부에 관한 기준은 이러한 경우 그대로 적용할 수 있을 것이다.

　그런데 구 증권거래법상 위법한 일임매매약정을 체결하였어도 사법(私法)상의 효력을 인정한 판례의 입장이 자본시장법상 위법한 일임매매약정에 대하여도 동일하게 적용되어야 할 것인지에 대하여 생각해 볼 필요가 있다. 특히 (i) 구 증권거래법과 달리 자본시장법상 일임매매를 원칙적으로 금지하는 입장을 취하고 있다는 점을 고려할 때 달리 보아야 할 필요는 없는지, (ii) 위법한 일임매매약정을 무효로 보는 경우에도 거래의 안전을 고

---

71) 물론 투자일임업으로 이러한 행위를 하는 것은 허용되고, 투자중개업자도 일정한 경우[예컨대 고객이 매매거래일(하루에 한한다)과 그 매매거래일의 총매매수량이나 총매매금액을 지정하고 그 범위에서 금융투자상품의 수량·가격 및 시기에 대한 투자판단을 일임 받는 경우] 투자판단의 전부 또는 일부를 일임받는 것이 허용된다(자본시장법 제7조 제4항).

려할 때 일임매매약정에 따라 투자중개업자가 위탁매매인으로 체결한 매매계약(특히 증권시장을 통한 매매거래)은 그 계약의 상대방과의 관계에서는 효력이 있다고 보아야 할 필요는 없는지, (iii) 일임매매약정의 효력은 부인하면서 일임매매약정에 따라 체결한 매매계약의 효력을 인정할 수 있는 법리는 무엇인지 등의 쟁점을 검토할 필요가 있다.

〔판례 9-20〕 대법원 2007. 7. 12. 선고 2006다53344 판결〔주식 인도〕— 일임매매에 있어 과당매매에 해당하지 않는다고 본 사례

• 사실관계

1. X는 2002. 4. 3. Y증권회사에 2개의 선물옵션 계좌를 개설하고, 한국종합주가지수(KOSPI)를 기초자산으로 하는 주가지수 선물옵션거래를 시작하였다. 당시 X는 자신이 보유하고 있던 A회사의 주식들을 위 계좌의 증거금으로 사용할 수 있도록 Y회사에 질권 설정을 함에 동의하였다.

2. X는 2002. 12. 27. Y회사의 직원 B와 선물옵션상품에 관해 투자일임을 하며 일임매매거래로 인한 손익은 모두 X에게 귀속한다는 내용의 투자일임계약을 체결하였다. X는 고수익을 얻기 위해 거액의 자금을 제공하고, 이를 바탕으로 한 대규모 단기매매를 용인하였다. 그리고 B는 X에게 만기일은 동일하나 행사가격이 다른 콜옵션과 풋옵션을 동시에 파는 스트랭글(strangle)매도방식을 취하겠다고 설명했다(스트랭글 매도방식은 만기일에 주가지수가 매도한 콜옵션과 풋옵션의 행사가격 사이에 있을 때 최대이익을 얻게 되나, 주가지수가 예상치를 넘어 크게 변동하는 경우에는 손실이 제한되지 않는다).

3. B는 선물옵션거래를 함에 있어서 1일 15~50회에 이르기까지 빈번하게 거래를 하여 왔고, 거래금액도 1회에 수백만 원에서 1억 원 이상에 이르기까지 대량의 거래를 반복하였다. 그런데 2002. 4. 25에는 전일 종가 대비

43.11포인트, 2002. 4. 29에는 31.14포인트가 하락하는 등 2002. 4~5. 사이에 수차례 예상외의 급등락이 있었고, B는 위와 같은 주식시장의 급등락에 대하여 2002. 4. 25.과 같은 달 29.에는 주가지수의 추가 하락에 대비하는 부분 헤지를 하면서 2회에 걸친 급락에 대한 반등을 기대하는 포지셔닝을 하였고, 2002. 5. 6. 또 한 차례의 주가지수 급락이 발생하자 추가 하락에 대비한 전부 헤지를 하는 등의 조치를 취했다.

4. 위 각 계좌에 제공된 대용증권의 평가금액은 각 30억 원가량이었고, 선물옵션계약 종료 시인 2003. 9. 손실액은 1계좌당 14억 원 정도였다. 그 중 2002. 4.과 같은 해 5.에 손실의 대부분이 발생하였고, 전체 손실액에 대비한 수수료의 비중이 평균 80퍼센트 정도였다.

5. X는 Y회사가 과도하게 투기적 거래를 지속하여 많은 손실을 입었을 뿐 아니라 이로 인한 막대한 수수료 역시 지급하였고, 안정적 스트랭글투자방식의 구사를 위해서는 주가지수가 변동할 경우에 일정 부분 이하로는 손실이 발생하지 않도록 100퍼센트 위험회피(hedge)를 하여야 함에도 불구하고, 일부를 제외하고는 100퍼센트 헤지를 하지 아니하여 X에게 손실을 입혔다는 주장을 하며, 보호의무 위반을 이유로 한 손해배상을 청구하였다.

● 법원의 판단

■ 원심 : 서울고등법원 2006. 7. 12. 선고 2005나65540 판결

상당수의 투자자들이 스트랭글 매도전략을 사용한 점, X는 더 큰 수익을 얻기 위하여 B의 거래방식을 용인하였던 것으로 보이는 점, 1일 거래규모가 매우 컸기 때문에 다소 많은 수수료의 발생은 불가피하였던 것으로 보이는 점, 선물옵션거래 자체가 상당한 투기성을 내포하고 있으며 단기매매의 필요성도 높다는 점과 한국종합주가지수가 예측하기 어려운 다양한 요소에 의하여 변동된다는 점 등에 비추어, 다소 주가 변동을 잘못 예측한 점이 있다고 하더라도 위 거래들이 X의 이익을 무시하고 Y회사의 수수료

수입만을 증대시키기 위한 목적 아래 이루어진 과당매매라고 단정하기는 어렵다.

■ 대법원 : 상고기각

증권회사와 고객 사이에 주식의 포괄적 일임매매의 약정이 있는 경우에 그 직원이 결과적으로 수익성 없는 주식 거래를 반복하였다는 사정만으로 선량한 관리자로서의 주의의무(충실의무)를 위배하였다고 할 수는 없으나, 증권회사가 고객과 포괄적 일임매매약정을 하였음을 기화로 그 직원이 충실의무를 위반하여 고객의 이익을 무시하고 회사의 영업 실적만을 증대시키기 위하여 무리하게 빈번한 회전매매를 함으로써 고객에게 손해를 입힌 경우에는 과당매매행위로서 불법행위가 성립된다 할 것인바, 증권회사의 직원이 충실의무를 위반하여 과당매매행위를 한 것인지의 여부는 고객 구좌에 대한 증권회사의 지배 여부, 주식매매의 동기 및 경위, 거래기간과 매매 횟수 및 양자의 비율, 매입 주식의 평균적 보유기간, 매매 주식 중 단기매매가 차지하는 비율, 동일 주식의 매입·매도를 반복한 것인지의 여부, 수수료 등 비용을 공제한 후의 이익 여부, 운용액 및 운용기간에 비추어 본 수수료액의 과다 여부, 손해액에서 수수료가 차지하는 비율, 단기매매가 많이 이루어져야 할 특별한 사정이 있는지의 여부 등 제반 사정을 참작하여 주식매매의 반복이 전문가로서의 합리적인 선택이라고 볼 수 있는지의 여부를 기준으로 판단하여야 한다(대법원 1997. 10. 24. 선고 97다24603 판결 ; 대법원 2007. 4. 12. 선고 2004다4980 판결 등 참조).

원심은, …이 사건 각 계좌의 운용액·운용기간·거래방식·매매 횟수와 손익 및 수수료의 규모 등에 비추어 볼 때, 비록 원고들의 계좌를 운용한 B가 주가지수의 변동을 잘못 예측하고 운용하여 사후에 결과적으로 원고들이 투자 손실을 입었다고 하더라도 그러한 사정과 원고들이 주장하는 사유만으로는 B의 조치가 전문가로서의 합리적인 선택에 따른 것이 아니었다거나 원고들의 이익을 무시하고 피고 회사의 수수료 수입만을 증대시키기 위한 목적 아래 이루어진 과당매매라고 단정하기 어렵고, 오히려 B의

옵션거래과정에서 현저한 불합리가 없는 한 그 투자판단은 허용되는 재량의 범위 내의 것으로서 위임인에 대한 선량한 관리자의 주의의무 내지 충실의무를 다한 것으로 봄이 상당하며, 달리 피고 회사 소속 전담 투자상담사와 지점장이 포괄적 일임매매에 있어 원고들에 대한 보호의무를 위반하였다거나 불필요한 과당매매를 반복하였다고 인정할 증거가 없다고 판단하였다. 위의 법리와 기록에 비추어 살펴보면, 원심의 이러한 사실인정과 판단은 옳은 것으로 수긍이 가고, 거기에 상고이유의 주장과 같은 채증법칙 위배나 증권회사 직원의 고객에 대한 충실의무에 관한 법리오해 등의 위법이 있다고 할 수 없다.

| 참고 판례 |

■ 대법원 2005. 10. 7. 선고 2005다11541 판결〔손해배상(기)〕 — 과당매매에 해당하지 않는다고 본 사례

원심이, 고객보호의무에 위반한 과당매매에 해당하므로 피고들은 손해를 배상할 의무가 있다는 원고의 예비적 주장에 대하여, 거래기간 8.3개월 동안 350회(월 평균 42.1회) 매매하여 수수료가 3,487만 8,380원으로 예탁금(5억 5,424만 2,345원) 대비 6.29퍼센트, 손해액(3억 2,789만 4,285원) 대비 10.63퍼센트에 그쳐, 손해액 대비 수수료의 비율이 그다지 크지 않아 충실의무를 위반하여 원고의 이익을 무시하고 피고 회사의 영업실적만을 증대시키기 위하여 무리하게 빈번한 회전매매를 한 것이라고는 인정하기 어렵다는 이유로 원고의 이 부분 주장을 배척하였는바, 앞에서 본 법리와 기록에 비추어 보면 원심의 위와 같은 사실인정과 판단은 정당하다.

V. 임의매매

〔판례 9-21〕 대법원 2000. 11. 10. 선고 98다39633 판결〔손해배상(기)〕― 일 임매매약정 철회 후 임의매매에 따른 손해

● 사실관계

1. X1과 X2는 부부 관계로서, X1은 Y1증권회사의 직원인 Y2와 포괄적 일임매매약정을 체결하고 X1과 X2 명의의 각 주식위탁매매거래 계좌를 통하여 주식거래를 하여 왔다.

2. X1은 거래기간 도중 Y2에게 이후로는 구체적인 위임 없이는 주식매 매거래를 하지 말라는 지시를 하였다. 그러나 위와 같은 일임의 철회에도 불구하고 Y2는 그후로도 X1과 X2의 의사에 반하여 여러 차례의 주식매매 거래를 하였다.

3. 이에 X1과 X2는 Y1과 Y2를 상대로 위와 같은 임의매매를 이유로 불 법행위에 따른 손해배상을 청구하는 소를 제기하였는데, 소송에서는 불법 적인 임의매매로 인한 손해액이 문제 되었다.

● 법원의 판단

▌원심 : 부산고등법원 1998. 7. 3. 선고 97나9185 판결

X1과 X2가 입은 손해의 범위에 관하여 살피건대, Y2가 X1과 X2로부터 일임매매권한을 위임받았다가 철회된 이후에도 X1, X2의 의사에 반하여 X1, X2 보유주식을 거래하거나 단기회전매매를 계속함으로써 X1과 X2가 입게 되는 손해는 그 거래에 대하여 지급되는 수수료 및 주식매도에 따른 거래세 상당액이라고 할 것이다.

■ 대법원 : 일부 파기환송

무릇 불법행위로 인한 재산상의 손해는 위법한 가해행위로 인하여 발생한 재산상의 불이익, 즉 불법행위가 없었더라면 존재하였을 재산 상태와 불법행위가 가해진 이후의 재산 상태의 차이를 말하는 것이므로, 원심이 인정한 바와 같은 사실관계하에서의 이 사건에서는 임의매매가 없었던 상태, 즉 X1과 X2가 일임매매를 철회할 당시에 갖고 있던 주식 및 예탁금 등의 잔고와 그 이후 Y2가 X1과 X2의 지시에 반하여 임의매매를 해버린 이후의 상태, 즉 X1과 X2가 위 임의매매 사실을 알고 문제를 제기할 당시에 가지게 된 주식 및 예탁금 등의 잔고의 차이가 손해라고 보아야 할 것이다.

| 생각해 볼 사항 |

손해배상액의 범위에 관한 기준을 제시한 판결로서 일반 원칙을 확인하는 의미가 있다. 민법상 손해배상법리에 비추어 증권거래의 특징을 다시 한 번 생각해 보자.

〔판례 9-22〕 대법원 2007. 6. 14. 선고 2004다45530 판결〔손해배상(기)〕— 임의매매에 있어 손해액의 산정기준 시기

• 사실관계

1. X는 Y증권회사에 위탁 계좌를 개설하고 신용거래 계좌설정약정을 체결한 다음 1999. 1. 7.부터 Y회사의 직원 A를 통하여 증권거래를 시작하였다. X는 매수할 주식과 수량을 지정하여 주식대금을 입금하면서 A에게 매수를 지시하는 방식으로 주식거래를 하였다.

2. 그런데 A는 X의 증권카드와 거래인감을 소지하고 있는 것을 이용하

여 1999. 8. 10.부터 X의 지시를 받음이 없이 임의로 X의 주식 매매거래를 반복하였다.

3. 이에 X는 Y를 상대로 불법행위에 따른 손해배상을 청구하였고, 소송에서는 임의매매 이전에 X가 보유하고 있던 주식의 시가 변동이 있는 경우에 손해액의 산정기준이 문제 되었다.

• 법원의 판단

임의매매가 불법행위임을 전제로 손해배상을 구하는 경우에는 임의매매 이전에 갖고 있던 고객의 주식 및 예탁금 등의 잔고와 그 이후 고객의 지시에 반하여 임의매매를 해버린 상태, 즉 고객이 그 임의매매 사실을 알고 문제를 제기할 당시에 가지게 된 주식 및 예탁금의 잔고와의 차액이 그로 인한 재산상 손해라고 보아야 한다. 그리고 이 경우 임의매매 이전에 고객이 갖고 있던 주식의 평가는 임의매매 당시 주식의 시가를 기준으로 결정하여야 하며, 그후 주식의 가격이 오른 경우 그로 인한 추가적 손해가 있다면 이는 특별한 사정으로 인한 것이어서 불법행위자가 주식을 처분할 때 그와 같은 특별한 사정을 알았거나 알 수 있었고, 또 고객이 주식의 가격이 올랐을 때 주식을 매도하여 그로 인한 이익을 확실히 취득할 수 있었던 경우에 한하여 고객은 그와 같이 오른 가격에 의한 손해배상을 청구할 수 있을 뿐이다.

| 생각해 볼 사항 |

임의매매에 따른 손해배상액의 산정기준을 임의매매 시점으로 확인한 판결이다. 증권 가격에 영향을 미치는 다양한 변수를 고려할 때 임의매매 시점을 기준으로 '고객이 주식의 가격이 올랐을 때 주식을 매도하여 그로 인해 이익을 확실히 취득할 수 있었던 경우'가 있을 수 있는지 생각해 보자.

〔**판례 9-23**〕 대법원 2006. 2. 10. 선고 2005다57707 판결〔손해배상(기)〕 —
옵션의 임의매매에 있어서 손해액의 산정기준

• 사실관계

1. X는 2002. 7. 24.경 Y증권회사에 선물 · 옵션 계좌를 개설하고 Y회사
의 직원 A로부터 "10퍼센트 이상 손실이 나는 경우에는 일단 매매를 중단
하고 그 이후의 거래에 관하여 X와 상의하겠다"는 말을 듣고 A에게 선
물 · 옵션에 대한 포괄적 일임매매를 위탁한 후 10억여 원을 입금하였다.

2. A는 거래 시작 후 2003. 6. 2. 최초로 원금 대비 10퍼센트 이상의 손실
을 기록하였는데, X에게는 그와 같은 계좌 상황에 대하여 이야기하지 않은
채 계속하여 옵션거래를 하였다. 이에 따라 A는 2003. 6. 11.과 6. 12.에 걸
쳐 수종의 콜옵션계약을 매도하는 등 옵션매도약정을 다량 보유하게 되어
예수금 잔고가 감소하게 되었고, 결국 2003. 6. 12. 일부 콜옵션계약의 매도
보유분에 대한 매수인의 권리행사로 인하여 손실을 입는 등 잔고평가금총
액이 급감하였다.

3. X는 위와 같은 사실을 모르고 있다가 2003. 7. 7. A로부터 X 계좌의
잔고평가총액이 2억여 원에 불과하다는 사실을 알게 되었다. 이에 X는 손
실을 만회하고자 A에게 다시금 포괄적 일임매매를 위탁하였으나, 결과적
으로 손해가 발생하였다.

4. 이에 X는 원금에서 10퍼센트 이상의 손실이 발생할 경우 X와 상의를
하기로 약정하였음에도 이에 위배하여 임의매매를 하였기에 고객보호의
무를 위반하였다는 이유로, Y회사를 상대로 손해배상을 청구하는 소를 제
기하였다. 이 소송에서는 특정 자산을 장래의 일정 시점에 미리 정한 가격
으로 사고팔 수 있는 권리인 옵션의 특성에 따라 옵션의 취득 내지 처분만
을 임의거래로 보고, 옵션의 만기에 권리행사를 한 경우는 손익의 현실화
로 보아 임의거래에서 제외할 것인지가 문제 되었다.

• 법원의 판단

▌원심 : 서울고등법원 2005. 8. 26. 선고 2005나5159 판결

옵션거래는 만기 전에 미결제약정을 청산하거나 만기일에 권리행사 내지 권리배정을 통하여 청산하는 것으로서, 위 잔고평가총액이 그대로 유지되었음을 전제로 하여 위 잔고평가총액을 기초로 X의 손해액을 산정할 수는 없으며… A가 2003. 6. 1.까지 적법한 거래로 인하여 미결제약정으로 보유하고 있던 옵션에 대하여 2003. 6. 2. 이후 위 미결제약정을 전매 또는 환매하여 청산하거나 만기에 권리배정 또는 권리행사를 한 결과 손익이 발생하더라도 이는 그때까지 유동적이던 옵션거래로 인한 손익이 현실화된 것에 불과하다고 할 것이지, 2003. 6. 2. 이후에 이루어진 A의 임의매매로 인한 손해로 볼 수는 없다. 따라서 X가 입은 손해는 2003. 6. 2.(별지 거래명세표상 2003. 6. 3)부터 2003. 7. 4.(별지 거래명세표상 2003. 7. 7)까지 새로이 이루어진 선물·옵션거래에 대하여 종목별 손익을 산정하여 이를 합한 금원이라 할 것이다. 또한 2003. 7. 7. 이후에 이루어진 옵션거래라 하더라도 위 2003. 6. 2~7. 4.에 이루어진 옵션거래로 인한 미결제약정의 청산거래 또는 만기일에 이루어진 권리배정 내지 권리행사로 인한 손익은 위 기간 중의 옵션거래로 인한 손익이라 할 것이다.

▌대법원 : 파기환송

주식 임의매매의 불법행위로 인한 재산상의 손해는 임의매매 이전에 갖고 있던 고객의 주식 및 예탁금 등의 잔고와 그 이후 고객의 지시에 반하여 임의매매를 해버린 상태, 즉 고객이 위 임의매매 사실을 알고 문제를 제기할 당시에 가지게 된 주식 및 예탁금의 잔고의 차이가 손해라고 보아야 할 것이고(대법원 2000. 11. 10. 선고 98다39633 판결 등 참조), 주가지수 선물·옵션상품의 임의매매로 인한 재산상의 손해 역시 그 포지션(선물이나 옵션의 매도 혹은 매수의 결과로 생긴 미결제약정의 보유 상태)의 평가액이 상품별 시장가에 의하여 산정될 수 있는 이상, 달리 볼 것은 아니라 할 것이다. …2003. 6. 2. 종가를 기준으로 이 사건 계좌에서 10퍼센트 이상의 평가손이 발생하였는데도 A가 원고에게 이를 알리지 아니한 채 2003. 6. 3. 이후에도 임의매매를 계속하였다는 것이고, 원고는 당시는 물론 그후에도 계속하여 손실이 증가한 사실을 알지 못하여 A의 임의매매를 방치하다가 2003. 7. 7.에야 계좌의 평가액을 조회하여 보고서 비로소 그동안의 임의매매 사실 및 손해의 발생 사실을 알게 되었으며, 같은 날 오후 13시 58분경 전화로 A에게 이의를 제기한 사정을 알 수 있으므로, 특별한 사정이 없는 한 제1불법행위로 인한 재산상의 손해는 2003. 6. 2. 종가를 기준으로 한 원고 계좌의 포지션평가액 및 예탁금 등의 잔고와, 2003. 7. 7. 종가를 기준으로 한 원고 계좌의 포지션평가액 및 예탁금 등의 잔고의 차액으로 보아야 할 것이다. …그럼에도 원심은 (i) 제1불법행위 개시(2003. 6. 2) 이전까지 미결제약정으로 보유하고 있던 옵션으로 인하여 발생한 손익은 적법한 거래(포괄위임)로 인하여 얻은 손익이라는 이유로 그후인 불법행위기간 중에 청산·행사되었더라도 이를 제외하고, (ii) 제1불법행위 종료(2003. 7. 7) 이후에 이루어진 옵션거래라 하더라도 그 이전의 임의매매에 의한 옵션거래로 인한 미결제약정의 청산·행사로 인한 손익은 불법행위기간 중의 옵션거래로 인한 손익이라는 이유로 이를 포함시켜 제1불법행위로 인한 손해배상액을 산정하고 말았으니, 원심은 손해배상액의 범위산정에 관한 법리를 오해한 나머지 판결 결과에 영향을 미친 위법을 저질렀다고 아니할 수 없다.

〔**판례 9-24**〕 대법원 2003. 12. 26. 선고 2003다49542 판결〔채무 부존재 확
　　　인〕— 임의매매 추인의 요건

• 사실관계

1. Y는 X증권회사에 근무하던 조카 A의 권유에 따라 1999. 11. 13. X회
사와 주식매매 위탁거래를 위하여 현물위탁 계좌와 선물옵션 계좌를 개설
하였다. 이에 Y는 자신이 보유하고 있던 주식과 현금을 현물위탁 계좌에
입고하여 A로 하여금 계좌를 관리하도록 하였다.

2. A는 1999. 11. 16.부터 Y의 허락 없이 Y의 현물위탁 계좌에 입금된 금
원을 선물옵션 계좌에 이체하고 선물옵션거래를 하며 임의로 주식거래를
하였다. Y는 위 임의매매 사실을 알게 되자, 2000. 3. 31. A에게 한 달 안에
자신이 원래 보유하고 있던 주식을 원상회복해 놓으면 그 안의 거래에 대
하여 문제 삼지 않겠다고 하였으나, A는 그 이후에도 이를 원상회복해 놓
지도 아니하고 Y의 계좌를 이용하여 임의로 선물옵션거래 및 주식거래를
계속하였다.

3. X회사는 A는 자신의 정식 직원이 아니기 때문에 Y에 대하여 위 임의
매매로 인한 손해배상의무가 없다고 주장하며 Y를 상대로 채무부존재 확
인의 소를 제기하였으나, Y는 X가 사용자책임을 져야 한다고 항변하여 원
심과 대법원 모두 이를 받아들였다. 이에 X회사는 A가 한 달 안에 원상회
복해 주겠다고 하자 Y가 이에 동의하고 A에게 계속 거래를 하도록 허용함
으로써, Y는 위 임의매매를 추인하였다는 재항변을 하였다.

• 법원의 판단

증권회사의 고객이 그 직원의 임의매매를 묵시적으로 추인하였다고 하
기 위하여는 자신이 처한 법적 지위를 충분히 이해하고 진의에 기하여 당

해 매매의 손실이 자기에게 귀속된다는 것을 승인하는 것으로 볼만한 사
정이 있어야 할 것이고, 나아가 임의매매를 사후에 추인한 것으로 보게 되
면 그 법률 효과는 모두 고객에게 귀속되고 그 임의매매행위가 불법행위
를 구성하지 않게 되어 임의매매로 인한 손해배상청구도 할 수 없게 되므
로 임의매매의 추인 특히 묵시적 추인을 인정하려면, 고객이 임의매매 사
실을 알고도 이의를 제기하지 않고 방치하였는지 여부, 임의매수에 대해
항의하면서 곧바로 매도를 요구하였는지 아니면 직원의 설득을 받아들이
는 등으로 주가가 상승하기를 기다렸는지, 임의매도로 계좌에 입금된 그
증권의 매도대금을 인출하였는지 또는 신용으로 임의매수한 경우 그에 따
른 그 미수금을 이의 없이 변제하거나 미수금 변제 독촉에 이의를 제기하
지 않았는지 여부 등의 여러 사정을 종합적으로 검토하여 신중하게 판단
하여야 할 것이다(대법원 2002. 10. 11. 선고 2001다59217 판결 참조).

　원심판결이유에 의하면, 원심은 피고 Y가 2000. 3. 31. A가 출력하여 갖
고 온 거래내역서를 통하여 피고의 계좌에 우리조명 주식 6,000주와 한국
정보통신 주식 1,081주만 남아 있는 것을 확인하고 그동안의 A의 임의매
매 사실을 비로소 알게 되자, A에게 우리조명 주식은 그대로 두고 한국정
보통신 주식을 처분하여 한 달 안에 한통프리텔 주식을 원상회복해 놓으
면 그 안의 거래에 대하여 문제 삼지 않겠다고 하였으나, A는 그 이후에
도 한통프리텔 주식을 원상회복해 놓지도 아니하고 피고의 계좌를 이용
하여 임의로 선물옵션거래 및 주식거래를 계속하여 2000. 6. 13.에는 피고
의 계좌에 주식이 전혀 남아 있지 않게 된 사실을 인정하고, 이러한 사실
에 비추어 보면 피고가 A의 2000. 3. 31. 이전의 임의매매를 추인하였다거
나 2000. 3. 31. 이후에 A가 피고의 계좌를 이용하여 주식거래 및 선물옵션
거래를 하는 것을 허용하였다고 보기는 어렵다고 판단하였는바, 위에서 본
법리와 기록에 비추어 살펴보면 원심의 위와 같은 사실인정과 판단은 정
당한 것으로 수긍이 가고, 거기에 상고이유로 주장하는 바와 같이 채증법
칙을 위반하여 사실을 잘못 인정하였거나 추인에 관한 법리를 오해한 위

법이 있다고 할 수 없다.

| 생각해 볼 사항 |

임의매매의 묵시적 추인의 요건을 제시한 판결이다. 임의매매의 추인이
가능한지 여부에 대한 의문이 있었으나 〔판례 9-24〕가 기준을 제시하고 있
다. 투자자가 자신의 이익을 고려하여 판단할 사항이므로 특별한 문제는
없다. 다만 투자자의 추인을 받더라도 위법행위에 대한 제재(자본시장법 제
70조 및 제444조 제7호)를 피할 수 없을 것이다.

| 참고 판례 |

▌대법원 2003. 1. 24. 선고 2001다2129 판결〔손해배상(기)〕— 임의매매
중 일부의 추인에 따른 손익상계의 가부[72]
증권회사 직원이 고객의 계좌를 이용하여 고객의 위임이 없이 임의로
주식거래를 함으로써 이득이 발생하였다고 할지라도 고객이 그 거래를
추인하면 그로 인한 이득은 적법하게 고객에게 귀속되는 것이므로 그 이
득을 갖고 불법행위로 인한 손해산정에 있어서 손익상계를 할 수는 없다.
기록에 의하면 X는 이 사건 소송에서 A의 임의매매로 손해를 입었다고
청구하는 주식 외 다른 주식거래에 관하여는 문제 삼지 않아 이를 묵시적
으로 추인하고 있음이 명백하므로, 위 부분 주식거래로 인한 이득을 갖고
손익상계를 할 수도 없다고 할 것이어서 위 주장은 어느 모로 보나 이유
없다.

---

72) 이 판결 중 증권회사 직원의 손실보전약정의 효력과 손실보전약정으로 주식매매
권유하는 행위의 불법행위성에 대한 판시는 앞의 〔판례 9-10〕 대법원 2003. 1. 24.
선고 2001다2129 판결 참조.

VI. 반대매매

〔판례 9-25〕대법원 1994. 1. 14. 선고 93다30150 판결〔대여금〕— 예탁금
부족 시 증권회사의 반대매매의무 유무

• 사실관계

1. Y는 X증권회사와 유가증권의 매매거래 계좌설정계약 및 신용거래 구
좌설정계약을 체결하고, X회사의 직원인 A에게 주식의 매수를 포괄 위임
하였다.

2. X회사와 Y는 위 계약 당시 위탁자가 유가증권을 매수하고 그 결제일
까지 매수대금을 납부하지 아니한 때 매수한 증권을 유가증권시장에서 시
초가로 처분하여 임의 충당할 수 있고, 위탁자가 X로부터 신용융자금의 대
여를 받아 그 자금으로 유가증권을 매수하였는데 이를 상환하지 아니하거
나 추가 담보를 납입하지 아니하였을 때에는 위탁자가 제공한 신용거래보
증금과 담보유가증권, 기타 예탁한 현금 및 유가증권을 최고 없이 유가증
권시장에서 시초가로 처분하여 신용거래 미결제분의 채무 변제에 임의 충
당할 수 있으며, 지체 시 지연손해금이 발생함을 약정을 하였다.

3. Y는 X회사를 통해 주식의 위탁매수 및 신용매수를 하였는데, Y는 변
제기까지 위 주식매수금 및 신용융자금을 상환하지 아니하고 추가 담보도
제출하지 아니하였다. 이에 X회사는 결국 일정한 시일이 지난 후 각 외상
및 신용융자로 매수한 주식을 처분하여 매각대금을 지연손해금과 원금 순
으로 변제에 충당하였다.

4. X회사는 Y를 상대로 나머지 신용융자금의 반환을 구하는 소를 제기
하였고, 이 소송에서 Y는 X회사가 즉시 반대매매를 실행하지 아니함으로
써 주식의 가격이 하락하고 지연손해금이 늘어나게 됨으로써, Y가 채무
초과 상태에 빠져 Y의 손해가 확대된 것이기 때문에 이 사건 청구금액은

X회사의 과실로 인한 것이므로 이를 청구할 수 없다고 주장하였다.

• 법원의 판단

고객이 신용융자금이나 주식매수대금을 증권회사에 납부하지 아니하여 증권회사가 매수주식을 처분하여 그 처분대금을 신용융자금이나 미수대금에 충당하는 경우에 있어서 증권회사로서는 고객의 손실을 최소한도에 그치도록 하여야 할 신의칙상의 주의의무가 있다고 하더라도, 증권회사가 매수주식을 처분할 수 있었던 최초의 시점에 처분하지 않았다고 하여도 당시 주식가격이 하락하는 경향이 뚜렷하여 가격 상승을 기대할 수 없는 특별한 사정이 인정된다면 모르되 그렇지 않는 한 그 시점에 처분하는 것이 반드시 고객의 손실을 최소화하는 것이라고 단정할 수 없는 것이므로, 증권회사가 미리 고객으로부터 위와 같은 시점에 매수주식을 처분하여 줄 것을 위임받았다는 등 특별한 사정이 없는 한 증권회사가 위와 같은 시점에 매수주식을 지체 없이 처분하지 않았다고 하여 주의의무를 위반하였다고 볼 수 없다.

| 생각해 볼 사항 |

증권의 가격이 변동되는 상황하에서 채권자인 증권회사의 채권회수 시 채무자의 손실 확대 방지를 위한 의무를 어느 정도 인정할 것인지와 관련하여 중요한 기준을 제시한 판결이다. 〔판례 9-25〕와 같은 입장을 취하는 경우와 반대 입장을 취하는 경우, 고객과 증권회사가 증권가격 변동의 위험에 어떻게 노출되는지 및 고객과 증권회사가 어떠한 행동을 취하게 되는지를 생각해 보자.

〔**판례 9-26**〕 대법원 2003. 1. 10. 선고 2000다50312 판결〔채무 부존재 확
　　　　　　인 등〕— 선물거래에 있어서 증권회사의 반대매매의무 유무

● **사실관계**

1. X는 Y증권회사에 선물·옵션거래 계좌를 개설 후 Y회사의 직원이던
A는 X의 계좌를 이용하여 주가지수 선물거래를 하여 최종적으로 16계약
의 매도포지션을 보유하게 되었는데, 해당 선물가격이 크게 상승함으로써
위 계좌의 위탁증거금이 부족해졌다. Y회사는 이와 같은 위탁증거금 추
가납부사유 발생에 대해 X에게 통지하지는 않았지만, X는 위 위탁증거금
의 추가납부사유가 발생한 직후 Y회사 사무실에서 위 사실을 전해 듣고도
A가 이를 해결할 것이라는 취지의 말만 듣고서 별다른 조치를 취하지 아
니하였다.

2. X가 위탁증거금의 추가납부의무를 이행하지 아니하자, Y회사는 일정
시일이 지난 후 위 매도포지션 16계약을 환매(이른바 반대매매)하였고, 그
결과 미수금이 5,500만 원가량 발생하였다.

4. X는 Y회사가 위탁증거금이 부족해졌음에도 이를 X에게 통지하지 아
니하였고, 선물거래의 위험성이 매우 높은 만큼 투자자인 위탁증거금의 부
족이 발생한 즉시 반대매매를 하여 손실을 줄여야 함에도 불구하고 이를
하지 아니함으로써 손해를 확대하였다는 이유로, 이에 대한 배상을 청구하
는 소를 제기하였다.

● **법원의 판단**

1. 통지의무 해태의 점에 관하여

구 증권거래법 제46조는 증권회사는 대통령령이 정하는 바에 따라 고
객의 주문에 의한 매매, 기타 거래 내용 등을 당해 고객에게 통지하여야 한

다고 규정하고 있으며, 이에 근거한 금융감독위원회의 구 증권회사의 선물·옵션거래업무에 관한 규정(2000. 12. 29. 증권업감독규정의 제정에 의하여 폐기한 것) 제12조 제1항은 위탁증거금의 추가징수에 관하여 증권회사는 고객의 선물거래 또는 옵션거래와 관련하여 위탁증거금의 추가징수사유가 발생하는 경우, 지체 없이 당해 고객과 사전에 합의한 연락방법 등으로 위탁증거금의 추가납부를 요구하고 그 요구 사실 및 내용을 증빙할 수 있는 자료를 유지하여야 한다고 규정하고 있는바, 일일정산을 하고 그에 따른 위탁증거금의 추가납부나 초과를 결정함으로써 손익이 매일매일 발생할 수 있는 선물계좌의 특성상 선물계좌에 거래포지션을 보유하고 있는 고객으로서는 자신의 계좌에서 위탁증거금이 부족해졌다는 사유를 통보받는 경우에는 위탁증거금을 추가납부하여 거래를 계속하거나 보유하고 있는 선물포지션을 처분함으로써 자신의 이익을 극대화하거나 손실을 최소화할 수 있는 기회를 가진다고 할 것이므로, 증권회사가 고객의 계좌에서 위탁증거금을 추가로 납부할 사유가 발생하였음에도 이를 통보하지 않음으로써 고객으로부터 그러한 기회를 박탈하였다면 이는 증권회사로서 고객보호의무를 위반한 것이라고 할 것이나, 고객이 어떠한 경위로 이미 위탁증거금의 부족 사유를 알게 된 경우에는 비록 증권회사가 위탁증거금의 추가납부 통지를 게을리하였다고 할지라도 그로 인하여 고객에게 어떠한 손해가 발생하였다고는 할 수 없을 것이므로 고객은 증권회사에 대하여 이를 이유로 손해배상을 청구할 수 없다.

2. 반대매매의무 위반의 점에 관하여

증권거래법 제94조에 근거한 증권거래소의 구 선물·옵션수탁계약준칙(1999. 1. 29. 선물·옵션업무규정으로 통합) 제26조에서 증권회사는 위탁자가 위탁증거금을 추가로 납부하지 아니한 때에는 당해 위탁자의 미결제약정을 전매 또는 환매하거나 위탁증거금으로 징수한 대용증권을 매도할 수 있다고 규정하고 있는 취지는, 증권투자자의 무절제한 선물거래로 인하여 초래될 증권시장의 과당투기화를 억제하는 한편 증권회사로 하여금 선물정산대금 채권회수를 신속히 하여 운영의 내실화를 도모하려는 것이어서, 증권회사와 고객 사이에 특별한 약정이 없는 한 위 규정에 근거하여 증권회사가 고객에 대하여 위와 같은 선물정산대금 충당조치를 취하여야 할 의무를 직접 부담하는 것은 아니라고 할 것이고(대법원 1992. 7. 10. 선고 92다6242, 6259 판결 참조), 고객이 위탁증거금 부족분을 증권회사에 납부하지 아니하여 증권회사가 고객이 보유하고 있는 선물포지션을 처분하여 그 처분대금을 선물정산대금에 충당하는 경우에 있어서 증권회사로서 고객의 손실을 최소한에 그치도록 하여야 할 신의칙상의 주의의무가 있다고 하더라도, 증권회사가 선물포지션을 처분할 수 있었던 최초의 시점에 처분하지 않았다고 하여도 당시 선물가격이 하락 혹은 상승하는 경향이 뚜렷하여 고객의 손실 회복을 기대할 수 없는 특별한 사정이 인정된다면 모르되 그렇지 않은 한 그 시점에 처분하는 것이 반드시 고객의 손실을 최소화하는 것이라고 단정할 수 없는 것이므로, 증권회사가 미리 고객으로부터 위와 같은 시점에 선물포지션을 처분하여 줄 것을 위임받았다는 등의 특별한 사정이 없는 한 증권회사가 위와 같은 시점에 선물포지션을 지체 없이 처분하지 않았다고 하여 고객보호의무나 선량한 관리자로서의 주의의무를 위반하였다고 볼 수는 없다.

| 생각해 볼 사항 |

선물거래에 대하여 증권회사가 선물포지션을 처분할 수 있었던 최초의 시점에 처분하지 않았다고 하여도 당시 선물가격이 하락 혹은 상승하는 경향이 뚜렷하여 고객의 손실 회복을 기대할 수 없는 특별한 사정이 인정된다면 모르되 그렇지 않은 한 그 시점에 처분하는 것이 반드시 고객의 손실을 최소화하는 것이라고 단정할 수 없는 것이므로, 선물포지션을 지체 없이 처분하지 않았다고 하여 고객보호의무나 선량한 관리자로서의 주의의무를 위반하였다고 볼 수는 없다고 하여 증권매매에서의 입장을 반복적

으로 밝히고 있다.

〔**판례 9-27**〕대법원 2009. 7. 9. 선고 2007다90395 판결〔대여금 등〕— 선
물환거래에 있어서 은행의 반대매매의무 유무

• 사실관계

1. Y는 X은행과 외국환거래약정을 체결하고 선물환거래를 하여 왔다. 선물환거래는 보통 Y가 선물환거래계약서 및 입출금전표에 서명·날인만 한 상태로 X회사 직원 A에게 교부한 후, A에게 전화를 걸어 선물환의 거래 주문을 하면 A가 그 주문대로 선물환계약서를 보충하여 거래하는 방식으로 이루어졌다.

2. 그런데 환율이 급락하기 시작하여(이는 언론을 통해 대대적으로 보도되었고 Y 역시 이 사실을 알고 있었다) 손실이 발생하였으며, 추가로 보증금을 예치하여야 할 상황이 되었다. Y의 보증금이 잠식될 무렵 A가 Y에게 전화로 환율 하락에 따른 조치를 취할 것을 고지한 바 있었다. 그러나 X은행은 보증금 부족분에 대한 정식 통지를 보증금의 추가납부사유가 발생하고 수일이 지난 후에야 발송하여 위 통지가 Y에게 도달하였다.

3. 나아가 Y는 손실이 확대되고 있음을 알고 있었음에도 불구하고 장차 환율이 반등할 것이라는 기대하에 추가로 선물환매입계약을 체결하였으며, 이 과정에서 A는 업무지침을 어기면서 추가 선물환계약을 도와주어 그 결과 손해는 더욱 확대되었다.

4. Y는 위 선물환거래에 따른 손실금을 지급하지 않아 은행여신거래 기본약관에 따라 이 사건 대출에 따른 기한의 이익을 상실하게 되어 X은행은 Y를 상대로 대여금의 지급을 구하는 소를 제기하였고, 이 소송에서 Y는 X은행에 대하여 통지의무 위반(지연 통지)·반대매매의무 위반·고객보호

의무 위반(A의 업무지침 위반) 등을 이유로 한 손해배상청구권이 있다는 이유로 이를 반대채권으로 한 상계항변을 하였다.

• 법원의 판단

1. 통지의무 위반의 점에 대하여

고객이 금융기관을 상대로 한 선물환거래에서 계약 만기 이전에 거래계약에서 예상되는 손실로 계약에서 정한 손실보증금의 추가납부사유가 발생하여 금융기관으로부터 추가납부를 통지받은 때에는 손실보증금을 추가로 납부하여 계약을 계속하여 유지하거나 보유하고 있는 선물환포지션을 반대거래 등을 통하여 청산함으로써 자신의 이익을 극대화하거나 손실을 최소화할 수 있는 기회를 가진다. 금융기관이 고객이 유지하고 있는 선물환거래에서 손실보증금을 추가로 납부할 사유가 발생하였음에도 이를 통보하지 않음으로써 고객으로부터 그러한 기회를 박탈하였다면 이는 고객보호의무를 위반한 것이지만, 고객이 어떠한 경위로 이미 손실보증금의 부족 사유를 알게 된 경우에는 비록 금융기관이 손실보증금의 추가납부통지를 게을리하였다고 할지라도 그로 인하여 고객에게 어떠한 손해가 발생하였다고는 할 수 없으므로 고객은 금융기관에 대하여 이를 이유로 손해배상을 청구할 수 없다.

2. 반대매매의무 위반의 점에 대하여

금융기관의 업무지침 등에 고객과의 선물환거래에서 계약 만기 이전에 고객에게 손실이 예상되어 손실보증금의 추가납부사유가 발생하였음에도 고객이 손실보증금을 추가납부하지 않은 경우에는 반대거래를 통하여 고객의 선물환거래를 청산할 수 있다고 규정하고 있더라도, 그 취지는 고객의 무절제한 선물환거래로 인하여 선물환거래가 투기화되는 것을 억제하는 한편, 금융기관으로 하여금 선물환 정산대금을 신속히 회수하도록 하여 부실채권의 발생을 방지하기 위한 것이다. 따라서 금융기관과 고객 사이에 특별한 약정이 있거나 당시 환율의 하락 또는 상승 경향이 뚜렷하여 고객의 손실 회복을 기대할 수 없고 오히려 손실 폭이 더욱 확대될 것이 예상되는 등으로 고객을 보호하여야 할 특별한 사정이 없는 한, 그 시점에 반대거래를 통하여 청산하는 것이 반드시 고객의 손실을 최소화하는 것이라고 단정할 수 없는 것이므로, 금융기관이 고객에 대하여 손실보증금이 발생한 고객의 선물환거래를 만기 이전에 즉시 반대거래를 통하여 청산하지 않았다고 하여 고객보호의무나 선량한 관리자의 주의의무를 위반하였다고 볼 수는 없다.

3. 고객보호의무 위반의 점에 대하여

고객이 기존 선물환계약에서 상당한 손실이 발생하자, 이를 만회하기 위하여 환율이 하락 추세에 있다는 것을 알면서도 환율이 다시 반등할 것이라는 기대하에 장차 손실이 확대될 위험성을 감수하면서까지 추가로 선물환거래를 한 경우, 금융기관 직원이 업무지침을 어기면서 선물환거래에 협조하고 기존 선물환계약에 대하여 손실보증금 잠식 즉시 반대매매를 하지 않았다고 하여 고객보호의무나 선량한 관리자의 주의의무를 위반하였다고 볼 수는 없다.

| 생각해 볼 사항 |

1. 선물환거래에서 은행의 반대매매 등을 통한 손실 최소화의무가 문제된 사안이다. '금융기관과 고객 사이에 특별한 약정이 있거나 당시 환율의 하락 또는 상승 경향이 뚜렷하여 고객의 손실 회복을 기대할 수 없고 오히려 손실 폭이 더욱 확대될 것이 예상되는 등으로 고객을 보호하여야 할 특별한 사정이 없는 한, 그 시점에 반대거래를 통하여 청산하는 것이 반드시 고객의 손실을 최소화하는 것이라고 단정할 수 없는 것'이므로 금융기관의 반대매매의무를 원칙적으로 부정하였다. 증권거래에 관한 〔판례 9-25〕 대법원 1994. 1. 14. 선고 93다30150 판결 및 선물거래에 관한 〔판례 9-26〕 대

법원 2003. 1. 10. 선고 2000다50312 판결과 같은 취지이다.

2. '고객이 기존 선물환계약에 따른 손실을 만회하기 위하여 환율이 하락 추세에 있다는 것을 알면서도 환율이 다시 반등할 것이라는 기대하에 장차 손실이 확대될 위험성을 감수하면서까지 추가로 선물환거래를 한 경우', 금융기관 직원이 업무지침을 어기면서까지 선물환거래에 협조하고 기존 선물환계약에 대하여 손실보증금 잠식 즉시 반대매매를 하지 않았다고 하여 고객보호의무나 선량한 관리자의 주의의무를 위반하였다고 볼 수는 없다고 판단한 것은 금융거래에서 금융기관의 의무의 한계를 선언한 것으로서 중요한 의미를 가진다. 다음의 참고 판례와 비교해 보자.

| 참고 판례 |

■ 대법원 1999. 6. 11. 선고 97다58477 판결〔손해배상(기)〕
〈사실관계〉

1. X는 Y증권회사 직원인 A로부터 1년을 계약기간으로 하여 연 30퍼센트의 비율에 의한 수익금을 보장해 주기로 하는 내용의 이행각서를 교부받은 후, 주식매매거래 계좌설정약정을 체결하고 투자금 12억 원을 입금하였다.

2. A는 X의 주식예탁금을 갖고 같은 회사의 직원인 B의 추천에 따라 일임매매를 하였는데, 주가가 상승하자 X에게 5억 원을 추가 예치하면 1개월 이내에 20퍼센트의 수익금 1억 원을 보장한다는 제안을 하여 이와 같은 내용의 이행각서를 작성해 주고 X로부터 추가 투자를 받았다. 그러나 A가 집중 매수한 주식의 주가가 주가조작에 의해 큰 폭으로 하락하여 X는 큰 손실을 입게 되었다.

3. A는 증권투자자문업자나 투자상담사로 등록되어 있지 않을뿐더러 투자 추천을 주도한 B는 27세의 고졸 학력으로 특별한 경력이 없는 사람이다. A는 투자수익보장약정이 법령에 의하여 금지된 것이라는 점에 대하여도 전혀 설명하여 준 사실이 없다.

〈법원의 판단〉

증권회사의 임직원이 강행규정에 위반한 투자수익 보장으로 투자를 권유하였으나 그 결과 손실을 보았을 때에 투자자에 대한 불법행위책임이 성립하기 위하여는, 거래 경위와 거래방법, 고객의 투자 상황, 거래의 위험도 및 이에 관한 설명의 정도 등을 종합적으로 고려한 후 당해 권유행위가 경험이 부족한 일반 투자자에게 거래행위에 필연적으로 수반되는 위험성에 관한 올바른 인식 형성을 방해하거나 고객의 투자 상황에 비추어 과대한 위험성을 수반하는 거래를 적극적으로 권유한 경우에 해당하여 결국 고객에 대한 보호의무를 저버려 위법성을 띤 행위인 것으로 평가될 수 있어야 한다.

증권회사 직원의 고객에 대한 강행규정에 위반한 투자수익보장약정을 내세운 투자 권유행위가 증권거래행위에 수반되는 위험성에 관한 올바른 인식 형성을 방해하고, 고객의 투자 상황에 비추어 과대한 위험성을 수반하는 거래를 적극적으로 권유한 경우에 해당하여 고객에 대한 불법행위책임이 성립한다.

VII. 기타 고객보호의무

〔판례 9-28〕 대법원 2015. 5. 14. 선고 2013다2757 판결〔상환금〕─주가연계증권(ELS) 기초자산 헤지거래와 조건 성취 방해

• 사실관계

1. 주가연계증권의 발행

Y증권회사(대우증권)는 2005. 3. 16. 다음 조건으로 주가연계증권(이하 '이 사건 ELS'라 한다)을 발행하였고, X들은 이 사건 ELS를 매입하였다.

① 이 사건 ELS는 1매의 액면가가 1만 원으로 삼성SDI 보통주를 기초자산으로 하고, 발행일의 삼성SDI 보통주 종가인 10만 8,500원을 기준가격으로 하고, 중간평가일 및 만기평가일의 삼성SDI 보통주 종가를 그 평가가격으로 하며, 중간평가일은 2005. 7. 18(1차), 2005. 11. 16(2차), 2006. 3. 16(3차), 2006. 7. 18(4차), 2006. 11. 16(5차), 2007. 3. 16(6차), 2007. 7. 16(7차), 2007. 11. 16(8차)로 총 8차에 걸쳐 있고, 만기평가일은 2008. 3. 17.이다.

② Y는 이 사건 ELS의 투자자에게, (i) 각 중간평가일에 삼성SDI 보통주 중간평가가격이 기준가격보다 높거나 같을 경우 또는 기준가격 결정일 다음 날인 2005. 3. 17.부터 해당 중간평가일까지 삼성SDI 보통주 가격이 장중가를 포함하여 한 번이라도 기준가격의 110퍼센트 이상으로 상승한 적이 있는 경우에는 이 사건 ELS의 액면금에 각 차수가 도래할 때마다 액면금의 3퍼센트씩 증액된 수익금(연 9퍼센트의 수익금)을 더하여 중도상환금으로 지급하고, (ii) 중도상환이 이루어지지 아니하고 만기에 이른 때에는 그 만기평가가격이 기준가격보다 높거나 같은 경우 또는 8차 중간평가일 다음 날부터 만기평가일까지 삼성SDI 보통주의 가격이 장중가를 포함하여 한 번이라도 기준가격의 110퍼센트 이상으로 상승한 적이 있는 경우에는 이 사건 ELS 액면금액의 127퍼센트를, 위 조건이 충족되지 아니한 상태에서 삼성SDI 보통주 가격이 2005. 3. 17.부터 만기평가일까지 한 번도 기준가격 대비 40퍼센트 이상 하락한 적이 없는 경우에는 액면금액을, 위 두 조건이 모두 충족되지 아니한 경우에는 '액면금액×(만기평가가격/기준가격)'으로 계산한 금액을 만기상환금으로 지급한다.

2. 델타헤지거래

① ELS를 발행한 증권회사는 자기 또는 제3자를 통하여 기초자산의 가격 변화에 대한 옵션가치의 민감도를 표현하는 단위인 델타값에 근거하여 적정한 수량의 기초자산을 보유하여 옵션의 손익과 보유하는 기초자산의 손익이 상쇄되도록 하는 금융기법인 이른바 델타헤지(delta hedge)를 하는 방법으로 기초자산을 거래함으로써 그 가격 변동으로 야기되는 위험을 관

리함과 동시에 그 과정에서 얻는 이익을 ELS의 상환재원으로 활용할 수 있다. Y도 삼성SDI 보통주를 기초자산으로 하여 운용하는 ELS 전체를 합하여 델타헤지거래를 하였는데, 2005. 7. 중순부터 이 사건 중간평가일까지는 대체로 델타값보다 약 15퍼센트 정도 많게 주식보유량을 유지하면서 델타값의 증감에 따라 이를 조절하였다.

② 이 사건 ELS의 2차 중간평가일인 2005. 11. 16(이하 '이 사건 중간평가일'이라 한다)의 삼성SDI 보통주는 기준가격인 10만 8,500원에 거래되기 시작하여 같은 날 12시경부터 거래가 종료되기 10분 전인 14시 50분경까지는 위 기준가격 이상인 10만 8,500원 또는 10만 9,000원의 가격으로 거래되고 있었다. 한편 Y는 그 전날인 2005. 11. 15. 장 종료 무렵 삼성SDI 보통주 28만 7,221주를 보유하고 있었고, Y가 삼성SDI 보통주를 기초자산으로 하여 운용하는 ELS 전체의 델타값은 이 사건 중간평가일 종가가 10만 8,500원으로 결정될 경우에는 −127만 137이고, 종가가 10만 8,000원으로 결정될 경우에는 −19만 2,137이었다.

③ Y는 이 사건 중간평가일에 Y회사의 장외거래(OTC) 파생상품부 상품계좌를 통해 삼성SDI 보통주에 관하여 접속매매 시간대에 18만 주, 단일가 매매 시간대에 13만 4,000주의 매도주문을 하여 그중 9만 8,190주를 매도하였는데, 그 구체적 내역은 다음과 같다.

(i) Y는 이 사건 중간평가일 오전 11시 15분 32초부터 11시 17분 10초까지 6회에 걸쳐 합계 16만 주의 삼성SDI 보통주에 관하여 직전체결가인 10만 8,500원보다 1호가에서 5호가 높은 10만 9,000원에서 11만 1,000원 사이의 호가로 매도주문을 하였으나, 11시 15분 32초에 주문한 1만 주(매도호가 10만 9,000원)만 계약이 체결되고 나머지 주문은 계약이 체결되지 아니하였다. Y회사는 같은 날 14시 27분 14초와 14시 48분 31초에도 직전체결가인 10만 8,500원보다 1호가 높은 10만 9,000원에 각 1만 주의 매도주문을 하였으나, 14시 27분 14초에 한 주문 중 2,190주만 계약이 체결되었다. 그 결과 Y회사가 이 사건 중간평가일 장중 접속매매 시간대에 매도한 삼

성SDI 보통주는 1만 2,190주에 불과하였다.

(ii) Y는 위와 같은 매도주문과 별도로 이 사건 중간평가일의 10시 48분 51초부터 11시 28분 44초까지 7차례에 걸쳐 합계 7만 주의 매수주문을 하였으나 계약이 체결되지 아니하였다.

(iii) Y는 삼성SDI 보통주에 관하여 이 사건 중간평가일의 단일가매매 시간대인 14시 52분 54초에 2만 주, 14시 53분 10초에 8,000주(14시 53분 48초에 주문이 취소되었다), 14시 53분 27초에 2만 주, 14시 54분 11초에 6,000주에 관하여 각 10만 7,500원에 매도주문을 하였고, 그로 인하여 삼성SDI 보통주의 예상체결가격은 10만 9,500원에서 10만 8,500원으로 하락하였다. Y회사는 같은 날 14시 54분 56초에 2만 주, 14시 55분 40초에 2만 주에 관하여 각 10만 8,500원에, 14시 57분 46초에 2만 주, 14시 58분 48초에 1만 주, 14시 59분 42초에 1만 주에 관하여 각 10만 8,000원에 매도주문을 하였고, 그 결과 이 사건 중간평가일의 종가는 10만 8,000원으로 결정되어 이 사건 ELS의 중도상환조건이 성취되지 아니하였다.

(iv) Y가 이 사건 중간평가일 단일가매매 시간대에 삼성SDI 보통주에 관하여 한 매도주문 수량은 전체의 약 79퍼센트에 이르렀고, 계약체결관여율도 약 95퍼센트에 달하였다.

3. X들은 Y의 주식매도로 인하여 중도상환조건이 성취되지 못한 것이 민법 제150조 제1항에 규정된 '조건의 성취로 인하여 불이익을 받을 당사자가 신의성실에 반하여 조건의 성취를 방해한 때'에 해당한다고 주장하고 Y에게 조건 성취에 따른 중도상환금의 지급을 청구하였다.

• 법원의 판단

제1심(서울중앙지방법원 2010. 5. 28. 선고 2009가합116043 판결)과 제2심(서울고등법원 2012. 12. 14. 선고 2010나58607 판결)은 모두 원고 청구를 기각하였으나 대법원은 원심판결을 파기환송하였다.

…구 증권거래법 제52조 제3호는 증권회사 또는 그 임직원에 대하여 유가증권의 발행 또는 매매, 기타 거래와 관련하여 투자자의 보호 또는 거래의 공정을 저해하는 행위를 금지하고 있고… 구 증권업감독규정 제4-4조 제1항은 증권회사로 하여금 고객과의 사이에서 이해가 상충하지 않게 하고 이해상충이 불가피한 경우에는 고객이 공정한 대우를 받을 수 있도록 적절한 조치를 취하도록 규정하고 있다. 민법과 구 증권거래법등의 규정 취지에 비추어 보면, 증권회사는 유가증권의 발행, 매매, 기타의 거래를 함에 있어 투자자의 신뢰를 저버리는 내용 또는 방법으로 권리를 행사하거나 의무를 이행하여 투자자의 보호나 거래의 공정을 저해하여서는 안 되므로 투자자와의 사이에서 이해가 상충하지 않도록 노력하고, 이해상충이 불가피한 경우에는 투자자가 공정한 대우를 받을 수 있도록 적절한 조치를 취함으로써 투자자의 이익을 보호하여야 하며, 정당한 사유 없이 투자자의 이익을 해하면서 자기 또는 제3자의 이익을 추구하여서는 안 된다.

따라서 증권회사가 약정 평가기준일의 기초자산가격 또는 지수에 연계하여 투자수익이 결정되는 유가증권을 발행하여 투자자에게 판매한 경우에는, 증권회사가 설사 기초자산의 가격 변동에 따른 위험을 회피하고 자산운용의 건전성을 확보하기 위하여 위험회피거래를 한다고 하더라도, 약정 평가기준일의 기초자산가격 또는 지수에 따라 투자자와의 사이에서 이해가 상충하는 때에는 그와 관련된 위험회피거래는 시기·방법 등에 비추어 합리적으로 하여야 하며, 그 과정에서 기초자산의 공정한 가격 형성에 영향을 끼쳐 조건의 성취를 방해함으로써 투자자의 이익과 신뢰를 훼손하는 행위를 하여서는 안 된다.

…피고가 이 사건 ELS와 관련된 델타헤지거래로 삼성SDI 보통주를 매도하는 것은 기본적으로 위험회피라는 자신의 이익을 위하여 행하는 것이므로 그 과정에서 투자자의 신뢰나 이익이 부당하게 침해되어서는 안 된다고 할 것인바, 이 사건과 같이 중간평가일의 기초자산 가격이 중도상환 조건을 성취시키는 가격에 근접하여 형성되고 있어 그 종가에 따라 중도

상환조건이 성취될 가능성이 커서 피고와 투자자 사이의 이해관계가 서로 상충하는 상황에서 피고는 중도상환조건의 성취 여부에 최소한의 영향을 미치는 방법으로 헤지거래를 함으로써 투자자를 보호해야지 그 반대로 중도상환조건의 성취를 방해함으로써 투자자의 신뢰를 저버리는 헤지거래를 하여서는 안 된다.

… 그런데 피고는 이 사건 중간평가일의 삼성SDI 보통주 종가가 이 사건 ELS의 상환기준가격인 10만 8,500원으로 결정되는 경우 그 델타값인 −12만 7,137에 따라 보유하고 있던 삼성SDI 보통주 28만 7,221주 중 약 16만 주(≒28만 7,221주−12만 7,137)를, 종가가 상환조건이 성취되지 아니하는 10만 8,000원으로 결정되는 경우 그 델타값인 −19만 2,137에 따라 약 9만 5,000주(≒28만 7,221주−19만 2,137)를 각 매도할 필요가 있었는바, 중도상환조건 성취 여부와 무관하게 보유하고 있던 삼성SDI 보통주 중 상당량을 이 사건 중간평가일의 접속매매 시간대 전체에 걸쳐 분산하여 매도함으로써 중도상환조건 성취 여부를 결정하는 요소인 종가 결정에 미치는 영향을 최소화할 의무가 있었다. 나아가 단일가매매 시간대 직전의 삼성SDI 보통주의 가격이 기준가격을 상회하여 투자자로서는 이 사건 ELS의 중도상환조건이 충족될 것으로 기대할 수 있었으므로, 피고는 단일가매매 시간대에 시장수급에 영향을 줄 것이 예상되는 대량의 매도주문을 하려면 조건 성취에 영향을 미치지 않도록 기준가격 이상의 호가를 제시하였어야 했다(피고가 이 사건 중간평가일에 이르기까지 델타헤지를 하면서도 삼성SDI 보통주를 델타값에 일치시키지 않고 그 이상으로 보유하여 온 점에 비추어 볼 때, 이를 요구하는 것이 피고에게 과다한 위험을 부담시키는 것도 아니다).

그럼에도 피고는 이 사건 중간평가일의 접속매매 시간대에는 매도주문 시 그 호가 대부분을 직전체결가보다 높게 제시하여 대부분의 계약 체결이 무산되는 결과를 초래하고 오히려 총 7만 주의 매수주문을 내기도 하는 한편, 단일가매매 시간대에는 같은 시간대 전체 매도주문의 약 79퍼센트를 차지하는 13만 4,000주에 관하여 매도주문을 하면서 그중 9만 4,000주에 관하여는 기준가격인 10만 8,500원에 미치지 못하는 호가를 제시하였고, 단일매매 시간대 전까지 기준가격인 10만 8,500원 이상으로 거래되고 있던 삼성SDI 보통주가 피고의 위와 같은 대량매도주문으로 인하여 종가가 10만 8,000원으로 결정되었고, 결국 이 사건 ELS의 중도상환조건 성취가 무산되었다. 피고의 이러한 행위는 원고들에 대한 투자자보호의무를 게을리한 것으로서 신의성실에 반하여 이 사건 ELS의 중도상환조건 성취를 방해한 것이라고 볼 여지가 충분하다

| 참고 사항 |

증권회사가 ELS의 기초자산인 주식을 대량매도하여 상환조건 성취를 무산시킨 결과 손해를 입은 ELS 투자자들의 증권집단소송에 관한 대법원 2015. 4. 9.자 2013마1052, 1053 결정에 대하여는 '제7장의 II. 부정거래행위에 대한 민형사책임' 참조. 또한 증권회사 직원이 ELS의 기초자산인 주식을 대량매도하여 조기상환 기준가격 미만으로 종가가 형성되도록 한 행위가 시세고정행위에 해당한다고 본 〔판례 6-9〕 대법원 2015. 6. 11. 선고 2014도11280 판결 참조.

10

집합투자, 투자자문 및 투자일임

I. 집합투자(1) — 집합투자기구의 설정 및 수익증권의 판매

〔판례 10-1〕 대법원 2020. 2. 27. 선고 2016다223494 판결〔손해배상
(기)〕— 설정을 주도하고 투자를 권유한 자산운용회사의 투자자
보호의무

• 사실관계

1. 2007. 12. Y1(D자산운용)은 '대신 사모 라발로 특별자산투자신탁'(이
하 "대신라발로펀드") 1호와 2호를 설정하였고, 그 수익증권을 기관투자자
들이 매수하였다. 그 투자신탁재산 185억 원은 대신라발로유한회사의 지
분 100% 취득에 사용되었다. 대신라발로유한회사는 미국회사 Dashin
Ravallo USA LLC의 지분 100%를 취득하였고, Dashin Ravallo USA LLC는
미국 플로리다주시에 리조트 건설사업(이하 "이 사건 개발사업")을 시행하

는 미국회사 Ravallo Resort Development Company LLC(이하 'RRDC')의
지분(인수 당시 지분율 15%)을 취득하였다.

2. 2008. 5. 16. Y1은 대신라발로펀드 3호와 4호를 설정하였고, 그 투자
신탁재산 230억 원은 Y1이 지배하는 미국회사 Dashin Ravallo USA 2nd
LLC(이하 '대신라발로2')의 지분(100%) 취득자금 및 위 회사에 대한 대여금
으로 사용되었으며, 대신라발로2는 RRDC의 지분 13%를 취득하였다.

3. Y1은 X(신용협동조합중앙회)에게 대신라발로펀드 3, 4호의 수익증권
90억 원 상당을 매수할 것을 권유하면서 투자설명서도 교부하였고, X도 이
를 매수하려 하였으나 신용협동조합법상 특별자산투자신탁에 대한 투자
가 금지되어 있어 X의 투자가 불가능하게 되었다.

4. 이에 X, Y1과 Y2(M자산운용)는 Y2가 부동산투자신탁을 설정하면 X가
그 수익증권을 매수하여 대신라발로2에 투자하기로 합의하였다. Y2는 X
에게 교부한 '마이애셋사모라발로투자신탁' 투자설명서는 Y1이 대신라발
로펀드 3, 4호 투자를 권유하면서 교부한 투자설명서와 펀드의 수익구조,
위험요인 등에 관하여 동일한 내용을 담고 있다. 다만 Y2가 교부한 투자
설명서에는 Y1의 투자설명서와 달리, 자산운용회사에 대한 성공보수 약정
이 없고, 투자신탁재산이 국내의 특수목적회사에게 대출된 다음에 다시 미
국의 특수목적회사(대신라발로2)에게 투자된다는 내용, Y2가 설정하는 부
동산 투자신탁과 대신라발로펀드는 미국의 특수목적회사의 공동지분권자
로서 지분율에 따라 동등한 권리를 가지고 수익금 역시 동등하게 나눈다
는 내용 등이 추가로 기재되어 있다.

5. X는 Y2가 설정한 부동산투자신탁(이하 '이 사건 투자신탁')의 수익증
권 80억 원 상당을 매수하였다. Y2는 이 사건 투자신탁의 재산을 Y2가 설
립한 국내 SPC인 텍스코인베스트먼트제이차 유한회사(이하 '텍스코')에게
대출하였고, 텍스코는 대신라발로2의 지분 일부를 취득하고 또 대신라발
로2에게 자금을 대출해 주었다.

6. 최종적으로 대신라발로펀드 3, 4호는 대신라발로2의 지분 72%를, 텍

스코는 대신라발로2의 지분 28%를 보유하게 되었고, 대신라발로2는 라발로 컴퍼니의 지분 13%를 취득하였다.

7. 그러나 이 사건 개발사업은 당초 예정한 건설대출이 무산되고 이 사건 투자신탁의 만기일인 2011. 6. 16.까지 공사를 착공하지도 못하는 등 결국 실패하였다. X는 Y1과 Y2를 상대로 손해배상을 청구하였다.

• 법원의 판단

▌**원심 : 서울고등법원 2016. 4. 22. 선고 2015나2032248 판결— 원고청구 기각**

원심은 Y1은 이 사건 투자신탁의 자산운용회사가 아니고, Y2는 X와의 사이에서, 이 사건 투자신탁재산을 실제 운용하지 않고 이를 Y1이 지배하는 대신라발로2의 계좌에 입금함으로써 그 임무가 종료된다는 합의를 하였다고 하며, Y1과 Y2는 모두 X에 대해서 이 사건 투자신탁에 대한 설명의무와 투자자 보호의무, 선량한 관리자의 주의의무 등을 부담하지 않는다고 판시하였다.

▌**대법원 : 파기환송**

자산운용회사와 투자자 사이에는 투자신탁에 관한 지식, 경험, 능력 면에서 차이가 존재한다. 이러한 정보의 비대칭성 및 자금제공 기능과 투자관리 기능의 분리로 인하여 시장에서의 투자자료 수집과 제공이 원칙적으로 전문적 투자관리자에게 맡겨질 수밖에 없는 간접투자의 일반적 특성 등에 비추어 보면, 자산운용회사 본인이 직접 설정하거나 운용하는 투자신탁이 아니라 하더라도 그 투자신탁재산의 수익구조나 위험요인과 관련한 주요 내용을 실질적으로 결정하는 등으로 투자신탁의 설정을 사실상 주도하였다고 볼 만한 특별한 사정이 있다면, 자산운용회사가 해당 투자신탁상품을 투자자에게 권유할 때는 투자신탁상품의 투자권유자로서, 투자신탁의 수익구조와 위험요인을 합리적으로 조사하여 올바른 정보를 투자자에게 제공하여야 할 투자자 보호의무를 부담한다고 보아야 한다.

…X가 이 사건 투자신탁의 수익증권을 매수한 것은 Y1의 권유에 따른 것임을 알 수 있고, 나아가 Y1이 이 사건 투자신탁의 수익구조와 위험요인과 관련된 주요 내용을 실질적으로 결정하는 등 이 사건 투자신탁의 설정을 사실상 주도하였다고 봄이 상당하다.

따라서 Y1이 이 사건 투자신탁의 자산운용회사가 아니므로 자산운용단계에서 선관주의의무 등을 부담하지 않는다고 하더라도, X에게 이 사건 투자신탁의 수익증권 매수를 권유하는 단계에서는 그 수익구조와 위험요인을 합리적으로 조사하여 올바른 정보를 제공하여야 할 투자자 보호의무를 부담한다고 할 것이다.

…Y2는 X와 이 사건 투자신탁 자산운용계약을 체결하고 원고로부터 적법한 보수를 수령하여 온 이 사건 투자신탁의 자산운용회사이다. …Y2가 X에게 교부한 투자설명서에도 이 사건 투자신탁재산이 국내의 특수목적회사인 텍스코를 통하여 대신라발로2에 투자된다는 점을 비롯하여 이 사건 투자신탁과 대신라발로 펀드의 투자구조가 다르다는 점이 적시되어 있다. …Y2는 X의 투자금을 대신라발로2의 계좌에 입금한 이후에도 계속해서 X로부터 자산운용보수를 지급받았다.

사정이 이와 같다면, Y2는 이 사건 투자신탁의 자산운용회사로서 자산운용계약 체결을 위해 권유하는 단계에서 투자자인 X를 보호하여야 할 주의의무를 부담하고, 자산운용단계에서는 선량한 관리자의 주의로 투자자인 X의 자산을 운용하여야 할 주의의무를 부담한다고 보아야 한다. 이는 Y1과 같은 제3자가 이 사건 투자신탁의 설정을 사실상 주도하였다고 하여 달리 볼 것은 아니다.

〔**판례 10-2**〕대법원 2015. 12. 23.선고 2013다40681 판결〔손해배상〕─착 오에 기한 수익증권 매매계약의 취소

• 사실관계

1. 2007. 5. F쉽핑주식회사는 SPC 명의로 이 사건 선박을 매수하기 위한 매매계약을 체결하고, 피고 S증권 직원A에게 그 매수자금을 조달하기 위한 선박펀드 조성을 부탁하였다. S증권은 구 간접투자법에 따른 투자신탁으로 조달한 자금을 선박매수자금으로 제공한 후 펀드 운용기간 동안 F쉽핑이 이 사건 선박을 운용하면서 얻는 용선료 수입을 재원으로 투자금을 회수하는 구조로 이 사건 펀드를 설정하였다.

2. F쉽핑은 이 사건 선박을 SPC로부터 나용선한 후 H상선에게 5년간 정기용선하기로 하는 내용의 사전약정을 H상선과 체결하였다.

3. F쉽핑의 대표이사 B는 사전약정서의 앞면에 "선박소유자와 F쉽핑의 나용선계약이 해지되는 모든 경우에 정기용선자인 H상선이 F쉽핑의 나용선계약을 승계하여 F쉽핑의 선박소유자에 대한 의무를 승계하거나 F쉽핑이 선박소유자에 대해 부담하는 채무 이상의 가격으로 선박을 매수하여야 한다."는 내용의 대체선사약정을 삽입하여 위조한 후 이를 A에게 교부하였다.

4. 피고 S자산운용은 S증권의 요청으로 이 사건 펀드의 자산운용회사로 참여하면서 위와 같이 위조된 사전약정서 등을 받아, 이를 기초로 대체선사약정이 포함되어 있음을 전제로 이 사건 펀드의 구조, 수익성 등을 설명한 제안서를 작성하였고, S증권은 그 제안서를 원고 등 투자자에게 교부, 설명하면서 투자를 권유하였다. 원고는 2007. 6. 27. 이 사건 펀드에 100억 원을 투자하였다.

5. 2008. 9.경 H상선은 이 사건 선박의 감항능력 부족 등을 이유로 정기용선계약의 해지를 요구하였고 F쉽핑이 이에 동의하여 그 무렵 해지되었

다. F쉽핑은 2009. 11. 사실상 도산하였고, 2009. 8. 이 사건 선박은 선박채권자에게 압류되어 경매절차가 개시되었다.

6. 이 사건 펀드는 2013. 2. 27. 청산되어 청산금이 지급된 2013. 2. 28.까지 원고는 총 약 32억 원만을 회수하였다.

7. A와 B는 F쉽핑을 나용선사로 하는 7건의 선박펀드를 조성하였는데 모두 정기용선계약서의 위조 등의 문제가 있어, B는 사문서위조와 사기, A는 펀드조성과 관련한 금품등을 제공받은 혐의로 형사처벌되었다.

8. 원고는 (i) 주위적 청구로 피고 S증권이 사전약정서 중 대체선사약정 관련 부분이 위조된 사실을 알면서도 원고를 기망하여 수익증권을 매수하도록 권유하였고, 그에 따라 원고는 수익성에 관한 중요 부분의 착오로 S증권으로부터 수익증권을 매수하였다고 주장하며, S증권에 대하여 기망 또는 착오를 이유로 수익증권의 매매계약을 취소하고 그 매매대금 상당의 부당이득반환을 구하였고, (ii) 예비적 청구로 S증권과 K자산운용에 대하여 투자자보호의무 위반등에 따른 손해배상을 청구하였다. 예비적 청구에 대해 원심이 S증권과 K자산운용의 투자자보호의무 위반을 인정하되 손해배상책임을 40%로 제한하였고, 원피고 양쪽의 상고가 모두 기각되었다.

• 법원의 판단

▌원심 : 서울고등법원 2013. 4. 19. 선고 2012나26864 판결

S증권이 이 사건 수익증권을 소유의 의사로 취득한 후 이를 원고에게 양도한 것이라고 보기는 어렵다. …그러므로 원고가 S증권으로부터 이 사건 수익증권을 취득한 법률관계가 간투법상의 판매계약이거나 민법의 매매계약이 적용되는 법률관계임을 전제로 하는 원고의 위 주장은 더 나아가 보지 않아도 이를 받아들일 수 없다.

설령 원고가 S증권으로부터 이 사건 수익증권을 인수한 법률관계를 민법의 매매계약으로 볼 수 있다고 하더라도, 원고가 주장하는 것과 같은 기

망 또는 착오에 의한 의사표시 취소는 그 취소사유가 있음을 안 날로부터 3년 내에 해야 한다. …따라서 원고는, … 원고의 실무자가 피고 K자산운용의 직원으로부터 이 사건 대체선사약정이 위조되었음을 확인한 2008. 12. 10.경에는 적어도 이 사건 대체선사약정이 포함된 이 사건 사전약정서가 위조되었음을 확정적으로 인식하였거나, 인식할 수 있었을 것으로 추론된다. 그렇다면 원고는 그 무렵 S증권으로부터 이 사건 수익증권을 매수한 계약의 의사표시에 하자가 있음을 알았다고 볼 것이고, 그로부터 3년이 도과한 후인 2011. 12. 15. 이루어진 원고의 취소 주장은 제척기간을 도과하여 받아들일 수 없다.

▌대법원 : 상고기각

구 간접투자법에 따라 설정된 투자신탁에서, 투자자는 자산운용회사와 사이에 투자신탁에 관한 투자계약을 체결하는 방식으로 투자신탁에 가입하는 것이 아니라, 판매회사로부터 자산운용회사가 발행한 수익증권을 매수하여 투자신탁의 수익자가 됨으로써 자산운용회사, 수탁회사와 사이에 투자신탁과 관련한 법률관계를 형성하고, 이러한 법률관계는 공모투자신탁뿐 아니라 사모투자신탁에서도 마찬가지이다(대법원 2012. 12. 26. 선고 2010다86815 판결 참조).

원심판결 이유에 의하더라도 원고는 이 사건 펀드에 100억 원을 투자하고 판매회사인 피고 S증권으로부터 이 사건 수익증권을 취득하였다는 것이므로, 피고 S증권이 애초 이 사건 수익증권을 소유의 의사로 인수하였다가 원고에게 양도하였는지와 무관하게 원고와 피고 S증권 사이에는 이 사건 수익증권에 관한 매매계약이 체결되었다고 할 것이고, 거기에 민법 제107조 이하 의사표시의 하자에 관한 규정의 적용이 배제될 만한 사정이 보이지 아니한다. 따라서 이 사건 수익증권에 관한 원고와 피고 S증권 사이의 위 법률관계를 기망 또는 착오를 이유로 취소할 수 없다고 한 원심판단에는 구 간접투자법상의 투자신탁에 관한 법리를 오해한 잘못이 있다.

그런데 … 원고는 적어도 그 직원이 피고 K자산운용의 직원으로부터 이 사건 대체선사약정이 위조되었음을 확인한 2008. 12. 10.에는 이 사건 수익증권 매매계약을 추인 또는 취소할 수 있었다고 할 것이다. 따라서 그로부터 3년이 지난 후인 2011. 12. 15.에 이루어진 원고의 이 사건 수익증권 매매계약 취소의 의사표시는 제척기간이 지난 후에 이루어진 것이어서 효력이 없다고 한 원심의 판단은 수긍할 수 있고, 거기에 제척기간 기산점에 관한 법리를 오해하는 등의 위법이 없다.

그렇다면 피고 S증권이 소유의 의사로 이 사건 수익증권을 취득하였다가 이를 원고에게 양도한 것으로 보기 어렵다는 이유로 원고가 이 사건 수익증권 매매계약을 취소할 수 없다고 한 원심의 판단은 잘못이지만, 원고의 취소 주장은 결국 받아들여질 여지가 없어 원심의 위와 같은 위법은 판결에 영향이 없으므로, 원고의 이 부분 상고이유 주장은 받아들이지 아니한다.

| 더 생각해 볼 사항 |

최근 금융분쟁조정위원회가 라임 펀드 및 옵티머스 펀드의 수익증권 판매에 관하여 투자자의 착오에 기한 수익증권 매매계약의 취소를 인정하는 결정을 내렸다.[73] 종전에도 하급심 판결례로는, 투자자가 사기·착오를 이유로 수익증권매매계약을 취소하고 판매회사에게 부당이득을 청구한 사건에서 판매회사가 자신은 집합투자업자의 대리인 또는 중개인에 불과하다고 항변하였으나, "판매회사는 수익증권의 판매에 있어서 단순히 자산운용회사의 대리인에 불과한 것이 아니라 투자자의 거래상대방의 지위에서 판매회사 본인의 이름으로 투자자에게 투자를 권유하고 수익증권을 판매하는 지위에 있다"는 대법원 2006. 12. 8. 선고 2002다19018 판결과 대법

---

73) 라임펀드에 관한 금융분쟁조정위원회 조정결정(조정일자: 2020. 6. 30., 조정번호: 제2020-4호, 제2020-5호); 금융감독원 보도자료(2021. 4. 6.)(금융분쟁조정위원회, 옵티머스펀드 투자원금 전액 반환 결정).

원 2011. 7. 28. 선고 2010다76382 판결[74]을 들어 항변을 배척한 판결례들이 있었다.[75] · [76]

착오로 인한 수익증권 매매계약의 취소와 관련된 법적인 쟁점 중 하나는 판매회사의 법적 지위가 무엇인가이다. 자본시장법은 집합투자업자가 투자신탁 수익증권을 판매하고자 하는 경우에는 원칙적으로 투자매매업자와 판매계약을 체결하거나 투자중개업자와 위탁판매계약을 체결할 것을 요구한다(동법 제184조 제5항). 특히 집합투자업자와 위탁판매계약을 체결한 투자중개업자의 법적 지위에 대해 논란이 있을 수 있다. 집합투자업자의 대리인인지, 집합투자업자와 투자자 간의 거래를 중개하는 중개인인지, 자신의 이름으로 그러나 집합투자업자의 계산으로 거래하는 준위탁매매업자인지, 아니면 다른 법적인 지위를 가지는지를 살펴볼 필요가 있는데 이 점은 기본적으로 투자중개업자와 집합투자업자가 체결한 계약의 내용에 따라 결정될 문제라고 할 수 있다. 이 논의는 주로 판매회사가 집합투자업자와의 관계에서 어떠한 법적 지위를 가지는가에 초점이 맞추어져 있지

---

74) 대법원 2006. 12. 8. 선고 2002다19018 판결은 구 증권투자신탁업법상의 환매와 관련한 사건에서 판매회사의 지위를 다루었고, 대법원 2011. 7. 28. 선고 2010다76368 판결은 구 간접투자자산운용업법에 따른 판매회사의 수익증권 판매시 투자자보호의무를 다루었다.

75) (i) 서울고등법원 2015. 12. 18. 선고 2014나60608판결(대법원 2016. 4. 28. 선고 2016다3638판결로 상고기각)은 항공기에 투자하는 사모투자신탁의 투자자가 착오 취소를 근거로 판매회사에게 행한 부당이득반환청구를 인용하였다.
(ii) 서울중앙지방법원 2009. 10. 29 선고 2008가합122881 판결은 장외파생상품에 투자하는 투자신탁의 투자자가 예금과 유사한 상품으로 착오하여 수익증권을 매입하였으니 그 매입을 취소한다고 주장한 사건에서 판매회사의 수익증권 매매계약상 당사자의 지위와 투자자의 착오를 인정하였으나 투자자에게 중대한 과실이 있다고 하여 취소를 인정하지 않았다.
투자자만 상고하여 상고기각 상고기각되었고 대법원은 판매회사의 지위는 다루지 않았다(대법원 2011. 7. 28 선고 2010다69193 판결).

76) 이에 관련된 대법원과 하급심 판결례를 상세히 정리한 최근 문헌으로는 정재은, "사모펀드 판매 관련 법적 쟁점", BFL 제104호(2020. 11.).

만, 판매회사가 투자자와의 관계에서 어떠한 법적 지위를 가지는가도 검토해 볼 필요가 있다.

착오로 인하여 투자자가 판매회사를 상대로 수익증권 매매계약을 취소한 경우 애초의 수익증권 발행의 효력에는 어떠한 영향이 있는지도 검토할 문제의 하나이다.

한편 수익증권 매매계약을 적법하게 취소한 투자자에게 판매회사가 수익증권매매대금을 부당이득으로 반환한 경우, 판매회사가 집합투자업자 등 펀드 설정과 판매에 관여한 다른 당사자에게 구상할 수 있는지가 문제될 수 있다. 이 쟁점에 관하여 최근 대법원 2021. 6. 10. 선고 2019다226005 판결은 "원고(=판매회사)가 선행판결[77]에 따라 개인투자자들에게 수익증권매매대금을 부당이득으로 반환하였다면, 피고들(∋집합투자업자) 중 원고와 함께 공동불법행위책임을 부담하는 자들 사이에서는 원고가 지급한 부당이득반환금에 의하여 소멸된 손해배상채무 중 원고의 부담 부분을 넘는 부분에 대하여 공동의 면책이 이루어졌다고 볼 수 있다"고 판시하고 구상금청구를 기각한 원심판결을 파기하였다.

☞ 투자신탁수익증권 판매와 관련된 설명의무에 대하여는 다음의 판례 참조

　〔판례 9-2〕 대법원 2010. 11. 11. 선고 2008다52369 판결

　〔판례 9-4〕 대법원 2003. 7. 11. 선고 2001다11802 판결

　〔판례 9-6〕 대법원 2011. 7. 28. 선고 2010다101752 판결

　〔판례 9-7〕 대법원 2006. 5. 11. 선고 2003다51057 판결

☞ 투자신탁수익증권 판매와 관련된 수익보장약정에 대하여는 다음의 판례 참조

　〔판례 9-12〕 대법원 1998. 10. 27. 선고 97다47989 판결

　〔판례 9-17〕 대법원 1997. 2. 14. 선고 95다19140 판결

---

77) 이 사건에서의 선행판결은 서울고등법원 2015. 12. 18. 선고 2014나60608판결과 이에 대한 상고를 기각한 대법원 2016. 4. 28. 선고 2016다3638판결.

II. 집합투자(2) — 집합투자재산의 운용

〔판례 10-3〕 대법원 2007. 9. 6. 선고 2004다53197 판결〔손해배상(기)〕 — 위탁회사가 교부한 운용계획서와 투자신탁약관이 다른 경우 운용계획서의 성격 및 위탁회사의 투자신탁운용 시 수익자보호 의무

● 사실관계

1. Y회사는 투자신탁운용회사로서 ○○중기공사채 투자신탁 제1호와 ○○장기공사채투자신탁 제1호(이 둘을 이하 '위 펀드'라 한다)를 설정하여 수익증권을 발행하고, A증권회사와 위탁판매계약을 체결하였다. X(신용카드회사)는 400억 원을 투자하여 A회사로부터 위 수익증권을 매수하였다. A회사는 1999. 5. 13. X에게 수익증권의 매수를 권유하며 Y회사로부터 제공받은 투자신탁운용계획이라는 문서를 교부하면서 그 내용을 설명하였다.

2. 위 펀드의 약관에는 투자상품에 관하여 신용평가등급에 따른 제한을 둔다는 내용이 전혀 없었고, A회사가 제시한 운용계획서의 펀드구성 항목에서는 트레이딩(trading)에 국공채, BBB+등급 이상의 회사채, A0등급 이상의 금융기관채를 대상으로 80퍼센트를 투자하고, 바이 앤드 홀드(buy & hold)에 A3-등급 이상의 기업어음(Commercial Paper. 이하 'CP'), 양도성 예금 증서(Certificate of Deposit, CD), 정기예금, 발행어음을 대상으로 20퍼센트를 투자하면 예상수익률이 최저 7.29퍼센트, 최고 12.91퍼센트로 계산된다는 내용이 기재되어 있었다.

3. Y회사는 위 펀드를 운용하면서 1999. 7. 15.경 대우그룹 소속 기업들이 발행한 CP를 대량으로 편입하였는데(일부는 1999. 4. 28.에 편입시켰으나 만기인 1999. 7. 28.에 만기가 연장되어 다시 편입되었다), 위 기업들의 CP는 대우그룹의 유동성 악화로 1999. 5.경 신용등급이 모두 B+ 내지 B등급 이하

로 하향 조정된 상태였다. 그후 1999. 7. 23.경부터 위 CP의 신용등급은 곤두박질쳤고, X는 금융시장 안정을 위해 내려진 대우그룹 발행 증권에 대한 수익증권 환매연기조치에 따라 위 수익증권의 환매도 하지 못하다가 만기일에 40억여 원의 상환금만 지급받았다.

4. X는 선택적으로 (i) Y회사가 작성하여 판매회사 A를 통하여 X에게 전달된 투자신탁운용계획서는 약관 내용을 보충하고 구체화한 당사자 간 개별 약정인데, 신용등급이 A3-등급 이하로 하락한 위 CP를 취득하였음을 이유로 약정 위반에 따른 손해배상책임과, (ii) Y회사가 위 CP들을 펀드에 편입한 무렵에는 이미 A그룹 계열사가 발행한 이 사건 CP들이 만기에 지급되지 못할 개연성이 높다는 사실을 알았으면서도 이를 이 사건 펀드에 편입하였음을 이유로 위탁회사의 수익자보호를 위한 선관주의의무 위반에 따른 손해배상책임을 청구하였다.

• 법원의 판단

1. 투자신탁운용계획서에 기속력이 있다는 주장에 관한 판단

증권투자신탁에서 투자자인 고객(이하 '투자자'라 한다)에게 약관의 내용과 다른 투자신탁운용계획서를 교부한 경우에 투자신탁운용계획서의 내용이 개별 약정으로서 구속력이 있는지 여부는 투자신탁운용계획서의 내용, 그와 같은 서류가 교부된 동기와 경위, 당사자의 진정한 의사 등을 종합적으로 고찰하여 논리와 경험칙에 따라 합리적으로 판단하여야 한다. 원심이 그 판결에서 들고 있는 증거들을 종합하여 그 판시와 같은 사실을 인정한 후, 이 사건 운용계획서가 투자자 모집을 위한 참고자료로 활용되도록 하기 위하여 작성된 문서로서, 그 내용도 투자대상을 일정 등급 이상의 회사채와 CP에 한정한다는 명시적인 내용이 아니고 단지 작성 당시의 예상수익률을 제시하고 그 예상수익률의 산출 근거로서 일정 등급 이상의 회사채와 CP 위주로 편입시킨다는 것을 예시적으로 설명한 것으로 보이기

때문에, 위와 같은 작성 목적과 명의, 형식 및 내용 등에 비추어 보면 이 사건 운용계획서는 작성 당시 예견할 수 있었던 제반 경제 상황을 바탕으로 향후의 펀드운용에 대한 계획을 나타내는 문서에 지나지 않는다고 할 것이므로, 그것이 판매회사인 A회사를 통하여 수익자인 X에게 전달되었다고 하더라도 곧바로 Y회사와 수익자 간 개별 약정의 내용이 되어 Y회사에게 구속력을 가진다고 볼 수는 없다고 판단한 것은 수긍할 수 있고, 거기에 의사해석에 관한 법리오해나 대법원판례 위반 등의 위법이 있다고 할 수 없다.

2. 선관주의의무 위반 주장에 관한 판단

▌원심 : 서울고등법원 2004. 8. 25. 선고 2002나26919 판결

이 사건에서 Y회사는 앞에서 본 바와 같이 대우그룹이 1998. 말경 이래로 자금 사정이 악화되어 여러모로 어려움을 겪고 있는 중이라는 사정은 알았다고 보아야 하겠지만, 대우그룹이 나름대로의 구조조정 시도를 계속하고 있었기 때문에 Y회사가 이 사건 각 펀드에 대우 계열사의 이 사건 CP들을 편입할 당시인 1999. 7. 15. 및 16.에 그 CP들이 단기간에 지급 불능되리라는 점을 예견하였거나 예견할 수 있었다고 단정하기는 어렵고 달리 이를 인정할 증거가 없다. 그것은 당시 대우그룹과 같이 국가경제 전체에서 차지하는 비중이 높은 기업집단이 부도처리되지는 않을 것이라는 예견이 비교적 통용되고 있었고, 또한 CP는 만기가 1~2개월로 단기이므로 대우그룹이 단기간 내에 부도를 내고 도산하리라고 예견하기는 어렵다고 봄이 상당하기 때문이다….

물론 대우그룹이 채권단에 긴급자금 지원요청을 한 1999. 7. 19. 이후에는 대우그룹이 현저한 자금 사정 악화로 극도의 유동성 위기에 직면하고 있고 이를 방치할 경우 결국 도산절차에 이르게 될 정도라는 사정이 외부에 밝혀졌다 할 것이므로 1999. 7. 19. 이후 대우계열사의 CP를 신탁재산에 편입하는 행위는 선관주의의무 위반행위로 볼 수 있을 것이다. 이 사건에 있어서는 앞에서 본 바와 같이 Y회사가 이 사건 대우 계열사 CP들을 펀드

에 편입한 시점이 모두 1999. 7. 19. 이전이고, 1999. 7. 28.자의 대우자동차
판매 주식회사의 CP를 중기 1호펀드에 편입한 것은 당일에 신규로 편입한
것이 아니라 그 이전인 1999. 4. 28.에 편입하였던 것의 만기가 1999. 7. 28.
로 도래함에 따라 Y회사가 채권단의 일원으로서 전체 채권단의 합의에 따
라 만기를 연장한 것일 뿐이므로 모두 선관주의의무 위반으로 보지 아니
한다.

■ 대법원 : 파기환송

증권투자신탁에서 위탁회사가 판매회사와 사이에 수익증권 판매위탁계
약을 체결함으로써 수익증권의 판매업무를 직접 담당하지 않는 경우에도
투자신탁의 설정자 및 운용자인 위탁회사는 수익증권의 판매에 직접적인
이해관계가 있는 당사자로서 투자신탁약관을 제정하여 미리 금융감독위
원회의 승인을 얻은 후 그 약관에 따라 수탁회사와 함께 증권투자신탁계
약을 체결함으로써 수탁회사와 공동으로 증권투자신탁을 설정하고 투자
신탁설명서를 작성하여 수익증권을 취득하고자 하는 자에게 제공하여야
하며, 투자신탁이 설정된 후에는 신탁재산의 투자운용 결정 및 지시를 하
고, 구 증권투자신탁업법(2003. 10. 4. 법률 제6987호로 제정된 간접투자자산운
용업법으로 폐지되기 전의 법. 이하 '구 투신업법') 제17조 제1항에 따라 선량
한 관리자로서 신탁재산을 관리할 책임을 지며 수익자의 이익을 보호하여
야 하므로, 투자자에게 투자 종목이나 대상 등에 관하여 올바른 정보를 제
공함으로써 투자자가 그 정보를 바탕으로 합리적인 투자판단을 할 수 있
도록 투자자를 배려하고 보호하여야 할 주의의무가 있다고 할 것이다.

…Y회사는 판매회사인 A회사를 통하여 CP투자등급에 관하여 약관과
달리 기재된 이 사건 운용계획서를 X에게 교부하여 잘못된 정보를 제공함
으로써 투자자인 X가 이 사건 수익증권을 매수하는 데 수반하는 위험성이
나 투자 내용에 관하여 정확한 인식을 형성하지 못하는 데 중요한 원인을
제공하였고 이로 말미암아 X가 정확한 정보에 기초한 합리적인 투자판단
을 할 수 없도록 하였는바, 그 잘못된 정보를 믿고 투자한 X를 보호하기 위

하여 향후 이 사건 펀드를 운용하면서 X 이외의 다른 투자자를 보호할 필요가 있는 경우 등을 비롯하여 특별한 사정이나 합리적인 사정이 없다면 가능한 한 이 사건 운용계획서에서 명시한 일정 등급 이상의 CP를 매입할 필요가 있고, 만약 특별한 사정이나 합리적인 사정이 없음에도 불구하고 X 의 신뢰를 저버리고 이와 달리 운용함으로써 피해가 발생하였다면 투자자 보호를 위하여 그로 인한 손해를 배상할 책임이 있다 할 것이다.

| 생각해 볼 사항 |

약관과 다른 내용의 운용계획서를 작성하여 투자자에게 교부한 경우, (i) 그러한 운용계획서를 제공한 행위가 투자자에게 펀드의 운용에 관한 정확한 정보를 제공하지 않았다는 점에서 투자자보호의무를 위반한 것인지, (ii) 아니면 운용계획서에 기재된 대로 운용하지 않았다는 점 때문에 손해배상책임을 지는 것인지, 만약 (ii)라면 운용회사가 약관에 정한 대로 운용한 것이 위법한 운용인지를 생각해 볼 필요가 있다.

〔판례 10-3〕은 한편으로는 운용회사가 투자자에게 펀드에 관한 올바른 정보를 제공하여 투자자를 보호할 의무가 있다는 전제하에서 운용회사가 약관과 다른 운용계획서를 작성·교부하여 투자자에게 잘못된 정보를 제공함으로써 투자자가 정확한 정보에 기초한 합리적인 투자판단을 할 수 없도록 하였다고 하면서, 다른 한편으로는 투자자의 신뢰를 저버리고 운용계획서와 달리 운용함으로써 발생한 손해를 배상할 책임이 있다고 판시하였다. 이 사건에서 운용회사의 위법행위는 약관과 다른 운용계획서를 작성한 데 있으나, 펀드의 성질상 펀드를 어떠한 계획에 따라 운용하는가에 따라 다른 결과가 나올 수 있다는 점을 감안하여 위법행위에 따른 손해의 산정을 투자자가 신뢰한 계획서에 따라 운용되었을 경우의 펀드의 가치와 실제 펀드의 가치의 차이에서 구한 것이라고 이해할 수 있다.

| 더 읽을거리 |

• 박양준/최문희, "사모부동산투자신탁 운용계획서의 성질과 위탁회사의 책임—대상판결: 대법원 2012. 11. 15. 선고 2010다64075 판결," BFL 제57호 (2013. 1), 서울대학교 금융법센터.

| 참고 판례 |

■ 대법원 2013. 11. 28. 선고 2011다96130 판결[투자금 반환 등]—우리 2Star펀드 사건

투자설명서제도의 취지는, 투자신탁계약의 내용은 신탁약관에 기재되어 있지만 전문적인 금융 지식이 부족한 일반 투자자로서는 신탁약관 및 취득하고자 하는 수익증권의 내용을 이해하기가 쉽지 않기 때문에 신탁약관 및 수익증권의 내용을 보충적으로 설명하고 구체화하는 내용의 투자설명서를 작성하여 투자자에게 제공함으로써 간접투자에서 정보의 비대칭성을 극복하고 투자자로 하여금 신탁약관 및 취득하고자 하는 수익증권의 내용을 충분히 이해할 수 있도록 하려는 데 있다.

이러한 투자설명서에 관한 규정 및 취지에 비추어 볼 때, 투자설명서의 기재 내용 자체가 투자신탁계약의 당사자 사이에서 당연히 계약적 구속력이 있다고 볼 수는 없고, 투자설명서에 기재된 내용이 신탁약관의 내용을 구체화하는 내용인 경우에 신탁약관의 내용과 결합하여 계약적 구속력을 가진다고 할 것이다. 다만 그 기재 내용이 개별 약정으로서 구속력을 가질 수는 있지만, 개별 약정으로서 구속력이 있는지 여부는 투자설명서에 기재된 구체적인 내용, 그러한 내용이 기재된 경위와 당사자의 진정한 의사 등을 종합적으로 고려하여 판단하여야 할 것이다.

그리고 구 간접투자법 제19조 제1항은 "자산운용회사가 법령, 투자신탁의 약관 또는 투자회사의 정관 및 제56조의 규정에 의한 투자설명서에 위

배되는 행위를 하거나 그 업무를 소홀히 하여 간접투자자에게 손해를 발생시킨 때에는 그 손해를 배상할 책임이 있다"고 규정하고 있고, 제86조 제1항은 "투자신탁의 자산운용회사 및 투자회사는 선량한 관리자의 주의로써 간접투자재산을 관리하여야 하며, 간접투자자의 이익을 보호하여야 한다"고 규정하고 있는바, 자산운용회사가 가능한 범위 내에서 수집된 정보를 바탕으로 간접투자재산의 최상의 이익에 합치된다는 믿음을 가지고 신중하게 간접투자재산의 운용에 관한 지시를 하였다면 위 법규정에서 말하는 선량한 관리자로서의 책임을 다한 것이라고 할 것이고, 설사 그 예측이 빗나가 신탁재산에 손실이 발생하였다고 하더라도 그것만으로 간접투자재산 운용단계에서의 선량한 관리자로서의 주의의무를 위반한 것이라고 할 수 없다.

　…이 사건 투자설명서에 장외파생상품의 거래 상대방을 비엔피파리바로 기재한 부분은 신탁약관의 내용을 구체화하는 것이라고 볼 수 없으므로 그 기재 내용이 당연히 투자신탁계약의 내용에 편입되어 계약적 구속력이 있다고는 할 수 없다. …나아가 이 사건 투자설명서에 장외파생상품의 거래 상대방을 비엔피파리바로 기재한 부분이 자산운용회사인 피고와 수익자인 원고들 사이의 개별 약정에 해당하여 피고가 거래 상대방을 비엔피파리바로 하여 투자자산을 운용할 계약상 의무를 부담한다고도 볼 수 없다.

　…원심판결 이유 및 기록에 나타난 사정을 종합하면, 피고가 이 사건 펀드가 투자하는 장외파생상품의 거래 상대방을 비엔피파리바에서 리먼브라더스 아시아로 변경한 것이 구 간접투자법 제19조에 정해진 투자설명서에 위배되는 행위 또는 자산운용회사로서의 선량한 관리자로서의 주의의무를 위반한 행위에 해당하여 피고가 투자자인 원고들에 대하여 손해배상책임을 부담한다고 볼 수도 없다.

〔판례 10-4〕 대법원 2004. 2. 27. 선고 2002다63572 판결〔손해배상(기)〕—
부실자산의 만기 연장 및 편입과 운용회사의 선관주의의무[78]

• 사실관계

1. X조합(전기공사공제조합)은 1999. 5. 3. Y회사(한국투자신탁)가 설정한
투자신탁의 수익증권을 매입하였다. 위 수익증권의 투자신탁약관에는 투
자대상 유가증권에 대한 신용등급상의 제한은 규정되어 있지 않았다.

2. 1999. 7. 22. Y회사를 포함한 대우그룹 채권단은 (i) 대우그룹 계열사
에 대한 단기여신 기한을 6개월 연장하고 만기 도래하는 회사채는 차환
발행을 통하여 인수하며, (ii) 대우그룹에게 단기여신 및 회사채 구입으로
4조 원을 새롭게 지원하기로 한다는 긴급자금 지원 결정을 하였다. Y회사
는 위 결정사항을 이행하기 위하여 만기가 도래한 대우그룹 채권 등을 이
사건 신탁재산에 편입시켰는데, 편입된 대우그룹 채권 등 중 일부는 기존
에 이 사건 신탁재산에 편입되어 있었던 대우그룹 채권 등의 만기를 연장
하여 그대로 편입한 것이고 나머지는 Y회사가 운영하던 다른 투자신탁에
서 만기가 도래한 대우그룹 채권 등을 만기 연장하여 이 사건 신탁재산으
로 새롭게 편입한 것이었다.

3. 기타 사실관계는 〔판례 10-9〕 대법원 2004. 2. 27. 선고 2002다63572
판결 참조.

• 법원의 판단

구 증권투자신탁업법 제17조 제1항은 위탁회사는 선량한 관리자로서
신탁재산을 관리할 책임을 지며 수익자의 이익을 보호하여야 한다고 규정

---

78) 이 판결의 판시사항 중 환매를 연기할 수 있는 부득이한 사유의 의미에 대하여는
〔판례 10-7〕 대법원 2004. 2. 27. 선고 2002다63572 판결 참조.

하고 있는바, 구체적으로 특정한 시점에서 투자 종목 및 비율을 어떻게 정하여야 하는지는 관계 법령과 투자신탁 약관의 내용, 신탁재산의 운용 목표와 방법, 그 시점에서의 시장 상황 및 전망 등 제반 사정을 종합적으로 감안하여 판단하여야 할 것이다.

원심은, 대우그룹이 1999. 7. 19. 피고를 포함한 채권단에 긴급자금 지원 요청을 한 시점 이후 피고가 이 사건 신탁재산에 편입되어 있던 대우그룹 채권 등의 만기를 연장하여 그대로 이 사건 신탁재산에 편입한 것에 대하여는 대우그룹 채권의 만기 연장이 대우그룹의 도산으로 인한 국가적 충격을 방지하기 위한 불가피한 선택이었고 그것도 피고를 포함한 전체 채권단의 합의사항이었기 때문에 피고만 이를 거부할 수도 없었을 것으로 보이는 점에 비추어, 피고가 이 사건 신탁재산에 편입되어 있던 위 대우그룹 채권 등을 만기 연장하여 그대로 다시 이 사건 신탁재산에 편입한 경우에는 이 사건 신탁재산 중 대우그룹 채권 등이 차지하는 비율에 아무런 영향을 주지 않는 것이므로 그것만으로는 피고가 선관주의의무를 위반하였다고 할 수 없으나, 이와 달리 피고가 운용하는 다른 투자신탁재산에서 만기 연장되어 이 사건 신탁재산에 새로 편입된 부분에 대하여는 그 당시 대우그룹 채권 등은 상환 가능성이 매우 불확실한 것으로서 이 사건 신탁재산 중 대우그룹 채권 등의 비율을 상승시켜 수익자에게 피해를 입힐 가능성이 크고 실제로 원고를 포함한 수익자들은 수익증권 중 위 대우그룹 채권 등의 환매로 손실을 입게 되었으므로, 당초 다른 투자신탁재산에 속해 있던 대우그룹 채권 등을 이 사건 투자신탁에 새로 편입한 행위는 선량한 관리자로서의 주의의무를 위반한 것이고 따라서 수익자인 원고에게 그로 인한 손해를 배상할 의무가 있다고 판단하였다.

기록에 비추어 살펴보면, 원심의 위와 같은 판단은 정당한 것으로 수긍이 가고 거기에 상고이유의 주장과 같은 위탁회사의 선관주의의무에 대한 법리오해, 채증법칙의 위반으로 인한 사실오인, 이유모순의 위법이 있다고 할 수 없다.

〔판례 10-5〕 대법원 2003. 7. 11. 선고 2001다11802 판결〔이익분배금〕—
러시아 국채에 투자하는 펀드운용 시 분산투자의무[79]

• 사실관계

〔판례 9-4〕 대법원 2003. 7. 11. 선고 2001다11802 판결과 동일하다.

• 법원의 판단

…Y회사는 이 사건 투자신탁의 신탁재산을 처음부터 러시아 단기국채
에 집중투자하여 운용하기로 하고 그에 따라 예상수익률을 산정하고 실제
로 러시아 단기국채에 집중투자하였으나, 그 투자의 대상은 동일한 종목의
러시아 국채에 한정된 것이 아니라 여러 차례에 걸쳐 발행된 여러 종류의
러시아 국채로 나뉘어 있었음을 알 수 있는데, 그 하나의 종목에 투자한 금
액이 이 사건 신탁재산의 100분의 10을 초과한다고는 보이지 아니하는 한
편, Y회사는 1998. 6.경까지도 러시아 경제의 전반적인 문제를 검토한 끝
에 러시아가 외화채권 등에 대한 지불유예 등의 조치를 취할 가능성은 희
박하고 선물환계약의 일방인 러시아은행이 러시아 5대 우량은행 중 하나
이고 만일의 문제가 발생하는 경우에는 러시아 정부가 개입할 것으로 예
상하여 투자금의 안전성이 확보된 것으로 판단하였음을 알 수 있는데, 당
시까지의 여러 정황에 비추어 위와 같은 판단이 잘못된 것이라고는 보기
어려우며, 그후 러시아가 외화채권 등에 대한 지불유예 등의 조치를 취한
1998. 8.경까지 사이에 Y회사가 위와 같은 판단을 변경해야만 할 급격한
경제 사정의 변동이 생겼다고 단정하기도 어렵다고 할 것인바, 그렇다면

---

79) 투자단계에서의 설명의무 위반에 대하여는 〔판례 9-4〕 대법원 2003. 7. 11. 선고
2001다11802 판결 참조.

위 법리에 비추어 볼 때 Y회사가 이 사건 투자신탁재산을 러시아 단기국채에 집중투자하였다는 것만으로는 투자신탁의 약관이나 구 증권투자신탁업법 제33조 제1호의 규정을 위반한 것이라고 할 수 없고, Y회사가 러시아의 지불유예 등의 조치가 있기 전에 투자금을 회수하거나 투자 종목을 변경하는 등의 조치를 취하지 아니하였다고 하여 신탁재산의 운용과정에서 선량한 관리자로서의 주의의무를 해태한 것이라고도 할 수 없다.

| 참고 판례 |

■ 대법원 2003. 12. 12. 선고 2003다8886 판결〔손해배상(기)〕

증권투자신탁에 있어서 투자신탁재산에 속하는 유가증권의 취득 · 매각 및 권리의 행사 등 투자신탁재산의 운용에 관한 일체의 사항에 대하여 결정하는 것은 위탁회사이고 판매회사는 위탁회사와의 계약에 의하여 단순히 수익증권의 판매업무만을 수행할 뿐이므로 투자신탁재산의 운용에 관하여 구체적인 고의 · 과실이 인정되지 않는 한 판매회사에게 그 운용에 관한 손해배상책임을 지울 수 없다.

III. 집합투자(3) — 집합투자재산의 법률관계

〔판례 10-6〕 대법원 2003. 4. 8. 선고 2001다38593 판결〔손해배상(기)〕 —
투자신탁의 위탁회사가 체결한 선물환계약이 투자신탁재산에
관한 계약이 아니라고 본 사례

● 사실관계

1. Y회사(현투증권)는 1996. 11. 주로 러시아 국공채 관련 해외 금융상품

에 투자·운용할 목적으로 국내 투자자들로부터 자금을 모집하여 투자신탁을 설정하였다. 투자신탁의 위탁회사는 Y회사, 수탁회사는 X은행(조흥은행)이었다.

2. Y회사는 위 투자에 의한 투자원리금이 상환될 시점에서 미 달러화가 평가절하되는 위험을 회피하기 위하여 X은행과 5건의 선물환계약을 체결하였다. 각 선물환거래에 포괄적으로 적용될 선물환거래약정서의 은행란에 X은행을, 거래처란에 Y회사를 표시하였고, 5건의 선물환계약 중 하나인 이 사건 선물환계약(계약 체결일 1996. 11. 25, 결제일 1998. 11. 13, 약정 내용 2년 후인 결제일에 Y회사가 X은행에게 미화 2,300만 달러를 매도하고 그 대가로 한화 202억 1,700만 원을 지급받기로 함)을 위한 거래성립확인서의 미화 매입자란에는 X은행 국제금융부, 미화 매도자란에는 Y회사 및 X은행 증권투자부를 표시하였다.

3. X은행은 위 선물환거래로 부담하게 될 위험을 회피하기 위하여 위 선물환계약 직후 미국 체이스맨해튼은행과 별도의 선물환계약(커버계약)을 체결하였다. 커버계약의 계약 체결일과 결제일은 이 사건 선물환계약과 동일하고, 내용은 결제일에 X은행이 체이스맨해튼은행에 미화 2,300만 달러를 매도하고 그 대가로 한화 202억 5,150만 원을 지급받기로 한 것이어서 위 두 계약이 그대로 이행될 경우 X은행은 약 3,450만 원의 차익을 얻도록 되어 있었다.

4. 러시아가 1998. 8. 17. 채무지급유예를 선언하여 Y회사가 위 선물환계약을 이행하기 어렵게 되자 의무이행을 거절하였고, 이로 인하여 X은행은 체이스맨해튼은행에 대하여는 커버계약에 따른 미화 지급의무 이행 시 손해를 입게 되었다(이 사건 선물환계약과 커버계약에서의 예정환율은 각각 미화 1달러당 879원과 880.5원 정도였는데 X은행이 커버계약을 이행한 때의 환율은 미화 1달러당 1,316원 남짓으로 급등함으로써 거액의 환차손이 발생하였다).

5. X은행은 Y회사와 사이의 이 사건 선물환계약을 해제함과 동시에 채무 불이행으로 인한 손해배상을 구하였다. 이에 대해 Y회사는 이 사건 선

물환계약의 이행은 물론 그 불이행으로 인한 손해배상책임도 신탁재산으로서만 이행되어야 하고, Y회사의 고유재산으로 배상할 의무가 없다고 주장하였다.

• **법원의 판단**

원심(서울고등법원 2001. 5. 22. 선고 2000나20023 판결)은 이 사건 선물환계약이 Y회사 측의 책임 있는 사유로 해제되었음을 이유로 손해배상을 구하는 X은행의 청구가 정당하다고 판단하고, 위 선물환계약에 의하여 X은행이 Y회사로부터 지급받았어야 할 미화금액의, 결제약정일 당시의 환율에 의한 금액의 지급을 명하였고, 대법원은 상고기각하였다.

증권투자신탁계약에 따른 신탁재산의 대외적 소유 명의자는 수탁회사이고 위탁회사는 내부적인 의사결정자일 뿐 그에 따른 대외적 법률행위는 수탁회사를 통하여 하여야 하므로, 위탁회사 자신이 신탁재산에 관한 법률행위의 주체가 되거나 이행책임을 부담할 수 없는 것인바(대법원 2002. 11. 22. 선고 2001다49241 판결), … 한편 원심이 적법하게 인정한 사실관계에 따르면, Y회사와 X은행 사이의 이 사건 선물환계약은 Y회사의 명의로 신탁재산의 보전을 위하여 체결된 것일 뿐이어서 그 결과를 사후에 신탁재산에 편입하는 때에 비로소 신탁재산의 손익에 반영될 뿐이지 그 계약 내용 자체가 당연히 신탁재산에 관한 것이라고는 할 수 없으며, 나아가 X가 신탁재산의 수탁회사의 지위를 겸하고 있었다는 사정 및 Y회사 측이 주장하는 이 사건 약관 내용이나 증권투자신탁의 법리만으로는 Y회사의 명의로 이루어진 이 사건 선물환계약이 자동적으로 신탁재산에 관한 계약이 되거나 또는 X은행에 대한 Y회사의 책임이 신탁재산에 의하여서만 담보되는 것으로 볼 수 없으므로, 결국 원심 판단에는… 증권투자신탁재산에 관한 각 법리오해의 위법도 없다.

상인인 원·피고 사이에 이루어진 이 사건 선물환계약은 그 약정 결제일에 즈음하여 생길 수 있는 환율 변동의 위험(이른바 환리스크)을 회피하기 위하여 체결되는 것으로서 그 성질상 그 약정 결제일에 이행되지 않으면 계약의 목적을 달성할 수 없는 상법 제68조 소정의 확정기매매라 할 것이고, 그 계약 불이행으로 인한 손해배상액의 산정에 관한 미화 1달러당 원화의 환율은 그 계약이 약정 결제일 전에 이미 해제되었다는 등의 특수한 사정이 없는 이상 원래 약정되었던 결제일 당시의 환율을 기준으로 하여야 한다. 원심판결이 이와 같은 취지에서 결제일 당시의 환율을 적용하여 손해배상액을 산정한 조처는 옳고… 법리오해의 잘못이 없다.

| 생각해 볼 사항 |

1. 자본시장법 제80조는 투자신탁재산의 취득·처분 등에 관하여 투자신탁을 운용하는 집합투자업자(즉 위탁회사)가 수탁회사에게 투자대상자산의 취득·처분 등에 관하여 필요한 지시를 하여야 하고, 수탁회사는 위탁회사의 지시에 따라 투자대상자산의 취득·처분 등을 하는 것을 원칙으로 하도록 규정하고 있다. 예외적으로 투자신탁재산의 효율적 운용을 위하여 불가피한 경우로서 대통령령으로 정하는 경우(예 : 상장주식, 국채, 지방채, 신용평가를 받은 사채, 일정한 기준을 충족하는 단기사채 또는 장내파생상품의 매매)에는 위탁회사가 자신의 명의로 직접 투자대상자산의 취득·처분 등을 할 수 있다.

2. 투자신탁의 위탁회사가 자신의 명의로 직접 투자대상자산의 취득·처분 등을 하는 경우 위탁회사는 신탁재산의 범위 내에서만 그 계약을 이행할 의무를 지는가? 계약 상대방이 그 계약이 투자신탁재산의 계산으로 체결한 것이라는 점을 알지 못한 경우는 어떠한가? 이 사건에서 선물환거래약정서 및 거래확인서상의 당사자에 위탁회사가 표시되어 있다고 하더라도 약정서 또는 거래확인서에 선물환거래를 신탁재산으로만 이행한다는

책임재산한정특약(non-recourse 또는 limited recourse 조건)이 포함되어 있었다면 위 판결과는 다른 결론에 이르게 되었을 것이다.

3. 투자신탁의 수탁회사가 위탁회사의 지시에 따라 투자대상자산의 취득·처분 등을 하는 경우, 수탁회사는 그 취득·처분을 위한 계약상의 의무를 신탁재산의 범위 내에서만 지는가? 대법원은 수탁자가 신탁사무처리를 위하여 채무를 부담한 경우, "신탁사무의 처리상 발생한 채권을 갖고 있는 채권자는 수탁자의 일반 채권자와 달리 신탁재산에 대하여도 강제집행을 할 수 있는데(구 신탁법 제21조 제1항), 한편 수탁자의 이행책임이 신탁재산의 한도 내로 제한되는 것은 신탁행위로 인하여 수익자에 대하여 부담하는 채무에 한정되는 것이므로(구 신탁법 제32조), 수탁자가 수익자 이외의 제3자 중 신탁재산에 대하여 강제집행을 할 수 있는 채권자(구 신탁법 제21조 제1항)에 대하여 부담하는 채무에 관한 이행책임은 신탁재산의 한도 내로 제한되는 것이 아니라 수탁자의 고유재산에도 미치는 것으로 보아야 한다"고 판시하였다(〔판례 10-15〕 대법원 2004. 10. 15. 선고 2004다31883, 31890 판결 ; 대법원 2010. 6. 24. 선고 2007다63997 판결 등).

〔**판례 10-7**〕 대법원 2002. 11. 22. 선고 2001다49241 판결〔수익증권저축금 반환〕— 신탁재산의 소유권 귀속 및 신탁재산에 속하는 채권을 행사할 수 있는 주체

• 사실관계

1. A회사(동서호라이즌증권)는 1994. 6. 15. Y회사(대한투자신탁)가 설정한 투자신탁의 수익증권을 매수하였다. A회사는 1998. 11. 25. 파산선고를 받아 X가 파산관재인으로 선임되었고, 이에 X는 1999. 11. 26. 수익증권의 환매를 청구하였다.

2. A회사는 1995. 7. 10. B회사가 발행한 회사채(만기 1998. 7. 10)상 원리금 지급을 보증하였고, 1995. 8. 2. 위 투자신탁의 수탁회사인 C은행(서울은행)이 위 회사채를 매수하였다. C은행은 1998. 12. 서울지방법원에 A회사에 대한 위 보증채권에 대해 파산채권 신고를 하였다.

3. X는 Y회사에 대해 수익증권 환매대금의 지급을 구하는 소를 제기하였다. 이에 대하여 Y회사는, A회사가 보증한 B회사 발행 회사채가 지급되지 아니함으로 말미암아 회사채가 속한 신탁재산의 귀속 주체인 Y회사가 A회사에 대하여 회사채 보증채권을 취득하게 되었다는 주장을 하며, 회사채보증채권을 자동채권으로 하여 그 대등액에서 상계한다는 항변을 하였다.

• 법원의 판단

증권투자신탁업법에 따른 투자신탁에 의하여 위탁회사가 투자자(수익자)들로부터 모은 자금 등을 신탁하여 수탁회사가 보관하고 있는 신탁재산은 신탁법 및 증권투자신탁업법의 법리에 의하여 대외적으로 수탁회사가 그 소유자가 되며, 따라서 신탁재산에 속한 채권을 자동채권으로 하는 상계권 역시 수탁회사가 행사하여야 하는 것이고, 이 경우 수동채권은 수탁회사가 부담하는 채무이어야 하되 이와 같은 상계는 신탁법 및 증권투자신탁업법의 관계 규정에 의한 제한을 받는다고 할 것이다. 증권투자신탁업법의 관계 규정에 따라 위탁회사는 선량한 관리자로서 신탁재산을 관리·운용할 책임이 있으나, 동법 제25조 제1항 단서에 의하여 의결권 외의 권리는 수탁회사를 통하여 행사하도록 되어 있으므로, 상계권에 관해서도 위탁회사가 수탁회사에게 지시하여 수탁회사로 하여금 일정한 내용으로 상계권을 행사하게 할 수는 있을 것이나, 스스로 신탁재산에 속한 채권에 관하여 상계권을 행사할 수는 없다.

| 참고 판례 |

■ 대법원 2013. 12. 26. 선고 2011다49363 판결〔손해배상〕

구 증권투자신탁업법(2003. 10. 4. 제6987호로 제정된 간접투자자산운용업법 부칙 제2조 제1항으로 폐지) 아래에서 증권투자신탁의 위탁회사가 신탁재산을 운용하면서 신탁재산의 가치를 보전하거나 증가시키는 데 필요하여 제3자와 사이에 채무 부담을 수반하는 계약을 체결한 경우, 그와 같이 채무 부담을 수반하는 계약은 수탁회사로부터 대리권을 수여받았다는 등의 특별한 사정이 없는 한 그 결과가 사후에 신탁재산에 편입하는 때에 비로소 신탁재산의 손익에 반영됨에 그치고 그 계약의 효력이 바로 수탁회사에게 미친다고 할 수는 없다. 그에 있어서 위탁회사가 위 계약의 이행 등과 관련하여 필요한 비용을 지출한 때에는 수탁회사에 대하여 그 비용의 상환을 청구함으로써 그 결과를 신탁재산에 편입시킬 수 있고, 수탁회사는 위탁회사에 대하여 신탁재산으로 그 비용을 상환할 의무가 있다.

■ 대법원 2020. 4. 9.자 2019마6806 결정〔공정거래법위반〕— 투자신탁에 대한 대출의 채무자

원심은 M생명보험은 특수관계인인 계열회사가 운용하는 투자신탁재산의 신탁업자에게 이 사건 대출거래를 한 사실을 인정한 다음, 이 사건 대출거래는 특수관계인을 상대방으로 하는 자금의 거래행위에 해당한다고 보아 공정거래법 제11조의2 제1항의 규정에 의한 공시대상인 대규모 내부거래에 해당한다는 취지로 판단한 제1심 결정을 그대로 유지하였다. 원심이 이 사건 대출거래가 특수관계인을 위한 거래행위가 아니라 특수관계인을 상대방으로 하는 거래행위에 해당하는 것으로 본 것은 부적절하나, 이 사건 대출거래가 공정거래법 제11조의2 제1항의 규정에 의한 공시대상인 대규모 내부거래에 해당한다고 본 결론에서는 정당하므로, 재항고 이유 주장과 같이 공정거래법 제11조의2 제1항 등 관련 법리를 오해하여 판결에 영향을 미친 잘못이 없다.

IV. 집합투자(4) — 환매

〔판례 10-8〕 대법원 2006. 10. 26. 선고 2005다29771 판결〔상환금〕— 구
증권투자신탁업법상 투자신탁에서 상환금의 지급의무자, 상환
금 지급 시기 및 산정기준

• **사실관계**

1. X(공무원연금관리공단)는 2000. 3. 24. Y1회사(교보증권투자신탁운용)가
위탁회사로서 발행하고, Y2은행(국민은행)이 판매회사로서 판매한 ○○후
순위채(Collateralized Bond Obligation, CBO)단위형 투자신탁 1 · 2호의 수익
증권을 전부 매입하였다.

2. 투자신탁약관은 다음과 같이 규정하였다.

— 위탁회사는 투자신탁 계약기간의 종료에 따른 이익분배금(투자신탁 설
정 시 기준가격 대비 초과분)을 현금으로 지급하며, 수탁회사는 상환금 등을
위탁회사의 청구에 따라 지체 없이 위탁회사에게 인도해야 한다.

— 비상장채권의 평가는 한국증권업협회가 매일 공시하는 '채권 시가평
가 기준수익률'에 잔존기간을 반영하고 매도 실현 위험에 대한 가산금리를
감안한 조정수익률을 가격으로 환산하여 평가하고, 다만 '채권 시가평가 기
준수익률'이 적용되지 아니하는 채권이나 '채권 시가평가 기준수익률'이 시
장가치를 반영하지 못한다고 판단되는 채권, 부도채권 등에 대하여는 위탁
회사가 설치 · 운영하는 '유가증권 등 평가위원회'의 평가에 의한다.

3. Y1회사는 투자신탁의 신탁재산으로 금호산업, 동서산업 및 에스케이
엠(이하 'SKM') 주식회사가 각 발행한 회사채와 교보 1차 유동화전문 주식
회사가 발행한 제1~4회(만기 2002. 9. 24) 후순위채 및 제1~5회(만기
2003. 3. 24) 후순위채 등을 편입하였는데, 당시 후순위채는 모두 장부가로
평가하여 편입하였고 이를 토대로 기준가격을 고시하였다. 그런데 유가증

권에 대해 시가평가를 원칙으로 하도록 채권의 시가평가 기준수익률 공시
및 평가 등에 관한 규칙 시행세칙이 2000. 10. 16. 개정되었고, 이에 Y1회
사는 2000. 11. 8. 위 규정에 따르되, 이를 2000. 10. 16.부터 적용하기로 하
였고, 다만 당시까지 장부가로 편입되어 평가되던 유가증권에 대하여는
연속성·일관성 및 형평성을 위하여 계속 장부가로 평가하기로 의결하
였다.

4. 그런데 SKM 발행 회사채는 위 투자신탁의 만기 전인 2000. 11. 21. 부
도가 났고, 이에 Y1회사는 그 무렵 평가위원회를 열어 SKM 회사채의 평가
액을 종래의 4분의 1 정도로 낮추기로 의결하였으나, SKM 회사채 및 다른
회사채 3개를 기초로 유동화전문회사가 발행한 후순위채에 대하여는
2000. 11. 8. 의결대로 기존과 같이 장부가로 평가하여 수익증권의 기준가
격을 고시하였다.

5. X는 Y2은행에 대하여 만기상환금의 지급을 구하여 Y1회사는 만기일
에 상환금 명목의 돈을 일부 지급하였다. 그러나 나머지 상환금이 지급되
지 아니하자, X는 계약기간이 만료되었으므로 판매회사인 Y2은행이나 위
탁회사인 Y1회사는 모두 상환금 지급의무를 지고 있는 부진정연대채무이
며, 만기 시의 기준가격인 장부가격을 기준으로 상환금을 지급하여야 한다
고 주장하였다.

6. X의 청구에 대하여 Y2은행은 판매회사는 위탁회사의 대리인 또는 상
환금의 지급 장소에 불과할 뿐, 독립적으로 그 상환의무를 부담하는 당사
자는 아니라고 주장하였다. 그리고 Y1회사는 신탁재산에는 후순위채 등
즉시 시장거래가 이루어질 수 없는 채권들이 다수 편입되어 만기에 현금
화할 수 없었고, 이러한 경우 명문 규정이 없으므로 환매에 관한 약관규정
(약관 제25조 제3항에서 신탁재산 중 처분되지 아니한 재산이 있어 일부 해지에
응할 수 없는 경우에는 투자신탁재산이 '처분되는 날'로부터 제2영업일의 기준가
격을 적용하여 해지하도록 함)을 유추적용하여, 만기상환금도 신탁재산이 처
분되는 대로 지급하면 될 뿐이고, 나아가 그 지급할 기준가격은 약관 제25조

제3항의 규정에 따라 실제 그 처분이 이루어진 시점에 형성된 가격이어야 한다고 항변하였다.

• 법원의 판단

1. 상환금의 지급의무자에 관한 판단

▋ 원심 : 서울고등법원 2005. 4. 28. 선고 2004나32659 판결

① 증권투자신탁이란 기본적으로는 증권투자신탁을 설정하고 그 신탁재산을 운용·관리하는 위탁회사, 신탁재산을 보관하는 수탁회사 및 수익증권에 의한 수익권을 행사하는 수익자 등 삼자 간의 법률관계로 구성되나, 위탁회사의 업무 중 수익증권 판매업무(수익증권의 모집 및 매출, 수익증권의 매각 및 환매 등)는 수탁회사에 대하여 투자신탁의 설정자로서 담당하는 투자신탁 운용업무(투자신탁의 설정 및 해지, 신탁재산의 투자 및 운용 지시 등)와 달리 신탁재산의 재원이 되는 투자신탁 설정대금을 조달할 목적으로 일반 투자자와 사이에서 행하는 계약적 사무 내용에 불과하므로 이를 분리하여 독립된 제3자에게 위임 또는 위탁하여 처리할 수 있는 것이고, … ③ 이 사건에서 Y1회사와 Y2은행 사이에 체결된 수익증권 위탁판매계약에 의하더라도 Y2은행은 판매업무를 자기의 책임으로 수행하고, 수익자로부터 보수금을 수령하는 것으로 규정되어 있는 점, ④ 또한 X와 Y2은행 사이의 수익증권저축계약에 의하여도 Y2은행은 수익자인 X에 대하여 저축금 지급의무를 부담하는 점, ⑤ 통상 수익자들은 판매회사를 당사자로 보고 계약하는 경향이 있는 점, ⑥ 판매회사는 신탁재산운용자(위탁회사)에 대하여 상당한 영향력을 행사하고 있음에도 불구하고 판매회사를 위탁회사의 대리인으로만 파악하는 것은 증권투자신탁의 실질을 반영하지 못하는 측면이 있는 점 등 변론에 나타난 제반 사정을 고려하면, 판매회사는 수익자에 대하여 직접 이 사건 투자신탁 만기로 인한 상환금 지급의무를 부담하는 당사자라고 봄이 상당하다.

■ 대법원 : 파기환송

이 사건 신탁 약관은 1999. 5. 24. 개정된 증권투자신탁업법(2000. 1. 21. 법률 제6179호로 개정되기 전의 것. 이하 '1999년 개정법')에 따라 제정된 것으로서, 1998. 9. 16. 법률 제5558호로 개정되기 전 증권투자신탁업법(1998. 1. 13. 법률 제5505호)이 적용되던 투자신탁약관에서 판매회사의 고유재산으로 환매대금 등을 지급하도록 한 규정을 두고 있었던 것과는 달리, 환매대금 등에 관한 위와 같은 규정을 삭제하고 상환금의 지급에 관하여 투자신탁계약기간이 종료하였을 경우 수탁회사는 투자신탁 회계기간의 종료에 따른 상환금 등을 위탁회사의 청구에 따라 지체 없이 위탁회사에게 인도하며(제28조 제2항), 수탁회사가 상환금 등을 위탁회사에게 인도한 후에는 위탁회사가 수익자에 대하여 그 지급에 대한 책임을 부담하고(제28조 제3항), 상환금 등은 투자신탁계약기간의 종료일로부터 2개월 이내에 속하는 날로서 위탁회사가 지정하는 날을 지급개시일로 하여 위탁회사 또는 판매회사의 영업점포에서 지급한다(제28조 제4항)고 규정하고 있는바, 위와 같은 투자신탁약관의 개정 경과와 이 사건 신탁약관의 규정 내용에 비추어 보면, 이 사건 신탁약관이 적용되는 투자신탁에 관하여는 판매회사에게 고유재산에 의한 상환금 지급의무는 인정되지 아니하고, 다만 위탁회사로부터 상환금을 지급받은 때에 비로소 수익자에게 그 상환금을 지급할 의무가 인정된다고 할 것이다.

2. 신탁 종료 시 상환금의 지급 시기에 관한 판단(원심과 대법원의 견해 일치)

투자신탁약관에 신탁계약기간의 종료 시 신탁재산인 유가증권 등의 매각 지연 등의 사유로 인하여 상환금의 지급이 곤란한 경우에는 상환금의 지급을 유예한다는 등 상환금의 지급유예에 관하여 특별한 규정을 두고 있지 않다면, 위탁회사는 신탁계약기간의 종료 시 약관에 정한 바에 따라 수익자에게 상환금을 지급할 의무가 있다고 할 것이다.

3. 신탁 종료 시 상환금의 정산 시기에 관한 판단

▌원심

앞에서 본 바와 같이 Y1회사는 기준가격의 평가에 관하여는 평가위원회의 결의에 따르기로 하였던 점, 그런데 평가위원회는 2000. 10. 16.경 금융감독원의 시가평가원칙으로의 전환 및 그 예외에 대한 시행세칙의 취지에 따라 이 사건 수익증권의 후순위채를 포함한 후순위채에 대하여는 계속 장부평가방식에 따르기로 결의한 점 등에 비추어, 이 사건 신탁재산 중 후순위채는 장부가로 평가함이 상당하다. 따라서 이와 달리 시가평가를 하여야 하며 이를 토대로 계산하면 거의 모든 채무가 변상되었다는 취지의 Y1, Y2의 항변은 모두 이유 없다.

▌대법원 : 파기환송

증권투자신탁은… 은행예금과 달리 증권의 종류나 매매의 시기 및 방법 등에 의하여 그 수익률이 변동함으로 인하여 항상 위험이 따르고 그 위험은 원칙적으로 투자자가 부담할 수밖에 없는 것이므로, 증권투자신탁에서도 투자전문가인 위탁자가 신탁재산에 대하여 선량한 관리자로서의 주의의무를 다한 이상 그 신탁재산의 운용 결과에 대한 손익이 모두 수익자에게 귀속되는 이른바 고위험 고수익(high risk high return)의 실적배당주의를 그 본질로 한다(대법원 1998. 10. 27. 선고 97다47989 판결 등 참조). 그리고 이 사건 투자신탁에 적용되는 1999. 개정법 제29조는 "위탁회사는 수익증권의 기준가격을 매일 공고·게시하여야 한다. 제1항의 기준가격은 대통령령이 정하는 바에 따라 시가로 평가하여야 한다"고 규정하고 있고, … 채권의 시가평가 기준수익률 공시 및 평가 등에 관한 규칙 시행세칙 제6조는 후순위채권 등에 대해서는 회사의 회계 처리기준에 따라 산정한 장부가평가액을 규칙 제7조 제2항의 규정에 의한 시가평가액으로 할 수 있다고 규정하고 있다. 위 각 규정은 증권투자신탁에서 실적배당주의를 구현한 것으로서, 수익증권의 기준가격이 매일 변동되는 시가에 의하여 산정되는 것을 당연한 전제로 하고 있는 것이고, …또한 이 사건 신탁 약관… 제12조 제2항은 제1항 단서에서 채권 시가평가 기준수익률이 적용되지 아니하는 채권이나 채권 시가평가 기준수익률이 시장가치를 반영하지 못한다고 판단되는 채권, '부도채권 등'에 대하여는 위탁회사가 설치·운용하는 유가증권 등 평가위원회의 평가에 의한다고 규정하고 있는바, …따라서 위와 같은 신탁 종료 시의 실적배당주의의 원칙과 수익증권의 기준가격산정에 관한 시가평가의 원칙, 그리고 "투자신탁재산의 운용과 관련하여 위탁회사의 지시에 따라 발생한 이익 및 손실은 모두 투자신탁재산에 계상되고 수익자에게 귀속된다"라고 규정하고 있는 이 사건 신탁약관 제24조 등을 종합하면, 이 사건 투자신탁에서 투자신탁재산에 편입된 유가증권에 관하여 발행인의 거래정지·화의 신청·회사정리절차 개시 신청 또는 파산 신청이 발생하거나 위 유가증권발행의 기초가 된 자산에 관하여 위와 같은 사정이 발생하는 등으로 인하여 유가증권 원리금의 전부 또는 일부를 회수할 수 없을 것으로 예상됨에 따라, 취득가격에 기초하여 산정되는 장부가가 유가증권의 부실을 제대로 반영하지 못하고 시가와 사이에 상당한 괴리가 생겨 장부가에 의해 상환금을 지급하는 것이 증권투자신탁의 본질인 실적배당주의를 훼손하는 결과가 될 때에는, 장부가에 의하여 상환금을 지급할 것이 아니라 유가증권의 부실 정도를 고려하여 위탁회사의 유가증권 등 평가위원회가 평가한 금액 등 유가증권의 실제 가격을 적정하게 반영한 액수를 상환금으로 산정하여야 할 것이다.

| 참고 사항 |

자본시장법 제235조는 수익증권 등 집합투자증권 투자자의 환매청구는 그 집합투자증권을 판매한 판매회사에게 행하여야 하고(다만 판매회사가 인가 취소·영업정지 등으로 인하여 환매청구에 응할 수 없는 경우에는 투자신탁의 운용회사 등 집합투자업자에게 행할 수 있고, 집합투자업자도 환매청구에 응할 수 없는 경우에는 투자신탁의 수탁회사 등 신탁업자에게 행할 수 있다), 환매청구를 받은 판매회사는 수익증권의 위탁회사인 집합투자업자에게 환매에 응할 것을 요구하고, 집합투자업자는 원칙적으로 집합투자재산의 범위에서 집합투자재산으로 소유 중인 금전 또는 집합투자재산을 처분하여 조성한 금전으로만 환매에 응하도록 규정하고 있다. 자본시장법은 나아가 일정한 예외적인 경우를 제외하고는 판매회사·운용회사(즉 집합투자업자) 또는 신탁업자는 환매청구 받은 집합투자증권을 자기의 계산으로 취득하거나 타인에게 취득하게 하는 행위를 금지함으로써, 위 판결에서 논의된 쟁점 중 하나인 판매회사의 고유재산에 의한 환매의무가 없음을 입법적으로 해결하였다.

| 참고 판례 |

■ 대법원 2018. 8. 30. 선고 2017다281213 판결〔예금반환청구의 소〕

투자자가 집합투자증권의 환매를 청구하는 경우 집합투자업자는 자본시장법 제236조 제1항 본문에 따라 산정되는 기준가격으로 집합투자증권을 환매하여야 하고, 집합투자증권의 매매를 위탁받은 판매회사는 집합투자증권의 판매 및 환매업무와 그에 부수된 업무를 수행할 뿐이어서 투자자의 환매청구가 있더라도 판매회사가 직접 집합투자재산을 처분하여 환매대금을 마련할 수는 없다고 할 것이다. 이와는 달리 판매회사로부터 매입한 집합투자증권에 대하여 판매회사가 환매대금 지급의무를 부담한다고 인정하는 것은 판매회사의 고유재산으로 투자자의 환매청구에 응할 의무를 인정하는 것이 되는데, 이는 집합투자증권은 반드시 환매청구된 부분만큼 집합투자재산을 처분하여 조성한 현금으로만 환매청구에 응하여야 한다고 규정하는 자본시장법 제235조 제5항의 규정에 반하여 허용될 수 없기 때문이다. 따라서 판매회사는 투자자의 환매청구가 있는 경우 집합투자업자에게 환매에 응할 것을 요구하고, 그로부터 수령한 환매대금을 투자자에게 지급할 의무를 부담할 뿐이다(대법원 2006. 10. 26. 선고 2003다42350 판결 등 참조).

〔판례 10-9〕대법원 2004. 2. 27. 선고 2002다63572 판결〔손해배상(기)〕─
환매를 연기할 수 있는 부득이한 사유의 의미[80]

• 사실관계

1. X조합(전기공사공제조합)은 1999. 5. 3. Y회사(한국투자신탁)가 설정한
투자신탁의 수익증권을 매입하였다.

2. 신탁재산에는 대우그룹의 채권이 편입되어 있었는데, 대우그룹의 자
금 사정이 악화되어 투자신탁상품의 환매가 급증하는 등 금융시장이 불안
해지자, 투자신탁협회와 한국증권업협회는 1999. 8. 12. 금융감독위원회의
승인을 받아 '투자신탁회사 및 증권회사의 수익증권 환매대책'을 마련하고
1999. 8. 13.부터 시행하였다. 수익증권 환매대책의 주요 내용은, 투자자의
수익증권 환매 요청 시 펀드 중 대우그룹 채권을 제외한 채권의 편입비율
만큼은 현금으로 지급하고, 대우그룹 채권 편입비율만큼은 환매를 연기하
는 것으로 하되, 금융기관 등 기관투자자(X조합도 여기에 포함)가 보유한 수
익증권에 대하여 대우그룹 채권 편입비율만큼은 2000. 7. 1. 이후 시가평가
가 가능한 시점까지 전액 환매를 연기한다는 것이었다.

3. Y회사는 1999. 11. 3. 수익증권의 기간이 만료되었으나, 대우그룹 채
권 편입 부분은 수익증권 환매대책을 이유로 환매에 응하지 않다가 시가
평가가 가능해진 2000. 8. 3.에서야 환매금액을 지급하였다.

4. X조합은 주위적으로 대우그룹 채권 환매연기조치를 이유로 1999. 11.
3. X조합에게 지급하지 아니한 대우그룹 채권 편입 부분에 해당하는 금원
중 지급받지 못한 잔액을 지급하여야 한다고 주장하였다. 이에 대하여 Y회
사는 환매 지연은 수익증권 환매대책에 따른 부득이한 것으로서, 구 증권

---

80) 판결의 판시사항 중 대우 채권 편입에 관한 투자신탁운용회사의 선관주의의무 위
반에 대하여는 〔판례 10-4〕대법원 2004. 2. 27. 선고 2002다63572 판결.

투자신탁업법 제7조 제4항 소정의 부득이한 사유에 해당한다고 항변하였다.

• 법원의 판단

이 사건 각 증권투자신탁에 적용되는 구 증권투자신탁업법(1998. 9. 16. 법률 제5558호로 개정되기 전의 것. 이하 '구법') 제7조 제1항 내지 제3항은 수익자가 위탁회사나 수탁회사 또는 판매회사(이하 '판매회사 등'이라 한다)에 수익증권을 현금으로 환매할 것을 청구할 수 있다는 것을 규정하고, 제4항은 "제1항 내지 제3항의 규정에 의하여 환매에 응하여야 할 자는 환매의 청구를 받은 날부터 늦어도 15일 내에 환매하여야 한다. 다만 천재, 지변, 유가증권시장의 폐쇄·정지 또는 휴장, 기타 부득이한 사유가 있는 경우에는 금융감독위원회의 승인을 얻어 그 사유가 해소될 때까지 환매를 연기할 수 있다"라고 규정하고, 이에 따른 증권투자신탁업 감독규정(1998. 6. 25. 자) 부칙 제3조에 의하여 효력이 인정되는 구 증권투자신탁업 감독규정(1998. 6. 25.자로 개정되기 전의 것) 제47조 제1항도 "위탁회사가 천재, 지변, 유가증권시장의 폐쇄·정지 또는 휴장, 기타 부득이한 사유로 수익자의 수익증권 환매에 응할 수 없게 된 때에는 금융감독위원회의 승인을 얻어 환매를 연기할 수 있다"라고 규정하고 있는바, 여기에서 '천재, 지변, 유가증권시장의 폐쇄·정지 또는 휴장' 등은 수익증권의 시가가 형성될 수 없거나 그 시가를 알 수 없는 전형적인 경우인 점에 비추어, 환매연기사유의 하나로 규정되어 있는 '기타 부득이한 사유'는 천재, 지변, 유가증권시장의 폐쇄·정지 또는 휴장 이외의 사유로 수익증권의 시가가 형성될 수 없거나 그 시가를 알 수 없거나 시가에 준하는 것으로 취급되는 장부가와 시가 사이에 현저한 괴리가 생겨 장부가에 의한 환매 등을 하는 것이 증권투자신탁의 본질인 실적배당주의 내지 수익자평등대우주의를 심각하게 훼손하는 결과로 될 우려가 있는 경우를 가리키는 것으로 보아야 할 것이고, 따라서 수익증권의 환매에 관한 구법 제7조 제4항의 규정은 환매가 수익자의 환매청구와 판매회사 등의 승낙의 의사표시에 의하여 성립되는 것을 전제로 하여, 특별한 사정이 없는 경우에는 수익자의 환매청구가 있은 날로부터 15일 이내에 판매회사 등이 승낙하여 그 승낙한 시점에서의 수익증권의 기준가격으로 환매하고 천재, 지변, 유가증권시장의 폐쇄·정지 또는 휴장, 기타 부득이한 사유가 있어 정당한 시가에 의한 기준가격을 산정할 수 없는 등의 특별한 사정이 있는 경우에는 금융감독위원회의 승인을 얻어 그 사유가 해소될 때까지 환매청구에 대한 승낙을 유보함으로써 그 사유가 해소된 시점에서의 시가에 의하여 산정한 기준가격으로 환매할 수 있도록 허용하고 있는 것이라고 할 것이다(대법원 2003. 11. 28. 선고 2001다 67171 판결 참조).

　… 위와 같은 사정하에서 대우 채권의 부실을 반영하지 못하는 장부가에 의하여 대우 채권을 평가하여 환매할 경우 투자신탁재산의 적정한 순자산 가치와 현저한 괴리가 있게 되고, 이러한 상황에서 대우 채권이 포함된 투자신탁상품의 환매를 무제한 허용하면 먼저 환매한 투자자로부터 잔류 투자자에게 손실이 전가될 가능성이 높아져 수익자들의 환매 경쟁을 촉발하게 되며, 그러한 경우 대부분의 위탁회사는 환매자금의 마련을 위해 모든 신탁재산 내에 편입된 채권을 매각할 수밖에 없어 이에 따라 상당한 액수의 채권이 일시에 금융시장에 매물로 나오게 됨으로써 채권가격의 폭락에 따른 금융시장 전체의 붕괴를 초래할 가능성이 농후한 상황이었으므로, 위 법리에 비추어 볼 때 원심의 위와 같은 판단은 정당한 것으로 수긍할 수 있고, 거기에 상고이유의 주장과 같이 구법 제7조 제4항 등에 규정된 '기타 부득이한 사유'의 해석에 관한 법리를 오해한 위법이 있다고 할 수 없다.

| 참고 판례 |

■ 대법원 2014. 7. 10. 선고 2014다21250 판결〔손해배상〕

투자자가 집합투자증권의 환매를 청구하는 경우 집합투자업자는 자본
시장법 제236조 제1항 본문에 따라 산정되는 기준가격으로 집합투자증권
을 환매하여야 하는데, 환매청구가 일시에 대량으로 이루어질 경우에는 환
매대금으로 사용할 재원을 조성하기 위하여 집합투자재산을 단기간에 대
량으로 처분하는 조치가 필요해진다. 이 경우 집합투자재산의 종류·구성
및 규모, 시장의 거래 상황 등에 따라서는 집합투자재산의 가치가 크게 하
락하는 손실이 생길 수 있는데, 이러한 손실이 반영되지 아니한 기준가격
으로 집합투자증권을 환매하게 되면 먼저 환매한 투자자로부터 잔류하는
투자자에게 손실이 전가되어 집합투자의 본질인 실적배당주의 내지 수익
자평등대우주의를 훼손하는 결과가 초래될 수 있다. 이는 환매연기사유의
하나인 '대량의 환매청구에 응하는 것이 투자자 간의 형평성을 해칠 염려
가 있는 경우'에 해당한다고 보아야 한다. 그리고 환매연기사유가 존재하
는지 여부는 환매를 연기할 당시를 기준으로 판단하여야 하고, 사후에 발
생하거나 확인된 사유만을 들어 환매연기가 위법하거나 효력이 없다고 할
수는 없다.

원심은, 피고(골드만삭스투자자문)의 국내업무중단계획이 발표되자 그 발
표 당일 주식시장이 폐장될 때까지 이 사건 펀드의 수익자인 총 11개 기관
투자자 중 8개 기관투자자가 이 사건 펀드의 자산규모 중 약 80퍼센트에
해당하는 약 1,500억 원 규모의 수익증권에 대하여 환매를 청구한 사실, 피
고는 위와 같은 환매청구에 그대로 응할 경우 수익증권의 가치가 떨어지
는 등으로 환매 요구 투자자와 잔존 투자자 사이의 형평성에 문제가 발생
할 것으로 판단하여 환매연기를 결정한 사실 등을 인정한 다음, 그 판시와
같은 사정에 비추어 보면 위와 같은 환매청구는 '대량의 환매청구에 응하
게 되는 경우'에 해당하고, 환매청구에 응하기 위하여 자산 처분을 단기간

강행할 경우 수익자 사이의 형평성 문제가 야기될 것으로 예상되는 상황
이었으므로, 피고의 환매연기 결정은 적법하다고 판단하였다.

··· 원심의 위와 같은 판단은 수긍할 수 있고, ··· 환매연기사유 내지 요건
에 관한 법리, 환매자금 마련에 관한 의무 불이행에 관한 법리 등을 오해하
거나 논리와 경험의 법칙을 위반하여 자유심증주의의 한계를 벗어나는 등
의 위법이 없다.

〔판례 10-10〕 대법원 2010. 10. 14. 선고 2008다13043 판결〔환매금〕— 환
　　　　　　　매연기사유가 존재하는 경우 연기를 위한 별도의 조치 요부

● 사실관계

1. 증권투자신탁업법에 따른 위탁회사인 Y2회사(서울투자신탁운용)는
1998. 10. 22. 수탁회사인 A은행과 사이에 스페셜중기에스(S)20호 공사채
형 증권투자신탁계약을 체결하였다. X(대한석탄공사)는 1999. 6. 28. 판매회
사인 Y1회사(대우증권)와의 사이에, 위 투자신탁에 관하여 만기(환매수수료
면제일)는 1999. 12. 25.로 정하여 수익증권저축계약을 체결한 다음 수익증
권을 매입하였다.

2. 대우그룹의 채권단이 1999. 7. 19. 구조조정방침을 발표한 것을 계기
로 대우그룹의 자금 사정 악화에 대한 우려가 증대하여 투자자들의 대량
환매청구의 움직임이 나타나자, 투자신탁회사들은 1999. 8. 12. 투자신탁업
감독규정 제47조 제1~2항에 따라 대우그룹 계열법인이 발행한 채권 및
기업어음에 대한 적정 평가가 곤란하고, 대량환매 사태에 따른 금융시스템
마비를 우려하여, 1999. 8. 12. 24시 현재 투자신탁회사들이 설정 · 운용 중
인 모든 증권투자신탁의 신탁재산 중 대우그룹 계열회사 발행 무보증 · 무
담보 채권 및 무담보 기업어음 부분(이하 '대우채'라 한다. 대우채를 제외한 나

머지 신탁재산은 '비대우채'라 한다)에 대하여, 1999. 8. 13.부터 2000. 7. 1. 이후 시가평가가 가능한 시점까지(다만 대우그룹의 정상화 등 정산이 가능한 경우에는 그 시점까지) 환매를 연기하고, 환매연기기간 이후에는 연기된 부분에 대하여 시가평가 결과에 따라 환매대금을 지급하기로 하는 내용의 수익증권 일부 환매연기의 승인을 금융감독위원회로 받았다(8·12 환매연기 조치).

투자신탁협회와 증권업협회는 같은 날 환매연기 승인신청과는 별도로 1999. 8. 13.부터 환매청구 시 (i) 금융기관 등 기관투자자(X와 같은 정부투자 및 출자기관도 포함)의 환매청구에 대하여는 대우채 편입비율만큼 전액 환매연기하되 2000. 7. 1. 이후 시가평가한 가격으로 최종 정산하고, 대우그룹 조기정상화 등 정산이 가능한 경우에는 조기에 정산하며, (ii) 개인 및 일반법인 투자자의 환매청구에 대하여는 대우채 편입비율만큼 전액 환매를 연기하되 우선적으로 일정 금액을 신청기간별로 차등하여 현금지급하고(90일 미만 신청 시 기준가액의 50퍼센트를, 180일 미만 신청 시 기준가액의 80퍼센트를, 180일 이상 신청 시 기준가액의 95퍼센트를 우선지급), 2000. 7. 1. 이후 최종 정산하면서 우선지급금이 최종 정산금액이 적은 경우에는 추가지급하고 많을 때에는 초과금을 환수하지 않기로 하였다.

3. X는 신탁재산의 만기가 도래한 이후인 1999. 12. 29. Y1회사에 대하여 비대우채 수익증권 전부에 대하여 환매청구를 하였으나, 당시 Y1회사는 위 신탁재산 내 채권의 유동성 부족으로 환매대금 전액을 마련할 수가 없어 일부만 지급하였다.

4. X는 Y1회사가 비대우채 수익증권에 대해 환매청구일인 1999. 12. 29.자 기준가격으로 산정한 환매대금과 실제 지급한 환매대금의 차액을 지급할 의무가 있다고 주장하며 소를 제기하였다. 이에 대하여 Y1회사는 환매청구일 당시 신탁재산에 편입되어 있던 일부 채권의 기준가격과 순자산가치의 괴리가 심각하여 이후 위 채권들에 대하여 상당한 정도로 상각처리가 이루어지기까지 하였다면, 이는 환매청구 당시 고유재산으로 환매청구

당일의 기준가격에 따라 환매대금을 지급할 수 없는 예외적인 사유가 존재하였다고 볼 것이므로, 부실채권의 상각이 완료된 2000. 6. 23.자 기준가격에 따른 환매대금만 지급할 의무가 있을 뿐이라고 주장하였다.

• 법원의 판단

■ 원심 : 서울고등법원 2007. 12. 27. 선고 2004나21260 판결

환매의무자가 구 투신업법 제7조 제4항 단서 및 이 사건 약관 제16조 제3항에 따라 환매를 연기하기 위해서는 개별 수익자의 환매청구에 응하지 아니하고 있다는 정도를 넘어 최소한 환매연기의 대상 및 그 사유라도 명시하는 정도의 객관적이고 일률적인 환매연기의 의사를 외부에 표출하여야 하고 아울러 그와 같은 환매연기의 내용에 관하여 금융감독위원회(이하 '금감위')에 승인을 신청하는 등의 일련의 조치를 취할 것이 요구된다고 보아야 할 것이다.

살피건대 Y1회사가 X의 이 사건 수익증권의 환매청구에 대하여 단순히 유동성 부족을 이유로 환매청구에 응하지 아니하고 있다는 정도를 넘어 최소한 환매연기의 대상 및 그 사유라도 명시하는 정도의 객관적이고 일률적인 환매연기의 의사를 외부에 표출하고, 아울러 그와 같은 환매연기의 내용에 관하여 금감위에 승인을 신청하는 등의 일련의 조치를 취하였다고 인정할 아무런 증거가 없으므로…, 신탁재산의 기준가격과 순자산가치의 괴리가 현저하여 환매연기사유에 해당하므로 당연히 환매가 연기된다는 위 주장도 다른 점에 나아가 살펴볼 필요 없이 이유 없다.

■ 대법원 : 파기환송

구 투신업법 제7조 제4항 단서는 "다만 천재, 지변, 유가증권시장의 폐쇄·정지 또는 휴장, 기타 부득이한 사유가 있는 경우에는 금융감독위원회의 승인을 얻어 그 사유가 해소될 때까지 환매를 연기할 수 있다"고 규정하고 있고 이 사건 투자신탁의 약관 제16조 제3항도 같은 내용으로 정하고 있는바, 위와 같은 환매연기제도는 천재·지변·유가증권시장의 폐쇄·정지 또는 휴장 기타 부득이한 사유로 인하여 증권투자신탁에 편입되어 있는 유가증권의 정당한 가치를 평가할 수 없게 되어 당해 증권투자신탁 수익증권의 정당한 기준가격을 산정할 수 없는 등의 특별한 사정(이하 '환매연기사유'라고 한다)이 있는 경우에 판매회사로 하여금 그 사유가 해소될 때까지 환매를 연기하여 그 사유가 해소된 시점에서의 정당한 가치를 기준으로 환매할 수 있도록 함으로써 증권투자신탁의 본질인 실적배당의 원칙 및 수익자평등의 원칙을 구현하고자 하는 것이므로, 환매연기사유가 존재하면 판매회사가 모든 수익자에 대해 일률적으로 환매연기를 한다는 것을 공시 또는 공표하는 등의 적극적인 환매연기조치를 취하지 않더라도 개별 수익자의 환매청구에 응하지 않는 것만으로 환매연기가 이루어진다고 할 것이다.

또한 위와 같은 환매연기는 환매청구를 한 개별 수익자와 판매회사 사이의 사법적 법률관계로서 그것이 적법·유효한지 여부는 환매연기사유의 존재 여부에 따라 결정되는 것이지 금감위의 승인 여부에 따라 결정된다고 할 수 없으므로 금감위의 승인을 받지 않았다는 사정만으로 환매연기가 부적법하다거나 그 효력이 발생하지 않는다고 할 수 없고, 같은 취지에서 X와 Y회사가 이 사건 투자신탁의 약관 제16조 제3항에 의하여 금감위의 승인을 환매연기의 적법 내지 효력발생요건으로 하기로 약정하였다고 볼 수도 없다.

그럼에도 원심은, 비대우그룹채 부분에 관하여 환매연기가 이루어졌다는 Y회사의 주장에 대하여 환매연기사유가 존재하는지 여부를 심리하지 아니한 채 Y회사가 객관적이고 일률적인 환매연기의 의사를 외부에 표출하였음을 인정할 증거가 없고 금감위의 승인이 이루어지지도 않았다는 이유만으로 이를 배척하였는바, 이러한 원심의 조치에는 환매연기의 요건 및 금감위의 환매연기 승인의 성격 등에 관한 법리를 오해한 위법이 있고 이는 판결에 영향을 미쳤음이 분명하다.

| 참고 사항 |

자본시장법 제237조는 구 증권투자신탁업법과 마찬가지로 집합투자재산인 자산의 처분이 불가능하거나 투자자 간의 형평성을 해칠 우려가 있는 일정한 경우(동법시행령 제256조)[81] 환매를 연기할 수 있도록 규정하되, 이 경우 환매를 연기한 날로부터 6주 이내에 집합투자자총회에서 집합투자증권의 환매에 관한 사항을 결의하도록 규정하고 있다. 또한 환매연기사유가 발생하는 경우, 부분 환매를 할 수 있다는 점과 환매연기된 재산으로 별도의 집합투자기구를 설정할 수도 있다는 점을 명시하였다.

V. 집합투자(5) — 사모집합투자기구

〔**판례 10-11**〕 대법원 2017. 12. 13. 선고 2017두31767 판결〔문책경고처분 등 취소〕 — 사모투자전문회사의 업무집행사원이 아닌 제3자의 이익보장

• 사실관계

1. 원고 X1은 원고 X2회사의 대표이사이고, X2회사는 원고 X3 PEF의 업

---

81) 다음의 사유가 발생한 경우에도 환매에 응하지 않을 수 있다(자본시장법 제237조 제8항).
    1. 집합투자기구(투자신탁을 제외한다)가 해산한 경우
    2. 투자회사의 순자산액이 정관이 정하는 최저 순자산액에 미달하는 경우
    3. 법령 또는 법령에 따른 명령에 따라 환매가 제한되는 경우
    4. 투자신탁의 수익자, 투자회사의 주주 또는 그 수익자·주주의 질권자로서 권리를 행사할 자를 정하기 위한 기준일을 정한 경우 그 기준일과 그 권리를 행사할 날 사이에 환매청구를 한 경우

무집행사원이다. X3 PEF는 E증권회사의 경영권을 인수하기 위하여 설립된 사모투자전문회사이다.

2. 피고 금융위원회는 X2회사가 다음과 같은 행위를 하였음을 이유로 X1에게 문책경고처분, X2회사와 X3 PEF에게 각 기관경고처분을 내렸다.

(1) 2008. 5 ~ 6.경 K은행 등 4개 회사에게 사원이 될 것을 권유하는 과정에서 LP로 참여 예정인 LS회사를 통해 그 출자지분(총 2,310억 원)에 대하여 일정 수익을 보장하겠다는 조건으로 투자제안하여 2008. 7. 17. LS회사로 하여금 위 4개사와 연 8.25% 수익보장을 내용으로 하는 지분옵션계약을 체결하도록 함,

(2) 2009. 6. K창업투자와 K은행이 X3 PEF에서 탈퇴하게 되자 A유한회사에 사원이 될 것을 권유하는 과정에서도 LS회사의 일정수익 보장을 조건으로 투자제안하고 출자지분(300억 원)에 대하여 상기와 동일한 내용의 지분옵션계약을 체결하도록 함.

(3) 2013. 7. A유한회사 등 3개 회사가 X3 PEF에서 탈퇴하게 되자 B유한회사 등 2개 회사에게 사원이 될 것을 권유한 과정 역시 LS회사의 일정수익 보장을 조건으로 투자제안하고 출자지분(총 2,018억 원)에 대하여 연 4.6%의 수익을 보장하는 내용의 지분옵션계약을 체결하도록 함.

3. 이후 피고 금융감독원장은 X1에게 문책경고처분, X2회사와 X3 PEF에게 기관경고처분이 있음을 통보하고 그에 따른 합당한 조치를 취한 후 그 결과를 보고할 것을 요구하였다.

4. 원고들은 피고들의 처분의 취소를 구하였다.

• 법원의 판단

1심(서울행정법원 2016. 4. 15. 선고 2015구합74593 판결)은 원고들의 청구를 모두 기각하였고, 원고들의 항소에 대해 원심(서울고등법원 2016. 12. 15. 선고 2016누44508 판결)은 피고 금융감독원장에 대한 소는 각하하고, 원고 X2회사에 대한 기

관경고처분을 취소하고, X1과 X3 PEF의 항소를 기각하였다.

▌**대법원** : 피고 금융위원회 패소 부분 파기 환송, 원고들의 상고 모두 기각

구 간접투자자산 운용업법(이하 '구 간접투자법') 제144조의11 제2항 제2호는 사모투자전문회사의 업무집행사원(법인이 업무집행사원인 경우에는 법인의 임직원을 포함한다)이 '원금 또는 일정한 이익의 보장을 약속하는 등의 방법'(이하 '이익 보장 약속')으로 사원이 될 것을 부당하게 권유하는 행위를 금지하고, 제184조 제27호는 위 규정을 위반한 사람을 처벌하도록 규정하고 있고, 구 자본시장과 금융투자업에 관한 법률(2015. 7. 24. 법률 제13448호로 개정되기 전의 것, 이하 '구 자본시장법'이라 한다) 제272조 제6항 제2호[82]도 구 간접투자법 제144조의11 제2항 제2호와 같은 내용으로 규정하고 있다.

…사모투자전문회사가 투자를 권유하면서 투자자에게 원금 또는 일정한 이익의 보장을 약속하게 되면, 실질적으로 대여 목적의 자금을 모집하게 되어 구 간접투자법과 구 자본시장법이 추구하는 사원에 대한 투자 수익 배분에 의한 간접투자와 집합투자의 활성화라는 사모투자전문회사 제도의 본질을 훼손하고, 또한 사모투자전문회사 내지 그 업무집행사원이 그 약속을 이행하기 위하여 위험을 수반하는 일반적인 투자와 달리 부득이 불건전한 거래 또는 변칙적인 거래를 할 우려가 있을 뿐 아니라, 간접투자와 집합투자에 따른 수익의 배분과 괴리된 고정적인 이익 배분을 기대한 투자자의 안이한 투자판단을 초래하고 그 결과 투자 대상 기업의 수익 가치에 대한 일반 투자자 및 시장의 평가 내지 투자에 대한 위험 부담 없이 자금 모집이 이루어지게 되어 간접투자와 집합투자에 관한 공정한 거래질

---

[82] 현행 자본시장법 제249조의14 제6항 제2호는 경영참여형 사모집합투자기구의 업무집행사원에 대해 동일한 내용를 규정하고 있고, 동 조항은 자본시장법 개정(법률 제18128호, 2021. 4. 20. 일부개정, 2021. 10. 21. 시행)으로 사모펀드 제도가 개편된 이후 기관전용 사모집합투자기구의 업무집행사원에 대해서 동일하게 적용된다.

서의 왜곡을 가져올 위험성이 발생하므로, 구 간접투자법 제144조의11 제
2항 제2호와 구 자본시장법 제272조 제6항 제2호(이하 이를 합하여 '이 사건
각 규정'이라 한다)를 두어 이익 보장 약속에 의한 부당 권유 행위를 금지한
것이다.

…이 사건 각 규정에서 금지하는 이익 보장 약속에 의한 부당 권유 행위
의 주체는 사모투자전문회사의 업무를 집행할 권리와 의무를 가지고 투자
자인 사원을 상대로 투자를 권유하여 자금을 모집하는 업무집행사원이고
또한 그 권유 행위의 일부를 이루는 '이익 보장 약속'의 주체 역시 특별한
사정이 없는 한 업무집행사원이라 해석되며, 업무집행사원의 투자 권유와
무관하게 유한책임사원 등의 제3자(이하 '제3자'라 한다)가 업무집행사원과
별도로 투자자에게 이익 보장 약속을 하였다 하더라도 그 사정만을 가지
고 이 사건 각 규정을 위반하였다고 할 수 없다.

다만 위에서 본 것과 같이 투자자에 의한 실질적인 간접투자와 집합투
자를 실현하기 위한 이 사건 각 규정의 취지에 비추어 보면, 제3자가 투자
자에게 이익 보장 약속을 하는 것에 그치지 아니하고, 업무집행사원이 투
자대상과 투자방법 등을 결정하고 그 투자를 위하여 사모투자전문회사를
설립하면서 제3자의 이익 보장 약속을 전제로 하여 투자자의 투자 내지 자
금의 모집을 계획한 후, 실제로 이러한 제3자의 이익 보장을 적극적으로
이용하여 투자자에게 투자를 권유하고 나아가 제3자와 투자자 사이의 이
익 보장 약정 체결에 직접 관여함으로써 제3자의 이익 보장 약속이 외형상
업무집행사원의 투자 권유 행위와 병행하여 그 권유 행위의 일부로 이루
어졌다고 평가할 수 있으며, 그로 인하여 업무집행사원이 적극적으로 이용
한 제3자의 이익 보장 약속이 투자자가 업무집행사원의 권유를 받아들여
사원이 될 것인지의 투자판단에 직접적인 영향을 미쳐 실질적으로도 간접
투자와 집합투자가 아니라 제3자에 대한 자금 대여를 권유한 것과 같은 결
과에 이른다면, 이러한 업무집행사원의 행위는 확정적인 이익 보장 아래
사원이 되도록 부당하게 권유하는 행위로서 이 사건 각 규정을 위반한 행

위에 해당한다고 해석된다.

 …X2회사는 … 처음부터 LS회사의 이익 보장 약속을 전제로 하여 E증권에 대한 투자를 계획하고 그 투자를 위한 X3 PEF를 설립하였다고 보이고, 나아가 위 이익 보장 약속을 나머지 유한책임사원들의 모집을 위하여 발행한 제안서에 포함하여 투자를 권유함으로써 이를 적극적으로 투자 권유에 이용하였을 뿐 아니라, LS회사를 대신하여 나머지 유한책임사원들을 상대로 지분옵션계약의 제안부터 체결에 이르기까지의 전체 과정에 직접 관여하였다.

 이러한 X2회사의 관여 정도에 비추어 보면, 나머지 유한책임사원들에 대한 위 이익 보장 약속은 외형상 X2회사의 업무집행사원으로서의 투자 권유 행위의 일부로 이루어졌다고 평가할 수 있고, 그로 인하여 나머지 유한책임사원들이 X2회사의 E증권에 대한 투자 권유를 받아들여 X3 PEF의 사원이 될 것인지에 관한 투자판단에 직접적인 영향을 미쳐 실질적으로도 E증권에 대한 투자가 아니라 마치 LS회사에 대한 자금 대여를 권유한 것과 같은 결과에 이르렀다고 보인다.

 이러한 사정들을 종합하여 보면, 비록 위 지분옵션계약이 LS회사의 부담에 의하여 이루어진 이익 보장 약속에 해당한다 하더라도, 업무집행사원으로서 이를 적극적으로 이용한 X2회사의 위 행위는 나머지 유한책임사원들을 상대로 확정적인 이익 보장 아래 사원이 되도록 부당하게 권유한 행위로서 이 사건 각 규정을 위반하였다고 볼 수 있다.

| 참고 판례 |

■ 대법원 2016. 10. 27. 선고 2015다216796 판결

〈사실관계〉

피고 Y자산운용회사는 A사모투자전문회사를 설립하여 유한책임사원들로부터 출자를 받아 2006. 4.부터 6.까지 중앙부산저축은행의 주식 55%를

인수하였고 컨소시움을 같이 구성한 전략적 투자자인 부산저축은행은 중
앙부산저축은행의 주식 30%를 인수하였다. 원고 X는 2008. 7. (주)K로부
터 (주)K가 2007. 4. 최초 유한책임사원으로부터 약 27억 8600만 원에 매수
한 출자지분 25억 좌를 31억 5천만 원에 매수하였다. 중앙부산저축은행은
2011. 2. 영업정지처분, 2012. 2. 파산선고를 받았다. A사모투자전문회사는
부산저축은행을 상대로 풋옵션 행사에 따른 주식매매대금 125억 원의 청
구를 하였으나 소송계속중 2012. 6. 부산저축은행도 파산선고를 받았다.

원심(서울고등법원 2015. 4. 16. 선고 2014나2011626 판결)은, X가 A사모투
자전문회사의 출자지분을 기존의 유한책임사원인 (주)K로부터 양수할 당
시 A사모투자전문회사의 설립·운용자인 Y가 X에게 A사모투자전문회사
와 컨소시엄을 구성한 부산저축은행에 대한 풋옵션에 의하여 투자원금과
수익이 보장된다고만 설명하고 그 풋옵션의 행사에 제한이 있다는 사실을
설명하지 않음으로써, 투자회수구조의 중요한 사항에 관하여 부정확한 정
보를 제공하여 X의 투자판단에 영향을 주었으므로, 그 의무 위반으로 인한
손해배상책임을 진다는 취지로 판결하였다. 대법원은 Y의 상고를 기각하
면서 아래와 같이 판시하였다.

〈법원의 판단〉

미리 투자대상과 투자방법 및 투자회수구조 등을 결정한 다음 그 투자
를 위하여 구 간접투자자산운용업법에 따른 사모투자전문회사를 설립하
고 그 무한책임사원 겸 업무집행사원이 되어 투자자들에게 유한책임사원
으로서 출자하여 투자에 참여하도록 권유하는 자(이하 '사모투자전문회사의
설립·운용자')는 투자자들이 사모투자전문회사에 투자 참여하는 데 대하
여 직접적인 이해관계가 있을 뿐만 아니라 사모투자전문회사를 통한 투자
에 관하여 제1차적으로 정보를 생산하고 이를 제공하는 지위에 있다. 이러
한 사모투자전문회사의 설립·운용자는 해당 사모투자전문회사의 투자대
상과 투자방법 및 투자회수구조 등의 중요한 사항에 대하여 정확한 정보
를 생산하여 이를 사모투자전문회사의 유한책임사원으로서 투자에 참여

하려는 투자자들에게 제공할 의무가 있고, 사모투자전문회사의 설립 · 운용자가 이러한 의무를 위반하여 투자자들의 투자판단에 영향을 주고 그로 말미암아 투자자들에게 손해가 발생하였다면 그 주의의무를 위반함으로 인한 불법행위책임을 진다. 그리고 사모투자전문회사의 설립 · 운용자가 제공한 부정확한 정보로 인하여 투자자가 투자판단에 영향을 받아 손해를 입은 이상, 사모투자전문회사의 설립 당시에 유한책임사원으로 참여한 경우는 물론이고 기존의 유한책임사원으로부터 사모투자전문회사의 지분을 양수한 경우에도 마찬가지로 사모투자전문회사의 설립 · 운용자에 대하여 불법행위책임을 물을 수 있다.

VI. 투자일임, 투자자문

〔판례 10-12〕 대법원 2008. 9. 11. 선고 2006다53856 판결〔손해배상 (기)〕— 투자일임에 따른 투자전략 선택이 선관주의의무 위반이 되기 위한 요건

• 사실관계

1. X1회사는 유가증권, 파생상품 투자운용 등을 목적으로 하는 회사이고 X2는 C생명보험 전무이사, H상호신용금고와 I파이낸스의 대표이사를 거쳐 X1 회사의 대표이사로 재직하였다. X3와 X4는 X2의 자녀들이다.

2. X2는 2000. 6. 2. 파생상품을 거래하기 위해 투자일임업을 하고 있는 Y회사(델타투자자문)를 경유하여 A증권(우리투자증권)에 종합계좌 등을 개설하고, 2000. 6. 8. Y회사와 투자일임계약(계약자산 10억 5,000만 원)을 체결하였고 계속 계약을 변경 · 갱신하여 2001. 3. 12. 계약자산을 현금 약 30억 원, 채권 약 104억 원, 합계 약 134억 원, 계약기간은 2001. 3. 12~9.

13. 기본수수료를 6,840만 원, 성과수수료를 기준수익률 20퍼센트 초과하는 금액에 대하여 15퍼센트로 산정하는 내용으로 투자일임계약을 체결하였다.

또한 X2는 X1회사를 대표하여 2000. 7. 20. Y회사와 투자일임계약(계약자산 30억 원)을 체결하였고, 계속 계약을 변경하여 2001. 7. 16. 계약자산을 현금 약 45억 원, 채권 약 106억 원, 합계 약 151억 원, 계약기간은 2001. 7. 16~9. 13. 기본수수료를 2,490만 원, 성과수수료를 위와 동일하게 정하여 투자일임계약을 체결하였고, 자녀인 X3와 X4를 대리하여 유사한 투자일임계약을 체결하였다.

3. 9 · 11테러 발생 이전까지 Y회사는 X1과 X2의 계좌를 관리하면서 일부 손실을 본 사실도 있지만, 전반적으로 지속적인 수익을 올렸다. 이 기간 동안 사용한 투자전략은 주로 스트랭글 매도전략과 레이쇼 스프레드(ratio spread) 매도전략이었다.

4. 9 · 11테러 사건이 발생한 2001. 9. 11. 주가지수가 예상을 벗어나 급락함에 따라, 2001. 9. 12. 하루 동안 X2의 계좌에서 약 42억 원, X1회사의 계좌에서 약 40억 원의 손실이 발생하였다. 그러자 X1회사와 X2는 투자일임계약기간이 만료된 후인 2001. 9. 20. Y회사와의 사이에 계약기간을 2001. 9. 20~2002. 9. 19. 기준수익률을 34퍼센트로 하고 기본수수료와 성과수수료를 지급하지 아니하기로 하는 투자일임계약을 각 새로 체결하였다.

5. 투자일임계약을 새로 체결한 이후에도 손실이 계속되자, 2002. 1. 4. X1회사와 X2는 Y회사와의 사이에 기준수익률을 높여서(X1회사 : 66.19퍼센트, X2 : 54.47퍼센트) 기준수익률 달성 시까지 기본수수료와 성과수수료를 지급하지 아니하기로 하는 내용으로 계약을 변경하였고, 2004. 1. 9. 수수료는 환산기준 수익금액을 달성한 경우 상호 협의하에 지급하기로 하는 내용으로 계약을 변경하였다.

6. Y회사는 2004. 5. 14. X1회사와 X2에 대하여 2004. 1. 9.자로 체결된

투자일임계약에 따른 고객의 기대수익에 대비되는 위험수준이 Y회사의 운용방식에 부합하지 않는다는 이유로 투자일임계약을 해지한다고 통보하였다.

7. X2는 투자일임계약을 체결하면서 옵션거래를 위임한 기간 동안 Y회사의 투자일임 담당자로부터 팩스나 전화 등을 통하여 옵션거래에 대한 일·주간·월별 운용보고를 받았고, 자산운용계획에 대하여도 설명을 들은 바 있다. 최초 투자일임계약 체결일부터 9·11테러 사건이 발생하기 전까지 Y회사가 지급받은 수수료는 합계 6억여 원이고, 9·11테러 사건이 발생한 후에 지급받은 수수료는 없었다.

8. X1회사와 X2는 (i) Y회사는 예측과 달리 주가지수가 큰 폭으로 변동하는 경우 무한대에 이르는 손실을 입을 수 있는 스트랭글 매도전략을 주로 사용함으로써 위험 관리에 실패하여 X에게 엄청난 손실을 입혔기때문에 선량한 관리자의 주의의무를 위반하였고, (ii) Y회사는 9·11테러 사건이 발생한 후 기준수익률을 34퍼센트로 정하여 자산 회복을 약속하였을 뿐만 아니라 그후에도 환산기준 수익금액을 제시하면서 계속 투자위임을 하도록 유인하여 보호의무를 위반하였다고 주장하며 손해배상을 구하였다.

• 법원의 판단

1. 선관주의의무 위반 여부에 관한 판단

투자일임계약에 의하여 고객의 자산을 관리하는 투자자문회사는 고객에 대하여 부담하는 선관주의의무의 당연한 내용으로서 우선 고객의 투자목적·투자 경험·위험 선호의 정도 및 투자 예정기간 등(이하 '투자 목적 등'이라 한다)을 미리 파악하여 그에 적합한 투자방식을 선택하여 투자하여야 하고, 조사된 투자 목적에 비추어 볼 때 과도한 위험을 초래하는 거래행위를 감행하여 고객의 재산에 손실을 가한 때에는 그로 인한 손해를 배상할 책임이 있다 할 것이나, 고객의 투자 목적 등은 지극히 다양하므로 어느 특정한 상품에 투자하거나 어떠한 투자전략을 채택한 데에 단지 높은 위험이 수반된다는 사정만으로 일률적으로 선관주의의무를 위반한 것이라고 단정할 수는 없다. … 결국 어느 특정한 투자방식을 채택한 것이 선관주의의무 위반으로 평가되는지 여부는 고객이 투자 목적 등에 비추어 어느 정도의 위험을 감수할 것인가 하는 측면과 투자일임을 받은 회사의 투자가 어느 정도의 위험을 내포하고 있는 것인가 하는 측면을 비교·검토하여 조사된 고객의 투자 목적 등에 비추어 볼 때 과도한 위험을 초래하는 거래행위에 해당하는지 아닌지에 따라 가려져야 할 것이다.

원심은 그 채택 증거를 종합하여 인정되는 다음과 같은 사정, 즉 (i) X2가 2000. 6. 1. 고객 투자성향 사전조사서를 작성할 당시 투자성향 5단계 중 3단계에 해당하는 '안정성과 수익성을 동시에 추구하는 성장투자 선호형'으로, 1억 원을 1년간 투자한 경우 희망하는 투자 결과를 조사하는 위험선호도 3단계 중 2단계에 해당하는 '1억 2,000만 원 또는 9,000만 원이 되는 상품'으로 각 기재한 점, (ii) 9·11테러 사건 발생 당시 Y회사뿐만 아니라 상당수의 기관투자자들은 주가지수가 예측 가능한 범위 내에서 변동할 경우 안정적인 수익을 얻을 수 있는 스트랭글 또는 레이쇼 스프레드 매도 전략 등을 사용하였으며 2001. 9. 당시 9·11테러 사건과 같은 유형의 위험까지 대비하여 거래전략을 구축한 투자자문사의 사례가 소개되지 않는 점, (iii) Y회사가 9·11테러 사건 발생 이전에는 원고들의 계좌를 운용하면서 상당한 규모의 수익을 올린 점, (iv) 콘도르(condor)전략 등 위험을 회피하기 위한 대안들은 주가지수가 예측과 달리 크게 변동하는 경우에도 제한된 범위 내에서 손실을 입게 되기는 하지만 안정성을 추구한 결과 수익률이 낮은 점 등에 비추어 볼 때, … 오히려 위 투자일임 담당자들의 옵션거래과정에서 현저한 불합리가 없는 한 그 투자판단은 허용되는 재량의 범위 내의 것으로서 고객에 대한 선량한 관리자의 주의의무 내지 충실의무를 다한 것으로 봄이 상당하다고 판단하였다. 앞에서 본 법리에 의하여 살피건대, 원심이 설시하고 있는 바와 같이 Y회사가 주가지수 옵션상품투자에 구사한 스트랭글 또는 레이쇼 스프레드 매도전략은 주가지수가 예상과 달리 큰 폭으로 변동하는 경우에는 큰 폭의 손실을 볼 수 있으나(수익의 규모는 일정하나 손실의 규모는 이론적으로는 한계가 없다), 이는 어디까지나 확률과 그에 입각한 투자판단의 문제로서 Y회사가 조사한 원고들의 앞에서 본 투자 목적 등에 비추어 적합성을 잃은 것으로 보기는 어렵다고 할 것이므로 같은 취지의 원심의 판단은 이를 수긍할 수가 있다.

2. 보호의무 위반 여부에 관한 판단

원심이 인정한 바에 의하면, 9·11테러 사태 이후 원고들과 Y회사 사이에 체결된 각 투자일임계약서에는 투자일임수수료가 없고, 기준수익률(그 초과분에 성과수수료율을 곱하여 성과수수료율을 산정하는 전제가 된다)은 9·11테러 사태 직후 체결된 투자일임계약상 이미 연 34퍼센트에 이르고 있으며 2002.에 체결된 것은 무려 49.28퍼센트 내지 54.47퍼센트에 이르고 있어 해를 거듭할수록 높아짐을 알 수 있고, 마지막으로 체결된 2004. 1. 9.자 각 투자일임계약에 따르면 '환산기준 수익금액'을 설정하고 그 수익규모를 달성할 때까지는 Y회사가 수수료를 지급받지 못하며 계약기간의 만료일 역시 위 환산기준 수익금액을 달성할 때까지로 되어 있었던 점, 무엇보다 위와 같이 높게 설정된 기준수익률이나 '환산기준 수익금액'은 원고들이 옵션거래로 인하여 얻은 수익을 대부분 제외한 채 손실만 기준으로 일방적으로 산정한 금액인 점을 알 수 있다.

살피건대… Y회사로서는 비현실적으로 높게 설정된 기준수익률 또는 '환산기준 수익금액'을 달성할 때까지 일임수수료를 전혀 받지 못하게 되는 등의 불리한 조건의 계약을 체결하면서 원고들에게 적극적으로 옵션거래를 권유할 아무런 합리적인 이유가 없는 점 등에 비추어 보면 Y회사에서 위와 같은 조건을 부가하는 데에 동의하게 된 동기가 원고들로 하여금 Y회사와 일임계약을 체결하도록 유인하기 위한 것으로 보기도 어려운 데다가, X2의 지식이나 경력 등에 비추어 볼 때 Y회사가 원고들에게 거래행위에 필연적으로 수반되는 위험성에 관한 올바른 인식 형성을 방해하거나 또는 원고들의 투자 상황에 비추어 과대한 위험성을 수반하는 거래를 적극적으로 권유함으로써 고객인 원고들에 대한 보호의무를 저버렸다고 보기는 어려울 것이다.

〔판례 10-13〕 대법원 2015. 6. 24. 선고 2013다13849 판결〔손해배상(기)〕—
유사 투자자문업자의 허위정보 또는 객관적 근거가 없는 정보 제공 시 불법행위책임

• 사실관계

1. 원고 X는 2011. 1. 18. 피고 Y1회사가 제공하는 수 개의 인터넷 증권방송 중 피고 Y2가 진행하는 인터넷 증권방송의 회원으로 가입하여 월 77만 원의 회비를 지급하고 Y2로부터 그가 진행하는 증권방송과 휴대전화 문자 메시지 등을 통하여 주식의 종목 분석 및 추천 등 주식 관련 투자 정보를 제공받았다.

2. Y2는 2011. 2~3. 사이에 X를 포함한 자신의 증권방송 회원들에게, 코스닥 상장법인인 알티전자의 주식매수를 적극 추천하면서 '알티전자가 삼성전자와 1,000억 원대의 대형 계약을 체결하기로 하였으므로 알티전자 주식에 공격적으로 투자하라', '보안 문제 때문에 구체적으로 말할 수는 없지만 알티전자에 인수·합병에 관한 대형 호재가 있고 관련 협상이 최종 조율 중에 있다', '알티전자의 인수·합병계약이 내부 이견으로 약간 지체되고 있지만 수천억 원대의 자금을 가진 증권계의 큰 세력이 알티전자 주식 800만 주 내지 1,000만 주를 이미 매수하였고 또 계속하여 매수하고 있으므로 곧 주가가 상승할 것이다', '극비 사항이지만, 알티전자의 인수·합병에 관한 양해각서가 체결되었고 곧 발표가 될 것이다', '어차피 세력이

알티전자에 수백억 원을 투자하였으므로 주가를 올리게 되어 있다' 라는 등으로 말하였고, 2011. 3. 하순경 알티전자의 감사보고서 제출이 늦어지고 있는 데 대한 회원들의 질문에 '알티전자에 수백억 원을 투자한 세력들과 연락을 하였는데 알티전자의 감사보고서 제출은 문제없이 진행되고 있다' 라고 말하며 알티전자 주식을 처분하지 말도록 하였다.

3. 그러나 알티전자와 삼성전자의 대형 계약, 알티전자의 인수 · 합병, 이른바 세력의 알티전자 주식매수는 모두 전혀 근거가 없는 허위 사실들이었고, 알티전자의 감사보고서도 그 제출기한까지 제출되지 아니하였으며, 결국 알티전자는 2011. 3. 23. 수원지방법원에 회생신청을 하였고, 같은 날 이를 이유로 코스닥시장에서 거래정지되었다.

4. X는 2011. 2. 11~3. 23. 위와 같은 Y2의 적극적인 추천에 따라 알티전자 주식을 매수하여 점차 그 보유량을 늘려 갔는데 알티전자가 회생신청을 하고 거래정지를 당한 후 결국 2011. 4. 22. 코스닥시장에서 상장폐지됨으로써 보유하고 있는 알티전자 주식의 가격이 큰 폭으로 하락하는 손해를 입었다.

• 법원의 판단

제1심(서울동부지방법원 2012. 6. 13. 선고 2011가합15764 판결)은 Y2의 고객보호의무 위반을 인정하였으나, 항소심은 고객보호의무 위반을 인정하지 않고 원고 청구를 기각하였다. 대법원은 유사 투자자문업자에게는 금융투자업자에 적용되는 투자자보호의무 관련 규정이 적용되지 않지만, 이 사건에서 Y2의 근거 없는 정보 제공에 대해서는 불법행위 책임을 물을 수 있다고 보고 파기환송하였고, 환송 후 항소심(서울고등법원 2016. 2. 5. 선고 2015나18932 판결)은 Y2의 불법행위책임과 Y1의 사용자책임을 인정하고 원고의 과실을 참작하여 Y1과 Y2의 책임을 손해액의 20퍼센트로 제한하였다.

■ 원심 : 서울고등법원 2013. 1. 31. 선고 2012나56971 판결

이 사건 이용계약의 성격에 비추어 유사 투자자문업자인 피고들이 원고에 대하여 자본시장법상의 고객보호의무를 부담하는지 여부에 대하여 살펴보면, 유사 투자자문업자에 대해서는 앞에서 본 바와 같이 금융위원회에 대한 신고의무만을 부과할 뿐 어떠한 규정도 두고 있지 않으며, 오히려 유사 투자자문업은 투자자문업에 해당하지 않음을 명시적으로 규정하는 등 유사 투자자문업과 투자자문업을 명확히 구별하고 있는 점에 비추어 보면, 유사 투자자문업자인 피고 Y1이나 피고 Y1과의 이 사건 용역계약에 따라 원고를 포함한 가입회원들에게 투자 조언을 한 피고 Y2에 대하여 자본시장법상의 투자자문업자의 고객보호의무 관련 규정이 직접적으로 적용된다고 할 수 없으며, 원고와 피고 Y1 사이에 체결된 이 사건 이용계약 및 약관의 내용에 비추어 보더라도 피고들에게 위와 같은 고객보호의무가 있음을 인정할 수 없다.

…피고 Y2가 인터넷방송을 통해 전달한 정보들이 삼성전자와 같은 대기업과의 1,000억 원대 계약 또는 인수·합병, 대형투자자의 주식 대량매집행위, 제출 기한이 임박한 상황에서의 감사보고서 제출 여부 등과 같이 주가 상승 내지 주가 폭락에 결정적으로 영향을 미칠 수 있는 주요 정보들이고, 결국 이러한 정보들이 모두 허위인 사실이 밝혀지기는 하였으나, 이러한 정보를 제시함에 있어 피고 Y2는 적어도 상식을 가진 일반인이라면 어느 정도 수긍할 수 있는 정도의 합리적이고 객관적인 근거조차 전혀 제시한 바가 없고, …투자정보라고 지칭하기에도 무색한 허황된 정보만을 제공하였으며 제공된 정보도 자본시장법을 비롯한 관련 법령에서 엄격히 금하고 있는 미공개 중요정보 이용행위, 시세조종행위와 같이 불법적인 내용들을 담고 있어서 이를 인터넷방송에서 공개한다는 점만으로도 그 정보의 신뢰성에 의문이 갈 수 밖에 없는 등 피고 Y2의 증권방송은 그 자체로도 전문적인 투자정보를 취득할 수 있는 자리가 아님이 외관상으로 명백하여 적어도 수억 원에 이르는 거액의 주식투자를 결정함에 있어서는 참고로 할

만한 정보가 전혀 없는 방송임을 충분히 인식할 수 있었던 점 등에 비추어 보면, 피고 Y2가 인터넷방송을 통해 가입회원 전부에게 알티전자 주식매수를 권유한 행위가 실제로 원고의 알티전자 주식 거래 위험성에 관한 올바른 인식 형성을 방해하였다거나 피고 이 원고를 상대로 원고의 구체적인 투자상황에 비추어 과대한 위험성을 수반하는 거래를 적극적으로 권유한 경우에 해당한다고 볼 수 없어 이를 고객보호의무를 위반한 위법한 행위라고 평가하기도 어렵다. 따라서 피고 Y2가 원고에 대한 고객보호의무를 위반하였음을 전제로 하는 원고의 위 주장은 이유 없다.

■ 대법원 : 파기환송

자본시장법은 금융투자업자가 투자자보호를 위하여 준수하여야 할 영업행위규칙으로 신의성실의무와 투자자이익우선의무(제37조) 그리고 적합성원칙(제46조)·설명의무(제47조)·부당권유 금지(제49조)를 정하고 있는데, 여기에서 금융투자업자란 '투자자문업 등 자본시장법 제6조 제1항 각 호에 정한 금융투자업에 대하여 금융위원회의 인가를 받거나 금융위원회에 등록하여 이를 영위하는 자'를 말한다(제8조 제1항). 따라서 금융투자업자를 대상으로 하는 자본시장법상의 위 투자자보호의무 관련 규정들이 유사 투자자문업 신고를 하고 불특정 다수인을 대상으로 간행물, 출판물, 통신물 또는 방송 등을 통하여 투자 조언을 하는 유사 투자자문업자(제101조)나 등록 없이 투자자문업을 하는 미등록 투자자문업자에게는 적용된다고 볼 수 없다(대법원 2014. 5. 16. 선고 2012다46644 판결 참조).

…유사 투자자문업자가 고객에게 금융투자상품에 대한 투자판단 또는 금융투자상품의 가치에 관한 정보를 제공하고 조언을 할 때 고객의 투자판단에 영향을 미칠 수 있는 중요한 사항에 관하여 허위의 정보를 제공하거나 아무런 합리적이고 객관적인 근거가 없는 정보를 마치 객관적인 근거가 있는 확실한 정보인 것처럼 제공하고, 고객이 위 정보를 진실한 것으로 믿고 금융투자상품에 관한 거래를 하여 손해를 입었다면, 고객은 유사 투자자문업자에 대하여 민법상 불법행위책임을 물을 수 있다. 그리고 이러

한 법리는 유사 투자자문업자와 고용 등의 법률관계를 맺고 그에 따라 유사 투자자문업자의 업무를 직접 수행하는 자에 대하여도 마찬가지로 적용된다.

…삼성전자와의 1,000억 원대 대형 계약, 회사인수 · 합병 등은 알티전자 주가에 영향을 미치는 중요한 정보이고 감사보고서의 제출 역시 상장폐지 여부를 결정짓는 중요한 투자정보라고 할 것인데, Y2는 Y1회사의 증권방송을 진행하면서 고객의 투자판단에 영향을 미치는 이러한 중요한 정보에 관하여, 주식 관련 일을 한다는 소외인이라는 사람으로부터 전해 들었다는 것 외에는 아무런 합리적이고 객관적인 근거가 없음에도, 양해각서의 체결 및 발표 또는 감사보고서의 작성 확인과 같은 구체적인 사실을 고지하는 등 마치 그것이 객관적인 근거를 갖는 확실한 정보인 것처럼 말하면서 알티전자 주식의 매수 및 그 보유를 적극 추천 내지 권유하였고, 원고는 Y2가 제공한 위 정보가 진실한 정보인 것으로 믿고 알티전자 주식을 매수하였다가 손해를 입었으므로, Y1회사의 유사 투자자문업무를 직접 수행한 Y2는 민법 제750조에 기하여 위와 같은 근거 없는 정보의 제공으로 원고에게 발생한 손해를 배상할 책임이 있다.

| 생각해 볼 사항 |

1. 〔판례 10-13〕은 자본시장법상 투자자보호를 위한 다양한 영업행위규칙의 수범 주체를 금융투자업자로 명시한 것과 관련하여 유사 투자자문업자를 수범 주체로 볼 것인지 여부가 문제 된 사안이다. 그러나 법원에서 판시한 바와 같이 유사 투자자문업자는 개별 투자자별로 상이한 개별적 맞춤형 투자수요에 대한 자문을 내용으로 하는 투자자문업자는 아니지만 일정한 영업행위규제를 적용하는 영업 단위로서, 자본시장법상 투자자문업자나 그 밖의 금융투자업자에는 해당하지 않는다. 따라서 유사 투자자문업자에 대하여 자본시장법상 금융투자업자에게 적용되는 투자자보호에 관

한 영업행위규칙을 적용할 수 없지만, 민법상 불법행위책임을 인정한 본건 사안에 대한 대법원의 판단은 타당하다.

2. 그러나 첫째, 유사 투자자문업자가 실질적으로 투자자별로 상이한 개별적 맞춤형 투자수요에 대한 자문을 내용으로 하는 등의 방식으로 영업을 하는 경우가 없지 않아 투자자문업자와 유사 투자자문업자의 영업행태를 구별하기가 쉽지 않고, 유사 투자자문업자라는 영업 단위를 투자자문업자와 혼동하는 등의 방식으로 남용할 가능성이 있는 점에서 유사 투자자문업자라는 영업 단위를 계속 유지해야 하는지에 대해서는 검토를 요한다. 둘째, 현행 자본시장법상 투자자보호에 관한 영업행위규칙의 수범 주체를 금융투자업자로 한정하는 방식에 대한 재검토도 필요하다고 본다. 자본시장법은 금융투자업자에 대한 규제법으로서 그 적용범위를 금융투자업자 외의 자까지 확대하기에는 근본적인 한계가 있을 수밖에 없을 것이다.

| 더 읽을거리 |

• 이원석, "유사 투자자문업자의 의무와 손해배상책임 — 대상판결 : 대법원 2014. 5. 16. 선고 2012다46644 판결 ; 대법원 2015. 6. 24. 선고 2013다13849 판결," BFL 제74호(2015. 11), 서울대학교 금융법센터.

| 참고 판례 |

■ 대법원 2014. 5. 16. 선고 2012다46644 판결

자본시장과 금융투자업에 관한 법률(이하 '자본시장법')은 금융투자업자가 일반 투자자를 상대로 투자 권유를 하는 경우에 준수하여야 할 적합성 원칙(제46조)과 설명의무(제47조)에 관하여 규정하고 있는데, 여기에서 금융투자업자란 '투자자문업 등 자본시장법 제6조 제1항 각 호에 정한 금융

투자업에 대하여 금융위원회의 인가를 받거나 금융위원회에 등록하여 이를 영위하는 자를 말한다(제8조 제1항). 따라서 금융투자업자를 대상으로 하는 자본시장법상의 적합성원칙 및 설명의무가 유사 투자자문업 신고를 하고 불특정 다수인을 대상으로 간행물, 출판물, 통신물 또는 방송 등을 통하여 투자 조언을 하는 유사 투자자문업자(제101조)나 등록 없이 투자자문업을 하는 미등록 투자자문업자에게는 적용된다고 볼 수 없다.

그리고 위 적합성원칙과 설명의무는 특정 투자자를 상대로 하여 투자자로부터 그의 투자 목적·재산 상황·투자 경험 등의 정보를 얻어 그에게 적합한 투자 권유를 할 의무와 금융투자상품의 내용 등에 관하여 특정 투자자가 이해할 수 있을 정도로 설명을 할 의무를 말하므로, 불특정 다수인을 상대로 투자 조언을 하는 유사 투자자문업자에게는 적합성원칙과 설명의무에 관한 규정이 유추적용된다거나 같은 내용의 신의칙상 의무가 인정된다고 할 수 없다. 또한 미등록 투자자문업자의 경우 투자자문을 받는 자와의 계약에서 자본시장법이 정한 투자자문업자의 의무와 같은 내용의 의무를 부담하기로 약정하였다는 등의 특별한 사정이 없는 이상, 미등록 투자자문행위에 대하여 자본시장법 위반을 이유로 형사처벌을 받는 것은 별론으로 하고, 미등록 투자자문업자에게도 자본시장법이 정한 적합성원칙과 설명의무가 유추적용된다거나 그러한 내용의 신의칙상 의무가 인정된다고 할 수 없다.

VII. 신탁업

〔판례 10-14〕 대법원 2007. 11. 29. 선고 2005다64552 판결〔약정금 등〕—
특정금전신탁의 법적 성격, 특정금전신탁에서의 수익률보장
약정의 효력, 특정금전신탁에서 지정된 운용방법과 다른 운용

• 사실관계

1. X회사(현대해상화재보험)는 1996. 11. 28. Y은행(하나은행)과 신탁금액
을 50억 원으로, 신탁기간을 1996. 11. 28~1999. 11. 28.로, 수익자를 Y로
하는 내용의 특정금전신탁계약(제1신탁계약)을 체결하였다. Y는 X의 요구
에 따라 신탁계약 체결일로부터 1주일쯤 후 X에게 수익률 13.05퍼센트를
보장할 것을 확약한다는 내용의 문서를 작성 · 교부하여 주었다.

2. 신탁계약서 제4조에서는 신탁금을 '기타 재정경제원장관의 인가를
받은 유가증권의 인수 또는 매입으로 운용하도록 지시하였고, 다만 동 조
단서에서 X가 지정한 방법대로 운용할 수 없는 잔액이 있는 때, 신탁계약
후 사정 변경으로 인하여 지정한 방법대로의 운용이 신탁재산에 손실을
초래할 것이 명백히 예상되는 경우에는 Y가 신탁업무운용요강 및 은행신
탁업무의 종류 및 방법서에서 규정하고 있는 신탁재산의 운용방법 중 하
나를 선택하여 신탁자금을 운용할 수 있다고 규정되어 있었다.

3. 1998. 7. 23.경 동아건설 기업어음(이하 '동아건설 CP') 액면가 19억
2,310만 1,000원을 신탁재산으로 편입하였다가 1998. 8. 5.에 만기상환받았
고, 그날 만기가 1998. 8. 12.인 CP를 편입하였다가 만기상환을 받았으며,
1998. 8. 12. 다시 만기가 1998. 9. 1.인 동아건설 CP 액면가 19억 4,390만
8,000원을 편입하였다. 동아건설이 기업구조 개선작업의 대상이 되자, Y는
1998. 11. 6. 제1신탁재산에 편입되어 있던 동아건설 CP 액면가 19억 4,390만
8,000원 전부를 환출하고, 그날 Y가 다른 계정에 보유하고 있던 발행일이

1997. 5. 6.이고 만기가 2000. 5. 6.인 대우중공업 발행 액면가 19억 3,154만 원인 회사채(대우중공업 회사채)를 환입(환입 또는 환출이란 Y 내부에서 운용되는 펀드 사이의 자산 교체를 말한다)하였다.

4. X는 (i) 주위적으로 이 사건 신탁계약은 형식상 특정금전신탁일 뿐 그 실질은 수익률이 정해진 예금계약이거나 불특정금전신탁이라 할 것이고, 설령 특정금전신탁이고 구 신탁업법 제11조에서 특정금전신탁에 있어 원본 보존 및 이익보족계약을 금지하고 있어도 단속규정에 불과하여 수익률 보장약정은 당사자 사이에서는 유효하다고 주장하며 수익률보장약정에 따른 약정금의 지급을 청구하였고, (ii) 예비적으로 동아건설 CP의 신탁재산 편입과 신탁금운용대상인 '기타 재정경제원장관의 인가를 받은 유가증권'이 아닌 대우중공업 회사채 편입이 수탁자로서의 선관주의의무를 다하지 않은 것이라고 하여 채무 불이행으로 인한 손해배상을 청구하였다.

• 법원의 판단

1. 특정금전신탁계약의 법적 성격

금전신탁은 신탁행위에 의하여 위탁자로부터 금전을 수탁받은 신탁회사가 이를 대출 · 유가증권 · 기타 유동성 자산 등에 운용한 후 신탁기간 종료 시에 수익자에게 금전의 형태로 교부하는 신탁의 일종으로서, 신탁된 금전은 금융기관의 고유재산이 아닌 신탁재산에 속하게 되고 신탁행위 또는 관계 법령에서 정한 바에 따라 자금운용이 이루어져야 하며, 실적배당주의가 적용되어 원칙적으로 원본과 이익이 보장되지 아니할 수 있다는 점 등에서, 예금된 금원이 금융기관의 고유재산에 속하게 되고 예금에 관한 금융기관의 자금운용방법에 원칙적으로 제한이 없으며, 원금 및 약정이율에 따른 이자의 지급이 보장되는 금전의 소비임치계약인 예금과 차이가 있다.

… 특정금전신탁은 위탁자가 신탁재산의 운용방법을 특정하는 금전신탁으로서, 수탁자는 위탁자가 지정한 방법대로 자산을 운용하여야 하고 다른

신탁상품과는 합동운용할 수 없으며 원본보전과 이익보족이 금지되어 있는 반면, 불특정 금전신탁은 위탁자가 신탁재산의 운용방법을 특정하지 않고 수탁자에게 일임하는 금전신탁으로서 수탁자는 관계 법령에서 정하고 있는 방법과 대상의 제한범위 내에서 자유롭게 자산운용을 하고 다른 신탁상품과도 합동운용할 수 있으며 관계 법령이 정하는 바에 따라 원본보전과 이익보족이 허용된다는 점 등에서 특정금전신탁과 차이가 있다.

2. 수익률보장약정의 효력에 관한 판단

구 신탁업법 제11조, 구 신탁업무운용요강 제8조 및 제15조의2는, 불특정금전신탁에 한하여 원본에 손실을 초래할 경우 또는 미리 정한 최소액의 이익을 얻지 못할 경우 이를 보전하거나 보족하는 계약을 할 수 있도록 규정하는 한편, 특정금전신탁에 대하여는 수익률보장약정을 금지하고 있고, 구 신탁업법 제17조의3, 동법 시행령 제6조 제11호 및 제11조, 동법 시행규칙 제1조 및 제5조는 불특정금전신탁에 관하여 손실보전 또는 이익보족약정을 할 경우라 하더라도 이를 수익증권 및 신탁계약서 또는 신탁증서에 기재하고 신탁회사의 대표자가 기명·날인하여야 하며 그 비율도 일정한 비율을 초과하지 못하고 특별유보금을 적립하도록 규정하는 등 그 요건 및 절차를 엄격히 규정하고 있다. 원래 특정금전신탁은 위탁자가 지정한 운용방법에 따른 자산운용에 의하여 그 수익률이 변동함으로써 항상 위험이 따르고, 그 위험은 신탁회사가 신탁재산에 대하여 선량한 관리자로서의 주의의무를 다하지 아니하였다는 등의 특별한 사정이 없는 한 수익자가 부담하여야 하므로, 그 신탁재산의 운용 결과에 대한 손익은 모두 수익자에게 귀속되는 자기책임주의와 실적배당주의를 그 본질로 한다고 할 것이고, 만일 지정된 운영방법에 따른 자산운용에 의하여 손실이 발생하였음에도 불구하고 원본의 보전이나 일정한 이익이 보족된다면, 수익자는 항상 지정된 운용방법에 따른 자산운용에 수반하는 위험은 회피하고 이익만을 취득하게 되어 위와 같은 자기책임주의 및 실적배당주의에 반하는 것은 물론 개별 수익 보장을 위하여 신탁회사의 고유재산이나 영업이익에서 손실을 보전하는 것을 강요하게 되므로 신탁회사의 재정을 불실하게 만들고 다른 거래 상대방을 불이익하게 한다. 따라서 특정금전신탁에 관한 원본보전이나 이익보족의 약정은 모두 특정금전신탁의 본질과 기능에 반하고 건전한 신탁거래 질서를 해치는 것으로서 강행법규인 구 신탁업법 제11조의 규정에 반하여 무효라고 할 것이다.

3. 이 사건 제1신탁계약의 해석

특정금전신탁의 당사자가 신탁회사로 하여금 위탁자로부터 지정받은 운용방법과 달리 신탁업무운용요강, 은행신탁업무의 종류 및 방법서에서 규정하고 있는 신탁재산의 운용방법 중 하나를 선택하여 신탁자금을 운용할 수 있도록 약정한 예외사유 중 하나인 '사정 변경으로 인하여 지정방법대로의 운용이 신탁재산에 손실을 초래할 것이 명백히 예상되는 경우'라 함은, 신탁 당시 예견하지 못하였던 사정으로 인하여 위탁자가 지정한 운용방법의 대상이 되는 전체 자산의 거래시장이 일반적·전반적으로 침체되어 위탁자 지정한 방법에 따라 신탁자금을 운용하여서는 손실을 볼 수밖에 없음이 명백한 경우 등을 의미하는 것이라고 해석된다. 만일 단순히 신탁회사가 신탁재산으로 취득한 특정 자산의 가격이 예기치 않게 하락세에 있게 되어 이를 계속 보유하면 손실을 초래할 것이 명백한 경우 등을 위 예외사유에 포함되는 것으로 해석하면, 비록 신탁재산으로 취득한 특정 자산의 가격이 하락세에 있더라도 신탁회사는 지정된 운용방법의 대상에 속하는 다른 종목 내지 종류의 자산을 운용하여 수익을 올릴 수 있는 가능성이 존재함에도 불구하고 지정되지 않은 다른 운용방법을 임의로 선택할 수 있는 권리를 갖게 되어 위탁자 스스로 자산운용에 따른 위험과 손익을 고려하여 운영방법을 지정하도록 한 특정금전신탁의 취지가 훼손될 뿐만 아니라, 신탁재산의 운용 결과에 대한 손익을 모두 수익자에게 귀속시키는 자기책임주의와 실적배당주의 근거 역시 흔들리게 되므로, 그와 같은 경우는 위 예외사유에 해당된다고 할 수 없다.

위 법리와 기록에 비추어 살펴보면, 원심이 그 채용 증거를 종합하여 그 판시와 같은 사실을 인정한 다음 피고가 1998. 11.경 동아건설 CP의 상환 가능성이 거의 없어졌기 때문에 원고의 손해를 방지하기 위하여 이 사건 제1신탁재산에서 동아건설 CP를 편출할 필요성이 있었다 하더라도, 그러한 사정만으로는 이 사건 제1신탁계약의 계약서 제4조 제1항 단서에서 피고로 하여금 원고로부터 지정받은 운용방법과 달리 신탁업무운용요강, 은행신탁업무의 종류 및 방법서에서 규정하고 있는 신탁재산의 운용방법 중 하나를 선택하여 신탁자금을 운용할 수 있도록 한 '신탁계약 후 사정 변경으로 인하여 지정한 방법대로의 운용이 신탁재산에 손실을 초래할 것이 명백히 예상되는 경우'에 해당한다고 인정하기에 부족하므로, 피고가 제1신탁재산에 원고가 지정한 운용방법을 위반하여 대우중공업 회사채를 편입한 것은 수탁자로서의 선관주의의무 위반에 해당한다는 취지로 판단하였음은 정당하고, 거기에 상고이유에서 주장하는 바와 같은 신탁계약의 해석에 관한 법리오해, 심리 미진 및 채증법칙 위반 등의 위법이 없다.

4. 신탁재산과 고유재산 간의 거래

신탁법 제31조 제1항 및 구 신탁업법 제12조 제1항의 규정에 의하면, 신탁회사는 금전신탁에 관하여 그 운용에 의하여 취득한 재산이 거래소의 시세가 있는 것이고, 신탁행위에 의하여 수익자에 대하여 부담하는 채무를 이행하기 위하여 필요한 경우에 한하여 신탁행위로 정하는 바에 의하여 신탁재산을 고유재산으로 취득할 수 있을 뿐, 그 외의 경우에는 특별한 사정이 없는 한 누구의 명의로 하든지 신탁재산을 고유재산으로 하거나 이에 관하여 권리를 취득하지 못할 뿐만 아니라, 고유재산을 신탁재산이 취득하도록 하는 것도 허용되지 아니한다고 해석된다. 위 법리와 기록에 비추어 살펴보면, Y가 이 사건 신탁재산을 운용하는 도중 1998. 11.경에 이르러 이 사건 신탁재산에서 동아건설 CP를 편출하여 Y의 고유재산에 편입시키고, 대신 Y의 고유재산인 대우중공업 회사채를 이 사건 제1신탁재산에 편입한 행위는 관계 법령에 의하여 금지된 자기거래행위로서 허용되지 아니한다.

신탁회사가 지정된 운용방법을 위반하고 자기거래금지의무에 위반하여

신탁재산에 귀속된 자산을 신탁회사의 고유재산으로 귀속시키는 대신 신탁회사의 고유재산에 속한 자산을 신탁재산에 귀속시킨 경우, 신탁회사가 배상하여야 할 손해의 범위는 신탁회사의 선관주의의무 위반 및 자기거래 금지의무 위반과 상당 인과관계 있는 손해에 한한다.

원심판결이유와 기록에 의하면, 피고는 1998. 8. 12. 동아건설 CP를 이 사건 제1신탁재산으로 취득하였는데, 채권금융기관들은 같은 해 8. 24. 동아건설에 대한 기업 개선작업 추진을 위한 소집통보를 한 후 같은 해 8. 31. 동아건설을 기업 개선작업 대상으로 확정한 다음 같은 해 9. 1. 채권상환청구 등의 채권행사와 보증채무이행청구 등을 유예하기로 결정한 점, 동아건설은 그후 재정 상태가 개선되지 못한 채 2000. 11. 4. 회사정리절차개시결정을 받고 2001. 5. 11. 파산선고를 받게 된 사실, 피고는 1998. 11.경 이 사건 제1신탁재산에서 편출하여 피고의 고유재산으로 편입시킨 동아건설 CP(액면가 19억 4,390만 8,000원, 만기 1998. 9. 1)로부터 그후 총 7,162만 1,331원 상당을 회수함에 그친 반면, 피고의 고유재산에서 편출하여 이 사건 제1신탁재산으로 편입시킨 대우중공업 회사채(액면가 19억 3,154만 원)로부터는 그후 총 7억 1,336만 2,810원 상당을 회수하거나 회수 가능한 상태에 있는 사실 등을 알 수 있다.

앞에서 본 법리에 비추어 살펴보면, 위와 같이 피고가 동아건설 CP의 상환 가능성이 불투명해진 1998. 11.경 동아건설 CP를 다른 방식으로 처분하여 수익을 올릴 것을 기대하기 어려운 상황하에서 이 사건 제1신탁재산에서 동아건설 CP를 편출하고 대우중공업 회사채를 이 사건 제1신탁재산으로 편입함으로써 채권회수율을 높인 행위는, 그 자체만을 놓고 볼 경우 특정금전신탁의 실적배당주의 및 자기책임주의원칙에 따라 동아건설 CP의 상환 불능에 대하여 수익자인 원고가 부담해야 할 손실을 결과적으로 감소시킨 것이므로, 피고의 위와 같은 행위가 선관주의의무 위반이나 자기거래금지의무 위반에 해당한다 하더라도 그로 말미암아 원고가 손해를 입었다고 보기 어렵다.

5. 부실기업 발행 기업어음 매입행위와 수탁자의 선관주의의무

그러나 원심판결이유와 기록에 의하면, 동아건설은 1998.초부터 재정상태가 악화되어 부도위기에 처하게 된 점, 동아건설 발행의 회사채에 대한 신용등급은 1997. 12. 31.경에는 CCC, 1998. 5. 12.경에는 CC 또는 CCC 등급이었고, 동아건설 CP에 대한 1997. 12.경의 신용평가는 B+였으나 그 이후로는 그에 대한 신용평가가 없었던 점, 동아건설은 1998. 1.경에 주요 채권은행들로부터 2,200억 원, 1998. 4.경에 1,400억 원의 각 협조융자를 받았음에도 같은 해 5. 6.경에 다시 채권금융기관에 협조융자를 요청한 점, 피고를 포함한 채권금융기관들은 같은 해 5. 21.경 동아건설의 긴급자금 추가지원에 대한 공동대책 마련을 위해 동아건설에 대한 채권금융기관협의체를 결성하고 자금관리단을 구성하였으나 별다른 실효를 거두지 못하였고, 같은 해 5. 26.경에는 일부 채권금융기관들이 동아건설에 대해 CP의 조기결제를 요구하는 등으로 계속적인 자금 압박을 가하였으며, 같은 해 6. 9.경에는 은행감독원이 동아건설의 주 거래은행인 서울은행의 여신한도 초과 대출 요청을 거부하였던 점, 이러한 상황에서 피고가 같은 해 8. 12. 동아건설 CP를 이 사건 제1신탁재산으로 매입한 지 20일 만에 동아건설이 기업 개선작업대상으로 확정되어 채권행사가 곤란해진 점 등을 알 수 있는바, 위와 같은 여러 사정을 참작하여 볼 때, 피고가 동아건설의 위기가 외부적으로 표출된 시점인 1998. 8. 12. 곧 기업 개선작업대상으로 확정되고 채권상환이 유예될 상황에 있었던 동아건설 CP를 이 사건 제1신탁재산으로 매입한 행위는 선관주의의무 위반에 해당한다 할 것이고, 따라서 피고는 그로 인한 손해를 배상할 책임이 있다.

나아가 원고가 피고의 동아건설 CP 매입행위로 인하여 입은 손해의 범위는 피고가 1998. 8. 12. 동아건설 CP 매입에 투입한 19억 4,390만 8,000원 및 그에 대한 상법 소정의 연 6퍼센트의 비율에 의한 지연손해금에서 그 이후 원고가 이 사건 제1신탁과 관련하여 회수하였거나 회수 가능한 합계 7억 1,336만 2,810원을 공제 내지 변제충당한 금원이 될 것인데, 피고의 대

우중공업 회사채 편입행위로 인하여 원고가 손해를 입었다고 본 원심은 1998. 11.경 이 사건 제1신탁재산에 편입된 위 대우중공업 회사채의 액면가 19억 3,088만 7,581원 및 그에 대한 상법 소정의 연 6퍼센트의 비율에 의한 지연손해금에서 그후 원고가 이 사건 제1신탁과 관련하여 회수하였거나 회수 가능한 합계 7억 1,336만 2,810원을 공제 내지 변제충당하여 손해배상액을 산정하고 있다. 그런데 피고가 1998. 8. 12. 동아건설 CP 매입에 투입한 19억 4,390만 8,000원의 액수는 1998. 11.경 이 사건 제1신탁재산에 편입된 위 대우중공업 회사채의 액면가 19억 3,088만 7,581원의 액수보다 큰 것이 명백하므로, 원고가 피고의 동아건설 CP 매입행위로 입은 손해액은 원심이 피고에게 대우중공업 회사채의 편입행위에 대하여 배상을 명한 손해액보다 더 큰 계산 결과가 나올 수밖에 없다.

　그렇다면 원심이 1998. 8. 12.자 동아건설 CP의 매입행위가 피고의 선관주의의무 위반행위에 해당하는지 여부를 살피지 아니한 채 피고가 1998. 11.경 이 사건 제1신탁재산에서 동아건설 CP를 편출하고 대우중공업 회사채를 이 사건 제1신탁재산으로 편입한 행위가 선관주의의무 위반 등에 해당된다는 이유로 바로 손해배상책임을 인정하고 나아가 손해배상액을 산정한 것은 잘못이라 하겠지만, 원심은 원고가 피고의 동아건설 CP 매입행위로 입은 손해액보다 적은 손해액을 지급하도록 명하여 결과적으로 피고에게 더 유리한 판단을 한 것이므로, 피고만이 이 사건 손해배상액산정의 위법 여부를 상고이유로 다투는 이 사건에서 원심의 위와 같은 잘못을 원심판결의 파기사유로 삼을 수는 없으며, 달리 원심의 위와 같은 판단에 피고가 상고이유에서 주장하는 바와 같은 판결에 영향을 미친 손해의 범위에 대한 법리오해 및 심리 미진 등의 위법이 있다고 할 수 없다.

| 참고 사항 |

　자본시장법상으로는 2인 이상으로부터 모은 금전 등을 투자자로부터 일

상적인 운용 지시를 받지 아니하면서 재산적 가치가 있는 투자대상자산을
취득·처분하거나 그 밖의 방법으로 운용하고 그 결과를 투자자에게 배분
하여 귀속시키는 것을 영업으로 하면 집합투자업에 해당하고(제6조 제4항
및 제5항), 투자자로부터 증권 등 금융투자상품에 대한 투자판단의 전부 또
는 일부를 일임받아 투자자별로 구분하여 금융투자상품을 취득·처분, 그
밖의 방법으로 운용하는 것을 영업으로 하면 투자일임업에 해당한다(제6조
제7항). 〔판례 10-11〕의 사실관계와 같이 신탁업을 행하는 수탁회사가 특
정한 위탁자로부터 신탁재산으로 수령한 자금을 운용하고 그 운용의 결과
를 위탁자에게 귀속시킨다면 투자일임업에 해당할 것이고, 복수의 위탁자로
부터 자금을 신탁 받아 집합적으로 운용한다면 집합투자업에 해당할 것이다.

〔**판례 10-15**〕 대법원 2004. 10. 15. 선고 2004다31883, 31890 판결〔매매
대금 반환, 약정금〕— 신탁사무처리상 발생한 채권을 가진 채권
자의 권리

● **사실관계**

1. A(토지공유자들)는 자신 소유의 토지에 건물을 신축하기로 하고, X들
은 1994.경 A로부터 위 건물을 분양받았다.

2. A의 자금 부족으로 A는 1997. 4. 30. B회사(한국부동산신탁)와의 사이
에 자신을 수익자로 하여 B회사가 토지를 신탁 받아 건물을 완공하여 분
양하는 분양형 개발신탁계약을 체결하였고, B회사는 기존의 수분양자인 X
들과 분양승계계약을 체결하였다. 분양승계계약에 의하면, 입점 예정일을
1개월 이상 지연하였을 경우에는 기왕에 납부된 대금에 대하여 지체상금
을 지급하거나 이를 잔여대금에서 공제하기로 하였다.

3. B회사는 입점 예정일을 경과한 2000. 6. 30.경 건물을 완공하여 그 사

용승인을 받았으나 2003. 6. 2. 이후에도 X들에게 입점 예정일을 통보하지
아니하였다.

4. B회사에 대하여 2003. 6. 2. 파산선고되고 Y가 파산관재인으로 선임
되었다. X들은 B회사에 대한 입점 지연에 따른 지체상금과 초과지급액에
대한 약정 지연손해금채권을 파산채권으로 신고하였으나, Y는 X들의 신고
액 전액에 대하여 부인하였다.

5. X들은 Y를 상대로 약정 지연손해금채권 등의 파산채권확정청구를 하
였다. 이에 대하여 Y는 X들의 지체상금 등 채권은 B회사가 토지를 신탁 받
은 사무와 관련하여 발생한 권리인데, 이 사건 건물 및 토지는 신탁재산으
로서 파산재단을 구성하지 않을뿐더러, X들은 위 신탁재산에 대한 강제집
행을 통해 채권의 만족을 얻을 수 있으므로 X들의 채권은 파산재단에서
배당받을 수 있는 파산채권이 아니라고 주장하였다.

• 법원의 판단

신탁사무의 처리상 발생한 채권을 갖고 있는 채권자는 수탁자의 일반 채
권자와 달리 신탁재산에 대하여도 강제집행을 할 수 있는데(신탁법 제21조
제1항), 한편 수탁자의 이행책임이 신탁재산의 한도 내로 제한되는 것은 신
탁행위로 인하여 수익자에 대하여 부담하는 채무에 한정되는 것이므로(신
탁법 제32조), 수탁자가 수익자 이외의 제3자 중 신탁재산에 대하여 강제집
행을 할 수 있는 채권자(신탁법 제21조 제1항)에 대하여 부담하는 채무에 관
한 이행책임은 신탁재산의 한도 내로 제한되는 것이 아니라 수탁자의 고
유재산에 대하여도 미치는 것으로 보아야 한다. 그리고 수탁자가 파산한
경우에 신탁재산은 수탁자의 고유재산이 된 것을 제외하고는 파산재단을
구성하지 않는 것이지만(신탁법 제22조), 신탁사무의 처리상 발생한 채권을
가진 채권자는 파산선고 당시의 채권 전액에 관하여 파산재단에 대하여
파산채권자로서 권리를 행사할 수 있는 것이다.

| 참고 사항 |

수탁자가 신탁사무와 관련하여 체결하는 계약상의 채무를 신탁재산의 범위 내에서만 이행하기 위하여 취해야 할 조치에 대하여는 〔판례 10-6〕 대법원 2003. 4. 8. 선고 2001다38593 판결의 '생각해 볼 사항' 참조.

11

금융투자업자에 대한 제재

I. 행정제재

〔**판례 11-1**〕 대법원 2005. 2. 17. 선고 2003두14765 판결〔대표자문책경고
처분 취소〕— 법률상의 근거 없는 문책경고

• 사실관계

1. X는 1999. 3. 12~2002. 3. 30. 여신전문금융회사인 A회사의 대표이사
로 재직하였다. 금융감독원장은 A회사를 대상으로 검사를 실시한 뒤, X가
대표이사로 재직 중 A회사가 타인의 명의를 도용한 180명에게 신용카드
를 발급하고 소득이 없는 미성년자 30명에게 신용카드를 발급하였으며,
미성년자 발급의 경우에는 법정대리인에게 그 발급사실을 통지하지도 아
니함으로써 구 여신전문금융업감독규정을 위반하였다는 이유로, 금융기관
검사 및 제재에 관한 규정 제18조 제1항 제3호, 제2항〔금융감독기구의 설치

등에 관한 법률(이하 '감독기구설치법') 제42조 및 금융산업구조개선법 제14조 제1항의 규정 또는 금융업 관련법의 규정 등에 의거 금융기관의 임원에 대하여 취할 수 있는 제재의 종류 및 사유에 관한 규정]에 의거하여 2002. 3. 26. X에 대하여 문책경고처분을 하였다.

2. X는 금융감독원장을 상대로, 위 규정에 근거한 이 사건 문책경고처분은 법률상의 근거가 없이 행해진 것으로서 법률유보원칙에 반하는 위법한 처분임을 이유로 취소를 청구하였다.

• 법원의 판단

원심은… 여신전문금융회사의 임원에 대한 문책경고의 경우, 적어도 그 제한의 본질적인 사항에 관한 한 법률에 근거를 두어야 한다는 전제하에 감독기구설치법 제17조 제1호 및 제3호, 제37조 제1~2호의 각 규정은 금융감독위원회(이하 '금감위') 또는 금융감독원의 직무범위를 규정한 조직규범에 불과하여 이들이 당연히 법률유보원칙에서 말하는 법률의 근거가 될 수 없고, 감독기구설치법 제42조에서 피고에게 여신전문금융회사의 임원에 대한 해임 권고 및 업무집행정지 건의의 권한을 부여하고 있다고 하여 당연히 문책경고의 권한까지 함께 주어진 것으로 볼 수 없으며, 여신전문금융업법 제53조 및 제53조의2는 금감위 또는 피고가 여신전문금융회사에 대하여 행하는 감독 또는 검사에 관한 규정으로서 위 각 규정도 문책경고의 법률상 근거가 될 수 없고, 증권거래법 제53조 제5항 제2호, 동법 시행령 제36조의5 제3호, 보험업법 제20조 제1항 제1호, 상호저축은행법 제24조 제1항 제1호 및 신용협동조합법 제84조 제1항 제3호는 여신전문금융회사에 대하여 적용되는 법률이 아니므로, 적어도 여신전문금융회사의 임원에 대한 관계에서는 위 각 법률규정이 문책경고의 근거가 될 수 없고, 따라서 피고가 여신전문금융회사의 임원인 X에 대하여 한 이 사건 문책경고는 아무런 법률상의 근거 없이 행하여지는 것으로서 위법하다고 판단하였다. 관

계 법령에 비추어 살펴보면, 원심의 위와 같은 판단은 정당한 것으로 수긍
이 가고, 거기에 상고이유와 같은 문책경고가 법률의 근거 없이 이루어졌
다는 판단에 관한 법리오해의 위법이 없다.

II. 형사처벌

〔판례 11-2〕 대법원 1993. 5. 14. 선고 93도344 판결〔증권거래법 위반〕 —
　　　　　법인과의 고용계약관계 없이 사용하는 보조자도 구 증권거래법
　　　　　제215조 제2항(양벌규정) 소정의 '법인의 종업원'에 포함되는지
　　　　　여부(적극)

• 사실관계

1. Y증권회사의 안동지점 대리 A는 위 지점의 업무가 폭주하자 위 지점
에 상시 출입하는 고객이었던 B로 하여금 위 지점의 업무인 투자상담, 주식
매도·매수주문 수령, 전화 받기, 그 밖의 심부름 등을 하게 하여 위 지점의
업무를 보조하게 하였다. B는 안동지점의 지점장 이하 직원들의 통제·감
독하에 보조업무를 수행하여 왔으나, 그러던 중 위탁고객의 결정이 없었음
에도 불구하고 주식의 종류·종목을 임의로 결정하여 주식을 사들이게 되
었다.

2. B의 위법한 일임매매에 관하여 Y증권회사는 구 증권거래법 제215조
제2항[83]을 근거로 기소되었다.

---

[83] 증권거래법(법률 제4469호 1991. 12. 31) 제215조(양벌규정) ① 제208조 내지 제
　　212조에 규정하는 죄를 범한 자가 법인인 경우에는 그 법인에 벌금을 과하는 외에
　　그 법인의 대표자 기타 업무를 집행하는 임원에 대하여도 각 본조의 형을 과한다.

• 법원의 판단

구 증권거래법 제215조 제2항(양벌규정) 소정의 법인의 종업원에는 법인과 정식의 고용계약이 체결되어 근무하는 자뿐만 아니라 그 법인의 대리인, 사용인 등이 자기의 보조자로서 사용하고 있으면서 직접 또는 간접으로 법인의 통제 · 감독하에 있는 자도 포함한다고 할 것이다.

기록에 의하면 피고인 회사의 안동지점 대리 A는 위 지점의 업무가 폭주하자 위 지점에 상시 출입하는 고객이었던 B로 하여금 위 지점의 업무인 투자상담, 주식매도 · 매수주문 수령, 전화 받기, 그 밖의 심부름 등을 하게 하여 위 지점의 업무를 보조하게 하였으며, B가 위 지점장 이하 직원들의 통제 · 감독하에 있음으로써 피고인 회사의 간접적 통제 · 감독하에 있었음이 인정된다.

따라서 원심이 B가 피고인 회사의 직원 또는 임원으로 채용된 적은 없다 하더라도 이 사건 범행기간 동안 피고인 회사의 명시적 또는 묵시적 승인

---

② 개인 또는 법인의 대리인 · 사용인 · 기타의 종업원이 그 개인 또는 법인의 업무에 관하여 제208조 내지 제212조에 규정하는 행위를 한 때에는 그 행위자를 벌하는 외에 그 개인 또는 법인에 대하여도 각 본조의 형을 과한다.

제208조(벌칙)

다음 각 호의 1에 해당하는 자는 3년 이하의 징역 또는 2,000만 원 이하의 벌금에 처한다. 다만, 제6호의 경우 그 위반행위로 얻은 이익 또는 회피한 손실액의 3배에 해당하는 금액이 2,000만 원을 초과하는 때에는 그 이익 또는 회피손실액의 3배에 상당하는 금액 이하의 벌금에 처한다. 〈개정 1982. 3. 29, 1987. 11. 28, 1991. 12. 31.〉

3. 제63조(제70조의7에서 준용하는 경우를 포함한다), 제70조의2 제3항, 제76조, 제95조 제1항, 제105조 또는 제107조 제1항의 규정에 위반한 자

제107조(일임매매거래의 제한)

① 증권회사는 고객으로부터 유가증권의 매매거래에 관한 위탁을 받은 경우 그 수량 · 가격 및 매매의 시기에 한하여 그 결정을 일임 받아 매매거래를 할 수 있다. 이 경우 그 유가증권의 종류 · 종목 및 매매의 구분과 방법에 관하여는 고객의 결정이 있어야 한다. 〈개정 1991. 12. 31.〉

② 증권회사가 제1항의 규정에 의하여 유가증권의 매매거래를 하는 경우에는 재무부령이 정하는 바에 따라야 한다. 〈개정 1991. 12. 31.〉

하에 피고인 회사의 직원과 동일한 업무를 수행하면서 사실상 그 직원으로 행세하여 온 사실을 인정한 다음, 위 법조 소정의 '법인의 대리인 · 사용인 · 기타의 종업원'이라 함은 반드시 법인의 내부규정에 따라 정식 채용절차를 거친 직원 또는 임원에 한정되는 것이라고 할 수 없다는 이유로 피고인을 유죄로 인정한 제1심판결을 유지하였음은 위 법리에 비추어 정당하다고 할 것이다.

| 생각해 볼 사항 |

양벌규정의 적용대상인 법인의 종업원에는 법인과 정식의 고용계약이 체결되어 근무하는 자뿐만 아니라 그 법인의 대리인, 사용인 등이 자기의 보조자로서 사용하고 있으면서 직접 또는 간접으로 법인의 통제 · 감독하에 있는 자도 포함한다고 본 것이다. 일임매매 위반이 문제 된 사안이지만 오히려 불공정거래 분야에서 유용한 판결이 될 수 있다.

〔판례 11-3〕 헌법재판소 2011. 4. 28. 2010헌가66 — 양벌규정의 위헌 여부

• 사실관계

당해 사건의 피고인인 X증권주식회사는 "고객으로부터 유가증권의 매매거래에 관한 위탁을 받은 경우 그 수량 · 가격 및 매매의 시기에 한하여 그 결정을 일임 받아 매매거래를 할 수 있고, 이 경우 그 유가증권의 종류 · 종목 및 매매의 구분과 시기에 관하여는 고객의 결정이 있어야 함에도 불구하고, 그 사용인인 A가 업무에 관하여 2008. 1. 2~8. 25. 사이에 주식의 종류 · 종목 및 매매의 구분과 시기에 관하여 고객인 B의 결정 없이 주식의 매수 122회, 매도 125회를 하여 임의로 유가증권의 매매거래를 하

였다"는 취지의 범죄사실로 서울중앙지방법원으로부터 약식명령(2009고약 35725)을 고지받자, 위 법원에 정식재판(2009고단5494)을 청구하였다.

• 심판대상

■ 증권거래법(일반규정 5041호 1995. 12. 29) 제215조(양벌규정)

법인의 대표자, 법인 또는 개인의 대리인·사용인·기타 종업원이 그 법인 또는 개인의 업무에 관하여 제208조 내지 제212조의 위반행위를 한 때에는 행위자를 벌하는 외에 그 법인 또는 개인에 대하여도 각 해당 조의 벌금형을 과한다.

• 헌법재판소의 판단

이 사건 법률조항은 종업원 등의 범죄행위에 관하여 비난할 근거가 되는 법인의 의사결정 및 행위구조, 즉 종업원 등이 저지른 행위의 결과에 대한 법인의 독자적인 책임에 관하여 전혀 규정하지 않은 채, 단순히 법인이 고용한 종업원 등이 업무에 관하여 범죄행위를 하였다는 이유만으로 법인에 대하여 형사처벌을 과하고 있는바, 이는 다른 사람의 범죄에 대하여 그 책임 유무를 묻지 않고 형벌을 부과하는 것으로서, 헌법상 법치국가의 원리 및 죄형법정주의로부터 도출되는 책임주의원칙에 위배된다.

| 참고 사항 |

자본시장법은 양벌규정인 제448조 단서에 "다만, 법인 또는 개인이 그 위반행위를 방지하기 위하여 해당 업무에 관하여 상당한 주의와 감독을 게을리하지 아니한 경우에는 그러하지 아니하다"라고 추가하여 위 결정에서 제기된 문제를 입법적으로 해결하였다.

12

국제적인 증권거래

☞ 국제적인 증권 발행 시 증권신고서제출의무 및 증권업 영위에 대하여는 다음
  의 판례 참조

  〔판례 1-4〕 대법원 2006. 4. 27. 선고 2003도135 판결
  〔판례 2-2〕 대법원 2004. 6. 17. 선고 2003도7645 전원합의체 판결

〔**판례 12-1**〕 서울행정법원 2007. 5. 17. 선고 2006구합37301 판결〔증권거
  래세부과처분 취소〕 — 해외주식 예탁증서 양도에 대하여 증권거
  래세가 부과되는지 여부

• 사실관계

  1. A은행(한미은행)은 미국의 시티뱅크 N. A.를 예탁기관으로 하여 2000.
11. 15. 1차로 6,540만 주의 주식예탁증서(Depositary Receipts, DR)와 2002. 2.

23. 2차로 2,000만 주의 주식예탁증서를 발행하였고, 그중 7,422만 6,857주의 이 사건 주식예탁증서를 JP모건칼라일콘소시엄이 인수하여 보유하다가 2004. 5. 외국의 X회사에게 양도하였다.

2. A은행 정관 제9조(신주인수권) 제2항 제4호는 해외 증권 발행규정에 의하여 주식예탁증서 발행에 따라 신주를 발행하는 경우를 이사회 결의로 주주 외의 자에게 신주를 배정할 수 있는 사유로 규정하고 있다. 그리고 JP모건칼라일콘소시엄은 주식예탁증서 취득 후 A은행의 주주총회에서 의결권을 행사하고 사외이사가 선임되도록 하여 경영권을 행사하였다. A은행 주주명부상에는 X회사가 양수하기 전까지 JP모건칼라일콘소시엄이, X회사가 양수한 후에는 주식예탁증서를 원주로 전환하지 않은 상태로 X회사가 주주로 등재되어 있었다.

3. 남대문세무서장은 이 사건 주식예탁증서가 증권거래세법 제2조 제1항 제1호에 정한 증권거래세 과세대상인 주권에 해당한다고 보아 증권거래세 및 가산세 부과처분을 하였다.

4. X회사는 증권거래세법 제2조 제1항 제1호[84]의 '주권'에 'DR'이 포함되지 않으므로 이 사건 주식예탁증서는 증권거래세 과세대상이 아니라고 주장하며 남대문세무서장을 상대로 위 처분의 취소를 청구하는 소를 제기하였다. 이에 대해 남대문세무서장은, (i) 증권거래세법 제2조 제1항 제1호의 '주권'에도 '주식예탁증서'가 포함된다고 보아야 하고, (ii) 이 사건 주식예탁증서는 한미은행 정관의 "주주 외의 자에게 신주를 배정하기 위해서는 주식예탁증서를 통한 신주를 발행하여 배정하여야 한다"는 규정 때문에 C회사에 바로 주권을 배정할 수 없어 발행되었던 것이고, X회사가 JP모

---

84) 증권거래세법 제2조(정의) ① 이 법에서 '주권'이라 함은 다음 각 호의 1에 해당하는 것을 말한다.
  1. 상법 또는 특별한 법률에 의하여 설립된 법인의 주권
  2. 외국 법인이 발행한 주권 또는 주식예탁증서로서 유가증권시장 등에 상장 또는 등록된 것

건칼라일콘소시엄으로부터 이 사건 주식예탁증서를 매수한 목적도 A은행
에 대한 경영권을 인수하기 위한 것이었다는 점에서 주권과 마찬가지로
보아야 한다고 주장하였다.

• 법원의 판단

1. 주식예탁증서가 주권에 포함되는지 여부에 관한 판단

① 증권거래세법 제2조 제1항은 증권거래세법상 주권의 정의에 관한 규
정으로서, 제2호에서는 '주권 또는 주식예탁증서'라고 규정하고, 제1호에
서는 '주권'이라고 규정하므로 제1호의 주권에 주식예탁증서는 포함되지
않음이 문언상 명백한 점, ② 주식예탁증서가 실질에 있어서 주권이나 마
찬가지여서 주권에 당연히 포함되는 것이라면 제2호도 '주권'이라고만 하
면 되지 '주식예탁증서'를 병렬적으로 규정할 필요가 없는 점, ③ 증권거래
세법 제2조 제4항이 주권 발행 전의 주식, 주식의 인수로 인한 권리, 신주
인수권과 특별한 법률에 의하여 설립된 법인이 발행하는 출자증권은 이
법의 적용에 있어서 주권으로 본다고 규정하여, 본래 주권은 아니어서 증
권거래세의 과세대상에 포함되지 않는 것이지만 주권과 마찬가지로 회사
에 대하여 주주로서의 권리를 행사할 수 있는 것들을 따로 규정하여 증권
거래세의 과세대상에 포함시키고 있는데, 여기에 주식예탁증서를 포함시
키지 않고 있는 점, ④ 증권거래세법 제2조 제1항 제1호의 '주권'과 제2호
의 '주권 또는 주식예탁증서'가 완전히 같은 뜻이라면 제1호와 제2호에는
'주권'이라고만 규정하고 제4항에 주식예탁증서를 추가하는 것이 더 합리
적이고 자연스러운 입법이라고 보이는 점, ⑤ 엄격해석의 원칙에 의하여
조세법규는 문언에 따라 엄격하게 해석하여야 하고 법의 흠결을 유추해석
으로 메우거나 행정 편의적인 확장해석을 하는 것이 허용되지 않는다고
할 것인데, 증권거래세법 제2조 제1항 제2호가 피고가 주장하는 것과 같은
입법 취지에서 신설된 것이라는 사유만으로 동항 제1호의 '주권'을 확장해

석할 수는 없는 것이라는 점, ⑥ 이 사건 주식예탁증서 외에 다른 내국법인이 발행한 주식예탁증서의 해외에서의 거래에 대하여 우리나라의 증권거래세가 부과된 적이 없었던 점 등에 비추어 보면, 증권거래세법 제2조 제1항 제1호의 '주권'에는 '주식예탁증서'가 포함된다고 볼 수 없으므로 피고의 주장은 받아들이지 아니한다.

2. 주식예탁증서의 실질에 의하여 주권과 마찬가지로 취급할 수 있는지 여부

피고는 이 사건 주식예탁증서의 발행 목적과 보유 목적이 통상의 주식예탁증서와 다르고 주권과 비슷하므로 주권으로 취급하여 과세하여야 한다고 주장하나, ① 증권거래세와 같은 유통세에 있어서는 그 과세대상 물건을 엄격히 해석하여야 하는 것이지 그 거래로 인한 경제적 결과를 따져 과세 여부를 결정해서는 안 되는 것이라는 점(가령 부동산만을 소유하고 있는 회사의 주식을 양도하는 경우, 실질적으로 부동산이 양도되는 결과가 발생한다고 하여 증권거래세를 부과하지 아니할 수는 없는 것이다), ② 형식적으로 동일한 주식예탁증서의 거래에 대하여 거래 당사자들이 갖고 있는 내심의 의사 또는 경제적 동기나 목적을 기준으로 주권유사성을 판단하고 그에 따라 과세 여부를 결정하는 것은 납세의무자의 기대가능성 내지 법적 안정성을 해하고, 과세관청의 자의적인 과세권행사를 허용하는 결과가 되는 점, ③ 피고의 주장에 따른다면 주식예탁증서뿐 아니라 주권의 거래에 있어서도 거래 당사자들의 내심의 의사나 경제적 동기 또는 목적에 따라 증권거래세를 부과할지 여부를 판단해야 하는 불합리한 결과가 발생하는 점, ④ A은행 정관 제9조는 주주 외의 자에 대하여 신주를 배정하는 경우 주권은 발행할 수 없고 주식예탁증서는 발행할 수 있다는 규정이 아니고, 해외증권발행규정에 의하여 주식예탁증서 발행에 따라 신주를 발행하는 경우에는 주주 외의 자에게도 신주를 발행할 수 있다는 규정으로, 해외로부터의 자금조달 수단이 주식예탁증서의 본연의 기능임은 앞에서 본 바와 같고, A은행이 해외자본인 JP모건칼라일콘소시엄으로부터 자금을 조달하려다 보니 당연히

이 사건 주식예탁증서를 발행하게 된 것일 뿐 정관상의 제한 때문에 그러하였다고 보이지는 않는 점, ⑤ JP모건칼라일콘소시엄이나 X회사가 이 사건 주식예탁증서의 취득으로 인하여 A은행에 대한 경영권을 행사하게 된 것은 주식예탁증서를 취득한 만큼 A은행에 자본을 투자한 당연한 결과일 뿐으로 오히려 주식예탁증서의 본연의 자금조달기능을 더욱 뚜렷이 드러내는 것인 점 등에 비추어 보면, 이 사건 주식예탁증서가 실질에 있어서 주권과 비슷하다는 사유가 증권거래세 부과요건을 충족시킨다고 할 수 없으므로 피고의 주장은 받아들이지 아니한다.

| 참고 사항 |

증권거래세법 제2조는 2010. 12. 27. 개정되어 주권과 관련된 증권예탁증권도 증권거래세법에 정의된 주권으로 간주되었다. 그런데 증권거래세법 제1조는 증권거래세를 부과하지 않는 경우로 자본시장법 제9조 제13항에 따른 유가증권시장 및 코스닥시장과 비슷한 시장으로서 외국에 있는 시장 중 대통령령으로 정하는 시장[85]에 상장된 주권 등을 양도하는 경우에는 증권거래세를 부과하지 않는다고 규정하고 있다. 따라서 뉴욕증권거래소 또는 나스닥에 상장된 주식예탁증권을 양도하는 경우에는 그 양도가 뉴욕증권거래소 또는 나스닥에서의 거래를 통하여 이루어지든 장외거래를 통하여 이루어지든 관계없이 증권거래세를 부과할 수 없다.

---

85) 증권거래세법 시행령 제1조
   1. 뉴욕증권거래소
   2. 전미증권업협회중개시장
   3. 기타 제1호 또는 제2호의 시장과 유사한 시장으로서 기획재정부령이 정하는 시장

판례 색인

〈외국〉

사항 색인

저자 약력

>> **박 준**
서울대학교 법과대학 법학과 졸업
사법연수원 제9기 수료
미국 하버드 법과대학(LL.M)
전 변호사, 서울대학교 금융법센터장
    서울대학교 금융경제연구원장
    서울대학교 법학전문대학원 교수
현 서울대학교 경영대학 특임교수

>> **정순섭**
서울대학교 법과대학 사법학과 졸업
호주 멜버른대학교 법과대학(PhD)
전 서울대학교 금융법센터장
    금융위원회 비상임위원
    은행법학회장
    금융정보학회장
    금융소비자학회장
현 서울대학교 법학전문대학원 교수

BFL 총서 ⑪

개정판 **자본시장법 기본 판례**

개정판 1쇄 발행 | 2021년 8월 20일

지은이 | 박 준 · 정순섭
발행인 | 고화숙
발행처 | 도서출판 소화
등록 | 제13-412호
주소 | 서울시 영등포구 버드나루로 69
전화 | 02-2677-5890
팩스 | 02-2636-6393
홈페이지 | www.sowha.com

ISBN 978-89-8410-509-6 94080
ISBN 978-89-8410-284-2 (세트)

값 30,000원

잘못된 책은 언제나 바꾸어 드립니다.

이 도서의 국립중앙도서관 출판예정도서목록(CIP)은
서지정보유통지원시스템 홈페이지(http://seoji.nl.go.kr)와
국가자료공동목록시스템(http://www.nl.go.kr/kolisnet)에서
이용하실 수 있습니다. (CIP제어번호 : CIP2016026457)